Japanese-Korean
Terminology for Beginners

일본어
통번역
사전

일본어통번역사전

지은이 우기홍
펴낸이 임상진
펴낸곳 (주)넥서스

초판 1쇄 발행 2007년 2월 25일
초판 25쇄 발행 2025년 1월 27일

출판신고 1992년 4월 3일 제311-2002-2호
주소 10880 경기도 파주시 지목로 5
전화 (02)330-5500 팩스 (02)330-5555

ISBN 978-89-91795-93-8 13730

저자와 출판사의 허락 없이 내용의 일부를
인용하거나 발췌하는 것을 금합니다.
저자와의 협의에 따라서 인지는 붙이지 않습니다.

가격은 뒤표지에 있습니다.
잘못 만들어진 책은 구입처에서 바꾸어 드립니다.

www.nexusbook.com

Japanese-Korean
Terminology for Beginners

일본어
통번역
사전

우기홍 편저

넥서스 JAPANESE

머리말

어학 연수를 갔다 왔다고 말하면 사람들은 흔히 동시통역이 가능하냐고 묻는다. 어문학 관련 학과에 입학하는 신입생들에게 장래 꿈이 무엇이냐고 물어보면 동시통역사(국제회의 통역사)나 번역사라고 대답하는 학생이 많다. 그만큼 통역과 번역이 인기를 모으고 있다.

하지만 체계적으로 통번역을 교육시키는 대학이나 기관은 그리 많지 않은 것 같다. 또한 일본어 통번역 관련 서적을 보더라도 정식 통번역 교육을 받은 사람이 쓴 책은 그리 많지 않다. 그래서 이 책을 써 보기로 마음을 먹었다.

통번역 대학원 시절 순차 통역 수업 중 '차질이 생기다'라는 표현을 몰라서 애를 먹은 적이 있었다. 그 후부터 통역대학원생들이 말하는 소위 일대일 표현들을 찾느라 많은 시간을 보냈다. 이 책은 그 노력의 산물이다. 이 책은 본인이 통번역 대학원을 다니며 공부했던 자료와 현장에서 통역을 하면서 모아 두었던 표현들을 토대로 만들었다.

통역이나 번역에 정답은 없다고 한다. 때문에 본인이 이 책에 소개한 표현들은 하나의 제안일 뿐이며 정답이 아님을 밝혀 둔다. 더 좋은 표현들이 있을 수 있기 때문이다. 여러분들이 더 좋은 표현들을 찾아내 주길 바랄 따름이다.

바람직한 통역이란 무엇을 말하는 것일까? 적어도 앵무새처럼 일대일 표현들을 많이 사용해서 전달하는 통역은 아닐 것이다. 화자가 말하고자 하는 내용을 정확히 파악하고 그것을 청자에게 알기 쉽게 전달하는 것이 아닐까 싶다. 이를 위해서는 많은 표현을 알고 있는 것도 중요하지만 행간을 읽는 능력과 많은 배경 지식을 가지고 있어야 할 것이다. 이 점을 간과하지 않길 바란다. 아무쪼록 이 책이 여러분들의 통번역 실력을 연마하는 데에 많은 도움이 되었으면 하는 바람이다.

끝으로 이 책이 나오기까지 많은 도움을 주신 서울외국어대학원대학교 통역번역대학원 2기 윤마강 · 양선아 · 한민정님, 3기 성현우 · 박현정 · 김지은님, 고야스 다케노부 · 이에나가 유코님, 4기 후배들 그리고 넥서스 일본어 편집부에 감사의 말씀을 드린다.

2007년 2월

저자 우기홍

일러두기

- **수록 범위**
  - 책의 분량을 감안하여 일반 어휘 사전에 나오는 기본적인 단어는 생략하였다.
  - 통역·번역을 하는데 실제로 도움이 되는 최신 용어와 표현을 중심으로 실었다.

- **본문 구성**
  - 대분류 : 정치, 경제, 사회, 문화, 행사로 구분하였다.
  - 중분류 : 관련 용어와 여러가지 표현으로 구분하여 표기하였다.
  - 소분류 : 용어–밀접한 관련이 있는 용어들을 묶어서 배열하였다.
    표현–용어 분류에 들어가지 않은 여러 가지 표현을 平仮名 순으로 배열하였다.

- **어원**
  - 가타카나로 표기한 외국어, 외래어는 풀이 끝에 어원을 제시하여 이해를 도왔다.

- **풀이 및 예문**
  - 실제 매스컴에 거론되는 주제들을 발췌하여 익숙한 내용을 예문으로 다루었다.
  - 많은 표현을 싣기 위해 표제어 해설과 다른 표현을 예문에 사용한 경우도 있다.
  - 가능한 한 최신 용어를 사용하여 풀이하였다.
  - 정착되지 않은 신생 전문 용어나 어원에 따라 한글 표기가 여럿인 경우는 혼용되기도 하였다.
    – 조류독감과 조류인플루엔자, 게놈(독일어 발음)과 지놈(영어 발음) 등.

- **부연 설명**
  - 각 항목의 풀이 끝에 ◉표를 하고 참고 사항, 용법 등 자세한 설명을 붙었다.

- **인덱스**
  - 일본어를 표제로 삼았기 때문에, 한글 용어로 찾고자 하는 독자들의 불편을 덜어주고자 주요 어휘에 대해서는 가나다순으로 인덱스를 마련하였다.

수도권내 통역번역대학원 현황

서울외국어대학원대학교 통역번역대학원　　www.sufs.ac.kr
이화여자대학교 통역번역대학원　　　　　　home.ewha.ac.kr/~gsti
한국외국어대학교 통역번역대학원　　　　　gsit.hufs.ac.kr

입시 일자(1차 시험)

서울외국어대학원대학교 통역번역대학원　　대개 11월 세 번째 주 토요일
이화여자대학교 통역번역대학원　　　　　　대개 11월 첫 번째 주 토요일
한국외국어대학교 통역번역대학원　　　　　대개 11월 첫 번째 주 토요일

시험 요강

　3개 대학 모두 1차 시험과 2차 시험을 실시하며 1차 시험을 합격해야 2차 시험에 응시할 수 있다.
서울외대와 한국외대는 시험 유형이 비슷하다. 1차 시험에서는 한국어와 전공 언어 시험을 본다. 한국어는 객관식과 주관식 문제가 모두 나오며 국어 문법 상식과 시사 상식을 묻는 문제들이 나온다. 전공 언어 시험은

　　1번 – 2번　　　일본어 텍스트를 듣고 일본어로 답하는 유형
　　3번 – 4번　　　일본어 텍스트를 듣고 일본어로 답하는 유형
　　5번 – 7번　　　일본어 텍스트를 듣고 한국어로 답하는 유형
　　8번 –10번　　　한국어 텍스트를 듣고 일본어로 답하는 유형으로
　　　　　　　　　총 10문제가 나온다.
(텍스트는 대개 그해 이슈가 되었던 시사적인 내용이 많이 나온다.)
2차 시험에서는 번역시험과 면접시험을 본다.
이화여대는 한국어 시험을 보지 않는다. 1차 시험에서는 한국어 텍스트·일본어 텍스트를 읽고 각각 일본어와 한국어로 자신의 의견을 피력하는 시험을 본다. 2차 시험에서 통역 전공은 면접을, 번역 전공은 번역 시험을 본다.

스터디는 이렇게 ...

⊙ 메모리 트레이닝

1. 텍스트 선정 (한국어와 일본어 모두 해당)

 대개 신문 사설이나 오피니언 란에 기재된 글 등, 내용의 흐름이 있는 텍스트를 고른다. 기승전결의 내용이 있고, 가능하면 전문용어가 많이 나오지 않는 텍스트가 좋다. 또한 나열이 많은 텍스트도 피하는 것이 좋다. 한두 개의 나열과 약간의 숫자가 들어간 텍스트가 메모리 연습을 하는데 좋은 텍스트라 생각된다. 신문은 좀 딱딱한 문장이 많으므로 잡지 등에서 텍스트를 구하는 것도 좋은 방법이다.

2. 메모리 연습 (A: 텍스트를 읽어주는 사람, B: 메모리 하는 사람)

 A는 텍스트의 전반적인 내용을 요약해서 B에게 이야기해 준다. 전문용어는 가르쳐 주어도 무관하다. 그 후에 A는 텍스트를 천천히 읽어 준다. 훈련 초기 단계에서는 3문장에서 5문장 정도 읽어 준다. 연습을 거듭하면서 읽어 주는 문장 수를 늘려 간다.
 B는 읽어 준 문장을 기억했다가 A에게 이야기한다. 가능하면 똑같은 단어를 사용하도록 하고 단어가 생각나지 않을 때는 의미가 비슷한 다른 단어를 사용하도록 한다. 이때 A는 B가 발화하는 내용을 듣고 틀린 부분이 있는지 체크하여 후에 이야기해 준다.

⊙ 순차 통역

1. 텍스트 선정 (한국어와 일본어 모두 해당)

 특정한 정보를 전달해 주는 내용이 담긴 텍스트를 고른다. 어떤 용어의 개념을 설명해 주는 내용의 텍스트도 좋다. 이런 텍스트도 신문이나 잡지 등에서 쉽게 구할 수 있다. 나열이나 숫자가 메모리 텍스트보다 더 많아도 상관이 없다. 하지만 스터디를 처음 할 경우에는 그 수를 약간 고려하는 편이 좋다.

2. 노트테이킹(Note Taking)

 노트테이킹이란 연사가 하는 이야기를 듣고 자신이 이해한 것을 노트에 적는 것을 말한다. 물론 이 노트에 적은 내용은 후에 자신이 통역을 할 때 도움을 주는 내용들이어야 할 것이다. 이 부분은 관련 서적을 참고하기 바란다.

3. 순차 통역 연습(A : 텍스트를 읽어 주는 사람, B : 순차 통역하는 사람)

A는 텍스트의 전반적인 내용을 요약해서 B에게 이야기해 준다. 전문용어는 가르쳐 주어도 상관없다. 그 후에 A는 텍스트를 천천히 읽어 준다. 훈련을 거듭하면서 속도를 높이고 더욱 많은 문장을 읽어 준다.

B는 읽어 준 문장을 노트테이킹했다가 A에게 발화한다. 이때 A는 B가 발화하는 내용의 전체적인 통역 내용을 듣고 느낌을 이야기해 주고 세부적으로 틀린 부분이 있으면 체크해 준다.

⊙ 시역(사이트 트랜슬래이션)

1. 시역이란

간단하게 말하면 텍스트를 눈으로 보면서 말로 번역을 하는 것이다. 동시통역을 하기 전 단계에 하는 연습이지만 통역사들의 순발력을 키워주는 데 많은 도움이 된다.

2. 텍스트 선정

텍스트는 중간 중간에 번역하기 까다로운 표현이 한두 개 들어 있는 것이 좋다. 그 부분에서 막히지 않고 자연스럽게 말을 만들어 넘어가는 훈련을 하는 것이 목적이다. 물론 텍스트를 준비하는 사람은 미리 읽어 보고 약간의 대안을 준비하는 것이 스터디를 하는 데 있어 상대방에 대한 예의일 것이다.

3. 연습

텍스트를 전체적으로 한 번 훑어본다. (예를 들어 A4 1장 분량을 1분 정도 훑어본다) 미리 읽어 보라는 것이 아니라 어떤 단어가 나오고 문장이 어떤 흐름으로 가는지를 파악하는 것이 목적이다. 그 후에 문장을 눈으로 보면서 그 내용을 발화한다. 녹음을 해서 나중에 본인이 들어보는 것도 잘못된 습관을 고치는 데 도움이 된다.

*체계적으로 공부하기 위한 방법 중 하나로서 정리해 보았다.

CONTENTS

Politics

- Ⅰ. 각국정치 ······ 14
  - 1. 국내 2. 일본 3. 북한
  - 4. 중국 5. 미국 6. 이라크
- Ⅱ. 선거 ······ 23
- Ⅲ. 국회·정당·정권 ······ 24
  - 1. 국회 2. 정당 3. 정권
- Ⅳ. 행정·정책 ······ 28
  - 1. 행정 2. 정책
- Ⅴ. 국방·군사·방위 ······ 30
- Ⅵ. 외교·국제 관계 ······ 34
  - 1. 외교 2. 국제 관계
- Ⅶ. 헌법·사법 ······ 39
- 여러가지 표현 ······ 41

Economy

- Ⅰ. 경기 ······ 110
- Ⅱ. 기업 ······ 118
- Ⅲ. 경영·고용 ······ 128
  - 1. 경영 2. 인사·파업 3. 기타
- Ⅳ. 금융·통화 ······ 140
  - 1. 환율 2. 주식 3. 신용카드·은행 4. 기타
- Ⅴ. 무역·경제 협력 ······ 159
- Ⅵ. 산업 ······ 163
- 여러가지 표현 ······ 168

Society

- Ⅰ. 사회 문제 ······ 228
- Ⅱ. 사건·사고 ······ 236
- Ⅲ. 재해 ······ 239
  - 1. 태풍 2. 지진
- Ⅳ. 부동산 ······ 243
- Ⅴ. 농업 ······ 247

- Ⅵ. 의료 ·· 251
   1. 의료 2. 병명 · 기타
- Ⅶ. 결혼 · 육아 · 교육 ··· 260
   1. 결혼 2. 육아 3. 교육
- Ⅷ. 기타 사회 ··· 270
- 여러가지 표현 ··· 273

Culture

- Ⅰ. 드라마 · 영화 ·· 298
- Ⅱ. 음식 문화 ··· 304
   1. 음식 2. 요리 방법 3. 요리 재료 4. 술 · 음료 5. 기타
- Ⅲ. 스포츠 ·· 311
   1. 축구 2. 기타
- Ⅳ. 미용 · 다이어트 ·· 318
- Ⅴ. IT · 휴대전화 ·· 325
   1. IT 2. 휴대전화 3. 기타
- Ⅵ. 환경 ·· 343
- Ⅶ. 기타 문화 ··· 347
   1. 전통문화 2. 여행 · 휴가 3. 장례 4. 우주
- 여러가지 표현 ··· 354

Event

- Ⅰ. 인사말 ·· 400
   1. 개회사 2. 축사 3. 환영 · 감사
   4. 폐회사 5. 계절인사
- Ⅱ. 진행 ·· 405
   1. 서두 2. 소개 3. 수상식 · 소감 4. 건배 제의
- Ⅲ. 기타 표현 ··· 412

INDEX

가나다순 ··· 424

Politics

Ⅰ. 각국 정치

1. 국내

開かれたウリ党
열린우리당. =ウリ党.

民主党
민주당.
≫民主党の候補者選び。민주당 후보 선출.

ハンナラ党
한나라당.

党首
당 총재.

間抜け外交
등신 외교.
⊙ 현충일에 방일한 노 대통령의 외교를 두고 한나라당에서 비난하며 사용한 표현이다.

大統領府
청와대.

青瓦台
청와대.

兵役忌避疑惑
병역 기피 의혹.
≫大統領選挙の過程では候補者の息子の兵役忌避疑惑が選挙の当落を決定づけるほどに社会的影響を及ぼした。대선 과정에서 후보자 아들의 병역 기피 의혹이 선거의 당락을 결정지을 정도로 사회적 영향력을 미쳤다.

在韓米大使館
주한미대사관.

対北朝鮮不正送金事件
대북 송금 사건.
≫金大中前政権による対北朝鮮不正送金事件の波紋が収拾できないほど広がり、世界から韓国政府には冷たい視線が注がれている。김대중 전 정부의 대북 송금 사건 파문이 수습할 수 없을 정도로 확산되어 한국 정부는 세계로부터 차가운 시선을 받고 있다.
⊙ 명목상으로는 2000년에 현대가 대북 사업을 하기 위해서 북한에 지원한 돈이라고 하지만 실질적으로는 남북 정상 회담의 대가성 돈이 아니냐는 의견도 많다.

文禄の役
임진왜란.

慶長の役
정유재란.

第二次日韓協約
을사조약. 을사늑약.(1905년)

日韓併合
한일 합방. 한일 병합.(1910년)

創氏改名	창씨개명. 일본식 성명 강요.
従軍慰安婦	일본군 위안부. ◉ '종군 위안부'의 '종군'은 '자발적으로 따라갔다'는 의미가 있는 말로 일본의 입장에서 만들어진 말이다. 따라서 강제로 끌려가 위안부 노릇을 해야 했던 할머니들에게 맞지 않는 표현이다. 중국이나 대만 등 한자권 나라에서도 '종군'이란 말은 쓰지 않고 있다. 참고로 영어로는 일본군 성노예(Military Sexual Slavery by Japan)란 표현을 많이 쓴다.
ハン	한(恨). » 南北朝鮮の「元従軍慰安婦」は未だに晴らせない「恨ハン」をいつまで持ち続けなければならないか。 남북한에 살고 있는 일본군 위안부들은 아직까지 풀리지 않는 한을 언제까지 가지고 있어야만 하는가? ◉ 요즘은 일본에서도 상당수가 이 단어를 알고 있다.
わだかまり	응어리. 한(恨). 앙금. » 歴史認識をめぐるわだかまりが折に触れて噴き出す。 역사 인식을 둘러싼 응어리가 무슨 일이 있을 때마다 터져 나온다.
植民地時代	일제 강점기. » 植民地時代の謝罪と償い。 일제 강점기의 사죄와 보상.
親日	친일. » 「親日」は戦前の対日協力行為を意味する。 '친일'은 전전의 대일 협력 행위를 뜻한다.
親日清算	친일 청산. » 議長は記者会見し、父親が植民地下の日本軍で勤務していた問題に絡み「親日清算という大義に背くことはできない」として議長職を辞任した。 의장은 기자 회견을 열고 부친이 일제 시대 일본군으로 근무했던 문제와 관련해 "친일 청산이란 대의를 거스를 수 없다"며 의장직을 사임했다. ◉ '친일'은 '일제 강점기 때 대일 협력 행위'를 뜻한다.
2000年の南北共同宣言	6·15 공동선언.
離散家族の再会	이산가족 상봉.
在韓米軍の撤退	주한미군 철수. » 北朝鮮はこれまで「自主的統一」と称して在韓米軍の撤退を要求してきた。 북한은 지금까지 자주적 통일이라 말하며 주한미군 철수를 요구해 왔다.
脱北者	탈북자. 새터민. =北朝鮮からの脱出住民
大統領職引継ぎ委員会	대통령직 인수위원회.

정치 | **15**

米韓共同演習(べいかんきょうどうえんしゅう)

한미 공동 군사 훈련.
- 「軍事訓練(ぐんじくんれん)」이란 말도 쓰지만 「演習」란 표현도 자주 사용한다.

ろうそくデモ

촛불 시위.
>> 学生などが中心となったグループは、米国の対イラク攻撃に反対する「ろうそくデモ」を行った。 학생 등이 중심을 이룬 그룹은 미국의 이라크 공격을 반대하는 촛불 시위를 벌였다.

2. 일본

首相(しゅしょう)

총리.

官房長官(かんぼうちょうかん)

관방 장관.
- 우리나라의 대변인(スポークスマン) 역할을 겸하고 있다.

三位一体の改革(さんみいったいのかいかく)

삼위일체 개혁.
>> 「三位一体の改革」の「三位」とは、国庫補助負担金の改革、国から地方への税源移譲、地方交付税の見直しの「三つの改革」を指す。これを同時一体的に行うので、「三位一体の改革」とされている。 '삼위일체 개혁'의 '삼위'란 국고보조부담금 개혁, 정부에서 지방으로 세원 이양, 지방교부세 개혁 등 3개의 개혁을 가리킨다. 이것을 동시에 일체적으로 실시하기 때문에 '삼위일체 개혁'이라 일컬어진다.

両院制(りょういんせい)

양원제.

参議院(さんぎいん)

참의원. =参院(さんいん)
- 상원에 해당하며 임기는 6년이다. 2004년부터 정원은 242명이며 3년마다 선거를 실시하여 의원의 반을 선출한다. 임기 중 해산 할 수 없다.

衆議院(しゅうぎいん)

중의원. =衆院(しゅういん)
- 하원에 해당하며 임기는 4년이다. 내각 불신임권을 가지며 임기 중 해산할 수가 있다. 일본은 중의원 우월주의를 채택하고 있어 중의원이 3분의 2의 찬성으로 참의원 의결을 뒤집을 수 있다. 정원은 전국구에서 180명, 지역구에서 300명 총480명으로 구성된다.

参院議員(さんいんぎいん)

참의원 의원.

衆院議員(しゅういんぎいん)

중의원 의원.

族議員(ぞくぎいん)

족의원.
- 특정 업계의 이익을 대변하는 의원을 족의원이라 부른다. 예를 들어 건설업계의 이익을 대변하면 건설족이라 부른다.

内閣解散(ないかくかいさん)

내각 해산.
>> 「特別国会」は衆議院の内閣解散の総選挙後30日以内に開かれる国

	会。内閣総理大臣の指名を行うのが主な役割である。 특별 국회는 중의원의 내각 해산에 따른 총선거 후 30일 이내에 열리는 국회. 내각총리대신을 지명하는 것이 주된 역할이다.
かいそ 改組	개조. ⊙ 조직을 새로 개편한다는 뜻이다.
じみんたいちょう 自民退潮	자민당 약세. ≫ 自民退潮の大きな要因は都市部での無党派層の支持を得られなかったことにある。 자민당 약세의 큰 요인은 도시부의 무당파층 지지를 얻지 못했던 점에 있다.
とうしゅ 党首	당 총재.
かんじちょう 幹事長	간사장. ⊙ 사무국장에 해당하는 직책으로 사실상 당 총재 다음가는 직책이라 할 수 있다.
しょうちょうかんの りこしゅぎ 省庁間の利己主義	성청간의 이기주의. 부처간 이기주의. ⊙ 우리나라는 정부 기관이 부처(部處) 단위로 구성되어 있고 일본은 성청(省庁) 단위로 구성되어 있다.
しょうえきあらそ 省益争い	제 밥그릇 챙기기. 부처간 이기주의.
とどうふけん 都道府県	(광역 자치단체인) 도도부현. ⊙ 일본은 「1都と・1道どう・2府ふ・43県けん」으로 이루어져 있다.
しちょうそん 市町村	(기초 자치단체인) 시정촌. ⊙ 현재 일본에서는 기초 자치단체의 대대적인 통합이 이루어지고 있다.
はっぽうふさがりのがいこう 八方塞がりの外交	사면초가 외교. ⊙ 일본의 고이즈미 외교가 한국・중국・러시아・북한 등 주변 국가들과 마찰을 빚어 사면초가가 된 것을 지적하며 쓴 표현이다.
こりつかんをつのらせたにほん 孤立感を募らせた日本	갈수록 고립되고 있음을 느낀 일본. ≫ 孤立感を募らせた日本が、今後どのような外交戦略を取るのか関心が集まっている。 갈수록 고립되고 있음을 느낀 일본이 향후 어떤 외교 전략을 취할지 관심이 모이고 있다.
こぎってがいこう 小切手外交	금전 외교. ⊙ 돈으로 모든 것을 해결하려는 일본 외교를 꼬집어 하는 말이다.
かすみがせき 霞ヶ関	관청가. 가스미가세키. ⊙ 실제로 이 지역에 관청들이 많이 모여 있어 일반적으로 '관청가'로 통용된다.
へいわけんぽう 平和憲法	평화 헌법.

憲法9条 (けんぽうじょう)

헌법 9조.
- 어떠한 전력도 보유하지 않고 교전권도 인정하지 않는다는 내용이 담겨 있다. 그래서 일본의 헌법을 평화헌법이라 부르며 이 조항 때문에 사실상 군대이지만 자위대란 이름을 쓰고 있다.

自衛隊 (じえいたい)

자위대.
≫ 自衛隊は、日本の平和を守り、国の安全を保つことを主な任務としている。 자위대는 일본 평화 수호와 국가 안전 유지를 주된 임무로 하고 있다.
- 1954년에 자위대 설치법에 근거하여 보안대(경찰예비대의 후신)과 경비대(해상경비대의 후신)를 조직개편하고 명칭을 바꾼 후 새로 항공 자위대를 창설해서 발족했다.

専守防衛 (せんしゅぼうえい)

전수방위.
≫ 専守防衛の建前から論議自体が封印され、何の手立ても講じられてこなかった。 전수방위 기조로 인해 논의 자체가 함구되어 어떠한 방책도 강구되지 않았었다.
- 상대로부터 무력 공격을 받았을 때 비로소 방위력을 행사하고, 방위력 행사도 자위를 위한 최소한의 부문에만 한정하는 수동적인 방어 전략 자세를 말한다.

有事法制 (ゆうじほうせい)

유사법제.
≫ 有事法制の内容を修正協議で合意したからといって、これで事足れりとしてはならない。 유사법제 내용을 수정 협의에서 합의했다고 해서 만사가 끝난 것은 아니다.
- 「有事」는 전쟁을 의미하며 전쟁이란 민감한 단어를 피하기 위해 사용하였다. 1977년 당시 후쿠다 다케오(福田赳夫ふくだたけお) 총리 때부터 연구라는 명목으로 검토하기 시작했다.

お目付け役 (めつけやく)

감시역.
≫ お目付け役として新設される「民営化委員会」。 감시역으로 신설된 민영화 위원회.

天皇皇后両陛下 (てんのうこうごうりょうへいか)

일왕 내외. 일황 내외.
- 우리나라의 매스컴 등에서는 일왕 내외(日王にちおう夫妻ふさい)라는 표현을 많이 쓴다. '천황'이라는 표현은 아직 쓰지 않고 있다.

日の丸 (ひのまる)

일장기.

君が代 (きみがよ)

기미가요.
- 2006년 9월 21일 도쿄지방법원은 기미가요 제창을 강요한 것은 위법이라는 판결을 내렸다.

在日本朝鮮人総連合会 (ざいにほんちょうせんじんそうれんごうかい)

조총련. =朝鮮総連ちょうせんそうれん.

合祀（ごうし）	합사. ≫ A級戦犯が合祀されている靖国神社（やすくにじんじゃ）。 A급 전범이 합사되어 있는 야스쿠니 신사.
分祀（ぶんし）	분사. ⊙ 합사란 여러 사람의 위패를 한곳에 함께 안치한다는 뜻이며, 분사란 위패를 따로 안치한다는 뜻이다.

3. 북한

朝鮮民主主義人民共和国（ちょうせんみんしゅしゅぎ じんみんきょうわこく）	조선민주주의인민공화국. 북한.
北朝鮮（きたちょうせん）	북한.
朝鮮労働党（ちょうせんろうどうとう）	조선노동당.
金日成国家主席（キムイルソンこっかしゅせき）	김일성 주석.
金正日総書記（キムジョンイルそうしょき）	김정일 국방위원장.
共和国(北朝鮮)旗（きょうわこく(きたちょうせん)き）	인공기.
火の海（ひのうみ）	불바다. ⊙ 1994년 3월 판문점에서 열린 남북간 특사 교환을 위한 실무 접촉에서 조국평화통일위원(조평통) 박영수 서기국 부국장이 한 말이다. "여기서 서울이 얼마 멀지 않아요. 전쟁이 일어나면 서울은 불바다가 되고 말아요."
先軍政治（せんぐんせいじ）	선군정치. ⊙ 혁명적 과업을 달성하기 위해서는 군(軍)이 우선해야 한다는 이념적 사고방식으로 1997년 12월부터 공식적으로 사용하기 시작했다.
主体思想（しゅたいしそう）	주체사상. ＝チュチェ思想（しそう）. ⊙ 김일성이 1967년 12월 최고인민회의에서 발표한 내외 정책의 기본 방침을 말한다. 정치면에서 자주, 경제면에서 자립, 국방면에서 자위(自衛)를 중심 내용으로 하는데, 이를 통하여 김일성의 지배 체제가 한층 강화되었다.
最高人民会議（さいこうじんみんかいぎ）	최고인민회의. ⊙ 북한의 인민 대표들로 구성된 최고 주권 기관이다.

4. 중국

国家主席（こっかしゅせき）	국가 주석. ≫ 中国の胡錦涛（コキントウ）国家主席は9日午後、北京（ペキン）の人民大会堂で、韓国の金元基（キムウォンギ）国会議長と会見した。 9일 오후 후진타오 국가 주석은

ぜんこくじんみんだいひょうたいかい **全国人民代表大会**	베이징의 인민대회당에서 김원기 국회의장과 회견을 가졌다. 전국인민대표대회. 전인대. =中国ちゅうごくの国会こっかい ⓞ 우리나라의 국회에 해당한다.
ぜんこくじんみんだいひょうたいかいじょうむ **全国人民代表大会常務** ↳**委員長**いいんちょう	전인대 상무위원장. ⓞ 상무위원장은 국회의장에 상당하는 직분이다.
ちゅうごく　　　　　　　　　ゴ ホウコク **中国ナンバー2の呉邦国**	중국 서열 2위 우방궈.
しゅしょう **首相**	총리. (서열 3위) ≫ 中国各地で発生した反日デモについて、中国の温家宝オンカホウ首相は「最大の問題は、日本が歴史を直視する必要があるということだ」と述べた。 중국 각지에서 발생반일시위에 대해 원자바오 총리는 "가장 큰 문제는 일본이 역사를 직시할 필요가 있다는 것이다"라고 이야기했다.
がい む じ かん **外務次官**	외무부 부부장. ≫ 第3回6カ国協議で議長を務めた王毅オウキ中国外務次官は、北京市内のホテルで記者会見し、「朝鮮半島の非核化という目標はもう後戻りできない」と今回の協議の成果を強調した。 제3회 6자회담에서 의장을 맡은 왕이 중국 외무부 부부장은 베이징 시내 호텔에서 기자 회견을 갖고 "한반도 비핵화라는 목표는 이제 되돌릴 수 없다"며 이번 회담의 성과를 강조했다.
とうほくさんしょう **東北三省**	동북3성. ⓞ 동북3성은 헤이룽장성(黒龍江省こくりゅうこうしょう)·지린성(吉林省きつりんしょう)·랴오닝성(遼寧省りょうねいしょう)을 말한다. 일본에서는 중국의 지명이나 고유명사 등을 자국의 한자 읽기 방식으로 읽고 있다.
いっこくりょうせい **一国両制**	(중국의) 흡수 합병 통일론.
いっこくりょう ふ **一国両府**	(대만의) 대등 합병론.
チョウギョダイげいひんかん **釣魚台迎賓館**	댜오위타이 영빈관.
ちゅうごくしゅのう　　　　　 かいだん **中国首脳らとの会談**	중국 수뇌부와 회담.
とうほく **東北プロジェクト**	동북 공정. =東北辺境とうほくへんきょうの歴史れきと現状げんじょうに関かんする研究けんきゅう ≫ 中国が「高句麗コウク=中国地方政権」論を打ち出したのは二〇〇二年に中央政府が「東北プロジェクト」を発足させてからだ。 중국이 '고구려=중국 지방 정권'론을 내놓은 것은 2002년에 중앙정부가 '동북공정'을 발족시킨 후부터다.
こ せいこう き **五星紅旗**	오성홍기. ⓞ 중국 국기.

| 義勇軍行進曲 | 의용군행진곡.
◉ 중국 국가. |

5. 미국

ホワイトハウス	백악관. 화이트하우스. [White House] ◉ 화이트나 휘트니처럼 Wh로 시작되는 영어 단어의 일본어 표기법에 주의해야 한다. '휘트니 휴스턴'은 「ホイットニー・ヒューストン」으로 읽는다.
キャンプデービッド	캠프 데이비드 산장. [Camp David]
星条旗	성조기. ◉ 미국 국기.
二院制議会	양원제 의회.
上院	상원. ◉ 상원 의원은 모두 100명으로, 50개주에서 2명씩 선출된다. 임기는 6년이며 매 2년마다 3분의 1씩 다시 선출된다.
下院	하원. ◉ 하원 의원은 435명이며 선거구의 인구 비례에 따라 선출한다. 따라서 인구가 많은 주일수록 더 많은 하원 의원이 선출된다. 임기는 2년이며 2년마다 치르는 선거에서 전원이 다시 선출된다.
同時多発テロ	9·11테러. ≫ 同時多発テロの犠牲者に黙祷を捧げる。 9·11 테러 희생자에게 묵념을 올리다.
自由の女神像	자유의 여신상.

6. 이라크

アルカイダ	알카에다. ≫ アルカイダ関係者を匿う。 알카에다 관계자를 숨겨 주다.
カタールの衛星放送 └.アルジャジーラ	카타르의 알자지라 방송.
イラク攻撃容認決議案	이라크 전쟁 결의안.
イラク暫定政権	이라크 과도 정부.
国連主導のイラク復興	유엔 주도의 이라크 재건.

湾岸戦争
걸프전. (1991년)

アラブ首長国連邦
아랍에미리트 연합.

スンニ派
수니파.
≫スンニ派武装勢力によるものとみられるシーア派を狙ったテロが激増し、イラクの治安はますます悪化している。 수니파 무장 세력에 의한 것으로 보이는 시아파를 노린 테러가 급증해 이라크 치안은 점점 악화되고 있다.

シーア派
시아파.

クルド族
쿠르드족.
≫フセインは自国国民、具体的にはイラク北部のクルド族を化学兵器で殺害した。 후세인은 자국민 구체적으로는 이라크 북부에 사는 쿠르드족을 화학무기로 죽였다.

イスラム教
이슬람교. ＝イスラム
≫イラク戦争は本当にキリスト教とイスラム教の宗教対立なのだろうか。 이라크 전쟁은 정말로 기독교와 이슬람교의 종교 대립인가?

モスク
모스크. [*mosque*]
⊙ 이슬람교의 예배당.

II. 선거

選挙地盤	선거 기반. =選挙基盤
	≫選挙地盤が固い〔弱い〕。선거 기반이 튼튼하다〔약하다〕.
票田	표밭.
	≫票田を耕す。표밭을 일구다./地方の票田を若干手放しつつ、都市部の浮動票を狙う。지방의 표밭을 약간 포기하면서 도시의 부동표를 노린다.
票田固め	표밭 다지기.
票集め	표 모으기.
	≫政府は票集めに躍起になっている。정부는 표 모으기에 기를 쓰고 있다.
ネガティブキャンペーン	낙선운동. =落選運動 [negative campaign]
公認	공천.
	≫党の公認を得て出馬する。당의 공천을 받아 출마하다.
大統領予備選挙	대선 (후보) 경선.
	≫大統領予備選挙に立候補する。대선 경선에 나가다.
本命の候補者	유력한 후보자.
一騎打ち	양자 구도.
	≫一騎打ちの熱い選挙戦。양자 구도의 치열한 선거전.
三つどもえ	3파전.
	≫三つ巴の選挙戦はまったく先が読めない様相だ。3파전은 전혀 앞을 내다보기 어려운 상황이다.
候補の仕切り直し	후보의 재대결.
大統領選挙	대통령 선거. 대선.
	≫大統領選の帰趨が注目される。대선의 귀추가 주목된다.
地域主義脱却	탈지역주의. 지역주의 타파.
投票者の出口調査	투표자 출구 조사.
マニフェスト	갖춘 공약. 매니페스트. [manifesto]
	≫マニフェスト〔政権公約〕案の全容。선거 공약의 모든 내용.
主導権奪回	주도권 탈환. =主導権奪還
	≫選挙勝利に政局の主導権奪回をかける。총선 승리에 정국의 주도권 탈환을 걸다.

 Ⅲ. 국회 · 정당 · 정권

1. 국회

発議(ほつぎ)
발의.
⊙ 우리나라 국회에서 국회의원이 의안을 제안하는 일을 말하며 의원 10명의 찬성을 얻어야 발의를 할 수 있다.

通常国会(つうじょうこっかい)
정기 국회.
≫法案を通常国会に提出する方針を固めた。 법안을 정기 국회에 상정하기로 방침을 굳혔다.
⊙ 우리나라의 정기국회는 매년 9월 1일부터 100일간의 회기로 열린다. 임시 국회는 매년 2·4·6월에 30일간의 회기로 열리며 필요에 따라 국회의원의 요구로 열리기도 한다.

意見の取りまとめ(いけんのとりまとめ)
의견 수렴. =意見(いけん)の吸(す)い上(あ)げ
≫民主党が27日までに意見の取りまとめに至らず、結論を持ち越した。 민주당이 27일까지 의견을 수렴하지 못해 결론을 뒤로 미루었다.

意見聴取(いけんちょうしゅ)
의견 수렴. 의견 조사.
≫警察庁では、会議の性格を「意見聴取の場」と位置づけた。 경찰청에서는 의견 수렴의 장으로 회의의 성격을 규정했다.

全会一致(ぜんかいいっち)
만장일치.

賛成多数(さんせいたすう)
찬성 다수.

べたなぎ国会(こっかい)
조용한 국회. 잠잠한 국회.
≫マスコミなどでは、今国会を実のある政策論争に欠けた「べたなぎ国会」と評している。 매스컴 등에서는 이번 국회를 내실 있는 정책 논쟁이 결여된 조용한 국회라고 평가하고 있다.

賛否投票(さんぴとうひょう)
찬반 투표.

もみにもんだ原案(げんあん)
논쟁을 거듭한 원안.

起草案(きそうあん)
기초안.

2. 정당

新党旗揚げ(しんとうはたあげ)
신당 창당.
≫大統領選に向け新党旗揚げを準備している朴(パク)議員は北朝鮮を訪問

する計画を明らかにした。 대선을 위해 신당 창당을 준비하고 있는 박 의원은 북한을 방문할 계획임을 밝혔다.

新党結成 (しんとうけっせい)
신당 결성. 신당 창당.
≫政界では新党結成に向け2人が足並みをそろえたとみて一様に警戒している。 정계에서는 신당 창당을 위해 두 사람이 호흡을 맞춘 것으로 보고 모두 경계하고 있다.

政権党 (せいけんとう)
집권 여당.

野党第一党 (やとうだいいっとう)
최대 야당.

在野諸党 (ざいやしょとう)
재야 여러 당.

離党 (りとう)
탈당.
≫離党届けを出した議員は自分たちの政治理念を貫くことが出来なかったことになる。 탈당계를 제출한 의원은 자신들의 정치 이념을 관철시킬 수 없었던 셈이 된다.

野党叩き (やとうたたき)
야당 때리기.

党の発展的解消 (とう はってんてきかいしょう)
당의 발전적 해체.

両党の合併 (りょうとう がっぺい)
양당 합당.
≫民主・自由両党の合併調印式が行われ、日本の政界は新たな局面に突入することになった。 민주당과 자유당의 합당 조인식이 열려 일본 정계는 새로운 국면에 돌입하게 되었다.

各党の現有議席 (かくとう げんゆうぎせき)
각 당의 현재 보유 의석.

党の宿痾 (とう しゅくあ)
당의 고질병.

朝食会 (ちょうしょくかい)
조찬회.

午餐会 (ごさんかい)
오찬회.

夕食会 (ゆうしょくかい)
만찬회. =晩餐会(ばんさんかい)

引責辞任 (いんせきじにん)
인책 사임.
≫関係者らの引責辞任を要求した。 관계자들이 책임지고 물러날 것을 요구했다.

報道官 (ほうどうかん)
대변인.
⊙ 우리나라의 대변인은 「スポークスマン」이라고 한다.

3. 정권

政権発足 (せいけんほっそく)
정부 출범.

せいけん 政権	정권. ≫順風満帆な政権運営。순조로운 정권 운영.
れんりつせいけん 連立政権	연립 정권. 연정. ≫盧大統領の連立政権構想を、ハンナラ党は頑なに批判している。 노 대통령의 연정 구상을 한나라당은 그저 비판하고 있다. ◉ 여러 정당이 힘을 합쳐 정권을 잡는 것을 뜻한다.
ネオコン	네오콘. 신보수주의. [neocon]
コンサバ	보수파. 보수당. [conservative]
タカ派 は	강경파. ◉ 독수리에 비유하여 이르는 말이다.
ハト派 は	온건파. ◉ 비둘기에 비유하여 이르는 말이다.
わかて は 若手派	소장파.
にんき お かえ てん 任期の折り返し点	임기 반환점. ≫盧武鉉政権は25日、5年の任期の折り返し点を迎える。노무현 정부는 25일로 5년 임기의 반환점을 맞는다.
レイムダック	임기 말 권력 누수 현상. 레임덕. ≫現政権は完全なレイムダック状態に陥ったと言える。현 정권은 완전히 레임덕 상태에 빠졌다고 할 수 있다. ◉ 'lame duck'은 '절름발이 오리'라는 뜻이다.
ひよりみ せいじか 日和見の政治家	철새 정치인. ≫日和見の政治家も味方につかないほど政治基盤が脆弱になってしまった。 철새 정치인들조차 편을 들어주지 않을 정도로 정치 기반이 약해졌다.
マキャベリスト	마키아벨리스트. [Machiavellist] ≫目的のためには手段を選ばないマキャベリスト。 목적을 위해서는 수단을 안 가리는 마키아벨리스트. ◉ 권모술수에 능한 사람을 뜻한다.
せいかんぎょう ゆちゃく 政官業の癒着	정경 유착. ≫公共事業における政官業の癒着は汚職の温床となっている。 공공 사업에 대한 정경 유착은 비리의 온상이 되고 있다.
たいせいほうかん 大政奉還	정권 이양. ◉ 에도 막부가 정권을 메이지 천황에게 이양한 일에 비유해서 사용하고 있다.

丸投げ

전권 위임.
≫ 首相は経済を竹中大臣に丸投げしている。총리는 경제를 다케나카 장관에게 모두 맡기고 있다.

ブレーン

참모. [brain]

降格人事

강등 인사.

輪番制

윤번제.
≫ 議長は理事会のメンバーが1ヶ月ごとに輪番制で務める。의장은 이사회 멤버가 1개월마다 돌아가면서 맡는다.

政界のドン

정계의 거물.
⊙ 보스 역할을 하는 주요 인물을 뜻한다.

Ⅳ. 행정·정책

1. 행정

密室行政(みっしつぎょうせい)

밀실 행정.
>> 密室行政と批判されてきた意思決定システムを市民に見えるようにする。 밀실 행정이라고 비판을 받아 오던 의사 결정 시스템을 시민들이 볼 수 있도록 만든다.

ガラス張り行政(ばりぎょうせい)

투명 행정.
>> 不透明、お手盛り行政をガラス張りにする。 불투명하고 편의주의로 치우친 행정을 투명하게 만든다.

つぎはぎ式の行政改革(しきぎょうせいかいかく)

짜깁기 식 행정 개혁.
>> 国政運営の現状は、指導性の不在、つぎはぎ式の行政改革に要約される。 국정 운영의 현주소는 리더십 부재와 천편일률적인 행정 개혁으로 요약된다.

縦割り行政(たてわりぎょうせい)

수직적 행정. 종적 행정.
⊙ 상부의 명령만 따르는 조직을 가리키는 말로 보수적인 공무원 사회를 지칭하는 경우가 많다.

横割り行政(よこわりぎょうせい)

수평적 행정. 횡적 행정.
⊙ 부처가 서로 도와가며 일을 해 나가는 행정. 중복되는 사업을 줄일 수 있으며 더욱 질 높은 서비스를 제공할 수 있다는 장점이 있다.

2. 정책

政策のブレ(せいさく)

정책의 비일관성.
>> 大統領の政策のブレを批判している。 대통령이 정책에 일관성이 없음을 비판하고 있다.

スローモーな対応(たいおう)

늑장 대처.
>> スローモーな対応では、怠慢のそしりを免れない。 늑장 대처로는 태만했다는 비난을 면할 수 없다.

生ぬるい対応(なまたいおう)

미온적인 대처.

八方破れの政治手法(はっぽうやぶせいじしゅほう)

될 대로 되란 식의 정치 방법.
>> 低支持率にあえぐ大統領は、八方破れの政治手法で突破をはかっ

た。낮은 지지율에 허덕이는 대통령은 될 대로 되란 식의 정치 방법으로 상황 돌파를 시도했다.

お任せ民主主義

나 몰라라 식 민주주의.

≫お任せ民主主義から真の民主主義へ転換しなければならないし、民主主義の源泉は自治にあり、情報が自治の原動力である。나 몰라라 식 민주주의에서 진정한 민주주의로 전환을 해야 하며 민주주의의 원천은 자치에 있으며 정보가 자치의 원동력이다.

国威発揚

국위 선양.

政策修正

정책 수정.

溝板政治

민생 정치.

≫溝板政治とは庶民の日常生活に密着した政治のこと。민생 정치란 서민의 일상생활에 밀접한 정치를 말한다.

度重なる制度改正

거듭되는 제도 개정.

≫度重なる制度改正により年金制度が複雑化し、職員が的確に対応できない。거듭되는 제도 개정으로 연금 제도가 복잡해져 공무원들이 적확하게 대응할 수 없다.

時宜にかなった政策

시의 적절한 정책.

ばらまき政治

선심성 정치.

日和見政策

눈치 보기 식 정책.

政治的素人さ

아마추어 정치.

≫政治の素人さが裏目となった。아마추어 정치가 기대에 어긋났다.

外交政策

외교 정책.

≫韓国は全面的な外交政策修正を迫られる。한국은 전면적인 외교 정책 수정을 해야만 한다.

空文化

사문화.

≫北朝鮮がミサイル実験を行う意思を示したということは、平壌宣言の空文化ではなく、「宣言の破棄」と表現するべきである。북한이 미사일 실험을 실시하겠다는 의사를 표명한 것은 평양선언의 사문화가 아니라 '선언 파기'로 표현해야 마땅하다.

 Ⅴ. 국방·군사·방위

軍事力の裏打ち
군사력의 뒷받침.
≫ 国の安全保障というのはやはり軍事力の裏打ちが必要、言いかえれば外交は力である。 국가 안보는 역시 군사력의 뒷받침이 필요하다. 바꿔 말해 외교는 힘이다.

軍事パレード
열병식. =閲兵式(えっぺいしき)
≫ 北朝鮮は記念の閲兵式を行わなかった。 북한은 기념 열병식을 하지 않았다.

巡航ミサイル
크루즈 미사일.

アルサムド型ミサイル
알사무드 미사일.

最新鋭の地対空誘導弾
└ パトリオットミサイル
최신예 지대공 유도탄 패트리엇 미사일. PAC3.

スマート高性能爆弾
스마트탄.

地中貫通型核兵器
지하핵관통탄. 벙커버스터. RNEP.

小型核兵器
소형 핵무기. 미니누크. =ミニ·ニューク [mini nuke]

精密誘導爆弾
통합 정밀 직격 병기. JDAM.

通常兵器
재래식 무기.

大量破壊兵器
대량 살상 무기.

生物化学兵器
생물 화학 무기.
⊙ 생화학 무기는 잘못된 표현. 생화학(Biochemistry)은 학문의 한 분과이다.

非対称脅威
비대칭 위협.
⊙ 적의 취약점을 노려 효과를 극대화시킨 무기로 위협하는 것을 말한다. 흔히 대량 살상 무기나 핵무기 게릴라전 등으로부터의 위협을 말한다.

装甲車
장갑차.
⊙ 분대원 약 11명을 태우고 이동할 수 있다.

戦車
탱크.
⊙ 큰 화포가 탑재되어 있으며 조종사 외에 전투 병력을 운반할 수는 없다.

戦闘ヘリ
공격용 헬기.

ホバリング	호버링. 제자리 비행. [hovering] ≫ヘリコプターがホバリングを続けて警戒する。 헬리콥터가 제자리 비행을 하며 경계를 한다.
偵察衛星	정찰 위성. ＝情報収集衛星
早期警戒管制機	공중 조기 경보기. AWACS.
曳光弾	예광탄.
防毒マスク	방독면.
催涙弾	최루탄.
駐留軍	주둔군.
すさまじい攻撃	파상 공격. ＝波状攻撃 ≫米軍のすさまじい攻撃の爪跡を目の当たりにした。 미군의 파상 공격이 지나간 자리를 눈앞에서 보았다.
威嚇射撃	위협 사격. ≫威嚇射撃のつもりだったが、それは信じてもらえないだろう。 위협 사격을 할 생각이었겠지만 그것을 믿어주지 않을 것이다.
戦略的要衝の地	전략적 요충지.
拿捕	나포.
トリップワイヤ	인계철선. [trip wire] ≫在韓米軍は朝鮮半島で有事の際、自動的に参戦する防衛ライン「トリップ・ワイヤ」の役割を担っている。 주한미군은 한반도에서 유사시 자동적으로 참전하는 방어선 '인계철선' 역할을 맡고 있다.
軍事境界線	군사 분계선. NLL. ≫軍事境界線にあたる北方限界線。 군사 경계선에 해당하는 북방 한계선.
ウラン濃縮計画	우라늄 농축 계획.
使用済み核燃料棒	사용 후 핵연료봉. 폐연료봉. ≫核兵器開発に結びつく使用済み核燃料棒。 핵무기 개발과 밀접한 관계가 있는 폐연료봉.
臨界前核実験	임계전 핵실험. ≫核爆発をともなわない臨界前核実験。 핵폭발 실험을 하지 않는 임계전 핵실험. ⊙ 핵폭발 원료인 플루토늄이 연쇄 반응을 일으켜 잇따라 핵분열을 일으키는 임계상태에 이르기 전에 폭발을 중지시키는 핵실험을 말한다. 「りんかいぜんかくじっけん」이라고도 한다.

軽水炉(けいすいろ)	경수로. ≫米国が北朝鮮に軽水炉を建設する代わりに北朝鮮が核施設凍結を約束した。 미국이 북한에 경수로를 건설하는 대신에 북한이 핵 시설을 동결하기로 약속했다.
黒鉛減速炉(こくえんげんそくろ)	흑연 감속로.
ミサイル脅威(きょうい)	미사일 위협. =ミサイル威嚇(いかく)
短射程(たんしゃてい)ミサイル	단거리 미사일.
劣化(れっか)ウラン	열화 우라늄.
兵器用(へいきよう)プルトニウム	무기급 플루토늄. =兵器級(へいききゅう)プルトニウム
通常戦力(つうじょうせんりょく)の削減(さくげん)	재래식 전력 감축.
ミサイル防衛(ぼうえい)	미사일 방어. MD(Missile Defence). ≫ミサイル防衛とは、レーダーなどで弾道ミサイルを探知し、迎撃するシステムのことだ。 미사일 방어란 레이더 등으로 탄도 미사일을 탐지해 요격하는 시스템을 말한다.
迎撃(げいげき)	요격.
核拡散問題(かくかくさんもんだい)	핵 확산 문제. ≫1990年代に入り一気に深刻化した核拡散問題。 1990년대에 들어서 급격히 심각해진 핵 확산 문제.
核武装(かくぶそう)への時間稼(じかんかせ)ぎ	핵 무장을 위한 시간 벌기.
核挑発(かくちょうはつ)	핵 시위. 핵 도발.
不審船(ふしんせん)	괴선박. ≫不審船は海上保安庁の巡視船との銃撃戦の末沈没、その後引き揚げられた。 괴선박은 해상보안청 순시선과의 총격전 끝에 침몰, 그 후 인양되었다.
完全(かんぜん)で検証可能(けんしょうかのう)かつ後戻(あともど)りできない核放棄(かくほうき)	완전하고 검증 가능하며 되돌릴 수 없는 핵 폐기. CVID.
核放棄優先(かくほうきゆうせん)	선 핵 포기. ≫米国は協議で軽水炉提供を前提に段階的核放棄を行う用意があるとした北朝鮮の提案を明確に拒否、核放棄優先を迫る米の立場をあらためて強調した。 미국은 회담에서 경수로 제공을 전제로 단계적인 핵 포기 용의가 있다는 북한의 제안을 확실히 거부하고 선 핵 포기를 요구하는 미국의 입장을 다시 한번 강조했다.
ピンポイント攻撃(こうげき)	정밀 공격. 족집게 공격.

テロ支援国家リスト	≫核施設へのピンポイント攻撃。핵 시설에 대한 정밀 공격. 테러 지원 국가 명단. ≫北朝鮮をテロ支援国家リストから外す。북한을 테러 지원 국가 명단에서 제외시키다.
核兵器の廃絶	핵무기 전폐.
ハイジャック	공중 납치. 하이잭. [*hijack*]
シージャック	해상 납치. [*seajack*]
乗っ取り犯	탈취범.
テロリスト	테러리스트. [*terrorist*] ≫テロリストはどこであれ攻撃を仕掛けてくる。테러리스트는 장소를 가리지 않고 공격해 온다.
テロとの闘い	테러와의 전쟁.
テロ撲滅	테러 근절. ≫貧困削減をテロ撲滅の手段とする。빈곤 퇴치를 테러 근절의 수단으로 한다. ◉ 박멸과 퇴치에 대한 용법이 우리나라와 다르므로 구분하여야 한다. 에이즈 퇴치:エイズ撲滅, 빈곤 퇴치:貧困撲滅, 바퀴벌레 박멸:ゴキブリ退治.
ブラックリスト	블랙리스트. 용의자 명단. [*blacklist*] ≫ブラックリストに名前が挙がった。블랙리스트에 이름이 올랐다.

Ⅵ. 외교·국제 관계

1. 외교

不慣れな外交
아마추어 외교. 서투른 외교.

弱腰外交
저자세 외교.

土下座外交
등신외교.

力ずくの外交
힘의 외교.

ちぐはぐな外交
엇박자외교.

草の根外交
풀뿌리외교. 민간 외교.

シャトル外交
셔틀 외교.
≫ 中断している日韓首脳間の「シャトル外交」への言及は避けたが、韓国では日本が事態打開へ前向きな対応を取らない限り再開は困難との見方が強い。 중단 상태인 한일 정상간의 '셔틀 외교'에 대한 언급은 피했으나 한국에서는 일본이 사태 해결을 위해 적극적으로 나서지 않는 한 재개는 곤란하다는 견해가 강하다.

アグレマン
아그레망. [agremant 프랑스어]
◉ 외교 사절을 파견할 때 상대 국가의 승인이 필요한데 이것을 아그레망이라 한다.

外交官僚一筋
외교 관료 외길.
≫ 潘基文外交通商相は外交官僚一筋で、韓昇洙元外交通商相が国連総会議長だった4年前には秘書室長も務めた。 반기문 외교통상부 장관은 외교 관료 외길만을 걸어왔으며 한승수 전 외교통상부 장관이 유엔총회의장이었던 4년 전에는 비서실장으로도 일했었다.

外交交渉
외교 협상.

巻き返し政策
롤백정책.
◉ 방어하는 처지에서 벗어나 적극적인 공세로 전환하여 상대를 반격하는 외교 정책.

2. 국제 관계

政冷経熱
정냉경열.
≫ 政冷経熱の度合いが激しい中台の空気が一転した。 정냉경열의 정도

가 심한 중국과 대만의 분위기가 확 바뀌었다.
- ⊙ 양국간의 정치 관계는 냉랭하지만 경제 교류는 활발하게 이루어지고 있다는 뜻이다. 중국과 일본의 정치 경제 관계를 빗대어 한 말이다.

国交正常化
국교 정상화.
- ⊙ 일본과의 국교 정상화는 1965년 박정희 대통령 시절에 이뤄졌다.

国交回復
국교 회복.

右傾化
우경화.
>> 最近日本の右傾化がアジアの平和の深刻な不安要素になっている。최근 일본의 우경화가 아시아 평화의 심각한 불안 요소가 되고 있다.

北東アジア
동북아시아.
>> 平和と繁栄の北東アジア時代を切り開く。평화와 번영의 동북아 시대를 열어 간다.

ナショナリズム
내셔널리즘. 국가주의. 민족주의. [nationalism]
>> 国内の反米ナショナリズムを押さえながら国際協調体制にかろうじてとどまっている。국내의 반미 내셔널리즘을 억제하면서 국제 협조 체제를 가까스로 유지하고 있다.

単独行動主義
일방주의.
>> 米国の単独行動主義に眉をひそめる国際社会。미국의 일방주의 행동에 눈살을 찌푸리는 국제 사회.

盟邦
맹방.
>> 中国が北朝鮮との間で盟邦としての紐帯を強化することに対して、米国やロシアが神経質になる。중국이 북한과 맹방으로서의 유대를 강화하는데 대해 미국과 러시아가 민감한 반응을 보인다.

ハイレベル交流
고위급 교류.
>> 会談で両首脳は、中朝関係発展に向けて、ハイレベル交流の強化や、経済、貿易協力の促進など4項目で合意した。회담에서 양정상은 북중 관계 발전을 위해 고위급 교류 강화와 경제, 무역 협력 촉진 등 4개 항목에 합의했다.

アジア欧州会議
아시아유럽정상회의. 아셈(ASEM).
- ⊙ ASEM : Asia Europe Meeting

ASEAN地域フォーラム
아세안 지역 안보 포럼.

政府開発援助
정부개발원조. ODA. =政府の途上国援助
- ⊙ ODA : Official Development Assistance

歴訪
순방.

表敬訪問	예방.
	≫6ヶ国歴訪の途についた。 6개국 순방길에 올랐다.
答訪	답방.
国連	유엔. UN. 국제연합.
	≫米英が国連決議を経ずにイラクを攻撃しようとしている。 미국과 영국이 유엔 결의를 거치지 않고 이라크를 공격하려 하고 있다.
	⊙ 일본에서는 UN이라고 하지 않는다. UN:United Nations
国連軍	UN군. 유엔군. 국제연합군.
ビザなし渡航	무비자 입국.
	≫ビザなし渡航が解禁され、日本への入国が容易になった。 무비자 입국이 시행되어 일본 입국이 간편해졌다.
議長声明	의장 성명.
主要先進国首脳会議	G8. =G8サミット
	⊙ 서방 선진 7개국(G7)과 러시아를 이르는 말이다.
中東和平	중동 평화.
国境なき記者団	국경 없는 기자단.
	≫国境なき記者団は会合から一時的に締め出された。 국경 없는 기자단은 회담에서 한때 배제되었다.
保障措置協定	핵안전조치협정.
	≫NPTに加入した非核兵器国は、IAEAとの間に保障措置協定を締結しなければならない。(NPT第3条) NPT에 가입한 비핵국은 IAEA와 핵안전조치협정을 체결해야만 한다.(NPT 제3조)
協議のスタイル	회담 방식.
	≫協議のスタイルがよりオープンで活発なものになった。 회담 방식이 더욱 개방되었으며 활기를 띠었다.
6ヶ国協議	6자회담. =6者協議
	≫6ヶ国協議のホスト役である中国。 6자회담 주최국인 중국.
作業部会	워킹 그룹.
高官会談	고위급 회담.
閣僚級会議	장관급 회담.
局長級会議	실무자급 회담.
二国間協議	쌍무 회담.
来るべき交渉	앞으로 해야 할 협상.

マラソン交渉	마라톤 협상.
泊まり込み交渉	마라톤 협상. ⊙ 호텔 등에 머물면서 계속 협상을 벌이는 경우에 사용한다.
徹夜交渉	밤샘 협상.
水面下調整	막후 조정. ≫ 中国を介した水面下の事前交渉. 중국을 통한 물밑 사전 교섭.
中国の仲立ち	중국의 중개.
大詰め協議	최종 협의. 막바지 협의.
ひざ詰め談判	직접 담판.
北朝鮮の瀬戸際外交	북한의 벼랑끝 외교.
交渉の場	협상 테이블. 협상 자리. ≫ 核問題の解決を目指し国際社会との交渉の場に再度臨みたいという. 핵 문제 해결을 위해 국제 사회와의 협상 테이블에 다시 임하고 싶다고 한다.
交渉途絶	협상 단절. ≫ 交渉途絶を覚悟で「経済封鎖」カードを切った. 협상이 단절될 것을 각오하고 경제 봉쇄 카드를 꺼냈다.
包括提案	일괄 타결안. ≫ 北朝鮮側がロシアの核問題解決に向けた包括提案に対して関心を示した. 북측은 러시아의 핵 문제 해결을 위한 일괄 타결안에 관심을 보였다.
悪の枢軸	악의 축.
ならず者国家	불량 국가. 깡패 국가. ≫ 北朝鮮問題を論ずる時は、国際テロ国家であり、人さらい国家であり、ならず者国家であるという北朝鮮の本質を見極めなければならない. 북한 문제를 논할 때는 국제 테러 국가이며 납치 국가, 불량 국가라는 북한의 본질을 직시해야 한다.
圧政の拠点	폭정의 전초 기지.
圧力をかわす	압력을 피하다. ≫ 外部からの圧力をかわす. 외부로부터의 압력을 피하다.
国際原子力機関	국제원자력기구. IAEA. ⊙ 한국은 기구라고 하는데 일본에서는「機関」이라는 용어를 많이 쓴다.
世界貿易機関	세계무역기구.
核兵器国	핵보유국. 핵국.

非核兵器国(ひかくへいきこく)	● 1967년 1월 1일 이전에 핵무기와 그 외의 핵폭발 장치를 제조하고 또 폭발시킨 나라를 말한다. 미국·소련·영국·프랑스·중국이 이에 해당하는 나라이다. 그 밖의 나라는 실제 핵무기 보유 유무에 상관없이 NPT상에서는 모두 비핵국으로 분류된다. 비핵보유국. 비핵국.
北朝鮮の核開発問題(きたちょうせん の かくかいはつもんだい)	북핵 문제.
核不拡散条約(かくふかくさんじょうやく)	핵확산금지조약. NPT. =核拡散(かくかく)防止(ぼうし)条約(じょうやく)
米朝枠組み合意(べいちょうわくぐみ ごうい)	제네바 합의.(1994년) ≫米朝枠組み合意を完全に葬り去る。 북미 제네바 합의를 완전히 사문화시키다. ● 1994년 10월 21일 북핵 문제를 해결하기 위해 제네바에서 미국과 북한이 체결한 비공개 양해록을 말한다. 참고로 제네바 협약(ジュネーブ協定)은 전쟁시 포로나 민간인 등의 인권에 관한 내용을 담은 협약이다.
大量破壊兵器拡散防止構想(たいりょうはかいへいき かくさんぼうし こうそう)	대량살상무기 확산방지구상. PSI.
キャッチオール規制(きせい)	전략 물자 수출 통제 제도. 캐치올(Catch all).
平等互恵(びょうどうごけい)	호혜평등. ≫平等互恵に基づく協力を強化する。 호혜평등에 입각한 협력을 강화하다.
レッドライン	레드라인. [red line] ≫米は再処理施設運転が「レッドライン」すなわち「ガマンの限度」であると警告していた。 미국은 재처리 시설 가동이 레드라인 즉 인내의 한계라고 경고했다. ● 대북 정책에서 현재의 포용 정책이 실패할 경우 봉쇄 정책으로 전환하는 기준선.
人間の盾(にんげん の たて)	인간 방패. ≫国際法では、人間の盾を使って軍事目標を守ることは、戦争犯罪であるとみなされている。 국제법은 인간 방패를 사용해서 군사적 목표를 사수하는 것을 전쟁 범죄로 간주하고 있다.
排他的経済水域(はいたてきけいざいすいいき)	배타적 경제수역.
米側寄りの姿勢(べいがわより の しせい)	친미 자세.
査察受け入れ(ささつ うけいれ)	사찰 수용. ≫北朝鮮に核査察の受け入れを促した。 북한에 핵 사찰 수용을 촉구했다.
抜き打ち査察(ぬきうち ささつ)	불시 사찰.

Ⅶ. 헌법・사법

最高裁判所 (さいこうさいばんしょ) 대법원. =最高裁(さいこうさい).

高等裁判所 (こうとうさいばんしょ) 고등 법원. =高裁(こうさい).

地方裁判所 (ちほうさいばんしょ) 지방 법원. =地裁(ちさい).

家庭裁判所 (かていさいばんしょ) 가정 법원. =家裁(かさい).

現場の検事 (げんばのけんじ) 평검사.

人権派弁護士 (じんけんはべんごし) 인권 변호사.

裁判官倫理綱領 (さいばんかんりんりこうりょう) 법관 윤리 강령.

法曹界 (ほうそうかい) 법조계.

量刑 (りょうけい) 형량.
◉「計量(けいりょう)」는 '무게를 재다'라는 뜻이다.

後ろ向きな判決 (うしろむきなはんけつ) 퇴행적인 판결.

在宅起訴 (ざいたくきそ) 불구속 기소.
≫第17代国会議員選挙をめぐり選挙法違反の容疑に問われ在宅起訴中だった与党・開かれたウリ党の李議員に対し最高裁判所は罰金250万ウォンの支払いを言い渡した。 제17대 국회의원 선거를 둘러싸고 선거법 위반 용의로 불구속 기소 중이던 열린우리당의 이 의원에게 대법원은 250만 원의 벌금을 언도했다.

自ら出頭 (みずかしゅっとう) 자진 출두.
≫自ら出頭し、疑惑を解明しなければならない。 자진 출두해서 의혹을 해명해야 한다.

家宅捜査 (かたくそうさ) 가택 수사. (회사・기관 등의) 압수 수사.

汚職・腐敗 (おしょく・ふはい) 부정부패.

贈収賄 (ぞうしゅうわい) 뇌물 수수.
≫補助金・支援金・助成金は、贈収賄の温床である。 보조금・지원금・조성금은 뇌물 수수의 온상이다.

実地調査 (じっちちょうさ) 현장 조사. =現場(げんば)調査(ちょうさ).

事情聴取 (じじょうちょうしゅ) 경위 조사.
≫収賄容疑で市長を週内にも立件する方針を固めており、近く事情

聴取に踏み切る。뇌물을 받은 혐의로 시장을 이르면 이번 주 내에 입건하기로 방침을 굳히고 조만간 경위 조사를 단행한다.
- 우리말 표현에서 시간의 경과를 나타낼 때는 '이르면'을 쓰고, 속도를 나타낼 때는 '빠르면'이라고 써야 한다.

特別検察チーム (とくべつけんさつチーム)
특검팀.
>> ハンナラ党が新たな特別検察チームを設置する法案を国会に提出した。한나라당이 새로운 특검팀을 설치하자는 법안을 국회에 제출했다.

コンプライアンス
준법정신. =法令順守(ほうれいじゅんしゅ) [compliance]

尻抜けの法案 (しりぬけのほうあん)
부실한 법안.

改憲 (かいけん)
개헌.

護憲 (ごけん)
호헌.

国内法優位の原則 (こくないほうゆういのげんそく)
국내법 우위 법칙. 자국법 우위 법칙.
- 국가의 최고 법규인 헌법에 상반되는 국제법, 특히 조약은 헌법에 저촉되는 경우 무효가 되는 것으로 보는 법칙.

相手取る (あいてどる)
상대하다.
>> 国を相手取って訴訟を起す。국가를 상대로 소송을 제기하다.

係争中の訴訟 (けいそうちゅうのそしょう)
계쟁 중인 소송.
- 계쟁은 문제를 해결하거나 어떤 대상물의 권리를 얻기 위해 당사자끼리 법적인 방법으로 다투는 것을 의미한다.

여러가지 표현

- □ **あかつき**(暁) | (앞으로 어떤 일이 실현되는) 날. 그날.
  ≫ 安保理改革が実現した暁には、我が国は常任理事国として一層の責任を果たしていく。 안보리 개혁이 실현되는 그날에는 일본은 상임 이사국으로서 가일층의 책임을 다해 나갈 것이다.

- □ **あけくれる**(明け暮れる) | 몰두하다. 열중하다.
  ≫ 喧嘩に明け暮れて国政にはいつ目を向けるのか。 싸움으로 지새면서 국정은 언제 돌보겠는가?

- □ **あしかせ**(足かせ) | 족쇄. 걸림돌.
  ≫ 過去が足かせになってはならない。 과거가 발목을 잡아서는 안 된다.

- □ **あしなみがみだれる**(足並みが乱れる) | 호흡이 맞지 않다. 보조가 맞지 않다.
  ≫ 核開発を放棄しない北朝鮮に対する日米韓の足並みが乱れるような事態だけは、なんとしても避けたい。 핵 개발을 포기하지 않는 북한에 대한 한·미·일간의 공조가 약해지는 사태 만큼은 어떻게든 피해야겠다.

- □ **あしなみをそろえる**(足並みを揃える) | 호흡을 맞추다.
  ≫ 国際協調の流れの中で、極東アジアの不安定要因を取り除くためには、日米中韓露の足並みを揃えることが前提であり、そのための各国が抱える諸問題を先に解決する必要がある。 국제 협조의 흐름 속에서 극동아시아의 불안정 요소를 제거하기 위해서는 한·미·중·일·러 5개국의 긴밀한 공조가 전제가 되며 이를 위해서는 각국이 안고 있는 제반 문제를 해결해야 할 필요가 있다.

- □ **あしなみをみだす**(足並みを乱す) | 공조를 흐트러트리다.
  ≫ 大統領の提案は、野党側の足並みを乱すための揺さぶりとの見方もある。 대통령의 제안은 야당측의 공조를 흐트러트리기 위한 전제로 보는 견해도 있다.

- □ **あだ**(仇) | 원수. 파멸.
  ≫ 結果として仇となった。 결과적으로 볼 때 파멸을 초래했다.

- □ **あたまをなやませる**(頭を悩ませる) | 골치를 썩이다.
  ≫ 二極化現象が政府の頭を悩ませている問題となっている。 양극화 현상이 정부의 골칫거리가 되고 있다.

- □ **あたらしいせいけんがせいりつする**(新しい政権が成立する) | 새로운 정권이 등장하다.

- □ **あたりさわり**(当たり障り) | 지장. 영향.
  ≫ 当たり障りのない内容だった。 피부에 와 닿지 않는 내용이었다.

- □ **あっしょうにおごる**(圧勝におごる) | 압승에 자만하다.
  ≫ 圧勝におごることなく、有権者の負託を重く受け止め、公約の実現に努めなければならない。 압승에 자만하지 말고 유권자의 신임을 무겁게 받아들여 공약 실천에 힘써야 한다.

정치 | 41

- ☐ **あっしょうのおもみ**(圧勝の重み) | 압승에 대한 부담감.
  >> 圧勝の重みを首相が一番痛感しているはずだ。 압승에 대한 부담감을 총리가 가장 잘 알고 있을 것이다.
- ☐ **あてこすりをいう**(当てこすりを言う) | 비꼬아 빈정대다.
- ☐ **あてつける**(当てつける) | 빗대어 말하다.
- ☐ **あとおしをうける**(後押しを受ける) | 지지를 받다.
  >> 国内外では平和運動や反戦運動が、世論の後押しを受けて盛り上がっている。 국내외에서는 평화 운동과 반전 운동이 여론의 지지를 받으며 활발히 일어나고 있다.
- ☐ **あとのまつり**(後の祭り) | 사후약방문. 소 잃고 외양간 고치기.
  >> 「大統領がまさか、ここまで本気だったとは」という党内の戸惑いと嘆きも後の祭りでしかない。 "대통령이 설마 이렇게까지 적극적일 줄이야"하는 당내의 당혹감과 탄식도 사후약방문이라고 밖에 할 수 없다.
- ☐ **あとまわしにする**(後回しにする) | 뒤로 미루다.
  >> 北朝鮮の核問題をめぐる6ヶ国協議で共同声明が採択された19日、拉致被害者の家族らは「拉致問題が後回しにされるのでは」と警戒感をあらわにした。 북핵 문제를 둘러싼 6자 회담에서 공동성명이 채택된 19일, 납치 피해자 가족들은 "납치 문제가 뒤로 미뤄지는 것은 아닌가" 하며 경계심을 드러냈다.
- ☐ **アドリブ** | 애드리브. [ad lib]
  >> 盧武鉉大統領は演説中によくアドリブを入れることで有名だ。 노무현 대통령은 연설 중에 자주 애드리브를 넣기로 유명하다.
- ☐ **あまりに**(余りに) | 너무나. 턱없이.
  >> 胆力ある政治家が余りに乏しい。 담력 있는 정치인이 턱없이 부족하다.
- ☐ **あめとむち**(飴と鞭) | 당근과 채찍.
  >> 北朝鮮に対しては経済制裁と人道援助をうまく使い分けた「飴と鞭」政策が必要である。 북한에는 경제 제재와 인도적인 지원을 명확히 구분한 '당근과 채찍' 정책이 필요하다.
  ⊙ 일본에서는 당근 대신 사탕(あめ)이란 단어를 쓴다.
- ☐ **あやかる** | 닮다. 감화되다.
  >> 首相の人気にあやかろうと支持に回る議員も多そうだ。 총리의 인기에 편승하려고 지지로 돌아서는 의원도 많은 것 같다.
- ☐ **あやしい**(怪しい) | 수상하다. 의심스럽다.
  >> 日中関係の雲行きが怪しくなった。 중일 관계의 미래가 불투명해졌다.
- ☐ **あやまったれきしかん**(誤った歴史観) | 잘못된 역사관.
  >> 誤った歴史観をもとに時代逆行的な発言を繰り返すことは外交上、礼節を失った行動である。 잘못된 역사관을 바탕으로 시대 역행적인 발언을 반복하는 것은 외교상 결례이다.
- ☐ **あゆみよる**(歩み寄る) | 서로 양보하다.

여러가지 표현

» アメリカと北朝鮮は互いに6ヶ国協議が再開されない理由は相手にあると非難し、今のところ歩み寄る兆しは見えていない。 북한과 미국은 서로 6자회담이 재개되지 않는 이유는 상대에게 있다고 비난해 현 상태에서 서로 양보할 조짐은 보이지 않는다.

- ☐ **あらいだす**(洗い出す) | 철저히 밝혀내다.
  » 大統領自身の不正関与まで洗い出す。 대통령 자신의 부정 관여까지 상세히 조사한다.

- ☐ **あらゆるしゅだんをはつどうする**(あらゆる手段を発動する) | 수단을 총동원하다.

- ☐ **アレルギーはんのう**(アレルギー反応) | 거부 반응.
  » 日本は中国の資源開発政策に強いアレルギー反応を示した。 일본은 중국의 자원 개발 정책에 강한 거부 반응을 보였다.

- ☐ **あんうん**(暗雲) | 먹구름.
  » 戦争の暗雲が立ち込める。 전쟁의 먹구름이 짙게 깔리다.

- ☐ **あんえい**(暗影) | 어두운 그림자.
  » 暗影を投げかける。 어두운 그림자를 드리우다.

- ☐ **あんぜんべん**(安全弁) | 안전판.
  » 北朝鮮は米朝中協議の開催を前提に、対米交渉が難航した場合の安全弁として南北対話を動かしてきた。 북한은 북·중·미 회담 개최를 전제로, 대미 협상이 난항을 겪을 경우를 대비해 남북 대화의 주도권을 잡아 왔다.

- ☐ **あんぜんほしょうのありかた**(安全保障のあり方) | 바람직한 안보 체계.
  » 核開発を進める北朝鮮の脅威にどう対処するのか、安全保障のあり方が根底から問われている。 핵 개발을 추진하는 북한의 위협에 어떻게 대처할 것인지 바람직한 안보 체계를 근본부터 따져 보아야 한다.

- ☐ **いいあらそい**(言い争い) | 설왕설래.

- ☐ **いいかえす**(言い返す) | 반박하다. 맞받아치다.
  » 違法だと言い返し、非難合戦となった。 불법이라고 반박해 비난전이 되었다.

- ☐ **いいぶん**(言い分) | 주장하고 싶은 말. 할 말.
  » 共同声明には、核問題について「韓国側は検証可能かつ不可逆的な方式で完全に解決されなければならないという点を強調した。中国側は北朝鮮の安全保障上の憂慮が解消されなければならないと主張した」と、それぞれの言い分が併記された。 공동 성명에는 핵 문제에 대해 "한국 측은 검증 가능하고 불가역적인 방식으로 완전히 해결을 해야 한다는 점을 강조했다. 중국 측은 북한의 안보상의 우려가 해소되어야 한다고 주장했다"고 각각의 주장이 병기되었다.

- ☐ **いいまぎらす**(言い紛らす) | 얼버무려 말하다.

- ☐ **いかくする**(威嚇する) | 위협하다. = 脅(おびや)かす
  » 米国は「北朝鮮政権を崩壊させたり、威嚇する意図はない」としている。 미국은 "북한 정권을 붕괴시키거나 위협할 의도가 없다"고 말한다.

- ☐ **いがみあい**(いがみ合い) | 반목. 서로 으르렁거림.

≫ 大統領は「いがみ合いを捨て、団結せよ」と呼びかけた。 대통령은 서로 다투지 말고 단결하자고 촉구했다.

□ **いかんのいをひょうする**(遺憾の意を表する) | 유감의 뜻을 표하다.
≫ 韓国の潘基文外交通商相は、町村信孝外相が盧武鉉大統領を批判したことについて遺憾の意を表明した。 반기문 외교통상부 장관은 마치무라 노부타카 외상이 노무현 대통령을 비판한 사실에 대해 유감의 뜻을 표명했다.
⊙ 외교적인 수사에서 '유감'은 가장 강력한 표현이다.

□ **いきおい**(勢い) | 기세. 세력. 기운.
≫ 現有議席を倍増し100議席に迫る勢いだ。 현재 보유 의석이 2배인 100의석에 달할 추세이다.

□ **いきおいづく**(勢いづく) | (더욱) 힘을 얻다.
≫ 強硬派がさらに勢いづく公算が大きい。 강경파가 더욱 힘을 얻을 공산이 크다.

□ **いきおいづける**(勢いづける) | 힘을 실어 주다.
≫ ネオコン〔新保守主義派〕を勢いづける。 네오콘의 기세를 등등하게 만들다.

□ **いきのねをとめる**(息の根を止める) | 숨통을 죄다. 옥죄다.
≫ 経済制裁は北朝鮮の息の根を止める剣に等しい。 경제 제재는 북한의 숨통을 끊는 칼과 같다.

□ **いきりたつ**(いきり立つ) | 격앙되다. 격분하다.
≫ A級戦犯を合祀している靖国神社に参拝するのだから、韓国や中国がいきり立つのは当たり前だ。 A급 전범이 합사되어 있는 야스쿠니에 참배하기 때문에 한국과 중국이 격분하는 것은 당연하다.

□ **いぎをとなえる**(異議を唱える) | 이의를 달다.
≫ 訴訟に異議を唱える。 소송에 이의를 제기하다.

□ **いけどりにする**(生け捕りにする) | 생포하다.
≫ イラクでフセイン大統領が生け捕りにされた。 이라크에서 후세인 대통령이 생포되었다.

□ **いけんのそうい**(意見の相違) | 의견 차이.
≫ 小さな意見の相違を乗り越える。 사소한 의견 차이를 극복하다.

□ **いけんをせばめる**(異見を狭める) | 이견을 좁히다.
≫ 労使交渉を開始したが、リストラに対する異見を狭めることが出来なかった。 노사 협상을 개시했으나 구조조정에 대한 이견을 좁힐 수는 없었다.

□ **いけんをともにする**(意見を共にする) | 의견을 같이하다.
≫ 米韓の首席代表は6ヶ国協議で北朝鮮核廃棄優先に意見を共にした。 한미 수석대표는 6자회담에서 선 북핵 폐기에 의견을 같이했다.

□ **いしきをこすいする**(意識を鼓吹する) | 의식을 고취하다.
≫ 歴史意識を鼓吹する事が出来る契機を用意する。 역사 의식을 고취할 수 있는 계기를 마련하다.

여러가지 표현

- ☐ **いじょうなけいひがしかれている**(異常な警備が敷かれている) | 평소와는 달리 (많은) 경비가 배치되어 있다.

- ☐ **いすとりゲーム**(いす取りゲーム) | 자리싸움.
  ≫ 常任理事国入りはいす取りゲームではない。 상임이사국 진출은 자리싸움이 아니다.

- ☐ **いたちごっこ** | 끝없는 악순환.

- ☐ **いちづけ**(位置づけ) | 평가. 위상.
  ≫ PKOと自衛隊のイラク派遣は位置づけが異なる。 PKO와 자위대의 이라크 파견은 성격이 다르다.

- ☐ **いちにちごにひかえる**(一日後に控える) | 하루 앞두다.
  ≫ 大統領は訪米出国を一日後に控えた8日、「韓米同盟は我々の安保の根幹であり、韓半島の平和と北東アジア安定のための中核的役目を果たしている」と述べた。 대통령은 방미 출국을 하루 앞둔 8일 "한미동맹은 우리 안보의 근간이며 한반도 평화와 동북아시아 안정을 위해 핵심적인 역할을 하고 있다"고 이야기했다.

- ☐ **いちりづか**(一里塚) | 이정표. =道しるべ
  ≫ 統合の一里塚にすぎない。 통합의 이정표에 지나지 않는다.

- ☐ **いっきにしんこくかする**(一気に深刻化する) | 급격히 심각해지다.

- ☐ **いっせんをかくす**(一線を画す) | 선을 긋다.
  ≫ 強硬派とは一線を画した立場を示した。 강경파와는 선을 긋는 입장을 표명했다.

- ☐ **いっそうする**(一掃する) | 없애다. 제거하다.
  ≫ テロ組織を一掃する。 테러 조직을 소탕하다.

- ☐ **いってのける**(言ってのける) | 거리낌 없이 말하다.
  ≫ 思った事を包み隠さずずばりと言ってのける。 생각한 것을 감추지 않고 거침 없이 말하다.

- ☐ **いっぽもゆずらない**(一歩も譲らない) | 한 치의 양보도 없다.
  ≫ 米中の両方を手玉にとって一歩も譲らない北朝鮮。 미국과 중국을 농락하며 한 발짝도 물러서지 않는 북한.

- ☐ **いっぽゆずる**(一歩譲る) | 한발 물러나다.

- ☐ **いにかいしない**(意に介しない) | 개의치 않다.
  ≫ 「個人的な信条」を貫きとおすためなら、たとえ中国や韓国との関係悪化もまったく意に介しない。 개인적인 신조를 관철시키기 위해서라면 가령 한국이나 중국과의 관계 악화도 전혀 개의치 않는다.

- ☐ **イニシアチブ** | 주도권. [initiative]

- ☐ **いみあい**(意味合い) | 의미. 사정.
  ≫ 制裁は象徴的な意味合いが濃い。 제재는 상징적인 의미가 강하다.

- ☐ **いりゅう**(慰留) | 만류.

>> 辞意表明に対して慰留をしなかった。 사의 표명에 대해 만류를 하지 않았다.

☐ **いりょくをみせつける**(威力を見せつける) | 위력을 과시하다.

☐ **いろこいないようだ**(色濃い内容だ) | 농후한 내용이다.
>> 予算案には各種核兵器の研究費も含まれ、核戦力強化を目指すブッシュ政権の姿勢が色濃い内容だ。 예산안에는 각종 핵 무기 연구비도 포함되어 핵 전력 강화를 지향하는 부시 행정부의 자세가 짙게 깔려 있는 내용이다.

☐ **うおうさおうする**(右往左往する) | 갈피를 못 잡다.
>> 対外政策が右往左往しているように見える。 대외 정책이 갈피를 못 잡고 있는 것처럼 보인다.

☐ **うけながす**(受け流す) | (건성으로) 적당히 받아넘기다.
>> 反応がないから軽く受け流していると考えるのは早計だ。 아무런 반응이 없어 가볍게 받아들이고 있다고 여기는 것은 경솔한 생각이다.

☐ **うしろだて**(後ろ盾) | 후원. 후원자.
>> 世論の喝采を後ろ盾とする政治を行う。 여론의 갈채를 받는 정치를 한다.

☐ **うちわもめがある**(内輪もめがある) | 내홍을 겪다.
>> 選挙を控えた大事な時期に内輪もめをくり広げ、有権者の信用を失いつつあった。 선거를 앞둔 중요한 시기에 내홍을 일으켜 유권자들의 신뢰를 잃고 있었다.

☐ **うらはら**(裏腹) | 정반대. 모순됨.
>> 日韓関係は昨年、「日韓友情年」という言葉とは裏腹に最悪の状況を迎えた。 '한일 우정의 해'라는 말과는 정반대로 한일 관계는 작년에 최악의 상황을 맞이했다.

☐ **うらみがふかい**(恨みが深い) | 원망이 크다.

☐ **うろたえる** | 허둥대다. 갈팡질팡하다.
>> 世論の批判にうろたえる人は資格のない議員です。 여론의 비판에 허둥대는 사람은 의원 자격이 없습니다.

☐ **えいいちゅうしする**(鋭意注視する) | 예의 주시하다.

☐ **エールをおくる**(エールを送る) | 성원을 보내다. 응원을 보내다.
>> 再選出馬に最大限のエールを送った。 재선 출마에 최대한의 응원을 보냈다.

☐ **えじき**(餌食) | 제물. 희생양.
>> 政治家の大衆迎合政治の餌食にされないようにすること。 정치가의 대중 영합 정치의 희생양이 되지 않도록 해야 한다.

☐ **エスカレートさせる** | (사태를) 악화시키다.
>> 事態をさらにエスカレートさせるような措置をとらない。 사태를 더욱 악화시키는 듯한 조치는 취하지 않는다.

☐ **NCNDせいさくをとる**(NCND政策を取る) | 시인도 부인도 하지 않는 정책(NCND)을 펼치다.

여러가지 표현

⊙ NCND:Neither Conform Nor Deny

- [ ] **おおきなだげきをうける**(大きな打撃を受ける) | 된서리를 맞다.
  ≫ ハンナラ党の主張どおり、政権側の介入が確認された場合、与党ウリ党は大きな打撃を受けるとみられる。 한나라당의 주장대로 정부의 개입이 확인될 경우 열린우리당은 된서리를 맞을 것으로 보인다.

- [ ] **おおすじをつかむ**(大筋をつかむ) | 큰 가닥을 잡다.
  ≫ 中国政治の流れの大筋をつかむ。 중국 정치 흐름의 큰 가닥을 잡다.

- [ ] **おおづめ**(大詰め) | 막바지. 대단원.
  ≫ 選挙戦が大詰めを迎える。 선거전이 막바지에 들어서다.

- [ ] **おおむこう**(大向こう) | 관람자. 대중.
  ≫ 外交で大向こうの受けを狙った。 외교로 국민들의 지지를 노렸다.

- [ ] **おおやけのば**(公の場) | 공개 석상.
  ≫ 辞任した経緯などを公の場で初めて語った。 사임한 경위 등을 공개 석상에서 처음으로 이야기했다.

- [ ] **おかねいりのふうとうをわたす**(金入りの封筒を渡す) | 돈 봉투를 건네다.

- [ ] **おき**(沖) | 앞바다.
  ⊙ 한국 기상청은 동해 23㎞, 서해와 남해는 40㎞ 이내로 규정하고 있다.

- [ ] **おきざりにする**(置き去りにする) | 내버려 두다.
  ≫ 国政の難題を置き去りにするような政治。 국정의 어려운 문제를 내버려 두려는 듯한 정치.

- [ ] **おくらいりになる**(お蔵入りになる) | 보류되다.
  ≫ さまざまな提案を提出しても、その提案がお蔵入りになってしまうということが多い。 다양한 제안을 제출하더라도 그 제안이 보류되는 경우가 많다.

- [ ] **おくれをとる**(後れをとる) | 뒤처지다.
  ≫ テロ対策に後れをとっている現状を危惧している。 테러 대책이 늦어지고 있는 현재 상황을 우려하고 있다.

- [ ] **おしきる**(押し切る) | 밀어붙이다.
  ≫ 数の力で押し切る野党。 수적 우세로 밀어붙이는 야당.

- [ ] **おしつける**(押し付ける) | 강요하다. 떠맡기다.
  ≫ 原油高の責任をOPECだけに押し付けようとしている。 고유가에 대한 책임을 OPEC에 전부 떠넘기려 한다.

- [ ] **おす**(推す) | 추대하다.
  ≫ 貿易協会の次期会長に前産業資源部長官を推して問題となった。 무역협회 차기 회장에 전 산업자원부 장관을 추대해 문제가 되었다.

- [ ] **おちつく**(落ち着く) | 타결을 보다. (결론에) 도달하다.

≫ 日本政府内には当初、「拉致問題も盛り込むよう求めるべきだ」との意見があったが、「焦点は核放棄と安全の保証。拉致問題は別の問題になる」といった見解に落ち着いた. 일본 정부 내에는 당초 "납치 문제도 집어넣도록 요구해야 한다"라는 의견이 있었으나 "초점은 핵 포기와 안보이다. 납치 문제는 다른 사안이다"라는 견해에 도달했다.

- [ ] **おてもり**(お手盛り) | 자기에게 유리하도록 일을 꾀함.
  ≫ 行政の事業評価がお手盛りのさじ加減で行われている. 행정 사업 평가가 적당하게 자신들에게 유리하도록 이루어져 왔다.

- [ ] **おめいへんじょう**(汚名返上) | 오명 씻기.
  ≫ 汚名を返上して名誉を挽回する. 오명을 씻고 명예를 되찾다.

- [ ] **おもいおこさせる**(思い起こさせる) | 상기시키다.
  ≫ 核凍結に対して見返りのエネルギー支援をするという構図は、94年の米朝枠組み合意を思い起こさせる. 핵동결에 대한 대가로 에너지를 지원한다는 구도는 94년의 제네바 합의를 떠오르게 한다.

- [ ] **おもいきったしえん**(思い切った支援) | 대담한 지원. 과감한 지원. =大胆(だいたん)な支援(しえん)

- [ ] **おもいとどまらせる**(思いとどまらせる) | 만류하다.

- [ ] **おもてだつ**(表立つ) | 표면에 드러나다.
  ≫ 北朝鮮は表立った反応は見せていない. 북한은 이렇다 할 반응을 보이지 않고 있다.

- [ ] **おもてむきのかいぜん**(表向きの改善) | 표면적인 개선.

- [ ] **おわりをまっとうする**(終わりを全うする) | 유종의 미를 거두다.

- [ ] **おをひきそうだ**(尾を引きそうだ) | 여파를 미칠 것 같다.
  ≫ 中国、韓国、東南アジアなど国内外から批判が続出し外交問題にまで発展。今年は昨年からの靖国問題が尾を引きそうだ. 한국, 중국, 동남아시아 등 국내외에서 비판이 계속 나와 외교 문제로 발전했다. 올해는 작년부터 불거진 야스쿠니 신사 참배 문제가 여파를 미칠 것 같다.

- [ ] **おんどさ**(温度差) | 의견 차이.
  ≫ 曖昧な表現に終始した日本と、謝罪を求めるアジア諸国との間に温度差があった. 모호한 표현으로 시종일관한 일본과 사죄를 요구하는 아시아 국가 사이에 의견 차이가 있었다.

- [ ] **おんどさをうめる**(温度差を埋める) | 의견 차를 좁히다.

- [ ] **おんねんをはらす**(怨念を晴らす) | 원한을 풀다.

- [ ] **がいかかせぎ**(外貨稼ぎ) | 외화 벌이.
  ≫ 外貨稼ぎの手段として、麻薬を生産・密売してきた. 외화 벌이 수단으로 마약을 생산・밀매해 왔다.

- [ ] **かいかく**(改革) | 개혁.
  ≫ 譲るべきは譲る、改革すべきは改革する. 양보할 것은 양보하고, 개혁할 것은 개혁한다.

- [ ] **かいかくのぐたいぞう**(改革の具体像) | 개혁의 구체적인 모습.

여러가지 표현

- ☐ **かいぎがとんざする**(会議が頓挫する) | 회담이 실패로 돌아가다.
- ☐ **かいぎがものわかれにおわる**(会議が物別れに終わる) | 회의가 결렬되다.
- ☐ **かいぎをしきる**(会議を仕切る) | 회의를 주재하다.
- ☐ **かいけつのいとぐち**(解決の糸口) | 해결의 실마리.
  ≫ 北朝鮮は、アメリカの敵視政策に変化がないため、問題解決の糸口をつかめないと述べ、アメリカの対応を厳しく非難した。 북한은 미국의 적대 정책에 변화가 없기 때문에 문제 해결을 위한 실마리를 잡을 수 없다고 이야기하며 미국의 대응을 엄중하게 비난했다.
- ☐ **かいけつのみちをとざす**(解決の道を閉ざす) | 해결의 길을 막다.
  ≫ 対話による解決の道を自ら閉ざす愚かな行動である。 대화를 통한 해결의 길을 스스로 막아 버리는 어리석은 행동이다.
- ☐ **かいけんをうちきる**(会見を打ち切る) | 회견을 중단하다.
- ☐ **かいごうをもつ**(会合をもつ) | 회동(회합·모임)을 가지다.
  ≫ 定期的に会合をもつ。 정기적으로 모임을 갖다.
- ☐ **かいじゅうこうさくをおこなう**(懐柔工作を行う) | 회유 공작을 펼치다.
  ≫ 「もしイラクが民主的国家になれば、トルコは膨大な利益を得る」と、経済援助をちらつかせた懐柔工作を行った。 "만약 이라크가 민주국가가 된다면 터키는 막대한 이익을 얻게 된다"라며 경제 원조를 내비치는 회유공작을 펼쳤다.
- ☐ **かいほうされる**(解放される) | (잡혔다가) 풀리다. 석방되다.
- ☐ **かえりざく**(返り咲く) | 복귀하다. 컴백하다.
  ≫ 政界に返り咲いた。 정계에 복귀했다.
- ☐ **がかい**(瓦解) | 와해.
  ≫ アメリカは国連を無視して戦争を始めたわけで、常任理事国であるアメリカのこの行動は、国連の瓦解の可能性まではらんでいる。 미국이 유엔을 무시하고 전쟁을 시작했기 때문에 상임이사국인 미국의 행동은 유엔의 와해 가능성까지 내포하고 있다.
- ☐ **かきたてる** | 불러일으키다. 부채질하다.
  ≫ 与党議員の一部が、イラクへの韓国軍の追加派兵決定の見直しを求めていることも、米国の不信感をかきたてている。 일부 여당 의원이 한국군의 이라크 추가 파병 재검토를 요구하고 있는 것도 미국의 불신을 자극하고 있다.
- ☐ **かきたてる**(書きたてる) | 크게 다루다.
  ≫ マスコミは「四面楚歌(しめんそか)」と書きたてている。 언론은 사면초가라고 크게 다루고 있다.
- ☐ **かくカードおんぞんをねらうきたちょうせん**(核カード温存を狙う北朝鮮) | 핵 카드를 결코 놓치지 않으려는 북한.
- ☐ **かくかいはつぎわくがもたれている**(核開発疑惑がもたれている) | 핵 개발 의혹을 받고 있다.

- ☐ **かくしつ**(確執) | 갈등. =葛藤かっとう
  ≫ 両国の確執は東アジア地域の不安定要素になりかねない。양국의 갈등은 동아시아 지역의 불안정한 요소가 될 수 있다.

- ☐ **かくだんに**(格段に) | 현격하게.
  ≫ 核実験の強行や核物質の輸出に走る恐れが格段に高まった。핵실험 강행과 핵물질 수출로 치달을 우려가 더욱 높아졌다.

- ☐ **かくのないちょうせんはんとうがじつげんする**(核のない朝鮮半島が実現する) | 한반도 비핵화가 실현되다.

- ☐ **かくはいきぶつしせつ**(核廃棄物施設) | 원전센터.
  ≫ 核廃棄物施設の誘致に名乗りを上げる。원전센터 유치에 참가하다.

- ☐ **かくほうきのみかえり**(核放棄の見返り) | 핵 포기의 대가.
  ≫ 北朝鮮が核放棄の見返りに米国との関係正常化や経済援助を求める。북한이 핵 포기의 대가로 미국과의 관계 정상화와 경제 지원을 요구하다.

- ☐ **かくれみの**(隠れみの) | 방패막이, 보호막.
  ≫ 平和利用を隠れみのとして、核兵器の開発の余地を残す。평화 이용을 방패막이로 핵무기 개발의 여지를 남겨 놓다.

- ☐ **かくをてばなす**(核を手放す) | 핵을 포기하다.
  ≫ 北朝鮮は核を手放すのと引き換えに安全保障や経済支援などを手に入れる。북한은 핵을 포기하는 대신에 안전 보장과 경제 지원 등을 손에 넣을 수 있다.

- ☐ **かげきなことばづかい**(過激な言葉遣い) | 과격한 말투.

- ☐ **かけごえにおわる**(掛け声に終わる) | 구호에 그치다.
  ≫ 単なる掛け声に終わった感があり残念だ。단순한 말에 그친 감이 있어 아쉽다.

- ☐ **かけこみぼうめい**(駆け込み亡命) | (외국 공관으로) 진입 망명.
  ≫ ベトナムの首都ハノイ市内のタイ大使館に北朝鮮を脱出した7人が駆け込み、亡命を申請した。베트남 수도 하노이 시내의 태국 대사관에 탈북자 7명이 진입해 망명을 신청했다.

- ☐ **かけずりまわる**(駆けずり回る) | 누비다. 이리저리 뛰어다니다.
  ≫ 戦地の状況を写真に収めるため必死で戦地を駆けずり回るカメラマン。전장의 상황을 사진에 담기 위해 필사적으로 전장을 누비는 카메라맨.

- ☐ **かけひき**(駆け引き) | 밀고 당기기.
  ≫ 双方の駆け引きが激しくなりそうだ。쌍방의 밀고 당기기가 치열해질 것으로 보인다.

- ☐ **かげをひそめる**(影を潜める) | 자취를 감추다.
  ≫ 米国が主導する「圧力」が影を潜め、「対話」の重要性が前面に出された。미국이 주도하는 압력이 자취를 감추고 대화의 중요성이 전면으로 나왔다.

- ☐ **かこせいさん**(過去清算) | 과거 청산.

여러가지 표현

- □ **かざむき**(風向き) | 상황. 형세.
  ≫ 頼りにしていた世論の風向きが変わりつつある。 믿고 있던 여론의 향방이 바뀌고 있다.
- □ **かざむきがわるい**(風向きが悪い) | 형세가 불리하다.
  ≫ 世論調査でも風向きが悪いウリ党。 여론 조사에서도 형세가 불리한 열린우리당.
- □ **かしわでをうつ**(かしわ手を打つ) | (신사에서 배례할 때) 손뼉을 치다.
- □ **かぜあたり**(風当たり) | 비난. 공격.
  ≫ 予想外の風当たりに野党は当惑を隠せなかった。 예상 외의 비난에 야당은 당혹감을 감추지 못했다.
- □ **かたいけつい**(固い決意) | 비상한 결의.
  ≫ 「責任ある変革」を実現するために、固い決意を持って取り組んで参りました。 책임 있는 변혁을 이루어내기 위해서 굳은 결의를 가지고 매진해 왔습니다.
- □ **かたいれ**(肩入れ) | 편듦. 힘이 됨.
  ≫ 米国はイスラエルに露骨に肩入れした。 미국은 노골적으로 이스라엘 편을 들었다.
- □ **かたいれをする**(肩入れをする) | 편을 들다.
  ≫ 歴代大統領が与党に肩入れをしたのは周知の事実である。 역대 대통령이 여당 편을 드는 것은 다 알고 있는 사실이다.
- □ **かだいをなげかける**(課題を投げかける) | 과제를 던지다. 과제를 제시하다. =課題を突きつける
  ≫ 私たちに課題を投げかけた。 우리들에게 과제를 던져주었다.
- □ **かたがき**(肩書き) | 자격. 신분.
  ≫ 中国政府特使の肩書きで訪米した。 중국 정부 특사 자격으로 미국을 방문했다.
- □ **かちかんをわかちあう**(価値観を分かち合う) | 가치관을 공유하다.
  ≫ 当分の国際情勢の下では自由と民主主義という共通の価値観を分かち合う国同士が緊密な関係を維持、増進していくことが極めて重要である。 요즈음의 국제 정세에서는 자유와 민주주의와 같은 공통의 가치관을 공유하는 국가들이 긴밀한 관계를 유지하고 증진시켜 나가는 것이 아주 중요하다.
- □ **かちめがない**(勝ち目がない) | 승산이 없다.
  ≫ イラクは戦闘そのものではアメリカに勝ち目はない。何とかして世界の反戦世論に訴え停戦に持ち込もうとしている。 전투 자체만 보면 이라크는 미국에 승산이 없다. 어떻게 해서든 세계의 반전 여론에 호소해서 정전으로 끌고 가려 한다.
- □ **かちゅうにまきこまれる**(渦中に巻き込まれる) | 소용돌이에 말려들다.
  ≫ 労使紛争の渦中に巻き込まれる。 노사 분쟁의 소용돌이에 말려들다.
- □ **がっかりさせられるないよう**(がっかりさせられる内容) | 실망스러운 내용.
  ≫ 判決はあまりにもがっかりさせられる内容だった。 판결은 너무나도 실망스러운 내용이었다.

- [ ] **かっこたるいし**(確固たる意志) | 확고한 의지.
- [ ] **かつてないほど** | 여느 때보다. =いつよりまして
  >> 交流はかつてないほど深まっている。 교류는 여느 때보다 확대되고 있다.
- [ ] **かなう**(適う) | 적합하다. 들어맞다.
  >> 自衛隊派遣は日本の国益に適うのか。 자위대 파견은 일본의 국익에 부합하는가?
- [ ] **かのうせいもすてきれない**(可能性も捨てきれない) | 가능성도 배제할 수 없다.
  >> 北朝鮮が核兵器を実際に製造してしまう可能性も捨てきれない。 북한이 핵무기를 실제로 제조해 버릴 가능성도 배제할 수 없다.
- [ ] **かのうせいもひていできない**(可能性も否定できない) | 가능성도 배제할 수 없다.
  >> 直径3.5〜4キロのキノコ雲が観測され、核実験の可能性も否定できない。 직경 3.5~4 킬로미터의 버섯구름이 관측되어 핵 실험을 했을 가능성도 배제할 수 없다.
- [ ] **かみあう**(かみ合う) | (의견・논점 등이) 일치하다.
  >> アメリカの牛肉のBSE問題で、輸入禁止以来、日米両国の対応がかみ合っていない。 미국의 소고기 광우병 문제로 수입 금지 조치 이후 미일 양국의 대응이 엇갈리고 있다.
- [ ] **カムフラージュ** | 위장. 눈속임. [camuflage 프랑스어]
  >> カムフラージュを施す。 위장을 하다.
- [ ] **カモ** | 봉. 이용하기 쉬운 사람.
  >> これは何も知らない国民をカモにした政策に過ぎない。 이것은 아무것도 모르는 국민을 봉으로 생각한 정책에 지나지 않는다.
- [ ] **からだをはる**(体を張る) | 온몸을 내던지다.
  >> 法案成立を体を張って阻止した。 법안 채택을 실력으로 저지했다.
- [ ] **からねんぶつ**(空念仏) | 공염불.
  >> 選挙公約は政権を取らなければ空念仏と同じなのである。 선거 공약은 정권을 잡지 못하면 공염불과 마찬가지이다.
- [ ] **かりけっていをくだす**(仮決定を下す) | 예비 판정을 내리다.
- [ ] **かりだされる**(かり出される) | 동원되다.
  >> 大義のない戦争にかり出されている米軍兵士の心理状態が、手に取るようにわかる。 명분 없는 전쟁에 동원된 미군 병사들의 심리 상태를 훤히 알 수 있다.
- [ ] **かりだす**(駆り出す) | (억지로) 끌어내다. 동원하다.
  >> 北朝鮮では食糧増産のため、軍人が農村支援に駆り出されることがよくある。 북한에서는 식량 증산을 위해 군인이 농촌 지원에 동원되는 일이 자주 있다.
- [ ] **かりたてる**(駆り立てる) | 내몰다. 강제로 가게 하다.
  >> 若者を爆弾テロに駆り立てる。 젊은이들을 폭탄 테러로 내몰다.
- [ ] **かんきょうをととのえる**(環境を整える) | 환경을 마련하다.

여러가지 표현

≫ 脅威に対して対応できる環境を整える。 위협에 대응할 수 있는 환경을 마련하다.

☐ **かんけいがぎくしゃくする**(関係がぎくしゃくする) | 관계가 껄끄러워지다.
≫ 日本と中国の関係がぎくしゃくする恐れがある。 중국과 일본의 관계가 악화될 염려가 있다.

☐ **かんけいがぎこちない**(関係がぎこちない) | 관계가 어색하다〔딱딱하다〕.
≫ サッカーW杯の共催成功。「韓流」ブーム。日本人の韓国への親近感はかつてないほど増した。とはいえ、植民地支配の歴史をどう総括したらいいかをめぐる問題となると、日韓関係はまだまだぎこちない。 월드컵 공동 개최 성공. 한류 열풍. 일본인들은 여느 때보다 한국을 친근하게 느끼고 있다. 하지만 일제 강점기 역사를 어떻게 종합할 것인지를 둘러싼 문제에 당면하면 한일 관계는 아직도 어색하다.

☐ **かんけいがとげとげしい**(関係がとげとげしい) | 관계가 험악하다.
≫ 靖国・歴史認識問題などを引き金に悪化した中国、韓国との関係は相変わらずとげとげしい。 야스쿠니・역사 인식 문제 등이 발단이 되어 악화된 한국・중국과의 관계는 여전히 험악하다.

☐ **かんけいがひえきる**(関係が冷え切る) | 관계가 냉랭하다.
≫ 中韓関係が冷え切っていた1990年代 한중 관계가 냉랭했던 1990년대.

☐ **かんけいしゅうふく**(関係修復) | 관계 회복.
≫ 核問題は米朝関係修復によって解決できる。 핵 문제는 북미 관계 회복으로 해결할 수 있다.

☐ **かんけいすじ**(関係筋) | 관계 소식통.

☐ **かんこくやちゅうごくはがんちゅうにない**(韓国や中国は眼中にない) | 한국과 중국은 안중에도 없다.

☐ **かんじょうのおもむくままに**(感情のおもむくままに) | 감정에 치우쳐.
≫ 一時の感情のおもむくままに外交交渉するのは危険だ。 일시적인 감정에 치우쳐 외교 협상을 하는 것은 위험하다.

☐ **かんしんがあつまる**(関心が集まる) | 관심이 쏠리다.＝関心が注がれる・関心が引かれる
≫ 政府が進めている年金制度の見直しに関心が集まってる。 정부가 추진하고 있는 연금 제도 재검토에 관심이 집중되고 있다.

☐ **かんだいなしょちをもとめる**(寛大な処置を求める) | 선처를 구하다.
≫ 次善の策として寛大な処置を求めることくらいしかできなかった。 차선책으로 선처를 구하는 정도밖에 할 수 없었다.

☐ **がんちゅうひとなし**(眼中人なし) | 안하무인.

☐ **ぎいんをはいじょする**(議員を排除する) | 의원을 끌어내다.
≫ 議長が議場に入り、強制的に議員を排除するように衛視に指示した。 의장이 본회의장에 들어서 강제로 의원들을 끌어내도록 국회 경위에게 지시했다.

☐ **ききかんがにじむ**(危機感がにじむ) | 위기감이 엿보이다〔드러나다〕.

정치

- ☐ **きげんぎれ**(期限切れ) | 기한 만료.
- ☐ **きこえはいい**(聞こえはいい) | 듣기에는 그럴싸하다.
  ≫ 試行錯誤といえば聞こえはいい。시행착오라고 하면 듣기에는 그럴싸하다.
- ☐ **きこえよがしに**(聞こえよがしに) | 들으라는 듯이.
  ≫ 聞こえよがしに大きな声で言う。들으라는 듯이 큰 소리로 말하다.
- ☐ **きこくのとにつく**(帰国の途につく) | 귀국길에 오르다.
- ☐ **きしゃくする**(希釈する) | 희석하다.
  ≫ 地域対立感情が希釈される。지역 감정이 사라지다.
- ☐ **きじょうのくうろん**(机上の空論) | 탁상공론.
- ☐ **きずな**(絆) | 유대. 유대감. 유대 관계.
  ≫ 長年にわたり培われた日本とASEANの特別の絆。오랜 세월에 걸쳐 쌓아온 일본과 아세안의 특별한 유대 관계.
- ☐ **ぎせいをはらう**(犠牲を払う) | 희생을 치르다.
  ≫ 同盟からますます遠ざかる韓国に対して、米国はもはや犠牲を払う必要がないという判断が、行動として表れている。동맹 관계가 점점 소원해지고 있는 한국에 대해 미국은 더 이상 희생을 치를 필요가 없다는 판단이 행동으로 나타나고 있다.
- ☐ **ぎせきをへらす**(議席を減らす) | 의석을 줄이다.
  ≫ 総選挙で自民党が議席を減らした。총선에서 자민당 의석이 줄어들었다.
- ☐ **きたいかんをにじませる**(期待感をにじませる) | 기대감을 내비치다.
  ≫ 「われわれの思いが届き、道筋がついた」と期待感をにじませた。"우리의 뜻이 전달되어 가닥이 잡혔다"며 기대감을 내비쳤다.
- ☐ **きたいにおよばない**(期待に及ばない) | 기대에 못 미치다.
  ≫ 期待が大すぎて期待に及ばなかった。기대가 너무 커 기대에 미치지 못했다.
- ☐ **きたちょうせんからじょうほをひきだす**(北朝鮮から譲歩を引き出す) | 북한으로부터 양보를 이끌어내다.
- ☐ **きたちょうせんがわのたいどなんかをみちびきだす**(北朝鮮側の態度軟化を導き出す) | 북한의 유연한 자세를 이끌어내다.
- ☐ **きたちょうせんのてもちカード**(北朝鮮の手持ちカード) | 북한이 손에 쥔 카드.
- ☐ **きたちょうせんのペースにのせられる**(北朝鮮のペースに乗せられる) | 북한의 페이스에 말리다.
- ☐ **きたちょうせんをのがれる**(北朝鮮を逃れる) | 북한을 탈출하다.
- ☐ **きっきんのかだい**(喫緊の課題) | 중대한 과제.

여러가지 표현

- [ ] **きっこうする**(拮抗する) | 팽팽히 맞서다.
  - ≫ 賛成意見と反対意見が拮抗している。찬성 의견과 반대 의견이 팽팽히 맞서고 있다.
- [ ] **きていじじつかしている**(既定事実化している) | 기정사실화되고 있다.
  - ≫ 韓国軍のイラク派遣〔派兵〕延期が既定事実化している。한국군의 이라크 파병 연기가 기정사실화되고 있다.
  - ⊙ 자위대는 헌법상 군대가 아니기 때문에「派兵」란 표현을 쓰지 않는다.
- [ ] **きびしさをます**(厳しさを増す) | 긴장감을 더하다.
  - ≫ 朝鮮半島を巡る情勢が厳しさを増している。한반도를 둘러싼 정세가 긴박하게 돌아가고 있다.
- [ ] **きぼうてきかんそくにすがる**(希望的観測にすがる) | 희망적인 관측을 기대하다.
- [ ] **ぎもんにかられる**(疑問に駆られる) | 의문에 사로잡히다.
- [ ] **きゅうせんぽうにたつ**(急先鋒に立つ) | 최선봉에 서다.
  - ≫ 反米運動の急先鋒である東ティモールのゲリラ組織がアメリカ大使館を占拠した。반미운동의 최선봉에 서 있는 동티모르의 게릴라 조직이 미대사관을 점거했다.
- [ ] **きゅうちのあいだがら**(旧知の間柄) | 알고 지내는 사이.
  - ≫ 関係省庁の高官たちと旧知の間柄なので、話が順調に進む。관계 부처의 고위 관계자들과 알고 지내는 사이여서 이야기가 순조롭게 진행되다.
- [ ] **きょういがのぞかれる**(脅威が除かれる) | 위협이 사라지다.
  - ≫ 米国の核の脅威が除かれ、信頼が醸成されるのに従って、核兵器と核兵器関連計画を放棄する。미국의 핵 위협이 사라지고 신뢰가 조성되면 핵 무기와 관련 계획을 포기한다.
- [ ] **きょういとなる**(脅威となる) | 위협이 되다.
  - ≫ 世論調査で、日本人は「軍事的な脅威となる国」として、北朝鮮を一番目にあげた。여론조사에서 일본인은 '군사적 위협 국가'로 북한을 가장 먼저 꼽았다.
- [ ] **きょういをふうじこめる**(脅威を封じ込める) | 위협을 봉쇄하다.
- [ ] **きょうくんをくむ**(教訓をくむ) | 교훈을 이어받다.
  - ≫ 日本が第二次世界大戦の歴史を直視し、教訓をくみ、軍国主義の道を歩まぬことがアジアの理解と信頼を得るために必要だ。일본이 제2차세계대전의 역사를 직시하고 교훈을 이어받아 군국주의의 길을 걷지 않는 것이 아시아의 이해와 신뢰를 얻기 위해 필요하다.
- [ ] **きょうこうしせいをくずす**(強硬姿勢を崩す) | 강경한 자세를 굽히다.
  - ≫ 靖国問題などで強硬姿勢を崩さない小泉首相に強く再考を促した。야스쿠니 등에서 강경한 자세를 굽히지 않는 고이즈미 총리에게 강력히 재고할 것을 촉구했다.
- [ ] **きょうこなパートナーシップをこうちくする**(強固なパートナーシップを構築する) | 확고한 파트너십을 구축하다.
- [ ] **きょうこにする**(強固にする) | 공고히 하다.

정치 | 55

≫朝鮮半島の平和を強固にしていく。한반도의 평화를 공고히 해 나가다.

☐ **きょうつうにんしきをもつ**(共通認識を持つ) | 공감대를 형성하다. =コンセンサスを得る

≫北東アジア地域における、各国がシェアできる課題及び地域の国際問題について、共通認識を持つ作業が行われた。동북아 지역에서 각국이 공유할 수 있는 과제 및 지역의 국제 문제에 대해서 공감대를 형성하는 작업이 이루어졌다.

☐ **きょうどうせんげんをはっぴょうする**(共同宣言を発表する) | 공동 선언을 발표하다.

≫我々は、新世紀における三国間協力をさらに促進し、強化するため、以下の共同宣言を発出する。우리는 새로운 세기의 삼국간 협력을 더욱 촉진시키고 강화하기 위해 다음과 같은 공동 선언을 발표한다.

⊙「発表する」대신에「発出(はっしゅつ)する」를 쓸 수도 았다.

☐ **きょうりょくがぐらつく**(協力がぐらつく) | 협력이 흔들리다.

≫参拝問題がこれ以上悪化するようなことがあれば連携や協力がぐらつく恐れもあり、日本政府の今後の対応が注目される。참배 문제가 더욱 악화되는 경우에는 공조와 협력이 흔들릴 우려가 있어 일본 정부의 향후 대응이 주목을 받고 있다.

☐ **きょうりょくをふかめる**(協力を深める) | 협력을 더욱 확대하다.

≫協力を深め、強めていく。협력을 심화시키고 강화해 나간다.

☐ **きょくりょく**(極力) | 최대한.

≫国力の浪費と政治的混乱を極力避けたい。국력 낭비와 정치적 혼란을 최대한 피하겠다.

☐ **きょしんたんかい**(虚心坦懐) | 허심탄회.

≫大使は「双方とも日朝(にっちょう)平壌(ピョンヤン)宣言を履行するという姿勢で、真摯に、虚心坦懐に協議することを確認した」と語った。대사는 "양측 모두 북일평양선언을 이행한다는 자세로 진지하고 허심탄회하게 협의할 것을 확인했다"라고 말했다.

☐ **きょにでる**(挙に出る) | 행동으로 나오다.

≫北朝鮮が米国との緊張が高まった時にどういう挙に出るか国際社会は注目している。북한이 미국과 긴장이 고조될 때에 어떤 행동을 취할 것인지 국제 사회가 주목하고 있다.

☐ **きりこむ**(切り込む) | 날카롭게 추궁하여 따지다.

≫政策課題に切り込む。정책 과제를 날카롭게 추궁하다.

☐ **きりはなす**(切り離す) | 따로 떼다. 분리하다.

≫韓国政府は北朝鮮の核問題とは切り離して、北朝鮮領土内にある開城(ケソン)工業団地の建設計画を着々と進めている。한국 정부는 북핵 문제와는 별도로 북한 영토내에 있는 개성공업단지의 건설 계획을 착착 추진하고 있다.

☐ **きる**(切る) | 채 안 되다.

≫総選挙まであと3ヶ月を切っている。총선까지 3개월도 채 안 남았다.

☐ **きろにたたされる**(岐路に立たされる) | 기로에 놓이다.

여러가지 표현

- [ ] **ぎろんがさわがしい**(議論が騒がしい) | 의견이 분분하다.
  ≫ 現在、女性天皇についての議論が騒がしい。현재 여계(女系) 국왕에 대한 의견이 분분하다.
- [ ] **ぎろんだおれにおわる**(議論倒れに終わる) | (실행이 따르지 않는) 논의에서 끝나다.
  ≫ 国政のもたつきぶり、改革の議論倒れにはもう飽きた。국정이 원활히 돌아가지 않고 개혁이 논의에 그치는 현실에 이제는 질렸다.
- [ ] **ぎろんをへる**(議論を経る) | 공론화 과정을 거치다. 논의를 거치다.
  ≫ 国民的論議を経て慎重に結論を出すべきである。국민적인 논의를 거쳐 신중하게 결론을 내려야만 한다.
- [ ] **ぎわくがもちあがる**(疑惑が持ち上がる) | 의혹이 불거지다.
  ≫ 日本はこれまで、北朝鮮の核疑惑が持ち上がるたびに、「非核共同宣言」を根拠として「あり得ない」と言ってきた。일본은 지금까지 북한의 핵 의혹이 불거질 때마다 '비핵화 공동 선언'을 근거로 있을 수 없다고 말해 왔다.
- [ ] **きわどいジョークをはなつ**(きわどいジョークを放つ) | 아슬아슬한 농담을 던지다.
- [ ] **きをのがす**(機を逃す) | 기회를 놓치다.
  ≫ 早期に協議を始めなければ機を逃してしまう。조기에 회담을 시작하지 않으면 기회를 놓쳐 버리고 만다.
- [ ] **きんこばん**(金庫番) | 회계 책임자. 금고지기.
  ≫ スキャンダルに巻き込まれた政治家の金庫番だった秘書が自殺した。스캔들에 연루된 정치가의 회계 담당자였던 비서가 자살했다.
- [ ] **きんちょうにつつまれる**(緊張に包まれる) | 긴장감이 맴돌다.
  ≫ 戦争か平和解決か、不安と緊張に包まれたバグダッド。전쟁인가 평화적 해결인가, 불안과 긴장에 휩싸인 바그다드.
- [ ] **きんちょうぶくみだ**(緊張含みだ) | 긴장감이 돌다.
  ≫ 朝鮮半島は緊張含みだ。한반도는 긴장감이 감돌고 있다.
- [ ] **きんちょうをたかめる**(緊張を高める) | 긴장감을 고조시키다.
  ≫ 両国の軍事政権は領土問題から武力衝突寸前まで緊張を高めた。양국의 군사 정권은 영토 문제로 무력 충돌 직전까지 긴장감을 고조시켰다.
- [ ] **きんぼしをねらう**(金星を狙う) | 역전극을 노리다.
  ≫ 本命を出し抜いて金星を狙う。선거에서 유력 후보를 제치고 당선을 노린다.
- [ ] **くいたりない**(食い足りない) | 양이 차지 않다. 만족스럽지 못하다.
  ≫ 公約は食い足りないところが多い。공약은 만족스럽지 못한 곳이 많다.
- [ ] **くうこうをあとにした**(空港を後にした) | 공항을 빠져나갔다.
- [ ] **クーデター** | 쿠데타.
  ≫ フィリピンでは軍のクーデターのやり方が定形化してきた。まずは反大統領派の市民が立ち上がる。そしてラジオや携帯電話を使って民衆を呼び集める。これがピープルパ

ワーである。필리핀에서는 군의 쿠데타 방식이 정형화되어 있다. 먼저 반대통령파 시민이 일어난다. 그리고 라디오와 휴대전화를 사용해 민중을 끌어모은다. 이것이 피플 파워이다.

- [ ] **くうろ**(空路) | 비행기편. 항로.
  ≫ 北京ペキンから空路で米国に到着した。베이징에서 비행기편으로 미국에 도착했다.

- [ ] **くぎりをつける**(区切りをつける) | 일단락 짓다.
  ≫ 内部分裂に区切りをつける。내부 분열을 일단락 짓다.

- [ ] **くげんをていする**(苦言を呈する) | 쓴소리를 하다.
  ≫ 現政府の理念に苦言を呈する者が与党に居座り続けるのはおかしい。현 정부의 이념에 쓴소리를 하는 사람이 여당에 계속 버티고 있는 것은 이상하다.

- [ ] **くさびをうちこむ**(くさびを打ち込む) | 쐐기를 박다.
  ≫ 北朝鮮は3国協調体制にくさびを打ち込む隙ができたと含み笑いをしている。북한은 3국 공조 체제에 쐐기를 박을 틈이 생겼다며 내심 웃고 있다.

- [ ] **くじゅうのけつだんをくだす**(苦渋の決断を下す) | 고뇌에 찬 결단을 내리다. = 苦渋の決断をする

- [ ] **くしんのけつだん**(苦心の決断) | 고심에 찬 결단.

- [ ] **くすぐる** | 부추기다. 자극하다.
  ≫ 韓国民の愛国心をくすぐる。한국민의 애국심을 자극하다.

- [ ] **くすぶる** | 또다시 불거지다.
  ≫ 国民の間に「北朝鮮へ一方的に与えるばかりだ」との批判がくすぶっている。국민들 사이에 "북한에 일방적으로 주기만 한다"는 비판이 다시 일고 있다.

- [ ] **くちばしる**(口走る) | 무심결에 말하다.
  ≫ いくら異色の大統領とはいえ、就任半年にもならないのに自ら「下野」を口走った。아무리 색다른 대통령이라고는 하지만 취임한 지 6개월도 되지 않아 스스로 '하야'라는 말을 입에 담았다.

- [ ] **くつうをかんじゅする**(苦痛を甘受する) | 고통을 감수하다.

- [ ] **くつがえす**(覆す) | 뒤집다.
  ≫ 二審判決をくつがえした。2심 판결을 뒤집었다.

- [ ] **くにがかたむく**(国が傾く) | 나라가 무너지다.
  ≫ 国が傾くほどの借金ができたことを思い起こして欲しい。나라가 무너질 정도의 빚을 지고 있다는 사실을 상기했으면 한다.

- [ ] **くふう**(工夫) | 궁리함. 아이디어를 냄.
  ≫ 今回の参拝にはそれなりに工夫の跡も見えたが、まだまだ参拝には疑問と矛盾が多い。이번 참배에는 나름대로 주변국을 배려한 노력도 보였지만 여전히 참배에 대한 의문과 모순이 많다.

- [ ] **くもゆき**(雲行き) | 형세.

여러가지 표현

>> 政権の対テロ政策は船出と同時に暗礁に乗り上げそうな雲行きだ。 정부의 대테러 정책은 시작과 함께 암초에 걸릴 듯한 형세다.

☐ **くるいがしょうじる**(狂いが生じる) | 차질이 생기다.
>> 計画に狂いが生じる。 계획에 차질이 생기다.

☐ **クローズアップされる** | 부각되다.
>> 日本では、靖国問題がクローズアップされる中で、「ポスト小泉」たちが中国批判を簡単には取り下げられない状況が続いてきた。 일본에서는 야스쿠니 문제가 부각되고 있는 가운데 '포스트 고이즈미' 정치가들이 중국에 대한 비판을 철회할 수 없는 상황이 계속되었다.

☐ **ぐんばいをあげる**(軍配を上げる) | 손을 들어주다.
>> ウリ党かハンナラ党か、国民の審判はどちらに軍配を上げるのでしょうか。 열린우리당과 한나라당, 국민의 판단은 어느 쪽의 손을 들어줄까요?

☐ **けいえんする**(敬遠する) | 꺼리다. 멀리하다.
>> 国民が政治を敬遠すると、政治家も国民を敬遠してしまって、一部の者のためだけの政治になってしまう。 국민이 정치를 멀리하게 되면 정치인도 국민을 멀리하게 되어 일부 사람들만의 정치가 되어 버린다.

☐ **けいかいのめをむけられる**(警戒の目を向けられる) | 경계의 눈총을 받다.

☐ **けいかくがかたまる**(計画が固まる) | 계획이 확실해지다.
>> 一般廃棄物の焼却施設の建設計画を進めてきたが、この程、大まかな計画が固まった。 일반 폐기물 소각시설 건설 계획을 추진해 왔는데 최근 대략적인 계획이 정해졌다.

☐ **けいかくがとんざする**(計画が頓挫する) | 계획이 틀어지다.

☐ **けいかくをねる**(計画を練る) | 계획을 다듬다.

☐ **けいさんてき**(計算的) | 이해타산적. 계산적.
>> 小泉純一郎氏は、直情的な性格を持つ。政治家は、もっと冷徹な、計算的理性を持つべきである。 고이즈미 준이치로 씨는 직선적인 성격을 가지고 있다. 정치인은 좀 더 냉철하고 이해타산적인 이성을 가져야만 한다.

☐ **けっちゃくをつける**(決着をつける) | 매듭을 짓다.
>> 政府からの説明は、この論争に決着をつけるのに役立たない。 정부의 설명은 이 논쟁을 매듭짓는 데 도움이 되지 않는다.

☐ **けつろんづける**(結論付ける) | 결론을 내리다. 결론짓다.
>> ソウル大はES細胞に関する黄教授の一連の論文をねつ造と結論付けた。 서울대학교는 줄기세포에 관한 황 교수의 논문들을 조작으로 결론 내렸다.

☐ **けねんがたかまる**(懸念が高まる) | 우려가 고조되다.
>> テロ懸念が高まっている。 테러에 대한 우려가 고조되고 있다.

☐ **けねんをしめす**(懸念を示す) | 우려를 나타내다.
>> 大統領が独島〔竹島〕をめぐる問題などで対日批判を強めていることについて外相

は、大統領主導の対日批判に懸念を示した。대통령이 독도 문제를 둘러싸고 일본에 대한 비판 수위를 올리고 있는 것에 대해, 외상은 대통령이 주도하여 일본을 비판하는 것에 우려를 나타냈다.

- ☐ **けねんをふっしょくする**(懸念を払拭する) | 우려를 말끔히 씻다. =懸念を解消する
  ≫ 国民の不安と懸念を解消し信頼できる年金制度の確立を急がなければならない。 국민의 불안과 우려를 말끔히 씻어내고 신뢰할 수 있는 연금 제도를 서둘러 확립해야 한다.

- ☐ **ゲリラこうげきをしかけてくる**(ゲリラ攻撃を仕掛けてくる) | 게릴라 공격을 해 오다.

- ☐ **けんあんがさんせきする**(懸案が山積する) | 현안이 산적해 있다.
  ≫ この政権は、山積する国政懸案や爆発寸前の民心も全く眼中になく、病的なほど執拗にマスコミにやつ当たりし続ける。 현 정권은 산적해 있는 국정 현안과 폭발 직전에 있는 민심도 전혀 안중에 없고 병적일 정도로 집요하게 매스컴을 향해 분풀이를 계속하고 있다.

- ☐ **げんかいなだ**(玄海灘) | 현해탄.

- ☐ **けんきんかくし**(献金隠し) | (정치) 후원금 은닉.
  ≫ 献金隠し事件を受けて、企業や政治団体が献金を控えた。 후원금 은닉 사건으로 기업과 정치 단체가 후원금을 줄였다.

- ☐ **けんしきのあささ**(見識の浅さ) | 짧은 안목.
  ≫ 責任感のなさと見識の浅さにあらためて怒りが込み上げてくる。 무책임함과 짧은 안목에 다시 한번 화가 치밀어 오른다.

- ☐ **げんじつばなれする**(現実離れする) | 현실과 동떨어지다.
  ≫ あまりに現実離れした法は変えるべきである。 현실과 너무나 동떨어진 법은 바꾸어야 한다.

- ☐ **げんじゅうなけいかいをしいている**(厳重な警戒を敷いている) | 엄중한 경계를 펼치고 있다.

- ☐ **げんじょうにそぐわない**(現状にそぐわない) | 현 상황에 맞지 않다.
  ≫ 従来の特定地域総合開発計画は現状にそぐわない点が多い。 기존의 특정 지역 종합 개발 계획은 현 상황에 맞지 않은 점이 많다.

- ☐ **けんせいする**(牽制する) | 견제하다.

- ☐ **げんそくにのっとって**(原則にのっとって) | 원칙을 가지고. 원칙에 따라.
  ≫ 両国間に意見の相違が生じた場合は、普遍的な原則にのっとって解決すべきだ、と指摘した。 양국간에 의견의 차이가 발생한 경우는 보편적인 원칙에 따라서 해결해야 한다고 지적했다.

- ☐ **けんりょくをふりまわす**(権力を振り回す) | 권력을 남용하다.

- ☐ **ごういにいたる**(合意に至る) | 합의에 이르다.
  ≫ 中国側が慎重な姿勢を崩さず、合意には至らなかった。 중국 측이 신중한 자세를 굽히지 않아 합의에 이르지 못했다.

- ☐ **ごういにこぎつく**(合意にこぎつく) | 합의에 도달하다.
  ≫ ここにきて事態が急転し、ついに政府間の大筋合意にこぎつけた。 최근 들어 사태가 급

여러가지 표현

반전해 드디어 정부간의 대략적인 합의에 도달할 수 있었다.

- ☐ **ごういをとりかわす**(合意を取り交わす) | 합의를 주고받다.
  ≫ イラク追加派兵で米韓首脳が合意を取り交わした。 이라크에 추가 파병하기로 한미 정상이 상호 합의했다.

- ☐ **こうげきにふみきる**(攻撃に踏み切る) | 공격을 단행하다.
  ≫ もし北朝鮮が使用済み核燃料棒の再処理を行ったら、米国はただちに攻撃に踏み切るかもしれない。 만약 북한이 폐연료봉 재처리를 실시한다면 미국은 지체 없이 공격을 단행할지도 모른다.

- ☐ **こうげきをつよめる**(攻撃を強める) | 공격의 수위를 높이다.
  ≫ 国境地帯で攻撃を強める可能性があり、警戒を強めている。 국경 지대에서 공격의 수위를 높일 가능성이 있어 경계를 강화하고 있다.

- ☐ **こうしょうがけつれつした**(交渉が決裂した) | 협상이 결렬되었다.

- ☐ **こうしょうのなかみ**(交渉の中身) | 협상 내용.
  ≫ 交渉の中身を明らかにする。 협상 내용을 밝히다.

- ☐ **こうしょうをぎりぎりまでつづける**(交渉をぎりぎりまで続ける) | 마지막까지 협상을 벌이다.

- ☐ **こうそうをねる**(構想を練る) | 구상을 세우다.
  ≫ 大した構想を練っていない。 별다른 구상을 내놓지 못하고 있다.

- ☐ **こうちゃくじょうたい**(膠着状態) | 교착 상태.
  ≫ 6ヶ国協議が膠着状態に陥っている。 6자회담이 교착 상태에 빠졌다.

- ☐ **こうとうむけいなねつぞう**(荒唐無稽な捏造) | 황당무계한 조작.
  ≫ 平壌放送は「拉致などは荒唐無稽な捏造」と放送した。 평양방송은 '납치 등은 황당무계한 날조'라고 방송했다.

- ☐ **こうどうをエスカレートさせる**(行動をエスカレートさせる) | 행동을 확대해 나가다.
  ≫ 6ヶ国協議が中断され、北朝鮮は「核兵器保有宣言」や、プルトニウム原子炉建設の再開などの行動をエスカレートさせてきた。 6자회담이 중단되어 북한은 '핵무기 보유 선언'과 플루토늄 원자로 건설 재개 등으로 행동을 확대해 나갔다.

- ☐ **こうりゅうをふかめる**(交流を深める) | 교류를 확대하다.
  ≫ 今後は政府レベルを超え、地方行政や民間レベルでの交流を深める必要がある。 앞으로는 정부 차원을 넘어 지방 행정과 민간 차원에서의 교류를 늘려 나갈 필요가 있다.

- ☐ **ごうわん**(豪腕) | 뛰어난 솜씨.
  ≫ 大舞台で豪腕ぶりを見せてきた。 큰 무대에서 뛰어난 솜씨를 보여 왔다.

- ☐ **こえてはいけないいっせん**(越えてはいけない一線) | 넘어서는 안 되는 선.
  ≫ 米国は核物質の輸出は「北朝鮮が越えてはいけない一線」と位置づけており、北朝鮮側

정치 | 61

も 輸出はしないと 約束していた。 미국은 핵물질 수출은 북한이 넘어서는 안 되는 선으로 규정했으며 북한도 수출은 하지 않겠다고 약속했었다.

- ☐ **こくがいたいきょ**(国外退去) | 국외추방.
- ☐ **こくせいをあずかる**(国政を預かる) | 국정을 돌보다.
  ≫ 国政を預かるものには自らの犠牲を厭わない決意がなくてはならない。 국정을 돌보는 사람에게는 자신의 희생을 아끼지 않는 결의가 있어야 한다.
- ☐ **こくそをとりさげる**(告訴を取り下げる) | 고소를 취하하다.
- ☐ **こくみんにしんをとう**(国民に信を問う) | 국민에게 신임을 묻다.
- ☐ **こくれんかいかくのきうんがもりあがったとし**(国連改革の機運が盛り上がった年) | 유엔 개혁의 기운이 고조된 해.
- ☐ **こぐんふんとう**(孤軍奮闘) | 고군분투.
- ☐ **こころおきなく**(心置き無く) | 허심탄회하게. 격의 없이.
  ≫ 心置き無く話ができるというのは、とても大切なことだ。 허물없이 이야기할 수 있다는 사실은 아주 중요한 사항이다.
- ☐ **こころならずも**(心ならずも) | 본의 아니게. 마지못해.
  ≫ これまで参拝してきたのは、心ならずも戦場で倒れた人への慰霊の気持ちからであり、不戦の誓いを新たにするものだ。 지금까지 참배를 한 것은 본의 아니게 전장에서 쓰러져 간 사람들을 기리고, 전쟁을 하지 않겠다는 맹세를 새로이 하기 위한 것이다.
- ☐ **こころのかべをとりのぞく**(心の壁を取り除く) | 마음의 벽을 허물다.
  ≫ 一歩一歩対話を積み重ねることが、心の壁を取り除く方法である。 차근차근 대화를 거듭해 나가는 것이 마음의 벽을 없애는 방법이다.
- ☐ **こころのかべをとりはらう**(心の壁を取り払う) | 마음의 벽을 허물다.
- ☐ **こころのふれあい**(心の触れ合い) | 마음의 교류.
  ≫ 近隣諸国の人々との心の触れ合いを大切にすべきである。 인근 국가 사람들과의 심적 교류를 소중히 해야 한다.
- ☐ **ここんとうざいをとわず**(古今東西を問わず) | 동서고금을 막론하고.
  ≫ 文明の利器として使用されているものの発明は古今東西を問わずドラマティックなものである。 문명의 이기로써 사용되어 온 물건들의 발명은 동서고금을 막론하고 드라마틱하다.
- ☐ **こじする**(固辞する) | 고사하다.
  ≫ 要望が受け入れられない場合、就任を固辞する方針を示した。 요청이 받아들여지지 않을 경우 취임을 고사하겠다는 방침을 내비쳤다.
- ☐ **こぜりあい**(小競り合い) | 분쟁. 알력.
  ≫ 小競り合いが絶えない。 사소한 분쟁이 끊이지 않는다.
- ☐ **こっかいさしもどしをもとめる**(国会差し戻しを求める) | 국회에 재의결을 요구하다.

여러가지 표현

- ☐ **こっかいでかけつされる**(国会で可決される) | (법안이) 국회에서 가결되다.
  ≫ 今会期では25法案が国会に提出され、そのうち、10法案が国会で可決された。 이번 회기에서는 25개 법안이 국회에 제출되었으며 그 중 10개 법안이 국회에서 가결되었다.

- ☐ **こっかいにふぎする**(国会に付議する) | 국회에 부의하다.
  ⊙ '부의'란 법안을 통과시키기 위해서 본회의에 넘기는 것을 말한다. 법을 제안했다고 해서 모두 본회의로 넘어가는 것은 아니다.

- ☐ **ごてにまわる**(後手に回る) | 선수를 빼앗기다. 앞질리다.
  ≫ 国際紛争などへの対応がいつも後手に回ってきた。 국제 분쟁 등에 대한 대응이 항상 늦었다.

- ☐ **コミットする** | 관여하다.
  ≫ 今日、我々はテロ対策協力を進展させるために新しい共同の取組にコミットする。 오늘날 우리는 테러 대책 협력을 진전시키기 위한 새로운 공동 노력에 관여한다.

- ☐ **コメしえん**(コメ支援) | 쌀 지원.

- ☐ **コメントする** | 언급하다.
  ≫ 事実関係についてコメントすることはできない。 사실 관계에 대해 언급할 수는 없다.

- ☐ **コメントをひかえる**(コメントを控える) | 코멘트를(언급을) 자제하다.
  ≫ 韓国政府は、未来志向をうたった1998年の日韓共同宣言以降、政府要人の歴史認識発言以外には公式コメントを控えるケースが多かった。 한국 정부는 미래 지향을 주장했던 1998년의 한일 공동 선언 이후 정부 요인의 역사 인식 발언 이외에는 공식적인 코멘트를 삼가는 경우가 많았다.

- ☐ **これみよがしに**(これ見よがしに) | 보란 듯이.
  ≫ 日本が自国領と主張する島には40人の警備隊員がこれ見よがしに駐留している。 일본이 자국 영토라고 주장하는 섬에는 40명의 경비 대원이 보란 듯이 주둔하고 있다.

- ☐ **コンセンサス** | 공감대. [consensus]
  ≫ 党内コンセンサスづくりが狙いだ。 당내 공감대 형성이 목표다.

- ☐ **さいけつにふする**(採決に付する) | 표결에 부치다.
  ≫ 議長は、採決するときは、採決に付する議案を宣言しなければならない。 의장은 표결을 할 때 표결에 부칠 의안을 선언해야 한다.

- ☐ **さいしゅうけっていをくだす**(最終決定を下す) | 최종 판정을 내리다.

- ☐ **さいしょりカードをふりかざす**(再処理カードを振りかざす) | (핵의) 재처리 카드를 꺼내 들다.

- ☐ **ざいせいがひっぱくする**(財政が逼迫する) | 재정이 곤궁하다.

- ☐ **ざいせいなんになやむきたちょうせん**(財政難に悩む北朝鮮) | 재정난에 시달리는 북한.

- ☐ **さいぜんせんのぐんぶたいをしさつする**(最前線の軍部隊を視察する) | 전방 군부대를 시찰하다.

- [ ] **さいぶをつめる**(細部を詰める) | 세부 내용을 조정하다.
  ≫ 委員会が法案の細部を詰め、本会議で正式採択される見込みだ。 위원회가 법안의 세부 내용을 조정해 본회의에서 정식으로 채택될 전망이다.

- [ ] **さきおくりする**(先送りする) | 유보하다. 미루다.
  ≫ 同意案の採決が、反戦世論の高まりを受け、先送りされた。 동의안 표결이 반전 여론이 거세짐에 따라 유보되었다.
  ⊙「～を受け」는 문장에 따라서 '～함에 따라'로 번역하면 자연스럽다.

- [ ] **さくがつきる**(策が尽きる) | 수단을 다 써버리다.
  ≫ 策尽きた安保理　더 이상 대책이 없는 안보리.

- [ ] **さくそうする**(錯綜する) | 복잡하게 얽히다.
  ≫ 様々な意見が錯綜している。 다양한 의견이 복잡하게 얽혀 있다.

- [ ] **ささくれだつ**(ささくれ立つ) | 심사가 뒤틀리다. 감정이 상하다.
  ≫ 不況や社会の構造変化のなかでささくれ立つ。 불황과 사회 구조가 변화하는 가운데 감정이 격해지다. / 日韓関係がささくれ立っている。 한일 관계가 험악해지고 있다.

- [ ] **さしかかる**(差し掛かる) | 접어들다.
  ≫ 米国と北朝鮮の綱引きは現在、極めて重要かつ微妙な段階に差し掛かっている。 북한과 미국의 줄다리기는 현재 매우 중요하고 미묘한 단계로 접어들었다.

- [ ] **さしせまったかんしんじ**(差し迫った関心事) | 초미의 관심사.

- [ ] **さしせまる**(差し迫る) | 눈앞에 다가오다. 절박하다.
  ≫ 脅威が差し迫るまで行動を起こしてはならないと言う人もいる。 위협이 다가오기까지 행동을 해서는 안 된다고 말하는 사람도 있다.

- [ ] **さしもどす**(差し戻す) | 되돌려 보내다. 반려하다.
  ≫ 審理を高裁に差し戻した。 심리를 고법으로 돌려보냈다.

- [ ] **さそいこむ**(誘い込む) | (꾀어서) 끌어들이다.
  ≫ 北朝鮮を多国間協議に誘い込む。 북한을 다자간 회담으로 끌어내다.

- [ ] **さっきゅうなたいおう**(早急な対応) | 신속한 대응.
  ≫ 国際社会としても北朝鮮の核問題の早急な対応が迫られるような事態になっている。 국제 사회도 북핵 문제에 신속히 대처해야 하는 상황에 이르렀다.

- [ ] **ざっくばらんに** | 허심탄회하게.

- [ ] **さらけだす**(さらけ出す) | (속속들이) 드러내다.
  ≫ 無力をさらけ出した安保理。 무력함을 드러낸 안보리.

- [ ] **さんかこくのあしなみのみだれがろていする**(三ヶ国の足並みの乱れが露呈する) | 3개국의 불협화음이 드러나다.

- [ ] **ざんし**(残滓) | 잔재. 찌꺼기.

여러가지 표현

≫ 大統領は「文献や記録に残っている植民地の残滓を清算すべき」だと強調した。 대통령은 "문헌이나 기록에 남아 있는 일제 잔재를 청산해야 한다"라고 강조했다.

☐ **ざんねんだ**(残念だ) | 유감스럽다.
≫ 外交上の問題があるにもかかわらず、首相が参拝したことは誠に残念だ。 외교상의 문제가 있음에도 불구하고 총리가 참배를 한 것은 매우 유감스럽다.

☐ **さんれつ**(参列) | 참렬. 참예.

☐ **じい**(示威) | 시위.
≫ 何らかの軍事的な示威を行う。 모종의 군사적 시위를 벌이다.

☐ **じかだんぱん**(直談判) | 직접 담판.
≫ 党代表と直談判することにした。 당 대표와 직접 담판하기로 했다.

☐ **しがらみをもつ**(しがらみを持つ) | 얽매이다.
≫ 過去の行政にしがらみを持つ幹部 과거 행정에 연연하는 간부.

☐ **しかるべきちい**(しかるべき地位) | 그에 상응하는 지위.
≫ 日本が北東アジアでしかるべき地位を得るには、過去の歴史に対する反省とそれにふさわしい行動が必要である。 일본이 동북아에서 응분의 지위를 얻기 위해서는 과거사에 대한 반성과 그에 걸맞은 실행이 필요하다.

☐ **しきい**(敷居) | 문턱. =ハードル
≫ 核兵器使用の敷居を下げる。 핵 무기 사용 제한을 완화하다.

☐ **しきる**(仕切る) | (문제를) 도맡다.
≫ 彼は対日問題を仕切ってきた大物だ。 그는 대일 문제를 도맡아 온 거물이다.

☐ **じぎをえたほうほう**(時宜を得た方法) | 시의 적절한 방법.

☐ **じきをおくらせる**(時期を遅らせる) | 시기를 늦추다.
≫ 発表の時期を遅らせるよう要請した。 발표 시기를 늦추도록 요청했다.

☐ **しきんあつめ**(資金集め) | 자금 모집.
≫ 貯金箱を利用した大統領選の資金集めを始めた。 저금통을 이용한 대선 자금 모집을 시작했다.

☐ **シグナルをなげる**(シグナルを投げる) | 신호를 보내다. =シグナルを送る
≫ 小泉首相はアジア・アフリカ首脳会議で、平成七年の「村山談話」を引用する形で、反省と謝罪を表明、関係改善のシグナルを送った。 고이즈미 총리는 아시아・아프리카회의(반둥회의)에서 1995년의 무라야마 담화를 인용하는 형태로 반성과 사죄를 표명하고 관계 개선의 신호를 보냈다.
◉ 무라야마 담화(1995년)는 무라야마 도미이치(村山富市) 당시 총리가 일본의 식민지 지배에 대해 '통절한 반성과 사죄의 뜻'을 표한 것이다. 일본 정부의 과거사 인식으로서는 가장 수긍할 만 한 것으로 평가되어 왔다. 「平成」연호에 1888을 더하면 서기 연도가 된다.

☐ **じさない**(辞さない) | 불사하다.

≫ 大量破壊兵器の脅威には先制攻撃も辞さないとした「ブッシュ・ドクトリン」。대량 살상 무기의 위협에는 선제 공격도 불사하겠다는 부시 독트린.

☐ **じじょうがゆきづまる**(事情が行き詰まる) | 사정이 어려워지다.
≫ 北朝鮮の食糧、エネルギー事情が行き詰まっている。북한의 식량, 에너지 문제가 심각하다.
⊙「事情」는 문제나 상황의 뜻으로도 쓰인다.

☐ **じじょうにくわしいすじ**(事情に詳しい筋) | 정통한 소식통.
≫ 中国のマスコミ事情に詳しい筋は「中国政府は、日中関係に悪影響を与えそうなニュースの報道を控える、という世論操作を迫られている」と明かした。중국 매스컴에 정통한 소식통은 "중국 정부는 중일 관계에 악영향을 줄 것 같은 뉴스 보도를 자제하라는 등 여론 조작을 강요하고 있다"라고 밝혔다.

☐ **ししょうをきたす**(支障をきたす) | 지장을 주다. 차질이 생기다.
≫ 生活に支障をきたす場合は、手術をお勧めいたします。생활에 지장을 주는 경우에는 수술을 권장합니다.

☐ **しじりつがうわむかない**(支持率が上向かない) | 지지율이 오르지 않고 있다.

☐ **しじりつがのびなやんでいる**(支持率が伸び悩んでいる) | 지지율이 오르지 않고 있다.

☐ **しじをあおぐ**(指示を仰ぐ) | 지시를 바라다.
≫ 最終的な決定は総裁の指示を仰ぐ。최종적인 결정은 총재의 지시를 기다린다.

☐ **しする**(資する) | 기여하다.
≫ 的確な対処に資する組織のあり方。적절한 대처에 기여하는 조직 시스템.

☐ **じせいをうながす**(自制を促す) | 자제를 촉구하다.
≫ 小泉首相にやんわりと参拝自制を促した。고이즈미 총리에게 넌지시 참배 자제를 촉구했다.

☐ **じせつがら**(時節柄) | 때가 때인 만큼.
≫ 時節柄、「政治とカネ」の問題には多くの質問が寄せられた。때가 때인 만큼 '정치와 돈' 문제에 관해서는 많은 질문이 쏟아졌다.

☐ **～したうえで～するのがすじである**(～した上で～するのが筋である) | ~ 한 후에 ~하는 것이 순리다.
≫ 安保理の承認を得た上で攻撃するのが筋である。안보리 승인을 얻은 후에 공격하는 것이 순서이다.

☐ **したじ**(下地) | 밑바탕. 기초.
≫ 多国間協議受け入れの下地ができた。다자간 협상 수용의 여건이 만들어졌다.

☐ **したしみやすさ**(親しみやすさ) | 친근감.
≫ 明快な論理展開で得点を稼ぎ、親しみやすさを武器に「失点」を最小限に抑えた。명쾌한 논리 전개로 점수를 따고 친근감을 무기로 실점을 최소한으로 줄였다.

여러가지 표현

- □ **しっせいがせんきょにはんえいする**(失政が選挙に反映する) | 실정이 선거에 반영되다.
- □ **しつもんにたいしとりあわないコメントをだす**(質問に対し取り合わないコメントを出す) | 질문에 대해 엉뚱한 답변을 하다.
- □ **しと**(使途) | (돈의) 사용처.
  ≫ 不正資金の捻出方法や使途についての捜査を進めた。비자금 모금 방법과 사용처에 대한 조사를 추진했다.
- □ **じならし**(地ならし) | 사전 준비〔작업〕.
  ≫ 今回の会談は、6月に予定されている日韓首脳会談の地ならし的な意味合いがあった。이번 회담은 6월에 예정되어 있는 한일 정상 회담의 사전 준비적인 성격을 가지고 있었다.
- □ **じにんする**(自任する) | 자부하다. 자임하다.
  ≫ 設立から半世紀近くになるIAEAは、長く「核の番人」を自任してきた。창설된 지 약 반 세기가 되어 가는 IAEA는 오랫동안 핵의 파수꾼 역할을 자임해 왔다.
- □ **じびょう**(持病) | 고질병.
- □ **じひょうをさしもどす**(辞表を差し戻す) | 사표를 반려하다.
  ≫ 金大統領は同日午後、李首相が首相残留を発表したことを受け、李首相が提出した辞表を差し戻した。김 대통령은 이날 오후 이 총리가 잔류하겠다고 발표함에 따라 총리가 제출했던 사표를 반려했다.
- □ **じひょうをていしゅつ、じゅりされた**(辞表を提出、受理された) | 사표를 제출, 수리되었다.
- □ **しびれをきらす**(しびれを切らす) | 기다리다 지치다.
  ≫ いつまでたっても貧困と汚職がはびこったままで、ついにしびれを切らした野党が議場を占拠した。시간이 지나도 빈곤과 부정이 끊이지 않자 결국 기다리다 지친 야당이 의장을 점거했다.
- □ **しぼる**(絞る) | 압축하다. 좁히다.
  ≫ 2項目に絞った。2개 항목으로 압축했다.
- □ **じめいのり**(自明の理) | 자명한 이치.
- □ **しめつけをにおわせる**(締め付けを匂わせる) | 압박을 암시하다〔내비치다〕.
- □ **しゃかいてきかっとう**(社会的葛藤) | 사회 갈등.
  ≫ 社会的葛藤を警察だけが街に出て身をもって防ぎ、その責任を最後まで負わなければならない慣行が終わることを願う。사회적 갈등에 대해 경찰만이 거리에 나가서 온몸으로 막고 그 책임을 끝까지 져야만 하는 관행이 끝나기를 바란다.
- □ **しゃくめいする**(釈明する) | 해명하고 양해를 구하다. 석명하다.
  ≫「参拝は戦争反対の決意を固め、他国が干渉することではない」と小泉首相は言うが、国家指導者の言葉と行動の意味は当事者自らが釈明するものではなく、客観的に評価さ

れるもの. "참배는 전쟁 반대에 대한 결의를 굳히기 위한 것이며 타국이 간섭할 일이 아니다"라고 고이즈미 총리는 말하지만 국가 지도자의 말과 행동의 의미는 당사자 스스로가 해명하는 것이 아니라 객관적으로 평가를 받는 것이다.

☐ **しゃざいをいとわない**(謝罪をいとわない) | 사죄를 아끼지 않다.
≫ 村山首相は歴史認識に関する談話の中で謝罪もいとわなかった. 무라야마 총리는 역사 인식에 관한 담화를 발표하는 중에 기꺼이 사죄를 했다.

☐ **しゃていにおさめる**(射程におさめる) | 사정 거리에 두다.
≫ 日本を射程におさめるノドンミサイルを配備済みだ. 일본을 사정 거리에 둔 노동미사일의 배치를 마쳤다.

☐ **しゅうしふをうつ**(終止符を打つ) | 종지부를 찍다.
≫ 争いと葛藤の歴史に終止符を打つ. 언쟁과 갈등의 역사에 종지부를 찍다.

☐ **しゅうしゅうする**(収拾する) | 추스르다.
≫ 党内の混乱を収拾する. 당내 혼란을 추스르다.

☐ **じゅうぜんをきす**(十全を期す) | 만전을 기하다.
≫ 安全確保に十全を期す. 안전 확보에 만전을 기하다.

☐ **しゅうちゅうこうげきをあびせる**(集中攻撃を浴びせる) | 집중 공격을 퍼붓다.
≫ 政府・与党側の失策が尾を引き、民主党は集中攻撃を浴びせた. 정부・여당 측의 정책 실패 여파 때문에 민주당은 집중 공격을 퍼부었다.

☐ **じゅうなんたいど**(柔軟な態度) | 유연한 태도.

☐ **しゅうばん**(終盤) | 종반.
≫ 選挙戦は終盤に入った. 선거전은 종반에 접어들었다. / 選挙協力作業が最終盤を迎えている. 선거 협력 작업이 막바지에 다다랐다.

☐ **しゅうぶん**(醜聞) | 추문. =スキャンダル
≫ 大統領が辞めるとその大統領や側近の醜聞が明るみに出る. 대통령에서 물러나면 대통령과 측근에 대한 추문이 드러난다.

☐ **しゅがんをおく**(主眼を置く) | 주안점을 두다.

☐ **じゅくちする**(熟知する) | 잘 알다.
≫ 政府は我々の見解を熟知している. 정부는 우리 견해를 잘 알고 있다.

☐ **しゅちょうがくいちがう**(主張が食い違う) | 주장이 엇갈리다. =主張がすれ違う
≫ 日本の一部歴史教科書の記述をめぐり、両国委員の主張が食い違っている. 일본의 일부 역사 교과서 기술을 둘러싸고 양국 의원의 주장이 엇갈리고 있다.

☐ **しゅちょうをくりかえす**(主張を繰り返す) | 주장을 되풀이하다.
≫ 核開発計画は過去にも将来にもないと従来の主張を繰り返した. 핵 개발 계획은 예전에도 없었고 앞으로도 없을 것이라며 기존의 주장을 번복했다.

☐ **じゅんじる**(準じる) | 준하다.

여러가지 표현

≫ 裁判所に準じた権限を与える。 법원에 준하는 권한을 부여하다.

- [ ] **しょうしせんばんなしゅちょう** (笑止千万な主張) | 가소롭기 짝이 없는 주장.
- [ ] **じょうていする** (上程する) | 상정하다.
  ≫ 米国が核問題を国連に上程する。 미국이 핵 문제를 유엔에 상정하다.
- [ ] **じょうとうしゅだん** (常套手段) | 상투적인 수단.
  ≫ 核をカードに譲歩を引き出そうという北朝鮮の常套手段。 핵을 카드로 양보를 이끌어 내려는 북한의 상투적인 수단.
- [ ] **しょうどうてきにふるまう** (衝動的に振舞う) | 충동적으로 행동하다.
- [ ] **じょうほうげんのひとく** (情報源の秘匿) | 정보원 보호.
  ≫ 情報源の秘匿に失敗すれば、今後スクープ情報を得ることが不可能になる。 정보원 보호에 실패하면 향후 특종 정보를 얻기란 불가능해진다.
- [ ] **じょうほをひきだす** (譲歩を引き出す) | 양보를 이끌어 내다.
  ≫ 拉致問題の解決を強く迫り、北朝鮮の譲歩を引き出す。 납치 문제 해결을 강력하게 요구해 북한의 양보를 이끌어 내다.
- [ ] **しょくをとかれる** (職を解かれる) | 해임당하다.
- [ ] **しょっかくをさかだてる** (触覚を逆立てる) | 촉각을 곤두세우다. =神経しんけいを尖とがらす
- [ ] **しょようのそちをこうずる** (所要の措置を講ずる) | 필요한 조치를 강구하다.
  ≫ 実情に応じ適用期限を延長する等所要の措置を講ずる。 실정에 맞게 적용 기간을 연장하는 등 필요한 조치를 강구하다.
- [ ] **じらいげん** (地雷原) | 지뢰〔매몰〕 지대.
  ≫ 高圧電流を流した柵と地雷原。 고압 전류가 흐르는 울타리와 지뢰 매몰 지대.
- [ ] **しられる** (知られる) | 알려지다.
  ≫ 討論好きで知られる大統領。 토론을 좋아하는 것으로 잘 알려진 대통령.
- [ ] **じりひんじょうたいにある** (じり貧状態にある) | 점차 악화되고 있다.
  ≫ 農地の荒廃と生産者の高齢化が進む中で、韓国農業はじり貧状態にある。 농경지 황폐와 생산 인력의 고령화가 진행되는 가운데 한국 농업은 점차 악화되고 있다.
- [ ] **しろかくろかでわりきれない** (白か黒かで割り切れない) | 흑백 논리로 가릴 수 없다.
  ≫ 内政も外交も、韓国が直面する課題の多くは、白か黒かで割り切れないものばかりだ。 국내 정치나 외교 모두 한국이 직면한 대부분의 과제는 흑백 논리로 가릴 수 없는 것들 뿐이다.
- [ ] **しんいをいぶかる** (真意をいぶかる) | 진의를 의심하다.
  ≫ 「多国間協議の問題をやっている最中に、拉致問題だけを取り出してくる北朝鮮側の理由が見えにくい」と、北朝鮮側の真意をいぶかる見方もあり、慎重に検討を進める構えだ。 "한창 다자간 회담에 관한 문제를 이야기하고 있는데 납치 문제만을 들고 나온 북한 측의 이유를 알기 어렵다"라며 북한 측의 진의를 의심하는 견해도 있어 신중히 검토해 나갈 계획이다.

☐ **しんけいしつ**(神経質) | 신경질.
≫ 外務省は、靖国参拝問題などで国際世論には神経質になっている。 외무성은 야스쿠니 참배 문제 등으로 국제 여론에 민감해져 있다.

☐ **しんけいをいらだたせるはつげん**(神経をいらだたせる発言) | 신경을 건드리는 발언.

☐ **しんけいをさかなでする**(神経を逆なでする) | 신경을 거슬리게 하다.
≫ 首相の靖国参拝が韓国の人々の神経を逆なでしている。 총리의 야스쿠니 신사 참배가 한국 사람들의 신경을 건드리고 있다.

☐ **しんしに**(真摯に) | 진지하게.
≫ 北朝鮮は、国際社会からの非難を真摯に受け止め、自らの犯罪行為について謝罪すべきだ。 북한은 국제 사회의 비난을 진지하게 받아들이고 스스로의 범죄 행위에 대해 사죄해야 한다.

☐ **じんしんをだいべんする**(人心を代弁する) | 인심을 대변하다.
≫ 人心を代弁するタクシー運転手は不満に満ちている。 인심을 대변하는 택시 운전수는 불만으로 가득 차 있다.

☐ **しんそうをかいめいする**(真相を解明する) | 진상을 규명하다.
≫ 大学本部に徹底的に論文の捏造疑惑の真相を解明するよう申し入れた。 대학 본부에 철저하게 논문 조작 의혹의 진상을 규명해 줄 것을 제의했다.

☐ **しんたいもんだい**(進退問題) | 거취 문제. =去就問題.

☐ **じんてい**(人定) | 당사자 여부 확인.
≫ 入国者の人定を行う。 입국자의 본인 여부를 확인하다.

☐ **じんどる**(陣取る) | 점거하다. 자리를 차지하다.
≫ 与党議員が議長席を陣取った。 여당 의원들이 의장석을 점거했다.

☐ **しんぴょうせいがたかくなる**(信憑性が高くなる) | 신빙성이 커지다.
◉「信憑性が大きくなる」라고는 쓰지 않는다.

☐ **しんぼう**(辛抱) | 참고 견딤.
≫ 交渉は時間をかけて辛抱強くやればいい。 협상은 시간과 인내를 가지고 하면 된다.

☐ **しんみ**(新味) | 참신함. 새로운 느낌.
≫ 政策に新味がない 정책에 참신함이 없다.

☐ **じんみゃくづくり**(人脈づくり) | 인맥 쌓기.
≫ 人脈づくりを急ぐ必要がある。 인맥 쌓기를 서두를 필요가 있다.

☐ **しんらいがたかまる**(信頼が高まる) | 신뢰가 두터워지다. =信頼が深まる
≫ 日韓両国民の相互信頼が高まったのは望ましい傾向だ。 한일 양국민의 상호 신뢰가 두터워진 것은 바람직한 경향이다.

☐ **すいたいする**(推戴する) | 추대하다.
≫ 党の次期大統領候補に推戴する。 당의 차기 대통령 후보로 추대하다.

여러가지 표현

- [ ] **すいめんかのちょうせいがつづけられる**(水面下の調整が続けられる) | 물밑 조율이 계속되다.

- [ ] **すがたをあしらう**(姿をあしらう) | 모습을 담다.
  ≫ 独島ドク〔竹島だけ〕の姿をあしらった記念切手が発行された. 독도의 모습을 담은 기념우표가 발행되었다.

- [ ] **すくう**(巣くう) | 기생하다.
  ≫ 政権内外にあまねく巣くう不正腐敗 정권 안팎에 널리 기생하고 있는 부정부패.

- [ ] **すくなからぬえいきょう**(少なからぬ影響) | 적지 않은 영향.
  ≫ 米韓の温度差が次回6ヶ国協議に少なからぬ影響を与えそうだ. 한미간의 의견 차가 차기 6자회담에 상당한 영향을 줄 것 같다.

- [ ] **すじあい**(筋合い) | 이유, 근거.
  ≫ 小泉首相は「外国から行くなと言われる筋合いはない」と反発している. 고이즈미 총리는 "다른 나라에서 가지 말라고 말할 근거가 없다"며 반발하고 있다.

- [ ] **すじのとおったはなし**(筋の通った話) | 논리 정연한 이야기.

- [ ] **ずたずた** | 갈기갈기. 토막토막.
  ≫ ずたずたになってしまったアジア外交 갈기갈기 찢어진 아시아 외교.

- [ ] **ステークホルダー** | 이해 관계자. [stakeholder]

- [ ] **ステップ** | 단계. [step]
  ≫ 目標を達成するための重要なステップを取った. 목표 달성을 위한 중요한 첫 발을 내딛었다.

- [ ] **すてみのかけにでる**(捨て身の賭けに出る) | 올인하다. 목숨을 건 도박을 하다.

- [ ] **すりあわせる**(すり合わせる) | (두 가지 사항을 합쳐서) 조정하다.
  ≫ 非公式協議の結果を関係国とすり合わせ、北朝鮮に働きかける. 비공식 회담의 결과를 관계국과 조정해서 북한에 강력히 요구하다.

- [ ] **スリムか**(スリム化) | 간소화.
  ≫ 独立行政法人化は、行政スリム化の一策として出てきた. 독립 행정 법인화는 행정 간소화의 한 방편으로 나왔다.

- [ ] **ずれこむ**(ずれ込む) | 미루어지다.
  ≫ 協議の開催が年明けにずれ込む可能性がある. 회담 개최가 연초로 미루어질 가능성이 있다.

- [ ] **せいけんのあしもとがぐらつく**(政権の足元がぐらつく) | 정권의 발판이 흔들리다.

- [ ] **せいけんのけっそくぶりをしめす**(政権の結束ぶりを示す) | 정권의 결속력을 과시하다.
  ≫ 閣僚と大統領府幹部全員が辞表を出すことで、大統領が打ち出す「道徳性」を強調し、政権の結束ぶりを示す狙いがあると見られる. 각료와 청와대 간부 전원이 사표를 제출함으로써 대통령이 내건 도덕성을 강조하고 행정부의 결속력을 과시하려는 목적이 있는 것으로 보인다.

- [ ] **せいけんヨイショほうどう**(政権ヨイショ報道) | 친정권 보도.

≫ 地上波キー局が小泉_{こいずみ}自民党_{じみんとう}の宣伝機関になり、小泉ヨイショ報道に狂奔している。지상파 주요 방송국이 고이즈미 자민당의 선전 기관이 되어 친고이즈미 정권 보도에 열을 올리고 있다.

☐ **せいけんをなげだす**(政権を投げ出す) | 정권을 내팽개치다〔그만두다〕.
≫ 一連の改革をするのであれば、政権を投げ出す覚悟でしなければならない。일련의 개혁을 한다고 한다면 정권을 그만두겠다는 각오로 해야 한다.

☐ **せいさいをかする**(制裁を科する) | 제재를 가하다.
≫ 北朝鮮に経済制裁を科した。북한에 경제 제재를 가했다.

☐ **せいさくがゆきづまる**(政策が行き詰まる) | 정책이 난관에 봉착하다.
≫ 対北朝鮮政策が行き詰まる中、大統領は経済制裁という強硬策にも言及した。대북 정책이 표류하는 가운데 대통령은 경제 제재라는 강경책에 대해서도 언급했다.

☐ **せいさくのじくあしをうつす**(政策の軸足を移す) | 정책의 축을 옮기다.
≫ 国家安全保障から「人間の安全保障」に政策の軸足を移し、東アジア諸国との「共生」に外交の主眼をおく。국가 안전 보장에서 인간의 안전 보장으로 정책의 축을 옮기고 동아시아 국가와의 공생에 외교의 주안점을 둔다.

☐ **せいじスタンス**(政治スタンス) | 정치적 입장〔자세〕.
≫ 党内の政治スタンスがばらばらで、意見集約が困難という問題点があぶり出された。당내의 정치적 입장이 제각각이어서 의견을 모으기가 어렵다는 문제점이 드러났다.

☐ **せいじとむすびつける**(政治と結び付ける) | 정치와 결부시키다.
≫ 地域社会の問題をあまりにも中央政治と結び付ける傾向にある。지역 사회의 문제를 지나치게 중앙 정치와 결부시키려는 경향이 있다.

☐ **せいじゅくしたたいど**(成熟した態度) | 성숙한 태도.
≫ 政界は成熟した態度を見せてほしい。정계는 성숙된 태도를 보여 주었으면 한다.

☐ **せいふほうしんにそう**(政府方針に沿う) | 정부 방침에 따르다.
≫ 二人とも小泉内閣の閣僚として政府方針に沿って答弁した。두 명 모두 고이즈미 내각의 각료로서 정부 방침에 따라 답변했다.

☐ **せいめいをよせる**(声明を寄せる) | 성명을 보내다.
≫ 電子メールで犯行声明を寄せている。전자 메일로 범행 성명을 보내고 있다.

☐ **せいりつする**(成立する) | 성립되다.
≫ 政府の来年度予算が成立した。정부의 내년도 예산이 성립되었다.
   ⊙ 한국어의 '되다'가 일본어로 모두「される」로 번역되는 것은 아니다. 자동사인지 타동사인지 구분을 해야 한다.「判明・当選・普及・感染・孤立・崩壊・成立」등은「される」가 아닌「する」를 쓴다.

☐ **せいりょくをもりかえす**(勢力を盛り返す) | 세력을 회복하다.
≫ 民主党が勢力を盛り返すことが不可能であるかもしれない。민주당이 세력을 되찾기란 불가능할지도 모른다.

☐ **せきにんをおしつける**(責任を押し付ける) | 책임을 떠넘기다.

여러가지 표현

- ☐ **せきにんをおわせる**(責任を負わせる) | 책임을 지게 하다.
  ≫ 民主主義的な手法のため時間はかかるが、市民にも結果責任を負わせるような形で進めるべきだ。 민주주의적인 방법을 위해 시간은 걸리지만 시민들에게도 결과에 대한 책임을 지게 하는 형태로 추진해야 한다.

- ☐ **せきにんをなすりつける**(責任を擦り付ける) | 책임을 전가하다.

- ☐ **せけんをさわがせたわだい**(世間を騒がせた話題) | 세간을 떠들썩하게 했던 화제.

- ☐ **せっきょくてきにとりくむ**(積極的に取り組む) | 적극적으로 나서다.
  ≫ 行政改革に積極的に取り組む。 행정 개혁에 적극적으로 나서다.

- ☐ **セックス・アップする** | 매력적으로 만들다. =魅力的にする
  ≫ イラクの脅威を強調して報告書をセックス・アップする。 이라크의 위협을 강조해서 보고서를 그럴싸하게 만들다.

- ☐ **せっせんをえんずる**(接戦を演ずる) | 접전을 벌이다.
  ≫ 大統領選で与党の候補と無党派の候補が大接戦を演じる。 대선에서 여당 후보와 무소속 후보가 대접전을 벌이다.

- ☐ **せっそく**(拙速) | 졸속.
  ≫ 拙速だった印象は拭えない。 졸속이었다는 인상을 지울 수 없다.

- ☐ **せっとくりょくにかける**(説得力に欠ける) | 설득력이 부족하다.
  ≫ 首相は説得力に欠ける説明に終始した。 총리는 설득력이 부족한 설명으로 시종일관했다.

- ☐ **ぜひをとう**(是非を問う) | (~할지) 여부를 묻다.
  ≫ ミサイル能力の強化の是非を問う住民投票 미사일 능력 강화 여부를 묻는 주민 투표.

- ☐ **せめおとす**(攻め落とす) | 함락시키다.
  ≫ バクダッドでイラクは迎え撃つ方針であり、アメリカはバクダッドを攻め落とす方針といわれている。 이라크는 바그다드에서 미국을 맞아 싸울 방침이며, 미국은 바그다드를 함락시킬 방침으로 알려졌다.

- ☐ **せんえいなたいりつ**(先鋭な対立) | 첨예한 대립.

- ☐ **せんけんたい**(先遣隊) | 선발대.
  ≫ 先遣隊は、イラクの復興支援のために行くという明確なメッセージを内外にしっかり発信していくべきだ。 선발대는 이라크 재건 지원을 위해 간다는 명확한 메시지를 내외에 확실히 알려야 한다.

- ☐ **ぜんこくにそしきがはりめぐらされている**(全国に組織が張り巡らされている) | 전국에 조직망을 가지고 있다.

- ☐ **せんじゅう**(専従) | 전담.
  ≫ 専従チームを立ち上げる。 전담팀을 꾸리다〔구성하다〕.

- ☐ **せんでまとめる**(線でまとめる) | 선에서 매듭짓다.

정치

- ≫ 双方にとって納得の出来る線でまとめた。 서로 납득할 수 있는 선에서 매듭을 지었다.
- ☐ **せんどうかつどう**(扇動活動) | 선동 활동. =アジテーション
- ☐ **ぜんめんにおしだす**(前面に押し出す) | 전면에 내세우다.
  - ≫ 従来の政権は北朝鮮を対立軸とみなし、イデオロギー的な葛藤を前面に押し出すことで政権を維持してきた。 기존의 정부는 북한을 대립 축으로 간주하고 이데올로기적인 갈등을 전면에 내세움으로써 정권을 유지해 왔다.
- ☐ **ぜんよう**(全容) | 전모. 전내용.
  - ≫ 資金疑惑の全容解明を急いだ。 자금 의혹의 전모를 서둘러 해명했다.
- ☐ **せんりゃくをくみたてる**(戦略を組み立てる) | 전략을 세우다〔짜다〕.
- ☐ **せんれいにならう**(先例にならう) | 선례를 따르다.
- ☐ **そがい**(疎外) | 소외.
  - ≫ 核開発は世界から自分を疎外させるだけだ。 핵 개발은 세계에서 자신을 고립시킬 뿐이다.
- ☐ **そじ**(素地) | 기초. 바탕.
  - ≫ 独島〔竹島〕の領有権問題が今も解けない日韓のわだかまりの素地になっている。 독도 영유권 문제가 지금도 풀리지 않는 한일간 앙금의 원인이 되고 있다.
  - ⊙ 한일 관계 통역시 주의해야 할 단어로 「韓半島/朝鮮半島、独島/竹島、日王/天皇」 등이 있다. 「朝鮮人」이란 비하어의 영향으로 「朝鮮」이라는 단어에(특히 중년층 이상) 민감한 청중이 많다. 「天皇」의 경우도 우리나라 매스컴에서는 아직 일왕이라는 표현으로 많이 쓰고 있다.
- ☐ **そしきのありかた**(組織のあり方) | 조직의 체계.
  - ≫ 新組織結成にあたり、旧組織の発展的解消や地方組織のあり方をめぐり論争が起きている。 새로운 조직을 결성할 즈음 구조직의 발전적인 해체와 바람직한 지방 조직 체계를 둘러싸고 논쟁이 일고 있다.
- ☐ **それでなくても** | 가뜩이나. 그렇지 않아도.
  - ≫ 政界がらみの事件が連発し、それでなくても不人気の盧武鉉政権の支持率はついに不支持率を20ポイントも下回る瀕死寸前に追い込まれた。 정계 관련 스캔들이 연발해 가뜩이나 인기가 없는 노무현 정부의 지지율은 결국 반대율을 20%포인트나 밑도는 빈사 직전 상태로 몰렸다.
- ☐ **そんざいかん**(存在感) | 위상. 영향력.
  - ≫ 世界に韓国の存在感を知らせる。 세계에 한국의 위상을 알리다.
- ☐ **そんだいだ**(尊大だ) | 거만하다. 건방지다.
  - ≫ 米大統領の態度は他の国に対してとても尊大だ。 미 대통령은 다른 국가를 대할 때 태도가 아주 거만하다.
- ☐ **たいきょくをまもる**(大局を守る) | 대세를 지키다.
  - ≫ 胡錦涛(コキントウ)主席(しゅせき)は、両国間の問題をタイムリーに処理し、中韓友好の大局を守ることを提案した。 후진타오 주석은 양국간의 문제를 적시에 처리해 한중 우호의 대세를 지키자고 제안했다.

여러가지 표현

- ☐ **たいじする**(対峙する) | 대치하다.
  ≫ 大量破壊兵器を保有するイラクの脅威にどう対峙するか。 대량 살상 무기를 보유하고 있는 이라크의 위협에 어떻게 대치할 것인가?

- ☐ **だいしょう**(代償) | 대가. 보상.
  ≫ 植民地支配に対する代償 일제 식민 지배에 대한 보상.

- ☐ **たいせいほしょう**(体制保証) | 체제 보장.
  ≫ 日韓は核放棄に対して体制保証や経済協力を進める考えを示した。 한국과 일본은 북한이 핵을 포기하면 체제 보장과 경제 협력을 추진할 생각이라고 밝혔다.

- ☐ **たいせいをたてなおす**(体制を立て直す) | 체제를 재정비하다. =体制を見直す
  ≫ 金代表は「次の選挙に向けて体制を立て直すことが責任を取ることだ」と述べた。 김 대표는 "다음 선거를 위해 체제를 재정비하는 것이 책임을 지는 일이다"라고 말했다.

- ☐ **だいとうりょうをひめんする**(大統領を罷免する) | 대통령을 해임하다.

- ☐ **だいなし**(台無し) | 허사. 엉망이 됨.
  ≫ 外交努力を台無しにしかねない。 외교 노력을 물거품으로 만들 수 있다.

- ☐ **たいべいしじをうちだす**(対米支持を打ち出す) | 미국 지지를 표명하다.

- ☐ **たいほじょうをはっする**(逮捕状を発する) | 구속 영장을 발부하다.

- ☐ **たいりくだな**(大陸棚) | 대륙붕.

- ☐ **たいりつがふかまる**(対立が深まる) | 대립이 심화되다. 대립각이 날카로워지다.
  ≫ 地域間経済格差によって地域間の対立が深まっている。 지역간의 경제 격차로 지역간의 대립각이 날카로워지고 있다.

- ☐ **たえまない**(絶え間ない) | 끊임없다.
  ≫ 世界の各地でテロや爆撃により緊迫した情勢が絶え間なくニュースに流れる。 세계 각지에서 테러와 폭격으로 긴박해진 정세가 끊임없이 뉴스를 통해 나온다.

- ☐ **たががはずれている**(たがが外れている) | 도가 지나치다.

- ☐ **たががゆるむ**(たがが緩む) | 기강이 해이해지다.
  ≫ 社会全体のたがが緩んでいることが事故につながった。 사회 전체의 기강이 해이해진 것이 사고로 이어졌다.

- ☐ **たがをしめる**(たがを締める) | 기강을 바로잡다.
  ≫ 権力統治を強めることが、たがを締める手段ではない。 권력 통치를 강화하는 것이 기강을 바로잡는 수단은 아니다.

- ☐ **たきつける**(焚きつける) | 선동하다. 불을 지피다.
  ≫ 若者を焚きつけて自爆テロに走らせる。 젊은이들을 부추겨 자폭 테러를 자행하도록 한다.

- ☐ **たきにわたる**(多岐にわたる) | 여러 갈래로 나뉘어 있다.
  ≫ 住宅価格の安定化をはじめ、多岐にわたる課題に取り組んでいく。 집값 잡기를 비롯해

다양한 과제에 적극 대처해 나가다.

- [ ] **だきょうてんをさぐる**(妥協点を探る) | 타협점을 찾다.
  >> 核問題の妥協点を探るため、政府は米国との協議を急ぐべきだ。 핵 문제의 타협점을 찾기 위해 정부는 미국과의 회담을 서둘러야 한다.

- [ ] **たじたじ** | (압도당해) 쩔쩔맴. 비틀비틀.
  >> 質問攻めに遭いたじたじになる。 질문 공세를 받고 쩔쩔매다.

- [ ] **だしん**(打診) | 타진.
  >> 関係改善に向けて北朝鮮政府に非公式に打診している。 관계 개선을 위해 북한 정부에 비공식적으로 타진하고 있다.

- [ ] **たすうけつできめる**(多数決で決める) | 다수결로 정하다.

- [ ] **たすけぶねをだす**(助け舟を出す) | 도와주다.
  >> 批判するどころか助け舟を出すような発言をした。 비판하기는커녕 도와주는 듯한 발언을 했다.

- [ ] **たちあい**(立ち会い) | 입회.
  >> 立ち会い調査の実施は、公共工事の入札及び契約の適正化の促進に関する法律の施行を受けての措置である。 입회 조사 실시는 공공 공사 입찰 및 계약 적정화 촉진에 관한 법률 시행에 따른 조치이다.

- [ ] **たちおうじょうする**(立ち往生する) | 이러지도 저러지도 못하다.
  >> 結論が持ち越され、立ち往生している。 결론을 내지 못해 이러지도 저러지도 못하고 있다.

- [ ] **たちばにかわりはない**(立場に変わりはない) | 입장에 변함은 없다.
  >> 韓国のイラク派兵の基本的立場に変わりはない。 한국의 이라크 파병에 대한 기본적인 입장은 변함이 없다.

- [ ] **たちばをかたくなにまもる**(立場を頑なに守る) | 입장을 고수하다.
  >> 条例の改正について反対の立場を頑なに守っている。 조례 개정에 대해 반대 입장을 고수하고 있다.

- [ ] **たつ**(立つ) | 나서다. 출마하다.
  >> 参院比例区に立つ候補者。 참의원 비례구에 출마한 후보자.

- [ ] **たづなさばき**(手綱さばき) | 운영 능력.
  >> バブルを再発させないスムーズな金融政策の手綱さばきが強く求められる。 거품이 재발하지 않도록 유연한 금융 정책의 운영 능력이 강하게 요구된다.

- [ ] **だっぽくのてびきをしているちゅうごくじんブローカ**(脱北の手引きをしている中国人ブローカ) | 탈북을 돕고 있는 중국인 브로커.

- [ ] **たてやくしゃ**(立役者) | 주역. 중심인물.
  >> 東西冷戦を終わらせた立役者として歴史に刻まれる。 동서 냉전을 종결시킨 주역으로 역사에 기록되다.

여러가지 표현

- **タブーしされてきたもんだい**(タブー視されてきた問題) | 금기시하던 문제.
  ≫ これまでの改憲、護憲論に加え、環境権や知る権利など新しい権利を憲法に盛り込む考えも浮上し、タブー視されてきた憲法問題の議論は深まりつつある. 지금까지의 개헌, 호헌론과 함께 환경권과 알 권리 등 새로운 권리를 헌법에 집어넣자는 생각들도 부각되어 금기시되던 개헌 문제에 대한 논의가 심도 있게 이루어지고 있다.

- **ダブルスタンダード** | 이중잣대. =二重基準(にじゅうきじゅん) [double standard]
  ≫ 欧米が「国際社会の安全」という観点からイランの核兵器開発に疑念を抱くのであれば、「なぜシオニスト政権イスラエルが保有する核兵器を不問にするのか」と疑問を投げかけ、「イランへの不当な懸念は西側諸国のダブルスタンダードを示すものだ」と反撃した. 구미가 국제 사회의 안전이란 관점에서 이란의 핵 무기 개발에 의구심을 갖는다고 한다면 왜 시오니스트 정권 이스라엘이 보유하고 있는 핵 무기를 불문에 부치는지 의문을 제기하고 이란에 대한 부당한 우려는 서방 국가들의 이중잣대를 보여주는 것이라며 반격했다.

- **だまりせんじゅつ**(黙り戦術) | 침묵 전술. 묵비권 전술.

- **ダメージ** | 타격. 충격. [damage]
  ≫ 政権にダメージを与える. 정권에 타격을 주다.

- **だんこたいしょする**(断固対処する) | 단호히 대처하다.
  ≫ 大統領は日本閣僚の相次ぐ妄言に断固対処していくと強調した. 대통령은 일본 각료들의 잇따른 망언에 대해 단호히 대처해 나가겠다고 강조했다.

- **たんねんに**(丹念に) | 세밀히. 꼼꼼히.
  ≫ 丹念に検討して計画を策定していく必要がある. 꼼꼼히 검토해서 계획을 책정해 나갈 필요가 있다.

- **ちあんがたもたれている**(治安が保たれている) | 치안이 유지되고 있다.

- **ちかつうろ**(地下通路) | 땅굴.

- **ちからづける**(力づける) | 힘을 실어 주다.
  ≫ 譲歩すればテロリストを力づけるだけだ. 양보를 하게 되면 테러리스트에게 힘만 실어 주게 된다.

- **ちからをかたむける**(力を傾ける) | 힘을 기울이다.
  ≫ 公共事業の推進に力を傾けてきた. 공공사업 추진에 힘을 기울여 왔다.

- **ちからをそそぐ**(力を注ぐ) | 주력하다. =注力(ちゅうりょく)する

- **ちみちをあげる**(血道を上げる) | 열을 올리다.
  ≫ 与党内からも批判が高まる政治手法. 大統領は追いつめられ、マスコミ攻撃に血道を上げる. 여당 내에서도 비판이 거세지고 있는 정치 수법. 대통령은 궁지에 몰려 언론 공격에 열을 올린다.

- **ちゅうごくないのざいがいこうかんにかけこむさわぎ**(中国内の在外公館に駆け込む騒ぎ) | 중국 내 외국 공관에 진입하는 사건.

정치

- [ ] **ちゅうしょうする**(中傷する) | 마구 헐뜯다.
  ≫ 自分のPRよりも相手候補者を中傷することに力を注いだため、逆に世論の反発をかった。 자신의 PR보다도 상대 후보자를 마구 헐뜯는 데 주력했기 때문에 반대로 여론의 반발을 샀다.

- [ ] **ちゅうとはんぱになる**(中途半端になる) | 흐지부지되다.
  ≫ 拉致問題については中途半端な解決を懸念する声もあるが、まず行動をおこさなくては新たな展開は生まれない。 납치 문제에 대해 흐지부지 해결하는 것을 우려하는 목소리도 나오고 있는데 먼저 행동으로 옮기지 않으면 아무런 진전도 없다.
  ⊙「~が」를 기계적으로 '~이지만'으로 번역해서는 안 된다. 역접과 순접의 의미를 모두 가지고 있기 때문에 뒷문장을 보고 해석을 해야 한다.

- [ ] **ちょうし**(調子) | 태도. 말투.
  ≫ 厳しい調子で批判した。 강경한 어조로 비판했다.

- [ ] **ちょうせいがつく**(調整がつく) | 조정이 이루어지다.

- [ ] **ちょうせいする**(調整する) | 조율하다.
  ≫ 近く日朝実務協議を開く方向で北朝鮮と日程を調整する。 조만간 북일 실무자 협의를 개최하는 방향으로 북한과 일정을 조율한다.

- [ ] **ちょうちょうはっし**(丁々発止) | 한치의 양보도 없이 토론함.
  ≫ 丁々発止と渡り合う。 격렬하게 논쟁하다.

- [ ] **ちょうてい**(調停) | 조정.
  ≫ 現実的に国際紛争を調停し解決する多国間の協議・協力機関は国連しかない。 현실적으로 국제 분쟁을 조정하고 해결하는 다자간 협의・협력기구는 유엔 밖에 없다.

- [ ] **ちょうやくのふみいし**(跳躍の踏み石) | 도약의 디딤돌.
  ≫ 改革は成長の原動力であり、統合は跳躍の踏み石です。 개혁은 성장의 원동력이며 통합은 도약의 발판입니다.

- [ ] **ちょくじょうけいこうがたのひと**(直情径行型の人) | 마음먹은 대로 행동하는 사람.
  ≫ K政治家は、今どき珍しい直情径行型の人である。 K정치인은 요즘 보기 드물게 마음먹은 대로 행동하는 사람이다.

- [ ] **ちらつかせる** | 암시하다. 살짝 비추다.
  ≫ 北朝鮮への制裁をちらつかせないよう自制を求めている。 대북 제재 발언 자제를 요구하고 있다.

- [ ] **ちんしゃする**(陳謝する) | 해명하고 사과하다.
  ≫ 永田(ながた)衆院議員(しゅういん)の送金メール問題について、「国会に対する信頼を揺るがしたことを深くおわびする」と陳謝した。 나가타 중의원 의원의 송금 메일 사건에 대해 "국회에 대한 신뢰성을 흔들어 놓은 점에 대해 깊이 사과한다"라며 사죄했다.

- [ ] **ついきゅうする**(追及する) | 추궁하다.
  ≫ 過去の非を追及するということよりも、むしろ将来に備えて万全を期する。 과거의 잘못을 추궁하는 것보다는 차라리 미래를 대비해 만전을 기한다.

여러가지 표현

- ☐ **ついとうのじ**(追悼の辞) | 추도사.
- ☐ **つうこくする**(通告する) | 알리다.
  ≫ 参加国通告した後、会見して発表した。참가국에 알린 뒤 회견을 열어 발표했다.
- ☐ **つうたつする**(通達する) | 지침을 내려보내다. 알리다.
- ☐ **つうちする**(通知する) | 알리다.
  ⊙「通知」는 주로 정부의 입장에서 알릴 때 사용하고, 개인이 개인에게 알릴 때도 사용한다. 「通告」는 정부가 개인 또는 단체에 어떤 것을 시키기 위해 알리는 것으로 「通知」보다 일방적이다. 「通達」는 행정 관청이 관할 기관에 보내는 지시, 혹은 상부 조직에서 하부 조직에 알리는 것이다.
- ☐ **つうれつにひはんする**(痛烈に批判する) | 통렬하게 비판하다.
- ☐ **つかい**(使い) | 심부름.
  ≫ 議員は知人の使いで証書を受け取ったと主張している。의원은 아는 사람의 부탁으로 증서를 받았다고 주장하고 있다.
- ☐ **つかむ** | 포착하다. 파악하다.
  ≫ 当局が開発情報をつかんだ。당국이 개발 정보를 포착했다.
- ☐ **つきすすむ**(突き進む) | 돌진하다.
  ≫ 強硬路線を突き進むブッシュ政権。강경 노선을 고수하고 있는 부시 행정부.
- ☐ **つきつける**(突きつける) | 제시하다. 들이밀다.
  ≫ 北朝鮮が到底呑めないような条件を突きつけた。북한이 도저히 수용할 수 없는 조건을 제시했다.
- ☐ **つきはなされる**(突き放される) | 버림받다.
  ≫ 韓国はアメリカに突き放され中国に追いつかれる。한국은 미국에 버림받고 중국에 추월당한다.
- ☐ **つきひのながれ**(月日の流れ) | 세월의 흐름.
  ≫ 最近では、月日の流れからか、人々の記憶は風化し、当時を思い出すことは困難になりつつある。최근에는 세월이 오래 지나서인지 사람들의 기억이 흐려져 당시를 회상하는 것이 점점 어려워지고 있다.
- ☐ **つけくわえる**(付け加える) | 덧붙이다.
  ≫ 報道官は今回の訪問が関係改善のよい機会になるだろうと付け加えた。대변인은 이번 방문이 관계 개선에 좋은 기회가 될 것이라고 덧붙였다.
- ☐ **つっこむ**(突っ込む) | 깊이 파고들다. 날카롭게 추궁하다.
  ≫ 中国は核問題について北朝鮮と突っ込んだ意見を交わしたとされる。중국은 핵 문제에 대해 북한과 심도 있는 의견을 나눈 것으로 보인다.
- ☐ **つっぱる**(突っ張る) | (끝까지) 버티다. 우기다.
  ≫ 突っ張っていた北朝鮮の態度に変化が起きた。강경하던 북한의 태도에 변화가 일어났다.

- [ ] **つとめて**(努めて) | 되도록.
  >> 米側は中露初の合同演習に努めて冷静な反応を示した。 미국 측은 중국과 러시아의 첫 합동 훈련에 되도록 냉정한 반응을 보였다.

- [ ] **つなひきがげきかする**(綱引きが激化する) | 줄다리기가 심해지다.
  >> 年金財源対策などをめぐる政府、与党内の綱引きが激化するのは必至だ。 연금 재원 대책 등을 둘러싼 정부와 여당 내의 줄다리기가 심해지는 것은 불 보듯 뻔하다.

- [ ] **つのつきあわせる**(角突き合わせる) | 사이가 나빠 서로 충돌하다.
  >> 領土問題で近隣諸国がいつも角突き合わせている。 영토 문제로 인근 국가들이 항상 티격태격하고 있다.

- [ ] **つばぜりあい**(つばぜり合い) | 격렬한 승부.
  >> つばぜり合いが続く米国への揺さぶり。 힘 겨루기가 계속되는 대미 견제.

- [ ] **つみをとう**(罪を問う) | 죄를 묻다.
  >> 贈収賄事件で、収賄罪に問われ一審で有罪判決を受けた。 뇌물 수수 사건에서 배임수재죄를 물어 일심에서 유죄 판결을 받았다.

- [ ] **つめのきょうぎ**(詰めの協議) | 막바지 협의.
  >> 決議案を巡り詰めの協議が行われている。 결의안을 둘러싼 막바지 협의를 하고 있다.

- [ ] **つよいけいかいかんをのぞかせる**(強い警戒感をのぞかせる) | 강한 경계심을 드러내다.

- [ ] **つりあいをとる**(釣り合いを取る) | 균형을 잡다.
  >> 相手との釣り合いの取れた相互主義 상대와 균형이 잡힌 상호주의.

- [ ] **てあてする**(手当てする) | 마련하다. 준비하다.
  >> 国庫負担増の財源は、公共事業の見直しなどで手当てする考えだ。 국고 부담 증가에 따른 재원은 공공사업 재검토 등으로 마련할 생각이다.

- [ ] **でかた**(出方) | (나오는) 태도.
  >> 北朝鮮は「我々が核施設を再び凍結するかどうかは完全に米国の出方にかかっている」と伝えた。 북한은 "우리가 핵 시설을 재동결할 것인지 여부는 전적으로 미국이 어떻게 나오느냐에 달려 있다"라고 전했다. / 北朝鮮の出方を見守る考えを示した。 북한의 태도를 주시하겠다는 생각을 내비쳤다.

- [ ] **てきびしくひはんする**(手厳しく批判する) | 강력하게 비판하다.
  >> 大統領の経済政策を手厳しく批判した。 대통령의 경제정책을 강력하게 비판했다.

- [ ] **てき、みかたにわける**(敵、味方に分ける) | 네 편 내 편으로 나누다.
  >> 敵味方に分け隔てなく接する「思慮深さ」があったなら、多少は好感度が上がったと思う。 네 편 내 편으로 나누어 거리를 두지 않고 사려 깊게 대했다면 약간은 호감도가 올라갔을 것이다.

- [ ] **てきみかたにする**(敵味方にする) | 편을 가르다.
  >> 肝胆相照らすほどの仲だったようだが、選挙で敵味方に分かれてしまった。 마음을 서로 터놓을 수 있는 사이였으나 선거에서 서로 갈라서 버렸다.

여러가지 표현

- □ **テクノクラート** | 테크노크라트. (고급) 기술관료. [technocrat]
  - ◉ 후진타오를 비롯한 중국의 4세대 지도자들은 실용주의와 경제 개혁에 치중하는 테크노크라트들이다.

- □ **てこずる** | 애먹다.
  - ≫ 戦争後のイラク統合にてこずる米国。 전쟁 후 이라크 통합에 애를 먹고 있는 미국.

- □ **てさき**(手先) | 앞잡이. 나팔수.
  - ≫ 政権の手先。 정권의 나팔수.

- □ **てさぐりのだんかい**(手探りの段階) | 모색 단계.

- □ **てだし**(手出し) | (먼저) 겊. 손찌검.
  - ≫ 報道官は「米国は北朝鮮から手出しをしない限りは攻撃しない」と述べた。 대변인은 "미국은 북한이 먼저 공격을 하지 않는 한 공격하지 않는다"라고 말했다.

- □ **でっちあげ**(でっち上げ) | 날조. 조작.
  - ≫ 北朝鮮代表が、「でっち上げ情報に基づく日本の主張を全面的に拒絶する」と、激しい口調で反論した。 북 대표가 "날조 정보에 기초한 일본의 주장을 전면 거절한다"라며 강렬한 어조로 반론했다. / 北朝鮮は、これまで「でっち上げ」だとして否定してきた拉致の事実を認め、謝罪した。 북한은 지금까지 날조라며 부정해 왔던 납치 사실을 인정하고 사죄했다.

- □ **てづまり**(手詰まり) | 수단・방법이 없어 꼼짝 못함.
  - ≫ 日本外交の手詰まりを打開する。 꽉 막힌 일본 외교를 타개하다.

- □ **てぶら**(手ぶら) | 빈손. 맨손.
  - ≫ 私たちは手ぶらで次の協議に臨まない。 우리는 빈손으로 다음 회담에 임하지 않는다.

- □ **てまどる**(手間取る) | 시간이 걸리다.
  - ≫ 共同報道文作りに手間取った。 공동 보도문 작성에 시간이 걸렸다.

- □ **デマをとばす**(デマを飛ばす) | 유언비어를 퍼뜨리다. =デマを流す
  - ≫ イメージダウンのデマを飛ばすのがアンチのやり口だ。 이미지를 실추시키는 유언비어를 퍼뜨리는 것이 안티의 방법이다.

- □ **てらす**(照らす) | 비추어 보다.
  - ≫ 国際基準に照らして厳格な輸出規制を法制化する。 국제 기준에 따라서 엄격한 수출 규제를 법제화한다.

- □ **てをさしのべる**(手を差し伸べる) | 손을 내뻗다.
  - ≫ 核開発を断念すれば国際社会は支援の手を差し伸べるに違いない。 핵 개발을 단념하면 국제 사회는 지원의 손길을 반드시 내밀 것이다.

- □ **てんきにさしかかる**(転機に差し掛かる) | 전기로 접어들다.
  - ≫ 北朝鮮問題は重大な転機にさしかかった。 대북 문제는 중대한 전기로 접어들었다.

- □ **てんきをむかえる**(転機を迎える) | 전기를 맞다.

- **てんじる**(転じる) | 바꾸다. 옮기다.
  ≫ 危機さえも機会に転じる知恵がある。 위기마저도 기회로 만드는 지혜가 있다.
- **てんびんにかける**(天秤に掛ける) | 저울질하다.
- **どあい**(度合い) | 정도. 수위.
  ≫ 攻撃の度合いを高める。 공격의 수위를 높이다.
- **とういそくみょう**(当意即妙) | 임기응변.
  ≫ 当意即妙な話術が弾劾を招いた原因といえる。 임기응변의 화술이 탄핵을 초래한 간접적인 원인이라 할 수 있다.
- **とうせき**(投石) | 돌을 던짐. 투석.
  ≫ 群衆の一部から投石を受けた。 군중의 일부가 돌을 던졌다.
- **とうせきをぬく**(党籍を抜く) | 당적을 버리다.
  ≫ 金議員は民主党の党籍を抜いて、無所属で市長選に出た。 김 의원은 민주당 당적을 버리고 무소속으로 시장 선거에 출마했다.
- **とうぜんすぎる**(当然過ぎる) | 너무나도 당연하다.
  ≫ 拉致被害者を連れ戻すことは交渉事ではない、当然過ぎる権利である。 납치 피해자를 데려오는 것은 협상할 일이 아니라 지극히 당연한 권리이다.
- **とうせんする**(当選する) | 당선되다.
  ≫ 各選挙区の最多得票者が当選するが、法定得票数に達していなければ再選挙になる。 각 선거구의 최다 득표자가 당선되지만 법정 득표수에 이르지 못하면 재선거를 치러야 한다.
- **どうちょうする**(同調する) | 두둔하다.
  ≫ 靖国神社参拝への批判に、中国、韓国に同調する日本人が大勢いる。 야스쿠니 참배 비판에 대해 한국과 중국을 두둔하는 일본인이 많이 있다.
- **どうどうたるたいど**(堂々たる態度) | 당당한 자세.
- **どうどうめぐり**(堂々巡り) | 다람쥐 쳇바퀴 돌기.
- **とうとつ**(唐突) | 뜻밖. 돌연.
  ≫ 記念行事で行った演説には唐突感が否めない。 기념 행사 연설 내용은 정말 뜻밖이었다.
- **どくさいせいけんじだいにぎゃくもどりする**(独裁政権時代に逆戻りする) | 독재 정권 시절로 역행하다.
- **とくひつたいしょ**(特筆大書) | 대서특필.
  ≫ 読売新聞は北朝鮮の核問題を連日1面に特筆大書している。 요미우리신문은 북핵 문제를 연일 1면에 대서특필하고 있다.
- **どくりつしてしょばつする**(独立して処罰する) | 따로 처벌하다.
- **とげのあることばをくちにする**(刺のある言葉を口にする) | 가시 돋친 말을 입에 담다.

여러가지 표현

- ☐ **とげのあることばをはく**(刺のある言葉を吐く) | 가시 돋친 말을 내뱉다.
- ☐ **ドサクサまぎれ**(ドサクサ紛れ) | 혼잡한 틈을 탐.
  ≫ 歴史認識を問う重い法案をドサクサ紛れに通してはならない。역사 인식을 묻는 중대한 법안을 혼잡을 틈타 통과시켜서는 안 된다.
- ☐ **どっぷりつかる** | 푹 빠지다.
  ≫ 既得権益にどっぷりつかっている。기득 권익에 푹 빠져 있다.
- ☐ **とどこおる**(滞る) | 정체하다. 막히다.
  ≫ 法律の整備が滞っている。법률 정비가 지지부진하다.
- ☐ **とびかう**(飛び交う) | 이리저리 퍼지다. 난무하다.
  ≫ オサマ・ビンラディン氏が死んだとの未確認情報も飛び交った。오사마 빈라덴이 죽었다는 등의 미확인 정보도 난무했다. / 権謀術数が飛び交う。권모술수가 난무하다.
- ☐ **とびひする**(飛び火する) | 불똥이 튀다. 비화하다.
  ≫ 冬季五輪招致の失敗が政界に飛び火した。동계올림픽 유치 실패가 정계로 번졌다.
- ☐ **どひょうぎわにつまる**(土俵際に詰まる) | 막판까지 몰리다.
  ≫ 土俵際に詰まった北朝鮮は核兵器を使うかも知れない。막판까지 몰린 북한은 핵 무기를 사용할지도 모른다.
- ☐ **とやかくいえない**(とやかく言えない) | 이러쿵저러쿵 이야기할 수 없다.
- ☐ **トライ・アンド・エラー** | 시행착오. [Try and error]
- ☐ **とりあわない**(取り合わない) | 어울리지 않다. 상대하지 않다.
- ☐ **とりいれ**(取入れ) | 도입. 수확.
  ≫ 不安定な情勢により資金や物資の取入れが進んでいない。불안정한 정세 때문에 자금과 물자 도입이 이루어지지 않고 있다.
- ☐ **とりおさえる**(取り押さえる) | 저지하다. 붙잡다.
  ≫ アルミ管20トンを運ぶ船を取り押さえた。알루미늄관 20톤을 운반하는 선박을 저지했다.
- ☐ **とりかえしのつかないじたい**(取り返しのつかない事態) | 돌이킬 수 없는 사태.
- ☐ **とりこむ**(取り込む) | 구슬리다. 구워삶다.
  ≫ 武力行使に反対する国々を取り込むため外交戦をしかけた。무력 행사에 반대하는 국가들을 구슬리기 위해 외교전을 펼쳤다.
- ☐ **とりさげる**(取り下げる) | 철회하다. 취하하다.
  ≫ 武力行使容認決議案を取り下げる。무력행사 승인 결의안을 철회하다.
- ☐ **とりざたされる**(取りざたされる) | 공론화되다.
  ≫ ここにきて「政治危機」の可能性まで取りざたされるようになった。최근 들어 정치적 위기에 대한 가능성까지 공론화되기에 이르렀다.

- [ ] **とりしきる**(取り仕切る) | 혼자 도맡아 하다.
  >> 外交・保安政策を取り仕切った人物である。 외교 보안 정책을 도맡아 온 인물이다.

- [ ] **とりつける**(取り付ける) | 얻어내다. (계약을) 성립시키다.
  >> 支持取り付けに外交攻勢をかける。 지지 획득을 위해 외교 공세를 펼치다.

- [ ] **とりまとめる**(取りまとめる) | 정리하다.
  >> 会合で取りまとめた声明案を発表した。 회담에서 정리한 성명안을 발표했다.

- [ ] **トレースする** | 쫓다. 추적하다. =追う
  >> テロリストの行動をトレースする。 테러리스트의 행동을 추적하다.

- [ ] **どろぬまかしつつある**(泥沼化しつつある) | 수렁 속으로 빠져들고 있다.
  >> 治安悪化で泥沼化しつつあるイラク情勢の立て直しに今後も同盟国の協力は欠かせない。 치안 악화로 수렁으로 빠져들고 있는 이라크 정세를 안정시키기 위해 앞으로도 동맹국들의 협력이 꼭 필요하다.

- [ ] **なあなあしゅぎ**(なあなあ主義) | 적당주의.

- [ ] **なあなあで** | 적당히.
  >> 対立点をうやむやにし、なあなあで政治を行う。 대립점을 흐지부지하게 만들어 적당히 정치를 한다.

- [ ] **ないがしろにする**(蔑ろにする) | 업신여기다. 소홀히 하다.
  >> 国民の知る権利を蔑ろにするような措置。 국민의 알 권리를 등한시하는 듯 한 조치.

- [ ] **ないせんをしずめる**(内戦を鎮める) | 내전을 진압하다.

- [ ] **ないふん**(内紛) | 내분.

- [ ] **ながいめ**(長い目) | 긴 안목. 장기적인 안목.
  >> 少子化政策の効果については、もう少し長い目で見ないと分からない。 저출산 정책의 효과는 좀 더 긴 안목으로 보지 않으면 알 수 없다.

- [ ] **なかまいり**(仲間入り) | 멤버로 들어감.
  >> 北朝鮮を国際市場に仲間入りさせたい中国。 북한을 국제 시장의 일원으로 끌어들이고 싶은 중국.

- [ ] **なげきをきんじえない**(嘆きを禁じえない) | 한탄을 금할 수 없다.
  >> 責任ある政治家が誤った歴史観をもとに時代逆行的な発言を繰りかえし、いつも問題となることに深く失望し、嘆きを禁じえない。 책임 있는 정치가가 잘못된 역사관을 바탕으로 시대 역행적인 발언을 반복해서 항상 문제가 되는 데에 크게 실망하며 한탄을 금할 수 없다.

- [ ] **なげつける**(投げつける) | 쏘아붙이다. 내뱉다.
  >> 日韓の市民が差別的な言葉を投げつけあう。 한일 양국 시민이 서로 차별적인 말을 내뱉다.

- [ ] **なざし**(名指し) | 지명.
  >> 名指しはしなかったものの、北朝鮮の軍備拡大に強い懸念を示した。 북한을 직접 언급

여러가지 표현

하지는 않았지만 북한의 군비 확대에 강한 우려를 나타냈다.

- ☐ **なざしでひはんする**(名指しで批判する) | 직접 거론하며 비판하다.
  ≫ 政府の住宅ローン政策を名指しで批判した。 정부의 주택 마련 대출 정책을 직접 거론하며 비판했다.

- ☐ **なしくずし**(済し崩し) | 조금씩 처리함.
  ≫ 済し崩しに既成事実化を狙ってきた。 서서히 기정사실화를 노려 왔다.

- ☐ **なじる** | 힐책하다. 따지다.
  ≫ 米国は、韓国が北朝鮮寄り政策を取っていると常々なじってきた。 미국은 한국이 친북 정책을 취하고 있다고 항상 따져 왔다.

- ☐ **なのりをあげている**(名乗りを上げている) | 입후보하다. 경합에 나서다.
  ≫ 現時点で市長選に名乗りを上げているのは、再選を目指す現職だけだ。 현 시점에서 시장 선거에 출마한 사람은 재선을 노리는 현직 시장뿐이다.

- ☐ **なみなみならぬ**(並々ならぬ) | 예사롭지 않은.
  ≫ 国際テロ根絶に対する米国の並々ならぬ決意については、支持すべきものと考える。 국제 테러 퇴치에 대한 미국의 예사롭지 않은 결의는 지지해야 한다고 생각한다.

- ☐ **なわばりいしき**(縄張り意識) | 영역 싸움. 밥그릇 싸움.
  ≫ 各省庁間に縄張り意識が働いて、政策調整に時間がかかる。 각 성청이 자기 부서만 먼저 생각해 정책 조정에 시간이 걸린다.

- ☐ **なをつらねる**(名を連ねる) | 연명하다.
  ≫ 発起人名簿に名を連ねる。 발기인 명부에 연명하다.

- ☐ **なをとどろかせる**(名をとどろかせる) | 위상을 떨치다.

- ☐ **なんかする**(軟化する) | (자세가) 누그러지다. (태도가) 누그러지다.
  ≫ 米国が従来の強硬姿勢をやや軟化させた。 미국이 기존의 강경 자세를 약간 누그러뜨렸다. / 北朝鮮が、核問題は米朝両国の直接対話でしか解決されない、と固執する姿勢から軟化の気配を見せている。 북한이 핵 문제는 북미 양국의 직접 대화만이 유일한 해결 방법이라고 고집하던 자세에서 누그러든 기미를 보이고 있다.

- ☐ **なんこうするとみられる**(難航すると見られる) | 적지 않은 어려움이 예상된다. 난항을 겪을 것으로 예상된다.

- ☐ **なんしょくをしめす**(難色を示す) | 난색을 표하다. 난감해하다.
  ≫ 韓国政府は日本の常任理事国入りに難色を示している。 한국 정부는 일본의 상임이사국 진출에 난색을 표하고 있다.

- ☐ **なんぼくとういつをみすえる**(南北統一を見据える) | 통일을 내다보다.
  ≫ 南北統一を見据え、歴史的な視野に立って、あらゆる困難を背負った。 남북 통일을 내다보고 역사적인 관점에 서서 모든 어려움을 감수했다.

- ☐ **なんらかのとりひき**(何らかの取引) | 모종의 거래.

>> 人質(ひとじち)解放と引き換えに政府が何んらかの取引を求める。 인질 석방에 대한 대가를 전제로 정부가 모종의 거래를 요구하다.

☐ **〜にうらうちされる**(〜に裏打ちされる) | 〜에 바탕을 두다.
>> 深い洞察と真摯な歴史観に裏打ちされた確かな信念が時に外交場面において決定的な役割を果たしうる。 깊은 통찰력과 진지한 역사관에 바탕을 둔 확고한 신념이 때에 따라서는 외교 현장에서 결정적인 역할을 할 수 있다.

☐ **にえきらない**(煮え切らない) | (생각이나 태도가) 분명치 않다. 모호하다.
>> 煮え切らない態度を取り続けている。 분명치 않은 태도를 계속 취하고 있다.

☐ **にげのびる**(逃げ延びる) | 무사히 도망치다.
>> 故国を追われ、難民として逃げ延びて生活している。 고국에서 쫓겨나 난민으로 도피 생활을 하고 있다.

☐ **にしきのみはた**(錦の御旗) | 대의명분. =大義名分(たいぎめいぶん)
>> 「改革」を錦の御旗に掲げる。 개혁을 대의명분으로 내걸다.

☐ **にせさつをする**(偽札を刷る) | 위조 지폐[위폐]를 만들다.

☐ **にちべいかんのにんしきをいっちさせるさぎょう**(日米韓の認識を一致させる作業) | 한·미·일간의 의견 일치 작업.

☐ **にてんさんてんする**(二転三転する) | 계속 바뀌다.
>> 政府の対応が二転三転している。 정부의 대응이 일관성이 없다.

☐ **にのあしをふむ**(二の足を踏む) | 주저하다. 망설이다.
>> 時期をにらみながら二の足を踏んでいる。 시기를 보면서 망설이고 있다.

☐ **にのまいをえんずる**(二の舞を演ずる) | 전철을 밟다. =前轍(ぜんてつ)を踏(ふ)む

☐ **にゅうねん**(入念) | 꼼꼼히 함. 정성 들임.
>> 入念に仕組まれた陰謀 철저하게 계획된 음모.

☐ **にんしきをともにする**(認識を共にする) | 인식을 같이 하다.
>> 朝鮮半島の平和と安定のためには隣国である日本の役割が重要であるということで認識を共にした。 한반도의 평화와 안정을 위해서는 이웃 국가인 일본의 역할이 중요하다는 데에 인식을 같이 했다.

☐ **にんしきのへだたり**(認識の隔たり) | 인식 차이. =温度差(おんどさ)
>> 与野党の認識の隔たりは大きい。 여야당의 인식 차이가 현격하다.

☐ **ねぎらう** | 치하하다.
>> 東ティモールの復興支援に取り組んできた隊員たちの労をねぎらった。 동티모르 재건 지원에 매진해 온 대원들의 노고를 치하했다.

☐ **ねじまげられたれきしかん**(ねじ曲げられた歴史観) | 비뚤어진 역사관.

☐ **ねじれにねじれる** | 꼬일대로 꼬이다.

여러가지 표현

≫ 靖国問題や領土問題などで日中関係はねじれにねじれた。 야스쿠니 문제와 영토 문제 등으로 중일 관계는 꼬일대로 꼬였다.

☐ **ネック** | 걸림돌.
≫ 靖国問題がネックになっているのは両国にとって不幸だ。 야스쿠니 신사 참배 문제가 걸림돌이 되고 있는 것은 양국의 입장에서 불행한 일이다.

☐ **ねらいうちする**(狙い撃ちする) | 골라서 공격하다.
≫ 高官だけを狙い撃ちしたかのような印象しか持たれない。 고위 관료만을 골라서 공격하는 듯한 인상만 갖게 된다.

☐ **ねらいすます**(狙いすます) | 정확히 겨냥하다.
≫ 都市のアキレス腱を狙いすまして攻撃した。 도시의 취약한 곳을 정확히 노려서 공격했다.

☐ **ねんおしする**(念押しする) | (거듭) 확인하다. 다짐하다.
≫ ブッシュ大統領は、盧大統領を前に「軽水炉提供の検討は、核兵器や核計画を完全放棄した後だ」と念押しした。 부시 대통령은 노 대통령과 함께한 자리에서 "경수로 제공 검토는 핵무기와 핵 계획을 완전히 포기한 후이다"라고 거듭 확인했다.

☐ **ノーブレス・オブリージュ** | 노블리스 오블리제. [*noblesse oblige* 프링스어]
◉ 사회 고위층에게 요구되는 높은 수준의 도덕적 의무, 공직자의 의무.

☐ **のべるにとどめる**(述べるにとどめる) | 이야기하는 데 그치다.
≫ 年内に参拝するかどうかについては「適切に判断する」と述べるにとどめた。 연내 (야스쿠니 신사) 참배 여부에 대해서는 "적절하게 판단하겠다"라고 이야기하는 데 그쳤다.

☐ **ハードルをさげる**(ハードルを下げる) | 장벽을 낮추다.
≫ ブッシュ政権が新型戦術核爆弾の開発を検討するなど核使用のハードルを下げる動きを見せている。 부시 행정부가 신형 전술 핵폭탄 개발을 검토하는 등 핵 사용의 장벽을 낮출 움직임을 보이고 있다.

☐ **はいいろのかんけい**(灰色の関係) | 모호한 관계.
≫ 灰色の関係を引きずる。 모호한 관계를 질질 끌다.

☐ **はいび**(配備) | 배치.
≫ 大量破壊兵器を45分以内に実戦配備できる。 대량 살상 무기를 45분 이내에 실전 배치할 수 있다.

☐ **はいりょをにじませる**(配慮をにじませる) | 배려하다.
≫ 胡主席は記者会見で「今後も関係各国と協力していく」と表明した。一方で「同時に北朝鮮の安全保障の憂慮も真摯に考えていくべきだ」とも言明し、北朝鮮への配慮をにじませた。 후 주석은 기자 회견에서 "앞으로도 관계국들과 협력해 나가겠다"라고 표명했다. 한편 "동시에 북한의 안보 우려에 대해서도 진지하게 생각해야 한다"라고도 말해 북한에 대한 배려를 볼 수 있었다.

☐ **パイをおおきくする**(パイを大きくする) | 파이를 키우다.
≫ 社会全体がパイを大きくすることよりパイの分け前を大きく分捕りすることに血

정치 | **87**

眼(まなこ)になっている。 사회 전체가 파이를 키우는 것보다 파이의 몫을 많이 차지하기 위해서 혈안이 되어 있다.

- [ ] **はがたかんてい**(歯型鑑定) | 치아 감정.
  ≫ 現在、歯型鑑定は身元不明者の確認手段として最も有効とされている。 현재 치아 감정은 신원불명자를 확인하는 수단으로써 가장 효율적인 것으로 알려져 있다.

- [ ] **はきょくにいたる**(破局に至る) | 파국으로 치닫다.

- [ ] **はくじょうする**(白状する) | 죄를 자백하다. (사실을) 밝히다.
  ≫ 単なる力押しだけで北朝鮮が拉致の全てを白状するとは思わない。 북한이 단순한 압력만으로 납치 전모를 밝히리라고는 생각하지 않는다.

- [ ] **はぐらかす** | 따돌리다. 얼버무리다.
  ≫ 首相のはぐらかし答弁が、空疎さに拍車をかける。 총리의 얼버무리는 답변이 공허함을 더한다.

- [ ] **はけぐち**(はけ口) | 배출구.
  ≫ 批判や不満のはけ口。 비판과 불만의 배출구.

- [ ] **はげしいこうぼうをくりひろげる**(激しい攻防を繰り広げる) | 치열한 공방을 펼치다〔벌이다〕. =激しい攻防を展開(てんかい)する
  ≫ 日米韓はジュネーブ軍縮会議本会議で、北朝鮮の核拡散防止条約(NPT)脱退および核兵器開発問題をめぐって激しい攻防を繰り広げた。 한미일은 제네바에서 개최된 유엔 군축 회의 본회의에서 북한의 NPT 탈퇴 및 핵 무기 개발 문제를 둘러싸고 치열한 공방을 벌였다.

- [ ] **はげしいぜっせんをてんかいする**(激しい舌戦を展開する) | 치열한 설전을 벌이다.
  =激しい舌戦を繰(く)り広(ひろ)げる
  ≫ 有権者の支持を得ようと激しい舌戦を展開している。 유권자의 지지를 얻기 위해 치열한 설전을 벌이고 있다.

- [ ] **はげしいちょうしでひはんした**(激しい調子で批判した) | 강경한 어조로 비판하였다.

- [ ] **はけんちいきのみきわめにくりょする**(派遣地域の見極めに苦慮する) | 파견 지역 확인에 고심하다.

- [ ] **はけんとりやめ**(派遣取りやめ) | 파견 취소.
  ≫ 自衛隊派遣は憲法に反すると派遣取りやめを求め、与野党が全面対立している。 자위대 파견은 헌법에 위배된다며 파견 취소를 요구해 여야당이 전면 대립 상태에 있다.

- [ ] **はじきとばされる**(はじき飛ばされる) | 튕겨 나가다.
  ≫ 日本政府は協議の枠組みからはじき飛ばされまいと懸命だ。 일본 정부는 회담의 틀에서 제외되지 않으려 최선을 다하고 있다.

- [ ] **はたじるしにあげる**(旗印に掲げる) | 기치로 내걸다.
  ≫ 構造改革路線の推進を旗印に掲げる。 구조 개혁 노선 추진을 기치로 내걸다.

여러가지 표현

- [ ] **はたらきかける**(働きかける) | 적극 요청하다.
  >> 拉致問題を提案に含めることで一致したのは、日本側が働きかけを続け、米国に次いで韓国も理解したためとみられる。 납치 문제를 제안에 포함시키는데 합의를 본 것은 일본 측이 적극적으로 요청을 해 미국에 이어 한국도 이해를 했기 때문으로 보인다.

- [ ] **はたをかかげる**(旗を掲げる) | 기치를 내걸다. ＝キャッチフレーズを掲げる

- [ ] **はたをふる**(旗を振る) | 선두에서 지휘하다.
  >> 財政再建の旗を振る。 재정 재건의 선두에 서서 지휘하다.

- [ ] **はちくのいきおい**(破竹の勢い) | 파죽지세.
  >> 破竹の勢いで進撃する。 파죽지세로 밀어붙이다.

- [ ] **はっかくする**(発覚する) | 발각되다.
  >> 核開発計画が発覚した。 핵 개발 계획이 발각되었다.

- [ ] **ばってきする**(抜擢する) | 발탁하다.

- [ ] **はなしあいがつかない**(話し合いが付かない) | 협상이 결렬되다.
  >> 戦争とは国同上の話し合いが付かない場合の最後の外交手段である。 전쟁이란 국가간의 협상이 성사되지 않았을 경우 마지막 외교 수단이다.

- [ ] **はびこる** | 만연하다.
  >> むき出しの武力だけではテロを抑え込めないどころか、はびこらせる結果にさえつながる。 노골적인 무력만으로는 테러를 제압하기는커녕 만연시키는 결과로까지 이어진다.

- [ ] **はもんをなげかける**(波紋を投げかける) | 파문을 던지다.

- [ ] **はもんをひろげる**(波紋を広げる) | 파문을 확산시키다.

- [ ] **はもんをまきおこす**(波紋を巻き起こす) | 파문을 일으키다.

- [ ] **はもんをよぶ**(波紋を呼ぶ) | 파문을 부르다.

- [ ] **ばらまきえんじょ**(撒き援助) | 선심성 원조.
  >> アフリカの悲惨な現状を改善するには、ばらまき援助に終わらせることなく、企業や産業を育成し、将来の経済の自立を促さなければならない。 아프리카의 비참한 현 상태를 개선하기 위해서는 선심성 원조로 끝낼 것이 아니라 기업과 산업을 육성해 향후 경제의 자립을 촉진시켜야만 한다.

- [ ] **はりつける**(張り付ける) | (사람을) 고정 배치하다.
  >> 兵力を決まった場所に張り付けておく。 병력을 정해진 장소에 고정 배치하다.

- [ ] **ばんこうをおこなう**(蛮行を行う) | 만행을 저지르다.

- [ ] **ばんぜんをきす**(万全を期す) | 만전을 기하다.

- [ ] **はんたいのしせいをくずさない**(反対の姿勢を崩さない) | 반대 자세를 굽히지 않다.
  >> 反主流派議員は予算案に反対の姿勢を崩さなかった。 비주류파 의원은 예산안에 대한 반대

자세를 굽히지 않았다.

- **はんたいひょうをとうじる**(反対票を投じる) | 반대표를 던지다.
  >> 党議に逆らって反対票を投じる。 당의 의견을 거스르면서 반대표를 던지다.

- **はんべいイメージのうちけし**(反米イメージの打ち消し) | 반미 이미지 불식.
  >> 政府は反米イメージの打ち消しに躍起だ。 정부는 반미 이미지를 불식시키기 위해 혈안이 되어 있다.

- **はんめいする**(判明する) | 판명되다.
  >> 選挙の大勢が判明する。 선거 대세가 판가름 나다.

- **はんをしめす**(範を示す) | 모범을 보이다. =範を垂れる
  >> 国会がみずから範を示す、率先して身を削る、そういう努力をすることが大事である。 국회가 스스로 모범을 보이고 솔선해서 살을 깎는 노력을 하는 것이 중요하다.

- **ひがつく**(火がつく) | 불이 붙다.
  >> ため込まれた民衆の不満に火がついた。 쌓여 있던 민중의 불만에 불이 붙었다.

- **ひがいをくいとめる**(被害を食い止める) | 피해를 줄이다〔막다〕.
  >> テロの被害を最大限に食い止める。 테러 피해를 최대한으로 줄이다.

- **ひきあげ**(引き揚げ) | 귀환. 철수.
  >> 自衛隊のイラクからの引き揚げ論が高まっている。 자위대의 이라크 철수론이 확산되고 있다.

- **ひきこむ**(引き込む) | 끌어들이다.
  >> 強引に1対1の会話に引き込み、核兵器の保有を宣言した。 억지로 일대일 대화로 끌어들여 핵무기 보유를 선언했다.

- **ひきずられる**(引きずられる) | 끌려 다니다. 주도권을 빼앗기다.
  >> 6ヶ国協議で北朝鮮に引きずられてはいけない。 6자회담에서 북한에게 주도권을 내주어서는 안 된다.

- **ひきずりだす**(引きずり出す) | (억지로) 끌어내다.
  >> 世界で孤立する北朝鮮を国際舞台に引きずり出す。 세계에서 고립되어 있는 북한을 국제무대로 끌어내다.
  ⊙「孤立する」는 자동사이므로「孤立される」란 표현은 쓸 수 없다.

- **ひきずる**(引きずる) | 질질 끌다.
  >> 昨年から引きずってきた政治資金規制法。 작년부터 질질 끌어온 정치 자금 규제법.

- **ひきたてる**(引き立てる) | 등용하다.
  >> 次代のリーダに引き立てられた。 차세대 리더로 등용되었다.

- **ひきはなす**(引き離す) | 따돌리다.
  >> 最新の世論調査によると、各党の支持率は、ハンナラ党が32%、民主党が17%と、ハンナラ党が民主党を大きく引き離している。 최신 여론 조사에 따르면 각 당의 지지율은 한나라

여러가지 표현

당이 32%, 민주당이 17%로 한나라당이 민주당을 크게 따돌리고 있다.

- ☐ **ひけし**(火消し) | 불끄기. 무마.
  ≫ 高まる批判の「火消し」に懸命だ。 고조되고 있는 비판을 무마하기에 여념이 없다.

- ☐ **ひじょうにふかいかんをおぼえる**(非常に不快感を覚える) | 불쾌하기 짝이 없다.

- ☐ **びたいちもんももらったことがない**(びた一文ももらったことがない) | 단돈 1원도 받은 적이 없다.

- ☐ **ひだねをのこす**(火種を残す) | 불씨를 남기다.
  ≫ 高騰の原因を考えた施策でなければ住宅価格は決して安定せず火種を残すことになるだろう。 급등한 원인을 고려한 시책이 아니면 집값을 잡을 수 없으며 불씨를 남기는 꼴이 될 것이다.

- ☐ **ひたひたとおしよせてくる**(ひたひたと押し寄せてくる) | 물밀듯이 밀려오다.
  ≫ ひたひたと押し寄せてくる圧倒的なアメリカ軍のパワーにじりじりと戦線を後退させてきた。 물밀듯이 밀려오는 압도적인 미군의 힘에 조금씩 전선을 후퇴시켰다.

- ☐ **ひっくりかえす**(引っくり返す) | 뒤집다. 뒤엎다.
  ≫ 原審の判決を引っくり返す。 원심을 깨다.

- ☐ **ひっくるめる** | 통틀다. 일괄하다.
  ≫ 日本は拉致問題までひっくるめた本格的な交渉を求めている。 일본은 납치 문제까지 포괄한 본격적인 협상을 요구하고 있다.

- ☐ **ひっさげる**(引っさげる) | 내걸다.
  ≫ 北朝鮮に二百万キロワットの電力を直接送電するという「重大な提案」を引っさげて6ヶ国協議に臨んだ韓国。 북한에 200만kW의 전력을 직접 보내겠다는 중대한 제안을 내걸고 6자회담에 임하는 한국.

- ☐ **ひとのくちにのる**(人の口に乗る) | 입방아에 오르다.
  ≫ 世間の人の口に乗る。 세간 사람들의 입에 오르내리다.

- ☐ **ひとりよがり**(独りよがり) | 독선.
  ≫ 政権党は支持率が高い場合、往々にして独りよがりに陥りかねない。 집권당은 지지율이 높을 경우 때때로 독선에 빠지기 쉽다.

- ☐ **ひなんするきはない**(非難する気はない) | 탓할 생각은 없다.
  ≫ 映画界が国に圧力を掛けること自体を非難する気はない。 영화계가 국가에 압력을 넣는 것 자체를 비난할 생각은 없다.

- ☐ **ひなんでいっぱいだ**(非難でいっぱいだ) | 폄하로 가득하다.
  ≫ 2チャンネルでは、北朝鮮に対する非難でいっぱいだった。 2채널은 북한을 폄하하는 글로 가득했다.
  ⊙ '폄훼'는 잘못된 말이다. 「2チャンネル」는 일본의 대표적인 인터넷 커뮤니티 사이트이다.

- ☐ **ひなんのトーン**(非難のトーン) | 비난 수위. =非難の度合い
  ≫ 対米非難のトーンが下がった。 미국에 대한 비난의 수위가 낮아졌다.

정치

- ☐ **ひにくたっぷりにひはんする**(皮肉たっぷりに批判する) | 신랄하게 비판하다.
- ☐ **ひにくる**(皮肉る) | 꼬집다. 비꼬다.
  - ≫学生らは米韓FTAを皮肉った多様なパフォーマンスと公演を披露した。 학생들은 한미 FTA를 풍자한 다양한 퍼포먼스와 공연을 선보였다.
- ☐ **ひのくるま**(火の車) | (재정 상태가) 궁함.
  - ≫市の台所事情は火の車である。 시의 재정 상태가 말이 아니다.
- ☐ **ひはんがもえさかる**(批判が燃えさかる) | 비판이 거세게 일다.
  - ≫日本批判が燃えさかる韓国を訪れた。 일본 비판이 거세게 일고 있던 한국을 방문했다.
- ☐ **ひはんのくちびをきる**(批判の口火を切る) | 비판을 개시하다.
  - ≫現に自民党内でも郵政民営化や三位一体の改革に反対する議員がおり、野党も批判の口火を切ろうとしている。 현재 자민당 내에서도 우정 민영화와 삼위일체 개혁에 반대하는 의원이 있으며 야당에서도 비판을 개시하려 한다.
- ☐ **ひはんのトーンをつよめる**(批判のトーンを強める) | 비판의 수위를 높이다.
  - ≫韓国メディアが批判のトーンを強めているのが「新しい歴史教科書をつくる会」主導で扶桑社が発行する中学歴史教科書だ。 한국 매스컴이 '새로운 역사 교과서를 만드는 모임'이 주도하여 후쇼샤가 발행하는 중학교 역사 교과서에 대해 비판의 수위를 높이고 있다.
- ☐ **ひょうげんのじゆうをかろんじる**(表現の自由を軽んじる) | 표현의 자유를 경시하다.
  - ≫K教授からの異議申し立てを退けた地裁の決定は表現の自由を軽んじていたといわざるをえない。 K 교수의 이의 제기를 기각한 법원의 결정은 표현의 자유를 경시한 것이라고 말하지 않을 수 없다.
- ☐ **びょうよみ**(秒読み) | 초 읽기. 카운트다운.
  - ≫米国のイラク攻撃が秒読み段階に入った。 미국의 이라크 공격이 초읽기 단계로 들어섰다.
- ☐ **ひょうをくう**(票を食う) | 표를 깎아먹다.
  - ≫民主党が出れば開かれたウリ党を食う。 민주당에서 출마하면 열린우리당 표를 깎아먹는다.
- ☐ **ひょうをバーターする**(票をバーターする) | 표를 주고받다.
  - ≫選挙協力により両党の支持者が票をバーターするケースもある。 선거 협력으로 양당의 지지자가 표를 주고받는 경우도 있다.
- ☐ **ひれきする**(披瀝する) | 피력하다. =アピールする
  - ≫韓国の盧武鉉大統領は記念式典演説で、国民レベルの交流や実務協議は進める一方、歴史認識問題は強硬姿勢を維持する姿勢を内外にアピールした。 노무현 대통령은 기념식 연설에서 국민 차원의 교류와 실무 협의는 추진하는 한편 역사 인식 문제는 강경하게 대처해 나가겠다는 자세를 대내외에 피력했다.
- ☐ **ふあんをじょうせいする**(不安を醸成する) | 불안을 조성하다. =不安を醸し出す
- ☐ **ふあんをぬぐえない**(不安を拭えない) | 불안을 떨쳐버릴 수 없다.
  - ≫多くの国民は将来への不安を拭えないでいる。 많은 국민이 미래에 대한 불안을 떨쳐버리지

여러가지 표현

못하고 있다.

- ☐ **ふうじこめ**(封じ込め) | 봉쇄.
- ☐ **ふかいかんなことそのうえない**(不快感なことその上ない) | 불쾌하기 짝이 없다.
- ☐ **ふがいない** | 한심스럽다.
  ≫ 市議会もふがいない。 시 의회도 한심스럽다.
- ☐ **ふかくあたまをさげる**(深く頭を下げる) | 깊이 머리를 숙이다.
  ≫ 支持者へ謝罪を述べ、深く頭を下げた。 지지자들에게 사죄하고 깊이 머리를 숙였다.
- ☐ **ふきだす**(吹き出す) | 내뿜다. 분출하다. =噴き出す
  ≫ 反発と避難が吹き出している。 반발과 비난이 쏟아지고 있다. / 反対論がいっせいに噴き出した。 반대론이 일제히 터져 나왔다.
- ☐ **ふきとぶ**(吹き飛ぶ) | 날아가다. 깨끗이 사라지다.
  ≫ 爆発が起き、建物の一部が吹き飛んだ。 폭발이 일어나 건물의 일부가 날아가 버렸다.
- ☐ **ふきょうわおんがしょうずる**(不協和音が生ずる) | 불협화음이 생기다.
  ≫ 米国が日韓の慎重論を押し切る形で声明案を常任理事国に非公式に提示したことで、3カ国の「緊密な連携」に不協和音が生じている。 미국이 한일의 신중론을 뿌리치고 성명안을 상임이사국에 비공식적으로 제시함으로써 3개국의 긴밀한 연계에 불협화음이 생겼다.
- ☐ **ふきょうをかう**(不興を買う) | 노여움을 사다.
  ≫ 有権者の不興を買うような問題は先送りする。 유권자들의 노여움을 살 만한 문제는 미루다.
- ☐ **ふくまでん**(伏魔殿) | 복마전. 악의 근원.
  ≫ かつて東京都議会は、圧倒的多数の自民党と社会党との「なれあい政治」「宴会政治」が横行し、「伏魔殿」と呼ばれていた。 일찍이 도쿄도의회는 압도적 다수의 자민당과 사회당과의 '담합정치', '연회정치'가 횡행해 복마전이라 불렸었다.
- ☐ **ふくみ**(含み) | 함축. 함축성. 신축.
  ≫ 大統領は先週、イランには「あらゆる選択肢を排除しない」と語り武力行使の可能性に含みを持たせた。 대통령은 지난주 이란에는 "어떤 선택 방안도 배제하지 않겠다"라고 말해 무력행사에 대한 가능성도 있음을 암시했다.
- ☐ **ふくみをのこしておく**(含みを残しておく) | 여운을 남기다.
  ≫ 既得権条項がWTO協定に整合しない場合、制裁関税を再発動する含みを残しておいた。 기득권 조항이 WTO협정에 부합하지 않을 경우 제재 관세를 재발동하겠다는 여운을 남겨 두었다.
- ☐ **ふさわしい** | 걸맞다. 어울리다
  ≫ 国力にふさわしい国際的責任と役割を果たすことを求められている。 국력에 걸맞은 국제적 책임과 역할을 완수할 것을 요구받고 있다.
- ☐ **ふしめをむかえる**(節目を迎える) | 고비를 맞이하다. 전환기를 맞이하다.
  ≫ 日本は戦後60年の節目を迎え、戦後体制の抜本的改革が迫られている。 일본은 전후 60년이란 뜻 깊은 해를 맞이해 전후 체제의 근본적인 개혁을 해야 한다.

- [ ] **ふしんかんをつのらせる**(不信感を募らせる) | 불신감을 더하다.
  >> 北朝鮮寄りの態度をとる韓国に対しては不信感を募らせている。 친북 태도를 취하는 한국에 대해서는 불신감이 증대되고 있다.

- [ ] **ふしんをかう**(不信を買う) | 불신을 사다.
  >> 北朝鮮は国際社会の不信を買う言動を取ってきた。 북한은 국제 사회의 불신을 살 만한 언동을 취했다.

- [ ] **ふせいぎわくがもちあがる**(不正疑惑が持ち上がる) | 부정 의혹이 불거지다.
  >> 党首に不正疑惑が持ち上がり、党首の事務所が警察当局の家宅捜索を受けた。 당 총재에 대한 부정 의혹이 불거져 대표의 집무실을 경찰당국이 압수 수색했다.

- [ ] **ふせいしきんをうけとる**(不正資金を受け取る) | 불법 자금〔비자금〕을 수수하다.

- [ ] **ふせきをうつ**(布石を打つ) | 포석을 깔다.

- [ ] **ふせられる** | 공개되지 않다.
  >> 脱北者の詳細な情報はふせられている。 탈북자의 자세한 정보는 공개되지 않았다.

- [ ] **ぶそうほうき**(武装蜂起) | 무장 봉기.

- [ ] **ふたくする**(付託する) | 회부하다.
  >> 北朝鮮の核問題を国連安保理に付託する。 북핵 문제를 유엔 안보리에 회부하다.

- [ ] **ふたくにこたえる**(負託に応える) | 책임을 성실히 감당하여 그 신임에 보답하다.
  >> 有権者の負託に応える。 유권자가 맡겨준 책임을 성실히 감당하다.

- [ ] **ふたんをおしつける**(負担を押し付ける) | 부담을 안겨주다.
  >> 国民に負担を押し付けるだけの悪い行政改革だ。 국민에게 부담을 안겨주기만 하는 좋지 않은 행정 개혁이다.

- [ ] **ぶつかる** | (주장이) 맞서다.
  >> 双方の主張が正面からぶつかり合った。 양측의 주장이 정면 충돌했다.

- [ ] **ふっこう**(復興) | 복구. 재건.
  >> 米英主導の復興の道筋。 미·영 주도의 복구 절차.

- [ ] **ふところのふかさをみせる**(懐の深さを見せる) | 아량을 보이다.

- [ ] **ふなで**(船出) | 출발.
  >> 新たな政府の船出にしたい。 새로운 정부의 출범으로 삼고 싶다.

- [ ] **ふほうたいざいしゃ**(不法滞在者) | 불법 체류자.

- [ ] **ふほうとりひき**(不法取引) | 밀매.
  >> 核の不法取引への国際的取り締まりを加速させる。 핵 밀매에 대한 국제적 단속을 가속화하다.

- [ ] **ふまんをそらす**(不満をそらす) | 불만을 다른 곳으로 돌리다.

>> 国内問題への不満をそらす格好の材料。 국내 문제에 대한 불만을 다른 곳으로 돌리는 절호의 기회.

☐ **ふみこんだたいおう**(踏み込んだ対応) | 근본적인 대응.
>> 読売新聞は「北朝鮮は、日本人拉致事件や核開発問題で、全く踏み込んだ対応を示さなかった」と非難した。 요미우리신문은 "북한은 일본인 납치 사건과 핵 개발 문제에 대해 전혀 근본적인 대응을 내놓지 않았다"고 비판했다.

☐ **ふみこんだはつげん**(踏み込んだ発言) | 자세한 발언.
>> 制裁発動の是非については「米国はまだ立場を公表していない」と、踏み込んだ発言を避けた。 제재 발동 여부에 대해서는 "미국은 아직 입장을 공표하지 않았다"며 자세한 발언을 피했다.

☐ **ふりきる**(振り切る) | 뿌리치다. 거절하다.
>> イラク攻撃に反対する安保理での大勢の意見を振り切る形で米国が開戦に踏み切った。 이라크 공격에 반대하는 안보리의 대세를 뿌리치는 형태로 미국이 전쟁을 단행했다.

☐ **ふるいたたせる**(奮い立たせる) | 분개하게 하다.
>> アジアの人々を奮い立たせた日本の行動。 아시아 사람들을 분개시킨 일본의 행동.

☐ **プレゼンス** | 위상. 영향력. [*presence*]
>> 国際社会における韓国のプレゼンスはこれまで以上に大きくなると確信している。 국제 사회에서 한국의 위상은 그 어느 때보다 높아질 것으로 확신하고 있다.

☐ **プレゼンスがていかする**(プレゼンスが低下する) | 위상이 떨어지다.

☐ **ぶれる** | 흔들리다.
>> ぶれないことが売り物の小泉首相。 한번 한 말은 잘 바꾸지 않는 고이즈미 총리.

☐ **プロパガンダ** | 프로파간다. 선전 (활동). [*propaganda* 러시아어]
>> 政府はプロパガンダを用い国民の世論を派遣に導いてきた。 정부는 프로파간다를 이용해 국민의 여론을 자위대 파견 쪽으로 몰고 갔다.

☐ **ぶんきざみ**(分刻み) | 분 단위. 1분씩 시간을 셈.
>> 分刻みで会談を重ねる。 시간을 쪼개가며 회담을 거듭하다.

☐ **ぶんしょか**(文書化) | 서면. 문서화.
>> 北朝鮮は米国に「安全の保障」の文書化を求めている。 북한은 미국에 서면 안전 보장을 요구하고 있다.

☐ **へいこうせんをたどる**(平行線をたどる) | 평행선을 달리다.
>> 日中の境界線については、双方が原則的な立場を譲らず、平行線をたどっている。 중일 경계선은 쌍방이 원칙적인 입장을 고수해 합의점을 찾지 못하고 있다.

☐ **べいちょうそうほうをテーブルにつかせておく**(米朝双方をテーブルにつかせておく) | 북미 양국을 협상 테이블로 끌어내다.

☐ **へいわかいけつへのレールをかためる**(平和解決へのレールを固める) | 평화 해결을 위한 길을 다지다.

≫ 金総書記に6者協議への継続参加を呼びかけることで、核開発問題の平和解決へのレールを固める。김 국방위원장에게 6자회담에 계속 참가할 것을 요구함으로써 핵 개발 문제를 평화적으로 해결하기 위한 길을 다진다.

☐ **へいわてきなせんたくし**(平和的な選択肢) | 평화적인 선택지.
≫ 戦争は、平和的な選択肢をすべて使い果たしたあとでの最後の手段であるべきだ。전쟁은 평화적인 선택 방법을 모두 사용한 후에 마지막으로 써야 한다.

☐ **へだたりをせばめる**(隔たりを狭める) | 의견 차를 좁히다.

☐ **ベルリンのかべがほうかいした**(ベルリンの壁が崩壊した) | 베를린 장벽이 무너졌다.

☐ **へんけんをあおる**(偏見をあおる) | 편견을 부추기다.

☐ **べんぽうをこうずる**(便法を講ずる) | 편법을 동원하다.

☐ **ほうにさからう**(法に逆らう) | 법을 어기다.
≫ 国家保安法に逆らって北朝鮮と接触しようとした。국가보안법을 어기면서 북한과 접촉하려고 했다.

☐ **ほうびをあたえる**(褒美を与える) | 포상하다.

☐ **ほかにかえがたいものだ**(他に代え難いものだ) | 무엇과도 바꿀 수 없는 것이다.
≫ 金正日政権にとって政権の維持は他に代え難いものだ。김정일 정권 입장에서는 정권 유지가 무엇보다도 가장 중요하다.

☐ **ほこさきが～にむけられる**(矛先が～に向けられる) | 화살이 ～로 향하다.
≫ 不信、不満の矛先は政府に向けられる。불신과 불만의 화살이 정부로 향한다.

☐ **ほこさきをてんずる**(矛先を転ずる) | 공격의 방향을 바꾸다.
≫ 国民の批判の矛先を転じるために何をすればいいのか。국민의 비판 방향을 바꾸기 위해서는 무엇을 하는 것이 좋을까?

☐ **ほごにする**(反故にする) | 백지화하다. 파기하다.
≫ イラクがいくつかの国連決議を反故にしてきたことも事実である。이라크가 몇 가지 유엔 결의를 파기한 것도 사실이다.

☐ **ほじ**(保持) | 보유. 계속 유지함.
≫ 中国が一定の影響力を保持できる側面がある。중국이 일정한 영향력을 유지할 수 있다.

☐ **ほしゅてきだ**(保守的だ) | 보수적이다. 수구하다.
≫ 盧大統領は、リベラル色の強いウリ党にも、保守的なハンナラ党にも、内部にさまざまな政治的信条の人が混在していると指摘した。노 대통령은 진보적 색채가 강한 우리당과 보수적인 한나라당 모두 내부에는 다양한 정치적 신조를 가진 사람들이 혼재해 있다고 지적했다.

☐ **ほそくする**(補足する) | 보충하다.
≫ 「体制転換」の意味について、韓国側スポークスマンは「北朝鮮政府の政権転換ではなく、改革·開放を推し進める意味だ」と補足した。체제 전환의 의미에 대해 한국 측 대변인은

"북한 정부의 정권 전환이 아니라 개혁·개방을 추진한다는 의미"라고 보충 설명했다.

☐ **ほそる**(細る) | 약해지다. 작아지다.
≫ 支持層は急速に細ってしまった。 지지층은 급속히 줄어들었다.

☐ **ぼっぱつする**(勃発する) | 발발하다.
≫ イラク戦争が勃発することによって、兵器が大量に消費された。 이라크 전쟁이 발발하면서 무기가 대량으로 소비되었다.

☐ **ほねぬき**(骨抜き) | 알맹이가 빠짐. 실속이 없음.
≫ これまで選挙への影響を恐れる族議員らの強い抵抗で、抜本的な改革がことごとく「骨抜き」「先延ばし」にされてきた経緯がある。 지금까지 선거에 대한 영향을 우려한 족의원들의 강력한 저항으로 근본적인 개혁이 모두 부실하거나 뒤로 미루어졌던 경위가 있다.

☐ **ほのめかす** | 암시하다. 넌지시 내비치다.
≫ 不可侵条約締結に必ずしもこだわらない姿勢をほのめかした。 불가침 조약 체결에 꼭 연연하지는 않겠다는 자세를 내비쳤다.

☐ **ほりさげる**(掘り下げる) | 깊이 파고들다.
≫ 深く掘り下げた議論が行われている。 심도 있는 논의가 이루어지고 있다.

☐ **ほりゅうする**(保留する) | 미루다. 보류하다.
≫ 北朝鮮が「長距離ミサイルの追加実験を保留する用意がある」と発表した。 북한이 장거리 미사일의 추가 실험을 유보할 용의가 있다고 발표했다.

☐ **ほんいさせる**(翻意させる) | 마음을 바꾸게 하다.
≫ フセイン政権に米国を翻意させる妙手は見当たらなかった。 후세인 정권은 미국의 마음을 바꾸게 할 묘수를 찾지 못했다.

☐ **ほんぎまりになる**(本決まりになる) | 정식으로 결정되다.
≫ 果たして私学法が国会を通り、本決まりになるのか疑問である。 과연 사학법이 국회를 통과해 정식으로 결정이 될지 의문이다.

☐ **ほんすじ**(本筋) | 본론.
≫ 政治の本筋に戻る。 정치 본연의 자세로 돌아가다.

☐ **まいぼつする**(埋没する) | 빠지다.
≫ 日本は日本人拉致問題だけに埋没している。 일본은 온통 일본인 납치 문제 생각 뿐이다.

☐ **まかりとおる**(まかり通る) | 통용되다. 통하다.
≫ 米国の横暴がまかり通る今の国際的な傾向は、民主主義とは程遠い。 미국의 횡포가 버젓이 통하는 지금의 국제적 경향은 민주주의와 상당히 거리가 있다.

☐ **まきぞえになる**(巻き添えになる) | 말려들다.
≫ 民間人が巻き添えになる。 민간인이 사건에 휘말리다.

☐ **まざまざ** | 똑똑히. 역력하게. 생생하게.
≫ 国連の無力をまざまざと見せつけられた。 유엔의 무력함을 똑똑히 목격하게 되었다.

☐ **マスコミをこうげきする**(マスコミを攻撃する) | 언론을 공격하다.
≫ 韓国民も事実の追求をせず、捏造疑惑を報道したマスコミを攻撃している。 한국 국민들도 진실을 외면한 채 조작 의혹을 보도한 언론을 공격하고 있다.

☐ **まちうける**(待ち受ける) | 오기를 기다리다.
≫ 試練が待ち受けている。 시련이 도사리고 있다.

☐ **まぢかにせまる**(間近に迫る) | 임박하다.

☐ **まっこうからたいりつ**(真っ向から対立) | 정면 대립.
≫ 多くの候補者が「景気回復」に力点を置いたが、回復への道筋については与野党の主張は真っ向から対立した。 많은 후보자가 경기 회복에 역점을 두었으나 회복의 과정에 대해서는 여야당의 주장이 정면으로 대립하였다.

☐ **まっとうする**(全うする) | 완수하다.
≫ 私は、改革と統合を土台に、この使命を国民と共に全うしていくことを約束致します。 저는 개혁과 통합을 바탕으로 이 사명을 국민과 함께 완수해 나갈 것을 약속합니다.

☐ **まつる**(祭る) | (신령을) 모시다.
≫ 戦争責任がある人も一緒にまつられている。 전쟁 책임이 있는 사람들도 같이 모셔져 있다.

☐ **まのあたりにする**(目のあたりにする) | 눈앞에 두다.
≫ 厳しい現実を目のあたりにして妥協することを覚える場合が多い。 엄격한 현실을 눈앞에 두고 타협이라는 것을 배우는 경우가 많다.

☐ **ままならない** | 뜻대로 되지 않다. 여의치 않다.
≫ 党内の意見調整がままならない状態が続いている。 당내 의견 조정이 여의치 않은 상태가 계속되고 있다.

☐ **マリオネット** | 꼭두각시. =操り人形、傀儡 [marionnette 프랑스어]
≫ 北朝鮮によりアメリカの傀儡政権と呼ばれる。 북한에서는 미국의 꼭두각시 정권이라고 부른다.

☐ **みあわせる**(見合わせる) | 유보하다.
≫ 北朝鮮は「ミサイルの発射を当分見合わせる」と公式に発表した。 북한은 "미사일 발사를 당분간 유보한다"고 공식적으로 발표했다.

☐ **みうごきできない**(身動きできない) | 옴짝달싹 못하다.
≫ 外交的に身動きできない状態になってしまった。 외교적으로 옴짝달싹할 수 없는 상황이 되어버렸다.

☐ **みえかくれする**(見え隠れする) | 보였다 안 보였다 하다.
≫ 国際社会での自国の発言力を確保したい意図が見え隠れする。 국제 사회에서 자국의 발언력을 확보하고 싶어하는 의도가 엿보인다.

☐ **みかたにつける**(味方につける) | 내 편으로 끌어들이다.
≫ フセインがフランスやロシアを相手に石油商売を始め、国際世論を味方につけ始め

여러가지 표현

た。후세인이 프랑스와 러시아를 상대로 석유 장사를 시작하면서 국제 여론을 자기 편으로 끌어들이기 시작했다.

☐ **みくびる**(見くびる) | 깔보다. 업신여기다.
≫ 国民や議会を見くびった当然の結果だといえる。국민과 의회를 업신여긴 당연한 결과라 할 수 있다.

☐ **みずからまねく**(自ら招く) | 자초하다.
≫ 手をこまぬいていた政府の無関心が、国際的な恥を自ら招いた。수수방관하고 있던 정부의 무관심이 국제적인 망신을 자초했다.

☐ **みずにながす**(水に流す) | 지난 일은 다 잊다.
≫ 日本が韓国に過去のことは水に流して仲良くしようと言うのは、虫がよすぎるとさえ思う。일본이 한국에 과거 일은 다 잊고 사이좋게 지내자는 것은 너무나 자기중심적이라는 생각조차 든다.

☐ **みずにながれた**(水に流れた) | 물 건너갔다.
≫ ハンナラ党の反対により連立政権は水に流れた。한나라당의 반대로 연정은 물 건너갔다.

☐ **みずももらさぬけいかいぶり**(水も漏らさぬ警戒ぶり) | 물 샐 틈 없는 경계 태세.

☐ **みずをあける**(水をあける) | 앞서다. 경쟁 상대를 떼어 놓다.
≫ 総合評価でウリ党が約50%の支持を集め、ハンナラ党の20%に大きく水をあけた。종합 평가에서 우리당이 50%의 지지를 모아 20%의 한나라당을 크게 앞섰다.

☐ **みせかける**(見せかける) | 가장하다. 위장하다.
≫ 政治献金に見せかけて金を着服した。정치 기부금으로 가장해 돈을 착복했다.

☐ **みぞがうまらない**(溝が埋まらない) | 의견 차이가 좁혀지지 않다.
≫ 会談時間の大半をさいた歴史認識と小泉(こいずみ)首相の靖国神社(やすくにじんじゃ)参拝問題で双方の溝が埋まらなかった。회담 시간의 대부분을 할애한 역사 인식과 고이즈미 총리의 야스쿠니 신사 참배 문제에서 양측의 의견 차는 좁혀지지 않았다.

☐ **みちすじをつける**(道筋を付ける) | 가닥을 잡다.

☐ **みのしょかた**(身の処し方) | 처신법.
≫ 無謀とも思える身の処し方で政治生命の危機を切り抜けた。무모하다고 생각할 정도의 처신법으로 정치 생명의 위기를 타개했다.

☐ **みをさらす**(身をさらす) | 몸을 던지다.
≫ 危なっかしい冒険に身をさらすのを渋っている。위험한 모험에 참가하기를 꺼리고 있다.

☐ **みんしゅうをおさえつけるせいけん**(民衆を押さえつける政権) | 민중을 억압하는 정권.

☐ **みんしゅかのおとしご**(民主化の落とし子) | 민주화의 부산물.
⊙「申(もう)し子(ご)」를 부산물이란 뜻으로 사용하기도 한다. 예상 밖의 달갑지 않은 결과에 쓴다.

☐ **むきだし**(むき出し) | 드러남. 노골적임.

≫ むき出しの武力だけではテロを押さえ込めない. 노골적인 무력만으로는 테러를 억제할 수 없다.

☐ **むごいこうい**(むごい行為) | 잔인한 행위.
≫ 過去植民地時代、数十年間にかけて数え切れなく行われた韓国人に対するむごい行為を韓国人がどうして忘れられようか. 과거 일제 강점기 때 수 십 년간에 걸쳐 헤아릴 수 없이 자행되었던 한국인에 대한 잔학 행위를 한국인이 어떻게 잊을 수가 있을까?

☐ **むしかえされる**(蒸し返される) | 다시 문제가 되다.
≫ スキャンダルが蒸し返されるなど窮地に立たされる. 스캔들이 다시 불거지면서 궁지에 몰리다.

☐ **むじつのみんしゅう**(無実の民衆) | 무고한 민중.
≫ 米国がアフガニスタンを攻撃しても無実の民衆が苦しむだけで、テロリストはなくならない. 미국이 아프가니스탄을 공격하더라도 무고한 백성만 고통 당할 뿐이며 테러리스트는 사라지지 않는다.

☐ **むしょうきょうよ**(無償供与) | 무상 지원.
≫ 北朝鮮に対するディーゼル油1万トンの無償供与. 디젤유 1만 톤 대북 무상 지원.

☐ **むだをはいする**(無駄を排する) | 군살을 빼다.
≫ ITを用いて行政の無駄を排する. IT를 이용해 행정의 군살을 빼다.

☐ **むにきする**(無に帰する) | 무산되다.
≫ 危機を平和的に解決するための国際社会の努力が無に帰するに至った. 위기를 평화적으로 해결하기 위한 국제 사회의 노력이 무산되기에 이르렀다.

☐ **むねがキュンとしめつけられる**(胸がキュンと締め付けられる) | 가슴이 뭉클해지다.
≫ 光の揺らめきを見ながら胸がキュンと締め付けられる思いがした. (촛불 시위) 촛불이 흔들리는 모습을 보면서 가슴이 뭉클해지는 느낌이 들었다.

☐ **むねんのおもい**(無念の思い) | 원통함. 억울함.
≫ 無念の思いが胸をよぎる. 억울함이 가슴을 스치다.

☐ **むようのちょうぶつ**(無用の長物) | 무용지물.
≫ よく、核兵器は無用の長物、使ったら世界から大批判を受けるので使えない兵器だと言われる. 흔히 핵 무기는 무용지물 즉 사용하면 전세계로부터 큰 비판을 받기 때문에 사용할 수 없는 무기라고 말한다.

☐ **むようのまさつをさける**(無用の摩擦を避ける) | 불필요한 마찰을 피하다.
≫ 多くの韓国兵は、視線が合うことで起きる無用の摩擦を避ける配慮から、サングラスをかけている. 많은 한국 군인들은 시선이 마주치면서 생기는 불필요한 마찰을 피하려는 배려에서 선글라스를 쓰고 있다.

☐ **めいさいふく**(迷彩服) | 위장복.

☐ **めいさいをほどこす**(迷彩を施す) | 위장하다.

여러가지 표현

- □ **めいちゅうせいど**(命中精度) | 명중도.
  ≫ 大陸間(たいりくかん)弾道弾(だんどうだん)の命中精度。 대륙간 탄도 미사일의 명중도.

- □ **めいよをきずつける**(名誉を傷つける) | 명예를 훼손하다.

- □ **めさきのにんきとり**(目先の人気取り) | 눈앞의 인기 몰이.
  ≫ 目先の人気取り福祉政策で、財政資金の無駄なバラマキが止まらない。 눈앞의 인기몰이 복지 정책으로 쓸데없는 선심성 재정 지출이 멈추지 않는다.

- □ **メディアをにぎわせる** | 매스컴을 떠들썩하게 하다.
  ≫ この数年、メディアをにぎわせている靖国問題。 최근 몇 년간 매스컴을 떠들썩하게 하고 있는 야스쿠니 참배 문제.

- □ **めにみえるようなそち**(目に見えるような措置) | 가시화된 조치.

- □ **めぼしいしょうこ**(目ぼしい証拠) | 이렇다 할 증거.
  ≫ 目ぼしい証拠は発見できず、今日に至っている。 이렇다 할 증거를 찾지 못한 채 오늘에 이르렀다.

- □ **もうしあわせる**(申し合わせる) | 합의하다.
  ≫ 次回の6カ国協議で、核施設解体の手順や査察方法などの詰めを急ぐことを申し合わせた。 차기 6자회담에서 핵시설 폐기 절차와 사찰 방법 등과 같은 구체적인 내용 조정을 서두르기로 합의했다.

- □ **もちこされる**(持ち越される) | (끝맺지 못하고) 미루다. 넘기다.
  ≫ 方案は今国会では成立せず、審議は次期国会に持ち越される見通しである。 법안은 이번 국회에서 통과되지 못해 심의는 다음 국회로 미루어질 전망이다.

- □ **もちこみ**(持ち込み) | 반입.

- □ **もちこむ**(持ち込む) | (미해결인 상태에서) 다음으로 넘어가다. 끌고 가다.
  ≫ 北朝鮮問題を早い段階で韓国、日本さらにロシアを含んだ多国間協議に持ち込む必要がある。 북한 문제를 조기 단계에서 한국과 일본 더 나아가 러시아를 포함한 다자간 회담으로 끌고 갈 필요가 있다.

- □ **もちだし**(持ち出し) | 반출.
  ≫ 国外持ち出しを禁止する。 국외 반출을 금지한다.

- □ **もてなす** | 접대하다.
  ≫ 国賓並みにもてなしている。 국빈 수준으로 접대하고 있다.

- □ **ものいい**(物言い) | 말투. 어투.
  ≫ 攻撃的な物言いが受ける。 공격적인 어투가 인기 있다.

- □ **ものぶそく**(物不足) | 물자 부족.
  ≫ 食糧難や物不足が深刻だ。 식량난과 물자 부족이 심각하다.

- □ **もみあいとなる**(もみ合いとなる) | 몸싸움이 벌어지다.

≫議員が壇上から降りて諭したが、数人と一時もみ合いとなった。 의원이 단상에서 내려와 타일렀으나 여러 사람과 한때 몸싸움이 벌어졌다.

- [ ] **もみけす**(揉み消す) | (좋지 않은 사건 등을) 무마하다.
≫MBCで告発された生々しい疑惑報道を揉み消す方向に世論を誘導している。 MBC에서 고발한 생생한 의혹 보도를 무마하는 방향으로 여론을 유도하고 있다.

- [ ] **もめあう** | 아옹다옹하다.

- [ ] **モメンタム** | 모멘텀. 전기. [*momentum*]
≫対話のモメンタムが維持される必要がある。 대화의 모멘텀이 유지될 필요가 있다.

- [ ] **モラトリアム** | 모라토리엄. 유예. [*moratorium*]
≫ミサイルの発射実験のモラトリアム 미사일 발사 실험 유예.

- [ ] **もりかえす**(盛り返す) | 만회하다.
≫火力の劣勢を盛り返す。 화력의 열세를 만회하다.

- [ ] **もんだいでさわがれている**(問題で騒がれている) | 문제로 진통을 겪고 있다.
≫年金の未納問題で騒がれているウリ党のある議員。 연금 미납 문제로 진통을 겪고 있는 열린우리당의 모 의원.

- [ ] **もんだいをはらむ**(問題をはらむ) | 문제를 내포하다.
≫原子力発電の問題は経済性・安全性双方できわめて大きな問題をはらんでいる。 원자력 발전 문제는 경제성과 안전성 양면에서 아주 큰 문제를 안고 있다.

- [ ] **もんをくぐる**(門をくぐる) | 발을 들여놓다.
≫初めて国務省の門をくぐったのは、10年前のことだった。 처음으로 국무성에 발을 들여놓은 것은 10년 전의 일이었다.

- [ ] **やおもてにたたされる**(矢面に立たされる) | 비난을 집중적으로 받는 입장에 서게 되다.
≫矢面に立たされる外相の揚げ足を取るような真似だけはやめていただきたい。 집중 비난을 받게 될 외교통상부 장관에게 딴지를 거는 어리석은 행동은 하지 않았으면 한다.

- [ ] **やくそくごと**(約束事) | 약속 사항.
≫国際的な約束事を無視する。 국제적인 약속 사항을 무시하다.

- [ ] **やすきにながれたごうい**(易きに流れた合意) | 편의주의적 합의.

- [ ] **やまば**(山場) | 절정. 고비.
≫核問題をめぐる多国間協議の開催問題が山場を迎えている。 핵 문제를 둘러싼 다자간 협상 개최 문제가 고비를 맞이했다.

- [ ] **やりだまにあげられる**(槍玉に挙げられる) | 도마 위에 오르다.
≫IAEA総会では韓国のNPT違反核開発が槍玉に挙げられた。 IAEA총회에서는 한국의 NPT 위반 핵 개발이 도마 위에 올랐다.

- [ ] **やりとり**(やり取り) | 주고받음.

여러가지 표현

>> 激しいやり取りをする〔行う〕。 치열한 공방을 주고받다.

☐ **ゆういぎ**(有意義) | 뜻있다. 가치 있다.
>> 有意義な成果を挙げるよう期待する。 의미 있는 성과를 거두기를 기대한다.

☐ **ゆうかいされる**(誘拐される) | 피랍되다.
>> 邦人3人がイラクでイスラム過激派とみられる武装集団に誘拐され、その解放交渉にイスラム指導者が仲介役を演じている。 일본인 3명이 이라크에서 이슬람 과격파로 보이는 무장단체에 피랍되어 석방 협상을 위해 이슬람 지도자가 중재 역할을 하고 있다.

☐ **ゆうきゅうのれきし**(悠久の歴史) | 유구한 역사.
>> 悠久の歴史が脈々と息づく町。 유구한 역사가 맥맥히 살아 숨쉬는 도시.

☐ **ゆうぎをふかめる**(友誼を深める) | 우의를 다지다.
>> 交流を通して互いに理解しあい、友誼を深め、国際交流に寄与する。 교류를 통해서 서로를 이해하고 우의를 다지며 국제 교류에 기여한다.

☐ **ゆうぜんたるたいど**(悠然たる態度) | 유연한 태도.

☐ **ゆうぜんとかまえる**(悠然と構える) | 유연한 자세를 취하다.

☐ **ゆうりょをしめす**(憂慮を示す) | 우려를 표명하다.
>> 靖国神社を「毎年参拝する」とした小泉首相の発言に暗に憂慮を示した。 야스쿠니 신사를 '매년 참배하겠다'는 고이즈미 총리의 발언에 넌지시 우려를 표명했다.

☐ **ゆきすぎる**(行き過ぎる) | 지나치다. 과도하다.
>> 行き過ぎたテロ捜査が人権を損なう。 과도한 테러 수사가 인권을 훼손한다.

☐ **ゆさぶりをかける**(揺さぶりをかける) | 견제하다.
>> 地対艦ミサイルの再発射で、米国に威嚇と揺さぶりをかける北朝鮮。 지대함 미사일 재발사로 미국을 위협하고 견제하는 북한.

☐ **ゆしゅつのふうじこめさく**(輸出の封じ込め策) | 수출 봉쇄책.

☐ **ゆるぎ**(揺るぎ) | 흔들림. 동요.
>> 同盟国の結束に揺るぎはない。 동맹국의 결속에 흔들림은 없다.

☐ **ゆるみはじめたたいせいをひきしめる**(緩み始めた体制を引き締める) | 느슨해진 체제를 바싹 죄다.

☐ **ゆれ**(揺れ) | 요동. 불안정.
>> 政局が大揺れの韓国。 정국이 불안한 한국.

☐ **よういがある**(用意がある) | 용의가 있다. 할 마음이 있다.
>> 正しい歴史認識と歴史教育の研究のために共同委員会の活動を助け、それに協力する用意がある。 올바른 역사 인식과 역사 교육 연구를 위해서 공동위원회의 활동을 돕고 협력할 용의가 있다.
  ⊙ 원래 「用意」는 '준비'라는 뜻이지만, 정치 용어로는 '할 마음이 있다'는 의미로 사용되고 있다.

- ☐ **よせいをかる**(余勢を駆る) | 여세를 몰다.
  ≫ ハンナラ党圧勝の余勢を駆って、法案成立に向けた動きが一気に強まる可能性も出てきた。한나라당이 선거 대승의 여세를 몰아 법안 채택을 위한 움직임을 더욱 강화할 가능성도 나오고 있다.

- ☐ **よそうがいの**(予想外の) | 돌출적인.
  ≫ 予想外の発言に会場がどよめいた。돌출적인 발언에 회장이 술렁거렸다.

- ☐ **よだんをゆるさない**(予断を許さない) | 예측을 불허하다.
  ≫ 協議の行方は予断の許さない状況だ。회담의 향방은 예측을 불허하는 상황이다.

- ☐ **よみとく**(読み解く) | 정확하게 읽어내다.
  ≫ 世論をどう読み解くか。여론을 어떻게 풀이할 것인가?

- ☐ **よりごのみする**(選り好みする) | 선호하다.
  ≫ 自分とコードの合う人だけを選り好みする。자신과 코드가 맞는 사람만을 선호한다.

- ☐ **よりそう**(寄り添う) | 달라붙다.
  ≫ 米国に寄り添っていれば、安全保障でも経済でも実利がある。미국에 달라붙어 있으면 안보나 경제면에서 실익이 있다.

- ☐ **よろんがふっとうする**(世論が沸騰する) | 민심이 술렁이다.

- ☐ **よろんをちんせいかさせる**(世論を沈静化させる) | 여론을 진정시키다.
  ≫ 世論を沈静化させようと図ったが既に時遅しだった。여론을 무마해 보려 했으나 이미 때는 늦었었다.

- ☐ **よろんちんせいへのゆうこうなて**(世論沈静への有効な手) | 여론을 진정시킬 효과적인 방법.

- ☐ **よろんのどうこう**(世論の動向) | 여론의 움직임.
  ≫ 世論の動向を見極める。여론의 동향을 지켜보다.

- ☐ **よろんをたてにする**(世論を盾にする) | 여론을 방패막이로 삼다.
  ≫ 政府は欧米の学者や世論を盾にして政策を立て、改革に臨んでいる。정부는 구미의 학자들과 여론을 방패막이로 정책을 세우고 개혁에 임하고 있다.

- ☐ **よろんをにぶんする**(世論を二分する) | 여론을 갈라놓다.
  ≫ 世論を二分したイラク特措法が成立した。여론을 양분시킨 이라크 특별조치법이 가결되었다.

- ☐ **よわる**(弱る) | 곤란해지다.
  ≫ 問題報道で弱っている。문제 보도로 난처해하고 있다.

- ☐ **らくいんをおされる**(烙印を押される) | 낙인 찍히다.
  ≫ 北朝鮮は全世界から「人権弾圧国家」「犯罪国家」との烙印を押されている。북한은 전세계로부터 '인권 탄압 국가', '범죄 국가'라는 낙인이 찍혔다.

여러가지 표현

- □ **リークする** | 누설하다.
  ≫ 内部情報はリークされない限り外部に出ることは考えられない。 내부 정보는 누설되지 않는 한 외부로 나가는 것은 생각할 수 없다.

- □ **りきてんをおく**(力点を置く) | 역점을 두다. 중점을 두다.
  ≫ 社会のセーフティーネット〔安全網〕構築に力点を置く。 사회 안전망 구축에 역점을 두다.

- □ **りごうしゅうさん**(離合集散) | 이합집산.
  ≫ 既成政党の離合集散による「政界再編成」では、この危機を打開することはできない。 기성 정당의 이합집산을 통한 '정계 재편성'으로는 이 위기를 타개할 수 없다.

- □ **りそうとげんじつとのかいり**(理想と現実との乖離) | 이상과 현실의 괴리.
  ≫ 理想と現実との乖離を極力なくすための方策の検討が必要である。 이상과 현실의 괴리를 최대한 없애기 위한 시책을 검토할 필요가 있다. / 国民が求める成果と行政が目指す施策に乖離がある。 국민이 요구하는 성과와 행정이 지향하는 시책에 괴리가 있다.

- □ **りとうとどけをだす**(離党届を出す) | 탈당계를 제출하다.
  ≫ 自発的に離党届を出すことで、復党が難しい除名など重い処分を免れる狙いがある。 자발적으로 탈당계를 제출함으로써 복당이 어려운 제명 등 중징계를 피하려는 목적이 있다.

- □ **りにかなわないはつげん**(理にかなわない発言) | 사리에 맞지 않는 발언.

- □ **りはんする**(離反する) | 이반하다. 떠나다.
  ≫ 頼みの世論も離反し始めた。 믿고 있던 민심도 떠나기 시작했다.

- □ **りはんをまねく**(離反を招く) | 이탈을 초래하다.
  ≫ この行動は、一部の若い支持者の離反を招く結果になった。 이 행동은 일부 젊은 지지자들의 이탈을 초래하는 결과를 낳았다.

- □ **リンク** | 연계. 링크. [link]
  ≫ 核問題と南北問題をリンクさせる。 핵 문제와 남북 문제를 연계시키다.

- □ **れいじょうをとる**(令状を取る) | 영장을 발부받다.
  ≫ 裁判所から家宅捜索令状を取って捜査に乗り出した。 법원에서 가택 수사 영장을 발부받아 수사에 착수했다.

- □ **れきしもんだいのかげからときはなたれる**(歴史問題の影から解き放たれる) | 역사 문제의 그늘에서 벗어나다.
  ≫ 日韓両国の国民が過去の歴史問題の影から完全に解き放たれて、自由に交流し互いに助け合う時代が一日でも早く来ることを心から願っている。 한일 양국민이 과거 역사 문제의 그늘에서 완전히 벗어나 자유로이 교류하고 서로 돕는 시대가 하루라도 빨리 오기를 진심으로 바란다.

- □ **れきしをおもいおこす**(歴史を思い起こす) | 역사를 상기시키다.
  ≫ 不幸だった過去の歴史を思い起こす動きが日本から出るたび、韓国を含むアジア諸国の国民は敏感な反応を見せてきた。 불행했던 과거 역사를 상기시키는 움직임이 일본에서 나올

때마다 한국을 포함한 아시아 국가들의 국민은 민감한 반응을 보여 왔다.

- □ **れきしをみすえる**(歴史を見据える) | 역사를 잘 보다.
  ≫ 日本は過去の歴史を見据えるべきである。일본은 과거사를 직시해야 한다.

- □ **レッテル** | 꼬리표. 낙인. [*letter* 네덜란드어]
  ≫ 反米主義者のレッテルがついて回った。반미주의자라는 꼬리표가 따라다녔다.

- □ **レッテルをはられる**(レッテルを張られる) | 꼬리표가 붙다.

- □ **れんけいをきょうかする**(連携を強化する) | 공조를 강화하다.

- □ **れんらくをとりあう**(連絡を取り合う) | 연락을 서로 취하다.
  ≫ 関係国と連絡を取り合っており、北朝鮮とも複数の経路で連絡を取り合っている。 관계국과 서로 연락을 취하며 북한과도 복수의 채널을 통해 연락을 취하고 있다.

- □ **ろっかこくきょうぎのせきにつく**(6ヶ国協議の席につく) | 6자회담에 참가하다.

- □ **ろうをたとする**(労を多とする) | 노고를 치하하고 위로하다.
  ≫ 長官を初め関係者の皆さんの労を多とするものでございます。장관을 비롯하여 관계자 여러분의 노고를 치하하는 바입니다.

- □ **ろうえい**(漏洩) | 누설.
  ≫ 重要な情報が漏洩する。중요한 정보가 누설되다.

- □ **ろうそのあまやかし**(労組の甘やかし) | 노조 봐주기.
  ≫ 労組の甘やかしにも批判の声が高まっている。노조 봐주기에 대한 비판의 목소리도 높아 가고 있다.

- □ **ロードマップ** | 로드맵. =行程表(こうてい) [*road map*]

- □ **ろんがいだ**(論外だ) | 논할 가치도 없다.
  ≫ 独島ドク〔竹島〕問題について日本の対応を批判し、領有権の判断を国際司法裁判所に委ねる案については「論外だ」と拒否する考えを明らかにした。독도 문제에 대해 일본의 대응을 비판하고 영유권 판단을 국제사법재판소에 위임하자는 안에 대해 '논할 가치도 없다'며 거부 의사를 밝혔다.

- □ **ろんぎがはくねつする**(論議が白熱する) | 논의가 격렬해지다.
  ≫ 行政首都移転をめぐる論議が白熱する。행정 수도 이전을 둘러싼 논의가 격렬해지다.

- □ **ろんぎがふっとうする**(論議が沸騰する) | 논의가 들끓다.

- □ **わかちあいぶんか**(分かち合い文化) | 나눔 문화.

- □ **わかるようでわからないはつげん**(分かるようで分からない発言) | 알쏭달쏭한 발언.

- □ **わくぐみ**(枠組み) | 틀. 짜임새. 규범.
  ≫ 協議参加国の枠組みなどを巡って議論が続いた。회담 참가국 규모 등을 둘러싸고 논의가 계속되었다.

여러가지 표현

- □ **わずかなのぞみ**(わずかな望み) | 일말의 희망. =一抹(いちまつ)の望(のぞ)み
  >> わずかな望みを託すしか道は残されていない。 일말의 희망을 걸어 보는 길밖에 없다.
- □ **わりびく**(割り引く) | 할인하다. 좀 적게 어림잡다.
  >> 特殊事情を割り引いても納得が行かない。 특수한 사정을 감안하더라도 납득이 가지 않는다.

Economy
Economy
Economy

Ⅰ. 경기

上半期	상반기. =上期
下半期	하반기. =下期
第一四半期	1분기. 1사분기.
第二四半期	2분기. 2사분기.
第三四半期	3분기. 3사분기.
第四四半期	4분기. 4사분기.
通期	전기(全期).

◉ 한국은 회계연도가 대개 그 해 1월 1일 ~ 12월 31일(12월 결산)인 반면 일본은 그 해 4월 1일 ~ 다음 해 3월 31일(3월 결산)까지이다. 예를 들어 「平成14年3月通期」라고 하면 「平成13年4月1日~平成14年3月31日」까지를 말한다.

足下景気 체감경기.
≫低迷する足下景気を救うためには、多少の財政出動も致し方ないであろう。 침체된 체감경기를 살리기 위해서는 약간의 재정 출동도 (어쩔 수 없이) 해야 할 것이다.

景況感 체감경기.
≫企業の景況感を示す業況判断指数(DI)。 기업의 체감경기를 나타내는 업황 판단 지수.

実体景気 실물경기. =実物景気
≫実体景気は底堅く推移している。 실물경기는 견실한 흐름을 이어가고 있다.

景気の冷え込み 경기 침체. 경기 둔화. =景気の落ち込み

景気の鈍化 경기 둔화.
≫ドイツの景気減速は、世界経済の停滞、特に米国経済の景気の冷え込みによるものであり、パニックに陥る必要はない。 독일의 경기 감속은 세계 경제의 정체 특히 미국 경제의 경기 침체에 의한 것이어서 공황 상태에 빠질 필요는 없다.

景気腰折れ 경기 둔화.
≫株価の低迷も手伝って景気腰折れ説がささやかれている。 주가 침체도 한몫 거들어 경기 둔화설이 나돌고 있다.

景気の下ぶれリスク	경기 하락 위험.
消費の落ち込み	소비 위축. =消費の息切れ
	≫消費税率引き上げを始めとする国民負担増により、個人消費の落ち込みや企業収益の悪化が鮮明になった。소비세율 인상을 비롯한 국민 부담 증가로 개인 소비 위축과 기업의 수익 악화가 뚜렷해졌다. / 米国景気の回復感が乏しいが、その背景には個人消費の息切れがある。미국 경기가 회복될 기미를 보이지 않고 있는데 그 배경에는 개인 소비의 위축이 있다.
	⊙「〜が」는 역접과 순접의 뜻을 모두 가지고 있기 때문에 뒷문장과의 내용 관계를 잘 파악해야 한다.
消費マインド	소비 심리.
	≫家計の消費マインドが冷え込む可能性がある点に留意する必要がある。가계 소비 심리가 위축될 수 있다는 점에 유의할 필요가 있다.
投資センチメント	투자 심리. 투자 마인드.
	≫不動産価格下落により投資センチメントや景気センチメントが悪化した。부동산 가격 하락으로 투자 심리와 경기 심리가 악화되었다.
景気低迷	경기 침체.
	≫今日の景気低迷は、不良債権処理や構造改革の遅れなどが原因であると思う。오늘날의 경기 침체는 부실 채권 처리와 구조 개혁 지연 등이 원인이라고 생각한다.
景気後退	경기 후퇴.
	≫忍び寄る景気後退。살며시 다가온 경기 후퇴.
	⊙ 경기는 '회복-호황-후퇴-불황' 국면을 주기적으로 순환한다.
減速	둔화. 감속.
失速	침체.
	≫米経済が減速する可能性があるが、失速はしないだろう。미국 경제가 둔화될 가능성은 있으나 침체에 빠지지는 않을 것이다.
景気の足取り	경기 동향.
	≫回復の足取りが弱い世界経済。회복세가 약한 세계 경제.
景気の持ち直し	경기 회복세. 경기 회복에 대한 움직임.
	≫株価は景気の持ち直しの動きを反映している。주가는 경기 회복 동향을 반영하고 있다.
変調	비정상. 이상.
	≫景気の変調を招く。경기의 비정상적인 움직임을 초래하다.
足掛かり	발판. 거점.

≫景気回復の足掛かりができた。 경기 회복의 발판을 마련하였다.
- ⊙ 足掛かり釘 :(전신주의) 디딤 못.

ハードランディング	경기 경착륙. 급격한 경기 위축. =硬着陸(こうちゃくりく) [hard landing]
ソフトランディング	경기 연착륙. =軟着陸(なんちゃくりく) [soft landing]
景気動向指数(けいきどうこうしすう)	경기지수(DI). =ディフュージョン・インデックス

- ⊙ DI : Diffusion index

景気総合指数(けいきそうごうしすう)	경기종합지수. =コンポジット・インデックス

- ⊙ 경기가 현재 어떤 상황에 있고 어떻게 변할지를 예측하기 위해 만든 지표이다.

景気一致指数(けいきいっちしすう)	경기동행지수.

- ⊙ 현재 경기가 어떤 상황인지를 알아보기 위해 만든 지표이다.

景気先行指数(けいきせんこうしすう)	경기선행지수.

- ⊙ 앞으로 경기가 어떻게 변할지를 단기 예측할 때 쓰는 지표이다.

景気遅行指数(けいきちこうしすう)	경기후행지수.

- ⊙ 경기의 변동을 사후에 확인하는 지표이다.

業況判断指数(ぎょうきょうはんだんしすう)	업황판단지수.

- ⊙ 기업 상황을 '호전'이라고 응답한 기업 수에서 '악화'라고 응답한 기업 수를 빼서 산출한다.

コアインフレ率(りつ)	코어 인플레이션율.

- ⊙ 소비자 물가지수에서 농산물(곡물 제외)이나 석유류처럼 외부 충격에 의해 일시적으로 급등락하는 품목을 제외하고 난 뒤 산출한다.

ミザリー指数(しすう)	(경제) 고통지수. 궁핍지수. [Misery Index]
マクロ経済(けいざい)	거시경제.
ミクロ経済(けいざい)	미시경제.
経済の行方(けいざいのゆくえ)	경제 향방.
上方修正(じょうほうしゅうせい)	상향 조정.
下方修正(かほうしゅうせい)	하향 조정.
引き下げる(ひきさげる)	하향 조정하다. 끌어내리다.

≫二度にわたり成長予測を引き下げた。 두 번에 걸쳐 성장 예상치를 하향 조정했다.

プラス成長(せいちょう)	플러스 성장.
マイナス成長(せいちょう)	마이너스 성장.

- ⊙ 한 나라의 경제 성장률이 마이너스를 기록하는 것을 뜻한다.

ジョブレスリカバリー	일자리 없는 회복. [*Jobless recovery*]
雇用なき景気回復	고용 없는 경기 회복. 일자리 없는 경기 회복.
雇用なき成長	고용 없는 성장. 일자리 없는 성장.
双子の赤字	쌍둥이 적자.
	≫双子の赤字とは、アメリカが抱える財政赤字と経常赤字のこと。 쌍둥이 적자란 미국이 안고 있는 재정 적자와 경상 수지 적자를 말한다.
経常収支	경상 수지.
	◉ 경상 수지는 무역 수지, 서비스 수지, 소득 수지, 경상 이전 수지의 4가지로 구성되어 있다.
経常赤字の埋め合わせ	경상 적자 메우기.
世界経済の業病	세계 경제의 고질병.
伸び率	성장률.
	≫昨年同期の伸び率は2.1％にすぎなかった。 지난해 전체적인 성장률은 2.1％에 지나지 않았다.
景気てこ入れ	경기 부양.
	≫景気てこ入れは経済政策の常套手段である。 경기 부양은 경제 정책의 상투적인 수단이다.
景気浮揚策	경기 부양책.
景気刺激策	경기 진작책.
経済立て直し	경제 재건. =経済再建
	≫経済立て直しの端緒をつかみたい。 경제 재건의 실마리를 잡고 싶다.
経済の先行	경제 전망.
	≫アメリカ経済の先行不透明感が強まり世界経済が伸び悩めば、輸出に悪影響を与えることが懸念される。 미국의 경제 전망이 매우 불투명해져 세계 경제가 둔화되면 수출에 악영향을 미칠 것으로 우려된다.
経済的付加価値	경제적 부가가치. [*EVA: economic value added*]
	◉ 기업이 영업 활동을 통해 얻은 영업 이익에서 법인세·금융·자본 비용 등을 제외한 금액을 말한다.
ファンダメンタルズ	펀더멘틀. 경제 기초 여건. 기초 체력. =基礎的条件 [*fundamentals*]
	◉ 한 나라의 경제가 얼마나 건강하고 튼튼한지를 나타내는 용어이다. 보통 경제 성장률·물가 상승률·재정 수지·경상 수지·외환 보유액 등과 같은 거시 경제 지표들을 가리킨다.
引き締め政策	긴축정책.

インフレ	인플레이션. [*inflation*]
	⊙ 화폐 가치가 하락하여 물가가 전반적으로 상승하는 경제 현상.
狂乱物価	광란 물가.
物価の上がり方	물가 오름세.
暮らし向き	생활 수준.
	≫1年前と比べた自分の暮らし向きに関する評価は「楽になった」6.9%、「苦しくなった」23.4%と、今回は「苦しくなった」が減少している。 1년 전과 비교해 자신의 생활 수준에 관한 평가는 '좋아졌다'가 6.9%, '힘들어졌다'가 23.4%로 이번에는 '힘들어졌다'가 줄어들었다.
デフレ	디플레이션. [*deflation*]
	≫デフレで押しつぶされる資金。 디플레이션으로 묶여 있는 자금.
	⊙ 통화량 축소로 물가가 하락하고 경제 활동이 침체되는 현상.
デフレ収束	디플레이션 종료.
	≫デフレが収束に向いつつある。 디플레이션 종료가 가시권에 있다.
スタグフレーション	스태그플레이션. [*stagflation*]
	⊙ 경제 불황 속에서 물가가 상승하는 현상.
キャッシュフロー	현금 흐름. [*cash flow*]
マネーサプライ	통화 공급량. =通貨供給量 [*money supply*]
	≫外貨準備高が増大し、通貨供給量が膨らむ結果、バブルが生じる。 외환 보유액이 늘어나고 통화 공급량이 늘어난 결과 거품이 생긴다.
前倒し減税	조기 감세.
国家の格付け	국가 신용 등급.
	≫国家の格付けの下落は、海外資金調達の金利を上昇させ、外国人投資資金の流出をもたらす。 국가의 신용 등급 하락은 해외 자금 조달 금리를 상승시켜 외국인 투자자금의 유출을 초래한다.
(信用)格付け会社	신용평가기관.
	⊙ 세계 3대 국제 신용평가기관은 미국의 무디스, 스탠더드앤푸어스(S&P) 그리고 영국의 피치이다. 각각「ムーディーズ、スタンダード&プアーズ、フィッチ」라고 표기한다.
不良債権処理	부실 채권 처리.
	⊙ 금융기관의 대출금은 정상, 요주의, 고정, 회수 의문, 추정 손실의 다섯 단계로 분류되는데 부실 채권은 정상을 제외한 나머지 4개를 포함하는 회수가 불가능하거나 어려운 대출을 말한다.
政策優先順位付け	정책 우선 순위 결정.

経済失政	경제 실정. ≫地域の中小企業を痛めつける経済失政を根本的に改める。 지방 중소기업에 고통을 주는 경제 실정을 근본적으로 시정하다.
経済の舵取り	경제 운영. ≫ブッシュ政権が米国経済の舵取りを誤れば、世界経済に甚大な影響を及ぼすことになるので、安定性と信頼性のある経済運営を期待したい。 부시 행정부가 미국의 경제 지향점을 잘못 잡으면 세계 경제에 엄청난 영향을 미치게 되므로 안정성과 신뢰성이 있는 경제 운영을 하기를 기대한다.
大型減税	대형 감세. 대대적인 감세. ≫大型減税によって消費を拡大しデフレ脱却を図る。 세금을 대폭 줄임으로써 소비를 확대해 디플레이션 탈출을 노린다.
借り入れ	차입. ≫財源は借り入れで賄う。 재원은 차입으로 충당한다.
補正予算	추가경정 예산. 추경 예산.
税金の無駄遣い	세금 낭비.
予算の先食い	예산 조기 집행. ＝予算の前倒し執行とう
来年度の予算作り	내년도 예산 책정.
原油価格	유가. 원유가격.
足元の原油価格	체감 유가.
原油相場	원유 시세.
原油高	고유가.
原油価格の高止まり	유가 고공 행진.
オイルショック	오일 쇼크. 유류 파동. [oil shock] ◉ 1973년과 1978년에 석유 공급 부족과 유가 폭등 현상이 일어나 세계 경제가 큰 혼란에 빠져 어려움을 겪었던 일을 말한다.
石油輸出国機構	석유수출국기구. OPEC. ◉ 석유수출국기구(Organization of Petroleum Exporting Countries)는 원래 유가 하락을 막기 위해 만들어진 협의체였으나 1973년 제1차 오일 쇼크를 주도하여 석유 가격 상승에 성공한 후부터는 원유가의 계속적인 상승을 도모하기 위해 생산량을 조절하는 생산 카르텔로 변질되었다. 본부는 오스트리아 빈에 있다.
バスケット価格	OPEC 기준 유가. OPEC 바스켓 가격. ◉ OPEC(석유수출국기구) 회원국들이 생산하는 7개 대표 유종(油種)의 가

	격을 가중 평균한 원유 가격으로 OPEC는 이 가격을 국제 유가의 지표로 삼고 있다.
国際エネルギー機関	국제에너지기구. [IEA: International Energy Agency] » 日米欧などの消費国で構成する国際エネルギー機関。미국·일본·유럽 등의 소비국으로 구성된 국제에너지기구.
国際石油取引所	국제석유거래소. 런던석유거래소. [IPE: International Petroleum Exchange of London Ltd] ◉ 영국 런던에 위치하고 있는 에너지 선물 및 옵션 거래소.
米国産WTI原油	서부텍사스산 중질유. =西部テキサス原油.
ドバイ原油	두바이유.
北海(ブラント)原油	북해산 브렌트유.
液化天然ガス	액화 천연가스. [LNG: Liquefied Natural Gas]
埋め立てガス	매립가스. =ランドフィルガス [LFG: Landfill Gas]
生産枠	생산량. » OPEC側はたびたび生産枠増をアピールしてきたが、生産余力がほぼ尽きかけていることもあり、加熱する相場を冷ますことには成功していない。OPEC 측은 종종 생산량 증대를 강조해 왔으나 생산 여력이 거의 바닥 상태여서 과열 시세를 진정시키는 데는 실패했다.
石油元売り会社	정유회사.
ガソリン	가솔린. 휘발유. [gasoline]
レギュラーガソリン	일반 가솔린. 휘발유. [regular gasoline]
ディーゼル	디젤. [diesel]
ガソリン代替燃料	유사휘발유. » ベンチャー企業が開発したガソリン代替燃料が、石油業界や税務当局に大きな波紋を投げかけている。벤처기업이 개발한 유사휘발유가 석유 업계와 세무 당국에 커다란 파문을 던지고 있다.
石油換算トン	석유환산톤. [TOE: Ton of oil equivalent] ◉ 석유환산톤은 에너지의 양을 나타내는 단위이다. 1석유환산톤은 석유 1톤을 연소할 때 발생하는 에너지이다.
ガロン	갤런. [gallon] ◉ 1갤런은 약 3.8리터.
バレル	배럴. [barrel]
市場の侵食	시장 침식.

蚕食

≫中国などアジアの成長は、国内市場の侵食とともに、海外市場の縮小を意味する。중국 등 아시아의 성장은 국내시장의 침식과 함께 해외 시장의 축소를 의미한다.

잠식.

統計数値の誤り

통계 수치 오류.

複合不況

복합 불황.

≫米国の複合不況は日本・アジア・ヨーロッパに広がり、世界を覆うとしている。미국의 복합 불황은 일본·아시아·유럽으로 확산되어 전세계를 뒤덮으려 하고 있다.

⊙ 1990년대에 일본이 겪었던 불황으로 경제가 장기적인 불황 국면으로 들어가 지속되는 현상.

箱モノ行政

예산 낭비 행정. 졸속 행정.

⊙ 예산이 삭감되지 않게, 남은 예산을 그해에 다 쓰려고 건물이나 시설을 짓는 행정. 건물 수요나 필요성 등을 고려하지 않고 일단 짓고 보자는 식의 행정을 말한다.

経済赤字国

경제 적자국.

≫他の地域を引き離し突出した経済赤字国になった。타 지역과 현저한 차이가 나는 경제 적자국이 되었다.

II. 기업

エマージングマーケット	신흥시장. =新興市場_{しんこうしじょう} [emersing market]	
ニッチ市場_{しじょう}	틈새시장. =隙間市場_{すきましじょう}	
ブルーオーシャン	블루오션. [blue ocean] ◉ 경쟁자들이 없는 무경쟁 시장을 지칭한다. 또 블루오션 전략이란 차별화와 비용 절감을 통해 경쟁이 없는 전혀 새로운 시장을 창출하려는 경영 전략을 말한다.	
レッドオーシャン	레드오션. [red ocean] ◉ 수많은 경쟁자들이 우글거리는 시장을 지칭한다.	
ショルダーシーズン	성수기 전(前). [shoulder season]	
オンシーズン	성수기. =ピークシーズン, 需要期_{じゅよう} [on season]	
最大_{さいだい}の商戦期_{しょうせんき}	최대 성수기.	
商戦_{しょうせん}	판매 경쟁. 》商戦が盛り上がっている。 판매 경쟁이 치열해지고 있다.	
書_かき入_いれ時_{どき}	대목. 》バレンタイン・デーは最大の書き入れ時であり、1つの大きなビジネス・チャンスでもある。 밸런타인데이는 최고의 대목이며 하나의 비즈니스 찬스이기도 하다.	
オフシーズン	비수기. =ローシーズン, 不需要期_{ふじゅよう} [off season]	
夏枯_{なつが}れの時期_{じき}	여름철 불경기. 》機関投資家の多くが夏休みに入るうえに、俗に言う「夏枯れ」の時期であり、政治、経済とも大きい材料がないという要因も加わって株価の動きが低迷する習性がある。 많은 기관투자가 여름철 휴가에 들어간데다가 흔히 말하는 여름철 불경기이고 정치·경제 모두에 이렇다 할 건수가 없다는 요인이 더해져 주가의 움직임이 떨어지는 경향이 있다.	
フロントランナー	선두주자. [front runner] 》フロントランナーにふさわしい研究開発システムを構築する。 선두주자에 걸맞는 연구개발 시스템을 구축한다.	
後発_{こうはつ}ランナー	후발주자.	
競合他社_{きょうごうたしゃ}	경쟁사. =ライバル会社_{がいしゃ}	

合弁会社（ごうべんがいしゃ）	합작회사.
協賛メーカー（きょうさん）	협찬업체.
仕入れ（しいれ）	매입. 구입.
仕入先（しいれさき）	매입처. =購入先（こうにゅうさき）
納入（のうにゅう）	납품.
納入先（のうにゅうさき）	판매처. 납품업체. =売り上げ先（うりあげさき）
品揃え（しなぞろえ）	상품 구색. 제품 구색. ≫ 他店にはない品揃えで女性の心を捉える。 다른 가게에는 없는 제품을 갖추어 여성의 마음을 사로잡다.
ラインナップ	상품 구색. 제품 구색. =ラインアップ [lineup]
目玉商品（めだましょうひん）	특가 상품.
売れ筋商品（うれすじしょうひん）	효자상품.
売れ筋ランキング（うれすじ）	인기 상품 랭킹.
おとり商品（しょうひん）	미끼 상품. =看板商品（かんばんしょうひん）
ロス・リーダー	미끼 상품. =損失先導商品（そんしつせんどうしょうひん） [loss leader]
競合商品（きょうごうしょうひん）	경쟁 상품.
自社開発(商品)（じしゃかいはつしょうひん）	자체 개발. 자사 브랜드.
プライベートブランド └商品（しょうひん）	PB 상품. =PB商品（しょうひん） ◉ 백화점이나 슈퍼마켓 등 대형 소매상이 자기 매장의 특성과 고객의 취향에 맞추어 독자적으로 개발한 자사 브랜드 상품을 말한다. PB：private brand goods
ナショナルブランド商品（しょうひん）	NB 상품. 제조업체 상품. =NB商品（しょうひん）
ピクニック用品（ようひん）	나들이용품.
試作品（しさくひん）	시제품. 프로토타입. =プロトタイプ
エコ商品（しょうひん）	친환경 상품. 에코 상품.
パッケージ商品（しょうひん）	통합 상품. 패키지 상품. =ひとまとめにした商品（しょうひん）
品薄（しなうす）	품귀.
品枯れ（しながれ）	품귀 (현상).
資金枯れ（しきんがれ）	자금 고갈.

相手先ブランドによる製品	OEM. 주문자 상표 부착. =相手先商標製品
	◉ 갑과 을 두 회사가 계약을 맺고 갑이 을에 자사(自社)상품의 제조를 위탁해 그 제품을 갑의 브랜드로 판매하는 생산 방식이나 제품.
自社設計の相手先ブランドによる生産	ODM. 제조사 설계 생산. =受託設計加工生産
	◉ 제조업체가 보유하고 있는 기술력을 바탕으로 제품을 개발해 유통업체에 공급하는 생산 방식.
注文生産	수주 생산. 주문 생산. BTO.
	≫ 顧客の注文を受けてから最終製品の生産を行う生産方式のことをBTOという。 고객의 주문을 받은 후에 완성품을 생산하는 생산 방식을 BTO라고 한다.
	◉ BTO:Build to order.
カスタマイズ	맞춤 생산. [customize]
	≫ マスカスタマイズ 대량 맞춤 생산.
オーダーメード	맞춤 생산. 주문 생산. =カスタム生産 [order made]
	≫ オーダーメードを行い、その企業にマッチした高付加価値サービスを生み出している。 맞춤 생산을 실시하여 그 기업에 맞는 고부가가치 서비스를 창출하고 있다.
環境にやさしい技術	친환경 기술. =グリーン技術・エコ技術
	≫ 環境にやさしい技術を開発すれば、環境を守りつつ経済を発展させることができる。 친환경 기술을 개발하면 환경을 보호하면서 경제를 발전시킬 수 있다.
(左右)両開き冷蔵庫	양문형 냉장고.
観音開き冷蔵庫	양문형 냉장고.
ツインドア冷蔵庫	양문형 냉장고.
シェア	시장 점유율. =市場占有率 [share]
	≫ 積極的な投資によりA社は、市場シェアが2005年に20%、2006年に25%になると予測している。 적극적인 투자로 A사는 시장 점유율이 2005년에 20%, 2006년에 25%가 될 것으로 예측하고 있다.
アウトソーシング	아웃소싱. 외주. =社外調達 [outsourcing]
売り込み戦略	판매 전략.
商法	상술. 판매 전략.
マルチ商法	다단계. =ねずみ講

販促活動	판촉 활동.
薄利多売	박리다매.
独占営業	싹쓸이 영업.
対面販売	대면 (방식) 판매.
	≫ 対面販売の強みを生かす。 대면 판매의 강점을 살리다.
訪問販売	방문 판매.
セールストーク	세일즈 토크. 판매 권유. [*sales talk*]
	⊙ 세일즈맨이 상품을 팔기 위해 하는 상담.
寡占	과점.
独占	독점.
壟断する	독점하다. 농단하다.
	≫ 利益を壟断する家電メーカー。 이익을 독점하는 가전 업체.
需給逼迫	수급 불균형. 수급 악화.
	≫ 2005年以降は電力の需給逼迫は緩和される見通しである。 2005년 이후부터 전력의 수급 불균형은 완화될 전망이다.
需給(逼迫)懸念	수급 불안 우려.
	≫ 石油製品の需給懸念が根強い。 석유 제품의 수급 불안에 대한 우려가 뿌리깊다.
原価割れ販売	출혈판매. 손해 보는 장사.
コスト割れ販売	출혈판매. 손해 보는 장사.
逆ざや	역마진. 매매차손.
	≫ 売るだけ損失が出る「逆ざや状態」。 판매한 만큼 손실이 생기는 매매차손 상태.
利ざや	순마진. 매매차익.
	≫ 日本とパキスタンの貿易を舞台に、不正決済によって関税などの利ざやを稼ぐ新手の手口が急増している。 일본과 파키스탄의 무역을 무대로 부정 결제를 통해 관세 등의 차익을 벌어들이는 신종 수법이 크게 늘어나고 있다.
パッケージ商品	패키지 상품.
抱き合わせ販売	끼워 팔기. 묶어 팔기.
専売特許	전매특허.
反トラスト法	반트러스트법. 독과점 금지법.
	⊙ 시장의 독점을 목적으로 하는 기업 합동을 금지하거나 제한하는 법률.

ダンピング	덤핑. =不当廉売(ふとうれんばい) [dumping]
アンチダンピング	반덤핑. [anti-dumping]
偽装表示(ぎそうひょうじ)	허위 표시. ≫意図的な偽装表示は立派な犯罪である. 의도적인 허위 표시는 엄연한 범죄이다.
市場のシェア争い(しじょうの あらそい)	시장 점유율 쟁탈전.
出店(しゅってん)	출점. 개점. 오픈.
ドミナント出店(しゅってん)	도미넌트식 출점. =集中出店(しゅうちゅうしゅってん) ◉ 제한된 지역에 집중적으로 출점하는 형식으로 상품 공급이나 물류 등에서 비용 절감 효과를 가져온다.
スカウト	스카우트. [scout]
引き抜き(ひぬき)	(고객·직원 등) 빼가기. 스카우트. ≫従業員の引き抜き防止策を講じる. 종업원 스카우트 방지책을 강구하다.
源泉技術(げんせんぎじゅつ)	원천기술.
特許出願(とっきょしゅつがん)	특허출원.
ロイヤリティー	로열티. =ロイヤルティー [royalty] ≫ロイヤリティーを徴収する. 로열티를 거두어들이다.
金のなる木(かねのき)	확실히 돈벌이가 되는 상품. 달러 박스. 황금 알을 낳는 거위.
先取り(さきどり)	선점. ≫M社はヨーロッパに研究センターを設置してマーケットの先取りを急いでいる. M사는 유럽에 연구센터를 설치하고 시장 선점을 서두르고 있다.
買い替えサイクル(かかえ)	(제품) 교체 주기. ≫携帯端末の買い替えサイクルは平均1年6ヶ月で, この期間顧客との関係をどう維持しリピート購入を促進するかが課題であった. 휴대전화 단말기의 교체 주기는 평균 1년 6개월이며 이 기간 동안 고객과의 관계를 어떻게 유지해서 재구입을 하도록 할 것인지가 과제였다.
技術のライフサイクル(ぎじゅつの)	기술 수명.
下取り価格(したどりかかく)	보상판매 가격.
コピー商品(しょうひん)	복제품. 짝퉁. ≫コピー商品を締め出す. 복제품을 추방하다(근절하다).
売上高の伸び率(うりあげだかの のびりつ)	매출액 신장률.

年商	연간 총 거래액. ≫情報システムには非常にカネがかかる。その金額は平均すると年商の2%に達するともいわれている。 정보 시스템에는 많은 비용이 든다. 그 금액을 평균으로 보면 연간 총 거래액의 2%에 달하는 것으로 알려져 있다.
コスト削減	비용 절감.
シナジー効果	시너지 효과.
ランニングコスト	운영비. 유지비. =運営費 [running cost]
零細業者	영세업자. ≫零細業者をも弱肉強食の市場原理の中に投げ込み、社会の隅々まで一点の曇りもなく完全自由競争することを日本の経済システムのグランドデザインにしてはならない。 영세업자까지도 약육강식의 시장 원리 속으로 내몰고 사회 구석구석 모든 곳에서 완전히 자유 경쟁하는 것을 일본 경제 시스템의 밑그림으로 삼아서는 안된다.
キャッチアップ型の技術開発	모방형〔추격형〕기술 개발.
フロンティア型の技術開発	선도형 기술 개발.
ノックダウン方式	녹다운 방식. =KD方式 ◉ 부품을 수출하여 현지에서 조립하여 완성품을 만드는 방식. KD:Knock Down
売り	세일즈 포인트. ≫商品の安さを売りにしている。 상품의 저렴한 가격을 세일즈 포인트로 내세우다.
カスタマイズ・マーケティング	맞춤식 마케팅. =専門マーケティング [customized marketing]
口コミマーケティング	입소문 마케팅. 버즈 마케팅. =バズマーケティング ◉ 인적 네트워크를 통해 소비자에게 상품 정보를 전달하는 마케팅 기법을 말한다. 벌이 윙윙거리는 것처럼 소비자들이 상품에 대해 말을 한다고 하여 버즈 마케팅(buzz marketing)이란 이름이 붙었다. 구전 마케팅(word of mouth)이라고도 한다.
バイラルマーケティング	바이러스 마케팅. [viral marketing] ◉ 누리꾼들이 e-mail이나 블로그 홈페이지 등의 매체를 통해서 기업이나 기업의 제품을 홍보할 수 있도록 하는 마케팅 기법을 말한다. 기업이 직접 홍보하지 않는다는 점에서 기존의 마케팅 기법과 차이가 있으며 컴퓨터 바

이러스처럼 확산된다고 하여 이런 이름이 붙었다. 바이러스 마케팅은 버즈 마케팅과 같은 의미로 쓰이는 경우가 많다.

稼ぎ頭
주 수입원. 캐시 카우(cash cow).
≫会社の事業のなかでの稼ぎ頭の半導体事業の展開は、直接会社の業績を左右する。 회사의 사업 가운데에서도 주 수익원인 반도체 사업의 전개는 곧바로 회사 실적을 좌우한다.

ドル箱
(큰) 수입원.
≫現在ドル箱となっている携帯電話やLCDにばかり投資すると、新しい事業チャンスを逃すおそれがある。 현재 큰 수입원이 되고 있는 휴대전화와 LCD에만 투자를 하면 신사업에 대한 기회를 놓칠 우려가 있다.

中間製品
반제품.

最終商品
완제품.

「川上」分野
상류 분야. 업 스트림(up stream).
⊙ 소비자 단계에서 먼 곳에 위치하는 소재, 제조업체를 가리킨다.

「川下」分野
하류 분야. 다운 스트림(down stream).
⊙ 소비자 단계에서 가장 가까운 곳에 위치하는 판매업이나 서비스업을 가리킨다.

ディマーケティング
디마케팅 전략. [demarketing]
⊙ 판촉비는 최소화하고 효과는 높이는 전략. '돈 안 되는 고객'은 과감히 떨어내고 대신 '돈 되는 우량 고객'에게는 더 많은 서비스를 제공하는 전략.

プロダクト·プレイスメント
간접광고. [PPL: product placement]
⊙ PPL은 영화·드라마 등에 상품을 등장시켜 간접적으로 광고하는 마케팅 기법의 하나이다.

タイアップ広告
협찬광고.

外資系企業
외국계 기업. 외자계 기업.
≫専門性を持たなければ外資系企業に勤めることができない。 전문성을 가져야만 외국계 기업에서 근무할 수 있다.

ローカル企業
현지 기업.
≫中国のローカル企業は社員教育を熱心に行っている。 중국 현지 기업은 사원 교육을 열심히 실시하고 있다.

地元企業
현지 기업. 토종 기업.

不健全企業
부실 기업. =不振企業

優良企業
우수 기업.

勝ち組	우수 기업. 승자.
	>> IT不況の知られざる勝ち組。IT 불황 속에서 잘 알려지지 않은 우량 기업.
負け組	부실 기업. 패자.
トップ企業	수위 기업.
リーディングカンパニー	선두 기업. [leading company]
フロント・カンパニー	간판회사. [front company]
限界企業	한계 기업.
	⊙ 재무 구조가 빈약해 어려움을 겪는 기업.
ゾンビー企業	좀비 기업.
	⊙ zombie라는 단어를 써서, 한계 기업을 지칭하는 말로 특히 정부의 보조금으로 연명하는 기업.
ペーパーカンパニー	유령회사. [paper company]
老舗会社	전통 있는 회사.
のれんのある企業	전통 있는 기업.
大手企業	대형 기업.
超ビック企業	초대형 기업.
キャッシュリッチ企業	자금이 풍부한 기업.
請負会社	도급 업체.
下請会社	하도급 업체.
孫請会社	2차 도급 업체.
曾孫請会社	3차 도급 업체.
ホームショッピング業者	홈쇼핑 업체.
コンス	공사(公司). 회사.
	⊙ 「公司」의 중국어 발음이다. 중국의 공사는 우리가 일반적으로 생각하는 공사(公社)와 개념이 다르다. 일반(유한·무한) 회사 개념으로 이해하면 된다.
自己資本比率	자기자본비율. BIS 비율.
	⊙ 총자본에서 차지하는 자기자본의 구성 비율을 말한다. 기업의 건전성을 분석하는 데 중요한 요건이 된다.
バリューチェーン	밸류 체인. 가치 사슬. [value chain]
	⊙ 기업 활동에서 부가가치가 창출되는 과정을 말한다.

セットメーカー	조립업체.
製造物責任制度(せいぞうぶつせきにんせいど)	생산물 배상 책임 제도. PL제도. =PL制度(せい) ⊙ 소비자가 제조물의 결함으로 피해를 입었을 경우 제조업자 또는 판매업자가 책임을 지고 손해를 배상하도록 하는 제도이다. PL：Products Liability
第1(だい)セクター	민간기업.
第2(だい)セクター	공기업.
第3(だい)セクター	민관 공동 출자에 의한 사업.
受け皿会社(うけざらがいしゃ)	인수회사. 인수처. =受(う)け皿(ざら) ≫ 中小企業庁は、新たな働き手の受け皿として中小企業に強い期待をにじませた。 중소기업청은 새로운 노동력을 흡수하는 곳으로서 중소기업에 강한 기대감을 보였다.
ローボール・テクニック	로볼 테크닉. 판매기법. [low-ball technique] ⊙ 공을 낮게 던져 몸을 숙이게 만든다는 의미에서 나온 말이다. 값싼 행사 제품으로 소비자를 매장으로 끌어들인 후, 음료수나 감자튀김 같은 메뉴나 세트 제품을 구매하도록 유도한다. 업계에서는 미끼상품을 걸면 매출이 약 1.5배가량 오른다고 한다.
企業(きぎょう)の韓国離(かんこくばな)れ	엑소더스 코리아. ≫ 景気低迷や労使紛糾、政治不安などが企業の韓国離れの理由である。 경기 침체와 노사 분규·정치 불안 등이 기업이 한국을 떠나는 이유이다.
海外(かいがい)への生産基地(せいさんきち)シフト	해외로 생산 기지 이전. 엑소더스.
初売(はつう)り	새해 첫 판매.
法定管理(ほうていかんり)	법정관리. ⊙ 부도를 내고 파산 위기에 처한 기업이 회생 가능성이 보이는 경우에 법원의 결정에 따라 법원이 지정한 제 삼자가 자금을 비롯한 기업 활동 전반을 대신해서 관리하는 제도를 말함. 일본의「会社更生法」에 해당한다.
VIP	VIP. 핵심 고객. =ビップ, 最重要人物(さいじゅうようじんぶつ)
ロジスティックス・システム	물류 시스템. [logistics system]
希望小売価格(きぼうこうりかかく)	희망소비자가격.
末端価格(まったんかかく)	소비자가격.
ナショナルセンター	내셔널 센터. 중앙 조직. [national+center 일본식 조어]

≫韓国の労働組合には穏健な韓国労総と戦闘的な韓国民主労総という2つのナショナルセンターがある。한국의 노동조합에는 온건한 한국노총과 전투적인 한국민주노총이란 2개의 중앙 조직이 있다.

オフィシャルパートナー

공식 파트너. [*official partner*]

≫今回のワールドカップでは、マクドナルド、東芝など15社がオフィシャルパートナーとしてあらゆる面から大会をサポートする。이번 월드컵에서는 맥도널드·도시바 등 15개사가 공식 파트너로서 모든 면에서 대회를 서포트한다.

官民癒着
かんみんゆちゃく

정경 유착. ＝政官業癒着
せいかんぎょうゆちゃく

III. 경영·고용

1. 경영

起業家
: 창업가. =アントレプレナー

折半出資
: 절반 출자. 공동 출자.
  >> 折半出資で合弁会社を設立する。 공동 출자로 합작회사를 설립하다.

最高経営責任者
: 최고경영자. CEO.
  ⊙ CEO：chief executive officer

最高財務責任者
: 최고재무책임자. CFO. 자금관리이사.
  ⊙ CFO：chief financial officer

最高執行責任者
: 최고운영책임자. COO.
  ⊙ COO：chief operating officer

個人情報保護管理責任者
: 개인 정보 보호 책임자. CPO. =最高プライバシー保護責任者
  ⊙ CPO：chief privacy officer

財閥トップ
: 재벌 총수.

エグゼクティブ
: 중역. [executive]

企業の舵取り
: 기업 경영.
  >> 経営構造が激化する中、企業の舵取りをする経営者のご苦労は並大抵のものではない。 경제 구조가 격변하는 가운데 기업의 방향을 설정하는 경영자의 고충은 이만저만이 아니다.

経営悪化
: 경영 악화.

むやみな多角化
: 문어발식 경영.
  >> 本業を無視して、むやみに多角化を行う企業は失敗する可能性が大きくなる。 본업을 무시하고 문어발식 경영을 하는 기업은 실패할 가능성이 커진다.

借り入れ経営
: 차입 경영.
  >> 過度な借り入れ経営、タコ足式の業務拡張などの経営形態にメスを入れなければならない。 과도한 차입 경영, 문어발식 사업 확장 등의 경영 형태에 메스를 대야 한다.

身軽な経営
: 경량 경영. 몸집이 가벼운 경영.
  >> 変化の厳しい時代の中、「身軽な経営」が会社経営の潮流になって

いる。격변하는 시대 속에서 몸집이 가벼운 경영이 회사 경영의 조류를 이루고 있다.

スピード経営
스피드 경영.

ガラス張りの経営
투명 경영.
≫ ガラス張りの経営によって、社員一人ひとりが目標意識を持って仕事に取り組んでいる。투명 경영으로 사원 한 사람 한 사람이 목표 의식을 가지고 일에 전념하고 있다.

ずさんな経営
부실 경영.

資金繰り
자금 융통.
≫ 経営の行方が見えなければ計画的な資金繰りはできない。경영의 향방을 예측할 수 없으면 계획적인 자금 융통을 할 수 없다.

貸し渋り
대출 기피.
≫ 貸し渋りに遭う。대출이 원활하지 않다.

キャッシュアウト
자금 회수. [cash out]

資金引き上げ
자금 회수.
≫ 中東での紛争など地政学的リスクの高まりから国際的な投資資金が資金引き上げの動きを見せている。중동에서의 분쟁 등 지정학적 리스크의 고조로 국제적인 투자 자금이 회수되는 움직임을 보이고 있다.

貸し剥がし
대출 회수.
≫ 貸し剥がしが中小企業の経営に一層の圧力を加えつつある。대출 회수가 중소기업 경영을 한층 더 무겁게 짓누르고 있다.

途方もない資金圧迫
엄청난 자금 압박.

資金難
자금난.
≫ 資金難が重く伸し掛かる〔深刻化している〕。자금난이 가중되고 있다.

潤沢な資金供給
풍부한 자금 공급.

手元資金
확보 자금.

手持ち資金
보유 자금.

資金の出所
자금 출처.

売掛金
외상 판매 대금.
≫ 売掛金の回収が遅れれば、その分の資金を他の投資機会に投入できなくなる。외상 판매 대금 회수가 늦어지면 그 만큼의 자금을 다른 투자 기회에 투입할 수 없게 된다.

買掛金	외상 매입 대금.
売掛債権	외상 판매 채권.
投資離れ	투자 기피. =投資回避
投資敬遠	투자 기피.
追い風	순풍. 호재.

≫景気回復の追い風に乗りきれないケースもある。경기 회복의 혜택을 충분히 받지 못하는 경우도 있다.

好材料	호재. =プラス
懸念材料	악재.
懸念要因	악재. 우려 요인.

≫景気は穏やかに回復しているが、株安が懸念要因と指摘されている。경기는 완만하게 회복되고 있으나 주가 약세가 우려 요인으로 지적되고 있다.

| コーポレートガバナンス | 기업 지배 구조. =企業統治 [corporate governance] |

≫企業の価値を高めるためには、積極的なディスクロージャー〔情報開示〕を通じて、経営の健全性・透明性を高め、コーポレートガバナンスの充実を図ることが重要である。기업의 가치를 높이기 위해서는 적극적인 정보 공개를 통해서 경영의 건전성과 투명성을 높여 기업의 지배 구조를 개선하는 것이 중요하다.

| 投資家向け広報活動 | 투자설명회(IR). |

◉ IR：investor relation

経営顧問	경영 자문. 경영 컨설팅.
売り上げ	매출.
純益	순이익. 순익.
粗利益	조이익.

◉ 매출액에서 매입액을 뺀 이익.

税引き前利益	세전 이익.
税引き後利益	세후 이익.
増収増益	수익 증가.

≫商品力と販売力の引き上げ、底コスト経営が増収増益につながる。브랜드 파워와 판매 능력 제고, 저비용 경영이 판매와 이익 증가로 이어진다.

| 源泉徴収 | 원천 징수. |

法人税 (ほうじんぜい)

⊙ 소득이나 수익을 지급하는 쪽에서 세금의 일부를 거두어들이는 방법.

법인세.

⊙ 국세·직접세·보통세에 속하며 일정 소득을 과세대상으로 한다는 점에서 소득세의 성격을 띤다. 즉 적자 법인은 법인세를 내지 않는다.

破産 (はさん)

파산.

黒字倒産 (くろじとうさん)

흑자 도산. 흑자 부도.

⊙ 흑자를 내지만 어음이 유통되지 않아 부도를 내는 것.

歳計剰余金 (さいけいじょうよきん)

세계 잉여금.

⊙ 지난해 예산에서 쓰고 남은 자금.

資産総額 (しさんそうがく)

총자산.

≫ 韓国の「出資総額制限制」は資産総額5兆ウォン以上の大手企業に対し、他企業への出資総額が純資産の25％を超えないように規制する制度である。한국의 출자총액제한제도는 총자산이 5조 원 이상인 대기업을 대상으로 타기업에 출자하는 총액이 순자산의 25%를 넘지 않도록 규제하는 제도이다.

棚卸し資産 (たなおろししさん)

재고 자산.

≫ 棚卸し資産は、商品・製品として販売されることによって、はじめて会社の利益となる。재고 자산은 상품·제품으로 판매됨으로써 비로소 회사의 수익이 된다.

⊙ 재고 자산은 기업이 생산 또는 판매를 목적으로 가지고 있는 재화를 말한다.

みなし資産 (みなししさん)

가상 자산.

繰り延べ税金資産 (くりのべぜいきんしさん)

이연 세금 자산.

⊙ 차기 회계연도에 흑자가 생기면 그때 가서 과세하는 편법을 통해 이를 일종의 자본금으로 계산하는 것이다.

粉飾決算 (ふんしょくけっさん)

분식회계. 분식결산.

⊙ 기업이 실적을 부풀리기 위해 고의로 자산이나 이익 등을 크게 부풀려 결산재무제표상의 수치를 왜곡시키는 행위이다.

逆粉飾決算 (ぎゃくふんしょくけっさん)

역분식회계. 역분식결산.

⊙ 기업의 실적을 축소하여 계상하는 행위를 말함. 회사가 과대한 이익을 올리게 되면 임금 인상이나 세금 납부 등 불이익을 받게 될 것을 감안해 이를 줄이고자 취하는 경우가 많다.

財務諸表 (ざいむしょひょう)

재무제표. =バランスシート

⊙ 기업의 경영 성적과 재정 상태를 이해 관계자에게 보고하기 위한 수단으로 작성되는 여러 가지 서류를 말한다. 대표적인 재무제표로는 대차대조표,

利益の水増し	손익계산서 등이 있다. 이익 부풀리기. ≫企業買収をめぐる虚偽の発表と利益の水増しが証券取引法に抵触する。기업 매수를 둘러싼 허위 발표와 이익 부풀리기는 증권거래법에 저촉된다.
損失隠し	손실 은닉. ≫総合エネルギー会社エンロンが、巨額の損失隠しが表面化して破綻した。종합 에너지 회사인 엔론이 거액의 손실 은닉이 표면으로 드러나 파산했다.
企業業績	기업 실적.
債務(の)株式化	출자전환. =債転株 ⊙ 금융기관이 기업에게 빌려준 대출금을 주식으로 전환해 기업의 부채를 조정하는 방식이다.
リストラ	구조조정. 정리해고. =リストラクチュアリング [restructuring] ≫業界にリストラの嵐が吹き荒れている。업계에 구조조정의 바람이 거세게 불고 있다. ⊙ 대개 인원 조정을 하는 경우에 사용한다.
攻めのリストラ	공격적인 구조조정.
守りのリストラ	소극적인 구조조정.
構造調整	구조조정. 구조개혁. =構造改革 ⊙ 시스템과 감원 등 전반적으로 개혁이 이루어질 때 사용함.
打って付けの仕組み	최적의 시스템. ≫攻めの経営には打って付けの仕組みである。공격적인 경영에는 최적의 시스템이다.
自主再建	자력 회생. ≫中小・零細企業の自主再建策としては、企業に残された力を最大限に活用した徹底的な経営改善による、「自主再建」を目指すことが望ましい。중소·영세 기업의 자력 회생책으로서는 기업에 남아 있는 능력을 최대한 활용해 철저한 경영 개선으로 자력 회생을 지향하는 것이 바람직하다.
シンクタンク	싱크탱크. 종합연구소. [think tank]
メーンバンク	주거래은행. =主取引銀行 [main+bank 일본식 조어]
メーンビジネス	주요 업무. [main business]
企業の社会的責任	기업의 사회적 책임(CSR).

社会的責任投資 (しゃかいてきせきにんとうし)	⊙ CSR: corporate social responsibility 사회적 책임 투자. SRI. ⊙ SRI: socially responsible investing
コンツェルン	콘체른. [Konzern 독일어] ⊙ 생산·유통·금융 등 다양한 업종의 기업들이 법적으로 독립되어 있으면서 특정 은행이나 기업을 중심으로 긴밀하게 관련되어 있는 기업 결합 형태를 말한다. 기업 결합이라고도 한다.
カルテル	카르텔. [Kartell 독일어] ≫ カルテルを結ぶ〔締結する〕。카르텔을 형성하다. ⊙ 동일 업종의 기업들이 경쟁완화를 목적으로 가격, 생산량, 판로 등에 대하여 협정을 맺어 형성하는 독점 형태를 말한다. 기업연합이라고도 한다.
対等合併 (たいとうがっぺい)	대등합병.
合併・買収 (がっぺい・ばいしゅう)	인수합병. M&A.
ニーズの掘り起こし (ほ・お)	수요 창출.
商機 (しょうき)	비즈니스 찬스. ≫ 世界貿易機関〔WTO〕加盟後の中国は世界の投資家に無限の商機を提供している。중국은 WTO에 가입한 후 세계 투자자들에게 무한한 비즈니스 찬스를 제공하고 있다.
顧客起点 (こきゃくきてん)	고객 우선 주의. 고객의 입장. ≫ 顧客起点で物事を考える商売の基本が、いつの間にか曖昧になってしまった。고객의 입장에서 사물을 생각하는 비즈니스의 기본이 언제부터인가 애매모호해져 버렸다.
コアコンピタンス	핵심 역량. 경쟁력의 원천. [core competence]
イノベーション	기술 혁신. [Innovation]
メンテナンス費用 (ひよう)	유지 비용.
横並みのサービス (よこな)	획일화된 서비스.
メガコンペティション	무한 경쟁. 거대 경쟁. [megacompetition]
中核施設 (ちゅうかくしせつ)	핵심 시설.
切札 (きりふだ)	특단의 카드. 으뜸패. ≫ 景気低迷が続く中、企業再生の切り札として「特許」が脚光を浴びている。경기 침체가 계속되고 있는 가운데 기업 재생을 위한 특단의 조치로써 특허가 각광을 받고 있다.
企業資源計画 (きぎょうしげんけいかく)	전사적 자원 관리(ERP).

システム統合(とうごう)

⊙ ERP(Enterprise Resource Planning)는 생산·판매·자재·인사·회계 등 기업의 전반적인 업무 프로세스를 하나의 체계로 통합 및 재구축하여 관련 정보를 서로 공유하고 이를 통해 신속한 의사 결정 및 업무 수행이 가능하도록 도와주는 시스템이다.

시스템 통합. SI. =システム・インテグレーション
》システム統合は経営情報と情報技術を統合してハードウェア、ネットワーク、応用システム及び開発体系を有機的に統合し、情報技術を効果的に活かせるようにシステムを構築する核心事業である。 시스템 통합은 경영 정보와 정보기술을 통합하여 하드웨어·네트워크·응용 시스템 및 개발 체계를 유기적으로 통합해 정보기술을 효과적으로 활용할 수 있도록 시스템을 구축하는 핵심 사업이다.
⊙ SI:system integration

ライセンスの無償(むしょうていきょう)提供
라이선스 무상 제공.

コンプライアンス
준법. 법령 준수. [compliance]
》コンプライアンスの実践のためには、組織内における円滑なコミュニケーションが必要である。 컴플라이언스를 실천하기 위해서는 조직 내의 원활한 의사 소통이 필요하다.

トップダウン
상명하달. [top-down]
⊙ 상부에서 하부로 지시하는 관리 방식.

ボトムアップ
하의상통. 하의상달. [bottom-up]

---

2. 인사·파업

正社員(せいしゃいん)
정규직.

非正社員(ひせいしゃいん)
비정규직. =契約社員(けいやくしゃいん)
》企業側は賃金抑制のため、パートや派遣社員など非正社員の雇用に力を入れる傾向が強まっている。 기업 측은 임금 억제를 위해 파트타임이나 파견사원 등 비정규직 채용에 비중을 두는 경향이 강해지고 있다.

トライアル雇用(こよう)
시험 고용. 인턴.

インターンシップ
수습사원제도. 인턴. [internship]

フリーランサー
프리랜서. =自由契約者(じゆうけいやくしゃ) [free-lancer]

臨時雇(りんじやと)い
임시직.

日雇(ひやと)い
일용직.

企業説明会(きぎょうせつめいかい)
취업설명회.

生え抜き （は ぬ）	⊙ 취업을 목적으로 하는 학생들을 대상으로 기업을 설명하는 것이다. 내부인사. ≫現在のA社の代表取締役社長は、株主であるオーナー社長と生え抜きで実務を担うB社長の二人体制となっている。 현재 A사의 대표이사장은 주주인 오너 사장과 내부 출신으로 실무를 담당하는 B사장 2인 체제로 되어 있다.
生え抜きの社員 （は ぬ しゃいん）	창립사원. ⊙ 창업 이래 줄곧 근무하고 있는 사람.
平社員 （ひらしゃいん）	평사원.
新規採用 （しん き さいよう）	신규 채용.
中途採用 （ちゅうと さいよう）	경력직 채용. ≫即戦力を重視して中途採用を拡充する。 업무에 곧바로 투입시킬 수 있다는 점을 중시해서 경력직 채용을 확충한다.
中途社員 （ちゅうと しゃいん）	경력사원.
出向社員 （しゅっこうしゃいん）	(사외) 파견사원.
天下り （あまくだ）	낙하산 인사. ≫天下りが談合の元凶であることは疑いのないことである。 낙하산 인사가 담합의 원흉인 것은 확실한 사실이다.
キャリアアップ	경력 관리. ≫転職の成功は回りの環境をいかに自分のキャリアアップに活用していくかにかかっている。 이직에 성공하느냐는 주변 환경을 어떻게 자신의 경력 관리에 활용하는가에 달려 있다.
就職氷河期 （しゅうしょくひょうがき）	취업 대란. 취업빙하기. ≫中国の大学生が、かつてない就職氷河期に直面している。 중국 대학생들이 사상 초유의 취업 대란에 직면해 있다.
就職戦線 （しゅうしょくせんせん）	취업 전선. ≫厳しい就職戦線を突破したのに、短期間で辞める若者も多い。 치열한 취업 전선을 통과했음에도 단기간에 그만두는 젊은이들도 많다.
人材探し （じんざいさが）	인재 발굴. ≫人材探しに全国行脚をしている企業もある。 인재 발굴을 위해 전국을 순회하는 기업도 있다.
人の育み （ひと はぐく）	인재 육성. ＝人材育成（じんざいいくせい） ≫人の育みを経営の基本に据える。 인재 육성을 경영 기본 방침으로 삼다.
深夜残業 （しんや ざんぎょう）	야근. ＝夜勤（やきん）

サービス残業	무보수 잔업.
ノルマ	할당량. 책임량. [*norma* 러시아어] ≫営業マンにとってノルマはストレスの原因になりやすい。 영업사원들에게 할당량은 스트레스의 원인이 되기 쉽다.
ペイ	보수. 임금. 수지가 맞음. [*pay*]
インセンティブ	인센티브. [*incentive*]
出来高払い制	성과급 제도.
歩合給	성과급. 능률급. ≫「業績」が良いと歩合給が上乗せされる。 실적이 좋으면 성과금이 더 나온다.
駆け足の昇進	고속 승진.
人事考課	인사고과. 인사평가. =人事評価
有給休暇	유급 휴가. ◉ 한국은 근로기준법에 유급 휴일·월차 유급 휴가·연차 유급 휴가·생리 휴가·산전후 휴가의 5가지 유급 휴가에 관한 규정을 두고 있다.
寿退社	결혼(후) 퇴사. ◉ 여사원이 결혼하면서 회사를 그만두는 것.
解雇	해고.
人減らし	감원. ≫人減らし、賃下げの痛みをこらえる。 감원과 임금 삭감의 고통을 견디다.
自主退社	자진 퇴사.
早期退職	조기 퇴직.
定年退職	정년 퇴직.
リタイア	퇴직. 은퇴. [*retire*]
摩擦的失業	마찰적 실업. ◉ 이전 직장에서 새로운 직장으로 이직을 할 때 그 사이에 발생하는 무직 상태를 말한다. 형식적으로 보면 자발적 실업이라 할 수 있다.
賃金ピーク制度	임금 피크제. ◉ 워크 셰어링(work sharing)의 한 형태로 일정 연령이 된 근로자의 임금을 단계적으로 삭감하는 대신 정년까지 고용을 보장하는 제도.
フレックスタイム制	탄력 근무제. ◉ 직장인들이 개별적으로 출퇴근 시간을 선택하여 일을 하는 제도.

休日振り替え操業	휴일 대체 조업.
職場内教育	직장내 훈련. OJT.
	≫職場内教育は、日常の職場の中で、日常的な業務を遂行しながら、仕事に必要な知識・技能・態度を計画的にレベルアップしていくことをいう。OJT는 일상 직장 내에서 일상 업무를 수행하면서 업무에 필요한 지식・기능・태도를 계획적으로 향상시켜 가는 것을 말한다.
	⦿ OJT : On the Job Training
終身雇用	종신고용.
	≫終身雇用・年功序列を壊すには相当時間がかかる。종신고용과 연공서열을 깨기 위해서는 상당한 시간이 걸린다.
労働三権	노동 3권(단결권・단체 교섭권・쟁의권).
労使関係	노사관계.
労使紛争	노사분쟁.
	≫労使紛争に対する政府の公権力行使が労政対立の新たな火種になっている。노사 분쟁에 대한 정부의 공권력 행사가 노정 대립의 새로운 불씨가 되고 있다.
同情スト	동조파업.
ハンスト	단식 투쟁. =ハンガーストライキ
	≫ハンストに突入する。단식 투쟁에 들어가다.
スト撤回	파업철회.
スト入りする	파업에 들어가다.
ストを打ち抜く	파업을 강행하다.
ストを打つ	파업을 하다.
スト万能、ストはやり得	파업 만능, 파업을 하면 이익.
行き過ぎた労働運動	도가 지나친 노동운동.
野放図な労働運動	(한없이) 계속되는 노동운동.
座り込み	농성.
	≫漁業者が工事現場入り口で座り込みを行うなど、工事中止を求めて抗議行動が続いている。어업자가 공사 현장 입구에서 농성을 벌이는 등 공사 중지를 요구하며 항의 행동을 계속하고 있다.
強制排除	강제 해산.
	≫機動隊の投入によって強制排除された。기동대가 투입되어 강제 해산되었다.

専従 せんじゅう 組合専従者 くみあいせんじゅうしゃ	오로지 그 일에만 종사함. 조합전종자. ⊙ 취업은 하지 않고 노조의 업무를 맡아보는 사람. 사용자와의 고용 관계는 유지되지만 휴직으로 취급한다.
労組寄り ろうそよ	친노조. ≫ 労組寄りとされるノ・ムヒョン政権。친노조라고 알려진 노무현 정권.
労働災害 ろうどうさいがい	산업재해. 산재.
賃上げ交渉 ちんあげこうしょう	임금 협상.
ベースアップ	물가 상승률을 반영한 임금 인상. =ベア [base+up 일본식 조어]
ベアゼロ	임금 동결. [baseup+zero 일본식 조어]
賃金カーブ ちんぎん	임금 곡선. ⊙ 임금의 상승 정도를 나타내는 곡선.
賃金カット ちんぎん	임금 삭감.
賃金未払い ちんぎんみはら	임금 체불. =給料未払い きゅうりょうみはら
賃金の遅配 ちんぎんちはい	임금 지불 지연.
失対事業 しったいじぎょう	실업 대책 사업.

3. 기타

デスクワーク	사무 업무. 문서 작업. [desk work]
テレワーク	재택근무. 텔레워크. [telework]
ライフワーク	평생직업. 천직. [life work]
内職 ないしょく	부업.
青い鳥症候群 あおいとりしょうこうぐん	파랑새 증후군. ⊙ 영어로는 blue bird syndrome으로 표기한다. 미래의 행복만을 꿈꾸면서 현재의 일에는 흥미를 느끼지 못하여 관심을 갖지 않는 증후군.
ソーホー	소규모 창업. 소호. [SOHO:small office home office]
在宅勤務 ざいたくきんむ	재택근무.
遠隔勤務 えんかくきんむ	원격근무. ⊙ 인터넷이나 팩스 등을 활용하여 자택이나 휴양지 등 사무실에서 떨어진 장소에서 업무를 수행하는 것.
資本装備率 しほんそうびりつ	자본 장비율. 자본 집약도.

≫ 中小企業は大企業に比べ労働生産性は高いが資本装備率が低い。
중소기업은 대기업과 비교해 노동생산성은 높지만 자본 장비율이 낮다.
⊙ 노동자 1인당 자본량을 말한다.

労働力不足の時代
노동력 부족 시대.
≫ 目前に迫る労働力不足の時代に備えて、これ以上に女性を活用する必要がある。 눈앞에 다가온 노동력 부족 시대를 대비해서 더 많은 여성을 활용할 필요가 있다.

熟練した労働力
숙련된 노동력.
≫ 韓国は他国に引けを取らない熟練した労働力と高い労働生産性を保有している。 한국은 다른 국가에 뒤지지 않는 숙련된 노동력과 높은 노동 생산성을 보유하고 있다.

Ⅳ. 금융・통화

1. 환율

基軸通貨(きじくつうか)
: 기축통화. 국제통화.
  ⊙ 국제적인 결제나 금융거래를 할 때 기본이 되는 통화.

外国為替(がいこくかわせ)
: 외환. ＝外為(がいため)

外国為替市場(がいこくかわせしじょう)
: 외환시장. ＝外為市場(がいためしじょう)

為替(かわせ)レート
: 환율.
  ≫新聞では、円の対ドル為替レートは、「1ドル＝107円80銭〜107円85銭」と報道された。 신문에서는 달러 대비 엔화 환율이 1달러=107엔 80전〜107엔 85전으로 보도되었다.

相場(そうば)
: 환율. 시세.
  ≫円相場が下落する。 엔화 가치가 떨어지다.

固定相場制(こていそうばせい)
: 고정환율제. ＝固定為替(こていかわせ)レート制(せい)

ドル・ペグ制(せい)
: 달러 페그제.
  ⊙ 페그제는 고정환율제를 말한다. 완전한 고정환율제를 말하기도 하고 소폭의 환율 변동폭을 정해 놓고 그 환율 변동폭 내에서 정부가 개입하여 환율을 고시하기도 한다.

変動相場制(へんどうそうばせい)
: 변동환율제. ＝変動為替(へんどうかわせ)レート制(せい)

管理(かんり)フロート制(せい)
: 관리변동환율제.

通貨(つうか)バスケット制(せい)
: 통화바스켓제도.
  ⊙ 자국과 교역 비중이 큰 복수 국가의 통화를 선택하여 통화군(basket)을 구성하고 이 통화군을 구성하는 통화들의 가치가 변동할 경우 각각 교역 가중치에 따라 자국 통화의 환율에 이를 반영하는 환율제도. 고정환율제에서 변동환율제로 넘어가는 중간 단계에 많이 사용된다.

為替差益(かわせさえき)
: 환차익.
  ≫ドルを100円で買って、110円になったときに売れば、10円の為替差益を得ることが出来る。 달러를 100엔에 사서 110엔이 되었을 때 팔면 10엔의 환차익을 얻을 수 있다.

為替差損(かわせさそん)
: 환차손.

為替(かわせ)トレーダー
: 환율 트레이더.

デイトレーダー	데이 트레이더. [day trader] ◉ 선물거래시장에서 당일 거래만 하는 사람을 지칭하는 말이다.
為替ストラテジスト	환율 전략가.
円高	엔화 강세.
ドル安	달러화 약세. ≫ ドル安の流れを止めるには至らない。 달러 약세 흐름을 막는 데는 미치지 못했다.
円売り介入	엔화 매도 개입. ≫ 急激な円高に対しては円売り介入を行う。 급격한 엔화 강세에 대해서는 엔화 매도 개입을 실시한다.
覆面介入	복면개입. ≫ 覆面介入を行う。 복면개입을 사용하다. ◉ 일본 은행이 시장 관계자들이 눈치를 채지 못하도록 '조용히' 엔화를 내다 팔고 투자자들에게는 엔화에 대한 매도 압력이 강하다는 착각을 일으키게 해 시장에서 엔화 매도세를 유도하기 위한 고도의 전술.
仕掛け的な売り	의도적인 매도.
札割れ現象	총알부족현상. ≫ 日本銀行が市場に流動性を供給しようとして資金供給オペレーションを行うと、金融機関の側からこれに十分応札が出てこない、つまり札割れ現象というものが発生し続けている。 일본은행이 시장에 유동성을 공급하려고 자금 공급 공개시장 조작을 하면 금융기관 측에서 이에 충분히 응해 주지 않아 총알부족현상이 계속 발생하고 있다.
乖離	비동조화. 디커플링. ≫ アメリカ市場とは乖離したとも言われている。 미 시장과는 따로 움직이고 있다는 말까지 나온다.
為替戦争	환율전쟁. ≫ 為替相場の操作による切り下げ競争、「為替戦争」と、関税引き上げ競争によって関税障壁を固める「関税戦争」。 환율 조작을 통한 절하 경쟁 즉 환율전쟁과 관세 인상 경쟁으로 관세 장벽을 굳히는 관세 전쟁.
実勢	실제 가격. ≫ 人民元相場が実勢より安いまま据え置かれている。 위안화 환율이 실제보다 낮게 책정되어 있다.
人民元切り上げ	위안화 (평가) 절상.
人民元切り下げ	위안화 (평가) 절하.

適正相場(てきせいそうば)
적정 환율.

米連邦公開市場委員会(べいれんぽうこうかいしじょういいんかい)
(미연방) 공개시장위원회. FOMC.
◉ 미국의 중앙은행인 연방준비제도이사회 산하에 있는 공개시장 조작 정책의 수립과 집행을 담당하는 기구이다. 매년 8번의 정기회의를 개최한다. FOMC:Federal Open Market Commitee

ドル離(ばな)れ
달러 이탈.
≫ ドル離れの動きは底流として続いている。 달러 이탈 움직임이 계속해서 저류를 이루고 있다.

預金準備率(よきんじゅんびりつ)
예금지급준비율.
◉ 금융기관은 예금의 일정 비율에 해당하는 금액을 의무적으로 한국은행에 예치해야 하는데 이 비율을 예금지급준비율이라고 한다.

マネタリーベース
기초 통화. 고권 화폐. =ベースマネー [monetary base]
◉ 현금통화와 중앙은행 예치금과의 합계액.

上(あ)げ幅(はば)
상승 폭.

下(さ)げ幅(はば)
하락 폭. 낙폭.

ロンドン銀行間取引金利(ぎんこうかんとりひききんり)
리보 금리. =ライボー
◉ 런던의 금융시장에 있는 은행 중에서도 신뢰도가 높은 일류 은행들이 단기적인 자금 거래에 적용하는 단기 금리. 각 나라의 국제간 금융 거래에서 기준 금리로 활용되고 있으며 세계 금융시장의 상태를 판단할 수 있지만, 장기 금리까지 파악하기에는 다소 무리가 있다. 일반적으로 리보 금리는 3개월짜리를 기준으로 한다.

3ヶ月物(げつもの)
3개월짜리. 3개월물.
≫ 現在、短期金融市場の金利は、3ヶ月物から6ヶ月物まで、ゼロ％に近い水準で推移している。 현재 단기 금융시장의 금리는 3개월짜리에서 6개월짜리까지 제로%에 가까운 수준에서 움직이고 있다.

外貨平衡基金債券(がいかへいこうききんさいけん)
외국환 평형 기금 채권. 외평채.
◉ 외화 자금의 안정적인 수급 조절을 위해 정부가 발행하는 채권.

外貨準備高(がいかじゅんびだか)
외화보유액.
◉「〜高(だか)」는 일본식 한자 표현이므로 '〜고'보다는 '〜액'으로 번역하는 것이 좋다.

外貨運用利回(がいかうんようりまわ)り
외화 운용 수익.

利回(りまわ)り率(りつ)
수익률.

外貨持(がいかも)ち出(だ)し
외화 반출.
≫ 旅行者の外貨持ち出しの自由化が急速に進み、多くの国で事実上

外貨流動性

自由化が実施された。 여행자의 외화 반출 자유화가 급속히 진행되어 많은 국가에서 사실상 자유화가 실시되었다.

외화 유동성.
≫ 外貨流動性の危機から完全に脱する。 외화 유동성 위기에서 완전히 벗어나다.

公定歩合

재할인율. 공정할인율. 공정금리.
≫ 日銀は公定歩合を変更することにより、通貨流通量の調整を行うことができる。 일본은행은 재할인율을 변경함으로써 통화 유통량을 조정할 수 있다.
◉ 한 나라의 중앙은행이 시중 금융기관에 적용하는 금리이다.

コール金利

콜금리. =コールレート
◉ 일시적으로 자금이 부족한 금융기관이 자금이 남는 다른 금융기관에 자금을 빌려달라고 요청하는 것을 콜이라 하며, 이에 대한 이자율을 콜금리라 한다.

2. 주식

上場

상장.
≫ 上場とは証券取引所の承諾を受け、取引所でその企業が発行する株式が売買されることをいう。 상장이란 증권거래소의 승인을 받아 거래소에서 그 기업이 발행하는 주식이 매매되는 것을 말한다.

裏口上場

우회상장.
≫ 裏口上場とは、上場していない会社が、経営不振に陥っている上場会社を買収・合併し上場会社になることをいう。 우회상장이란 비상장사가 경영 부진에 빠진 상장사를 인수 합병하여 상장사가 되는 것을 말한다.

退場

퇴출.
≫ 株価が著しく低い企業は「投資対象にふさわしくない」とみなし、市場から退場させる。 주가가 현저히 낮은 기업은 '투자 대상으로 적합하지 않다'고 간주해 시장에서 퇴출시킨다.

新規公開株式

기업공개(IPO) 주식.
◉ IPO란 기업이 최초로 외부투자자에게 주식을 공개해 매도하는 것으로 대개 주식시장에 처음 등록하는 것을 말한다.

発行済み株

(총)발행주식.

既発行株式

기발행주식.

ばいばいだか 売買高	거래량. ≫売買高とは、株や債券などの取引された量のこと。 거래량이란 주식과 채권 등이 거래된 양.
たてぎょく 建玉	미청산 계약. 미결제 거래 잔고. 미수금.
ばいばいだいきん 売買代金	거래 대금.
とうらくめいがらすう 当落銘柄数	등락 종목수.
あきな せいりつ 商い成立	거래 성립.
おおあきな 大商い	활발한 매매. 고액의 매매. 활황.
めいがら 銘柄	종목.
けいきびんかんめいがら 景気敏感銘柄	경기 민감 종목.
てんとうかんりめいがら 店頭管理銘柄	관리 대상 종목.
だか ストップ高	상한가.
やす ストップ安	하한가. ◉ 상·하한가는 당일 주가의 ±15%로 등락폭을 정해 놓은 것을 말한다. 이는 주가 조작으로부터 투자자를 보호하기 위해 설정한 조치이다.
てんじょうね 天井値	최고가. 최고치. ≫株は底値で買って天井値で売るのが理想であるが、そんなにうまくいくことはめったにない。 주식은 가장 쌀 때 사서 가장 비쌀 때 파는 것이 이상적이지만 그렇게 잘 풀리는 일은 거의 없다.
そこね 底値	최저가. 최저치.
さ ねちゅうもん 指し値注文	지정가 주문. ◉ 유가 증권을 매매할 때 최고 판매 가격과 최저 매입 가격을 지정해서 주문을 넣는 방법이다.
な ゆ ちゅうもん 成り行き注文	성립가 주문. 시장가 주문. ◉ 유가 증권을 매매할 때 매매 가격을 정하지 않고 그날의 시세대로 매매 주문을 넣는 방법이다.
う 売り	매도. 팔자. ≫売りが膨らむ。 매도가 늘어나다. / 投機筋が売りを仕掛ける。 투기꾼들이 매도를 치다.
う こ 売り越し	순매도. ≫売り越し基調を強めている。 매도 우위 경향이 강해지고 있다.
ぜんめんやす 全面安	전면적인 약세. 전체 약세. ≫28日午前の東京株式市場は、前日の米国株安を嫌気しほぼ全面安

の展開となった。28日 오전 도쿄 주식시장은 전날 미국의 주가 하락에 영향을 받아 거의 전면적인 약세를 보였다.

全面高(ぜんめんだか) 전체 강세. 전반적인 강세.
≫ 幅広い銘柄に買い注文が入り、ほぼ全面高の展開となった。 폭 넓은 종목에 매수 주문이 들어와 전반적인 강세를 보였다.

利食い売り(りぐいうり) 차익매매. =利益確定売(りえきかくていうり)り
◉ 차액을 먹고 팖.

小口の売り(こぐちのうり) 소액매도.

買い(かい) 매수.
≫ 朝方から買い注文が膨らんだ。 오전장부터 사자 주문이 늘어났다.

買い越し(かいこし) 순매수.

買い戻し(かいもどし) 재매입. 환매.

買い切りオペ(かいきりオペ) 매수 조작.

押し目買い(おしめがい) 반발 매수. 시세가 일시 내릴 때 사는 것.
◉ 押し目買い勝ち:우세승.

難平売買(なんぴんばいばい) 물타기.
◉ 주식을 팔 때는 시세가 오름에 따라 점점 파는 수를 늘리고, 살 때는 주가가 내림에 따라 사는 수를 차차 늘리는 방법으로, 평균 단가를 조정하여 손해 위험을 줄이려는 주식 거래 방법이다.

プログラム売買(ばいばい) 프로그램 매매.

前場(ぜんば) 오전장.

後場(ごば) 오후장.
≫ 東京市場の後場は前場の地合いを引き継ぎ一進一退の展開です。 도쿄시장의 오후장은 오전장의 여세를 이어받아 일진일퇴하는 전개를 보이고 있습니다.
◉ 한국은 2000년에 오전장과 오후장이 통합되었다.

寄り付き(よりつき) 첫 거래.
≫ 取引所の売買は午前9時から始まるが、最初の売買のことを「寄り付き」といい、その時の値段を「始値」と呼んでいる。 거래소 매매는 오전 9시부터 시작하는데 최초 매매를 '첫 거래'라 하고 그때의 가격을 '시초가'라 부른다.

寄り付き値(よりつきね) 시초가. 시가.

大引け(おおびけ) 막장.
≫ 大引けとは、証券取引所で、1日の取り引きをすべて終了した状態

のことをいう。막장이란 증권거래소에서 1일 거래를 거의 마친 상태를 말한다.

後場寄り付け	오후장 첫 거래.
引け値	파장시세. 마감시세.
高値引け	종가 강세. 종가가 그날 최고 시세.
大底	최저가. 최저 바닥시세.

- 주식시장에서 1년 또는 일정 기간 동안의 가장 싼 가격.

右肩上がりの相場	상승장.
上げ相場	상승장.
下げ相場	하락장.
現在の相場	현재 시세.
上値	(지금까지 시세보다) 비쌈. 높은 시세.
下値	(지금까지 시세보다) 낮은 가격.

≫ 内需株が上昇したことで下値不安が後退して大幅反発した。내수주 상승으로 저공비행에 대한 불안이 사라져 큰 폭으로 반등했다.

高値	고가.
安値	저가.
気迷い相場	변동이 심한 시세.
持ち合い相場	보합시세.

- 오르지도 내리지도 않는 상태.

底抜け相場	바닥을 뚫고 폭락하는 시세.
一服	시세가 잠시 소강 상태에 있음. 보합세.

≫ NY安などで外国人の買いが止まると日本株の上昇も一服する可能性がある。뉴욕 시장의 약세로 외국인의 매수가 멈추게 되면 일본 주식의 상승도 소강 상태에 빠질 수 있다.

値動き	가격 동향.

≫ 値動きを示すTOPIX〔東証株価指数〕 가격 동향을 나타내는 TOPIX〔동증주가지수〕.

- 「東証株価指数」는 도쿄증권거래소가 1969년 7월부터 산출하여 발표하는 주가지수이다. TOPIX : Tokyo stock price index

心理的な節目	심리적인 지지선.

≫ 市場では心理的な節目である1万5000円台の回復で買い安心感が広がった。시장에서는 심리적 지지선인 15,000엔 대 회복으로 매수에 대한

乱高下
안도감이 확산되었다.
시세 변동이 심함.
≫株価が乱高下している。주가가 심하게 변동하고 있다.

値幅
가격 차. 시세 폭.

気配値
시세치.
≫売買注文の状況を示す気配値。매매 주문 상황을 보여주는 시세치.
⊙「気配値」는「けはいち」로도 읽는다.

地合い
시세의 전반적인 상태.
≫売り注文が出やすい地合いになっている。전반적으로 매도 주문이 나오기 쉬운 상태가 되어 있다.

年初来最高値
올해 최고치.
≫三省堂の株は一時、前日比31円高の1010円と4ケタ台を回復、前日に付けた年初来最高値を更新した。산세이도의 주가는 한때 전일 대비 31엔 오른 1010엔으로 1000엔대를 회복해 전날 기록했던 연중 최고치를 경신했다.

持ち株会社
지주회사.
⊙ 주식을 보유해 다른 회사를 지배하는 것을 목표로 하는 회사. 자회사로부터 받은 배당 수익으로 꾸려 간다. 상장사를 자회사로 두려면 지분의 30%를, 비상장사는 50%를 보유해야 한다.

黄金株
황금주.
⊙ 다수 의결권이 부여되는 주식.

複数議決権株式
복수 의결권 주식.
⊙ 1주당 2개 이상의 의결권이 부여되는 주식.

単元株
단원주.
⊙ 일본은 복수 의결권 주식을 인정하지 않는다. 그러나 정관으로 복수 의결권 주식과 비슷한 단원주(單元株)제도를 도입할 수 있도록 하고 있다. 이 제도는 일정 수의 주식을 1단원으로 정해 1단원당 1개의 의결권을 주는 방식이다. 예를 들어 1단원의 주식 수를 보통주는 1000주로, 의결권이나 잔여재산분배권 등이 있는 특정 주식은 100주로 하면 특정 주식의 의결권이 보통주의 10배가 된다.

ミニ株
미니주.
⊙ 단원주 거래 단위의 10분의 1단위로 거래하는 주식. 주식 명의가 증권회사로 되어 있어 주주 의결권은 행사할 수 없다.

値高株
고가주.

株価照会
주가 조회.

底堅い	(주가가) 견조함. 주식 시세가 내릴 듯하면서 내려가지 않음.
	≫幅広い銘柄が売られたが、自動車株は底堅い動きとなった。 폭넓은 종목이 팔렸으나 자동차주는 견조한 움직임을 보였다.
連騰	연등. 계속해서 오름.
続伸	(주식 시세가 전날에 이어) 계속 오름.
	≫28日の東京株式市場で、日経平均株価は1ヶ月ぶりに3日続伸した。 28일 도쿄 주식시장에서 닛케이 평균 주가는 1개월만에 3일 연속 상승했다.
続落	연일 하락.
小じっかり	(시세) 소폭 오름세.
	≫小じっかりした動きが続いている。 소폭 상승세가 이어지고 있다.
もみ合い	(빈번한) 소폭 등락.
株式市場の値下がり	주식시장 하락. =株式市場の下落.
時価総額	시가총액.
	≫時価総額の大きい銘柄が軒並上昇している。 시가총액이 큰 종목은 나란히 상승하고 있다.
営業日	영업일.
	≫日経平均株価は3営業日ぶりに反発。7営業日ぶりに1万5000円台を回復した。 닛케이 평균 주가는 3영업일 만에 반등. 7영업일 만에 15,000엔대를 회복했다.
底固め	바닥 다지기.
	≫株価が底固めしたと判断できれば、金利低下余地は極めて限られる。 주가가 바닥을 다졌다고 판단된다면 금리가 하락할 여지는 매우 적다.
軟調	시세가 내릴 기미.
	≫韓国の株相場はダウ平均株価の大幅下落の影響で引き続き軟調な展開となった。 한국의 주식 시세는 다우 평균 주가가 대폭 하락한 영향으로 계속해서 내림세를 보이고 있다.
株売却	주식 매각.
下がり目	내림세. =下がり気味・下向き
低落	내림세.
	≫株価の低落は株式の時価総額を下げると同時にあらゆる経営領域に悪影響を与える。 주가 하락은 주식의 시가총액을 떨어뜨림과 동시에 모든 경영 영역에 악영향을 미친다.
株価の押し下げ	주가 압박.

>> 内閣支持率の急落で構造改革路線が後退するとの見通しが市場に広がっていることも、株価の押し下げ要因となっている. 내각 지지율 급락으로 구조 개혁 노선이 후퇴한다는 전망이 시장에 확산되고 있는 것도 주가의 압박 요인이 되고 있다.

市況低迷	시황 저조.
アンダーウェート	비중 축소. [under weight]

>> エレクトロニクス株をアンダーウエイトにしている投資家が、多数派である. 많은 투자자들이 일렉트로닉 주(株)의 비중을 줄이고 있다.

ニュートラル	중립. [neutral]
オーバーウェート	비중 확대. [over weight]
電子証券取り引き	장외 전자 거래.
手じまい	거래 관계 종료.

>> ファンド筋の手仕舞売り. 펀드 운용가의 청산 매도.

ブル相場	상승장세.
ベア相場	하락장세.
平均配当利回り	평균 배당 이율.
復配	한때 배당이 없던 주식에 배당이 붙음.

>> 19年ぶりに復配を果たす. 19년 만에 배당을 실시하다.

シニアアナリスト	상임 애널리스트. [senior analyst]
持ち分	지분. =分け前.
外国人持ち株比率	외국인 지분 비율.
ハイリスク・ハイリターン	고위험 고수익. [high risk, high return]
リスクヘッジ	리스크 헤지. [risk hedge]

● 분산 투자 등을 통해 위험을 피하는 것.

逃げ足早い資金	치고 빠지기식 투자 자금.
株式分割	액면 분할.

>> 株式分割は、資金調達を伴わない新株式の発行形態で、既に発行されている株式を細分化して発行済み株式数を増加させ、その増加分を、株主の所有株式数に応じて配分する方法である. 액면 분할은 자금 조달을 동반하지 않는 신주 발행 형태로 이미 발행된 주식을 세분화해서 발행 주수를 늘려 그 증가분을 주주의 소유 주식 수에 맞추어 배분하는 방법이다.

株価収益率(かぶかしゅうえきりつ)	주가수익률. PER.
	⊙ PER: price earnings ratio
株価純資産倍数(かぶかじゅんしさんばいすう)	주당순자산비율. PBR.
	⊙ PBR: price on book-value ratio
株主資産利益率(かぶぬししさんりえきりつ)	자기자본이익률. ROE.
	⊙ ROE: return on equity
市場操作(しじょうそうさ)	주가 조작. =オペ
資金供給オペレーション(しきんきょうきゅう)	자금공급 공개시장 조작.
国債の買い切り(こくさいかき)	국채 매입 조작.
└, オペレーション	
10年物国債の利回り(ねんものこくさいりまわ)	10년 만기 국채의 이율.
銀行株買い取り案(ぎんこうかぶかとあん)	은행주 매입안.
思惑(おもわく)	투기.
	≫ 思惑が思惑を呼び、加熱する相場。 투기가 투기를 불러 가열되는 시장.
思惑買(おもわくがい)	투기 매입. =見越(みこ)し買(が)い
思惑売り(おもわくう)	투기 매도. =見越(みこ)し売(う)り
	⊙ 시세가 내릴 것을 예상하고 주식을 팖.
投機筋(とうきすじ)	투기 세력.
買い安心感(かあんしんかん)	매수 안도감.
	≫ 投資家に買い安心感が広がっている。 투자자들 사이에 매수에 대한 안도감이 확산되고 있다.
自己売買(じこばいばい)	자기매매. 딜러 업무.
	⊙ 고객의 주문을 받아서 그 고객의 계산으로 매매하는 위탁매매.
自社株買い(じしゃかぶがい)	자사주 매입.
ディスクロージャー	디스클로저. 기업공개. [*Disclosure*]
	≫ ディスクロージャーは、企業の活動が社会に対してさまざまな影響を与えることから、その必要性が叫ばれている。 디스클로저는 기업의 활동이 사회에 다양한 영향을 주기 때문에 그 필요성이 제기되고 있다.
バランスシート	대차대조표. =貸借対照表(たいしゃくたいしょうひょう) [*balance sheet*]
業績見通し(ぎょうせきみとお)	실적 전망.
ストックオプション	스톡옵션. =株式購入権(かぶしきこうにゅうけん) [*stock option*]

持ち合い株	상호보유주. ≫持ち合い株式とは、企業同士が関係維持のためお互いに相手の株式を所有することをいう。 상호보유주란 기업들이 관계 유지를 위해 서로 상대의 주식을 소유하는 것을 말한다.
ポイズンピル	포이즌 필. 독소 조항. [poison pill] ≫買収を仕掛けられたときに限って行使できる新株予約権を割り当てる「ポイズンピル」。 M&A 공격을 당했을 경우에 한해서 사용할 수 있는 신주 예약권을 할당하는 포이즌 필.
企業ハンター	기업 사냥꾼.
株式公開買い付け	주식공개매수. TOB. ⊙ 경영권을 획득하려거나 기존 대주주가 경영권을 유지, 강화하기 위해 불특정 다수로부터 주식을 집단적으로 장외에서 매수하는 전략. TOB:take over bid
筆頭株主	최대 주주.
米証券大手ゴールドマン・サックス	미 최대 증권회사 골드먼삭스.
大口投資家	큰손 투자자.
個人投資家	개인 투자자. 개미군단.
インサイダー取り引き	내부자 거래. =インサイダー ≫インサイダー規制が解かれる。 내부자 거래 규제가 풀리다.
兜町	가부토초. 증권가. ⊙ 도쿄 증권거래소를 중심으로 증권회사와 은행이 모여 있는 곳.
デリバティブ	파생 금융 상품. [derivative]
株式取得	주식 인수. ≫株式取得によるM&Aの方法には大きく分けて以下の2つがある。 주식 인수를 통한 M&A 방법에는 크게 나누어 두 가지가 있다. ⊙ 새로 주식을 발행해 그것을 인수하는 방법(제3자 할당 증자). 　이미 발행된 주식을 주주로부터 사들이는 방법(주식 매매).
先物買い	선물 매입.
先物買い為替	선물환.
値洗い	일일정산.
円建て債券	사무라이 본드. ⊙ 일본 채권 시장에서 외국 정부나 기업이 발행하는 엔화 표시 채권.

ドル建て債券	양키 본드.
	⊙ 외국인이 미국 자본시장에서 발행·판매하는 달러화 표시 채권.
ウォン建て債券	아리랑 본드.
	⊙ 외국인이 국내 자본시장에서 발행·판매하는 원화 표시 채권.
債券償還	채권 상환.
譲渡制預金証書	양도성 예금증서. CD.
	⊙ 은행의 정기예금 중에서 해당 증서의 양도를 할 수 있게 하는 무기명 상품으로 은행에서 발행되고 증권사와 종금사를 통해 유통된다.
資産担保証券	자산유동화증권. ABS.
	⊙ 기업의 부동산을 비롯한 여러 가지 형태의 자산을 담보로 발행된 채권을 말한다.
米証券取引委員会	증권거래위원회. SEC.
ポートフォリオ	포트폴리오. [portfolio]
	≫ 東京電力の株とホンダの株の2銘柄の「ポートフォリオ」を持っている。 도쿄전력과 혼다 2종목의 포트폴리오를 가지고 있다.
	⊙ 보유하고 있는 유가증권 전체를 가리키는 말이다.
短期金融資金投資信託	머니 마켓 펀드. MMF.
	⊙ 투자신탁회사가 고객의 돈을 모아 단기 금융 상품에 투자하여 수익을 얻는 초단기 금융상품. MMF:Money Market Funds
株価指数連動型上場 └投資信託	상장 지수 펀드. ETF.
	⊙ 특정 주가지수와 연동시켜 수익률을 얻을 수 있도록 설계된 지수연동형 펀드(Index Fund)이다. ETF:Exchange Traded Fund
受け渡し	인도. 상환.
	≫ 先物取り引きは必ずしも実物の受け渡しを伴わない。 선물 거래에 반드시 실물 인도가 따르는 것은 아니다.
ロールオーバー	롤 오버. 만기연장. [roll over]
	⊙ 선물과 관련된 주식 매물을 정리하지 않고 넘어가는 것을 말한다. 선물을 팔고 현물 주식을 사들인 매수 차익 거래의 경우 선물 만기일에 주식 매출을 정리하는 것이 원칙이나 특정한 상황에서는 팔지 않아도 된다.
変動利付け債	금리 변동부 사채.
	⊙ 일정 기간 동안은 계약된 확정 이자율에 의해 이자를 지급하지만 일정 기간이 경과된 후부터는 은행 정기예금 금리의 변동에 따라 이자율을 연동시키는 사채를 뜻한다.

3. 신용카드·은행

クレジットカード会社(かいしゃ)	신용카드사.
ローン会社(がいしゃ)	할부 금융사.
チャージカード	후불카드. [charge card]
デビットカード	직불카드. [debit card]

>> 1987年にデビットカードが導入されたイギリスでは、デビットカードは決済手段として普及しており、2009年にはほぼすべての成人が保有するとみられている。1987년에 직불카드가 도입되었던 영국에서는 직불카드가 결제 수단으로 보급되었으며 2009년에는 거의 모든 성인이 보유할 것으로 전망된다.

ストアカード	매장카드. [store card]
リボルビング払(はら)い用(よう)	회전결제 방식 신용카드. 리볼빙카드.
∟ クレジットカード	
カード発行(はっこう)	카드 발급.
ビザ発給(はっきゅう)	비자 발급.

⊙ 한국어로는 카드와 비자 모두 발급한다고 말하지만, 일본어로는 각각 「発行」과 「発給」으로 표현이 다르다.

キャッシングサービス	현금 서비스. [cashing sevcie]
分割払(ぶんかつばら)い	할부 거래.
一括払(いっかつばら)い	일시불.
先払(さきばら)い	선불. 수취인 부담.
前払(まえばら)い	선불.
後払(あとばら)い	후불.
直払(じきはら)い	직불.
滞納(たいのう)	연체. =延滞(えんたい)
借金(しゃっきん)	빚. 부채. =負債(ふさい)

>> 借金の返済ができない。빚을 못 갚는다.

返済能力(へんさいのうりょく)	상환 능력. =償却能力(しょうきゃくのうりょく)
繰(く)り上(あ)げ返済(へんさい)	조기상환. 중도상환.
帳消(ちょうけ)し	탕감. 서로 상쇄하고 남음이 없음.

>> 借金帳消し 부채 탕감.

棒引(ぼうび)き	탕감. 장부에 기입한 금액을 말소함.

경제 153

불량채무자	신용불량자.
不良債務者	≫ クレジット会社に借金を抱え、首が回らなくなった不良債務者たち。 신용카드사에 빚을 지고 꼼짝달싹 할 수 없는 신용불량자들.
返済不能者	신용불량자.
支払い不能者	지급불능자.
多重債務者	다중 채무자.
	⊙ 여러 개의 신용카드가 연체된 채무자.
債務延滞者	채무 연체자.
カード破産者	(신용카드로 인한) 신용불량자.
	⊙ 신용불량자는 금융회사로부터 30만원 이상을 빌린 뒤 3개월 이상 연체한 사람을 말하며 신규 대출이 제한되는 등 금융회사와의 거래를 할 수 없게 된다.
金融ブラックリスト掲載	신용불량 등재.
デフォルト	디폴트. 채무 불이행. =債務不履行 [default]
モラトリアム	모라토리엄. 모라토리움. [moratorium]
	⊙ 한 국가가 경제, 정치적인 이유로 외국에서 빌려온 차관에 대해 일시적으로 상환을 연기하는 것을 뜻한다.
モラルハザード	모럴해저드. 도덕적 해이. =倫理崩壊・倫理観の欠如 [moral hazard]
ベッドバンク	배드뱅크. 한마음 금융. [Bad Bank]
	⊙ 배드뱅크는 금융기관의 부실자산을 정리하는 방법의 일종으로 금융기관의 부실채권이나 부실자산만을 사들여 이를 전문적으로 처리하는 은행이다.
支給手段	지급 결제 수단. =決済手段
まわし	돌려막기.
	⊙ 업계 전문 용어이다. 신용카드 결제 대금이나 현금 서비스 받은 후 결제하기 위해 다른 신용카드에서 현금 서비스를 받아 상환하여, 악순환이 계속되는 것을 말한다.
自転車操業	자전거 조업. 돌려막기.
	≫ 若者を中心とするカード破産。返済のための自転車操業で雪ダルマ式に増える借金。 젊은이들이 중심이 된 카드 파산. 상환을 위한 돌려막기로 눈덩이처럼 늘어난 빚.
	⊙ 만성적으로 자기 자본이 부족하여 타인의 자본을 빌려서 가까스로 계속하는 조업을 뜻한다.
カード代金	카드 대금.

	≫カード代金を別のカードで借りて払う。카드 대금을 다른 카드로 돌려막기를 하다.
都市銀行	시중은행.
都銀各行	각 시중은행.
ノンバンク	제2금융권. [non-bank]
消費者金融	소비자 금융.
プライベートバンク	프라이빗 뱅킹. [private banking]
	≫世界の富裕層から高い信頼を得ているプライベートバンク。세계의 부유층으로부터 높은 신뢰를 얻고 있는 프라이빗 뱅킹.
	⊙ 은행이 부유층을 대상으로 그들의 자산을 특별 관리해 주는 고객 서비스를 뜻한다.
ネットバンキング	인터넷뱅킹. =インターネットバンキング [net banking]
ヤミ金融	지하금융.
貸金業	대부업.
	≫29.2％という金利は貸金業が守らなければならない金利で、この金利を超えて貸すことは違法になり、刑罰の対象になる。29.2%란 금리는 대부업이 지켜야 하는 금리로 이 금리를 초과해 빌려주는 것은 위법이며 형벌 대상이 된다.
貸し付け	대부.
貸し出し	대출.
	≫近年は、中小企業向け貸し出し残高は減少傾向にある。최근 중소기업을 위한 대출 잔액이 감소하는 추세이다.
バンカシュアランス	방카슈랑스. [Bancassurance]
	≫銀行窓口で保険商品を取り扱うバンカシュアランス。은행 창구에서 보험 상품을 취급하는 방카슈랑스.
	⊙ 은행 등 금융기관이 보험회사와 제휴해 그 대리점이나 중개사 자격을 겸하면서 보험 상품도 함께 판매할 수 있도록 한 새로운 형태의 금융 서비스이다.
貯金	(우체국) 예금.
預金	(은행) 예금.
マル優	소액저축비과세제도. =少額貯蓄非課税制度
マル特	소액공채비과세제도. =少額公債非課税制度
短期市場金利預金	수시입출금식 예금. MMDA.

財務分析格付けシステム（ざいむぶんせきかくづけ）	개인 대출 평가 시스템.
	⊙ 자동 승인·재심사 대상·승인 거절 등으로 분류한다.
与信（よしん）	여신.
	⊙ 금융기관에서 고객에게 돈을 빌려주는 일을 뜻한다.
貸し倒れ引当金（かしたおれひきあてきん）	대손충당금.
信用貸し出し（しんようかしだし）	신용 대출.
元本（がんぽん）	원금. =元金（がんきん）
元本返済（がんぽんへんさい）	원금 상환.
元利（がんり）	원리.
利息（りそく）	이자.
利率（りりつ）	이자율. =金利（きんり）
預金金利（よきんきんり）	수신금리.
貸出金利（かしだしきんり）	여신금리.
実質金利（じっしつきんり）	실질금리. 실효금리.
長期プライムレート（ちょうき）	장기 프라임레이트.
	⊙ 기업형의 최대 우대 대출 금리를 뜻한다.
不良債権（ふりょうさいけん）	부실채권.
債務者（さいむしゃ）	채무자.
債権者（さいけんしゃ）	채권자.
個人向けローン（こじんむけ）	가계대출.
資産管理公社（しさんかんりこうしゃ）	자산관리공사.
マネー	자금. [money]
マネーフロー	자금 흐름. [money flow]
新規資金（しんきしきん）	신규 자금. =ニューマネー
休眠口座（きゅうみんこうざ）	휴면계좌.
	⊙ 구좌는 일본식 한자 표현이며 우리말은 계좌이다.
ラップ口座（こうざ）	랩 어카운트.
	⊙ 고객이 예탁한 재산에 대해 증권회사의 금융자산관리사가 적절한 운용 배분과 투자종목 추천 등의 서비스를 제공하고 그 대가로 일정률의 수수료를 받는 상품이다.
ファイナンシャル·	자산관리사. [Financial planner]

└ プランナー

ペイオフ解禁	예금 전액 보호조치 해제.
取り付け騒ぎ	예금 인출 소동.
振り込み	입금.
	≫振り込み用紙　지로 용지.
口座からの引き落とし	계좌 자동이체.
借り入れ	차입.
リスクプレミアム	리스크 프리미엄. [risk premium]
	≫危機要因による上乗せ分をリスクプレミアムという。위기 요인에 따른 추가분을 리스크 프리미엄이라고 한다.
コマーシャルペーパ	기업어음. CP. =企業手形 [commercial paper]
資産管理会計	어음관리계좌. 종합자산관리계정. CMA.
	⊙ 고객이 맡긴 예금을 투자금융회사가 단기 국공채나 기업어음, 양도성 예금증서 등에 투자해 얻은 수익을 고객에게 돌려주는 상품. CMA:cash management account
現金自動支払機	현금지급기. CD. =キャッシュディスペンサー
	⊙ CD:cash dispenser
現金自動預け払い機	현금자동입출금기. ATM.
	≫ATMの時間外手数料。ATM 사용 시간 외 수수료.
	⊙ ATM:automatic teller machine

4. 기타

偽札	위폐. 위조지폐.
新札発行	신권 발행.
改刷	개쇄.
	⊙ 일본에서 쓰는 용어이다. 화폐의 디자인을 변경해 화폐를 찍어낸다는 뜻이다.
透かし	(빛에 비추면 보이는) 워터마크.
かたつばた	제비붓꽃.
	⊙ 5000엔 권 지폐에 들어가 있는 무늬이다.
記番号	일련번호.
値崩れ	시세 하락.

リパトリ	≫値崩れしにくい海外ブランドの獲得に火花が散っている。좀처럼 시세가 하락하지 않는 해외 브랜드 획득에 불꽃이 튀고 있다.
	자금의 본국 회귀 현상. =資金の本国還流 [repatriation]
	≫株価の大幅続落で米投資家のリパトリも止まらない。주가가 연일 큰 폭으로 하락해 미 투자자들이 본국으로 자금을 계속 보내고 있다.
アセット・アロケーション	자산 분배. [asset allocation]
額面金額	액면가.
マネーロンダリング	돈세탁. [money laundering]
財テク	재테크.
預け金	예치금.
掛け金	부금. 적립금.
代金の引き換え	대금 상환.
貸金業者	사채업자.
量的緩和	양적 완화.
	≫昨年3月の量的緩和開始以来、じりじりと金利上昇が続いている。작년 3월 양적 완화 정책 실시 이후 서서히 금리가 상승하고 있다.
	⊙ 시장에 통화를 여유 있게 공급하는 것을 뜻한다.
チーフストラテジスト	선임(수석) 전략가. [chief strategist]
カントリーリスク	지정학적 위험. =地政学的リスク [country risk]
	≫一般にカントリーリスクが大きいといわれている国でも、その国での業績が高ければ、経営者はカントリーリスクが小さいと判断する傾向がある。일반적으로 지정학적 위험이 큰 것으로 알려진 국가라도 그 나라에서의 실적이 높으면 경영자는 지정학적 위험이 작은 것으로 판단하는 경향이 있다.
両建預金	꺾기.
	⊙ 은행에 대출금의 일부를 예금하기로 약속하고 대출받는 것을 말한다. 대출을 받기 위해 은행의 펀드에 가입하는 것도 꺾기 행위이다.

V. 무역 · 경제 협력

求償貿易
구상무역. 교환무역. 바터무역.
⊙ 수출입 물품의 대금을 돈으로 지급하지 않고 그에 상응하는 수입 또는 수출로 상계(相計)하는 국제 무역 거래 방식이다.

バーター貿易
바터무역.
⊙ 물물교환으로 두 나라 사이의 대차(貸借) 균형을 맞춰 가는 무역.

中継ぎ貿易
중계무역.

輸出頼り
수출 의존.
》輸出頼りの景気回復には限界がある。수출에 의존하는 경기 회복은 한계가 있다.

貿易不均衡
무역 불균형. 무역 역조.
》貿易不均衡が拡大する〔深化する〕。무역 역조가 심화되다.

世界貿易機関
세계무역기구. WTO.
》昨年10月、輸出補助金を禁じたWTO規定に違反するとして相殺関税の上乗せ方針を通告した。작년 10월 수출 보조금을 금지한 WTO 규정에 위반된다며 상계관세 부과 방침을 통고했다.
⊙ WTO:world trade organization

ガット
가트. 관세 및 무역에 관한 일반 협정. =関税貿易一般協定
[GATT:General Agreement on Tariffs and Trade]

アジア太平洋経済協力会議
아시아태평양경제협력체. APEC.
⊙ 아태 지역의 경제 협력 증대를 위해 역내 각료들이 모여 협의하는 기구.
　APEC:Asia-Pacific Economic Cooperation.

自由貿易協定
자유무역협정. FTA.
》中身の濃いFTAを結ぶ。내실 있는 FTA를 체결하다.
⊙ FTA:free trade agreement

経済貿易関係緊密化協定
긴밀한 경제 무역관계 협정. CEPA.

外国人直接投資
외국인 직접 투자. FDI.
》韓国に流入した外国人直接投資。한국에 들어온 외국인 직접 투자.

ニューディール政策
뉴딜 정책.
⊙ 미국 제32대 대통령인 F.D.루스벨트가 대공황을 극복하기 위해 추진했던 제반 정책. 나아가 경기 침체시 경기 부양을 위해 정부가 내건 시책들을

경제 | **159**

日本貿易振興会	비유해서 이야기하기도 한다. 일본 무역 진흥회. JETRO.
グリーンルーム会議	그린룸 회의. ⊙ WTO 각료회의에서 합의가 어려운 현안을 다룰 경우 주요국들만 모여서 하는 회의를 뜻한다.
関税割り当て	저율관세할당. TRQ. ⊙ TRQ란 정부가 정한 일정 물량에 대해서는 저율 관세를 부과하고, 이를 초과하는 물량에 대해서는 높은 관세를 매기는 것. 저율관세할당 물량, 관세율 쿼터, 시장 접근 물량 등으로 부른다.
世界関税機構	세계관세기구. WCO. ⊙ WCO：world customs organization
最恵国待遇	최혜국 대우. ≫ 最恵国待遇とは通商、関税などで第三国に与えている待遇よりも不利にならない待遇を相手国に与えることである。최혜국 대우란 통상・관세 등에서 제3국에 부여하는 대우보다도 불리하지 않은 대우를 상대국에게 주는 것이다.
米州自由貿易圏	미주 자유무역지대.
米国のバード修正法	미국 버드 수정법. ⊙ 미국 세관이 거둔 반덤핑 및 상계관세 수입을 제소자 측인 미국의 생산자들에게 배분하도록 한 규정이다.
政府開発援助	정부개발원조. ODA. ⊙ ODA：official development assistance
ひも付き援助	조건부 원조. ＝タイド援助.
アンタイド援助	무조건부 원조.
ダボス会議	다보스 포럼. ⊙ 매년 스위스 다보스에서 개최되는 세계경제포럼의 연차총회를 달리 부르는 말이다.
世界経済フォーラムの └ 年次総会	세계경제포럼의 연차총회.
還流	역수입. ＝逆輸入. ≫ 日本の音楽レコードの還流防止のため、何らかの措置が必要であるという意見が多数であった。일본 레코드의 역수입 방지를 위해 어떠한 조치가 필요하다는 의견이 많이 있었다.
迂回輸出	우회 수출.

米通商代表部	(미국) 무역 대표부.
タックスヘイブン	조세 피난처. [tax heaven]
	≫タックス・ヘイブンとは一般に、特定の所得に対し税が全く課されないか、又は課されても極めて低率であるような国や地域を指すといわれている。 조세 피난처란 일반적으로 특정 소득에 대해 세금을 전혀 부과하지 않거나 또는 아주 낮은 비율로 부과하는 국가나 지역을 가리키는 것으로 알려져 있다.
租税回避地	조세 피난처. =租税避難地
ドーハ開発アジェンダ	다자간 자유무역협상. 도하개발어젠다. DDA.
	⦿ DDA:Doha development agenda
新多角的貿易交渉	뉴라운드. 도하개발어젠다. =新ラウンド
アセアン協和宣言	발리선언.
貿易自由化	무역 자유화.
	≫貿易自由化の流れの失速が、世界経済の成長に悪影響を与える懸念がある。 무역 자유화 추세의 둔화가 세계 경제 성장에 악영항을 미칠 우려가 있다.
国際貿易委員会	국제무역위원회. ITC.
	⦿ ITC:international trade commission
低関税輸入枠	수입쿼터.
	≫低関税輸入枠をもうける。 수입쿼터를 설정하다.
	⦿ 정부가 수입 비자유화품목(IQ품목)에 대해 상품의 수량 또는 가격을 정하여 수입을 할당하는 제도. 수입할당제라고도 부른다.
排他的経済水域	배타적 경제 수역. EEZ.
	≫排他的経済水域の200カイリ。 배타적 경제 수역인 200해리.
	⦿ EEZ:exclusive economic zone
メッセ	견본시. 전시회. [messe 독일어]
	≫国際ハードウェア・メッセには50社を超える日本企業が出展している。 국제 하드웨어 전시회에 50개가 넘는 일본기업이 출전하고 있다.
米国向け輸出	대미 수출. =対米輸出
禁輸品目	수출입 금지 품목.
物流ハブ	물류 허브.
ハブ・アンド・スポーク └システム	허브 앤 스포크 시스템.
	⦿ 우선 화물을 물류 거점(Hub)으로 모았다가 다시 다른 지역(Spoke, 바

| オフショア開発 | 퀴살)으로 재분배하는 시스템. |

역외 개발. 오프쇼어(Offshore) 개발.
- 역외 개발은 현지에 뿌리를 둔 기업이 프로젝트를 수주한 뒤 설계 및 개발을 외국 전문 업체를 통해 하고 이를 고객사에 적용하는 방식이다.

チャーター料

용선료.
- 선박을 빌릴 때 지급하는 비용.

船賃

선임. 뱃삯.

バラ積み船

벌크선. =バルクキャリア
- 원자재를 실어 나르는 배.

建材

건축 자재.

素材価格

원자재 가격.

原材料

원자재.

耐久財

내구재.

裁定取引

재정거래. 차익거래.
- 어떤 상품의 가격이 시장간에 큰 차이가 날 경우 가격이 싼 시장에서 매입하여 비싼 시장에 매도함으로써 매매차익을 얻는 거래 행위를 말한다.

VI. 산업

従来産業	굴뚝산업. 재래산업. ≫ 重厚長大型の従来産業に比べ、IT産業はあまり大きな設備投資がいらない。 중후장대형 재래산업에 비교해 IT산업은 그다지 대규모 설비 투자가 필요하지 않다.
重厚長大産業	중후장대산업. ◉ 전통적인 의미의 산업으로 철강·조선·석유화학과 같은 굴뚝산업을 말한다.
軽薄短小産業	경박단소산업. ◉ 반도체나 휴대전화 등과 같은 첨단 IT산업을 말한다.
エレクトロニクス産業	일렉트로닉 산업. =エレキ産業
ビジネスシーン	비즈니스 현장. ≫ ハードなビジネスシーンを駆け抜ける企業戦士たち。 힘든 비즈니스 현장을 누비는 기업 전사들.
集積	집적. 클러스터. =クラスター
オンラインショッピング	홈쇼핑. 온라인 쇼핑. [online shopping]
インターネット └ ショッピング	인터넷 쇼핑. [internet shopping]
商標	상표. 트레이드마크. =トレードマーク
卸売り業者	도매업자. ≫ 1万円で卸売り業者が落札した。 1만 엔에 도매업자에게 낙찰되었다.
ワンボックスカー	봉고. 승합차. =バン [one box car]
ミニバン	미니밴. [minivan]
ワゴン車	투어링. 왜건. ◉ 왜건이란 말 자체의 뉘앙스 때문인지 각국에서도 쓰는 말이 다양하다. 한국에서는 왜건이란 말보다는 투어링이란 말을 사용한다.
ピックアップトラック	픽업트럭. 소형 트럭. [pickup truck]
貨物トラック	화물트럭.
SUV	스포츠 유틸리티 차량. [SUV: Sports Utility Vehicle]

RV	레저용 차량. [RV: Recreational Vehicle]
エコカー	친환경차. [eco car]
	≫軽自動車メーカー首位のスズキと2位のダイハツ工業がエコカーの開発にしのぎを削っている。 경차 제조업체 1위인 스즈키와 2위인 다이하쓰공업이 친환경차 개발을 놓고 경쟁을 벌이고 있다.
ハイブリッドカー	하이브리드카. 환경자동차. [hybrid car]
	⊙ 내연 엔진과 배터리 엔진을 동시에 장착하여 기존의 일반 차량에 비해 연비(燃費)는 떨어지지만 유해가스 배출량을 획기적으로 줄인 차세대 환경자동차를 말한다.
燃料電池車(ねんりょうでんちしゃ)	연료전지차. 연료전기차.
	⊙ 연료 전지를 동력으로 하는 전기자동차.
衝突実験(しょうとつじっけん)	충돌 실험. =クラッシュ実験(じっけん)
ダミー人形(にんぎょう)	더미 인형. =ダミー
	≫ダミー人形への衝撃を計り安全性を評価する。 더미 인형에 미치는 충격을 측정해 안전성을 평가한다.
追突軽減(ついとつけいげん)ブレーキ └ システム	자동 브레이크 시스템. CMS.
	≫ブレーキやエンジンに電気信号を送って自動的に加減速する追突軽減ブレーキシステム。 브레이크와 엔진에 전기 신호를 보내서 자동으로 속도 조절을 하는 자동 브레이크 시스템.
先進安全自動車(せんしんあんぜんじどうしゃ)	첨단 안전 차량. ASV.
	⊙ 충돌 전·중·후의 안전 기술을 적용한 차량.
イモビライザー	이모빌라이저. [immobilizer]
	⊙ 해당 차량의 정품키가 아니면 시동이 걸리지 않도록 하여 차량 도난을 방지하는 시스템이다.
2ドアクーペ	2도어 쿠퍼.
4速(そく)オートマチック	4단 오토매틱.
6速(そく)マニュアル	6단 수동.
ドアハンドル	(자동차) 문 손잡이. [door handle]
ボディーカラー	차색. [body color]
シート	시트. 좌석. [seat]
プリテンショナー	프리텐셔너. [pretensioner]
	≫衝突時にシートベルトを瞬間的に引き込むことで、乗員の体をし

っかりと固定するものがプリテンショナーである。충돌시 안전띠를 순간적으로 잡아당겨서 탑승자의 몸을 확실히 고정해 주는 것이 프리텐셔너이다.

乗り心地	승차감.

≫乗り心地がよく、ステアリングも軽く、運転がラク。승차감이 좋고 핸들(스티어링)도 가벼워 운전이 편하다.

乗り味	승차감.
走り味	주행감.

≫路面に張り付くような走り味。도로면에 착 달라붙는 듯한 주행감.

コーナリング	코너링. [cornering]
軽	경차. =軽自動車

≫軽の強みは燃費と価格につきる。경차의 강점은 말할 것도 없이 연비와 가격이다.

コストパフォーマンス	가격 대비 만족감의 비율. 가격 대비 성능. [cost performance]

≫コストパフォーマンスが高い。가격 대비 성능이 좋다.

仕様	사양. 옵션.
自動車ローン	자동차 할부.
アメ車	미제 차.
カーケアショップ	(자동차) 정비소. 카센터.
運転手	운전수. 드라이버. =ドライバー
初心者運転	초보 운전.
2人乗り	2인승. =二人乗り
3代目	세 번째 시리즈.

≫累計194万台を売ったヒット車の3代目。누계 194만 대를 판매한 히트 자동차의 세 번째 시리즈.

歩行者天国	차 없는 거리.
荷台	짐받이. 짐을 싣는 곳.
大型トレーラーの荷台車	대형 트레일러의 짐차.
青空駐車場	노천(옥외) 주차장.
高度道路交通システム	지능형 교통시스템. ITS.

● 종래의 교통 체계에 전자·IT·제어 등의 지능형 기술을 접목시킨 차세대 교통 체계를 말한다.

モータリゼーション	모터리제이션. 자동차 대중화. [*motorization*] ≫モータリゼーションとは、自動車が大衆に広く普及し、生活必需品化することを言う。 모터리제이션이란 자동차가 대중에 널리 보급되어 생활 필수품이 되는 현상을 말한다.
交通渋滞	교통 정체.
スピード違反	속도 위반.
追い越し	추월.
交通違反の反則金	교통위반 범칙금.
対向車	반대 차량. 맞은편 차량.
対向車線	반대 차선.
中央ライン	중앙선. ≫中央ラインをはみ出す。 중앙선을 침범하다.
飲酒運転	음주운전.
酒酔い運転	취기 운전. ◉ 알코올의 영향으로 정상적인 운전을 하지 못할 우려가 있는 상태에 자동차 등을 운전하는 것을 뜻한다.
酒気帯び運転	주기 운전. ◉ 술을 마시고, 신체 혈액 1리터 중에 0.5밀리그램 이상을 보유한 상태에서 자동차 등을 운전하는 것을 뜻한다. 우리나라에서는 취기 운전과 주기 운전을 그다지 구분을 하지 않고 대개 음주운전이라고 한다.
アルコール検査	음주 측정.
蛇行運転	갈지자 운전.
ノロノロ運転	거북이 운전.
ひき逃げ	뺑소니.
単純な接触事故	단순한 접촉사고.
三重追突事故	3중 추돌사고.
玉突き事故	연쇄 추돌사고.
踏み切り	건널목. ≫乗用車が踏切を渡りきれず電車と衝突した。 승용차가 건널목을 다 빠져나가지 못해 기차와 충돌했다.
雪道	눈길. ≫雪道や雨道の運転は気をつけてください。 눈길・빗길 운전시 주의해

	주십시오.
サービスエリア	(고속도로) 휴게소. [*service area*]
高速道路の料金所	고속도로 톨게이트.
料金ブース	요금 부스.
ジャンクション	분기점. JC. [*junction*]
	⊙ 고속도로끼리 만나는 지점이다.
インターチェンジ	나들목. IC. [*interchange*]
	⊙ 고속도로와 국도〔지방도〕가 만나는 지점이다.

여러가지 표현

- □ **あおしんごう**(青信号) | 파란불. 청신호.
- □ **あおりをくう**(あおりを食う) | 후폭풍을 맞다. 여파를 받다.
- □ **あかしんごう**(赤信号) | 빨간불. 적신호.
- □ **あきじかん**(空き時間) | 한가한 시간. 빈 시간.
  ≫ 空き時間をどう過ごすかが勝負である。빈 시간을 어떻게 보낼지가 성공을 좌우한다.
- □ **あきんど**(商人) | 상인. 장사치.
- □ **あくじゅんかん**(悪循環) | 악순환. ↔ 好循環(こうじゅんかん)(선순환)
- □ **あしかせになる**(足枷になる) | 족쇄가 되다. 발목을 잡다.
- □ **あしでまといになる**(足手まといになる) | 방해가 되다. 거치적거리다.
  ≫ 国有企業が21世紀における中国の経済発展の足手まといとなる。국유 기업이 21세기 중국 경제 발전의 걸림돌이 된다.
- □ **あしどり**(足取り) | 발걸음.
  ≫ 構造改革の足取りを緩めてはならない。구조 개혁의 속도를 늦춰서는 안 된다.
- □ **あしばかため**(足場固め) | 입지 굳히기. 발판 굳히기.
- □ **あしばをきずく**(足場を築く) | 발판을 마련하다.
  ≫ まずニッチで足場を築き、次に相乗効果のある隣接市場に出ていく。먼저 틈새시장에서 발판을 마련하고 다음에 상승 효과가 있는 인접 시장으로 진출한다.
- □ **あしぶみじょうたい**(足踏み状態) | 답보 상태. 제자리걸음.
  ≫ 株価は既に景気の足踏み状態を織り込み続けてきた。주가는 이미 경기의 답보 상태를 반영해 왔다.
- □ **あしをぬく**(足を抜く) | 발 빼다.
  ≫ 今進出した日本資本・企業に中国の工場と市場から足を抜くことは絶対できない。지금 진출한 일본 자본・기업은 중국 공장과 시장에서 절대로 발을 뺄 수가 없다.
- □ **あたまきんをうけとる**(頭金を受け取る) | 계약금(착수금)을 받다.
- □ **あたまをくりくりにそる**(頭をくりくりにそる) | 머리를 빡빡 깎다.
  ⊙「くりくり」는「くりくり坊主(까까머리, 까까중)」에서 온 말이다.
- □ **あたまをまるめけついをしめす**(頭を丸め決意を示す) | 머리를 삭발해 결의를 나타내다.
- □ **あとおしされる**(後押しされる) | 힘입다.
  ≫ デジタル関連の景気拡大と中国特需に後押しされ、企業業績は本格的な成長路線に乗

여러가지 표현

り始めた. 디지털 관련 부문의 경기 확대와 중국 특수에 힘입어 기업의 실적은 본격적인 성장 궤도에 오르기 시작했다.

☐ **あなうめ**(穴埋め) | (손실·부족 등) 보전.
≫ 国有企業の経営悪化を穴埋めする非国有企業の伸長があったため、中国経済はそれほど大きな混乱に陥っていない. 국유 기업의 경영 악화를 보전하는 비국유 기업의 신장이 있었기 때문에 중국 경제는 그다지 큰 혼란에 빠지지 않았다.

☐ **あまんじる**(甘んじる) | 감수하다. 달게 받다. 만족해 하다. 안주하다.
≫ 不当な罰に甘んじて受けることはできない. 부당한 처벌을 달게 받을 수는 없다. / 現状に甘んじることなく、常に新しいものに挑戦する. 현상태에 안주하지 않고 항상 새로운 일에 도전한다.

☐ **あやうくする**(危うくする) | 위태롭게 만들다.
≫ 企業を危うくするのも人ならば、企業を発展させていくのも人である. 기업을 위태롭게 만드는 것이 사람이라면 기업을 발전시켜 나가는 것도 사람이다.

☐ **あらいうごき**(荒い動き) | 불안정한 동향.
≫ 株価が荒い動きをしている. 주가가 출렁이다(널뛰다).

☐ **あらいだす**(洗い出す) | 상세히 조사하다. 색출하다.
≫ 各事業所の生産プロセスをチェックし、エネルギーロスを洗い出す. 각 사업장의 생산 프로세스를 확인하여 에너지 손실을 상세히 조사한다.

☐ **あらたなフェーズ**(新たなフェーズ) | 새로운 국면.
≫ ERPビジネスが新たなフェーズに入った. ERP 비즈니스가 새로운 국면으로 들어섰다.
◉ 전사적 자원관리(ERP)란 기업 활동을 위해 사용되는 기업 내의 모든 인적·물적 자원을 효율적으로 관리하여 기업의 경쟁력을 강화시켜 주는 역할을 하는 통합 정보 시스템을 말한다.

☐ **あらりょうじ**(荒療治) | 과감한 개혁. 단호한 처리.
≫ 日本の企業が、思いきった事業転換や雇用調整を含め、自ら、痛みをともなう荒療治をすることができるかどうか、リエンジニアリングの成否はそこにかかっている. 일본 기업이 과감한 사업 전환과 고용 조정을 포함해 스스로 고통이 따르는 과감한 개혁을 할 수 있을 것인지에 리엔지니어링의 성패가 달려 있다.
◉ 리엔지니어링이란 기업의 체질 및 구조와 경영 방식을 근본적으로 재설계하여 경쟁력을 확보하는 경영 혁신 기법을 말한다.

☐ **あらわに** | 노골적으로. 공공연히.
≫ 退職させられた人たちは早期退職とは名ばかりだと、不満をあらわにした. 퇴직 당한 사람들은 조기 퇴직은 이름뿐이라며 불만을 노골적으로 드러냈다.

☐ **ありきたりのしごと**(ありきたりの仕事) | 평범한 일. 반복적인 일.

☐ **あわせもつ**(併せ持つ) | 겸비하다. 둘 다 갖고 있다.
≫ 事業開発ノウハウとインフラ運営ノウハウを併せ持つ企業が少ない. 사업 개발 노하우와 인프라 운영 노하우를 겸비한 기업이 적다.

- ☐ **いか「こう」とする**(以下「甲」とする) | 이하 '갑'이라 한다.
  - ⊙ 계약서에서 쓰는 표현이다.
- ☐ **いきおいにのる**(勢いに乗る) | 급물살을 타다.
  - ≫ 情報化の勢いに乗っている日本のネット企業。정보화의 급물살을 타고 있는 일본의 인터넷 기업.
- ☐ **いきごみ**(意気込み) | 적극적인 마음가짐. 기세. 패기. 의욕.
  - ≫ 意気込みを示す。의욕을 보이다. / 新入社員がこれからの意気込みを発表する。신입사원이 앞으로의 마음가짐을 발표한다.
- ☐ **いきづくまもない**(息づくまもない) | 숨 돌릴 틈도 없다.
  - ≫ 息づくまもない経済発展の過程で韓国経済は新しく生まれ変わった。숨 돌릴 틈도 없는 경제 발전 속에서 한국 경제는 새롭게 거듭났다.
- ☐ **イコール・パートナー** | 동등한 파트너. [equal partner]
- ☐ **いさみあし**(勇み足) | 의욕이 지나침.
  - ≫ 勇み足気味の発言をした。부적절한 발언을 했다. / 勇み足になる。의욕이 지나쳐 실패하다.
- ☐ **いしずえ**(礎) | 기초. 초석.
  - ≫ 企業を育てて行くことが日本経済発展の礎になる。기업을 키워 나가는 것이 일본 경제 발전의 초석이 된다.
- ☐ **いたみわけ**(痛み分け) | 고통 분담.
  - ≫ 痛み分けで正常化への道が開けるのなら、社内の理解を得られるかもしれない。고통분담으로 정상화의 길을 열 수 있다면 사내의 이해를 얻을 수 있을지 모른다.
- ☐ **いちじてきな**(一時的な) | 반짝. 일시적인.
  - ≫ 景気の一時的な回復に伴うサービス関連部門就業者数が伸びた。경기의 반짝 회복에 따른 서비스 관련 부문 취업자 수가 늘었다.
- ☐ **いちじゅんする**(一巡する) | 고루 미치다.
  - ≫ 減税効果がほぼ一巡した。감세 효과가 거의 소진되었다.
  - ⊙ 한 바퀴 돌고나서 골고루 보급이 되어 이제 효과가 떨어졌다는 의미로 사용한다.
- ☐ **いっかせいのブーム**(一過性のブーム) | 일시적인 붐. 한시적인 붐.
  - ≫ インターネットは一過性のブームを越えて、消費者の生活の一部として定着しようとしている。인터넷은 일시적인 붐을 뛰어넘어 소비자 생활의 일부로 정착하려하고 있다.
- ☐ **いっそうセール**(一掃セール) | 창고 정리 대세일.
- ☐ **いったん**(一端) | 일부분.
  - ≫ 不正な行為に及んだ背景の一端を語った。부정 행위에 이르게 된 일부 배경을 이야기했다.
- ☐ **いっとをたどる**(一途をたどる) | 일로를 걷다.
  - ≫ 経常収支の赤字は増大の一途をたどっている。경상수지 적자는 계속 증가세를 보이고 있다.

여러가지 표현

- **いびつ** | 비뚤어진 모양.
  ≫ 一つの会社が一国の経済をこれだけ左右するのはいびつである。 일개 회사가 한 나라의 경제를 이렇게 뒤흔드는 것은 비정상이다.

- **イメージアップ** | 위상 제고. [image up]
  ≫ 国家のイメージアップと経済発展。 국가 위상 제고와 경제 발전.

- **イメージダウン** | 이미지 손상. 이미지 실추. [image down]
  ≫ 事故で保養地がイメージダウンした。 사고로 휴양지의 이미지가 실추되었다.

- **いやいや**(嫌々) | 소극적으로. 억지로. 마지못해.
  ≫ 能力のある社員も命令されて嫌々やっていたのでは良いデザインは創れない。 능력 있는 사원도 명령에 따라 마지못해 일을 하게 되면 좋은 디자인을 창조할 수 없다.

- **いやおうなく**(否応なく) | 좋든 싫든 간에. 불문곡직하고.
  ≫ 経済のグローバル化は否応なく進んでいる。 경제의 글로벌화는 좋든 싫든 간에 진행되고 있다.

- **いよくがますますこうようする**(意欲がますます高揚する) | 의욕이 점점 넘치다.

- **いりみだれる**(入り乱れる) | 혼잡하다. 뒤범벅이 되다.
  ≫ 中国市場ではグローバル企業が入り乱れ、各社が「中国を制する者は世界を制す」という姿勢で投資を拡大している。 중국 시장에 진출한 많은 글로벌 기업들은 중국을 지배하는 자가 세계를 지배한다는 자세로 투자를 확대하고 있다.

- **いをとなえる**(異を唱える) | 이의를 주장하다.
  ≫ ストの強制排除に異を唱える。 파업 강제 해산에 이의를 제기하다.

- **ウインカーをだす**(ウインカーを出す) | 깜빡이를 켜다(넣다).

- **うかせる**(浮かせる) | (경비・시간을) 절약하여 남기다.
  ≫ 物品調達の効率化による経費削減で、経営費の一部を浮かせることができた。 물품 조달의 효율화에 따른 경비 삭감으로 운영비의 일부를 아낄 수 있었다.

- **うかれる**(浮かれる) | 들뜨다. 신명 나다.
  ≫ 高度成長に浮かれて、後のことは考えなかった。 고도 성장에 마음이 들떠 뒷일은 생각하지 않았다.

- **うける**(受ける) | 통하다. 인기가 있다.
  ≫ このモデルは斬新なデザインが売りで、日本でも受けると思う。 이 모델은 참신한 디자인이 세일즈 포인트로 일본에서도 통할 거라 생각한다.

- **うたいもんくをかかげる**(うたい文句を掲げる) | 선전 문구를 내걸다.

- **うちだす**(打ち出す) | 내놓다. 발표하다.
  ≫ 政府は中小企業向け救済策を打ち出した。 정부는 중소기업을 대상으로 한 구제책을 내놓았다.

- **うつす**(移す) | 옮기다. =シフトする
  ≫ 生産の一部をアジアの拠点に移す。 일부 생산을 아시아의 거점으로 옮기다.

경제 | **171**

☐ **うったえる**(訴える) | 호소하다.
≫ プラカードやのぼりを手に、赤い鉢巻き姿で建設撤回を訴えた。 플래카드와 깃발을 손에 들고 빨간 띠를 머리에 두르고 건설 철회를 호소했다.

☐ **うらづける**(裏付ける) | 뒷받침하다. 입증하다.
≫ 本日公表された日本銀行短期経済観測調査(2005年6月)によると、企業の業況判断は大幅に改善し、景気回復が明確になっていることを裏付ける内容となった。 오늘 발표된 일본은행 단기 경제 관측 조사(2005년 6월)를 보니, 기업의 체감경기는 큰 폭으로 개선되어 경기 회복이 가시화되고 있다는 사실을 뒷받침해 주는 내용이었다.
⊙ 「日本銀行短期経済観測調査」는「日銀短観」이라고도 한다. 일본은행이 분기별로 조사하는 경기 동향에 관한 통계 속보를 말한다.

☐ **うらめにでる**(裏目に出る) | 기대에 어긋나다. 반대의 결과가 나오다.
≫ 打つ手打つ手が全部裏目に出るような経済運営をしている政府。 취하는 모든 수단이 반대 결과를 낳는 경제 운영을 하고 있는 정부.

☐ **うらをかえせば**(裏を返せば) | 바꿔 말하면. 사실은.
≫ 経営不振企業の構造調整は裏を返せば金融部門の構造調整や金融市場の安定化に直結する。 경영 부실 기업의 구조조정은 바꿔 말하면 금융 부문의 구조조정과 금융시장의 안정화로 직결된다.

☐ **うりあげだかをみこむ**(売上高を見込む) | 매출을 전망하다.
≫ M社は携帯電話用チップセットの販売が好調で、今年2億円の売上高を見込んでいる。 M사는 휴대전화용 칩 세트의 판매가 호조를 보여 올해 2억 엔의 매출을 내다보고 있다.

☐ **うりがさっとうする**(売りが殺到する) | 매도가 폭주하다(쏟아지다).
≫ Aファンドが大量保有している銘柄に売りが殺到している。 A펀드가 대량으로 보유하고 있는 종목에 매도 공세가 이어지고 있다.

☐ **うりたたく**(売り叩く) | 투매하다. 막 팔다.
≫ 3連休を控え売り叩きの動きが静まっている。 3일 연휴를 앞두고 투매가 진정되었다.

☐ **うりはらう**(売り払う) | 몽땅 팔아 치우다. 팔아 버리다.

☐ **うれゆきがかっぱつだ**(売れ行きが活発だ) | 판매가 호조를 띠다. =売れ行きが好調(こうちょう)だ

☐ **うれる**(売れる) | 팔리다. 인기가 있다.
≫ かつて作れば売れる、安ければ売れる、よいものなら売れるという時代があった。 일찍이 만들면 팔리고, 싸면 팔리고, 좋은 물건이면 팔리던 시절이 있었다.

☐ **うわのせされる**(上乗せされる) | 추가되다. 더 부과되다.
≫ 鉄鋼製品14品目に最高30%の関税が上乗せされた。 철강 제품 14개 품목에 최고 30%의 관세가 추가로 부과되었다.

☐ **うわむく**(上向く) | 상태가 좋아지다. 회복되다.
≫ 世界経済が上向いている。 세계 경제가 회복되고 있다.

☐ **エーしゃとてをたずさえる**(A社と手を携える) | A사와 손을 잡다. =A社と手を取(と)り合(あ)う

여러가지 표현

- □ **えんがふれやすい**(円が振れやすい) | 엔화가 불안정하다.
- □ **えんだか**(円高) | 엔화 강세.
  - ≫ 先週の金はイラクでのテロ事件を受けて一時的な上昇を見せたが、為替が円高に振れたことで値を下げこれまでのレンジ内での値動きとなった. 지난 주 금 시세는 이라크에서 발생한 테러 사건으로 한때 상승했으나 환율이 엔화 강세로 치우쳐 가격을 다운시켜 지금까지의 범위 내에서 가격이 움직였다.
- □ **えんこしゅぎ**(縁故主義) | 연고주의.
  - ≫ 企業は縁故主義を打破し、腐敗を根絶し、透明性を高めなければならない. 기업은 연고주의를 타파하고 부패를 근절하며 투명성을 높여야 한다.
- □ **〜えんちょうどをつける**(〜円ちょうどを付ける) | 정확히 〜엔을 기록하다.
  - ≫ 週明け4日のロンドン外国為替市場の円相場は午後4時現在、1ドル=115円90銭〜116円ちょうどをつけた. 월요일인 4일 런던 외환시장에서 엔 환율은 오후 4시 현재 1달러=115엔 90전~116엔을 기록했다.
- □ **えんをおしさげる**(円を押し下げる) | 엔화를 끌어내리다. 엔화 가치가 하락하다.
  - ≫ 対ドル相場を押し下げるための市場介入もありうるとの姿勢を示した. 달러 대비 가치를 끌어내리기 위한 시장 개입도 있을 수 있다는 자세를 내비쳤다.
- □ **おいあげる**(追い上げる) | 바짝 뒤쫓다.
  - ≫ アサヒを追い上げるキリンは、第3のビールと発泡酒が好調で、売上高、営業利益とも上半期としては過去最高を記録した. 아사히맥주를 뒤쫓는 기린맥주는 제3맥주와 발포주가 호조를 보여 매출액과 영업 이익 모두 상반기 최고 기록을 세웠다.
  - ⊙ 제3맥주란 맥아가 사용되지 않은 맥주맛 알코올 음료를 말한다.
- □ **おいうちをかける**(追い討ちをかける) | 악재로 작용하다. 후폭풍을 일으키다.
  - ≫ 収入の激減、燃料費の高騰などが追い討ちをかけた. 수입 격감, 연료비 급등 등이 악재로 작용했다.
- □ **おいえげい**(お家芸) | 장기. 자신 있는 분야.
  - ≫ 90年代に入ると、それまでお家芸であったDRAMや液晶の分野で、韓国・台湾勢の猛烈な追い上げにあい、あっという間に勢力図が塗り替えられてしまった. 90년대에 들어서면서 지금까지 자신 있었던 D램이나 액정 분야에서 한국과 대만 업체의 맹렬한 추격을 만나 순식간에 세력 구도가 바뀌어 버렸다.
- □ **おいかえす**(追い返す) | 냉담하게 돌려보내다.
  - ≫ 飛び込みで営業に来られても、内容も聞かずに追い返す人も多い. 무작정 영업을 하러 찾아가도 내용도 듣지 않고 내치는 사람이 많다.
- □ **おいかぜになる**(追い風になる) | 호재로 작용하다. 힘을 실어주다.
  - ≫ 地上デジタル放送の開始はCATVに追い風になるという意見が多く見られる. 지상 디지털 방송 개시는 케이블 TV에 호재로 작용할 것이란 의견이 많다.
- □ **おいしいしゅうにゅうげん**(おいしい収入源) | 짭짤한 수입원.

- □ **おいつめられる**(追い詰められる) | 내몰리다.
  ≫経済危機に追い詰められる恐れがある. 경제 위기로 내몰릴 수도 있다.

- □ **おいぬく**(追い抜く) | 앞지르다. 추월하다.
  ≫中国は昨年、日本の石油消費量を追い抜いた. 작년에 중국은 일본의 석유 소비량을 추월했다.

- □ **おうべいきぎょうをおいおとす**(欧米企業を追い落とす) | 구미 기업들의 자리를 빼앗다 (차지하다).

- □ **おおがかりな**(大掛かりな) | 대규모. 대대적인.
  ≫K社は、大幅な値引きや大掛かりな広告による一時的な売上げアップはしないことをモットーにしている. K사는 큰 폭의 가격 인하와 대대적인 광고에 의한 일시적인 매출 제고는 하지 않는 것을 모토로 하고 있다.

- □ **おおざっぱにいえば**(大雑把に言えば) | 대충 말하자면.
  ≫大雑把に言えば、資本金とは、株主が払い込んだ金額を帳簿上記録したものである. 대충 말하자면 자본금이란 주주가 지불한 금액을 장부상에 기록한 것이다.

- □ **おおすじ**(大筋) | 대략. 줄거리.
  ≫経営改革の大筋がまとまった. 경영 개혁의 밑그림이 정리되었다.

- □ **おおすじごういする**(大筋合意する) | 대략적으로 합의하다.
  ≫昨年7月に交渉を始め、今年夏の大筋合意を目標に交渉を進めてきた. 작년 7월에 협상을 시작해 올여름의 대략적인 합의를 목표로 협상을 추진해 왔다.

- □ **おおだい**(大台) | 대. 선.
  ≫日経平均は一時1万円の大台にのせた. 닛케이 평균이 한때 1만 엔대를 넘어섰다.
  ⊙ 금액, 수량 등의 큰 단위.

- □ **おおなたをふるう**(大鉈を振るう) | 대폭 삭감하다. (사업체를) 과감하게 정리하다.
  ≫販売管理費の半分をも占める人件費に大鉈を振るう百貨店が出てきた. 판매 관리비의 무려 50%를 차지하는 인건비를 대폭 삭감하는 백화점이 나타났다.

- □ **オープンさ** | 개방성.
  ≫オープンさは健全な経営に大切なものである. 개방성은 건전한 경영에 중요한 요소이다.

- □ **おかねをおろす**(お金を下ろす) | 돈을 찾다.

- □ **おかねをひきだす**(お金を引き出す) | 인출하다.

- □ **おきざりにする**(置き去りにする) | 내팽개치다. 소홀히 하다.
  ≫情報技術革命の中で、置き去りにされがちな個人情報の重要性を強調した. 정보기술의 혁명 속에서 소홀히 되기 쉬운 개인 정보의 중요성을 강조했다.

- □ **おくりこむ**(送り込む) | 파견하다.
  ≫経営体質改革のために、新任社長が送り込まれた. 경영 체질 개혁을 위해 신임 사장이 파견되었다.

여러가지 표현

- □ **おくればせながら**(遅ればせながら) | 늦었지만.
  ≫ 遅ればせながらも日本では初めて知的財産権重視を国家戦略として位置づけた. 늦은 감이 있지만 일본에서는 처음으로 지적재산권 중시를 국가 전략으로 삼았다.

- □ **おこづかいにっき**(お小遣い日記) | 용돈 기입장.

- □ **おさめる**(納める) | 납품하다.
  ≫ 大手企業に納める以上は出来栄えの悪いものを入れるわけにはいかない. 대기업에 납품하는 이상 완성도가 떨어지는 제품을 넣을 수는 없다.

- □ **おしきせ**(お仕着せ) | 관행.
  ≫ 韓国でストは、お仕着せで年中行事のようなものになっている. 한국에서 파업은 관행적이며 연중 행사와 같이 되어 버렸다.

- □ **おしよせる**(押し寄せる) | 밀려들다.
  ≫ 外国資本が押し寄せている〔流入してくる〕. 외국 자본이 밀려들고 있다.

- □ **おそきにしっしたかんがある**(遅きに失した感がある) | 때늦은 감이 있다.

- □ **おちつきをみせたげんゆしきょう**(落ち着きを見せた原油市況) | 안정세를 보인 원유 시황.

- □ **おてあげ**(お手上げ) | 속수무책.
  ≫ 内部の人間からの情報漏洩には、ほとんどお手上げ状態であった. 내부인에 의한 정보 유출에는 거의 속수무책이었다.

- □ **おてもり**(お手盛り) | 자기 위주. 자기에게 유리하도록 꾸밈.
  ≫ 赤字会社の経営陣が退職手当てをお手盛りで決めて、受け取って益々会社の赤字を大きくしている. 적자 회사의 경영진이 퇴직 수당을 자기 위주로 정해서 수령을 하여 점점 회사의 적자를 키우고 있다.

- □ **おとしどころ**(落し所) | 최선책.
  ≫ スト解決の落し所を考える. 파업 해결의 최선책을 생각하다.

- □ **おなじパターンをたどる**(同じパターンをたどる) | 동일한 패턴을 따라가다.
  ≫ エネルギー関連振興企業への投資は、この5年間のインターネット分野に関する投資とほとんど同じパターンをたどっている. 에너지 관련 신흥 기업에 대한 투자는 최근 5년간의 인터넷 분야에 관한 투자와 거의 같은 패턴으로 가고 있다.

- □ **おひざもと**(お膝元) | 슬하. 안방.
  ≫ GMはお膝元のミシガン州でも苦戦を強いられている. GM은 안방인 미시건주에서도 고전을 면치 못하고 있다.

- □ **おもうつぼにはまる**(思う壺にはまる) | 바라던 대로 되다.

- □ **おもきをおく**(重きを置く) | 역점을 두다. 치중하다.
  ≫ 最近、ノウハウより特許取得に重きを置く戦略をとる企業が増えている. 최근 노하우보다 특허 취득에 비중을 둔 전략을 택하는 기업이 늘고 있다.

- ☐ **おもわくがうかがえる**(思惑が窺える) | 의도〔속내〕를 엿볼 수 있다.
- ☐ **おもわしくない**(思わしくない) | 부진하다.
  - ≫ 経済全体を取り巻く懸念により小売店の売り上げが思わしくない。경제 전체를 둘러싼 우려 때문에 소매점의 매출은 부진하다.
- ☐ **おりこむ**(織り込む) | 포함시키다. 짜 넣다.
  - ≫ 料金は製造原価に織り込むべきである。요금은 제조원가에 포함시켜야 한다.
- ☐ **おんけいにあずかる**(恩恵に預かる) | 혜택을 받다.
- ☐ **おんけいをきょうじゅする**(恩恵を享受する) | 혜택(특혜)를 누리다.
  - ≫ 障害者や高齢者を含めたすべての人々がITの恩恵を享受することができる。장애우와 고령자를 포함한 모든 사람들이 IT의 혜택을 누릴 수가 있다.
- ☐ **かいがひっこむ**(買いが引っ込む) | 매수가 위축되다.
  - ≫ 株価が上昇し過ぎたため、反動安を心配して買いが引っ込むことを「高値警戒」と言う。주가가 너무 상승하여 반동 약세를 걱정해 매수가 위축되는 것을 고공행진 경계라고 한다.
- ☐ **がいしをよびこむ**(外資を呼び込む) | 외국 자본을 끌어들이다.
  - ≫ 景気回復のカンフル剤として外資を呼び込む。경기 회복의 활력제로서 외자를 끌어들이다.
- ☐ **かいたたく**(買叩く) | 값을 터무니없이 깎아서 사다.
  - ≫ 足元を見て安値で買叩く。약점을 이용해서 싼값에 사들이다.
- ☐ **かいだめ**(買い溜め) | 사재기. 매점.
  - ≫ 末端消費者の現物買い溜めが起きている。최종 소비자의 현물 사재기가 발생하고 있다.
  - ⊙ 최종 소비자를 엔드 유저(end user)라고도 한다.
- ☐ **かいどく**(買い得) | 사면 득이 됨.
  - ≫ 買い得感を出し、利用を促進する。저렴하게 구입한다는 느낌을 줘서 이용을 촉진한다.
- ☐ **かいふくきちょうをたどる**(回復基調をたどる) | 회복 기조를 걷다.
  - ≫ 景気も日銀の見込み通りの回復基調をたどっている。경기도 일본은행이 전망했던 대로 회복 기조를 걷고 있다.
- ☐ **かいふくぎみだ**(回復気味だ) | 회복 경향을 보이다.
- ☐ **かいふくしつつある**(回復しつつある) | 회복되고 있다.
- ☐ **かいふくのきざしをみせる**(回復の兆しを見せる) | 회복될 조짐을 보이다.
- ☐ **かいりする**(乖離する) | 동떨어져 있다. 괴리되다.
  - ≫ 経済学が現実社会と乖離しているというのは、昔からよく言われている。경제학이 현실 사회와 동떨어져 있다는 말은 옛날부터 자주 들었다.
- ☐ **かかすことのできない**(欠かすことのできない) | 필수 불가결하다.
  - ≫ 人材育成には欠かすことのできない新入社員、女子社員。인재 육성에 빼놓을 수 없는 신입사원과 여사원.

여러가지 표현

- ☐ **かけだし**(駆け出し) | 신출내기. 신참.
  ≫ 駆け出しの経営者。 초보 경영자.

- ☐ **がけっぷち**(崖っぷち) | 벼랑 끝. 막다른 곳까지 쫓긴 상태.
  ≫ 多重債務者はすでに崖っぷちに立たされている。 다중채무자는 이미 벼랑 끝으로 내몰렸다.

- ☐ **かげをおとす**(影を落す) | (어두운) 그림자를 드리우다.
  ≫ 株価暴落の影響が経済にじわりじわりと影を落しはじめている。 주가 폭락의 영향이 경제에 서서히 그림자를 드리우고 있다.

- ☐ **かこうきょくめんにはいる**(下降局面に入る) | 하강하다. 하강 국면으로 접어들다.
  ≫ 平成17年度の経済状況はまだデフレの解消には至らず、景気も下降局面に入るのではないかという予測もある。 2005년도의 경제 상황은 아직 디플레이션 해소에 이르지 못했으며 경기도 하강 국면으로 들어서는 것이 아니냐는 예측까지 나오고 있다.

- ☐ **かこうきょくめんをだっする**(下降局面を脱する) | 하강 국면에서 벗어나다.

- ☐ **かさあげする**(かさ上げする) | 인상하다.
  ≫ 自己資本をかさ上げしている。 자기 자본을 늘리다.

- ☐ **かざむきがいっぺんする**(風向きが一変する) | 형세(상황)이 바뀌다.
  ≫ ストに対する世論の風向きが一変した。 파업에 대한 여론의 움직임이 확 바뀌었다.

- ☐ **カスタマイズド・トレーニング** | 맞춤식 트레이닝. [customized training]

- ☐ **かぜとおし**(風通し) | 의사소통. 개방성.
  ≫ 社内の風通しをよくする。 사내의 커뮤니케이션이 잘 되게 하다.

- ☐ **かたずをのむ**(かたずを飲む) | 숨을 죽이다.
  ≫ 交渉の結果をかたずを飲んで見守っている。 협상 결과를 숨죽이고 지켜보고 있다.

- ☐ **かっこう**(格好) | 모양. 모습.
  ≫ 幅広い銘柄が下落する格好となった。 전 업종에 걸쳐 하락하는 형태가 되었다.

- ☐ **かっこうのあいて**(格好の相手) | 적당한 상대.
  ≫ A社はB社にとって事業展開のパートナーとしては格好の相手である。 A사는 B사의 입장에서 볼 때 사업 전개 파트너로서 아주 적합한 상대이다.

- ☐ **かぶかがねをさげる**(株価が値を下げる) | 주가가 빠지다.

- ☐ **かぶかをつりあげる**(株価をつり上げる) | 주가를 끌어올리다.
  ≫ 偽情報で特定企業の株価をつり上げる迷惑メールが大量に出回っている。 가짜 정보로 특정 기업의 주가를 끌어올리는 쓰레기 메일이 대량으로 나돌고 있다.

- ☐ **かまえる**(構える) | 차리다. 자세를 취하다. 태세를 갖추다.
  ≫ ウォールマートは全米で約3500店を構えている。 월마트는 미국 전역에 약 3500개점을 오픈했다.

- ☐ **かみきれ**(紙切れ) | 종잇조각.

>> 株価が下落すればただの紙切れになってしまう。주가가 하락하면 단순한 종잇조각이 되어 버린다.

☐ **〜からなる** | 〜으로 구성된. =〜でつくる
>> 柔軟性のあるメンバーからなるチームなら、互いのタスクを完遂することができる。유연성이 있는 멤버들로 구성된 팀이라면 서로의 임무를 완수할 수 있다.

☐ **かりさしおさえ**(仮差し押え) | 가압류.
>> 労組幹部が仮差し押えによる生活苦から自殺に追い込まれた。노조 간부가 가압류에 따른 생활고로 자살하기에 이르렀다.

☐ **かりたてる**(駆り立てる) | 몰고 가다. 강제로 가게 하다.
>> 会社が社員を離職に駆り立てている。회사가 직원들을 이직으로 내몰고 있다.

☐ **かわりつつある**(変わりつつある) | 바뀌고 있다.
>> 韓国車の安全性に対する評価が、この数年で変わりつつある。한국 차의 안전성에 대한 평가가 최근 몇 년 사이에 바뀌고 있다.

☐ **かんきんせいがたかい**(換金性が高い) | 환금성이 높다.
>> ギフト券は、換金性が高い故に換金目的で購入した場合は、カード会社より使用停止になる場合がある。상품권은 환금성이 높기 때문에 환금 목적으로 구입한 경우에는 카드회사로부터 사용 정지를 당하는 경우가 있다.

☐ **かんけいをきょうこにする**(関係を強固にする) | 관계를 공고히 하다.
>> 企業間の関係を強固にする。기업 간의 관계를 공고히 하다.

☐ **かんこうをなくす**(慣行をなくす) | 관행을 없애다.
>> 一人ひとりの個性が尊重され、性別による固定的な役割分担を反映した社会における制度または慣行をなくすよう努める。한 사람 한 사람의 개성이 존중되고 성별에 따른 고정적인 역할 분업을 반영한 사회의 제도 또는 관행이 사라지도록 노력한다.

☐ **かんしのめをひからせる**(監視の目を光らせる) | 감시의 눈길을 떼지 않다.
>> 当局が企業の製造間接費の税務処理に監視の目を光らせている。당국이 기업의 제조 간접비의 세무 처리에 감시의 눈길을 곤추세우고 있다.

☐ **カンフルざい**(カンフル剤) | 활력제.
>> 制度改正の動きが市場拡大のカンフル剤として働いている。제도 개정의 움직임이 시장 확대의 활력제로 작용하고 있다.

☐ **ききかんのたりなさ**(危機感の足りなさ) | 위기 의식 결여.
>> 乗務員の危機感の足りなさから安全神話が崩壊する。승무원의 위기 의식 결여로 안전 신화가 무너진다.

☐ **きぎょうする**(起業する) | 창업하다.
>> 大学を中退して起業するケースが増えている。대학을 그만두고 창업을 하는 경우가 늘어나고 있다.

☐ **きごころ**(気心) | 속마음.

여러가지 표현

>> 気心の知れた仲間たちがいれば、自然と仕事が楽しくなり良い仕事ができる。 모든 것을 속속들이 다 아는 동료들이 있다면 자연히 일이 즐거워져 좋은 성과를 올릴 수 있다.

- [ ] **ぎじゅつしゃだましい**(技術者魂) | 기술자 정신.
- [ ] **ぎじゅつをきょうよする**(技術を供与する) | 기술을 제공하다.
- [ ] **きじゅんをクリアする**(基準をクリアする) | 기준을 통과하다. =基準を満たす
    >> 中国でものを作る場合、中国の環境基準をクリアすることが必要である。 중국에서 물건을 만들 경우 중국의 환경 기준을 통과해야 할 필요가 있다.
- [ ] **ぎじょうをぶっしょくする**(議場を物色する) | 회의장을 물색하다.
- [ ] **きしんごうがてんめつする**(黄信号が点滅する) | 노란불이 켜지다(들어 오다).
- [ ] **きそくただしいせいかつをおくる**(規則正しい生活を送る) | 규칙적인 생활을 하다. 바른생활을 하다.
- [ ] **きたいうすだ**(期待薄だ) | 기대하기 어렵다.
    >> このような状況下で企業の持続的な成長は期待薄である。 이와 같은 상황하에서 기업의 지속적인 성장은 기대하기 어렵다.
- [ ] **きたいとはうらはらだ**(期待とは裏腹だ) | 기대와는 영 딴판이다.
    >> 勤務環境は自分の期待とは裏腹だった。 근무 환경은 자신의 기대와는 영 딴판이었다.
- [ ] **きたいにほどとおい**(期待に程遠い) | 기대와는 거리가 있다.
- [ ] **きたいをうらぎる**(期待を裏切る) | 기대를 저버리다.
- [ ] **きたいをせおう**(期待を背負う) | 기대를 짊어지다.
- [ ] **きたいをよせる**(期待を寄せる) | 기대를 걸다. =期待を掛ける
- [ ] **きどうてきなとうししせい**(機動的な投資姿勢) | 신속한 투자 자세.
- [ ] **きどうにのせる**(軌道に乗せる) | (정상) 궤도에 올리다.
    >> 業績回復を軌道に乗せるのに躍起な産業界。 실적 회복을 본 궤도에 올리는데 혈안이 된 산업계.
- [ ] **きびしいこようかんきょう**(厳しい雇用環境) | 열악한 고용 환경.
- [ ] **きびしいしせいをくずしていない**(厳しい姿勢を崩していない) | 강경한 자세를 관철하다.
- [ ] **ぎむづける**(義務づける) | 의무화하다.
    >> 2004年4月1日より、商品価格を表示する際に消費税相当額を含んだ支払い総額の表示を義務づける「総額表示方式」が実施される。 2004년 4월 1일부터 상품 가격을 표시할 때에 소비세 상당액을 포함한 총지급액 표시를 의무화한 총액 표시 방식이 실시된다.
- [ ] **きめこまかい**(きめ細かい) | 빈틈없다. 세심하다.
    >> 情報をきめ細かく吸い上げる。 정보를 빈틈없이 수렴하다.

- [ ] **きもにめいじる**(肝に命じる) | 명심하다.

- [ ] **きゃくあしがとおのく**(客足が遠退く) | 손님 수가 줄어들다. 고객의 발길이 뜸해지다.
  >> 日本経済低迷で、客足が遠退く歓楽街 일본 경기 침체로 고객의 발 길이 뜸해진 유흥가.

- [ ] **キャッチアップ** | 따라잡기. 추격. [*catch up*]
  >> 中国市場で欧米企業との競争やローカル企業からのキャッチアップに勝ち抜くためには、韓国企業は競争力強化のための対中投資戦略・マネジメントの再検討を早急に行う必要がある。 중국시장에서 구미 기업과의 경쟁이나 글로벌 기업의 추격을 이겨내기 위해서는 한국 기업은 경쟁력 강화를 위한 대중투자전략・매니지먼트 재검토를 시급히 실시해야 할 필요가 있다.

- [ ] **キャッチフレーズをかかげる**(キャッチフレーズを掲げる) | 캐치프레이즈를 내걸다.
  >> 「The Power of Dreams」というキャッチフレーズを掲げ、夢を原動力として世界に喜びを提案しているホンダ。'The Power of Dreams'라는 캐치프레이즈를 내걸고 꿈을 원동력으로 삼아 세계에 기쁨을 선사하고 있는 혼다.

- [ ] **きゅうじょう**(窮状) | 궁핍한 상황.
  >> 商店街の窮状を議員も市長も聞いてほしい。 상점가의 어려운 상황을 국회의원과 시장 모두가 들어주었으면 한다.

- [ ] **きゅうそくなたいとう**(急速な台頭) | 급부상.
  >> BRICsや東アジア諸国の急速な台頭に伴い、経済のグローバル化がますます加速している。 BRICs와 동아시아 국가들이 급부상함에 따라 경제의 글로벌화가 점점 빨라지고 있다.

- [ ] **きゅうついする**(急追する) | 빠르게 추격하다.
  >> トヨタがフォードを急追している。 도요타가 포드를 맹추격하고 있다.

- [ ] **きゅうピッチですすめられる**(急ピッチで進められる) | 급물살을 타다.
  >> 近年、世界中の企業の中国への工場移転が急ピッチで進められ、自動化産業の製品・技術への期待とニーズが高まっている。 최근 전 세계 기업들의 중국 공장 이전이 급물살을 타서 자동화 산업 관련 제품・기술에 대한 기대와 니즈가 높아지고 있다.
  ⊙「急ピッチに乗る」란 표현은 사용하지 않는다.

- [ ] **きゅうへいをきりすてる**(旧弊を切り捨てる) | 구습에서 오는 폐단을 제거하다.

- [ ] **ぎょうかいのどぎもをぬく**(業界の度肝を抜く) | 업계를 깜짝 놀라게 하다.
  >> サムスン電子は40型という巨大なサイズの液晶テレビを発表。まだ日本メーカーが発売していない世界最大サイズで、業界の度肝を抜いた。 삼성전자는 40인치라는 거대 사이즈의 액정 TV를 발표. 아직 일본 업체가 발매하지 않은 세계 최대 사이즈로 업계를 깜짝 놀라게 했다.

- [ ] **きょうそうがげきかする**(競争が激化する) | 경쟁이 치열해지다.

- [ ] **きょうりょくかんけいをかいしょうする**(協力関係を解消する) | 협력 관계를 끊다. 결별하다.
  >> ヤフー社は、現在はライバルと目されているオンライン検索エンジンのトップ企業、米グーグル社との協力関係を解消する計画となっている。 야후는 현재 경쟁 상대로 지목되는

여러가지 표현

온라인 검색 엔진 수위 기업인 미 구글과 협력 관계를 끊을 계획이다.

- [ ] **きょてんをうつす**(拠点を移す) | 거점을 옮기다. =拠点をシフトする
  ≫ 労賃の安い中国に生産拠点を移す。 인건비가 싼 중국으로 생산 거점을 옮기다.

- [ ] **きりつめる**(切り詰める) | 절약하다. 긴축하다.
  ≫ 日常的な経費を徹底的に切り詰める古典的な「ケチケチ」経営。일상적인 경비를 철저하게 줄이는 고전적인 자린고비 경영.

- [ ] **きる**(切る) | 밑돌다. 하회하다.
  ≫ 今年の売り上げに占める広告収入の比率が50%を切る見通しである。올해 매출에서 차지하는 광고 수입 비율이 50%를 밑돌 전망이다.

- [ ] **きろくをうちたてる**(記録を打ち立てる) | 기록을 세우다.
  ≫ 過去最高の注文記録を打ち立てた。사상 최고의 주문 기록을 세웠다.

- [ ] **きんちょうがはしる**(緊張が走る) | 긴장감이 돌다. 비상이 걸리다. 빨간불이 켜지다.
  ≫ 世界の金融市場には緊張が走り、円債、米ドル債などの債券市場も先行き不透明感が強まっている。세계 금융 시장에 비상이 걸리면서 엔화 채권, 미 달러화 채권 등의 채권 시장도 전망이 더욱 불투명해졌다.

- [ ] **きんりをすえおく**(金利を据え置く) | 금리를 동결하다.

- [ ] **きんりをひきあげる**(金利を引き上げる) | 금리를 인상하다. 금리를 올리다.

- [ ] **きんりをひきさげる**(金利を引き下げる) | 금리를 인하하다. 금리를 내리다.

- [ ] **くいとめる**(食い止める) | 저지하다. 막다. 방지하다.
  ≫ 加速する円高を食い止めるため、巨額の市場介入を続ける。가속화되는 엔화 강세를 저지하기 위해 계속해서 거액을 들여 시장 개입에 나서다.

- [ ] **くうき**(空気) | 분위기.
  ≫ 市場の動きを警戒する空気が広がっている。시장의 움직임을 경계하는 분위기가 확산되고 있다.

- [ ] **くうぜんぜっこう**(空前絶好) | 전무후무.
  ≫ 政策当局は財政金融面から空前絶好の景気刺激策を講じた。정책 당국은 재정 금융면에서 전무후무한 경기 진작책을 강구했다.

- [ ] **くじける** | 기세가 꺾이다.
  ≫ より高い目標を自らに設定して挑戦し、失敗してもくじけない人を望む。더 높은 목표를 스스로 설정하고 도전하며 실패해도 좌절하지 않는 사람을 희망한다.
  ⊙ 이 경우「より」를 '보다' 보다는 '더욱'으로 번역하는 것이 좋다.

- [ ] **くじょうをもうしたてる**(苦情を申し立てる) | 컴플레인을 걸다.

- [ ] **くせんをしいられる**(苦戦を強いられる) | 고전을 면치 못하다.
  ≫ 日本メーカーの牙城だった欧米のAV音響・映像市場でも、サムスン電子の追撃で苦戦

を強いられる姿が目立つ。일본 제조업체들의 아성이었던 구미의 AV음향·영상시장에서도 삼성전자의 추격으로 고전을 면치 못하고 있는 모습이 눈에 띈다.

- ☐ **くだりざかをたどる**(下り坂をたどる) | 내리막길을 걷다.
  ≫ 自動車、家電、半導体などで世界のトップに立った日本メーカーが下り坂をたどっている。자동차·가전·반도체 등에서 세계 정상을 달리던 일본 업체들이 내리막길을 걷고 있다.

- ☐ **くちはっちょうてはっちょう**(口八丁手八丁) | 말주변도 좋고 수완도 좋다.
  ≫ 営業マンが必ずしも口八丁手八丁である必要はない。영업사원이라고 해서 꼭 말주변과 수완이 좋아야 하는 것은 아니다.

- ☐ **くりこす**(繰り越す) | 이월하다. 다음으로 넘기다.
  ≫ 一度獲得したポイントを使いきれなかった場合は、1ヶ月間繰り越すことが可能である。한번 획득한 포인트를 전부 사용할 수 없을 경우에는 1개월간 이월할 수 있다.

- ☐ **くるう**(狂う) | 빗나가다. 틀어지다.
  ≫ 見通しは大きく狂う。전망은 크게 엇갈리다.

- ☐ **クローズアップされる** | 관심을 모으다. 부각되다.
  ≫ 日本企業にとっての中国の存在感が急速にクローズアップされたのは、中国の経済発展が本格化してきた1990年代前半のことである。일본 기업에 중국의 위상이 급속하게 부각된 것은 중국의 경제 발전이 본격화된 1990년대 초반의 일이다.

- ☐ **くわれる**(食われる) | 잠식당하다.
  ≫ 薄型テレビやDVDレコーダーなどのデジタル家電製品に市場を食われ、パソコン市場の販売実績は極端に落ち込んだ。박막형TV와 DVD리코더 등의 디지털 가전제품에 시장을 잠식당해 PC시장의 판매 실적은 엄청나게 떨어졌다.

- ☐ **けいえいトップにのぼりつめる**(経営トップにのぼりつめる) | 최고경영자 자리에 오르다.

- ☐ **けいえいなんにおちいったみせ**(経営難に陥った店) | 경영난에 빠진 가게.

- ☐ **けいえいのかじとりをする**(経営の舵取りをする) | 경영을 지휘하다.

- ☐ **けいがいか**(形骸化) | 유명무실.
  ≫ 株主総会の形骸化と株式の持ち合いで経営者の決定力が大きい。유명무실한 주주 총회와 주식 상호 보유 때문에 경영자의 결정권이 크다.

- ☐ **けいかくがあいついでつぶされる**(計画が相次いで潰される) | 계획이 잇달아 무산되다.

- ☐ **けいきがこしおれする**(景気が腰折れする) | 경기가 한풀 꺾이다.
  ≫ 景気が腰折れしたと考えるには早計である。경기가 한풀 꺾였다고 생각하기에는 아직 이르다.

- ☐ **けいきがそこをうつ**(景気が底を打つ) | 경기가 바닥을 치다. 경기가 저점을 찍다.
  ⊙ 회복 국면으로 돌아섰다는 의미이다.

- ☐ **けいきがそこをつく**(景気が底をつく) | 경기가 바닥이다.

여러가지 표현

>> 景気が底をつき、上向いている。 경기가 바닥을 찍고 상승하고 있다.

- [ ] **けいきがダウンする**(景気がダウンする) | 경기가 추락하다.
  >> 半導体景気がダウンし、貿易収支を悪化させる。 반도체 경기가 추락해서 무역 수지를 악화시킨다.

- [ ] **けいきをおしあげる**(景気を押し上げる) | 경기를 활성화시키다.

- [ ] **けいけんをかわれる**(経験を買われる) | 경험을 인정받다.
  >> 福祉業務関連システムの開発経験を買われ、中途採用で入社した。 복지 업무 관련 시스템의 개발 경력을 인정받아 경력사원으로 입사했다.

- [ ] **けいこう**(傾向) | 경향. 추세.
  >> 男女ともに臨時・日雇い労働者は引き続き増加傾向であるが、その増加幅は縮小傾向にある。 임시·일용직 노동자는 남녀 모두 계속 증가 추세에 있으나 그 증가 폭은 축소 경향을 보이고 있다.

- [ ] **けいざいせいちょうにたすけられる**(経済成長に助けられる) | 경제 성장에 힘입다.
  >> 日本は中国の経済成長に助けられ、鉄鋼、IT関連、自動車などの産業が持ち直した。 일본은 중국의 경제 성장에 힘입어 철강, IT 관련, 자동차 등의 산업이 회복되었다.

- [ ] **けいざいてきなつながりをつよめる**(経済的な繋がりを強める) | 경제적 연계를 강화하다.

- [ ] **けいざいてきなおんけいをきょうじゅする**(経済的な恩恵を享受する) | 경제적 혜택을 누리다.

- [ ] **けいざいにきんちょうがはしる**(経済に緊張が走る) | 경제에 빨간불이 켜지다.

- [ ] **けいとう**(傾倒) | 심취. 전력.
  >> 経済学という学問に傾倒している。 경제학이란 학문에 심취해 있다.

- [ ] **けいひんをつける**(景品を付ける) | 경품을 내걸다.
  >> 景品を付けるより、その分だけ値引きしてほしいという意見が出された。 경품을 거는 것보다 그 만큼 가격을 깎아 주었으면 하는 의견이 나왔다.

- [ ] **けいやくがまんきをむかえる**(契約が満期を迎える) | 계약이 만기를 앞두다.

- [ ] **けしかける** | 선동하다.
  >> 従業員をけしかけてストを打つ。 종업원들을 선동해 파업에 들어가다.

- [ ] **けつぜいをすいこむ**(血税を吸い込む) | 혈세를 빨아먹다.

- [ ] **けねんがきえない**(懸念が消えない) | 우려가 사라지지 않다.

- [ ] **けねんがやわらぐ**(懸念が和らぐ) | 우려가 사그라지다.

- [ ] **けんいんする**(牽引する) | 견인차 역할을 하다. 이끌다.
  >> 日本経済は輸出と民間設備投資の伸びが牽引して、穏やかな回復基調を維持した。

일본 경제는 수출과 민간 설비 투자 증가가 견인차 역할을 하여 완만한 회복 기조를 유지했다.

- ☐ **けんいんやく**(牽引役) | 견인차 역할.
  ≫ 消費は投資に代わる景気の牽引役になれるのか。소비는 투자를 대신하여 경기의 견인차 역할을 할 수 있을 것인가?

- ☐ **げんかいにぶつかる**(限界にぶつかる) | 한계에 봉착하다.
  ≫ 企業は利潤の追求だけでは限界にぶつかる。기업은 이윤만을 추구하면 한계에 부딪치게 된다.

- ☐ **けんじする**(堅持する) | 견지하다. 지켜내다.
  ≫ トップメーカーの座を堅持していく。제조업체 1위의 자리를 지켜 가다.

- ☐ **けんたいかん**(倦怠感) | 권태감.

- ☐ **げんていてき**(限定的) | 제한적.
  ≫ 円相場だけ介入しても効果は限定的である。엔 환율에만 개입해 봤자 효과는 제한적이다.

- ☐ **げんゆがたかくなっている**(原油が高くなっている) | 유가가 강세를 보이고 있다.

- ☐ **けんりしゅとく**(権利取得) | 권리 획득.
  ≫ 価値のある知的財産の権利取得をバックアップする。가치 있는 지적재산권 취득을 후원하다.

- ☐ **ごういをとりつける**(合意を取り付ける) | 합의를 얻어내다.

- ☐ **ごういをみいだす**(合意を見出す) | 합의를 도출해 내다.

- ☐ **こうえいきょうをあたえる**(好影響を与える) | 호재로 작용하다.
  ≫ 市場統合は経済成長に好影響を与え、競争の激化で構造再編を促進させた。시장 통합은 경제 성장에 호재로 작용해 경쟁 심화로 구조 재편을 촉진시켰다.

- ☐ **こうかく**(降格) | 강등. 격하.
  ≫ 一般社員へと降格された。일반 사원으로 격하되었다.

- ☐ **こうかをおりこむ**(効果を織り込む) | 효과를 포함시키다.
  ≫ 経済政策の効果を織り込んだ期待値。경제 정책의 효과를 감안한 기대치.

- ☐ **こうき**(公器) | 공공성을 띤 기관.
  ≫ 企業は社会の公器である。기업은 사회의 공기이다.

- ☐ **こうけいきにわく**(好景気に沸く) | 호황을 누리다.
  ≫ 長引く日本の景気後退と好景気に沸く米国経済の狭間で苦戦する日系企業。장기화되는 일본의 경기 후퇴와 호황을 누리는 미국 경제 사이에서 고전하는 일본계 기업.

- ☐ **こうけんする**(貢献する) | 기여하다. 큰 도움이 되다.
  ≫ 企業価値増大に貢献するウェブサイト。기업 가치 증대에 기여하는 웹 사이트.

- ☐ **こうじゅんかん**(好循環) | 선순환.

- ☐ **こうじょう**(向上) | 제고. 향상.
  ≫ 技術力向上に取り組む。기술력 제고에 전력을 다하다.

여러가지 표현

☐ **こうしょうがけっちゃくする**(交渉が決着する) | 협상이 끝나다(매듭지어지다).
　» 日本とメキシコのFTA交渉が決着した。早ければ来年1月に発効する見通しである。
　일본과 멕시코의 FTA협상이 마무리되었다. 이르면 내년 1월에 발효될 전망이다.
　◉ '빠르면 내년 1월에 발효'는 잘못된 표현이다. '빠르면'은 실제 속도에만 사용한다는 것에 유의하기 바란다.

☐ **こうしょうがみのる**(交渉が実る) | 협상이 결실을 맺다.
　» 交渉を進めているが、まだ実っていない。 협상을 하고 있지만 아직 결실을 맺지 못했다.

☐ **こうしょうがもつれる**(交渉がもつれる) | 협상이 꼬이다. 협상이 진통(난항)을 겪다.

☐ **こうしょうがやまばをむかえる**(交渉が山場を迎える) | 협상이 중요한 시기에 접어들다.

☐ **こうじょうてきに**(恒常的に) | 항상. 일정하게.
　» D社は毎年安定的に新商品を出せるよう恒常的に開発に取り組んでいる。 D사는 매년 안정적으로 신상품을 출시할 수 있도록 항상 개발에 정진하고 있다.

☐ **こうしょうをつめる**(交渉を詰める) | 협상을 마무리하다. =交渉をまとめる

☐ **こうぞうかいかく**(構造改革) | 구조 개혁.
　» 構造改革を洗い直す。 구조 개혁을 전면 재검토하다. / 本来の構造改革への道程は遠い。しかし、やらなければ経済活性化はおぼつかない。 진정한 구조 개혁으로 가는 길은 멀다. 그러나 하지 않으면 경제 활성화는 이루어지지 않는다.

☐ **こうちょう**(好調) | 호조세.
　» 記録的な猛暑を追い風に、ウナギなどの販売が好調であった。 기록적인 더위에 힘입어 장어 등의 판매가 호조세를 보였다.

☐ **ごうひがきまる**(合否が決まる) | 합격 여부가 결정되다.
　» 面接時の対応により最終的に合否が決まると言っても過言ではない。 면접시 대응에 따라 최종 합격 여부가 결정된다고 해도 과언이 아니다.

☐ **こうりさいおおてウォールマート**(小売最大手ウォールマート) | 세계 최대의 소매업체인 월마트.

☐ **ごうをにやす**(業を煮やす) | 화가 나다.
　» 順調な発展を続ける中国の国内経済とは対照的に、対中貿易赤字の増大に業を煮やす米国は、中国への圧力を強めている。 순조롭게 발전해 가고 있는 중국의 국내 경제와는 대조적으로 대중 무역 적자 증대로 화가 난 미국은 대중 압력을 강화하고 있다.

☐ **こきゃくのかこいこみ**(顧客の囲い込み) | 고객 끌어들이기. 고객 확보.

☐ **こくないけいざいのふしん**(国内経済の不振) | 국내 경제의 부진.

☐ **こくないのこうじょうをたたむ**(国内の工場を畳む) | 국내 공장을 걷어치우다(접다).

☐ **こげつく**(焦げ付く) | 빌려준 돈을 떼이다.
　» 金融機関の不良債権処理などのために用意した60兆円の公的資金のうち20兆円は焦げ

付く可能性が大きい。 금융기관의 부실채권 처리 등을 위해 준비했던 60조 엔의 공적자금 중 20조 엔은 회수가 불가능할 가능성이 크다.

- [ ] **こしをすえたかんきょうぎじゅつのかいはつ**(腰を据えた環境技術の開発) | 꾸준한 환경 기술 개발.
- [ ] **こだかくひける**(小高く引ける) | 소폭 오름세로 마감하다.
- [ ] **こっかきょうそうりょくがたかまる**(国家競争力が高まる) | 국가 경쟁력이 높아지다.
- [ ] **こっかきょうそうりょくがていかする**(国家競争力が低下する) | 국가 경쟁력이 떨어지다. =国家競争力が落ちる〔衰退する・悪化する〕
- [ ] **こつぶだ**(小粒だ) | 소규모다.
  》 小粒でも辛い企業. 작지만 매운 기업. 강소(強小)기업. / 小粒でも存在感と魅力ある企業を目指す. 작지만 영향력과 매력 있는 기업을 목표로 한다.
- [ ] **こてさき**(小手先) | 잔재주. 꼼수.
  》 中国に世界のマネーが向かう今、小手先ではない本格的な為替改革が求められている。 중국으로 세계의 자금이 향하는 지금, 꼼수가 아닌 본격적인 환율 개혁이 요구되고 있다.
- [ ] **ごてにまわる**(後手に回る) | 선수를 빼앗기다.
  》 リスクへの対応が後手に回ると、大企業といえどもまたたく間に経営基盤が崩壊しかねない。 리스크에 대한 대응이 늦어지면 대기업이라 하더라도 금세 경영 기반이 붕괴될 수 있다.
- [ ] **ごびゅう**(誤謬) | 오류.
- [ ] **こぶたのちょきんばこ**(子豚の貯金箱) | 돼지 저금통.
- [ ] **こまわりがきく**(小回りがきく) | 회전 반경이 짧다. 재빠르게 대처할 수 있다.
  》 この車は小回りが効くので狭い道でも快適に走行できる。 이 차는 회전 반경이 짧아 좁은 길에서도 쾌적하게 운전할 수 있다.
- [ ] **コンシューマーレポート** | 소비자 보고서. =消費者報告書 [consumer report]
- [ ] **コンセンサス** | 공감대. [consensus]
  》 社内コンセンサスが取れない。 사내 공감대가 형성되지 않다. / 社内コンセンサスが形成される。 사내 공감대가 형성되다.
- [ ] **コンソーシアムをくむ**(コンソーシアムを組む) | 컨소시엄을 조직하다(구성하다).
  = コンソーシアムを立ち上げる
- [ ] **コンピタンシーをはっきする**(コンピタンシーを発揮する) | 역량을 발휘하다(펼치다).
- [ ] **サービスさんぎょうのそこあげ**(サービス産業の底上げ) | 서비스 산업의 (전반적인) 향상.
- [ ] **サービスにうちこむ**(サービスに打ち込む) | 서비스에 열중하다(몰두하다).
  》 労を惜しまず介護サービスに打ち込むメンバーの仕事ぶりが評価され、次々と依頼が舞い込みはじめた。 수고를 마다않고 개호 서비스에 열중하는 멤버들의 업무 자세가 호평을 얻어

여러가지 표현

잇따라 의뢰가 들어오기 시작했다.
⊙「介護」는 '간병'이나 '병 수발'로도 번역할 수 있다.

☐ **サービスをうちだす**(サービスを打ち出す) | 서비스를 내놓다.
≫ 互いに競争するが如く、新サービスを打ち出してきた。 서로 경쟁을 하듯 새로운 서비스를 내놓았다.

☐ **サービスをひろうする**(サービスを披露する) | 서비스를 선보이다.

☐ **ざいこがそこをつく**(在庫が底をつく) | 재고가 바닥나다.

☐ **ざいこのつみまし**(在庫の積み増し) | 재고 증가.
≫ 企業は需要増加を見込んで「在庫の積み増し」に動いた。 기업은 수요가 늘어날 것으로 보고 재고를 늘리기 시작했다.

☐ **さいせい**(再生) | 회생. =再建

≫ 中小企業を対象とした企業再生ファンド。 중소기업을 대상으로 한 기업 회생 펀드.

☐ **ざいせいあかじをはんげんする**(財政赤字を半減する) | 재정 적자를 반으로 줄이다.

☐ **ざいせいのおもに**(財政の重荷) | 재정 부담.
≫ 支出は米財政の重荷になり続ける。 지출은 미국 재정에 계속 짐이 되고 있다.

☐ **ざいせいのわきをかためる**(財政の脇を固める) | 재정을 튼튼히 하다.

☐ **ざいせいをひきしめる**(財政を引き締める) | 허리띠를 졸라매다. 재정을 긴축하다.

☐ **さいていげんのせいかつ**(最低限の生活) | 최소한의 생활.
≫ 事業経営に失敗した場合にも最低限の生活を保証した再起のチャンスを与える仕組みを整える。 사업 경영에 실패한 경우에도 최소한의 생활을 보장하고 재기의 기회를 주는 시스템을 마련한다.

☐ **さいなむ**(苛む) | 들볶다. 못살게 굴다.
≫ 焦燥感が新興企業経営者たちを苛んでいる。 초조한 느낌이 신흥 기업 경영자들을 못 살게 군다.

☐ **さいねんする**(再燃する) | 다시 불거지다.
≫ 米景気減速で企業業績や雇用の悪化に歯止めがかからなければ、貿易摩擦が再燃するかもしれない。 미국의 경기 감속으로 기업 실적과 고용 악화에 제동이 걸리지 않으면 무역 마찰이 다시 불거질지도 모른다.

☐ **さいふのひもをしめる**(財布の紐を締める) | 허리띠를 졸라매다. 지갑을 닫다.
≫ 消費者が財布の紐を締め、消費行動にブレーキがかかった。 소비자가 지갑을 닫아 소비 행동에 제동이 걸렸다.

☐ **さいふのひもをゆるめる**(財布の紐を緩める) | 지갑을 풀다.

☐ **さいむをはっこうする**(債務を発行する) | 채무를 발행하다.

☐ **さいりょうにゆだねる**(裁量に委ねる) | 재량에 맡기다. 위임하다.

경제 | 187

- **さえないてんかい**(さえない展開) | 신통치 않은 전개.
  >> 半導体や液晶の需給悪化懸念を受けてさえない展開が続いていた電気株。반도체와 액정의 수급 악화 우려로 신통치 않은 전개가 계속되는 전기주.

- **さかん**(盛ん) | 번성함. 유행함.
  >> 畜産が盛んだ。축산업이 매우 발달해 있다.

- **さきぐい**(先食い) | 당겨 씀.

- **さきどりする**(先取りする) | 선점하다. 빨리 캐치하다.
  >> 市場を先取りする。시장을 선점하다. / 弊社は社員全員の創意工夫を取り入れながら、常に時代の変化を先取りし成長する企業です。우리 회사는 전사원의 창의성을 반영하면서 항상 시대의 변화를 빨리 파악하여 성장하는 기업입니다.

- **さきにすすまない**(先に進まない) | (일이) 진척되지 않다.
  >> 仕事が先に進まなくて困っている。일이 진척되지 않아 난처하다.

- **さきはながい**(先は長い) | 앞날이 창창하다.
  >> 就職活動は大変だと思いますが、先は長いですから焦ることなく自分に合った会社を探してください。구직 활동이 힘들 거라 생각하지만 앞날이 창창하니 초조해 하지 말고 자신에게 맞는 회사를 찾아보세요.

- **さきんじる**(先んじる) | (남보다) 앞서다. 선수 치다.
  >> 海外メーカーに先んじて規格を打ち出した。해외 업체들에 한 발 앞서서 규격을 발표했다.

- **さくてい**(策定) | 책정. 수립.
  >> 地元の中小企業においては経営戦略の策定を行っていない、またはどう行うべきか悩んでいる場合が多い。지방의 중소기업은 경영 전략을 수립하지 않거나 또는 어떻게 해야 하는지 고민하는 경우가 많다.

- **さげどまる**(下げ止まる) | 하락을 멈추다.
  >> 株価は政策効果に下支えられて下げ止まり、おおむね横ばいで推移している。주가는 정책 효과에 힘입어 하락을 멈추고 대체로 보합 상태에서 추이하고 있다.

- **ささえて**(支え手) | 버팀목.
  >> 外国人労働者の受け入れなどを除けば、経済成長の支え手である労働力の育成には時間がかかる。외국인 노동자 수용 등을 제외하면 경제 성장의 버팀목인 노동력을 육성하는 데는 시간이 걸린다.

- **さしどめ**(差止め) | 금지. 정지.
  >> 米メモリカードメーカーのL社は、米国貿易委員会(ITC)に、特許侵害を理由に、東芝製のフラッシュメモリ製品を輸入差止めにするよう正式に要請した。미(美)메모리카드 업체인 L사는 미국 국제무역위원회에 특허 침해를 이유로 도시바가 만든 플래시메모리 제품의 수입정지를 정식으로 요청했다.

- **さしひき**(差し引き) | 차감. 공제.

여러가지 표현

- □ **さしひく**(差し引く) | 공제하다. 빼다.
  ≫ 預金口座から自動的に上下水道料金を差し引く。예금 계좌에서 자동으로 상하수도 요금을 빼다. / フリーキャッシュフローとは営業利益に減価償却費を加え設備投資を差し引いたもの。기업 잉여 현금 흐름이란 영업 이익에 감가상각비를 더한 후 설비 투자액을 뺀 것이다.

- □ **さしょうめんじょ**(査証免除) | 비자 면제.
  ≫ アメリカと日本とは査証免除協定が交されている。미국과 일본은 비자 면제 협정을 맺고 있다.

- □ **サプライチェーンをようしている**(サプライチェーンを擁している) | 협력업체를 거느리고 있다.

- □ **さまがわりする**(様変わりする) | 변모하다. 완전히 바뀌다.
  ≫ これから企業の販売戦略が大きく様変わりするだろう。앞으로 기업의 판매 전략이 크게 변모할 것이다.

- □ **さらちから**(更地から) | 처음부터. 맨땅에서.
  ≫ M&Aは、更地から企業を立ち上げることに比較して、既存の経営資源を有効に活用できることなどから有利な点が多い。M&A는 처음부터 기업을 설립하는 것과 비교해 기존의 경영 자원을 효율적으로 활용할 수 있다는 점 등에서 유리한 점이 많다.

- □ **さんがつきき**(3月危機) | 3월 위기설.
  ≫ 今年1月末に株価が1万円を割り、金融機関の3月危機がささやかれ、政府は総合デフレ対策を決定した。올해 1월말에 주가가 1만 엔을 밑돌아 금융기관의 3월 위기설이 나돌자 정부는 디플레이션 종합 대책을 세웠다.
  ⊙ 일본에서는 '~설' 이란 표현을 잘 쓰지 않는다.

- □ **さんぎょうのにないてになるじゃくねんそう**(産業の担い手になる若年層) | 산업을 짊어질 젊은 층.

- □ **さんしょうかかくせい**(参照価格制) | 참조가격제.
  ⊙ 같은 약효를 가진 의약품군에 대해 일정 수준까지만 의료보험에서 약값을 보상하고 이를 초과하는 약은 차액을 환자가 부담하도록 하는 제도.

- □ **さんにゅうする**(参入する) | 진출하다.
  ≫ 家電市場に本格参入するパソコン企業は多いが、HPほど大型の家電戦略を打ち出しているのはこれまでない。가전 시장에 본격적으로 진출한 컴퓨터 기업은 많지만 HP 수준의 대형 가전 전략을 내놓은 기업은 아직까지 없다.

- □ **さんはちろくせだい**(386世代) | 386세대.
  ≫ 韓国では、現在30代で80年代に大学で学んだ60年代生まれの人々を「386世代」と呼ぶ。한국에서는 현재 30대로 80년대에 대학을 다닌 60년대 태생의 사람들을 '386세대'라고 부른다.

- □ **さんゆよりょくのてんじょうかんがでる**(産油余力の天井感が出る) | 산유 여력이 한계에 도달하다.

경제 | 189

- □ **しいれる**(仕入れる) | 매입하다. 입수하다.
  ≫ 仕入れ価格が上昇しても、価格競争などで販売価格を引き上げられず、企業の収益が減少する動きが目立っている。 매입가가 상승하더라도 가격 경쟁 때문에 판매가를 인상할 수 없어 기업의 수익이 감소하는 경향이 늘어나고 있다.
- □ **ジェットコースターそうばをえんじる**(ジェットコースター相場を演じる) | 불안정한 장세를 보이다.
- □ **しえんさくをきゅうきょはっぴょうする**(支援策を急遽発表する) | 지원책을 갑작스레 발표하다.
- □ **しかくしめんに**(四角四面に) | 고지식하게. 있는 그대로. 곧이 곧대로.
  ≫ 四角四面の上司の下で働くと、非常にストレスがたまるものだ。 고지식한 상사 밑에서 일하게 되면 엄청난 스트레스가 쌓이기 마련이다.
- □ **じかんとのたたかい**(時間との戦い) | 시간과의 싸움.
  ≫ 時間との戦いの様相を示している。 시간이 촉박한 양상을 보였다.
- □ **じかんをおって**(時間を追って) | 시간이 지남에 따라.
  ≫ 中国経済のテイクオフ、米国景気の安定成長などで日本は輸出主導による景気回復が実現、設備投資、消費も時間を追って回復した。 중국 경제의 대두, 미국 경기의 안정적인 성장 등으로 일본은 수출 주도에 따른 경기 회복이 가시화되었고 설비 투자와 소비도 시간이 지남에 따라 회복되었다.
- □ **じぎょうがなんこうする**(事業が難航する) | 사업이 어려움을 겪다(난항을 겪다).
- □ **じぎょうをいとなむのにてきしたくに**(事業を営むのに適した国) | 사업하기 좋은 나라.
- □ **しきをこぶする**(士気を鼓舞する) | 사기를 고무시키다.
  ≫ 全社員の士気を鼓舞し、仕事に対する意欲を高める。 전 사원의 사기를 고무시켜 업무에 대한 사기를 고취시킨다.
- □ **しきんがたりない**(資金が足りない) | 자금이 달리다(부족하다).
- □ **しきんがとどこおる**(資金が滞る) | 자금이 묶이다.
  ≫ 担保がないので貸し渋りを受け、運転資金が滞っている。 담보가 없어 대출을 받지 못해 운전 자금이 묶여 있다.
- □ **しきんぐりがゆきつまる**(資金繰りが行き詰まる) | 자금 경색을 빚다. 자금난에 직면하다.
- □ **しきんをくめんする**(資金を工面する) | 자금을 마련하다.
  ≫ リストラなどで工面した資金で復活を狙う。 구조조정 등을 통해 마련한 자금으로 부활을 노린다.
- □ **しきんをプールする**(資金をプールする) | 자금을 모아두다.
- □ **しげんをおさえる**(資源を押さえる) | 자원을 확보하다.

여러가지 표현

≫ アメリカがイラクを侵略した背景には、石油資源を押さえて、エネルギー源を支配する意図がある。 미국이 이라크를 침략한 배경에는 석유 자원을 확보하여 에너지원을 지배하려는 의도가 있다.

☐ **じこじょうじゅ**(自己成就) | 자기 성취.
  ⊙ 일본어 발음에 유의해야 한다.

☐ **しごとがらのしゅっちょう**(仕事柄の出張) | 업무상 출장.

☐ **しごとじょうのプレッシャー**(仕事上のプレッシャー) | 업무상 중압감.
  ≫ 仕事上のプレッシャーで日常生活に差し障りが生じる。 업무상 중압감으로 일상생활에 지장이 생기다.

☐ **しごとにかいがん**(仕事に開眼) | 일에 눈을 뜸.
  ≫ 自分の仕事に開眼し、ついには、赤字会社をV字回復させた。 자신의 할 일을 깨닫고 적자였던 회사를 마침내 크게 성장시켰다.

☐ **しごとにぼうさつされる**(仕事に忙殺される) | 업무에 쫓기다[매달리다]. =仕事ごとに追おわれてる
  ≫ 多くの社長は毎日の仕事に忙殺され、常に幅広い様々な決断を迫られている。 많은 사장들은 일상 업무에 쫓기며 항상 폭넓고 다양한 결단을 내려야만 한다.

☐ **しごとのやりて**(仕事のやり手) | 수완가.
  ≫ 美しくて、すごい仕事のやり手で、多方面に事業展開をしていて、かっこいい女性の社長さんがいる。 아름답고 뛰어난 수완가이며 다방면에 걸쳐 사업을 전개하고 있는 멋있는 여 사장님이 있다.

☐ **しごとぶり**(仕事ぶり) | 업무 자세.
  ≫ AB型の上司は能率重視の仕事ぶりを評価する。 AB형인 상사는 능률을 중시하는 업무 자세를 높이 산다.

☐ **しさんかいとり**(資産買い取り) | 자산 매입.

☐ **ししゅつをてびかえる**(支出を手控える) | 지출을 삼가다.
  ≫ 雇用不安をもつ消費者が支出を手控えるために、需要が低下し、企業収益を悪化させている。 고용 불안을 느낀 소비자가 지출을 줄였기 때문에 수요가 줄어 기업 수익을 악화시키고 있다.

☐ **じしゅへんじょう**(自主返上) | 자진 반납.
  ≫ 総裁が混乱の責任をとって報酬の30%を自主返上する。 총재가 혼란의 책임을 지고 보수의 30%를 자진 반납하다.

☐ **じしゅルール**(自主ルール) | 자체 규정.
  ≫ 自主ルールを消費者志向経営方針に沿って作る。 자체 규정을 소비자 지향 경영 방침에 따라 만든다.

☐ **しじょうかくだいにじしんをのぞかせる**(市場拡大に自信を覗かせる) | 시장 확대에 자신감을 내비치다.

- **しじょうのかいか**(市場の開花) | 시장의 활성화.
    >> コンテンツプロバイダ、アプリケーション開発プロバイダーは本格的なLBS市場の開花を期待している。 콘텐츠 제공 업체와 어플리케이션 개발 업체는 본격적인 LBS 시장의 활성화를 기대하고 있다.
- **しじょうまかせにする**(市場任せにする) | 시장에 일임하다.
    >> 経済は、市場任せにしておくと、時に不況になったり、国民の許容限度を超えて不安定になったりする。 경제는 시장에 맡겨두면 때때로 불황에 빠지거나 국민의 허용 한도를 뛰어넘어 불안정해지기도 한다.
- **ししょうをきたす**(支障をきたす) | 지장을 초래하다. 차질을 가져오다.
    >> ウィルスの企業内感染は業務に支障をきたす。 기업내 바이러스 감염은 업무에 지장을 가져온다.
- **しじょうをにぎわす**(市場をにぎわす) | 시장을 떠들썩하게 하다.
    >> 日本の市場をにぎわしたニッポン放送をめぐるM&A騒ぎ。 일본 시장을 떠들썩하게 했던 닛폰방송을 둘러싼 M&A 소동.
- **しする**(資する) | 이바지하다.
    >> 先進7ヶ国が構造問題で突っ込んだ議論をすることは世界経済の安定的な発展に資することである。 서방 7개국(G7)이 구조 문제로 심도 있게 논의하는 것은 세계 경제의 안정적인 발전에 이바지하게 된다.
    ⊙ 일본어 문형「〜ことは〜ことだ」를 '〜하는 것은 〜하는 것이다'로 번역하지 않도록 주의한다.
- **じぜんじぎょう**(慈善事業) | 자선사업.
- **したささえられる**(下支えられる) | 힘입다.
    >> 日本の景気は政策効果に下支えられ、ようやく下げ止りの兆しを見せた。 일본의 경기는 정책 효과에 힘입어 드디어 하강 국면에서 벗어날 조짐을 보였다.
- **したじづくり**(下地作り) | 기반 구축. 기초 다지기.
    >> 事業提携をさらに拡大し、経営統合に向けた下地作りを進める。 사업 제휴를 더욱 확대해 경영 통합을 위한 기반 구축을 추진한다.
- **したぶれする**(下振れする) | 하강하다.
    >> 景気が下振れする。 경기가 하강하다.
- **じだん**(示談) | 합의. 당사자 간의 해결.
    >> 交通事故の示談の仲介。 교통사고 합의 중개.
- **じっせきをつみあげる**(実績を積み上げる) | 실적을 쌓다.
- **しと**(使途) | 사용처.
    >> 人民元で提供されるため使途は中国市場に限られる。 위안화로 제공이 되기 때문에 사용처는 중국시장으로 한정된다.
- **しなん**(指南) | 지도. 가르침.

> 時間の浪費を未然に防ぐ意味で、経営のプロに指南を仰ぐこと、つまり経営コンサルティングを受けることが非常に有効な手段である。 시간 낭비를 미연에 방지한다는 의미에서 경영 프로에게 지도를 청하는 것 즉 경영 컨설팅을 받는 것은 매우 효과적인 방법이다.

- ☐ **しのぎをけずる**(しのぎを削る) | 박빙의 싸움을 벌이다.
  > グローバル化が進展し、世界の企業が市場の獲得にしのぎを削っている。 글로벌화가 진전되어 전세계 기업들이 시장 획득을 위해 치열한 경쟁을 하고 있다.

- ☐ **しのびよる**(忍び寄る) | 살며시 다가서다.
  > 経済・金融危機の影が忍び寄る中で景気対策にほとんど関心を払おうとしない政治家たち。 경제·금융 위기의 그림자가 다가오는 가운데 경기 대책에는 거의 관심을 기울이려 하지 않는 정치가들.

- ☐ **しばいじみる**(芝居じみる) | 과장된 행동을 하다.
  > 芝居じみた労働運動は珍しくない。 과장된 행동의 노조운동은 흔한 일이다.

- ☐ **じぶんにあったしごとをみきわめる**(自分に合った仕事を見極める) | 자신에게 맞는 일을 가려내다.

- ☐ **しほんしじょうをよごす**(資本市場を汚す) | 자본시장을 어지럽히다.
  > 最高経営責任者〔CEO〕はライブドアのやり方に関して「敵対的買収で資本市場を汚した」と批判した。 최고경영자는 라이브도어의 방법에 관해 "적대적 인수로 자본시장을 어지럽혔다"라고 비판했다.

- ☐ **しほんとさいのうをひきつける**(資本と才能を引き付ける) | 자본과 재능을 끌어들이다.

- ☐ **しほんりゅうにゅうをほそめる**(資本流入を細める) | 자금 유입을 저해하다.
  > ドル安は米国への資本流入を細めるから、米株安をもたらす。 달러 약세는 대미 자본 유입을 축소시키기 때문에 미국의 주가 약세를 초래한다.

- ☐ **しゃかいてきなセーフティーネットをこうちくする**(社会的なセーフティーネットを構築する) | 사회 안전망을 구축하다.

- ☐ **しゃかいのあらなみにのりだす**(社会の荒波に乗り出す) | 사회의 거친 파도 속에 뛰어들다.

- ☐ **しゃくしじょうぎ**(杓子定規) | 획일적임. 융통성이 없음.
  > 雇用の問題は杓子定規な対応では終わらない。 고용 문제는 획일적인 대응으로 해결되지 않는다.

- ☐ **しゃっきんづけになる**(借金漬けになる) | 빚더미에 오르다.

- ☐ **しゅいをまもる**(首位を守る) | 수위를 지키다. = 首位をキープする

- ☐ **じゅうぎょういんのやるきをたかめる**(従業員のやる気を高める) | 종업원의 사기를 북돋우다.

- ☐ **じゅうなんに**(柔軟に) | 유연하게. 탄력적으로. = 弾力的に

≫ 物価目標の達成が常に最優先となり、持続的な経済成長の実現を念頭に金融政策を柔軟に運営することが難しくなるリスクがある。 물가 목표 달성이 항상 최우선시되어 지속적인 경제 성장 실현을 염두에 두고 금융 정책을 유연하게 운영하기 어려워질 위험이 있다.

☐ **じゅずつなぎになる**(数珠繋ぎになる) | 줄줄이 늘어서다.
≫ 朝晩のラッシュ時には、大通りに車が数珠繋ぎになる。 아침저녁 러시아워시에는 대로에 차들이 늘어서 있다.

☐ **しゅつえんきん**(出捐金) | 출연금.
≫ 財団法人に支出した出捐金が繰延資産に該当するか、寄付金に該当するか、その判断が争われていた。 재단법인이 지출한 출연금이 이연 자산에 해당하는 것인지 기부금에 해당하는 것인지 그 판단이 쟁점이 되었다.

☐ **しゅほうがもちいられる**(手法が用いられる) | 수단이 이용되다. =手段が用いられる
≫ 近年、多くの企業で、「アウトソーシング」の経営手法が用いられている。 최근 많은 기업에서 아웃소싱 경영 기법이 사용되고 있다.
⊙「手法が利用される」라고는 쓰지 않는다.

☐ **じゅようをかんきする**(需要を喚起する) | 수요를 창출하다.
≫ 技術関連の企業や広告会社は、潜在需要を喚起するためのマーケティング予算を前年より増やす見通しである。 기술 관련 기업과 광고 회사는 잠재 수요를 창출하기 위한 마케팅 예산을 전년보다 늘릴 전망이다.

☐ **しょうけんほうにていしょくする**(証券法に抵触する) | 증권법에 저촉되다.
=証券法に触れる

☐ **しょうこうかいぎしょのかいとう**(商工会議所の会頭) | 상공회의소 회장.
⊙ 기관이나 단체를 이끄는 장(長)의 명칭이 다른 경우가 있으니 주의해야 한다. 은행장은「頭取」이다.

☐ **しようしょ**(仕様書) | 시방서.
⊙ 사용 재료의 재질이나 치수・제조・시공상의 방법 등 도면으로 나타낼 수 없는 사항들을 문서화한 것이다.

☐ **じょうじょうそうばのきちょうがつづいている**(上場相場の基調が続いている) | 상승장이 계속되다.

☐ **じょうせいをみさだめる**(情勢を見定める) | 정세를 지켜보다.
≫ 景気情勢を正確に見定める。 경기 정세를 정확히 지켜보다.

☐ **しょうねんば**(正念場) | 중요한 고비. 중요한 때.
≫ 構造改革を成功させた韓国経済はこれからが正念場である。 구조개혁을 성공으로 이끈 한국 경제는 지금부터가 중요한 시기이다.

☐ **しょうひんのうれゆきがにぶい**(商品の売れ行きが鈍い) | 상품 판매세가 둔화되다.

☐ **しょうひんりょくをたかめる**(商品力を高める) | 브랜드 파워를 키우다.

여러가지 표현

=ブランド力りょくを強化きょうかする

- [ ] **しょうりょくか**(省力化) | 생력화. 노동력 절약화.
  ≫ 省力化に資する機械またはシステムの開発に取り組む。 노동력 절약에 기여하는 기계 또는 시스템 개발에 정진한다.

- [ ] **しょくにんかたぎ**(職人気質) | 장인정신.

- [ ] **しょくにんわざ**(職人技) | 장인 기술.

- [ ] **じょせいきん**(助成金) | 지원금. 후원금.

- [ ] **じょせいのかつやくがめだっている**(女性の活躍が目立っている) | 여풍이 거세다. 여성의 활약이 두드러지다.

- [ ] **しりごみする**(尻込みする) | 망설이다.
  ≫ 日本の中小企業のほとんどは単独での海外進出はリスクが大きいと尻込みしがちですが、韓国人はどうなるか分からない事業でも「半分は成功の確率がある」と前向きに考える。 일본 대부분의 중소기업은 단독 해외 진출은 리스크가 크다며 망설이기 쉬운데 한국인은 불투명한 사업이라도 "절반은 성공할 확률이 있다"며 긍정적으로 생각한다.

- [ ] **しれわたる**(知れ渡る) | 두루 알려지다. 널리 알려지다.
  ≫ 日本に知れ渡っているような一流企業でも、実は毎年、人事はけっこう悩んでいる。 일본에 널리 알려져 있을 법한 일류기업에서도 실은 매년 인사 문제로 상당히 고민하고 있다.

- [ ] **しわよせをうける**(しわ寄せを受ける) | 여파를 받다(떠안다).
  ≫ 構造改革は最大のテーマで、痛みを伴うのはやむを得ないが、改革のしわ寄せを受けるのは中小企業である。 구조개혁은 최대 화두이며 고통이 따르는 것은 어쩔 수 없지만 개혁의 여파를 떠안는 것은 중소기업이다.

- [ ] **しんけつをそそぐ**(心血を注ぐ) | 심혈을 기울이다.
  ≫ 研究開発と科学技術の向上に心血を注ぐ。 연구개발과 과학 기술 제고에 심혈을 기울이다.

- [ ] **じんけんひがうく**(人件費が浮く) | 인건비가 절약되다(남다).
  ≫ 団塊の世代が定年を迎えると人員の削減も図れ、人件費が浮く分サービスを充実させられる。 단카이 세대가 정년을 맞이하게 되면 인원 삭감 또한 도모할 수 있어 인건비가 절약되는 만큼 서비스의 질을 향상시킬 수 있다.
  ⊙ 단카이 세대란 일본에서 1947~1949년 사이에 태어난 베이비붐 세대를 가리킨다.

- [ ] **しんしゅのきしょうにとむ**(進取の気象に富む) | 진취적 기상이 돋보이다.

- [ ] **しんはつばい**(新発売) | 첫 출시.

- [ ] **しんらいをそこねる**(信頼を損ねる) | 신뢰에 손상 주다.
  ≫ 企業不祥事は、一企業の問題にとどまらず、経済界全体に対する信頼を損ねかねない問題でもある。 기업 스캔들은 한 기업의 문제에 그치지 않고 경제계 전체에 대한 신뢰에 손상을 줄 수 있는 문제이기도 하다.

경제 | **195**

- ☐ **しんりがこうてんする**(心理が好転する) | 심리가 호전되다.
  - ≫ 投資家心理が好転に向かっている。 투자 심리가 호전되고 있다.
- ☐ **しんろ**(針路) | 나아갈 길.
  - ≫ デジタル産業の針路を見通す。 디지털 산업의 나아갈 길을 전망해 보다.
- ☐ **しんろをふさぐ**(進路を塞ぐ) | 진로를 가로막다.
  - ≫ 遮断機が降りてきて車の進路が塞がれた状態だった。 차단기가 내려와서 차의 진로를 가로막은 상태였다.
- ☐ **すえおく**(据え置く) | 동결하다.
  - ≫ 原油生産枠について、現在に日糧2700万バレルを当面、据え置くことを決めた。 석유 생산량은 현재 1일 2700만 배럴을 당분간 유지하기로 결정했다.
- ☐ **スクラムをくむ**(スクラムを組む) | 스크럼을 짜다.
  - ≫ パートナー企業同士がスクラムを組むことで、シナジー効果を発揮できる。 파트너 기업끼리 스크럼을 짬으로써 시너지 효과를 발휘할 수 있다.
- ☐ **ずさんなせいきゅう**(ずさんな請求) | 부정 청구.
  - ≫ 「ずさんな請求」の一端が表面化した。 일부 부정 청구가 드러났다.
- ☐ **すてみのかけにでる**(捨て身の賭けに出る) | 올인하다.
- ☐ **ストにたいしてけいさつりょくをとうにゅうする**(ストに対して警察力を投入する) | 파업에 공권력을 투입하다.
- ☐ **スピードかんがある**(スピード感がある) | 신속하다.
  - ≫ スピード感のある政策展開が求められる。 신속한 정책 전개가 요구된다.
- ☐ **するどくたいりつする**(鋭く対立する) | 첨예하게 대립하다.
  - ≫ シンガポール・イシューなどをめぐって鋭く対立した。 싱가포르 이슈를 둘러싸고 첨예하게 대립했다.
  - ⦿ 싱가포르 이슈는 1996년 싱가포르에서 열린 제1차 WTO 각료회의에서 다자규범 제정의 필요성이 제기된 의제들을 말한다. 정부조달 투명성, 무역 원활화, 경쟁 정책, 투자 촉진 4가지 사안이다. 이 사안들은 개도국의 시장개방과 직결되는 문제들이어서 개도국의 큰 반발을 사고 있다.
- ☐ **ずるやすみ**(ずる休み) | 꾀부려 쉼.
- ☐ **ずれこむ**(ずれ込む) | 미뤄지다. 늦추어지다.
  - ≫ 発売時期が今年初めから4月にずれ込んだ。 발매 시기가 올해 초에서 4월로 미뤄졌다.
- ☐ **せいかつをつなぐ**(生活をつなぐ) | 생활을 연명하다.
  - ≫ アルバイトをして生活をつないでいる。 아르바이트를 해서 생활을 연명하고 있다.
- ☐ **せいきょうだ**(盛況だ) | 성황을 이루다.
  - ≫ 関連商品の売れ行きが盛況だ。 관련 상품 판매가 성황을 이루고 있다.
- ☐ **せいきょうぶり**(盛況ぶり) | 성황을 이룬 모습.

여러가지 표현

>> 講演は立ち見が出るほどの盛況ぶりだった。 강연은 서서 보는 사람들이 있을 정도로 성황을 이루었다.

☐ **せいきょうをていする**(盛況を呈する) | 성황을 이루다.

☐ **ぜいきんをかじる**(税金をかじる) | 세금을 갉아먹다.

☐ **せいげんをゆるくする**(制限を緩くする) | 제한을 완화하다.
>> 海外からの直接投資だけは制限を緩くしている。 해외로부터의 직접투자만은 제한을 완화하고 있다.

☐ **せいこうのためにどりょくのかぎりをつくす**(成功のために努力の限りを尽くす) | 성공하기 위해 모든 노력을 다하다.

☐ **せいさくのかじとり**(政策の舵取り) | 정책의 방향 설정. 정책 운영.

☐ **せいさんわくかくだいみおくり**(生産枠拡大見送り) | 생산량 확대 유보.
>> 原油先物相場は、石油輸出国機構(OPEC)の生産拡大見送りを受けて急騰した。 원유 선물 시세는 석유수출기구의 생산량 확대 유보로 급등했다.

☐ **ぜいじゃく**(脆弱) | 취약.
>> 小規模企業は、一般に経営基盤が脆弱であり、経営環境の変化に影響を受けやすい。 소규모 기업은 일반적으로 경영 기반이 취약하고 경영 환경의 변화에 영향을 받기 쉽다.

☐ **せいちょうにたちはだかる**(成長に立ちはだかる) | 성장을 가로막다.
>> 経済成長への道に立ちはだかるあらゆる障害が速やかに取り除かれることを期待したい。 경제 성장의 길을 가로막는 모든 장해물이 하루 빨리 제거되기를 기대한다.

☐ **せいちょうりつをおしさげる**(成長率を押し下げる) | 성장률을 떨어뜨리다.
>> 輸出の悪化が成長率を押し下げたと見る。 수출 악화가 성장률을 압박했다고 본다.

☐ **せいちょうをそがいする**(成長を阻害する) | 성장을 저해하다(가로막다).

☐ **せいつうした**(精通した) | 정통한. 권위자인.
>> 企業は経営に精通した人材を求めている。 기업은 경영에 정통한 인재를 바라고 있다.

☐ **ぜいにくをおとす**(贅肉を落す) | 군살을 빼다.
>> バブル期の贅肉を落すことで企業競争力を高める。 거품기의 군살을 뺌으로써 기업 경쟁력을 강화한다.

☐ **せいひ**(成否) | 성패.
>> 経済改革の成否を判断する。 경영 개혁의 성패를 판단한다.

☐ **せいやくする**(成約する) | (계약이) 성립되다. 성사되다.
>> 審査に通った場合でも、必ずしもM&Aが成約するとは限らない。 심사를 통과한 경우라도 반드시 M&A가 성사된다고는 할 수 없다.

☐ **セオリー** | 이론. 학설. [*theory*]

경제 | **197**

≫ 企業経営のセオリーとされてきたトップダウン経営。기업 경영의 이론으로 여겨지던 상명하달식 경영.

- **せかいにめをてんじる**(世界に目を転じる) | 세계로 눈을 돌리다.
  ≫ 今日、セメント産業は日本国内では成熟産業となり需要は縮小傾向にあるが、世界に目を転じると中国をはじめ発展途上国ではインフラ整備のため生産量が急増している。 오늘날 시멘트산업은 일본 국내에서는 성숙산업이 되어 수요가 줄어드는 추세이지만 세계로 눈을 돌려보면 중국을 비롯한 개발도상국에서는 인프라 정비를 위한 시멘트 생산량이 급증하고 있다.

- **せきにんをなすりつける**(責任を擦り付ける) | 책임을 전가하다.

- **せきゆをがぶのみしはじめたちゅうごく**(石油をがぶ飲みし始めた中国) | 석유 소비가 급증하기 시작한 중국.

- **せつげん**(節減) | 절감.
  ≫ かさむばかりの送付コストを節減できる。불어나기만 하는 송부 비용을 절감할 수 있다.

- **せまる**(迫る) | 강요하다.
  ≫ 政府は難しい経済運営を迫られている。정부는 어려운 경제 운영에 직면해 있다.

- **せまる**(迫る) | 육박하다.
  ≫ 一時900円に迫る水準まで急上昇した。한때 900엔에 육박하는 수준까지 뛰었다.

- **せりかつ**(競り勝つ) | 경쟁해서 이기다.
  ≫ 中国の消費市場において欧米企業や中国企業に競り勝つためには、日系企業も中国の消費者をしっかり理解し、CRM戦略を積極的に推進していくべきである。중국 소비시장에서 구미기업과 중국기업을 이기기 위해서는 일본계 기업도 중국의 소비자를 확실히 이해하고 CRM 전략을 적극적으로 추진해 나가야 한다.
  ⊙ 고객관계관리(CRM:customer relationship management)는 고객과 관련된 기업의 자료를 분석 통합하여 고객의 특성에 맞게 마케팅 활동을 계획하고 지원하며 평가하는 과정을 말한다.

- **ゼロきんりにあまえる**(ゼロ金利に甘える) | 제로금리에 도취되다.
  ≫ ゼロ金利に甘えて無責任に問題解決を遅らせてきた。제로금리에 도취한 나머지 무책임하게 문제 해결을 미뤄 왔다.

- **せんこうする**(先行する) | 앞서 가다. 선행하다. 주도하다.
  ≫ 景気に対して半年程度先行するとされる日経平均株価。경기에 비해 6개월 정도 앞서 가는 것으로 보는 닛케이 평균 주가. / 流通業界では、大手スーパーなどが先行する形で、廃棄物の減量やリサイクル化が進みつつある。유통 업계에서는 대형 슈퍼 등이 주도하는 형태로 폐기물 감량과 재활용화가 추진되고 있다.

- **せんざいりょくをいかしきる**(潜在力を活かしきる) | 잠재력을 충분히 살리다.

- **センシティブなぶんや**(センシティブな分野) | 민감한 분야.
  ≫ 農業というのは、ほかの産業分野と違って、非常にセンシティブな分野であるが、乗り越える方法はある。농업은 다른 산업 분야와 달리 아주 민감한 분야이지만 극복할 수 있는 방법은 있다.

여러가지 표현

- ☐ **せんしんこくぶり**(先進国ぶり) | 선진국의 위상.
  ≫ インターネットの利用者数は世界3位、1年間のブロードバンド利用者数の伸び率は日本がトップ。公表された「インターネット白書2003」で、日本のIT先進国ぶりが明らかになった。 인터넷 이용자 수는 세계 3위, 1년간 초고속인터넷 이용자 증가율은 일본이 1위. 공표된 '인터넷백서 2003'에서 일본의 IT 선진국의 위상이 분명히 드러났다.

- ☐ **せんじんをきる**(先陣を切る) | 맨 앞에 서다. 선두를 달리다.
  ≫ 景気回復の先陣を切っているのがデジタル家電である。 경기 회복의 선두에 서 있는 것이 디지털 가전이다.

- ☐ **せんちゃくじゅん**(先着順) | 선착순.

- ☐ **ぜんねんひ**(前年比) | 전년 대비. =対前年比(たいぜんねんひ)
  ≫ 平成15年度に設備投資を実施した企業の割合は、前年比3.9ポイント増の63.1%となった。 2003년도에 설비 투자를 실시한 기업의 비율은 전년 대비 3.9%포인트 늘어난 63.1%였다.
  ⊙ 퍼센트는 백분율을 나타내는 단위이며, 퍼센트 포인트는 백분율로 나타낸 숫자의 차이를 나타낼 때 사용한다. 예를 들면, 수입이 지난해 9%에서 올해 10%로 1% 포인트 증가했다. 이 경우 1% 증가했다고 말하게 되면 9%의 100분의 1이 증가했다는 뜻이 되어 앞뒤 내용이 맞지 않게 된다. 일본에서는 퍼센트 포인트라는 말보다는 '포인트'라는 말을 많이 쓴다.

- ☐ **ぜんめんにおしたてる**(全面に押し立てる) | 전면에 내세우다.
  ≫ 小泉内閣はIT産業を全面に押し立てて経済の立て直しを行ってきた。 고이즈미 내각은 IT산업을 전면에 내세워 경제 재건을 실시했다.

- ☐ **ぜんりょくをけいとうする**(全力を傾倒する) | 전력을 다하다.

- ☐ **そういくふう**(創意工夫) | 창의성.

- ☐ **そういとくふうをこらす**(創意と工夫をこらす) | 창의성과 아이디어를 짜내다.

- ☐ **ぞうかにてんじる**(増加に転じる) | 증가로 돌아서다.
  ≫ サービス貿易が2年ぶりに増加に転じた。 서비스 무역이 2년 만에 증가로 돌아섰다.

- ☐ **ぞうかりつがげんしょうする**(増加率が減少する) | 증가율이 하락하다. =増加率(ぞうかりつ)が低下(ていか)する

- ☐ **そうこぎょう**(倉庫業) | 보관 창고업.

- ☐ **そうさいかんぜいをかする**(相殺関税を課する) | 상계관세를 부과하다.
  ⊙ 수출국이 특정 수출 산업에 대해 장려금이나 보조금을 지급하여 수출 상품의 가격 경쟁력을 높일 경우 수입국은 그 수입 상품에 대해 보조 금액에 해당하는 만큼의 관세를 부과할 수 있다. 이때 부과하는 관세를 상계관세라 한다.

- ☐ **そうじょうこうかがきたいできる**(相乗効果が期待できる) | 시너지 효과를 기대할 수 있다.
  ⊙ 「相乗(あい)のり」로 읽으면 '합승'이란 뜻이다.

경제 | 199

- **そうばをひっぱる**(相場を引っ張る) | 장을 이끌다.
  ≫ 相場を引っ張ってきた外国人投資家. 장을 이끌어 온 외국인 투자자.

- **そうばん**(早晩) | 조만간. 언젠가는.
  ≫ 慢性的に赤字が続くと、いずれは資金が枯渇し、早晩倒産に到る. 만성적으로 적자가 계속 되면 결국에는 자금이 마르고 조만간 도산에 이르게 된다.

- **そこあげ**(底上げ) | 향상.
  ≫ 中小企業を元気にする力強い政策が景気の底上げにつながる. 중소기업에 활기를 불어넣는 강력한 정책이 경기 향상으로 이어진다.
  ⊙ 전반적으로 수준을 끌어올린다는 뉘앙스이다.

- **そごがしょうじる**(齟齬が生じる) | 차질이 생기다.

- **そぶり**(素振り) | 표정. 동작. 거동.
  ≫ 交渉に応じる素振りを見せない. 협상에 응할 자세를 보이지 않는다.

- **そろばんをはじく**(そろばんを弾く) | 득실을 따지다. 계산하다.
  ≫ 提案に対し、すぐにそろばんをはじいてしまうのが経済人の悪い癖である. 제안에 대해 곧바로 계산기를 두드려 버리는 것이 경제인의 나쁜 버릇이다.

- **そんがいをあたえる**(損害を与える) | 손해를 끼치다.
  ≫ 従業員が他人に損害を与えた以上、その営利主体である企業が賠償すべきである. 종업원이 타인에게 손해를 끼친 이상 그 영리 주체인 기업이 배상을 해야 마땅하다.

- **そんしつけいじょうする**(損失計上する) | 손실 처리하다. 손실 계상하다.
  ≫ 企業が持つ固定資産の価値が帳簿上の価格を著しく下回った場合に、差額を損失計上する. 기업이 가진 고정자산의 가치가 장부상의 가격을 현저하게 밑돌 경우에는 차액을 손실 처리한다.

- **たいさくがいそがれる**(対策が急がれる) | 대책 마련이 시급하다.
  ≫ 韓国の部品・素材産業の対日依存度を低くする対策が急がれている. 한국의 부품·소재 산업의 대일 의존도를 낮출 대책 마련이 시급하다.

- **たいさくにおわれる**(対策に追われる) | 대책 마련에 고심하다. 대책 마련에 분주하다.
  ≫ 日本はバブル崩壊後の不況対策に追われ、欧米諸国に遅れをとった. 일본은 거품 붕괴 후의 불황 대책 마련에 정신이 팔려 구미 국가들에게 뒤처지게 되었다.

- **たいさくをこうずる**(対策を講ずる) | 대책을 마련하다.
  ≫ 必要に応じ自主的な取り組みと対策を講じる. 필요에 맞추어서 자체적인 시책과 대책을 강구한다.

- **だいしゃりんで**(大車輪で) | 일심으로. 전력으로.
  ≫ 大車輪でフル操業しても間に合わなかった. 전력을 다해 풀 조업을 했으나 시간을 맞출 수 없었다.

- **たいしょうしゃをしぼる**(対象者を絞る) | 대상자의 범위를 좁히다.

여러가지 표현

>> 対象者を絞ることで企業はさらに効果的な宣伝ができる。대상자를 압축함으로써 기업은 더욱 효과적인 선전을 할 수 있다.

☐ **たいそうをしめる**(大宗を占める) | 중요한 부분을 차지하다. 수위를 차지하다.
>> わが国経済の大宗を占める中小企業がその活力を十分に発揮することなくして、わが国経済の再生はあり得ない。우리나라 경제의 근간을 이루는 중소기업이 그 활력을 충분히 발휘하지 않고서는 우리 경제의 부활은 있을 수 없다.

☐ **だいたんに**(大胆に) | 과감하게. =思いきって
>> 不採算事業を大胆に切り捨てる。수지가 맞지 않는 사업을 과감히 접다.

☐ **たいとうする**(台頭する) | 대두하다.
>> 人民元相場の切り上げ論が米国でも台頭している。위안화의 평가절상론이 미국에서도 나오고 있다.
◉ 절상은 화폐 가치를 높인다는 뜻이다.

☐ **ダイナミズム** | 역동성. [dynamism]
>> 多様性の持つダイナミズムをこれからの国の発展の戦略の基盤にする。다양한 역동성을 향후 국가 발전 전략의 기반으로 삼는다.

☐ **たいりょくをおとす**(体力を落す) | 허덕이다.
>> 音楽産業各社が軒並体力を落としている。음악 산업 관련 회사들이 모두 허덕이고 있다.

☐ **たいりょくをすりへらす**(体力をすり減らす) | 체력을 소모시키다(소모하다).
>> 2月12日に出されたリポートには、株価下落によって体力をすり減らす邦銀に「悲観的な見方を取らざるをえない」と結論づけていた。2월 12일 발표된 보고서에서는 주가 하락으로 체력이 떨어진 일본 은행들에 "비관적인 견해를 취할 수밖에 없다"는 결론을 내리고 있다.
◉ 타동사 표현을 자동사 표현으로 바꾸어 번역하면 문장이 매끄러워지는 경우도 있다.

☐ **たかがしれている**(高が知れている) | (불 보듯) 뻔하다. 별것 아니다.
>> 日本企業では、早く昇進できると言っても高が知れている。일본 기업에서는 빨리 승진할 수 있다 하더라도 한계가 있다.

☐ **たかねけん**(高値圏) | 높은 수준.
>> 原油価格が高値圏から大幅反落した。유가가 높은 수준에서 큰 폭으로 떨어졌다.

☐ **たくえつしたリーダーシップ**(卓越したリーダーシップ) | 탁월한 리더십.
◉ 「卓越な~」란 표현은 사용하지 않는다.

☐ **たこつぼ** | 참호.
>> たこつぼにこもったままでは競争に勝てない。온실 속에 숨어 있어서는 경쟁에서 이길 수 없다.

☐ **たしゃにさをつける**(他社に差をつける) | 타사와 차별화하다.

☐ **たたきだい**(たたき台) | 원안. 시안.
>> 研究チームは中間報告をたたき台とし、年度末を目処に経営体制の改革ビジョンを策

定する. 연구팀은 중간 보고를 시안으로 삼고 연말을 목표로 경영 체제 개혁 비전을 수립한다.

- [ ] **たちあげる**(立ち上げる) | 활동을 시작하다. 착수하다.
  >> 投資自由化に向けた共同研究の立ち上げなど、経済分野での協力強化を強く打ち出した. 투자 자유화를 위한 공동 연구 착수 등 경제 분야에서의 협력 강화를 강력하게 내세웠다.

- [ ] **たちうちできない**(太刀打ちできない) | 맞설 수 없다.
  >> 輸入農産物に国内の農業が太刀打ちできない. 국내 농업은 수입 농산물에 맞설 수 없다.

- [ ] **たちかえる**(立ち返る) | 되돌아가다.
  >> ビジネスの原点に立ち返ることによって、さらなる発展が可能になる. 비즈니스의 원점으로 되돌아감으로써 더욱 발전할 수가 있다.

- [ ] **たちはだかる**(立ちはだかる) | 가로막다. 방해하다.
  >> ベトナムの経済発展には高度成長に伴うインフレとマクロ経済政策の不在、所得の格差拡大など克服すべき課題や難問が前途に立ちはだかっている. 베트남의 경제 발전에는 고도 성장에 따른 인플레이션과 거시 경제 정책의 부재, 소득 격차 확대 등 해결해야 할 과제와 난제가 앞길을 가로막고 있다.

- [ ] **たっせいかん**(達成感) | 성취감.
  >> 達成感をもった従業員が多いほど、企業も強く意欲的な企業として成長していく. 성취감을 가진 종업원이 많을수록 기업도 강하고 의욕적인 기업으로 성장한다.

- [ ] **たてわり**(縦割り) | 종적 관계.
  >> 企業組織として典型的な例はピラミッド型の縦割り組織である. 기업 조직으로서 전형적인 예는 피라미드형의 종적 조직이다.

- [ ] **たにそこ**(谷底) | 밑바닥.
  >> 景気の波は、谷底に達した時を出発点にして、拡大期→成熟期→後退期→停滞期となっている. 경기의 흐름은 저점에 달했을 때를 출발점으로 해서 확대기→성숙기→후퇴기→정체기로 되어 있다.

- [ ] **たについずいをゆるさない**(他に追随を許さない) | 타의 추종을 불허하다.
  >> スピード感ある経営と優れたビジネスモデルで他に追随を許さない不動の地位を築き上げた. 스피드 경영과 뛰어난 비즈니스 모델로 독보적인 부동의 지위를 구축했다.

- [ ] **たのみのつな**(頼みの綱) | 믿고 의지하는 것. 유일한 희망.
  >> 日本企業の頼みの綱は高度な技術力である. 일본 기업의 유일한 희망은 고도의 기술력이다.

- [ ] **だぶつく** | 남아돌다. 과잉되다.
  >> 市場に資金をだぶつかせる. 시장에 돈을 마구 풀다.

- [ ] **たまむしいろ**(玉虫色) | 모호한. 귀에 걸면 귀걸이 코에 걸면 코걸이.
  >> 輸入国、輸出国双方に配慮した玉虫色の決着だ. 수출입국 모두를 배려한 모호한 결론을 내렸다.

- [ ] **ためらわずに** | 서슴없이. 주저 없이.

여러가지 표현

>> 消費者の権利意識が高まる中、商品やサービスなどに問題があった場合、ためらわずに企業に直接指摘してくるケースが増えてきた。 소비자의 권리 의식이 높아지고 있는 가운데 상품이나 서비스 등에 문제가 있는 경우 서슴없이 기업에 직접 지적을 하는 경우가 늘어나고 있다.

- [ ] **だれにもまけないしょうひん**(だれにも負けない商品) l 어디에 내놓아도 손색없는 상품.
- [ ] **だんこたる**(断固たる) l 단호히. 단연코.
  >> 社会秩序や健全な企業活動に悪影響を及ぼす反社会的活動には断固たる態度で臨む。 사회 질서와 건전한 기업 활동에 악영향을 미치는 반사회적 활동에는 단호한 태도로 임한다.
  ⊙ 「断固·堂々·確固·厳然·純然·渺々」 등의 단어는 「～な」가 아닌 「～たる」를 붙여서 사용한다.
- [ ] **ちいきてきなばらつき**(地域的なばらつき) l 지역별 격차.
  >> 地域的なばらつきも徐々に縮小している。 지역별 격차도 서서히 줄어들고 있다.
- [ ] **ちからをいれる**(力を入れる) l 주력하다.
  >> 大手がリテール分野に力を入れている。 대형 업체들이 소매업 분야에 주력하고 있다.
- [ ] **ちからをかたむける**(力を傾ける) l 주력하다.
- [ ] **ちぐはぐ** l 앞뒤가 맞지 않음. 뒤죽박죽.
  >> 国民経済の枠組みを前提にした通貨調整の議論はどこかちぐはぐな感じがする。 국민 경제의 틀을 전제로 한 통화 조정 논의는 어딘가 앞뒤가 맞지 않는다.
- [ ] **ちてきしょゆうけん**(知的所有権) l 지적재산권. IPR. =知的財産権(ちてきざいさんけん)
  ⊙ IPR: intellectual property right
- [ ] **チャリティーパーティー** l 자선 파티. [charity party]
- [ ] **チャンスととらえる** l 찬스로 인식하다. 기회로 삼다.
  >> 新たな競合をビジネスチャンスととらえ、中小企業の活力につながることを期待したい。 새로운 경쟁을 비즈니스 찬스로 삼아 중소기업의 활력으로 이어지기를 기대한다.
- [ ] **ちゅうにうく**(宙に浮く) l 공중에 뜨다. 흐지부지되다.
  >> 経営意識が改革されないと国有企業改革が宙に浮くことになりかねない。 경영의식을 개혁하지 않으면 국유기업 개혁이 흐지부지될 수 있다.
- [ ] **ちゅうにゅうする**(注入する) l 투입하다.
  >> 公的資金を注入する。 공적자금을 투입하다.
- [ ] **ちょうじゃばんづけ**(長者番付) l 백만장자 순위. 부호 순위.
  >> 長者番付に顔を出す。 백만장자 순위에 얼굴을 내밀다.
- [ ] **ちょうじりをあわせる**(帳尻を合わせる) l 결산을 맞추다. 이야기의 앞뒤를 맞추다.
  >> 多くの自動車会社が自動車販売ではなく、資産運用でなんとか決算の帳尻を合わせている。 많은 자동차 회사들이 자동차 판매가 아니라 자금 운용을 통해 가까스로 결산을 맞추고 있다.
- [ ] **ちょうせんじょうをたたきつける**(挑戦状をたたきつける) l 도전장을 내다.
  =挑戦状(ちょうせんじょう)を突(つ)きつける

≫ 世界を相手に挑戦状をたたきつける。 세계를 상대로 도전장을 내밀다.

☐ **ちょうせんをしりぞける**(挑戦を退ける) | 도전을 뿌리치다.

☐ **ちょうてんにくんりんする**(頂点に君臨する) | 정상에 군림하다.

☐ **ちょくせつとうしうけいれひりつ**(直接投資受け入れ比率) | 직접투자 유치 비율.

☐ **ついさいきんまで**(つい最近まで) | 거의 최근까지.
≫ つい最近までライバル同士だった企業が突如、合併した。 거의 최근까지 경쟁 관계였던 기업이 갑자기 합병했다.

☐ **つうかかちがめべりする**(通貨価値が目減りする) | 통화 가치가 떨어지다.
≫ インフレーション時の通貨価値の目減りに対抗する資産として、金は非常に有効な投資手段であるといえる。 인플레이션 발생시의 통화 가치 감소에 대비하기 위한 자산으로 금은 아주 유효한 투자 수단이라 할 수 있다.

☐ **つかいこなす**(使いこなす) | 능숙하게 다루다.
≫ 多様な機能を使いこなす。 다양한 기능을 자유자재로 사용하다.

☐ **つぎこむ**(つぎ込む) | (비용이나 사람을) 투입하다(들이다).
≫ 資金と労力をつぎ込んだ。 자금과 노동력을 투입했다.

☐ **つきることのないたんきゅうしん**(尽きることのない探究心) | 끝없는 탐구심.

☐ **つくりなおす**(作り直す) | 재정비하다. =整備する
≫ 日本政府は、これまでの組織体質を根底から作り直すことに成功した。 일본 정부는 지금까지의 조직 체질을 근본부터 정비하는데 성공했다.

☐ **ツケ** | (향후) 부담. 후폭풍.
≫ 高額賠償による企業負担は消費者へのツケとなる。 고액 배상에 따른 기업의 부담은 소비자들의 부담으로 돌아간다.

☐ **つけこむ**(つけ込む) | 허점을 이용하다(파고들다).
≫ 派遣社員の弱い立場につけ込んで、企業に便利な契約更改を迫るようなケースが多い。 파견사원이란 약점을 파고들어 기업에 유리한 재계약을 강요하는 경우가 많다.

☐ **つど**(都度) | ~할 때마다. 그때마다. 매회.
≫ ネットバンキングを利用すれば、料金の支払いの都度、金融機関の窓口に足を運ぶ必要がない。 인터넷 뱅킹을 이용하면 요금을 납부할 때마다 금융기관의 창구에 갈 필요가 없다.

☐ **つなわたり**(綱渡り) | 모험. 위험한 짓. 줄타기.
≫ 企業にとって、政治献金は汚職と背任のはざまを綱渡りするようなもの。もうけに結びつけば贈賄、役に立たないと分かっていて出せば背任になる。 기업의 입장에서 볼 때 정치 헌금은 비리와 배임 사이를 줄 타고 건너는 것과 같다. 이익으로 이어지면 뇌물, 도움이 안 되는 것을 알고 주면 배임이 된다.

☐ **つねだ**(常だ) | 일반적이다.

여러가지 표현

>> 下請企業は孫請に業務を再委託するのが常である。 하청기업은 2차 도급업체에 업무를 다시 위탁하는 것이 일반적이다.

☐ **つぼにはまったみかた**(壺にはまった見方) | 정곡을 찌른 견해.

☐ **つぼにはまる**(壺にはまる) | 정곡을 찌르다. 생각대로 되다.
>> 計画が壺にはまる。 계획이 생각대로 되다.

☐ **つめをいそぐ**(詰めを急ぐ) | 마무리를 서두르다.
>> 新銀行の経営陣とともに開業に向けた細部の詰めを急ぐ。 새로운 은행의 경영진과 함께 오픈을 위해 세부 조정을 서두르다.

☐ **つよきだ**(強気だ) | 자신감을 보이다. 자신만만해 하다.
>> 担当者は「1年で初期投資を回収できる」と強気だ。 담당자는 "1년 내에 초기 투자비용을 회수할 수 있다"며 자신감을 내보였다.

☐ **つよさともろさ**(強さともろさ) | 강단점.
>> サムスンの強さともろさを知り尽くしている。 삼성의 장점과 약점을 모두 알고 있다.

☐ **つられる** | 말려들다. 현혹되다.
>> 外国人投資家の売りにつられて、国内投資家も追随して売りに走ったため、ほぼ全面安の展開となった。 외국인 투자자의 매도에 말려 국내 투자자도 따라서 매도에 나서는 바람에 거의 전면적인 약세를 보이게 되었다.

☐ **ていこうかん**(抵抗感) | 반감.
>> 物価上昇への抵抗感が強い。 물가 상승에 대한 반감이 크다.

☐ **ていこうかんがすくない**(抵抗感が少ない) | 거부감이 적다.
>> 携帯電話でのショッピングは、若い世代には抵抗感が少ない。 휴대전화를 이용한 쇼핑은 젊은 세대들에게 거부감이 적다.

☐ **テコ** | 발판.
>> 経済をテコに南北関係の強化を目指す盧武鉉政権。 경제를 발판으로 남북관계 강화를 지향하는 노무현 정부.

☐ **てごたえ**(手応) | 반응.
>> 仕事に手応が感じられる。 일에 보람을 느낄 수 있다.

☐ **でそろう**(出そろう) | 빠짐없이 다 나오다. 전부 갖추어지다.
>> 大手5社の中間決算が出そろった。 주요 5개사의 중간 결산이 모두 나왔다.

☐ **てだて**(手立て) | 방법. 수단.
>> 企業の中で、高年齢者を有効に活用するにはどのような手立てを講じれば良いか、悩んでいるところが多い。 기업 가운데에는 고령자를 효율적으로 활용하기 위해서는 어떠한 방법을 강구하면 좋은지 고민하는 곳이 많다.

☐ **てちがい**(手違い) | 착오.
>> 銀行の手違いで不渡りになってしまった場合、銀行は手形交換所に対して不渡り処分

を取り消すよう請求する義務を負う。 은행의 착오로 부도가 났을 경우, 은행은 어음 교환소에 부도 처분을 취소하도록 청구할 의무를 진다.

- [ ] **てつかず**(手つかず) | 손을 안 댐.
  > 唱え続けてきた改革はほとんど手つかずのままである。 계속 외쳐 왔던 개혁은 거의 손도 대지 않은 채 그대로다.

- [ ] **てっとりばやい**(手っ取り早い) | 손쉽다. 간략하다. 재빠르다.
  > 消費低迷下で売上を増やすには、営業時間を延すのが手っ取り早い方法である。 소비가 침체했을 때 매상을 올리기 위해서는 영업 시간을 늘리는 것이 손쉬운 방법이다.

- [ ] **てびかえる**(手控える) | 매매를 하지 않고 관망하다.
  > 積極的な売買を手控えている。 적극적인 매매를 꺼리고 있다.

- [ ] **てわけをする**(手分けをする) | 분담하다.
  > 手分けをして仕事を片付ける。 분담해서 일을 처리하다.

- [ ] **てをひく**(手を引く) | 손 떼다.
  > 景気の低迷によりスポーツ・文化振興などメセナ事業から手を引く企業も増えはじめた。 경기 침체로 스포츠・문화 진흥 등과 같은 메세나 사업에서 손을 떼는 기업들이 늘기 시작했다.
  ◉ 메세나(mecenat)는 문화 예술・스포츠 등에 대한 원조 및 사회적・인도적 입장에서 공익사업 등에 지원하는 기업들의 지원 활동을 총칭하는 말이다.

- [ ] **てんびき**(天引き) | 공제.
  > 保険料が給料から天引きされる。 보험료가 급여에서 공제된다.

- [ ] **てんらくする**(転落する) | 전락하다.
  > 米国は、自動車に代表されるモノ作りの時代を終え、ハイテク産業国に移行したものの、貿易収支は赤字に転落している。 미국은 자동차로 대표되는 제조업 시대를 마치고 첨단 산업국으로 변신했지만 무역수지는 적자로 돌아섰다.

- [ ] **でんりょくぶそくかいしょう**(電力不足解消) | 전력난 해소.
  > 慢性的な電力不足解消に向けて各地で発電所の建設が進行している。 고질적인 전력난 해소를 위해 각지에서 발전소 건설을 추진하고 있다.

- [ ] **といあわせ**(問い合わせ) | 문의.
  > お気軽にお問い合わせください。 지금 문의해 주십시오.

- [ ] **とうきすじにつけこまれる**(投機筋につけ込まれる) | 투기 세력에 이용당하다.

- [ ] **どうきづけをする**(動機づけをする) | 동기 부여를 하다.
  > 終身雇用・年功序列型人事制度では、社員の動機付けをすることが難しくなってきた。 종신고용과 연공서열형 인사 제도로는 사원에게 동기를 부여하는 것이 점점 어렵게 되었다.

- [ ] **とうしきょうていをむすぶ**(投資協定を結ぶ) | 투자협정(BIT)을 맺다(체결하다).
  =投資協定(とうしきょうてい)を締結(ていけつ)する

- [ ] **とうしにのりだす**(投資に乗り出す) | 투자에 나서다.

여러가지 표현

- [ ] **とうしのパイプをかくだいする**(投資のパイプを拡大する) | 투자 통로를 확대하다.
- [ ] **とうしをけいえんする**(投資を敬遠する) | 투자를 꺼리다(피하다). =投資を避ける[はばかる]
- [ ] **とうしをひかえる**(投資を控える) | 투자를 자제하다.
- [ ] **とうしをゆうちする**(投資を誘致する) | 투자를 유치하다.
- [ ] **とうぶんのあいだ、じょうしょうけいこうがつづく**(当分の間、上昇傾向が続く) | 당분간 강세를 이어가다. =当分の間、高値を維持する
- [ ] **どぎついこうこく**(どぎつい広告) | 매우 자극적인 광고.
  ≫ どぎつい広告は、狙っている感じが強いのでクリック率は悪い。 자극적인 광고는 타깃이 된 듯한 느낌을 강하게 받기 때문에 클릭 횟수가 적다.
- [ ] **とくいとする**(得意とする) | 강세를 보이다. 자랑하다.
  ≫ DRAMや液晶のような日本が得意とするはずのハイテク商品でも、韓国や台湾のメーカーの勢いに押されている。 D램이나 액정과 같이 일본이 강세를 보이는 첨단 제품에서도 한국과 대만 업체들의 기세에 밀리고 있다.
- [ ] **どくづく**(毒づく) | 악담을 하다. 욕설을 퍼붓다.
  ≫ 企業側と労組側はお互い毒づき合いながらも、交渉には臨む姿勢を示した。 사측과 노조측은 서로 비방하면서도 협상에는 임하겠다는 자세를 내비쳤다.
- [ ] **どだい**(土台) | 발판. 밑거름.
  ≫ 今後の交渉の土台になる。 향후 협상의 발판이 되다.
- [ ] **どだいづくり**(土台づくり) | 토대 마련.
  ≫ 小泉内閣が政府の財政構造改革を掲げて以来、効率的な政策を実行する土台づくりが始まっている。 고이즈미 내각이 정부의 재정 구조 개혁을 내건 이후 효율적인 정책을 실행할 수 있는 토대가 마련되기 시작했다.
- [ ] **とっきょけんをゆずりうける**(特許権を譲り受ける) | 특허권을 양도받다.
- [ ] **とってかわる**(取って代わる) | 대체하다.
  ≫ 水素は燃料電池として自動車などに利用できるため、石油に取って代わるクリーンエネルギーとして利用価値が高まっている。 수소는 연료전지로써 자동차 등에 이용할 수 있기 때문에 석유를 대체할 청정에너지로서 이용 가치가 높아지고 있다.
  ⊙ 「~として」는 '~로써' 또는 '~로서'로 번역이 된다. '~로써'는 방법을, '~로서'는 자격을 나타내는 조사이다.
- [ ] **となりあう**(隣り合う) | 서로 이웃하다. 옆에 자리해 있다.
  ≫ 危険との隣り合わせである。 위험이 상주하고 있다.
- [ ] **とびきり**(飛び切り) | 뛰어남. 월등함.
  ≫ IT業界が不況に苦しんでいる中、T社だけが飛び切り元気がいい。 IT업계가 불황에 시달

리고 있는 가운데 T사만이 유난히 활기가 넘친다.

- ☐ **とぶようにうれる**(飛ぶように売れる) | 날개 돋친 듯 팔리다.
- ☐ **とめどなく** | 한없이.
  ≫ とめどなく進むグローバリゼーション。 끝없이 진행되고 있는 범세계화.
- ☐ **とりいれる**(取り入れる) | 받아들이다.
  ≫ 公共事業に民間資金を取り入れる。 공공사업에 민간 자금을 끌어들이다.
- ☐ **とりかかる**(取り掛かる) | 착수하다. 시작하다.
  ≫ 交渉がまとまり次第生産に取り掛かる。 협상이 마무리되는대로 생산에 착수한다.
- ☐ **とりくずす**(取り崩す) | 조금씩 사용하다. 야금야금 없애다.
  ≫ アメリカにおける企業財団の設立目的は、好況時に蓄えた資産を不況時に取り崩すことによって、安定的・継続的な社会貢献活動を行うということである。 미국의 기업 재단 설립 목적은 호경기 때 모아 놓은 자산을 불경기 때 조금씩 사용함으로써 안정적이고 계속적인 사회 공헌 활동을 실시하는 것이다.
- ☐ **とりこみ**(取り込み) | 끌어들이기. 확보.
  ≫ 顧客の維持や取り込みを狙う。 고객 유지와 확보를 노리다.
- ☐ **とりざたされる**(取りざたされる) | 불거지다. 거론되다.
  ≫ 昨今、上場企業の不祥事が新聞紙上で頻繁に取りざたされるようになった。 최근 상장 기업의 부정 스캔들이 신문지상에서 빈번하게 거론되게 되었다.
- ☐ **とりしまる**(取り締まる) | 단속하다.
  ≫ 違反車両は取り締まりきれるのかという声が出ている。 위반 차량을 전부 단속할 수 있을 것인가 하는 목소리도 나오고 있다.
- ☐ **とりつくろう**(取り繕う) | 일시적으로 넘기다. 적당히 덮어두다.
  ≫ 難題を先送りして取り繕った形である。 어려운 문제를 뒤로 미뤄 적당히 덮어둔 형태다.
- ☐ **とりつける**(取り付ける) | 얻어내다. 획득하다.
  ≫ 金融機関からの支援を取り付ける。 금융기관의 지원을 얻어내다.
- ☐ **とりぶん**(取り分) | 몫.
  ≫ オーナーの取り分は、店舗の売り上げから原価やアルバイトの人件費、諸経費、経営指導料などを差し引いた金額だ。 오너의 몫은 매장 매출에서 원가와 아르바이트 인건비, 제반 경비, 경영 지도료 등을 뺀 금액이다.
- ☐ **どりょくをかたむける**(努力を傾ける) | 노력을 기울이다.
- ☐ **どりょくをけいちゅうする**(努力を傾注する) | 노력을 경주하다.
- ☐ **とろうにおわる**(徒労に終わる) | 헛수고에 그치다.
  ≫ 徹夜の労働が徒労に終わった。 철야 작업이 헛수고로 돌아갔다.
- ☐ **とわれる**(問われる) | 문제시되다.

여러가지 표현

>> 長引く不況、産業構造の急激な変化など、厳しい経営環境の中で、中小企業の技術開発力がますます問われる時代となった。 장기 불황, 산업구조의 급격한 변화 등 힘든 경영 환경 속에서 중소기업의 기술 개발력이 더욱 문제시되는 시대가 되었다.

☐ **ないじゅをかんきする**(内需を喚起する) | 내수를 진작하다.
>> 日本の内需を喚起しない限り、日本経済、さらには世界経済の活性化はあり得ない。 일본의 내수를 진작시키지 않는 한 일본 경제 나아가서 세계 경제의 활성화는 있을 수 없다.

☐ **ながいふきょうのトンネル**(長い不況のトンネル) | 불황의 긴 터널.
>> 日本の経済も長い不況のトンネルの先にほのかに明るさが見えるようになった。 일본 경제도 불황의 긴 터널 저편에 희미하게 빛이 보이기 시작했다.

☐ **なかまいりする**(仲間入りする) | 대열에 오르다.
>> 高度経済成長を遂げて先進国の仲間入りを果たした日本は、目標を失って急速な時代の変化の中で漂流している。 고도 경제 성장을 이루어 선진국 대열에 오른 일본은 목표를 잃고 급속한 시대 변화 속에서 표류하고 있다.

☐ **なだたる**(名だたる) | 유명한. 이름난. 쟁쟁한.
>> 日本国内では名だたる企業も海外勢の時価総額と比較すると、10分の1にすぎない業種は数多い。 일본 국내에서는 쟁쟁한 기업도 해외 기업의 시가총액과 비교해 보면 10분의 1에 지나지 않는 업종이 수두룩하다.

☐ **なっとくのいく**(納得の行く) | 납득할 만한.

☐ **なまかじりのちしき**(生かじりの知識) | 수박 겉 핥기식 지식.

☐ **なまける** | 게으름 피우다.
>> 病気によせてなまける。 병을 핑계 삼아 게으름을 피우다.

☐ **なみたいていではない**(並大抵ではない) | 이만저만 어려운 일이 아니다.
>> 企業の大小を問わず、これからは企業間競争が厳しさを増し、勝ち残るのは並大抵ではない。 기업의 규모를 떠나 앞으로는 기업간 경쟁이 더욱 치열해져 살아남는 것은 여간 어려운 일이 아니다.

☐ **ならぶ**(並ぶ) | 필적하다. 비견하다.
>> 終身雇用と並ぶ日本的経営の柱だった右肩上がりの賃金体系。 종신고용과 함께 일본식 경영의 대들보였던 상승 곡선의 임금 체계.

☐ **なりさがる**(成り下がる) | 전락하다.
>> 世界最高の技術を持っていても、成功に甘んじていれば過去の遺物に成り下がってしまう。 세계 최고 기술을 가지고 있다 하더라도 성공에 안주하면 과거의 유물로 전락하고 만다.

☐ **なりものいり**(鳴り物入り) | 대대적인 선전.
>> IT業界では鳴り物入りで登場した有名企業が撤退するケースも珍しくない。 IT업계에서는 대대적인 선전을 하며 등장했던 유명기업이 철수하는 경우도 흔히 있다.

☐ **ナンバーワンにこだわりをもつ**(ナンバーワンにこだわりを持つ) | 최고가 아니면 안 된다.

- [ ] **なんぼくもんだい**(南北問題) | 남북문제.
  >> 企業活動がグローバル化するのに伴い南北問題が深刻化している。기업 활동이 글로벌화되어 감에 따라 남북 문제가 심각해지고 있다.
  ⊙ 남반구와 북반구의 경제 격차 문제.

- [ ] **ニーズにこたえる**(ニーズに応える) | 니즈에 부응하다.
  >> 社会のニーズに合致した製品開発。사회의 니즈에 부합하는 제품 개발.

- [ ] **にげきり**(逃切り) | 따돌리기. 독주.
  >> 東芝は、6月までにHDDVDドライブを搭載したパソコンや録画再生機を相次いで発売し、先行逃げ切りを狙う。도시바는 6월까지 HD DVD드라이브를 탑재한 컴퓨터와 레코더를 잇달아 선보이며 업계 독주를 노린다.

- [ ] **にゅうさつにさんかする**(入札に参加する) | 입찰에 참여하다.

- [ ] **にゅうさつにふする**(入札に付する) | 입찰에 붙이다.
  >> 建築工事を入札に付する。건축 공사를 입찰에 붙이다.

- [ ] **ニューリッチそう**(ニューリッチ層) | 신흥 부자층.
  >> ニューリッチ層の舶来志向が浮かび上がった。신흥 부자층의 외제 지향주의가 부각되었다.

- [ ] **にんきがきれる**(任期が切れる) | 임기가 끝나다.

- [ ] **ぬかり** | 빠뜨림. 허술함. 실수.
  >> 仕事にぬかりがない。일에 빈틈이 없다.

- [ ] **ぬきんでる**(抜きんでる) | 눈에 띄다. 뛰어나다.
  >> 変化の激しいソフト開発業界で抜きんでるためには、常に最新情報をキャッチしながら顧客の視点に立たなければならない。변화가 극심한 소프트 개발 업계에서 앞서 나가기 위해서는 항상 최신 정보를 파악하면서 고객의 시점에서 바라봐야 한다.

- [ ] **ぬく**(抜く) | 제치다.
  >> 中国市場が日本を抜いて半導体マーケット世界第1位に踊り出た。중국시장이 일본을 제치고 세계 1위 반도체 시장으로 부상했다.

- [ ] **ぬけあな**(抜け穴) | 맹점. 빠져나갈 구멍.
  >> M社は税金の抜け穴を利用し、一銭も税金を払っていなかった。M사는 세제의 맹점을 이용해 한푼도 세금을 내지 않았다.

- [ ] **ぬけがけてとっきょをしんせいする**(抜け駆けて特許を申請する) | 앞서서 특허를 신청하다.

- [ ] **ぬるまゆにつかる**(ぬるま湯につかる) | 현 상태에 안주하다.
  >> ぬるま湯につかったままで改革を遅らせば、次の世代の負担と政治不信を膨らませるだけである。현 상태에 만족한 채 개혁을 늦추게 되면 다음 세대의 부담과 정치적 불신을 키울 뿐이다.

- [ ] **ねがはる**(値が張る) | 시세가 높다. 값이 비싸다.

여러가지 표현

≫ 株価はちょっと値が張るかもしれないが、それでも高値から7分の1と低位置にある. 주가가 약간 비쌀지도 모르겠지만 그렇다 하더라도 고가의 7분의 1 정도의 낮은 수준이다.

☐ **ねぎりこうしょう**(値切り交渉) | 가격 협상. 가격 흥정.

☐ **ねごろかん**(値ごろ感) | (가격이) 적당한 느낌.
≫ この商品は、小型・軽量で、購入しやすい値ごろ感のある製品を求める顧客のニーズに対応したモデルである。 이 상품은 작고 가벼우며 쉽게 구매할 수 있는 적당한 가격의 제품을 바라는 고객의 니즈에 대응한 모델이다.

☐ **ねつきがわるい**(寝つきが悪い) | 잠이 잘 오지 않다.

☐ **ねつをおびる**(熱を帯びる) | 열기를 띠다.
≫ サービス合戦が熱を帯びている。 서비스 전쟁이 본격화되고 있다.

☐ **ねむけをかんじる**(眠気を感じる) | 졸음이 오다.

☐ **ねりあるく**(練り歩く) | 대열을 지어 천천히 행진하다.
≫ 長い行列がソウル市中心を練り歩く。 긴 행렬이 서울시 중심을 지나가다.

☐ **ねんちゅうさいたかねのこうしんをかさねる**(年中最高値の更新を重ねる) | 연중 최고치 경신을 거듭하다.
⊙ 경신과 갱신의 차이 : 기록을 갈아치우는 것은 경신이고, 비자나 면허증의 기간이 만료되어 바꾸는 것은 갱신이다.

☐ **のしかかる**(伸し掛かる) | 위에서 덮치다. 짓누르다.
≫ 年金や健康保険などの保険料の負担が若い世代に重くのしかかる。 연금과 건강보험 등과 같은 보험료 부담이 젊은 세대를 무겁게 짓누른다.

☐ **のびなやむ**(伸び悩む) | 저조하다.
≫ IT不況期には売り上げが伸び悩んだが、近年は急成長している。 IT 불황기에는 매출이 저조했으나 최근에는 급성장하고 있다.

☐ **のりおくれる**(乗り遅れる) | 시류에 뒤처지다.
≫ 石油業界でも流れに乗り遅れまいと、動きが急だ。 석유 업계에서도 흐름에 뒤처질 수 없다며 움직임이 분주하다.

☐ **のりこむ**(乗り込む) | 뛰어들다. =参戦する
≫ 半導体市場に中国や台湾メーカーも乗り込んできている。 반도체 시장에 중국과 대만의 업체들도 뛰어들었다.

☐ **ハードルをさげる**(ハードルを下げる) | 문턱을 낮추다. 장벽을 낮추다.

☐ **はいしん**(配信) | 정보 발신. 정보 제공.
≫ 株価情報の配信が遅延した。 주가 정보 제공이 지연되었다.

☐ **はいとうをうけとる**(配当を受け取る) | 배당을 받다.

☐ **はいとうをぶんぱいする**(配当を分配する) | 배당을 나누어 주다.

- ☐ **パイをおおきくする**(パイを大きくする) | 파이를 키우다. =パイを拡大する
- ☐ **はきゅうこうか**(波及効果) | 파급 효과.
- ☐ **はくじつのもとにさらされる**(白日の下にさらされる) | 백일하에 드러나다.
  - ≫ 日本の金融機関の体力が依然として非常に脆弱であることが白日の下にさらされた。 일본의 금융기관의 체력이 여전히 매우 취약하다는 사실이 백일하에 드러났다.
- ☐ **はけぐち**(はけ口) | 판로. 배출구.
  - ≫ 商品のはけ口を開拓する。 상품 판로를 개척하다.
- ☐ **はさむ**(挟む) | 사이에 두다.
  - ≫ 山東省に黄海を挟んで隣り合う韓国企業の投資が活発である。 산둥성에 황해를 사이에 두고 이웃하고 있는 한국 기업들이 활발하게 투자하고 있다.
- ☐ **はしわたしやく**(橋渡し役) | 가교 역할.
  - ≫ 仕事を求める人と優秀な人材を探す企業の橋渡し役となる新しいタイプの人材紹介会社が誕生した。 일을 찾는 사람과 우수한 인재를 찾는 기업의 가교 역할을 하는 새로운 타입의 인재 소개 회사가 탄생했다.
- ☐ **はたんをむかえる**(破綻を迎える) | 파산하다.
  - ≫ 資産査定の甘さがツケとなり、破綻を迎えることになった。 안이한 자금 사정(査定)이 화근이 되어 파산하게 되었다.
- ☐ **ばっきんがかせられる**(罰金が科せられる) | 벌금이 부과되다. =罰金が科される
  - ≫ 輸入禁止命令に違反した場合には巨額の罰金が科せられる。 수입 금지 명령을 위반한 경우에는 거액의 벌금이 부과된다.
- ☐ **バックアップ** | 후원. (시스템) 백업. [backup]
- ☐ **はっこうする**(発効する) | 효력을 발휘하다. 발효되다.
  - ≫ 地球温暖化の原因である温室効果ガスの排出削減を義務づけた「京都議定書」が来年初めにも発効する見通しとなった。 지구온난화의 원인인 온실가스의 배출 삭감을 의무화한 교토의 정서가 이르면 내년 초에 발효될 전망이다.
  - ◉「~にも」의 뉘앙스를 살리기 위해 '이르면'이란 단어를 앞에 넣어 주는 것도 좋다. 이 경우 '빠르면 ~하다'는 잘못된 한국어 표현이므로 사용하면 안 된다.
- ☐ **バッチリかせぐ**(バッチリ稼ぐ) | 짭짤하게 벌다.
- ☐ **はっぱをかける**(発破をかける) | 기합을 넣다. 독려하다.
  - ≫ 社長が「とにかく、アイデアを出せ」と社員に発破をかけた。 사장이 "아무튼 아이디어를 내 봐"라고 사원을 독려했다.
- ☐ **はどめをかける**(歯止めをかける) | 제동을 걸다.
  - ≫ 原油価格の上昇に歯止めをかけることは世界経済にとって緊急課題である。 유가 상승에 제동을 거는 것은 세계 경제 차원에서 긴급한 과제이다.
- ☐ **はやいものがち**(早い者勝ち) | 선점하는 것에 큰 의미가 있음.

여러가지 표현

≫ 今の時代は早い者勝ちの時代であるが、決断が遅いため、日本にはチャンスがない感じがする。 지금 시대는 선점하는데 의미가 있는 시대인데 결단이 늦기 때문에 일본에는 기회가 없는 듯한 느낌이 든다.

☐ **はやす**(囃す) | 유망하다고 떠들어대다.
≫ エンターテインメント株がはやされている。 엔터테인먼트주가 유망하다고 야단들이다.

☐ **バラうりする**(バラ売りする) | 따로 팔다.

☐ **はりあい**(張り合い) | 의욕. 보람. 할 맛.
≫ 張り合いのない仕事。 보람 없는 일.

☐ **はりあう**(張り合う) | 맞서다. 경쟁하다.
≫ 地方の国立大学は、中央の有名国立大学と張り合うためにも、地元の中小企業との連携に力を入れるとみられる。 지방 국립대학은 중앙의 유명 국립대학과 경쟁하기 위해서라도 지역 중소기업과의 연계에 힘을 쏟을 것으로 보인다.

☐ **バリケードをきずく**(バリケードを築く) | 바리케이드를 치다. 방어벽을 치다.

☐ **バルネラビリティー** | 취약성. [Vulnerability]
≫ 東京市場のバルネラビリティー〔脆弱性〕。 도쿄시장의 취약성.

☐ **ばんぜんをきする**(万全を期する) | 만전을 기하다.
≫ 職員の雇用安定化に万全を期する。 직원의 고용 안정화에 만전을 기하다.

☐ **パンチ** | 펀치. 강렬한 효과. 박력. [punch]
≫ 顧客は新鮮な驚きとパンチのあるデザインを求める。 고객은 참신한 충격과 역동적인 디자인을 바라고 있다.

☐ **ばんづけ**(番付) | 순위. 랭킹. =ランキング
≫ ブランド価値番付をまとめた。 브랜드 가치 순위를 발표했다.

☐ **はんのうをさぐる**(反応を探る) | 반응을 살피다.
≫ サムスンは世界中に技術者を配置し、新製品に対する顧客の反応を探っている。 삼성은 전세계에 기술자를 배치하고 신제품에 대한 고객들의 반응을 살피고 있다.

☐ **はんばいがきゅうげんする**(販売が急減する) | 판매가 급속히 줄다.

☐ **はんばいをみこむ**(販売を見込む) | 판매를 예상하다.

☐ **はんぱつにてんじる**(反発に転じる) | 반등세로 돌아서다.

☐ **ひいきする**(贔屓する) | 편들어 주다.
≫ 特定企業を贔屓するような不公平なことはしない。 특정 기업을 편들어 주는 공평치 못한 일은 하지 않는다.

☐ **ひいきのグループ**(贔屓のグループ) | 후원 그룹.

☐ **ひいでる**(秀でる) | 빼어나다.

경제 | 213

≫ J社は国際感覚に秀でた人材の育成を使命としたトレーニングを始めた。 J사는 국제 감각이 뛰어난 인재 육성을 사명으로 한 트레이닝을 시작했다.

☐ **ひがいをさいしょうげんにとどめる**(被害を最小限に止める) | 피해를 최소한으로 줄이다.

☐ **ひがつく**(火がつく) | 활기를 띠다. 불이 붙다.
≫ 成長のエンジンである設備投資に火がつかなかったために、景気を浮揚させるには今一つ力強さに欠けた。 성장 동력인 설비 투자가 활기를 띠지 않아서 경기를 부양시키기에는 2% 힘이 부족했다.
⊙ 약간 부족하다는 뉘앙스로 '2% 부족하다'는 말을 많이 쓰는데 일본어로는 「今一・今一つ」라고 하면 된다.

☐ **ひきあい**(引き合い) | 상거래. 거래 문의. 조회.
≫ 引き合いが多いのになぜ売れないのか。 거래 문의는 많이 오는데 왜 팔리지 않는 것일까?

☐ **ひきいる**(率いる) | 이끌다. 통솔하다.
≫ 若い経営者の率いる新興企業が急成長している。 젊은 경영자가 통솔하는 신흥 기업이 급성장하고 있다.

☐ **ひきとる**(引き取る) | 물러나다. 인수하다. 떠맡다.
≫ 企業から大量のパソコンを引き取ってメンテナンスをし、それを教育機関に提供する。 기업으로부터 대량의 컴퓨터를 받아 수리해서 그것을 교육기관 등에 제공한다.

☐ **ひきもどす**(引き戻す) | 되돌리다.
≫ ロシアは民間石油会社を国家管理へと引き戻した。 러시아는 민간 석유회사를 다시 국가 관리하에 두었다.

☐ **ビザ** | 비자.

☐ **ビジネスしやすいくに**(ビジネスしやすい国) | 사업하기 좋은 나라.

☐ **ビジネスをかいたくする**(ビジネスを開拓する) | 사업을 개척하다.

☐ **ひしめく**(犇めく) | 북적거리다.
≫ 世界の工場と化した中国には日本の企業がひしめいている。 세계의 공장으로 변한 중국은 일본 기업들로 북적대고 있다.

☐ **ひだりまえ**(左前) | 경제적으로 힘들어짐.
≫ 事業が左前になる。 사업이 부진하다(기울다).

☐ **ひっしだ**(必至だ) | 불가피하다.
≫ 中国企業の米企業買収が政治問題化するのは必至である。 중국 기업의 미국 기업 인수가 정치문제화되는 것은 불가피하다.

☐ **ピッチをあげる**(ピッチを上げる) | 피치를 올리다.
≫ I社は製造部門におけるベテラン社員の大量退職時代を控え、技術や技能を伝承するピッチを上げている。 I사는 제조 부문의 베테랑 사원의 대량 퇴직 시대를 맞이하여 기술과 기능을 전

여러가지 표현

수하는데 속도를 올리고 있다.

- □ **ひってきする**(匹敵する) | 맞먹다. 필적하다.
  ≫ フリーターも正規社員に匹敵する貴重な労働力である。 프리터(프리 아르바이트족)도 정사원에 필적하는 귀중한 노동력이다.

- □ **ひっぱる**(引っ張る) | 끌다. 끌어당기다. 견인하다.
  ≫ 景気を引っ張る製造業は海外市場の拡大を背景に売り上げを伸ばしている。 경기의 견인차 역할을 하는 제조업은 해외시장 확대를 배경으로 매출을 늘리고 있다.

- □ **ひとあんしんだ**(一安心だ) | 한시름 놓다.
  ≫ 火災保険に入っていたので保険でカバーされるようで一安心だ。 화재보험에 가입했기 때문에 보험으로 처리될 것 같아 한시름 놓았다.

- □ **ひといきついている**(一息ついている) | 한숨 돌리다.
  ≫ 銀行や生命保険が今回の株高で一息ついている。 은행과 생명보험사는 이번 주가 강세로 한숨 돌렸다.

- □ **ひとくぎりをつける**(一区切りをつける) | 일단락 짓다.
  ≫ 仕事に一区切りをつけた後、疲れた体と心を癒す。 일을 일단락 지은 후 피곤한 몸과 마음의 피로를 풀어준다.

- □ **ひとたまりもなくまける**(一溜まりもなく負ける) | 여지없이 패하다. 변변히 싸워보지도 못하고 패하다.

- □ **ひとにぎりにすぎない**(一握りに過ぎない) | 극소수에 지나지 않다.
  ≫ ストに賛成する従業員は一握りに過ぎない。 파업에 찬성하는 종업원은 극소수에 지나지 않는다.

- □ **ひとりよがり**(独り善がり) | 독선.
  ≫ トップが独り善がりな経営をしている企業は、たいてい後継者問題に悩んでいる。 총수가 독선적인 경영을 하고 있는 기업은 대개 후계자 문제로 고민하고 있다.

- □ **ひのくるま**(火の車) | 경제 상태가 몹시 궁한 모양.
  ≫ 米経済は一見羽振りが良いが、実は台所は赤字で火の車である。 미 경제는 얼핏 보면 위세가 좋지만 실제로는 재정 적자로 궁핍한 상태이다.

- □ **ひびく**(響く) | 영향을 미치다.
  ≫ 日銀の金融政策の舵取りはどうなるのか。それは為替や株価にどう響くのか。 일본은행의 금융 정책 방향은 어떻게 될까? 그것은 환율과 주가에 어떠한 영향을 미칠까?

- □ **ひやみずをあびせる**(冷や水を浴びせる) | 찬물을 끼얹다.
  ≫ 増税は個人消費に冷や水を浴びせ、景気悪化と税収減を招くだけである。 증세는 개인 소비에 찬물을 끼얹어 경기 악화와 세수 감소를 초래할 뿐이다.

- □ **ひようだおれになる**(費用倒れになる) | 비용을 탕진하다.
  ≫ 特許訴訟は多額の費用がかかるので、それに見合ったマーケットが存在しないと費用

倒れになる。특히 소송은 많은 비용이 들기 때문에 이에 맞는 시장이 존재하지 않으면 비용면에서 배보다 배꼽이 더 커지게 된다.

- [ ] **ビルトインされる** | 구축되다.
  ≫ 米企業がグローバル化に最も適応した結果、ドルが安くなるメカニズムがビルトインされた。 미 기업이 글로벌화에 가장 잘 적응한 결과 달러 가치가 떨어지는 메커니즘이 구축되었다.
- [ ] **びんじょうねあげをふせぐ**(便乗値上げを防ぐ) | 가격 편승을 막다.
- [ ] **びんぼうママ**(貧乏ママ) | 알뜰 주부.
  ≫ 貧乏ママの節約生活。 알뜰 주부의 절약 생활.
  ⊙ 실제로 돈이 없는 주부를 가리켜 쓰기도 한다.
- [ ] **ふあんていなきんゆうしじょう**(不安定な金融市場) | 널뛰는 금융시장.
- [ ] **ふあんをやわらげる**(不安を和らげる) | 불안을 덜어주다.
  ≫ 消費者の牛肉への不安を和らげる。 소비자의 쇠고기에 대한 불안을 덜어주다.
- [ ] **フィナンシャルタイムズ** | 파이낸셜 타임스. [*FT: Financial Times*]
- [ ] **ふうひょうひがい**(風評被害) | 소문으로 인한 피해.
  ≫ 企業は情報漏れやうわさを早期に発見し、風評被害を最小限に抑えなければならない。 기업은 정보 유출과 소문을 조기에 발견하고 이로 인한 피해를 최소한으로 줄여야 한다.
- [ ] **ブームがまきおこる**(ブームが巻き起こる) | 붐(열풍)이 일어나다.
- [ ] **フォローアップをおこなう**(フォローアップを行う) | 후속 조치(추가 조치)를 취하다.
- [ ] **ふきとぶ**(吹き飛ぶ) | 싹 사라지다. 바람에 날아가다.
  ≫ 改善見込みの観測は一気に吹き飛んでしまった。 개선될 것이란 관측은 단번에 자취를 감추어 버렸다.
- [ ] **ふきょうのあおりをもろにうけるレジャーさんぎょう**(不況のあおりをもろに受けるレジャー産業) | 불황의 직격탄을 맞은 레저 산업.
- [ ] **ふきょうのいたで**(不況の痛手) | 불황의 타격.
- [ ] **ふきょうのえいきょうをもろにかぶっている**(不況の影響をもろにかぶっている) | 불황의 직격탄을 맞다.
- [ ] **ふきょうのせとぎわ**(不況の瀬戸際) | 불황의 벼랑 끝.
  ≫ 日本経済は不況の瀬戸際に追い詰められた。 일본 경제는 불황의 벼랑 끝으로 내몰렸다.
- [ ] **ふこくきょうへい**(富国強兵) | 부국강병.
- [ ] **ふさいをかかえる**(負債を抱える) | 부채를 떠안다.
- [ ] **ふしん**(不振) | 부진.
- [ ] **ふしんかんをぬぐいさる**(不信感を拭い去る) | 불신을 씻어내다(종식시키다).

여러가지 표현

>> 雇用安定に対する従業員の不信感を拭い去る。 고용 안정에 대한 종업원들의 불신을 해소하다.

☐ **ふじんふくてん**(婦人服店) | 여성복 코너. 여성복 매장.

☐ **ふしんをばんかいする**(不振を挽回する) | 부진을 만회하다.
>> 売り上げの伸び率が3%前後に止まった昨年の不振を挽回する。 매출 신장률이 3%내외에 그친 작년의 부진을 만회하다.

☐ **ふたけたのげんしょう**(二桁の減少) | 두 자릿수 감소.
⊙ 세 자릿수는 「三桁(みけた)」로 읽는다.

☐ **ふたんをけいげんする**(負担を軽減する) | 부담을 덜다. =負担(たん)を減(へ)らす〔軽(かる)くする〕

☐ **ふとうめい**(不透明) | 불투명. 불확실.
>> 原油価格の見通しが不透明な中、今後も原油価格が上昇傾向で推移すれば、農家負担が増大すると考えられる。 유가 전망이 불투명한 가운데 앞으로도 강세가 지속된다면 농가의 부담은 늘어날 것으로 보인다.

☐ **ふところをあたためる**(懐を暖める) | 주머니를 채우다.
>> 企業の懐を暖め、財務諸表を改善すれば景気が回復し、所得が増え消費が回復する。 기업의 재정을 건실히 해 재무제표를 개선하면 경기가 회복되고 소득이 늘어 소비가 회복된다.

☐ **ふのじゅんかんをたつ**(負の循環を絶つ) | 악순환의 고리를 끊다.

☐ **ふびだ**(不備だ) | 미흡하다.
>> 管理体制に不備な点が多い。 관리 체제에 미흡한 점이 많다.

☐ **ふみだい**(踏み台) | 토대. 발판.
>> 古い経験を踏み台にして若い研究者が先端の知恵で世界に貢献してくれることを臨んでいる。 오랜 경험을 토대로 젊은 연구자들이 최첨단 지혜를 이용해 세계에 기여해 주기를 바란다.

☐ **フランチャイズチェーンをてんかいする**(フランチャイズチェーンを展開する) | 프랜차이즈 체인점을 늘리다(경영하다).
>> 直営の段階で20%近い利益が出るようなシステムを構築していないとフランチャイズチェーンを展開することはできない。 직영 단계에서 20%에 가까운 이익이 나올 수 있는 시스템을 구축하지 않으면 프랜차이즈 체인점을 확장하는 것은 불가능하다.

☐ **ブランドひん**(ブランド品) | 명품. 사치품. =ブランド
>> 日本の消費者の根強いブランド信仰 일본 소비자들의 뿌리 깊은 명품 선호 사상.

☐ **フリーハンドがあたえられる**(フリーハンドが与えられる) | 자유 재량권이 부여되다.

☐ **ふりむける**(振り向ける) | 돌리다. 충당하다.
>> 輸出品を内需に振り向ける。 수출품을 내수로 돌리다.

☐ **ふれこみどおり**(触れ込み通り) | 사전 선전대로.
>> 互換性が本当に触れ込み通りならば4800円という価格は魅力かもしれない。 호환성이

정말로 선전한 대로라면 4800엔이란 가격은 매력적일지도 모른다.

- □ **プレゼンス** | 위상. 영향력. =存在感(そんざい) [*presence*]
  ≫ 中国経済の世界経済に占めるプレゼンスは確実に高まりつつある。 중국 경제가 세계 경제에서 차지하는 위상은 확실히 높아지고 있다.

- □ **ぶれる** | 흔들리다.
  ≫ 改革の基本的な方向がぶれてはならない。 개혁의 기본적인 방향이 흔들려서는 안 된다.

- □ **ふれる**(振れる) | 쏠리다. 치우치다.
  ≫ 円安に振れると自動車株を筆頭に輸出関連の銘柄がよく物色される。 엔화가 약세로 기울면 자동차주를 필두로 수출 관련 종목이 자주 투자타깃이 된다.

- □ **プロセス** | 공정. [*process*]
  ≫ 仕事のプロセスが全く切り分けられていない。 일의 공정이 전혀 분업화되어 있지 않다.

- □ **ふわたりをだす**(不渡りを出す) | 부도를 내다.
  ⊙ 어음이나 수표를 가지고 있는 사람이 지급일에 지급받지 못하는 것. 우리나라에서는 부도를 파산의 개념으로 사용하는 경우가 많다.

- □ **ぶんじょうする**(分乗する) | 나누어 타다.
  ≫ バス2台に分乗する。 버스 2대에 나누어 타다.

- □ **ベース** | 기준. 토대. [*base*]
  ≫ 中国は80年代以降、改革開放をベースに目覚ましい経済発展を遂げた。 중국은 80년대 이후 개혁 개방을 토대로 눈부신 경제 발전을 달성했다.

- □ **ペースダウンする** | 속도가 떨어지다.
  ≫ 景気は少しペースダウンしたものの、堅調に回復している。 경기는 약간 속도가 떨어진 감이 있지만 꾸준히 회복되고 있다.

- □ **ほうとをさぐる**(方途を探る) | 방도를 찾다.
  ≫ 経済協力の方途を探る。 경제 협력에 대한 방도를 찾다.

- □ **ほうにふれる**(法に触れる) | 법에 저촉되다.
  ≫ 携帯電話の1位と2位企業の合併は独占禁止法に触れる可能性がある。 휴대전화 1위와 2위 기업의 합병은 독점금지법에 저촉될 가능성이 있다.

- □ **ほごにする**(反故にする) | (합의를) 파기하다. 휴지화하다.
  ≫ 労使合意を反故にする。 노사 합의를 파기하다.

- □ **ほんごしをいれる**(本腰を入れる) | 본격적으로 뛰어들다.
  ≫ 世界最大の中国市場での販売に本腰を入れる。 세계 최대인 중국시장 판매에 본격적으로 뛰어들다.

- □ **マージンがたかい**(マージンが高い) | 마진이 높다.
  ≫ 本のマージンは21％なのに対して、雑貨は35％と販売マージンが高い。 책의 마진은 21%인데 반해 잡화는 35%로 판매 마진이 높다.

여러가지 표현

- ☐ **マイカーはきゅうきょくのステータスシンボルだ**(マイカーは究極のステータスシンボルだ) | 마이카는 궁극적인 신분의 상징물이다.

- ☐ **まいにちかかさず**(毎日かかさず) | 매일 거르지 않고.
  ≫ 毎日かかさず英語の勉強をしている。하루도 거르지 않고 영어 공부를 한다.

- ☐ **マイレージポイントがあつまる**(マイレージポイントが集まる) | 마일리지 포인트가 적립되다.
  ⊙「集まる」대신「たまる」를 써도 된다.

- ☐ **まえだおし**(前倒し) | 예정이나 예산을 앞당겨 실시함. 조기 실행.
  ≫ デフレ脱却のためには、来年度予算の前倒し執行、追加的な財源出動や減税などが必要である。디플레이션에서 벗어나기 위해서는 내년도 예산의 조기 집행, 추가적인 재정 출동과 감세 등이 필요하다.

- ☐ **まえぶれ**(前触れ) | 전조. 예고. 조짐.
  ≫ 今回の株価下落は、不景気の前触れなどとは思っていない。이번 주가 하락을 불경기의 전조 등으로는 생각하지 않는다.

- ☐ **まじえる**(交える) | 섞다. 끼게 하다.
  ≫ ASEAN首脳会議と日本、中国、韓国を交えた「ASEAN＋3」首脳会議。아세안 정상회의와 한중일을 포함한 아세안+3 정상회의.

- ☐ **まずまず** | 그럭저럭. 그런대로.
  ≫ 雇用統計は依然としてまずまずの安定を示しているが、エリクソンなどの企業は既にかなりの人員削減を発表している。고용 통계는 여전히 그런대로 안정을 보였으나 에릭슨사 등과 같은 기업은 이미 상당한 인원 감축을 발표했다.

- ☐ **まったなしのねんきんかいかく**(待ったなしの年金改革) | 고삐를 늦추지 않는 연금 개혁.

- ☐ **まるはだか**(丸裸) | 무일푼.
  ≫ いつ丸裸になるとも知れないお金万能の競争社会。언제 빈털터리가 될지도 모르는 황금 만능의 경쟁 사회.

- ☐ **まんぞくのいく**(満足の行く) | 만족할 만한.
  ≫ 満足の行く結果が得られた。만족할 만한 결과를 얻을 수 있었다.

- ☐ **みおとす**(見落とす) | 간과하다. 못 보고 넘어가다.
  ≫「品質・納期・コスト」を満足させるためには、現場の問題を見落とすことなく迅速に解決することが大きなポイントとなる。품질·납기·비용을 충족시키기 위해서는 현장의 문제점을 간과하지 말고 신속하게 해결하는 것이 중요한 포인트가 된다.

- ☐ **みかけじょう**(見掛け上) | 표면상.
  ≫ 見掛け上の不良債権を減らすため、工事代金の延滞や未払も日常茶飯事である。표면상의 부실 채권을 줄이기 위해 공사 대금을 체납하거나 지급하지 않는 일도 다반사이다.

- ☐ **みかたをしめす**(見方を示す) | 견해를 나타내다.

≫財政経済担当相は、経済危機を乗りきるために必要な経済支援を外国から得ることについて、楽観的な見方を示した。 재정경제 담당 장관은 경제 위기를 극복하기 위해 필요한 경제 지원을 외국으로부터 얻는 데 대해 낙관적인 견해를 보였다.

☐ **みぎかたさがり**(右肩下がり) | 감소 추세.
≫右肩下がりの時代における企業の存続にはイノベーションが欠かせない。 침체기에 있는 기업이 살아남기 위해서는 혁신이 필수적이다.

☐ **みずからにつばをはくようないいぐさ**(自らに唾を吐くような言い草) | 자기 얼굴에 침을 뱉는 말투.

☐ **みずぎわ**(水際) | 물가.
≫水際での取締まりを強化する。 공항이나 항구에서의 단속을 강화한다.

☐ **みすごす**(見過ごす) | 보고도 못 본 체하다.
≫ソフトウェアの使用権許諾に関するライセンス遵守は、グローバル化が進む今日、企業にとって見過ごすことのできない問題である。 소프트웨어의 사용권 허락에 관한 라이선스 준수는 글로벌화가 진행되는 오늘날 기업의 입장에서 간과할 수 없는 문제이다.

☐ **みずましせいきゅう**(水増し請求) | 허위 청구.
・실제 금액보다 부풀려서 청구하는 행위.

☐ **みせがまえ**(店構え) | 가게 구조. 가게 규모.
≫上品な店構えが老舗の雰囲気を醸し出している。 고급스러운 가게 구조가 전통 있는 가게의 분위기를 자아내고 있다.

☐ **みたて**(見立て) | 선정. 감정. 진단.
≫大手の経済研究所は、大体来年の1月から4月までの間にデフレからインフレに転じるだろうという見立てをしている。 주요 경제연구소는 대개 내년 1월부터 4월 사이에 디플레이션에서 인플레이션으로 돌아설 것이라는 진단을 내놓고 있다.

☐ **みちがこんでいる**(道が込んでいる) | 길이 붐비다. 길이 복잡하다.

☐ **みちがじゅうたいしている**(道が渋滞している) | 길이 막히다.

☐ **みちがふくざつだ**(道が複雑だ) | 길이 복잡하다.
≫このあたりは道が複雑なので、けっこう迷いやすい。 이 부근은 길이 복잡해서 길을 잃어버리기 쉽다.
・우리나라에서는 '길이 붐비다'라는 의미로 '길이 복잡하다'라는 말을 쓰지만 일본에서는 '길이 붐비다' 라는 의미로 사용하지 않는다.

☐ **みのがす**(見逃す) | 볼 기회를 놓치다.
≫見逃せない商品価格。 놓칠 수 없는 상품 가격.

☐ **みわけがつかない**(見分けがつかない) | 분간을 할 수 없다.
≫本物と偽物との見分けがつかない。 진품과 위조품을 분간할 수 없다.
・요즘 한국에서는 「偽物(にせもの)」를 '짝퉁'이나 '이미테이션'이라고 흔히 말한다.

여러가지 표현

- **むかえいれる**(迎え入れる) | 영입하다.
  >> 多様な人材を迎え入れる。 다양한 인재를 영입하다.

- **むだなほねおり**(無駄な骨折り) | 헛수고.

- **めいあんがわかれる**(明暗が分かれる) | 희비가 엇갈리다.
  >> 鋭い洞察力と長所を有効に活用できる先進の技術力を備えているか否かで、企業の明暗が分かれるといえる。 날카로운 통찰력과 장점을 효과적으로 활용할 수 있는 선진 기술력을 갖추었는지 여부에 따라 기업의 희비가 엇갈린다고 말할 수 있다.

- **めいうつ**(銘打つ) | 거창하게 선전하다.
  >> 韓国初と銘打った商品。 한국 최초라고 거창하게 선전하는 제품.

- **めいぎがし**(名義貸し) | 명의 대여.

- **めいよきそん**(名誉毀損) | 명예 훼손.

- **めいよをきずつけられる**(名誉を傷つけられる) | 명예를 훼손당하다.

- **めがゆきがちだ**(目が行きがちだ) | 눈이 가기 쉽다. 눈을 빼앗기기 쉽다.
  >> 「商品」というと中身の品質ばかりに目が行きがちであるが、容器や表示内容なども「品質」のひとつである。 상품이라고 하면 내용물의 품질에만 눈이 가기 쉬운데 케이스와 표시 내용 등도 품질의 일부이다.

- **メジャーリーグいりする**(メジャーリーグ入りする) | 일류 무대에 서다.
  >> 世界市場でメジャーリーグ入りした企業は多い。 세계 시장에서 일류 무대에 선 기업은 많다.

- **めせん**(目線) | 눈높이.
  >> 顧客の目線に合ったサービスを提供する。 고객의 눈높이에 맞춘 서비스를 제공한다.

- **めっきり** | 뚜렷이. 현저히.
  >> 日朝貿易はめっきり冷え込んでいる。 북일 무역이 현저히 위축되었다.

- **めどをつける**(目処を付ける) | 목표로 삼다. 마무리 짓다.
  >> 数年のうちに実用化のめどをつける。 수년 내에 실용화할 것을 목표로 삼다. / 2~3年のうちに不良債務処理に目処を付けるためには、公的資金投入も視野に入れなければならない。 2~3년 내에 부실채권 처리를 마무리짓기 위해서는 공적자금 투입도 시야에 넣어 두어야 한다.

- **めべり**(目減り) | 실질적인 가치가 내림. 자연 감량.
  >> 長引く資産価格の下落によって土地の担保価値が目減りする。 장기화되는 자산 가치의 하락으로 토지 담보 가치가 떨어지다.

- **めんきょをとりあげる**(免許を取り上げる) | 면허를 박탈하다(취소하다).

- **もうしたてる**(申し立てる) | 신청하다.
  >> 会社更生手続きを連邦破産裁判所に申し立てた。 회사 갱생 절차를 연방 파산 법원에 신청했다.

- **もじをずあんかしたマークをはいする**(文字を図案化したマークを配する) | 문자를 도안화한 마크를 배치하다.

- **もたれあい**(もたれ合い) | 상호 의존.
  ≫ 系列間のもたれ合いが今の窮状を招いた。계열사간의 상호 의존이 현 상태를 초래했다.

- **もちきり**(持ち切り) | 자자함. 화제가 됨.
  ≫ 噂で持ち切りだ。소문만 무성하다.

- **もちこす**(持ち越す) | 미루다. 이월하다. 넘기다.
  ≫ 仕入れを減らすことで、商品の売上げが落ちることはあるものの、在庫量が増えないため、持ち越し費用を抑制することができる。매입을 줄임으로써 상품의 매출은 떨어지지만 재고량이 줄어들기 때문에 재고 이월 비용을 줄일 수 있다.

- **もちこたえる**(持ちこたえる) | 버티다. 지탱하다.
  ≫ 情報漏洩事故を起こした場合、大企業はイメージダウンや賠償責任などにもなんとか持ちこたえることができても、中小企業やベンチャーはとても持ちこたえられない。정보 유출 사고를 일으킨 경우 대기업이라면 이미지 실추와 배상금 책임 등도 어떻게든 버틸 수가 있지만 중소기업이나 벤처기업은 도저히 버틸 수가 없다.

- **もちなおす**(持ち直す) | 회복되다.
  ≫ アメリカ経済などの回復に伴って、景気は持ち直すことが見込まれている。미국 경제 등의 회복과 함께 경기는 회복될 것으로 전망된다.

- **もてるものともたざるもの**(持てる者と持たざる者) | 가진 자와 못 가진 자.
  ≫ 中央と地方との経済格差はますます拡大し、いわば持てる者と持たざる者との二極化が進んできた。중앙과 지방의 경제 격차는 점점 확대되어 소위 가진 자와 못 가진 자 사이의 양극화가 더욱 진행되었다.

- **モノづくりをきわめる**(モノ作りを極める) | 제조업을 최고 수준으로 올리다.

- **もみあう**(もみ合う) | 소폭의 등락을 거듭하다.
  ≫ 一万円を挟んでもみ合っている。1만 엔을 사이로 소폭의 등락을 거듭하고 있다.

- **もりかえす**(盛り返す) | 만회하다. 회복하다.
  ≫ 企業を取り巻く環境が激化したことで、IT関連企業のなかでも、不調だった企業が盛り返し、好調だった企業が落ち込むというような現象が生じる可能性がある。기업을 둘러싼 환경이 격변해서 IT 관련 기업 가운데에서도 부진했던 기업이 되살아나고 호조를 보였던 기업이 침몰하는 현상이 나타날 수 있다.

- **もろはのつるぎ**(両刃の剣) | 양날의 칼(검).
  ≫ インターネットは両刃の剣。非常に便利な道具であるが、使い方を間違えれば、凶器にもなる。인터넷은 양날의 칼이다. 매우 편리한 도구이지만 잘못 사용하면 흉기도 된다.

- **やさき**(矢先) | 화살촉. 화살의 목표.
  ≫ ハイテク株に物色の矢先が向かう可能性がありそう。하이테크주에 투자의 손길이 미칠 가

여러가지 표현

능성도 있을 것 같다.

- ☐ **やすあがり**(安上がり) | 싸게 먹힘.
  ≫ 自社でするよりはアウトソーシングでする方が安上がりになる。 직접 하는 것보다 아웃소싱으로 하는 편이 싸게 치인다.

- ☐ **やつぎばやに**(矢継ぎ早に) | 잇달아. 연달아.
  ≫ 矢継ぎ早に新車を市場に投入する。 잇달아 신차를 시장에 투입하다.

- ☐ **やみとりひき**(闇取り引き) | 뒷거래. 부정거래. 암거래.

- ☐ **やるき**(やる気) | 의욕.
  ≫ やる気さえあれば何でもできる。 할 마음만 있으면 뭐든 할 수 있다.

- ☐ **ゆきだるましきに**(雪だるま式に) | 눈덩이처럼.
  ≫ 借金が雪だるま式に増える。 빚이 눈덩이처럼 불어나다.

- ☐ **ゆきとどいたサービス**(行き届いたサービス) | 세심한 서비스.

- ☐ **ゆしゅつがかいふくきちょうにある**(輸出が回復基調にある) | 수출이 회복세를 보이다.

- ☐ **ゆるがす**(揺るがす) | 요동시키다. 뒤흔들다.
  ≫ 企業の信頼を揺るがす不祥事が相次ぐ。 기업의 신뢰를 뒤흔드는 스캔들이 잇따라 발생하다.

- ☐ **よう**(酔う) | 도취하다.
  ≫ 高度成長期のノスタルジーに酔っている。 고도 성장기의 향수에 젖어 있다.

- ☐ **ようしゃする**(容赦する) | 봐주다.
  ≫ 競争力を失った企業を容赦なく市場から撤退させた。 경쟁력을 잃은 기업을 가차 없이 시장에서 퇴출시켰다.

- ☐ **ようすみムード**(様子見ムード) | 관망 자세. 관망세.

- ☐ **よこながしする**(横流しする) | 부정 유출하다.
  ≫ 名簿が横流しされる。 명단이 부정 유출되다.

- ☐ **よこわり**(横割り) | 횡적 관계.

- ☐ **よさんのつかいみち**(予算の使い道) | 예산 사용처.

- ☐ **よさんをくむ**(予算を組む) | 예산을 짜다.

- ☐ **よじょう**(余剰) | 잉여.
  ⊙ 「量刑・良妻賢母・老若男女・古今東西」 등도 우리나라 말과 순서가 거꾸로 되어 있으니 주의해야 한다.

- ☐ **よびみず**(呼び水) | 마중물. 기폭제.
  ≫ 市では今回の投資を呼び水に、ハイテク産業の集積を図りたいとしている。 시에서는 이번 투자를 활력제로 첨단 산업의 집적화를 도모하려 하고 있다.

- ☐ **らくいんをおされる**(烙印を押される) | 낙인찍히다.

≫会社を破産させた経営者は失格の烙印を押される. 회사를 파산에 이르게 한 경영자는 실격이란 낙인이 찍힌다.

- **リース** | 리스. 장기간의 임대차 계약. [lease]

- **りえきかくていのうりがでる**(利益確定の売りが出る) | 이익 확정 매도를(차익 실현)하다. =利食^ぐい売りが出る

- **りえきにみあう**(利益に見合う) | 이익에 부합하다.
  ≫CIOは、外部ベンダーが提供するサービスが企業の利益に見合うものかどうかを見極めながら、交渉を進めていく能力を持つ必要がある. CIO는 외부 벤더가 제공하는 서비스가 기업의 이익에 부합하는지 여부를 지켜보면서 협상을 추진해가는 능력이 요구된다.
  ⊙ 최고정보관리책임자(CIO:chief information officer)는 조직의 경영과 전략적 관점에서 정보기술 및 정보시스템을 총괄하고 관리한다.

- **りがいがいりみだれる**(利害が入り乱れる) | 이해가 얽혀 있다(엇갈리다).
  ≫関係業者の利害が入り乱れ、調整は難航した. 관계 업자의 이해가 얽혀있어 조정은 난항을 겪었다.

- **リスクにさらされる** | 위험에 직면하다.
  ≫大企業といえども海外資本のM&Aリスクにさらされ、グローバルな経営強化の観点から大企業同士の合併が相次ぐ可能性もある. 대기업이라도 해외 자본의 M&A 위험에 직면해 있으며 글로벌 경영을 강화한다는 관점에서 대기업간의 합병이 잇따라 나올 수도 있다.

- **りはばのうすさをおぎなう**(利幅の薄さを補う) | 적은 이익폭(마진)을 메우다.

- **りゅうしゅつする**(流出する) | 유출되다. 새 나가다.
  ≫優秀な人材が流出する. 우수한 인재가 빠져나간다.
  ⊙「流出」는 자동사이므로 수동 표현인「流出される」는 쓰지 않는다.

- **りゅうせいをきわめる**(隆盛を極める) | 전성기를 누리다.
  ≫インターネットを媒体とした物販が隆盛を極める. 인터넷을 매체로 한 상품 판매가 전성기를 누리고 있다.

- **りんきおうへんなかじとりをおこなう**(臨機応変な舵取りを行う) | 상황에 맞게 방향을 수정하다.

- **レールをふせつする**(レールを敷設する) | 철도를 부설하다.

- **れっかする**(劣化する) | 품질이 나빠지다.
  ≫劣化しやすい食品. 상하기 쉬운 식품.

- **ろうそくをゆらせる**(ろうそくを揺らせる) | 촛불을 흔들다.
  ≫歌に合わせてろうそくを揺らせる. 노래에 맞추어 촛불을 흔들다.

- **ロジック** | 논리. [logic]
  ≫北朝鮮は市場メカニズム以外のロジックで行動してきた. 북한은 시장 메커니즘 이외의 논

여러가지 표현

리로 행동해 왔다.

- □ **ろとうにまよう**(路頭に迷う) | 길거리로 나앉다.
  ≫ 仕事を失い路頭に迷う人々が続出している。 일자리를 잃고 길거리로 나앉는 사람들이 속출하고 있다.

- □ **ろれつがまわらない**(ろれつが回らない) | (술에 취해서) 혀가 꼬이다.

- □ **わかいせだいのとうしをよびこむ**(若い世代の投資を呼び込む) | 젊은 세대의 투자를 유치하다.

- □ **わくかくだい**(枠拡大) | 증산.

- □ **わけまえ**(分け前) | 배당. 할당.
  ≫ パイが大きくなる方がパイが縮む方より分け前が多いに決まっている。 파이가 커지는 편이 줄어드는 것보다 당연히 배당이 많다.

- □ **わずかのさでしゅいをまもる**(わずかの差で首位を守る) | 간발의 차로 수위를 지키다.

- □ **わすれてはならない**(忘れてはならない) | 명심해야 한다.
  ≫ 地方銀行の破綻は、中小企業への影響が大きいことを忘れてはならない。 지방은행의 파탄이 중소기업에 큰 영향을 미친다는 것을 잊어서는 안 된다.

- □ **わりがあわない**(割りが合わない) | 수지가 안 맞다.

- □ **わりがいい**(割りがいい) | 수지가 맞다. 채산이 맞다.

- □ **わりこむ**(割り込む) | 끼어들다. 비집고 들어오다.
  ≫ 半導体市場に新勢力も割り込もうとする。 반도체 시장에 새로운 세력들도 비집고 들어오려 한다.

- □ **わりふる**(割り振る) | 할당하다. 배당하다.
  ≫ 予想される需要に応じて経営資源を割り振っていく計画が求められる。 예상된 수요에 맞게 경영 자원을 할당하는 계획이 필요하다.

- □ **わりまし**(割り増し) | 할증.
  ≫ 特定優良賃貸住宅の割増率が次のように引き下げられた。 특정 우량 임대주택의 할증률이 다음과 같이 인하되었다.

- □ **わりをくう**(割りを食う) | 손해를 보다.
  ≫ 松下の攻勢でいちばん割りを食ったのは、ソニーや日立製作所などシャープ以外のライバル勢である。 마쓰시타의 공세로 소니와 히타치제작소 등 샤프 이외의 경쟁 기업들이 가장 많은 손해를 봤다.

- □ **われ**(割れ) | (일정한 수치를) 밑돎.
  ≫ 売上高が3年連続前年割れとなった。 매출액이 3년 연속 전년을 밑돌았다.

경제

Society
Society
Society

I. 사회 문제

心中(しんじゅう)	동반 자살.
一家心中(いっかしんじゅう)	가족 동반 자살.
無理心中(むりしんじゅう)	(강요된) 동반 자살.
飛降り自殺(とびおりじさつ)	투신자살.
飛込み自殺(とびこみじさつ)	(지하철에 뛰어드는) 투신자살.

≫ 飛び込み自殺で電車を止めたりすると、身内の人に対し莫大な損害賠償が求められるらしい。 투신자살로 전철을 멈추게 했을 경우 가족에게 엄청난 손해 배상을 청구하는 것 같다.

身投げ(みなげ)	(강에 몸을 던져) 투신자살.
吉川線(よしかわせん)	요시카와 선. 저항 흔적.

◉ 요시카와 박사가 처음으로 발견해 그의 이름이 붙여졌다. 타살인 경우 목을 조이는 끈 등을 벗겨내기 위해 필사적으로 끝을 잡으려고 하는데 이때 생기는 목의 상처를 요시카와 선이라고 한다.

窒息死(ちっそくし)	질식사.
首吊り自殺(くびつりじさつ)	목을 매 자살함.
焼身自殺(しょうしんじさつ)	분신자살.

≫ 警察官から任意同行を求められた男性が灯油を浴び、焼身自殺を図るという事件が起きた。 경찰로부터 임의 동행을 요구받은 남성이 등유를 몸에 뿌리고 분신자살을 기도하는 사건이 발생했다.

切腹(せっぷく)	할복자살. =割腹(かっぷく)・腹切(はらき)り
服毒自殺(ふくどくじさつ)	음독자살.
フリーター	프리터. 자유 아르바이트족. [free+arbeiter 일본식 조어]

≫ フリーターやニートと呼ばれる若者の急増が社会問題となっている。 프리터나 니트로 불리는 젊은이들이 급증해 사회문제가 되고 있다.

ニート	니트족.

◉ 학생도 아니고 직장도 없으면서 그렇다고 직업 훈련을 받거나 구직 활동을 하고 있지도 않은 젊은이를 일컫는 용어이다. Not in Education, Employment or Training의 머리글자를 딴 말이다.

パラサイトシングル	패러사이트 싱글. 기생 독신. [parasite+single 일본식 조어]

≫パラサイトシングルは、親に住居や生活費などを依存しているため、ブランド志向、有名メーカー志向などが高く、経済性などに対する意識が比較的弱いようである。 기생 독신은 부모에게 주거와 생활비 등을 의존하기 때문에 명품이나 유명 브랜드를 선호하는 등 경제성에 대한 개념이 비교적 약한 것 같다.

カンガルー族

캥거루족.
◉ 대학을 졸업하고 자립할 나이가 되었는데도 취직을 하지 않거나, 취직을 해도 독립 생활을 하지 않고 부모에게 경제적으로 의존하는 20~30대 젊은 이들을 일컫는 말이다.

不登校

장기 등교 거부.
≫2002年度の小中学校の不登校児童生徒の数が、1975年以来はじめて減少に転じた。 2002년도 초중등학교의 장기등교 거부 학생 수가 1975년 이래 처음으로 줄어들었다.

引き籠り

은둔형 외톨이. 방콕족.
≫引きこもりが起こるきっかけは、学校でのいじめ・受験の失敗・会社でのしくじりなどである。 방에 틀어박히게 되는 계기에는 학교에서의 집단 따돌림이나 수험 실패, 회사에서의 과오 등이 있다.

面倒くさがり屋

귀차니스트.
≫私は面倒くさがり屋なので、ちょっとでも手間がかかることは三日坊主になる。 나는 귀찮은 것은 질색이기 때문에 조금이라도 품이 드는 일은 금방 포기해 버린다.

ヤングママ

미성년 부모. 영마마. [young mama]

ヤングパパ

영파파. [young papa]
◉ 17세 이하의 청소년이 아이의 부모인 경우를 지칭하는 말.

DINK族

딩크족. [DINK: Double income No kids]
◉ 아이를 갖지 않은 맞벌이 부부를 이르는 말이다.

少子高齢化

저출산 고령화.
≫日本を含む先進諸国では、少子高齢化が大きな社会問題となっている。 일본을 포함한 선진국에서는 저출산 고령화가 커다란 사회 문제가 되고 있다.

出生率

출산율.
≫現在の人口構造を維持できるぎりぎりの出生率。 현재 인구 구조를 유지할 수 있는 최소한의 출산율.

中高年

중장년.
≫中高年の一人暮しは、精神面でも健康面でもカップルで生活する

人より劣ると言われている。중장년층의 독거 생활은 정신적이나 육체적으로도 부부생활을 하는 사람보다 열악하다고 한다.

シニア	시니어. 연금 수급자. [senior]
アクティブシニア	액티브 시니어. [active senior]

≫「アクティブシニア」は、健康な日常生活を送り、高い社会参加意欲を持っている。 액티브 시니어는 건강한 일상생활을 보내며 높은 사회 참여 의식을 가지고 있다.
◉ 50대 이후에도 젊은 사람 못지않게 왕성한 활동을 하는 사람.

ベビーブーマー	베이비붐 세대. [baby boomer]
団塊世代	단카이 세대. 베이비붐 세대.

≫団塊世代の子の世代は団塊のジュニアと呼ばれる。 단카이 세대의 자녀 세대는 단카이 주니어(2차 베이비붐 세대)라 불린다.

団塊ジュニア世代	2차 베이비붐 세대.
年金の給付	연금 지급.

≫現在の年金の給付水準を今後も維持すべきであり、そのためには、今後の保険料負担が相当重くなってもやむを得ない。 현재의 연금 지급 수준을 앞으로도 유지해야 하며 이를 위해서는 향후 보험료 부담이 무거워지는 것은 어쩔 수 없다.

介護	개호. 노인 간호. 수발.

≫介護を家族だけの問題にせずに、社会全体で支える仕組みを作らなければならない。 노인 간병을 가족만의 문제로 생각하지 않고 사회 전체가 지원하는 시스템을 만들어야 한다.

寝たきり(の)患者	와상 환자. 침상 환자.

≫水中での歩行訓練では水の浮力に支えられて、寝たきり患者さんでも立って歩くことができる。 물속에서 실시하는 보행 훈련에서는 부력의 도움을 얻어 와상환자라도 서서 걸을 수가 있다.

体の不自由な人	신체 부자유자.

◉ 일본에서는 맹인·귀머거리 등의 차별적인 단어들을 쓰지 않음. 대개「目の不自由な人」「耳の不自由な人」처럼「～の不自由な人」란 표현을 많이 쓴다.

バリアーフリー	문턱 없애기. [barrier free]

≫バリアーフリーとは障壁のないとか障壁を取り除くという意味である。 배리어 프리란 장벽이 없다든가 장벽을 제거한다는 뜻이다.

喫煙	흡연.
禁煙	금연.

ぶんえん 分煙	분연. ⊙ 금연 구역과 흡연 구역을 분리하는 것을 뜻한다.
ある 歩きタバコ	길거리 흡연. =路上喫煙（ろじょうきつえん） ≫歩きタバコを禁止するためには、ポイ捨てをなくした方がいいと思う。 길거리 흡연을 금지하기 위해서는 담배꽁초 무단 투기를 없애는 편이 좋을 것 같다.
じゅどうきつえん 受動喫煙	간접흡연. ≫喫煙者本人だけでなく受動喫煙によって周囲の人の健康がおびやかされることが問題になっている。 흡연자 본인뿐만 아니라 간접흡연으로 주위 사람의 건강이 위협받는 것이 문제시되고 있다.
す ポイ捨て	담배꽁초 무단 투기.
ね あ タバコの値上げ	담뱃값 인상. ≫喫煙者としてはタバコの値上げはつらいけど受け入れるしかない現実問題である。 흡연자에게 담뱃값 인상은 힘든 일이지만 받아들일 수밖에 없는 현실적인 문제이다.
す がら たばこの吸い殻	담배꽁초. ≫床にはたばこの吸い殻が散乱していた。 바닥에는 담배꽁초가 흩어져 있었다.
とお ま じけん 通り魔事件	묻지마식 범죄(행각). ≫通り魔事件は、いつ自分が襲われるかわからない不安と恐怖のために、殺人、傷害事件以上に、私たちの社会に影響を与える。 묻지마식 범죄는 언제 자신이 당하게 될지 모르는 불안과 공포 때문에 다른 살인이나 상해 사건 이상으로 우리 사회에 영향을 미친다.
きょう キリスト教	기독교. =プロテスタント
きょう カトリック教	천주교.
ぶっきょう 仏教	불교.
しゅうきょうだんたい エセ宗教団体	사이비 종교 단체.
しゅうきょう カルト宗教	컬트 종교. (이단적인) 신흥 종교.
しょうにん エホバの証人	여호와의 증인.
しん り きょう オウム真理教	옴 진리교. ⊙ 현재 「アーレフ」(아레프)로 개칭하였다.
しゅうきょう 宗教かぶれ	광신도. ≫私は宗教かぶれではないが、自殺した者はあの世でも一番救いがないと思う。 나는 종교에 푹 빠져 있지는 않지만 자살한 사람은 저세상에

改宗（かいしゅう）	서도 가장 구원을 받지 못할 거라고 생각한다. 개종. ＝宗旨替（しゅうしえ）
涅槃（ねはん）	니르바나. 열반. ＝ニルヴァーナ ≫お釈迦様（しゃかさま）が涅槃に入り、荼毘（だび）にふされた。 석가모니가 열반에 들어 다비에 부쳤다. ⊙ 다비는 불교 용어로 시체를 화장하는 일을 말한다.
悟（さと）り	깨달음. 득도(得道). ≫お釈迦様が悟りを開かれたのが菩提樹（ぼだいじゅ）の木の下だった。 석가모니가 보리수나무 아래에서 깨달음을 얻었다.
痴漢（ちかん）	치한. ≫痴漢被害がワーストのJR埼京線（さいきょうせん）に女性専用車両が登場した。 치한 피해가 가장 많은 JR 사이쿄센에 여성 전용 차량이 등장했다.
女性専用車（じょせいせんようしゃ）	여성 전용 차량. ≫ラッシュ時間帯に女性専用車を走らせる。 붐비는 시간대에 여성 전용 차량을 운행한다.
セクハラ	성희롱.
乱暴（らんぼう）	폭행. 성폭행. ≫女性に乱暴を働く。 여성에게 성폭행을 가하다.
女性（じょせい）のエンパワーメント	여성의 지위 향상. 여권 신장. ≫女性のエンパワーメントによって男女共同参加を実現する。 여권 신장으로 남녀가 공동으로 계획에 참여하는 사회를 실현한다.
両性平等（りょうせいびょうどう）	양성 평등. ⊙ '남녀 평등'이라는 말은 남녀의 순서가 문제가 되어 '양성'이라는 말을 많이 쓴다.
フェミニズム	페미니즘. 여권 신장 운동. [feminism]
フェミニスト	페미니스트. 여권 신장 운동가. [feminist]
エコフェミニズム	에코페미니즘. [ecofeminism] ⊙ 환경 운동과 여권 신장 운동 사상을 통합한 생태 여성론.
私生活（しせいかつ）	사생활. ＝私事（しじ）、プライバシー ≫私生活を暴く。 사생활을 폭로하다.
ストーカー	스토커. [stalker] ≫ストーカーに付け回される。 스토커가 따라다니다.
不審者（ふしんしゃ）	수상한 사람.

誘拐（ゆうかい）	유괴.
身代金（みのしろきん）	몸값.
	≫ 子供のいる家庭に身代金目的の誘拐を装った電話が10月中旬頃から相次いでいる。 자녀를 둔 가정에 몸값을 노린 유괴를 가장한 전화가 10월 중순부터 잇따르고 있다.
君が代斉唱（きみがよせいしょう）	기미가요 제창.
	≫ 入学式や卒業式で日の丸に向かっての起立や君が代斉唱を強制するのは憲法で保障された思想・良心の自由を侵害する。 입학식과 졸업식에서 일장기에 대한 기립과 기미가요 제창을 강요하는 것은 헌법에 보장된 사상・양심의 자유를 침해한다.
ホームレス	노숙자. 홈리스. [homeless]
	≫ 自らの意思でホームレスを選択するケースもある。 스스로의 의지로 노숙자를 선택하는 경우도 있다.
段ボール族（だんボールぞく）	노숙자.
	⊙ 골판지 상자로 작은 집을 짓고 거기에 사는 사람들을 지칭하는 말이다.
生活保護者（せいかつほごしゃ）	기초 생활 수급 대상자.
	⊙ 예전에는 생활 보호 대상자라고 했다.
生活扶助費（せいかつふじょひ）	생계 지원비.
嫌悪施設（けんおしせつ）	혐오시설.
	≫ 嫌悪施設は一般的に、工場やごみ焼却場、火葬場（かそうば）や養鶏場などを示すが、それにこだわる意味はない。自身が嫌だと思う施設はすべて嫌悪施設だと思った方がよい。 혐오시설은 일반적으로 공장이나 쓰레기 소각장・화장터・양계장 등을 가리키지만 거기에 연연할 필요는 없다. 자신이 싫다고 생각하는 시설은 모두 혐오시설이라고 생각하는 편이 좋다.
放射能廃棄物処理施設（ほうしゃのうはいきぶつしょりしせつ）	원전 수거물 처리장. 방사성 폐기물 처리장.
NIMBY現象（げんしょう）	님비현상. 지역 이기주의. [NIMBY: not in my back yard]
	⊙ 쓰레기 소각장, 분뇨 처리장, 화장터 같은 기피 시설이 필요한 줄은 알지만 '우리 지역에는 사절'이라며 완강히 저항하는 현상을 말한다.
地域エゴ（ちいき）	지역 이기주의. 집단 이기주의. ＝住民（じゅうみん）エゴ
PIMBY現象（げんしょう）	핌비현상. [please in my back yard]
	⊙ 자기 지역에 이득이 되는 시설을 유치하려는 현상이다. '제발 우리 집 앞마당에'라는 의미의 'Please In My Front Yard'에서 나온 말이다.
デジタル万引き（まんびき）	디지털 도둑. 얌체 손님.

사회 | 233

≫デジタル万引きとは、カメラ付き携帯電話を使って、雑誌の一部を立ち読み客が写す行為で、書店やコンビニエンスストアなどで、情報誌を中心に被害が出ているという。 디지털 도둑이란 선 채로 잡지를 읽던 손님이 휴대전화 카메라를 사용해 찍는 행위로 서점과 편의점 등에서 정보지를 중심으로 피해가 나오고 있다고 한다.
⊙ 값 비싼 책은 구입하지 않고 디지털 카메라나 휴대전화로 책을 찍어 가는 사람을 지칭하는 말이다.

モラルハザード 모럴 해저드. 도덕적 해이. =道徳的 危険 [moral hazard]

烏(からす) 까마귀.
⊙ 일본에서는 까마귀가 발코니의 물건을 가져가거나 쓰레기를 뒤져 어지럽혀 놓거나 사람을 공격하는 일이 자주 발생해 사회적 문제가 되고 있다.

烏族(からすぞく) 까마귀족.
⊙ 축제 등에 검정색 옷을 입고 나타나 난폭한 행동을 하는 집단.

回転ドア(かいてん) 회전식 문.
≫回転ドアに6歳の子供が挟まれて死亡したため、回転ドアを撤去し、普通の扉に変更するという。 회전식 문에 6세 아이가 끼어서 사망했기 때문에 회전식 문을 철거하고 평범한 문으로 변경한다고 한다.

牛海綿状脳症(ぎゅうかいめんじょうのうしょう) 광우병. =BSE・狂牛病(きょうぎゅうびょう)

殺処分(さっしょぶん) 살처분.
≫農水省は牧場で殺処分された乳牛が、BSE〔牛海綿状脳症〕に感染していたことを発表した。 농림수산성은 목장에서 살처분 당한 젖소는 광우병에 감염되어 있었다고 발표했다.

オープンフォーラム 열린 포럼. [open forum]

離脱(りだつ) 탈영.
≫戦争に恐怖と嫌悪を感じて軍隊を離脱した。 전쟁에 공포와 혐오감을 느껴 군대를 탈영했다.

脱営兵(だつえいへい) 탈영병.

赤紙(あかがみ) (군대) 소집 영장.
⊙ 군대 소집 영장 종이가 빨간색이어서 부르는 말이다.

小競り合い(こぜりあい) 승강이. 가벼운 몸싸움.
≫入ろうとする一般の人々と、それを排除しようとする警察官との間で、小競り合いも起きた。 들어가려는 일반인들과 이를 저지하려는 경찰 사이에서 마찰이 있었다.

発達障害者(はったつしょうがいしゃ) 발달장애인.

≫ 自閉症や学習障害など「発達障害者」への支援策を強化する。 자폐증과 학습 장애 등 발달장애인에 대한 지원책을 강화하다.
◉ 일반적으로는 해당 연령의 정상 기대치보다 25% 뒤지는 경우를 말한다. 정신 지체도 발달장애의 범주 속에 들어간다.

宝<ruby>くじ</ruby>
복권.
≫ 数字の組合わせを当てる宝くじ。 숫자 조합을 맞추는 복권.

ロト
로또.

口<ruby>くち</ruby>
복권을 세는 단위.
≫ 宝くじ売り場で、宝くじを3口購入した。 복권방에서 복권을 3장 구입했다.

抽選<ruby>ちゅうせん</ruby>
추첨.

当選番号<ruby>とうせんばんごう</ruby>
당첨 번호.

心の時代<ruby>こころ じだい</ruby>
감성시대.
≫ 物の時代から、心の時代へ戻らなければならない。 물질만능시대에서 감성시대로 돌아가야 한다.

市町村合併<ruby>しちょうそんがっぺい</ruby>
(기초자치단체인) 시정촌 통합.
≫ 少子高齢化は市町村合併の理由になりえない。 저출산 고령화는 시정촌 통합의 이유가 될 수 없다.

ただ乗<ruby>の</ruby>り
무임승차. =フリーライド

Ⅱ. 사건·사고

物騒な事件
흉흉한 사건.
≫物騒な事件が絶えない現在、注目を浴びているセキュリティグッズ。 흉흉한 사건이 끊이지 않는 지금 주목을 받고 있는 보안 용품.

凶悪事件
강력 사건.
≫凶悪事件に対する警察の検挙率が年々低下している。 강력 사건에 대한 경찰의 검거율이 해마다 떨어지고 있다.

水死体
익사체.

変死体
변사체.

循環血液量減少性
  └ **ショック**
저혈량성 쇼크.

失血死
실혈사.

出血死
출혈사.

裏付け捜査
증거 확보 수사.
≫自白を強要する手法を行うなど無理な裏付け捜査をしたために、真犯人を逮捕できなかった。 자백을 강요하는 수법을 사용하는 등 무리한 증거 확보 수사를 했기 때문에 진범을 체포할 수 없었다.

検死解剖
부검.
≫検死解剖の結果、死因は出血多量。 부검 결과 사인은 출혈 과다였다.

新手
신종 수법. 새로운 수법.
≫保険事務所の職員を名乗り、お年よりからお金を騙し取る、新手の詐欺事件が発生している。 보험 사무소 직원이라고 사칭하며 노인으로부터 돈을 사취하는 신종 사기 사건이 발생하고 있다.

手口
(범죄) 수법. 방법. 수단.
≫このサイトは悪質商法やネット詐欺師の心理や手口から詐欺事件の被害防止策を教えてくれる。 이 사이트는 악덕 상법이나 인터넷 사기꾼의 심리와 수법을 근거로 사기 사건의 피해 방지책을 가르쳐 준다.

オレオレ詐欺
나야나야 사기.
● 귀가 어두운 노인들에게 전화를 걸어 자녀, 손자인 것처럼 속인 뒤 계좌로 돈을 이체하게 해 사취하는 행위.

振り込め詐欺	계좌 이체 사기. ⊙ 나야나야 사기 등과 같이 계좌로 돈을 이체하게 한 다음 그 돈을 사취하는 행위를 통틀어 이르는 말이다.
金庫破り	금고털이.
いかさま賭博	사기 도박.
ひったくり	날치기.
常習詐欺師	상습 사기꾼.
暴力団	폭력 조직.
ブローカー	브로커. [broker]
恫喝	공갈. ≫ 暴力や恫喝は、瞬間的もしくは短期的な効果はあるようだが、それは長期的に継続しないものである。 폭력과 공갈은 순간 혹은 단기적인 효과가 있는 것 같으나 이것은 오랫동안 지속되는 것이 아니다.
当たり屋	자해공갈단.
身柄の引き渡し	신병 인도.
自首	자수.
現行犯	현행범.
情状酌量	정상 참작.
刑事未成年者	형사 미성년자. ⊙ 14세 미만으로 형법에 책임 능력이 없기 때문에, 처벌을 받지 않는다.
係争	계쟁. ⊙ 양자가 문제 해결을 위해 법적인 방법으로 다투는 것을 뜻한다.
自供	자백.
供述	진술.
供述拒否権	진술 거부권. 묵비권. =黙秘権
アリバイ	알리바이. [alibi]
罪状認否	죄상 인부. ⊙ 법전에서 피고에게 기소장 대로의 죄상을 인정하는가를 묻는 절차.
囚人	죄수.
恩赦	사면. ≫ 恩赦で死刑から無期懲役に減刑された。 사면으로 사형에서 무기 징역으로 형이 줄었다.

火の回り	불길.
	≫火の回りが早く消火できなかった。 불길이 빨리 번져 진화할 수 없었다.
覆面調査	위장 조사.
	⦿ 조사 내용을 숨긴 채 몰래 하는 조사.
抜き打ち検査	불시 검사.
	≫雑居ビルを対象に防火対策の抜き打ち検査を行った。 상가 건물을 대상으로 방화 대책 불시 검사를 실시했다.
おとり捜査	함정 수사.
職務質問	불심 검문.
	≫職務質問は、犯罪を未然に防止、或いは現在行われている犯罪行為を取り締まることを目的とする。 불심 검문은 범죄를 미연에 방지하거나 혹은 현재 일어나고 있는 범죄 행위의 단속을 목적으로 한다.
ご都合主義	편의주의.
	≫法律をねじ曲げるご都合主義。 법률을 왜곡하는 편의주의.
届け出	신고.
	≫届け出が寄せられ次第、出動する。 신고가 접수되는 즉시 출동한다.
幇助	방조.
	≫幇助というのは非常に曖昧で、どこまでが幇助に当るのかは議論が分かれている。 방조는 매우 모호하여 어디까지가 방조에 해당하는지는 의견이 분분하다.
不始末	부주의. 단속이 허술함.
	≫タバコの火の不始末から火事になる。 담뱃불 취급 부주의로 인해 화재가 발생하다.
ヘイトクライム	증오 범죄. [*hate crime*]
	≫典型的なヘイトクライムとは人種偏見の憎しみに基づく犯罪のことである。 전형적인 증오 범죄란 인종 편견에서 오는 증오심이 바탕이 되는 범죄를 말한다.
未必の故意	미필적 고의.
	⦿ 어떠한 범죄 발생을 적극적으로 의도하지는 않지만 자신의 행위로 그러한 일이 발생할지도 모른다고 생각하면서도 굳이 실행에 옮기는 경우의 심리 상태를 말한다.
過失致死	과실 치사.
正当防衛	정당방위.
過剰防衛	과잉 방위.

III. 재해

1. 태풍

天災(てんさい)
자연재해. 천재지변.
≫ 天災により交通がストップし、ケガ人の救助が行えない。 재해로 인해 교통이 마비되어 부상자 구조 활동을 펼칠 수 없다.

人災(じんさい)
인재.
≫ 地震のたびに、人災としかいいようのない多くの被害が起きている。 지진이 일어날 때마다 인재라고 밖에 할 수 없는 많은 피해가 발생하고 있다.

悪天候(あくてんこう)
악천후. =天候不順(てんこうふじゅん)
≫ 台風などの天候不順の影響で野菜の価格が上昇した。 태풍 등 악천후의 영향으로 야채 가격이 올랐다.

台風(たいふう)
태풍.

ハリケーン
허리케인. [Hurricane]
● 태풍(Typhoon)은 필리핀 근해에서 발생하는 열대성 저기압이며 허리케인(Hurricane)은 북대서양 카리브해 멕시코 만에서 발생한다.

襲う(おそう)
덮치다.
≫ 韓国と日本を襲った台風14号。 한국과 일본을 덮친 태풍 매미.
● 우리나라에서는 대개 태풍에 이름을 붙여서 부르지만 일본에서는 숫자를 붙인다.

直撃する(ちょくげき)
강타하다.
≫ 朝鮮半島を直撃した台風14号による豪雨と強風。 한반도를 강타한 태풍 매미의 영향으로 인한 호우와 강풍.

鉄砲水(てっぽうみず)
급류. 갑자기 불어난 물.
≫ 釣り客が鉄砲水に流される事故があった。 낚시객이 갑자기 불어난 물에 떠내려가는 사고가 있었다.
● 폭우로 갑자기 물이 불어 밀어닥치는 홍수를 말한다.

水没地域(すいぼつちいき)
수몰 지역.

冠水(かんすい)
(홍수로 인한) 침수.
≫ 集中豪雨で、浸水家屋約25,000戸、田畑への冠水約1,500haなどの大きな被害が出た。 집중 호우로 약 25,000가옥이 침수되고 논밭 약

사회 | 239

防潮堤
방조제.

嵩上げ工事
(제방 등의) 증축 공사.
≫ 再度の越水を防止することを目的として堤防の嵩上げ工事を実施した。 다시 물이 넘치는 것을 막기 위해 제방의 증축 공사를 실시했다.

堤防の決壊
제방 붕괴.
≫ 集中豪雨による河川堤防の決壊で4人の死者が出た。 집중 호우로 인한 하천 제방 붕괴로 4명의 사망자가 나왔다.

運休
운행(운항) 중지.
≫ 暴風雨の影響で、福岡などで計47人が負傷したほか、交通機関も運休、欠航が相次ぎ、大幅に乱れた。 폭풍우의 영향으로 후쿠오카 등지에서 총 47명이 부상을 당했으며 또한 대중교통도 운행 정지와 결항이 잇따라 운행 시간이 크게 늦춰졌다.

被災者
재해 주민. 이재민.

ライフライン
라이프라인. [life line]
≫ 大地震で電気・ガス・水道などのライフラインが寸断されることがある。 대지진으로 전기・가스・수도 등의 라이프라인이 끊기는 경우가 있다.
◉ 도시 생활에 필수 불가결한 가스・수도・전기 등의 공급 시스템을 말한다.

爪痕
자연재해나 전쟁이 남긴 피해. 할퀸 자국. 상처.
≫ 台風の爪痕が残っている。 태풍이 할퀴고 간 자국이 남아 있다.

義捐金
의연금.
≫ 義捐金を募る運動を行う。 의연금 모금 운동을 하다.
◉ 「義援金」으로도 쓴다.

見舞金
위문금.
≫ 全国各地の被災者にお見舞金を出す。 전국 각지의 이재민에게 위로금을 지급하다.

寒波襲来
한파 엄습.
≫ 寒波襲来でにわかに石油購入頻度が高まった。 한파 엄습으로 갑자기 석유 구입 횟수가 늘어났다.

2. 지진

プレート境界型地震
판경계부 지진.

浅発地震
얕은 지진.(진원 깊이 70km 미만)

やや浅発地震	중간 지진. (진원 깊이 70~300㎞)
深発地震	깊은 지진. (진원 깊이 300㎞ 이상)
有感地震	유감 지진.
無感地震	무감 지진. ◉ 사람이 느낄 수 있는지 여부에 따라 유감과 무감 지진으로 나뉜다.
震央	진앙. ◉ 지진이 발생한 지하 진원(震源)의 바로 위에 해당하는 지표상의 지점을 말한다.
マグニチュード	매그니튜드. 리히터 규모. [magnitude] ≫27日午前6時頃、マグニチュード6.2の強い地震があった。27일 오전 6시경 매그니튜드 6.2의 강한 지진이 있었다. ◉ 리히터 규모는 매그니튜드(지진의 규모)를 나타내는 하나의 척도이다.
震度	진도. ≫23日午前、愛知県と三重県を中心に、震度4のやや強い地震があった。23일 오전 아이치현과 미에현을 중심으로 진도 4의 다소 강한 지진이 있었다. ◉ 매그니튜드는 절대적인 값이고, 진도는 진앙에서 멀어질수록 그 값이 작아진다.
横揺れ	좌우 흔들림. 수평형. 롤링. ≫午後7時頃、震度4の地震があった。最初、ゆっくりとした穏やかな横揺れが数秒続いた。오후 7시경 진도 4의 지진이 발생했다. 처음 몇 초간 천천히 좌우로 흔들렸다.
縦揺れ	상하 흔들림. 내륙 직하형. 피칭. ≫縦揺れは被害が大きくなるというイメージがある。내륙 직하형 지진은 피해가 커진다는 이미지가 있다.
縦波	P파. 종파.
横波	S파. 횡파. ◉ P파는 고체·액체·기체를 모두 통과하며 S파는 고체 상태의 매질만 통과한다.
前触れの揺れ	전진(前震). ≫直下型地震は前触れの揺れから本震までの時間が短い。직하형 지진은 전진에서 본진까지의 시간이 짧다.
津波	지진 해일. 쓰나미. ≫津波は海底で地震が起これば常に起こるわけではない。쓰나미는

해저에서 지진이 발생한다고 해서 항상 일어나는 것은 아니다.

下敷 (したじき)
밑받침. 깔개. 바탕.
≫家具が倒れて下敷になってしまった。 가구가 넘어져 밑에 깔려 버렸다.

防災 (ぼうさい)
재해 방지. 방재.

阪神大震災 (はんしんだいしんさい)
고베 대지진.
- 일본의 지진 관측 사상 최대의 파괴력을 가진 대지진으로 1995년 1월 17일 발생했다. 진도는 7.2였으며 6,300여 명이 사망하였다.

Ⅳ. 부동산

マイホームづくり	내 집 마련. ≫いい情報を手に入れるのがマイホームづくりを成功させる第一歩であると思う。좋은 정보를 손에 넣는 것이 내 집 마련에 성공하는 첫걸음이라고 생각한다.
住宅ローン	주택 융자.
モーゲージ	모기지론. 장기주택저당대출. [mortgage] ◉ 부동산을 담보로 한 장기 주택 대출을 말한다.
建て替え	재건축.
リノベーション	리모델링. =リフォーム [renovation]
修繕費	(건물) 수리비. ≫賃貸住宅をきれいに使っていたのに、引越の際に多額の修繕費を請求された。임대 주택을 깨끗이 사용했는데도 불구하고 나갈 때에 많은 수리비를 내야 했다.
ベッドタウン	신도시 주택가. [bed town] ≫柏市は東京へのアクセスの良いベッドタウンとして人気急上昇の地域である。가시와시는 도쿄에 접근이 용이한 신도시 주택가로서 인기가 급상승하고 있는 지역이다.
一戸建て	단독 주택. =一戸建て住宅 ≫日本のサラリーマンの夢は庭付き一戸建てを持つことだといわれている。일본 샐러리맨들의 꿈은 정원이 딸린 단독 주택을 가지는 것이라고 알려져 있다.
建て売り住宅	단독 주택. ◉ 건설회사가 이미 집을 지어 놓고 판매업자가 이를 판매한다.
家庭のブレーカー	가정의 차단기. 두꺼비집. ≫家庭のブレーカーに付いている漏電ブレーカーを作動させ家屋内の電力を一括で遮断できる。두꺼비집에 붙어 있는 누전 차단기를 작동시켜 가옥 내의 전력을 일괄적으로 차단할 수 있다.
家庭菜園	텃밭. 텃밭 가꾸기. ≫趣味で家庭菜園を作っている。취미로 텃밭을 가꾸고 있다.
ガーデニング	원예. 정원 가꾸기. [gardening]

超高層マンション
초고층 아파트.
≫郊外に続々登場するニュータウンは15〜25階の超高層マンションが主流だが、ちょっとリッチな家族はビラに住む。 교외에 속속 들어서고 있는 뉴타운은 15〜25층짜리 초고층 아파트가 주류인데, 조금 산다 하는 집은 빌라에 산다.

アパート
연립 주택.

集合住宅
다세대 주택.

バルコニー
발코니. [balcony]
≫韓国では不法でバルコニーを拡張する人が多く、社会問題になっている。 한국에서는 불법으로 발코니를 확장하는 사람이 많아 사회 문제가 되고 있다.

間取り図
방 배치도.

テナント
입주자. [tenant]
≫駅前雑居ビルでは現在新しいテナントを募集している。 역전 상가 건물에서 현재 새로운 입주자를 모집하고 있다.

住・商複合ビル
주상복합아파트.

雑居ビル
상가 (건물).
・넓고 깔끔한 이미지의 건물이기 보다는 약간은 낡고 허름한 느낌의 건물을 말한다.

開業
(빌딩의 경우) 완공. 오픈.
≫2003年4月25日、17年の歳月と2700億円の開発費を投じた巨大コンプレックスシティ「六本木ヒルズ」がついに開業した。 2003년 4월 25일 17년의 세월과 2700억 엔의 개발비를 투자한 거대 콤플렉스 시티 롯폰기힐즈가 드디어 완공되었다.

延べ床面積
총면적. 연면적.
≫延べ床面積とは各階の床面積の合計である。 총면적이란 각 층 바닥 면적의 합계이다.

容積率
용적률.
≫容積率とは、敷地面積に対する建築延べ面積(延べ床)の割合である。 용적률이란 용지 면적에 대한 총면적의 비율이다.

建ぺい率
건폐율.
≫建蔽率とは、敷地面積に対する建築面積の割合をいう。 건폐율이란 용지 면적에 대한 건축 면적의 비율을 말한다.

高価な土地
금싸라기 땅.

住宅価格 (じゅうたくかかく)

집값.
≫住宅価格を安定的に抑制する / 住宅価格を押さえる。집값을 잡다.

跡地 (あとち)

옛 용지.
≫大統領は、返還予定の在韓米軍竜山(ヨンサン)基地の公園化を推進する式典に出席し、日本からの植民地解放100年となる2045年に基地跡地を公園とする方針を宣言した。대통령은 반환 예정인 주한미군 용산기지의 공원화를 추진하는 식전에 참석해 광복 100주년이 되는 2045년까지 기지의 옛 용지를 공원으로 만들겠다는 방침을 선언했다.

ランドマーク

(토지의) 경계표. (안표나 상징이 되는) 육상 표지물. [landmark]
≫国際都市ソウルのイメージを高めるためにも新たなランドマークが必要である。국제 도시 서울의 이미지를 제고하기 위해서라도 새로운 랜드마크가 필요하다.

ロケーション

입지. =立地(りっち) [location]
≫ロケーションの良さと充実した設備を誇る。좋은 입지와 충실한 시설을 자랑한다.

足の便 (あしのびん)

교통편. =交通便(こうつうびん)
≫足の便のいい都心部に建設する。교통편이 좋은 도심부에 건설하다.

アクセス

접근. 교통편. [access]
≫都心へのアクセスがいいところに住みたい。도심 접근성이 좋은 곳에 살고 싶다.

分譲 (ぶんじょう)

분양.
≫分譲権を転売する。분양권을 전매하다.

見晴らし (みはらし)

전망. 조망.
≫このマンションは漢江(ハンガン)の川沿いにあり、見晴らしもかなりいい。이 아파트는 한강변에 위치하고 있으며 조망도 매우 좋다.

呼び値 (よびね)

호가.

売り呼び値 (うりよびね)

매도 호가.

買い呼び値 (かいよびね)

매입 호가.

吹き抜け (ふきぬけ)

아트륨. =アトリウム
≫自然光の差し込む吹き抜けは、開放的で暖かい空間を演出する。자연광이 들어오는 아트륨은 탁 트인 느낌에 따뜻한 공간을 연출한다.

公園の木立（こうえんのこだち）	공원 나무숲. ≫ 公園の木立の中を、一組のカップルがのんびりした歩みで進む. 공원 나무숲 사이를 한 쌍의 연인이 한가로이 걷고 있다.
コンクリートミキサー車（しゃ）	레미콘.
スラム	달동네. 빈민가. [slum] ≫ スラムに育った人。빈민가에서 자란 사람.
土壁（つちかべ）	토담. 흙담. ≫ 伝統的な韓国の土壁は、一般に調湿機能と断熱機能に優れているといわれている。전통적인 한국의 토담은 일반적으로 습도 조절 기능과 단열 기능이 뛰어난 것으로 알려져 있다.
手抜き工事（てぬきこうじ）	부실 공사. ≫ 手抜き工事により地震の被害が拡大した。부실 공사로 인해 지진 피해가 커졌다.
竣工日（しゅんこうび）	준공일. =建（た）てられた日（ひ）・落成日（らくせいび）
3LDK	3LDK. ● 집 구조가 방 3개・주방 1개・거실 1개로 이루어졌다는 뜻이다.

Ⅴ. 농업

豊作
풍작.

凶作
흉작. =ひどい不作.
≫冷夏による凶作のため政府は外国米を緊急輸入した。 냉하로 인한 흉작 때문에 정부는 외국 쌀을 긴급 수입했다.

苗取り
모찌기.
≫田植機の普及で、苗取りは、ほとんど見られなくなった。 이앙기 보급으로 모찌기는 거의 볼 수 없게 되었다.
⊙ 못자리의 모를 묶어서 모춤을 만드는 일.

田植え
모심기. 이앙.

田植機
이앙기.
≫田植機は稲作用作業機械のなかで、苗の移植をする特に重要な機械である。 이앙기는 도작용 작업 기계 가운데 모 이식을 하는 아주 중요한 기계이다.

古米
묵은 쌀.
⊙「ふるごめ」로도 읽는다.

新米
햅쌀.
≫新米が店頭に出そろう。 햅쌀이 가게에 진열되다.

備蓄米
재고미.

政府米
정부미.

粳米
멥쌀. =うるちまい

糯米
찹쌀.

玄米
현미.

ブレンド米
혼합미. =複数原料米(ふくすうげんりょうまい)

銘柄米
지역 특산 쌀.
≫銘柄米は、産地名と品種が表記されて売られている。 지역 특산 쌀은 산지명과 품종이 표기되어 판매되고 있다.

ブランド米
(고급) 브랜드 쌀.
≫銘柄米不足に付け込んだ偽ブランド米が横行している。 지역 특산 쌀이 부족하다는 점을 이용하여 가짜 브랜드 쌀이 나돌고 있다.

ジャポニカ米	일본형 쌀.
自主流通米	직거래 쌀.
生産者米価	쌀 수매가.

≫生産者米価は、この五年間で二割も下落し、米作農家は深刻な打撃をうけている。 쌀 수매가는 최근 5년간 무려 20%나 하락해 쌀 농가는 심각한 타격을 받고 있다.

買い取り約定	수매약정.
青田売買	입도선매매.
青田売り	입도선매(立稲先賣).

● 원래는 논에서 자라고 있는 벼를 파는 것을 가리켰다. 그러나 오늘날에는 뜻이 확대되어 농산물은 물론 공산품도 완제품이 생산되기 전에 미리 생산량을 예측하고 판매하는 행위를 가리키는 말로 쓰인다.

青田買い	입도선매(立稲先買).
コメ市場の開放	쌀 개방.

≫大幅な農業市場の開放を迫られる。 대폭적인 농업시장 개방을 강요당하고 있다.

ミニマムアクセス	최소 의무 수입량. ＝最低輸入義務枠

≫米のミニマムアクセスの導入や米以外の農産物輸入制限品目についての一律関税化などは、我が国農業に計り知れない影響を及ぼす。 쌀의 최소 의무 수입량 도입과 쌀 이외의 농산물 수입 제한 품목에 대한 포괄적인 관세화 등은 우리나라 농업에 엄청난 영향을 미친다.

米農家	벼 농가.
輸入米	수입 쌀.
病害虫予察	병해충 예찰.
ウンカ	벼멸구. ＝トビイロウンカ

≫ウンカは、田植えが早く、肥料の多い水田の稲にたくさんつく。 벼멸구는 모내기를 일찍 하고 비료를 많이 준 논의 벼에 많이 발생한다.

稲熱病	도열병.

≫稲熱病とは、稲の葉に紡錘状の斑点が出る病気で、ひどくなると生育が弱まり枯れてしまう。 도열병이란 벼 잎에 방추형 반점이 생기는 병으로 심해지면 생육이 멈추고 말라 버린다.

土地勘	(특정 지역이나 지방에 대한) 지식. 사정.

≫新しい土地で土地勘を得るには歩くことが一番だ。 새로운 지역에서 지형을 익히기 위해서는 걷는 것이 최고다.

なりわい 生業	생업. 가업. ≫地域住民は、ほとんど農業を生業としている。 지역 주민의 생업은 대부분 농업이다. ◉「せいぎょう」라고도 읽는다.
なりわい てん か たいほん 農は天下の大本なり	농자천하지대본야(農者天下之大本也).
ようとんぎょうしゃ 養豚業者	양돈업자.
こうていえき 口蹄疫	구제역. ◉소나 돼지 따위의 동물이 잘 걸리며 전염성이 강한 바이러스 병이다. 사람에게도 전염이 된다.
ようけいじょう 養鶏場	양계장.
のうぎょうきかい 農業機械	농기구. ≫事故の多くは、農業機械を使用する際に安全確認を怠ったことが原因である。 대부분의 사고는 농기구를 사용할 때에 안전 확인을 소홀히 한 것이 원인이다.
か かく コメ(の)価格	쌀값. ＝米価^{べいか} ≫米価の値下がり、野菜の価格の低下などが続き、農業で生活してゆく条件は厳しくなった。 쌀값과 야채 가격 등이 계속 내려가 농사를 짓고 살기가 힘들어졌다.
さくづけめんせき 作付面積	작부 면적. ≫作付面積が増えれば、それだけたくさんの労力や設備も必要になってくる。 작부 면적이 늘어나면 그만큼 많은 노동력과 설비도 필요하게 된다.
たな だ 棚田	계단식 논. ≫棚田は、食糧生産・美しい景観・地滑り防止・保水作用・洪水調整など公益性を有している。 계단식 논은 식량 생산・아름다운 경관・산사태 방지・보수 작용・홍수 조정 등 공익성을 가지고 있다.
ゆう き のうぎょう 有機農業	유기농업. 유기농. ≫農薬を使わない有機農業。 농약을 사용하지 않는 유기농.
かん 干ばつ	가뭄. ＝日照り ≫病虫害や冷害や干ばつに強い作物をつくる。 병충해와 냉해, 가뭄에 강한 작물을 만든다.
かっすい き 渇水期	갈수기. ≫渇水期には農業用水としてダムの放流が繰り返し行われている。 갈수기에는 농업용수로 사용하기 위해 댐 방류가 반복해서 이루어진다.

사회 | 249

稲刈り

かかし

産地直送

벼 베기.
≫コンバインは稲刈りと脱穀を同時に行う機械である。콤바인은 벼 베기와 탈곡을 동시에 하는 기계이다.

허수아비.
≫田んぼに雀が来ないようにかかしを立てた。논에 참새가 오지 못하도록 허수아비를 세웠다.

산지 직송.
≫ミネラルたっぷりの水で作ったおいしい米を産地直送で販売する。미네랄이 풍부한 물로 만든 맛있는 쌀을 산지 직송으로 판매한다.

VI. 의료

1. 의료

医者にかかる
(의사에게) 보이다. 진찰을 받다.
≫症状が重ければ医者にかかる。 증상이 심각하면 의사에게 진찰을 받는다.

受診票
진찰권.

応急手当て
응급 처치.

重病保険
CI보험.
⊙ CI:critical illness (치명적인 질병)

手術
수술.

施術
시술. =手技.
⊙ 수술은 칼로 절개를 하는 것을 말하고, 시술은 국소 절개 또는 절개를 하지 않는 것을 말한다.

ミッドキャブ
미드캡. 최소 절제술. 최소 침습. [MIDCAB]

病態
증상.
≫難治性脳疾患の病態を解明し、新しい治療法を開発する。 난치성 뇌질환의 증상을 밝혀내고 새로운 치료법을 개발한다.

体調
몸 상태. 컨디션.
≫体調が優れず、さらに発熱があるのに練習や試合でプレーをしようとする選手がいる。 몸 상태가 좋지 않고 게다가 열이 나는데도 연습과 시합에서 플레이하려는 선수가 있다.

メディカルチェック
메디컬 체크. =医学的検査 [medical checkup]
≫メディカルチェックとは、スポーツ実施中の危険を予防するために行う医学的チェックのことである。 메디컬 체크란 스포츠 시합 중의 위험을 예방하기 위해서 실시하는 의학적 체크를 말한다.

糞便の検査
대변 검사.

疑いのある患者
추정 환자. 의심 환자.
≫SARSの疑いのある患者を診察する医師はマスクを着用して診察しなければならない。 사스 의심 환자를 진찰하는 의사는 마스크를 착용하고 진찰해야 한다.

予備軍（よびぐん）	(환자) 후보. ≫食生活の欧米化、運動不足に伴って、糖尿病やその予備軍が増えてきた。 식생활의 서구화, 운동 부족과 함께 당뇨병과 그 후보가 늘고 있다.
感染ルート（かんせん）	감염 경로. ≫感染ルートの解明を急ぐ。 감염 경로 규명을 서두르다.
病原体（びょうげんたい）	병원체.
アウトブレイク	감염병 집단 발생. [outbreak] ≫アウトブレイクが発生した場合は、厳重かつ迅速な対応が必要となる。 감염병이 집단으로 발생했을 경우에는 엄중하고 신속한 대응이 필요하다.
マウスコロニー	쥐 집단. ≫化学実験用の動物を生産するためにマウスコロニーを維持している。 화학 실험용 동물을 생산하기 위해서 쥐 집단을 유지하고 있다.
宿主（しゅくしゅ）	숙주. ＝レゼルボア・キャリアー ◉「キャリアー」는 배설 등을 통해 단순히 병원체를 옮기는 역할만 하지만 「레젤보아」는 병원체를 체내에 축적하거나 증식시키기도 한다.
ドブネズミ	시궁쥐.
ヤチネズミ	들쥐.
薬剤師（やくざいし）	약사. ＝調剤師（ちょうざいし）
処方箋（しょほうせん）	처방전.
ピル	알약. 피임약. ◉'경구 피임약'이란 뜻으로 많이 쓰인다.
漢方医（かんぽうい）	한의사.
輸血血液（ゆけつけつえき）	수혈용 혈액. ≫高齢者社会に入った日本では近い将来、輸血血液の需要バランスが崩れることが予測され、血小板の有効期限は重要な問題になりつつある。 고령자 사회에 들어선 일본에서는 가까운 미래에 수혈용 혈액의 수요 균형이 깨질 것으로 보여 혈소판의 유효 기간은 중요한 문제가 되고 있다.
糸のかけ方（いとのかけがた）	(수술시) 실 꿰매는 법.
ふん合（ごう）	문합. ◉ 혈관이나 장관의 끝을 수술로 서로 잇는 것.
院内感染（いんないかんせん）	병원내 감염.

≫ 院内感染とは入院中の患者に新たに発生したすべての感染症を意味する。 병원내 감염이란 입원중인 환자에게 새로이 발생한 모든 감염증을 의미한다.

医療事故　의료 사고. =医療ミス

カルテ　의무 기록. 차트. [*Karte* 독일어]

電子カルテ　전자 의무 기록. 전자 진료 기록.
≫ 電子カルテを前の病院から取り寄せて無駄な検査を省く。 전자 의무 기록을 이전 병원에서 가져와 불필요한 검사를 생략한다.
◦ EMR(electronic medical record) 이라고도 한다.

代替医療　대체의학. =補充医療
≫ 代替医療の範囲は広く、世界の伝統医学・民間医療はもちろん、保険適用外の新治療法をも含んでいる。 대체의학의 범위는 광범위하며 세계의 전통 의학·민간요법은 물론 보험 적용 대상 이외의 새로운 치료 요법도 포함하고 있다.

オーダーメード医療　맞춤 의학. =テーラーメード医療
≫ オーダーメード医療というのは、個々人に最適な予防法や治療法を可能とする医療である。 맞춤 의학이란 개개인에게 가장 적합한 예방법과 치료법을 가능하게 하는 의료이다.

遺伝子の解明　유전자 해독.
≫ 遺伝子の解明は、これからの病気の治療や、予防に大きな貢献があるだろう。 유전자 해독은 앞으로의 병 치료나 예방에 크게 기여할 것이다.

DNA　DNA. 디옥시리보 핵산. =デオキシリボ核酸
≫ DNAは、生命体の遺伝情報を蓄えている2重螺旋構造を持つ高分子である。 DNA는 생명체의 유전 정보를 축적하고 있는 이중 나선 구조를 가진 고분자이다.

クローン　복제. 클론. [*clone*]
≫ 体細胞クローン牛。 체세포 복제소.

ヒトクローン胚作り　인간 배아 복제 실험.

ヒトES細胞　인간 배아 줄기세포.

万能細胞　만능세포.

胚性幹細胞　배성 간세포. ES세포.

再生医療　재생 의료.
≫ ES細胞は失われた組織や臓器を修復する再生医療の切り札とされ

一塩基多型（いちえんきたけい）	ている。배아 줄기세포는 손상된 조직과 장기를 복원시키는 재생 의료의 비장의 카드로 여겨지고 있다. 일염기다형. SNP. ≫ 遺伝子の個人差は一塩基多型(SNP)と呼ばれ、DNAの4種類の塩基の並び方が、人によって部分的に違っていることをいう。유전자의 개인차는 일염기다형(SNP)이라 부르며 DNA 4종류의 염기 나열 방식이 사람에 따라 부분적으로 다르다는 것을 말한다.
着床（ちゃくしょう）	착상. ≫ 子宮に着床する。자궁에 착상하다.
株（かぶ）	세포를 세는 단위. ≫ 一株のES細胞。1개의 ES세포.
胚の作成（はいさくせい）	배아 만들기. ≫ ヒトクローン胚の作成を認めた。인간 복제 배아에 대한 연구를 인정했다.
マラリアの流行域（りゅうこういき）	말라리아 유행 지역.
既往症（きおうしょう）	기왕증. ⊙ 이전에 걸렸던 병.
脳の働き（のうはたら）	뇌 기능. 뇌 활동. ≫ 脳の働きをよくするDHA。뇌 활동을 촉진시키는 DHA.
ドライアイ	안구 건조증. [*dry eye*] ≫ パソコン使用時の目の疲れやコンタクトレンズが合わない場合、ドライアイの疑いがある。컴퓨터 사용 시 눈이 피로하거나 콘택트렌즈가 맞지 않을 경우 안구 건조증을 의심해 봐야 한다.
空調（くうちょう）	공기 조절. ≫ 目に空調が当たらないようにする。눈에 에어컨 바람이 닿지 않도록 한다.
CT	CT. 컴퓨터 단층 촬영. ＝コンピューター断層撮影装置（だんそうさつえいそうち） ⊙ CT：computer tomography
MRI	MRI. 자기공명영상법. ＝磁気共鳴画像装置（じききょうめいがぞうそうち） ⊙ MRI：magnetic resonance imaging
核酸増幅検査（かくさんぞうふくけんさ）	핵산증폭검사. NAT.
インフォームドコンセント	고지된 동의. [*Informed Consent*] ≫ インフォームドコンセントとは医師は患者に十分な説明をおこない、患者の理解と同意を得ることである。고지된 동의란 의사는 환자

에게 충분한 설명을 하고 환자의 이해와 동의를 얻는 것이다.
- 환자에게 자신의 상태 및 선택 가능한 치료법과 장단점, 부작용과 위험을 충분히 설명한 다음 수술 승낙을 받는 절차.

減感作療法(げんかんさりょうほう)
탈감각요법.
≫ 一般に減感作療法といわれるのは、アレルゲン花粉症なら花粉を薄めた液を注射して、それを体に慣らしていく方法である。일반적으로 탈감각요법이란 것은 알레르겐 꽃가루 알러지의 경우는 꽃가루을 희석시킨 액을 주사해 그것을 몸에 익숙하게 만들어 가는 방법이다.

シナプス
시냅스. [synapse]
≫ 神経細胞の連絡部分シナプス。신경 세포의 연락 부분인 시냅스.

免疫力(めんえきりょく)
면역력.
≫ 日記を書くことで心が開放されると、免疫細胞の働きが活性化し、免疫力もアップする。일기를 씀으로써 마음이 탁 트이면 면역 세포의 작용이 활성화되어 면역력도 올라간다.

ダイアライザー
인공 투석기. =人工透析器(じんこうとうせきき) [dialyzer]

血(ち)のめぐり
혈액 순환. =血行(けっこう)

栄養所要量1日1グラム(えいようしょようりょう1にち1グラム)
일일 권장량 1일 1그램.

グリセミック指数(しすう)
당 지수. GI index.

低(てい)カロリー
저열량. 저칼로리.
≫ 低カロリーで植物繊維が多く肥満予防に役立つ里芋。저칼로리에 식물 섬유가 많아 비만 예방에 도움이 되는 토란.

悪玉(あくだま)コレステロール
저밀도 단백질.
≫ 悪玉コレステロールが多く、総コレステロール値が高い場合は動脈硬化が進むと言われている。저밀도 단백질이 많고 총 콜레스테롤 수치가 높을 경우 동맥 경화가 진행되는 것으로 알려져 있다.

善玉(ぜんだま)コレステロール
고밀도 단백질.

妊娠検査薬(にんしんけんさやく)
임신 진단 시약.

下剤(げざい)
설사약.
- 설사를 하게 하는 약.

下痢止(げりど)め
지사제. =止瀉剤(ししゃざい)
- 설사를 멎게 하는 약.

鎮痙薬(ちんけいやく)
경련 진정제.

痛(いた)み止(ど)め(の薬(くすり))
진통제. =鎮痛剤(ちんつう)

風邪薬（かぜぐすり）	감기약.
医学部外品（いがくぶがいひん）	의약 부외품.
サプリメント	영양 보조 식품. =栄養補助食品（えいようほじょしょくひん）[supplement] ≫サプリメントとは、日常の食生活の中で不足しがちな栄養成分などを補う食品である。 영양 보조 식품이란 일상 식생활 속에서 부족하기 쉬운 영양 성분 등을 보충하는 식품이다.
造影剤（ぞうえいざい）	조영제. ⊙ X선을 촬영할 때 내장이나 혈관 등이 잘 보이도록 몸에 주입하는 약물.
人工歯根（じんこうしこん）	인공 치근.
ドナー	도너. 장기 기증자. =臓器提供者（ぞうきていきょうしゃ）[donor]
レシピエント	이식 환자. =移植患者（いしょくかんじゃ）[recipient]
ナノテクノロジー	나노테크놀러지(NT). 초미세 기술. =超微細技術（ちょうびさいぎじゅつ） [NT: nanotechnology]
バイオテクノロジー	바이오테크놀러지(BT). 생명공학. =生命工学（せいめいこうがく）[BT: biotechnology]
癒し（いや）	치유. ≫森の癒し効果。 숲의 치유 효과. / 癒しを求めるサラリーマン。 스트레스를 해소하려는 샐러리맨.
日頃のストレス（ひごろ）	일상의 스트레스.
レーシック	라식 (수술). [LASIK] ≫レーシックが欧米で普及したのは、治療の精度の高さもあるが、それ以上に痛みが少なく手術時間は15分程度、日帰りで治療ができるという特徴からである。 라식이 구미에서 보급이 된 것은 높은 치료의 정확도도 있지만 그 이상으로 통증이 적고 수술 시간은 15분 정도이며 당일 치료가 가능하다는 특징 때문이다.
エキシマレーザー(手術)（しゅじゅつ）	엑시머레이저 (수술). ⊙ 열에 의한 손상 없이 조직을 절제하고 연마할 수 있는 엑시머레이저를 이용하여 근시를 정상 시력으로 만드는 수술법.
プラセボ	플라세보. 위약. =偽薬（ぎやく）[placebo] ≫偽薬は、本物の薬のように見えるが、薬として効く成分は入っていない偽物の薬の事である。 위약은 실제 약과 같이 보이지만 약으로서의 효과 성분은 들어 있지 않은 가짜 약을 말한다.
二重盲検法（にじゅうもうけんほう）	이중맹검법. =ダブル．ブラインドテスト ⊙ 환자와 의사 양쪽에 치료용 약과 시약 플라시보의 구별을 알리지 않고 제3자인 판정자만이 그 구별을 알고 있는 약효 검정법이다.

陽性(ようせい)	양성. ≫ドーピング禁止薬物使用検査で陽性反応を示した. 도핑 금지 약물 복용 검사에서 양성 반응을 보였다.
陰性(いんせい)	음성.
蝸牛(かぎゅう)	달팽이관.
赤十字(せきじゅうじ)	적십자.

2. 병명·기타

エイズ	후천성면역결핍증. =後天性免疫不全(こうてんせいめんえきふぜん)症候群(しょうこうぐん)
蜘蛛膜下出血(くもまくかしゅっけつ)	지주막하 출혈. 무막졸중.
筋(きん)ジストロフィー	근육 장애.
骨粗鬆症(こつそしょうしょう)	골다공증.
肺血栓塞栓症(はいけっせんそくせんしょう)	폐혈전색전증.
腫瘍(しゅよう)	종양.
心筋梗塞(しんきんこうそく)	심근 경색.
花粉症(かふんしょう)	꽃가루 알레르기. ≫花粉症患者を中心に外出が控えられ、レジャーや小売り、外食などの消費が落ち込むと見られる. 꽃가루 알레르기 환자를 중심으로 외출을 꺼려 레저와 소매, 외식 등의 소비가 침체될 것으로 보인다.
気管支喘息(きかんしぜんそく)	기관지 천식.
睡眠障害(すいみんしょうがい)ナルコレプシー	나르콜렙시. 기면병.
鳥(とり)インフルエンザ	조류인플루엔자(AI).
筋萎縮性側索硬化症(すじいしゅくせいそくさくこうかしょう)	근위축성측색경화증. 루게릭병. ALS. ◉ 루게릭병은 근위축성측색경화증 또는 운동신경원 질환으로 불리는 병으로 운동신경세포가 퇴행성 변화에 의해 점차 소실되어 근력 약화와 근 위축을 초래하여 언어 장애·사지 위약·급격한 체중 감소·폐렴 등의 증세를 보이다가 결국에는 호흡 장애 등으로 사망에 이르는 질병이다. ALS:amyotrophic lateral sclerosis
尿失禁(にょうしっきん)	요실금.
インフルエンザ	독감. [influenza]
耳下腺炎(じかせんえん)	볼거리. =おたふくかぜ
汗疹(あせも)	땀띠.

麻疹 （はしか）	홍역.
	⊙「ましん」이라고도 읽는다.
難病（なんびょう）	난치병.
不治の病（ふちのやまい）	불치병.
うつ病（びょう）	우울병.
アルツハイマー病（びょう）	알츠하이머병.
痴呆（ちほう）	치매. ＝ボケ
認知症（にんちしょう）	인지증.
	⊙ 일본에서는 2004년 12월부터 부정적인 어감이 있는 '치매' 대신에 '인지증'이란 표현을 사용하고 있다.
ハンセン病（びょう）	한센병.
	⊙「らい病(나병)」는 차별적인 어감이 강한 말이라서 거의 쓰지 않는다. 일본에서는 한 국회의원이 이 단어를 썼다가 공개적으로 사과하는 일도 있었다.
クロイツフェルト └ヤコブ病（びょう）	크로이츠펠트야콥병.
	⊙ 유전자 돌연변이 등의 이유로 뇌에 스펀지 모양의 구멍이 생기며 치매 증세가 나타나다가 숨지는 병이다. 광우병에 걸린 소를 먹었을 경우 걸릴 수도 있다고 하여 논란이 되었다.
ぎっくり腰（こし）	돌발성 요통.
トラウマ	트라우마. ＝心的外傷(しんてきがいしょう) [*trauma* 독일어]
	⊙ 물리적인 충격이나 생명을 위협하는 심각한 상황에 직면한 후 나타나는 정신적인 장애가 1개월 이상 지속되는 질병이다.
心的外傷後ストレス障害（しんてきがいしょうごストレスしょうがい）	외상 후 스트레스 장애(PTSD).
	⊙ PTAD:post traumatic stress disorder
腸チフス（ちょう）	장티푸스.
肺炎（はいえん）	폐렴.
胆のう炎（たんのうえん）	쓸개염.
乳児揺さぶり症候群（にゅうじゆさぶりしょうこうぐん）	흔들린 아이 증후군.
	⊙ 2세 이하의 유아가 울거나 보챌 때 심하게 흔들어서 생기는 질환으로, 뇌출혈과 망막 출혈 등의 특징이 있고 사지 마비나 정신 장애 등 복합적인 손상이 뒤따르기도 한다. shaken baby syndrome이라고 한다.
エコノミークラス症候群（しょうこうぐん）	이코노미클라스 증후군. 심부정맥혈전증.

	◉ 비좁은 비행기 일반석(이코노미클래스)에서 장시간 비행하면 피가 제대로 돌지 않아 다리가 붓고 저려 오며, 이것이 오래되면 혈액이 응고되어 사망에 이르게 된다는 증후군이다.
シックハウス症候群	새집증후군. ＝化学物質過敏症
ホルムアルデヒド	포름알데히드. [formaldehyde]
	◉ 새집증후군의 원인이 되는 물질이다.
アトピー性皮膚炎	아토피성 피부염.
病原性大腸菌O157	병원성 대장균 O157.
レジオネラ菌	레지오넬라균.
	◉ 일명 냉방병의 원인이 되는 균으로 특히 여름철 냉각탑과 같은 인공 시설물에서 발생하는 작은 물방울 속에 들어가서 공기 가운데 떠돌다가 사람과 동물에 감염하여 병을 일으킨다.
サルモネラ	살모넬라. [salmonella]
	◉ 식중독의 원인이 되는 균이다.
歯周病	잇몸병. 치주병.
歯茎	잇몸.
歯牙	치아.
	≫健全な歯牙を保つ。건강한 치아를 유지하다.
捻挫	접질림. 삠.
	≫一般常識として捻挫と思われればすぐに冷やすということは誰でも知っている。 일반 상식으로서 접질렸다고 생각되면 곧바로 냉찜질을 한다는 것은 누구나 다 알고 있다.
リハビリテーション	재활 치료. ＝リハビリ [rehabilitation]
ドーパミン	도파민. [dopamine]
	◉ 뇌의 신경 전달 물질로 파킨슨병 치료에 쓰인다.
軽傷	경상.
	≫額を切る軽傷を負った。이마가 찢어지는 경상을 입었다.
重傷	중상.
重軽傷	중경상.
脱臼	탈구. 탈골.
	≫転倒して右肩を脱臼した。넘어져서 오른쪽 어깨가 빠졌다.

Ⅶ. 결혼·육아·교육

1. 결혼

お見合い結婚	맞선 결혼.
恋愛結婚	연애 결혼.
できちゃった結婚	속도위반 결혼.
結婚相手紹介サービス └会社	결혼 정보 회사.
結婚情報サービス	결혼 정보 서비스.
出会い系サイト	만남 사이트.
家柄	가문. 명문.

≫ まだまだ、結婚を家柄や血筋と結び付けている人がかなりいる.
아직도 결혼을 가문이나 혈통과 연관 지으려는 사람이 상당수 있다.

神社仏閣	신사와 절.
人相	관상.
人相見	관상가.
相性占い	궁합.
貞潔	정결.
操	순결.

≫ 結婚するまで操を守る. 결혼할 때까지 순결을 지키다.

巣立ち	둥지 떠나기. 독립.

≫ 息子の巣立ちを見守る母. 자식이 독립하는 것을 지켜보는 어머니.

盛りの年ごろ	한창나이 때.

≫ 親に甘えたい盛りの年頃の少年. 부모에게 한창 응석을 부리고 싶어 할 나이의 소년.

年増	한창때가 지난 여자.

≫ 年増女のヒステリーは見苦しい. 노처녀 히스테리는 보기 흉하다.
◉ 에도시대에는 20대를 가리키는 말이었는데 요즘은 30~40대를 가리킨다.

娘盛り	꽃다운 나이.

≫娘盛りをすぎてやや年をとった女性. 꽃다운 나이를 지나 약간 나이를 먹은 여성.

暮らしのクオリティー　생활의 질. 삶의 질.

単身世帯　독신 가구.
≫最近では高齢化、少子化社会となり単身世帯が増加するにつれ、孤独な現代人が多くなって、ペットを愛玩動物から家族の一員とみなす意識が出てきた. 최근에는 고령화·저출산화 사회가 되어 독신 가구가 늘어나면서 고독한 현대인이 많아져 페트를 애완동물에서 가족의 일원으로 간주하는 의식이 나오기 시작했다.

花吹雪　(결혼식 때 뿌리는) 꽃가루.

結婚式の段取り　결혼식 순서(절차).

祝い客　(결혼식) 하객.
≫祝い客の応対に忙しい. 하객 접대로 바쁘다.

嫁入り道具　혼수 용품.

アプライアンス　가전. [appliance]

ビルトイン　붙박이. [built-in]

対面キッチン　아일랜드식 주방. ㄷ자형 주방.
≫対面キッチンが家族の対話を広げてくれる. 아일랜드식 주방이 가족과의 대화를 늘려 준다.

調度品　살림살이. 생활 용품.
≫気に入った家具や調度品を集めてインテリアを充実させる. 마음에 드는 가구나 생활 용품을 모아 인테리어에 신경을 쓰다.

什器　집기. =日常使用の家具
≫居間に合う家具什器を探してきた. 거실에 맞는 가구 집기를 찾아가지고 왔다.

新居　신혼집.
≫花嫁の実家にアクセスがいい場所を新居に探す. 처가에 가기 좋은 곳에 신혼집을 마련하기 위해 둘러본다.

団欒　단란.
≫家族と団らんしながらご飯を食べる. 가족과 단란하게 식사를 하다.

しがらみ　굴레. 속박.
≫家族や伝統のしがらみから逃れる. 가족과 전통의 굴레에서 벗어나다.

家庭内暴力　가정내 폭력. =ドメスティック・バイオレンス(DV)

사회 **261**

浮気 (うわき)

≫家庭内暴力は、法律で禁じている国が多いにもかかわらず、女性に対する暴力の主要な原因になっている。 가정내 폭력은 법률로 금지하고 있는 나라가 많음에도 불구하고 여성에 대한 폭력의 주요한 원인이 되고 있다.

외도. 바람.

≫浮気をしているのにも関わらず本人から離婚を請求されている。 바람을 피워 놓고도 본인이 이혼을 요구하고 있다.

不品行 (ふひんこう)

(남녀 관계에서) 품행이 나쁨. 외도. ＝不身持(ふみも)ち

熟年離婚 (じゅくねんりこん)

황혼 이혼.

親兄弟 (おやきょうだい)

부모 형제.

実母 (じつぼ)

생모.

≫養子に出された理由を聞くため、実母を探す。 양자로 보내진 이유를 듣기 위해 생모를 찾다.

産みの親 (うみのおや)

생모.

里親 (さとおや)

양부모.

養子縁組 (ようしえんぐみ)

입양.

≫養子縁組する子が未成年者で、他人の子であるときは家庭裁判所の許可が必要になる。 입양할 아이가 미성년자이며 다른 사람의 아이인 경우에는 가정 법원의 허가가 필요하다.

腹違いの弟 (はらちがいのおとうと)

이복동생.

実弟 (じってい)

실제 동생. 친동생.

うちの宿六 (うちのやどろく)

우리집 영감.

≫うちの宿六は本当にしょうがないよ。 우리집 영감은 정말 어떻게 해 볼 도리가 없어요.

● 일본 여성들이 자기 남편을 속되게 부르는 표현들이 많이 있는데 「濡れ落葉·恐怖のワシマン」 등이 대표적이다. 전자는 휴일에 집에서 청소할 때 방바닥에 누워 비켜주지 않는 남편을(비에 젖은 낙엽처럼 잘 쓸려지지 않아서), 후자는 간만에 혼자서 외출을 하거나 뭔가를 하려고 할 때 꼭 같이 하려고 하는 남편(나도 나도 라고 말을 해서)을 가리키는 말이다.

親等 (しんとう)

촌수.

≫5親等を超える人。 5촌이 더 되는 사람.

有料老人ホーム (ゆうりょうろうじんホーム)

유료 양로원.

2. 육아

避妊(ひにん)
피임.

ナプキン
생리대. [napkin]

コンドーム
콘돔. [condom]

妊娠中絶(にんしんちゅうぜつ)
낙태. =堕胎(だたい)

人工妊娠中絶(じんこうにんしんちゅうぜつ)
인공 유산. 인공 임신 중절.
≫ 人工妊娠中絶は、胎児に対する暴力である。 인공유산은 태아에 대한 폭력이다.

進行流産(しんこうりゅうざん)
자연 유산.

体外受精(たいがいじゅせい)
체외 수정.

生殖年齢(せいしょくねんれい)
가임 연령. =子供(こども)を産(う)める年齢(ねん れい)
≫ 生殖年齢の女性は、約1ヶ月に1回の周期で排卵を繰り返す。 가임 연령의 여성은 약 한 달에 한번 주기로 배란을 반복한다.

生殖補助医療(せいしょくほじょいりょう)
보조 생식술.
◉ 인공 수정이나 시험관 시술 등 불임 부부들의 임신을 도와주는 기술.

代理出産(だいりしゅっさん)
대리모 출산.

自然分娩(しぜんぶんべん)
자연 분만.

帝王切開(ていおうせっかい)
제왕 절개.

安産(あんざん)
순산.

難産(なんざん)
난산.
≫ 逆子で難産だった。 아이가 거꾸로 들어앉아 난산이었다.

妊産婦(にんさんぷ)
임산부.
≫ 妊産婦は、妊娠5ヶ月以上の妊婦及び出産した月の翌月末までの産婦のことをいう。 임산부는 임신 5개월 이상의 임신부 및 출산한 달의 다음 달 말까지의 산부를 말한다.

産後うつ病(さんごうつびょう)
산후 우울증. =出産後(しゅっさんご)のうつ病(びょう)
≫ 出産や育児に伴うストレスも産後うつ病の原因となることがある。 출산과 육아에 따른 스트레스도 산후 우울증의 원인이 되는 경우가 있다.

出生届(しゅっせいとどけ)
출생 신고. 출생 신고서.
≫ 出生届は出産の日を含めて14日以内に出す。 출생 신고서는 출산일을 포함해서 14일 이내에 제출한다.
◉ 한국은 1개월 이내에 제출해야 하며 이 기한을 넘기면 과태료를 물어야 한다.

사회 | 263

粉ミルク	분유.
哺乳瓶の乳首	젖병 꼭지. =哺乳瓶の飲口
ベビー用品	유아 용품.
おしゃぶり	공갈 젖꼭지. 노리개 젖꼭지.
歯がため	치아발육기.
年子	연년생. ≫年子を育てるのは大変難しい。 연년생을 키우기란 정말 어렵다.
ウブな子供	순진한 아이.
乳母車	유모차. ≫乳母車を押して歩く。 유모차를 밀면서 걷다.
乳母日傘	애지중지 키움. ≫乳母日傘で育てられた娘。 곱게 자란 아가씨. 귀여움을 독차지하며 자란 따님.
箱入り娘	온실 속에서 화초처럼 자란 딸.
シンデレラコンプレックス	공주병. [cinderella complex]
マザコン	마마보이.
ハーフ	혼혈아. =混血児 [half]
クォーター	혼혈아 2세. [quarter]
欠損家庭	결손 가정.
養育権	양육권.
仕事と育児の両立	일과 육아의 병행. ≫仕事と育児の両立が難しいことが、少子化の要因の一つである。 일과 육아의 병행이 어려운 것이 저출산의 한 요인이다.
育児休暇	육아 휴직. =育休
ネグレクト	육아 포기. =育児放棄 [neglect] ≫ネグレクトとは、本来英語で「無視すること」を意味するが、日本では主に保護者などが子供や高齢者など、世話をするべき相手を放置することを指す。 니그레트는 원래 영어로 '무시하는 것'을 의미하지만 일본에서는 주로 보호자 등이 아이와 고령자 등 돌봐야 할 상대를 방치하는 것을 가리킨다.
折檻	손찌검. ≫親のせっかんで命を失った子供が、今年に入ってからすでに3人も

いるという。부모의 손찌검으로 생명을 잃은 아이가 올해 들어 벌써 3명이나 된다고 한다.

3. 교육

中高一貫校 (ちゅうこういっかんこう)
중·고 일관교.
◉ 중학교와 고등학교 6년간 교육을 일관적으로 시행하는 학교.

フリースクール
대안학교. [free school]
≫ フリースクールはその存在そのものによって不登校の問題、教育の問題を最もリアルな形で提起し、社会に問いかけていくことができる。 대안학교는 그 존재 자체만으로 장기 등교거부 문제, 교육 문제를 가장 생생한 형태로 제기하고 사회에 질문을 던질 수가 있다.

塾 (じゅく)
학원.

塾講師 (じゅくこうし)
학원 강사.

家庭教師 (かていきょうし)
과외.
≫ 大学卒業時から本業として家庭教師をしている。 대학 졸업 후 전문 과외선생으로 일하고 있다.

部活動 (ぶかつどう)
클럽 활동. CA 활동. =部活(ぶかつ)

学校説明会 (がっこうせつめいかい)
학교 설명회.
≫ 学校説明会の会場内は足の踏み場もないくらい込んでいた。 입학 설명회장 안은 발 디딜 틈이 없을 정도로 붐비었다.

教育ママ (きょういくママ)
열성 엄마. 치맛바람.
≫ 「教育ママ」という言葉には、何かしら良くないイメージがつきまとう。子どもに勉強ばかりさせ他のことはおかまいなし、という母親像が思い浮かぶ。 열성 엄마란 단어에는 왠지 좋지 않은 이미지가 따라다닌다. 아이에게 공부만 시키고 다른 일은 상관없다는 어머니상이 떠오른다.

生徒と保護者 (せいととほごしゃ)
학생과 학부모.
◉ 「学生」는 일반적으로 대학생을 지칭하며, 「生徒」는 중고등학생을, 「児童」는 초등학생을 지칭하는 말이다.

出費 (しゅっぴ)
지출.
≫ 親は子供の教育に対する出費を惜しむことはなかった。 부모는 자녀 교육에 대한 지출을 아까워하지 않았다.

詰め込み教育 (つめこみきょういく)
주입식 교육.
≫ 詰め込み教育とは機械的に暗記させて知識量の増大を目指す教育

押し付け教育	方法である。주입식 교육이란 기계적으로 암기하게 하여 지식을 늘려 가는 교육 방법이다. 강요식 교육. 일방적인 교육. ≫日本の画一的な押し付け教育が人のまともな判断力を奪い、偏った価値観を植え付けてきた。 일본의 획일적인 강요식 교육이 사람의 정상적인 판단력을 빼앗고 편향적인 가치관을 심어 놓았다.
型にはまった教育	틀에 박힌 교육.
ブレンディッド └ラーニング	블랜디드 학습법. [Blended(Mixed) learning] ◉ 온라인과 오프라인 교육을 같이하는 방식의 학습법.
ホームスクール	홈 스쿨링. =ホームスクリング [home school] ◉ 공교육의 획일적인 교육에 반대하여 부모들이 아이의 적성에 맞게 직접 가르치는 재택 교육을 말한다.
多面的なアプローチ	다각적인 접근법. ≫外国語教育の発展のためには従来と異なる教育のアプローチが必要とされている。 외국어 교육의 발전을 위해서는 기존과는 다른 교육 접근법이 필요하다.
落ちこぼれ層	수업을 못 따라가는 학생. 열등생. ≫落ちこぼれ層は無視し得るほど少数ではなく、これからさらに増えていくであろう。 수업을 못 따라가는 학생들은 무시할 수 있을 정도로 소수가 아니며 앞으로 더욱 늘어날 것이다. ◉ 일본에서는 현재 이 단어가 차별적인 어감을 준다고 하여 사용하지 않고 있다.
補習授業	보충 수업. ≫希望者には補習授業を行い、受験合格を徹底的にサポートする。 희망자에 한해 보충 수업을 실시하여 수험 합격을 철저히 지원하다.
出席扱い	학교 출석 인정. ≫卓越した能力のある生徒の校外活動については、学校の教育活動の一環として、校長の権限で出席扱いと認定することができる。 탁월한 능력이 있는 학생의 교외 활동에 대해서는 학교 교육 활동의 일환으로서 교장의 권한으로 출석으로 인정할 수 있다.
イジメ	집단 따돌림. 왕따. ≫イジメによる自殺や不登校の増加で、教育や学校に関する問題が大きく取り上げられている。 집단 따돌림으로 인한 자살과 등교 거부 증가로 교육과 학교에 관한 문제가 크게 부각되고 있다.

不登校
장기 등교 거부.

ネイティブ教師
원어민 교사.

愛のムチ
사랑의 매.
>> いわゆる「愛のムチ」が指導のひとつのあり方としてよく描かれるが、それを支持する意見と、暴力的な行為そのものを根絶すべきだという意見がぶつかり合っている。 소위 사랑의 매가 지도의 한 방식으로 자주 그려지는데 그것을 지지하는 의견과 폭력적인 행위 그 자체를 근절해야 한다는 의견이 서로 부딪치고 있다.

愛弟子
사랑하는 제자. 촉망하고 귀여워하는 제자.

学級崩壊
학급 붕괴.
⊙ 학급 붕괴란 학교에서 학생이 수업이 이루어지고 있음에도 불구하고 마음대로 자리에서 일어나 교실을 들락날락거리거나 잡담을 하거나 주위 학생에게 쓸데없는 참견을 하는 등 수업이 불가능한 상태 또는 학급의 기능이 정지된 상태를 가리킨다.

少子高齢化の進展
저출산 고령화의 가속화.

定員割れ
정원 미달 (사태).
>> 4年制大学の約3割が新入生数が定員を割り込む「定員割れ」を起こした。 4년제 대학 가운데 약 30%에서 신입생 수의 정원을 밑도는 정원 미달 사태가 일어났다.

全入時代
전원 입학 시대.
>> 1990年代以降、大学の新設や学部の新設、また少子化などの影響もあって、2007年には入学希望者数が入学定員を下回る「大学全入時代」を迎えると言われている。 1990년대 이후 대학 신설과 학부 신설 그리고 저출산 등의 영향으로 2007년에는 입학 희망자 수가 입학 정원을 밑도는 대학 전원 입학 시대를 맞이하게 된다고 한다.

シラバス
강의 계획서. 수업 내용. [*syllabus*]

百年の計
백년지계.
>> 教育は国家百年の計である。 교육은 나라의 백년지계이다.

教育の曲がり角
교육의 전환점.
>> 日本全体が大きな教育の曲がり角に差し掛かっている。 일본 전체가 커다란 교육의 전환점에 접어들었다.

受験戦争
입시 전쟁.
>> 受験戦争に我が子を駆り立てる。 입시 전쟁으로 우리 자식들을 몰아넣다.

泥縄式の勉強	벼락치기식 공부.
一夜漬けの勉強	벼락치기식 공부. ≫一夜漬けの勉強で徹夜しても学習効果はほとんどない。벼락치기식 공부로 날을 새더라도 학습 효과는 거의 없다.
センター試験	센터 시험. ◉ 우리나라의 대학수학능력시험에 해당한다.
韓国版「センター試験」	대학수학능력시험.
コマ	강의를 세는 단위. ≫今日は短縮授業となるので、1コマ40分授業となる。오늘은 단축 수업이기 때문에 강의는 40분 수업으로 한다.
コマ数	강의 수. ≫「ゆとりのある教育」とは、講義のコマ数を減らして学生に遊びの時間を与えることである。열린 교육이란 강의 수를 줄여서 학생에게 자유 시간을 주는 것이다.
替え玉受験	대리 시험. ≫韓国で携帯電話を使ったカンニング事件が起きた。日本においても、かつて替え玉受験などの事件もあったが、さすが韓国は、IT先進国だけあってカンニングもハイテクである。한국에서 휴대전화를 사용한 부정 행위 사건이 발생했다. 일본에서도 일찍이 대리 시험 등의 사건이 있었는데 역시 한국은 IT 선진국답게 부정 행위도 첨단을 달린다.
マルバツ問題	오엑스 문제.
記述式	주관식.
択一式	객관식.
マークシート	OMR 답안지. 마킹 답안지. [*mark+sheet* 일본식 조어] ≫マークシートの解答欄に1問ずつずれて解答していた。답안용지 해답란에 한 문제씩 내려서 답을 썼다.
落第点	낙제점.
辛い点数	짠 점수.
甘い点数	후한 점수.
飛び級	월반. ≫飛び級とは、たとえば高校1年から3年へ学年を飛び越して進級できる制度である。월반이란 예를 들어 고교 1학년에서 3학년으로 학년을 건너뛰어 진급할 수 있는 제도이다.
追体験	간접 체험.

ゆとり教育

>> コンビニの防犯カメラの映像が、生徒に地震を追体験させるのに良いという意見があった。편의점의 CCTV 영상이 학생들에게 지진을 간접 체험하게 하는데 좋다는 의견이 있었다.

열린 교육.

Ⅷ. 기타 사회

賞味期限(しょうみきげん)
유통 기한.
≫生産地やブランド、賞味期限などの表示を偽(いつわ)り消費者の信頼を裏切る事件が相次ぎ、社会問題となった。 생산지와 브랜드, 유통기한 등의 표기를 속여 소비자의 신뢰를 저버리는 사건이 잇따라 발생해 사회문제가 되었다.

外来生物(がいらいせいぶつ)
외래 생물. 이입종. ＝移入種(いにゅうしゅ)
● 외국에서 수입해 들여온 동식물을 말한다. 대개 애완동물로 수입했다가 야생화되어 생태계를 파괴하는 일이 잦아지고 있다.

光熱費(こうねつひ)
(전기료·가스비 등의) 광열비.

光熱水費(こうねつすいひ)
수도·광열비.

名義貸し(めいぎかし)
명의 대여.
≫いわゆる医師の名義貸しが表面に現れ、社会問題となり新聞をにぎわしている。 소위 의사 명의 대여가 표면으로 드러나 사회적인 문제가 되어 신문을 장식하고 있다.

学識経験者(がくしきけいけんしゃ)
지식인.
≫日本統計学会は、理論と応用を研究し普及する学識経験者が集まった学術団体である。 일본통계학회는 이론과 응용을 연구해 보급하는 지식인들로 구성된 학술 단체이다.

環境づくり(かんきょうづくり)
환경 조성. 환경 구축.

働き盛り(はたらきざかり)
한창 일할 때.
≫少子化により人口減少が進むと、地域社会を支える働き盛りの人が減少する。 저출산으로 인구 감소가 진행되면, 지역사회를 지탱하는 일꾼이 줄어든다.
● 우리나라에서는 20~30대, 일본에서는 30대 후반~40대를 가리킨다.

オフラインサークル
동호회. ＝同好会(どうこうかい) [off-line circle]

ルールの浸透(しんとう)
규범 정착.
≫交通安全教室を開き、交通ルールの浸透を図る。 교통 안전 교실을 열어 교통 규범의 정착을 도모한다.

生活の拠り所(せいかつのよりどころ)
삶의 터전.
≫日々の生活の拠り所である大切な「住居」の希望を奪った耐震強度偽

10·26事件	裝事件. 일상생활의 터전이며 소중한 주거의 희망을 빼앗아 가 버린 내진 강도 조작 사건. 10·26사태. ◉ 우리나라에서는 '~사태', 일본에서는 '~사건'이란 표현을 많이 쓴다. 10·26사태는 1979년 10월 26일 저녁 서울 종로구 중앙정보부 안가(安家)에서 중앙정보부 부장 김재규가 박정희 대통령을 살해한 사건을 말한다.
反対給付	반대급부. ≫ボランティアは、何らかの社会的影響を及ぼしていく社会性の側面を持ちながら、金銭的反対給付を受けない特性を持つ。 자원 봉사는 어떠한 사회적 영향을 미치는 사회성의 측면을 가지면서도 금전적 반대 급부를 받지 않는 특성을 가지고 있다.
任期付き	임기제. ≫研究者の任期付き雇用の広まりから、若手研究者の「使い捨て」の風潮が現れている。 연구자 임기제 고용이 확산되면서 젊은 연구자를 '일회용'으로 생각하는 풍조가 나타나고 있다.
持ち込み制	지입제. ≫持ち込み制が貨物運送を殺した主犯ともいえる。 지입제가 화물 운송을 죽인 주범이라 할 수 있다. ◉ 개인 소유 차량을 운수 회사에 등록하여 거기서 일감을 받아 일을 한 후 보수를 지급받는 제도이다.
税理士	세무사.
公認会計士	공인 회계사.
地産地消運動	자급자족 운동. ◉ 그 지역에서 나온 물건이나 상품은 그 지역에서 소비하자는 운동.
省エネルック	에너지 절약 복장.
不作為	부작위. 직무 태만. ≫不作為の疑いが濃い。 직무 태만에 대한 혐의가 짙다. ◉ 당연히 해야 할 행위를 일부러 하지 않는 것.
PFI	민간 투자 사업. [PFI: Private Finance Initiative] ≫PFIとは、公共施設などの建設、維持管理、運営など民間の資金、経営能力及び技術的能力を活用して行う新しい手法である。 PFI란 공공시설 등의 건설·유지 관리·운영 등을 민간의 자금·경영 능력 및 기술적 능력을 활용해서 실행하는 새로운 수법이다. ◉ 공공 서비스를 민간 주도로 실시하여 민간의 자금·기술·지식·경영·노하우 등을 활용하는 방식. 시장 원리를 도입하기 때문에 국가나 지자체

사회 | **271**

面接調査 (めんせつちょうさ)

가 직접 시행하는 것보다 효율적으로 업무를 처리할 수 있으며 그 결과 비용을 절감하고 양질의 공공서비스를 제공할 수 있다.

방문 조사.

≫ 15歳以上の7万人を対象に面接調査を行ったところ、87.8%が輸入農産物の安全性に対して「不安」と答えた。 15세 이상 7만 명을 대상으로 방문 조사를 한 결과 87.8%가 수입 농산물의 안전성에 대해 불안하다고 답했다.

枯葉剤 (かれはざい)

고엽제.

≫ ベトナム戦争において、大量に散布された枯葉剤に不純物として含まれていたダイオキシン類によって、大きな社会問題となった。 베트남전쟁에서 대량으로 살포된 고엽제에 포함되어 있던 다이옥신류의 불순물 때문에 커다란 사회 문제가 되었다.

役人の端くれ (やくにんのはしくれ)

말단 공무원. =下っ端(したっぱ)役人(やくにん)

ギフト券 (ギフトけん)

상품권.

景品 (けいひん)

경품.

≫ 高額な景品をつけることは「新聞公正競争規約」に違反する行為である。 값비싼 경품을 내거는 것은 신문 공정 경쟁 규약에 위반하는 행위이다.

日帰り生活圏 (ひがえりせいかつけん)

일일생활권. 반나절 생활권.

8020運動 (ハチマルニマルうんどう)

2080 운동. =ハチマルニマル運動(うんどう)

≫ 80歳になっても自分の歯を20本以上保つ8020運動。 80세가 되어서도 자신의 이를 20개 이상 유지하자는 2080운동.

プロボノワーク

프로보노 운동. =公益弁護活動(こうえきべんごかつどう) [Pro Bono Work]

◉ 소외 계층에 대한 무료 법률 서비스 등 법조인들의 공익 활동.

ローファーム

로펌. 법률 회사. [law firm]

家政婦 (かせいふ)

가정부.

家事代替産業 (かじだいたいさんぎょう)

가사 대체 산업.

◉ 베이비시터·파출부 등의 직종을 가리킨다.

生ごみギョーザ (なまごみギョーザ)

쓰레기 만두. =不良(ふりょう)ギョーザ

≫ 市民からは「行政の怠慢が国民に生ごみギョーザを食べさせた」と批判が出て、問題は拡大しそうな勢いだ。 시민들로부터는 '행정 태만이 국민에게 쓰레기 만두를 먹게 했다'는 비판이 나와 문제는 확대될 추세다.

新社会人 (しんしゃかいじん)

사회 초년생.

≫ 新社会人をターゲットにした紳士服の派手な広告が目立つ。 사회 초년생을 타깃으로 한 요란한 신사복 광고가 눈에 띈다.

여러가지 표현

- □ **あうはわかれのはじめ**(会うは別れの始め) | 만남은 헤어짐의 시작.
- □ **あくしゅうがたちこめる**(悪臭が立ち込める) | 악취가 진동하다.
  >> 周囲には悪臭が立ち込め、暑い日も窓を開けることができず、洗濯物も干せない。 주위에는 악취가 진동해 더운 날에도 창을 열 수가 없고 빨래도 말릴 수 없다.
- □ **あくどうにのめりこむ**(悪道にのめり込む) | 나쁜 길로 빠져들다.
- □ **あくりょうにとりつかれる**(悪霊に取り付かれる) | 악령이 쓰이다.
- □ **あくりょうをはらう**(悪霊を払う) | 악령을 내쫓다.
- □ **あしがみだれる**(足が乱れる) | 발이 묶이다.
  >> 計17便が欠航となり、約5千人の足が乱れた。 총 17편이 결항되어 약 5천명의 발이 묶였다.
- □ **あたまをもたげる**(頭をもたげる) | 고개를 들다. 대두되다.
  >> 日本では韓流を嫌う、という意味の「嫌韓流」が頭をもたげている。 일본에서는 한류를 싫어한다는 의미의 '혐한류'가 고개를 들고 있다.
- □ **あばく**(暴く) | 폭로하다.
  >> 事件への関与を暴く。 사건에 대한 관여를 폭로하다.
- □ **アメニティー** | 쾌적함. [amenity]
  >> 日本の都市は、景観、アメニティーが欠如しており、ヒートアイランド現象が問題化している。 일본의 도시는 경관과 쾌적함이 결여되어 있으며 열섬 현상이 문제화되고 있다.
- □ **あんうんがたれこめる**(暗雲が垂れ込める) | 암운이 드리우다.
  >> 2006年春卒業予定の高校生の就職戦線に暗雲が垂れ込めている。 2006년 봄 졸업 예정인 고등학생의 취업 전선에 먹구름이 끼어 있다.
- □ **あんてん**(暗転) | (사태의) 악화.
  >> 一夜にして暗転した。 하룻밤 사이에 악화되었다.
- □ **いえがとうかいする**(家が倒壊する) | 집이 무너지다.
- □ **いざというときに** | 만일의 경우. 여차할 때.
  >> いざというときに備えて適切な行動が取れるよう訓練を続けていきたい。 만일의 경우에 대비해 적절한 행동을 취할 수 있도록 훈련을 계속 하고 싶다.
- □ **いたばさみじょうたい**(板挟み状態) | 진퇴유곡의 상태. 딜레마에 빠진 상태.
  >> 矛盾で板挟み状態にある。 모순에 빠져 이러지도 저러지도 못하고 있다.
- □ **いちねんほっきして**(一念発起して) | 굳게 결심하고.
  >> 一念発起して陶芸教室に通うことにした。 큰맘 먹고 도예 교실에 다니기로 했다.

- ☐ **いつざい**(逸材) | 뛰어난 인재.
  ≫ 10年に一人の逸材。 10년에 한 번 나올까 말까 한 인재.

- ☐ **いっぽまちがえると**(一歩間違えると) | 한 발 삐끗하면. 자칫 잘못하면.
  ≫ メンタルヘルス問題は、一歩間違えると労使間トラブルに発展し、企業に大きな損失を与える可能性がある。 정신 건강 문제는 자칫 잘못하면 노사간의 갈등으로 발전해 기업에 큰 손실을 줄 수 있다.

- ☐ **いでんしをくみこむ**(遺伝子を組み込む) | 유전자를 주입하다.
  ≫ 遺伝子を筋肉に組み込んで筋力を倍増させる実験。 유전자를 근육에 주입시켜 근력을 배가시키는 실험.

- ☐ **いとめる**(射止める) | (노리던 것을) 맞추어 손에 넣다. 따다.
  ≫ 約2億円を射止めた。 약 2억 엔을 손에 넣었다. / 宝くじを射止めるには、継続して購入するのが第二条件である。 복권을 맞추기 위해서는 계속해서 구입하는 것이 두 번째 조건이다.

- ☐ **いとわない** | 마다하지 않다.
  ≫ 子供に大金をつぎ込んで引っ越しもいとわない孟母三遷型の教育偏重。 아이에게 큰돈을 쏟아 부으며 이사도 마다하지 않는 맹모삼천지교형 교육 편중.

- ☐ **いみがいろあせる**(意味が色あせる) | 의미가 퇴색되다. =意味が失われる
  ≫ 伝統的な家庭の意味が色あせてしまい、孤独感を感じる中高年の再婚が増えている。 전통적인 가정의 의미가 퇴색되어 외로움을 느낀 중장년층의 재혼이 늘고 있다.

- ☐ **いやけがさす**(嫌気がさす) | 싫증이 나다.
  ≫ 長時間議論して実りがなければ嫌気がさす。 장시간 논의해 결실을 맺지 못하면 싫증이 난다.

- ☐ **いやでもおうでも**(否でも応でも) | 싫든 좋든.
  ≫ 人間は否でも応でも過ちを犯し、倫理的に墜落する存在である。 인간은 싫든 좋든 간에 실수를 저지르고 윤리적으로 타락하는 존재이다.

- ☐ **いわれ** | 이유. 까닭.
  ≫ 他からとやかく言われるいわれはない。 남에게 이러쿵저러쿵 소리 들을 이유가 없다.

- ☐ **いんにんじちょう**(隠忍自重) | 은인자중.
  ≫ 再起を期して隠忍自重の毎日を過ごしている。 재기를 기약하며 하루 하루 은인자중하며 보내고 있다.

- ☐ **うけつがせる**(受け継がせる) | 물려주다.
  ≫ 韓国文化の優れたものは何が何でも次世代に受け継がせたい。 한국 문화의 우수성을 무슨 일이 있어도 다음 세대에 물려주고 싶다.

- ☐ **うごのたけのこ**(雨後の竹の子) | 우후죽순.
  ≫ 全国各地で大学が「雨後の竹の子」のように創設されたが、それにより教職員数と大学生の数が急増した。 전국 각지에서 대학이 우후죽순처럼 설립되었는데 이로 인해 교직원 수와 대학생 수가 급증했다.

여러가지 표현

- **うしろゆびをさされる** (後ろ指をさされる) | 손가락질을 받다.
  >> 勉強もせずに後ろ指をさされながらも、チャットに燃える人達。 공부도 하지 않고 손가락질을 받으면서도 채팅에 중독된 사람들.
- **うたがいがかけられる** (疑いがかけられる) | 혐의를 받고 있다.
  >> 彼は自分に疑いがかけられることを恐れて嘘の供述をした。 그는 자신이 혐의를 받고 있다는 점이 무서워서 거짓 진술을 했다.
- **うたがいがもたれている** (疑いが持たれている) | 혐의를 받고 있다.
- **うちつける** (打ち付ける) | 부딪치다.
  >> 乗客が壁や床に打ち付けられた。 승객이 벽이나 바닥에 부딪쳤다.
- **うとい** (疎い) | 잘 모르다.
  >> 私は官出身で民間のルールにまだ疎い。 나는 관료 출신이라 민간의 규칙에는 아직 어둡다.
- **うとむ** (疎む) | 멀리하다. 소외하다.
  >> ブルーカラーの仕事を疎む高学歴社会。 블루칼라의 일을 멀리하는 고학력 사회.
- **うみのくるしみをあじわう** (産みの苦しみを味わう) | 출산의 고통을 맛보다.
- **うらはらのかんけい** (裏腹の関係) | 모순된 관계. 정반대의 관계.
  >> 成功と失敗はかならずしも裏腹の関係にはない。 성공과 실패는 반드시 정반대의 관계는 아니다.
- **うれる** (熟れる) | (과일이) 익다.
  >> よく熟れた梨はとても甘い。 잘 익은 배는 아주 달다.
- **エポックメーキングな** | 획기적인. 획을 긋는.
  >> ヒトのゲノム配列解析が終了したそうだ。これはまさに、バイオの分野ではエポックメーキングな出来事といえる。 인간 게놈 배열 분석이 끝났다고 한다. 이것은 그야말로 바이오 분야에서 획기적인 사건이라고 할 수 있다.
- **エポックをかくするはつめい** (エポックを画する発明) | 획기적인 발명.
- **えんじょうする** (炎上する) | 불에 타다.
- **えんとつがりんりつする** (煙突が林立する) | 굴뚝이 늘어서다.
- **おうきゅうそちをほどこす** (応急措置を施す) | 응급 처치를 시행하다.
- **おうばんぶるまいをする** (椀飯振舞をする) | 크게 잔치를 베풀다.
- **おおでをふる** (大手を振る) | 활개 치다. 서슴없이 행동하다.
  >> やくざが大手を振ってはびこっている。 조직폭력배들이 서슴없이 행동하며 판을 치고 있다.
- **おおわらわだ** (大童だ) | 정신이 없다.
  >> 最後の試験準備に大童だ。 마지막 시험 준비에 정신이 없다.
- **おくればせながら** (遅ればせながら) | 뒤늦게나마.

사회

≫ 遅ればせながら「子育て」に対する関心が増した。 뒤늦게나마 육아에 대한 관심이 급격히 증가하였다.

☐ **おこるべくしておきたさいがい**(起るべくして起きた災害) | 당연히 일어날 것이라 예상했던 재해.

☐ **おしいる**(押し入る) | 침입하다. 강제로 들어가다.
≫ 覆面姿の男が郵便局に押し入り、約200万円を奪って車で逃走した。 복면을 한 남자가 우체국에 침입하여 약 200만 엔을 강탈하여 차로 도주했다.

☐ **おちつき**(落ち着き) | 안정.
≫ 市内は落ち着きを取り戻しつつある。 시내가 안정을 되찾아 가고 있다.

☐ **おもいをよせる**(思いを寄せる) | 마음에 두다. 애정을 품다.
≫ 思いを寄せている人に告白する。 마음에 둔 사람에게 고백하다.

☐ **おもうぞんぶん**(思う存分) | 마음껏.
≫ 思う存分、実力を発揮してほしい。 마음껏 실력을 발휘해 주었으면 한다.

☐ **おやをよせつけない**(親を寄せ付けない) | 부모가 얼씬도 못하게 하다.

☐ **かいかする**(開花する) | 결실을 보다. 성과를 내다.
≫ 眠っていた才能を開花させられる社会。 잠들어 있던 재능을 일깨워 줄 수 있는 사회.

☐ **がいこくへのただしいにんしき**(外国への正しい認識) | 외국 바로 보기.

☐ **かいたいする**(解体する) | 도살하다. 처리하다.
≫ 食肉用として解体された牛1頭が、BSEの1次検査で陽性だったことが昨日分かった。 식육용으로 도살된 소 한 마리가 광우병 1차 검사에서 양성 반응을 보였던 사실이 어제 밝혀졌다.

☐ **かいてがつかない**(買い手がつかない) | 사려는 사람이 없다.
≫ 開発計画もないへんぴな所なので、売りたくても買い手がつかない。 개발 계획도 없는 벽촌이라서 팔고 싶어도 사려는 사람이 없다.

☐ **かいほうされる**(解放される) | (잡혔다가) 풀려나다.

☐ **かいむだ**(皆無だ) | 전혀 없다.
≫ 大麻の摂取が原因で事故や喧嘩、犯罪事件を起こしたというケースは皆無である。 대마 복용이 원인이 되어 사고나 싸움, 범죄 사건이 발생한 경우는 한 건도 없다.

☐ **かいろうどうけつをちぎる**(偕老同穴を契る) | 백년해로를 맺다.

☐ **がくいがじゅよされる**(学位が授与される) | 학위가 수여되다.

☐ **かくしゃくとしている**(矍鑠としている) | 정정하다.
≫ 八十をすぎてもかくしゃくとしている人が多い。 80세를 넘었어도 정정한 사람들이 많다.

☐ **がくせいたちをはんこうにおいたてる**(学生たちを犯行に追い立てる) | 학생들을 범행으로 내몰다.

여러가지 표현

- [ ] **がくせいをとる**(学生を採る) | 학생을 선발하다(확보하다).
  ≫ 大学が優秀な学生を採るために、様々なアイデアを出している。대학이 우수한 학생을 선발하기 위해서 다양한 아이디어를 내놓고 있다.

- [ ] **かじにせいをだす**(家事に精を出す) | 가사를 열심히 하다.

- [ ] **かたぎになる**(堅気になる) | 손을 씻다. 불량배 생활을 청산하다.
  ≫ 出所して堅気になっても、やくざのいやがらせや一般人の冷たい視線を浴びながら生活していた。출소해서 착실하게 살아도 조직원들의 괴롭힘과 일반인들의 차가운 시선을 받으며 생활했다.

- [ ] **かたる**(騙る) | 사칭하다. 속이다.
  ≫ UFJ銀行を騙るフィッシング詐欺メールが出回っている。UFJ은행을 사칭하는 피싱 사기 메일이 나돌고 있다.
  ⊙ 피싱 사기란 주로 허위 웹페이지와 스팸 메일 메시지를 이용해 사용자 개인 정보나 신용카드 정보를 빼가는 행위이다.

- [ ] **かたをよせあう**(肩を寄せ合う) | 서로 의지하다.
  ≫ 質素ながらも肩を寄せ合い、仲むつまじく暮している老夫婦。소박하지만 서로 의지하며 사이좋게 생을 보내는 노부부.

- [ ] **かつてのどの** | 여느.
  ≫ 私たちは、かつてのどの時代より多くの情報を得る手段を持っている。우리들은 여느 시대보다 많은 정보를 얻을 수 있는 수단을 가지고 있다.

- [ ] **かねあい**(兼ね合い) | 균형.
  ≫ ネット喫茶での喫煙をめぐって健康増進と選択の自由の尊重との兼ね合いから、全面禁煙か一部禁煙かをめぐって論争が続いた。PC방 흡연을 둘러싸고 건강 증진과 선택의 자유 존중의 균형을 생각해서 전면 금연이냐 일부 금연이냐를 놓고 논쟁이 계속되었다.

- [ ] **かねづる**(金づる) | 돈줄. 돈을 대주는 사람.
  ≫ 自分を金づるとしか考えていないフィアンセ。자신을 돈줄로 밖에 생각하지 않는 약혼녀.

- [ ] **かねのちからになびく**(金の力になびく) | 돈의 힘에 굴복하다.

- [ ] **かねをまきあげる**(金を巻き上げる) | 돈을 갈취하다.

- [ ] **かみがところどころしろい**(髪がところどころ白い) | 머리가 희끗희끗하다.

- [ ] **からだがついていかない**(体が付いていかない) | 몸이 제대로 말을 듣지 않다.
  ≫ 意気込みに体が付いていかない。의욕에 몸이 잘 따라주지 않는다.

- [ ] **からだのふちょうをうったえる**(体の不調を訴える) | 몸의 이상을 호소하다.

- [ ] **カリキュラムをくむ**(カリキュラムを組む) | 커리큘럼을 짜다.

- [ ] **かわがけっかいする**(川が決壊する) | 강이 범람하다.

- [ ] **かんきょうがととのう**(環境が整う) | 환경이 조성되다.

- ☐ **かんきょうをととのえる**(環境を整える) | 환경을 조성하다.
  ≫ 女性の社会進出の環境が整った。여성의 사회 진출 환경이 조성되었다.
- ☐ **かんきんせいがたかい**(換金性が高い) | 환금성이 높다.
  ≫ ギフト券は換金性が高いため、支給は給与所得とみなされて課税対象になる可能性が高いという。상품권은 환금성이 높기 때문에 지급은 급여 소득으로 간주되어 과세 대상이 될 가능성이 크다고 한다.
- ☐ **かんこくじんをちちににほんじんをははにもつ**(韓国人を父に日本人を母に持つ) | 한국인을 아버지로, 일본인을 어머니로 두다.
- ☐ **かんばんだおれ**(看板倒れ) | 빛 좋은 개살구.
  ≫ 2004年の年金制度改革は「看板倒れ」に終わりそうだ。2004년의 연금제도 개혁은 빛 좋은 개살구로 끝날 것 같다.
- ☐ **かんめいをうける**(感銘を受ける) | 감명 받다.
- ☐ **きおくがよびさまされる**(記憶が呼び覚まされる) | 기억이 되살아나다.
  ≫ 子供の頃にロボットのおもちゃで遊んだ記憶が呼び覚まされた。어렸을 때 로봇 장난감을 가지고 놀던 기억이 되살아났다.
- ☐ **きがかりなのは**(気掛かりなのは) | 마음에 걸리는 것은.
  ≫ 判決が出たことで事件は一区切りを迎えた。気掛かりなのは被害者の少女たちだ。판결이 나옴으로써 사건은 일단락되었다. 마음에 걸리는 것은 피해자 소녀들이다.
- ☐ **きけんをかえりみずに**(危険を顧みずに) | 위험을 아랑곳하지 않고.
  ≫ 世界各地で危険を顧みずに活動している人道支援関係者に心から敬意を表する。세계 각지에서 위험을 무릅쓰고 활동하고 있는 인도 지원 관계자들에게 진심으로 경의를 표한다.
- ☐ **きこうしきがおこなわれる**(起工式が行われる) | 기공식이 열리다.
- ☐ **ぎせいをはらう**(犠牲を払う) | 희생을 치르다.
  ≫ 国民がどれほど多くの犠牲を払うか分からない。국민이 얼마나 많은 희생을 치를지 모른다.
- ☐ **ぎねんがわく**(疑念が沸く) | 의심이 들다.
  ≫ Aさんが白昼に殺害した実業家は彼の妻の再婚相手だったのではないかという疑念が沸いた。A씨가 대낮에 살해한 사업가는 A씨 부인의 재혼 상대가 아니었을까 하는 의심이 들었다.
- ☐ **きぼうのひだねをうえつける**(希望の火種を植え付ける) | 희망의 불씨를 심어 주다.
- ☐ **きぼうのひだねをまもる**(希望の火種を守る) | 희망의 불씨를 살리다.
- ☐ **ぎもんをさしはさむ**(疑問を差し挟む) | 의문을 품다. =疑念を抱く
  ≫ 被害を受けたという女児供述には、疑問を差し挟む余地がないと思われる。피해를 입은 여아의 진술에는 의심할 여지가 없는 것으로 보인다.
- ☐ **きゅうよのさく**(窮余の策) | 궁여지책.
  ≫ 湖に生息する淡水魚の乱獲によって漁獲量が激減したため、窮余の策として外来漁が

여러가지 표현

放流された。호수에 서식하는 담수어를 마구잡이로 잡아서 어획량이 급감했기 때문에 궁여지책으로 외래 어종을 방류했다.

- ☐ きよう(紀要) | (대학·연구소 등의 논문을 싣는) 기요. 정기 간행물.
  ≫ 近く米科学アカデミー紀要に掲載される。조만간 미국 과학 아카데미 정기 간행물에 게재된다.

- ☐ きょうばいにかける(競売にかける) | 경매에 붙이다.
  ≫ 故ベルサーチ氏が、ダイアナ元妃のためにデザインしたスーツが、競売にかけられ、約4万7800ドルで落札された。고(故) 베르사체 씨가 다이애나 전 왕비를 위해 디자인했던 정장이 경매에 붙여져 약 47800달러에 낙찰되었다.

- ☐ きらわれてのけものにされる(嫌われてのけ者にされる) | 미움을 사 따돌림을 당하다.

- ☐ キレる | 욱하다. 돌변하다.
  ≫ キレる小学生。욱하는 아이들. 돌변하는 아이들.

- ☐ ぎろんがいっぽんかされる(議論が一本化される) | 의견이 하나로 모이다.

- ☐ きんぴんをおどしとる(金品を脅し取る) | 협박하여 금품을 빼앗다.

- ☐ くさいめしをくう(くさい飯を食う) | 콩밥을 먹다(속어).

- ☐ くすりをちょうざいする(薬を調剤する) | 약을 조제하다.

- ☐ くすりをのむ(薬を飲む) | 약을 먹다.

- ☐ くずれおちる(崩れ落ちる) | 무너져 내리다. 붕괴되다.
  ≫ 家屋が真っ黒に焼けて崩れ落ちた。가옥이 새까맣게 타서 무너져 내렸다.

- ☐ くにじゅうが「じゅけんいっしょく」にそまる(国中が「受験一色」に染まる) | 온 나라가 시험 얘기로 떠들썩하다.

- ☐ くにをあげて(国を挙げて) | 범국가적인 차원에서.
  ≫ 今回の阪神大震災を契機に、ぜひとも国を挙げて災害対策システムを確率してほしい。이번 고베 대지진을 계기로 반드시 국가적 차원에서 재해 대책 시스템을 확립했으면 한다.

- ☐ くみあげる(汲み上げる) | 받아들이다.
  ≫ 多様なニーズを汲み上げる。다양한 요구를 잘 반영하다.

- ☐ けいさつとうきょくによせられたそうだん(警察当局に寄せられた相談) | 경찰 당국에 접수된 상담.

- ☐ けいさつにつうほうする(警察に通報する) | 경찰에 신고하다.
  ≫ 盗みの被害にあった場合、警察に通報してください。절도 피해를 당한 경우 경찰에 신고해 주십시오.

- ☐ けいさつにつきだされる(警察に突き出される) | 경찰에 넘겨지다.
  ≫ 痴漢が捕まって警察に突き出された。치한이 잡혀서 경찰에 넘겨졌다.

- ☐ **けいせき**(形跡) | 흔적.
  ≫ 携帯電話が不正に使われた形跡はない。휴대전화가 부정에 사용된 흔적은 없다.
- ☐ **けいをひきあげる**(刑を引き上げる) | 형을 늘리다.
- ☐ **けっきさかんな**(血気盛んな) | 혈기왕성한.
  ≫ 人生で最も血気盛んな青春時代。인생에서 가장 혈기왕성한 청춘 시절.
- ☐ **けんさをすりぬける**(検査をすり抜ける) | 검사를 빠져나가다.
- ☐ **けんちする**(検知する) | 감지하다.
  ≫ 震源に近い位置で揺れを検知し、震源から離れた都市に地震波が到達する前に地震発生情報を提供する。진원에 가까운 위치에서 흔들림을 감지해 진원에서 떨어진 도시에 지진파가 도달하기 전에 지진 발생 정보를 제공한다.
- ☐ **げんばをおさえる**(現場を押える) | 현장을 덮치다.
  ≫ 防犯カメラが現場を押えているので、疑いの余地がない。CCTV에 당시 상황이 담겨 있기 때문에 의심의 여지가 없다.
- ☐ **コインのうらおもて**(コインの裏表) | 동전의 앞뒤.
  ≫ 常に何事にも、コインの裏表のように、長所・短所はあると思う。항상 어떤 일이든지 동전의 양면과 같이 장단점이 있다.
- ☐ **こうがくしんにもえる**(向学心に燃える) | 향학심에 불타다.
  ≫ 向学心に燃えながらも経済的理由で修学の困難な学生が多くいる。향학심에 불타면서도 경제적인 이유로 학업에 정진하기 어려운 학생이 많이 있다.
- ☐ **こうそする**(控訴する) | 항소하다.
  ≫ 一審が地裁又は家庭裁判所であれば高等裁判所に控訴することができる。일심이 지방법원 또는 가정 법원이었을 경우 고등 법원에 항소할 수 있다.
- ☐ **こうどなずのうがあつまっただいがく**(高度な頭脳が集まった大学) | 우수한 두뇌들이 모인 대학.
- ☐ **こくないのうぎょうのあしこしをつよめる**(国内農業の足腰を強める) | 국내 농업의 기반을 강화하다.
- ☐ **こじあける**(こじ開ける) | 억지로 열다. 비틀어 열다.
  ≫ 金庫をこじ開ける。금고를 (억지로) 열다.
- ☐ **こそだてにめどをつける**(子育てに目処をつける) | 자식을 다 키우다.
- ☐ **ごったがえす**(ごった返す) | 대혼잡을 이루다.
  ≫ 帰宅を急ぐ乗客でごった返しになった。귀가를 서두르는 승객들로 대혼잡을 이루었다.
- ☐ **こてさき**(小手先) | 잔재주. 꼼수.
  ≫ 相手の要求を小手先であしらう。상대의 요구를 꼼수로 응대하다.

여러가지 표현

- □ **こてさきのかいかく**(小手先の改革) | 소극적인 개혁.
  ≫ 小手先の改革に止まれば若い人の年金不信は強まるばかりである。 임기응변적인 개혁에 그친다면 젊은이들의 연금에 대한 불신은 커져만 갈 뿐이다.

- □ **ことかく**(事欠く) | 부족한 형편에 있다.
  ≫ その日の食事にも事欠く。 그날그날 끼니를 이어가는 것도 녹록치 않다.

- □ **ことする**(糊塗する) | 미봉하다. 얼버무리다.
  ≫ 間違いを糊塗するために新たな間違いを生むこともある。 실수를 미봉하려다 또 다른 실수를 저지르는 경우도 있다.

- □ **ことぶきたいしゃする**(寿退社する) | (여성이) 결혼하여 퇴사하다.

- □ **こまる**(困る) | 골머리를 앓다.
  ≫ 社会が困っている環境問題解決に積極的に乗り出す。 사회가 골머리를 앓고 있는 환경 문제 해결에 적극적으로 나서다.

- □ **ゴミをあさる** | 쓰레기를 뒤지다.
  ≫ カラスが生ごみをあさるとき、外部から中身が見える袋を集中的に狙っているらしい。 까마귀가 생활 쓰레기를 뒤질 때 외부에서 내용물이 보이는 봉지를 집중적으로 노리는 것 같다.

- □ **こりつしたじゅうみん**(孤立した住民) | 고립된 주민.
  ≫ 自衛隊が孤立した住民をボートで救助した。 자위대가 고립된 주민을 보트로 구조했다.

- □ **さいたるもの**(最たるもの) | 가장 두드러진 것.
  ≫ 食品の安全性は、最近では消費者ニーズの最たるものであり、それに応えることがすべての供給業者にとっては必須となっている。 식품의 안전성은 최근 소비자 니즈의 대표적인 것이며 여기에 부응하는 것이 모든 공급 업체에는 필수 조건이 되었다.

- □ **さいわいぎせいしゃはでなかった**(幸い犠牲者は出なかった) | 다행스럽게 희생자는 나오지 않았다.

- □ **さきがおもいやられる**(先が思いやられる) | 앞날이 염려된다. 앞날이 훤하다.
  ≫ 梅雨明け前にこれだけ暑いと、先が思いやられる。 장마가 끝나기 전에 이렇게 더우니 앞으로가 걱정이다.

- □ **さざなみ**(さざ波) | 잔물결.
  ≫ 校長が学費を説明した時、会場にため息がさざ波のように広がった。 교장이 학비를 설명했을 때 회장에는 한숨이 잔물결처럼 퍼져 갔다.

- □ **さしたる** | 이렇다 할.
  ≫ さしたる勉強もせず卒業する学生たち。 이렇다 할 공부도 하지 않고 졸업하는 학생들.

- □ **さびれたアパート** | 허름한 연립 주택.
  ≫ さびれたアパートから高級マンションへ引っ越した。 허름한 연립 주택에서 아파트로 이사를 했다.
    - ⊙ 일본의「アパート」는 우리나라의 연립 주택 순준으로, 좋은 집을 가리키는 말이 아니다. 우리나라

사회 | **281**

의 아파트나 빌라에 해당하는 단어는 「高級マンション」이다.

- **しえんのてをさしのべる**(支援の手を差し伸べる) | 지원의 손길을 내뻗다.
  >> 被災国の一刻も早い復興のために最大限の支援の手を差し伸べる。 피해국의 빠른 복구를 위해서 최대한의 지원을 아끼지 않다.

- **しかるべき** | (그에) 맞는. 적당한.
  >> 社会にはしかるべきルールがあり、その恩恵を誰もが浴している。 사회에는 그에 적합한 규범이 있으며 그 혜택을 모두가 받고 있다.

- **じかんをおって**(時間を追って) | 시간이 지남에 따라.
  >> 死亡者数は時間を追って増えている。 사망자 수는 시간이 지남에 따라 늘어나고 있다.

- **じくあしをおく**(軸足を置く) | 중심축을 두다.
  >> 市場原理に軸足を置く新農業基本法が成立し農業を取り巻く環境が厳しさを増した。 시장 원리에 중심축을 둔 신농업 기본법이 채택되어 농업을 둘러싼 환경이 더욱 악화되었다.

- **しけんにとりかかる**(試験に取りかかる) | 시험을 보기 시작하다.

- **しこうをのばす**(思考を伸ばす) | 사고력을 키우다.

- **じさつをおもいとどまらせる**(自殺を思いとどまらせる) | 자살을 만류하다.
  >> 相談所の壁には「自分の姿を見つめ直して、自殺を思いとどまらせる」という目的で鏡が張ってある。 상담소 벽에는 자신의 모습을 되돌아보고 자살을 단념시키려는 목적으로 거울이 붙어 있다.

- **じさつをはかる**(自殺を図る) | 자살을 기도하다.

- **したじ**(下地) | 환경. 밑바탕.
  >> 通信によって情報を提供するという下地はできた。 통신으로 정보를 제공하는 환경이 정비되었다.

- **じたともにゆるす**(自他共に許す) | 자타가 공인하다.
  >> 自他共に許す保守主義者ならば、「改革」「革新」という言葉に、とてもよい感情を持つことができないはずなのである。 자타가 공인하는 보수주의자라면 개혁·혁신이란 말에 아주 좋은 감정을 가질 수 없을 것이다.

- **しっぱいするとやりなおしができない**(失敗するとやり直しができない) | 실패하면 다시 무를 수가 없다.

- **しつをあげる**(質を上げる) | 질을 향상시키다.
  >> 医療機関や医師の質を上げる。 의료 기관과 의사의 질을 향상시키다.

- **しばる**(縛る) | 묶다.
  >> 両手足を粘着テープで縛る。 양 손발을 접착 테이프로 묶다.

- **しみついた**(染み付いた) | 찌든. 몸에 밴.
  >> 何よりも長年染み付いた「お上意識」を捨てなければならない。 무엇보다도 오랫동안 몸에

여러가지 표현

밴 우월 의식을 버려야만 한다.

- ☐ **しみんのエネルギーをみせつける**(市民のエネルギーを見せつける) | 시민의 힘을 보여주다. =市民のパワーを見せつける

- ☐ **じむしょをかまえる**(事務所を構える) | 사무소를 차리다.
  ≫ 起業するにあたり、事務所を構えるかどうか迷っている。 창업에 즈음하여 사무소를 차릴지 여부를 놓고 망설이고 있다.

- ☐ **しめいてはいをおこなう**(指名手配を行う) | 지명 수배를 내리다.

- ☐ **しめだす**(閉め出す) | 쫓아내다.
  ≫ 怪しい人間を学校から閉め出す。 수상한 사람을 학교에서 쫓아내다.

- ☐ **しもやけになる** | (가벼운) 동상에 걸리다.
  ≫ しもやけになっても軽いうちは軟膏などを塗り、マッサージをすれば症状はよくなる。 동상에 걸리더라도 증상이 가벼울 때 연고 등을 바르고 마사지를 하면 증상이 호전된다.

- ☐ **しゃかいにおくりだす**(社会に送り出す) | 사회로 내보내다.
  ≫ 21世紀を担う科学技術を身につけた優秀な青年を恒常的に数多く社会に送り出すようなシステムを作ることが肝要である。 21세기를 짊어질 과학 기술을 체득한 우수한 청년을 정기적으로 많이 사회에 내보낼 수 있는 시스템을 만드는 것이 중요하다.

- ☐ **しゃこうしんをあおりたてる**(射幸心を煽り立てる) | 사행심을 부채질하다.

- ☐ **しゃこうせいをあおる**(射幸性を扇る) | 사행심을 조장하다.

- ☐ **しゃばにでる**(娑婆に出る) | 바깥세상으로 나오다. 출감하다.

- ☐ **しゅういにとけこむ**(周囲に溶け込む) | 주위에 동화되다.
  ≫ 犯人に目を付けられないためには、極力、周囲に溶け込むような服装をする必要がある。 범인의 눈에 띄지 않기 위해서는 최대한 주위에 동화될 수 있는 복장을 할 필요가 있다.

- ☐ **じゅうようせいがます**(重要性が増す) | 중요성이 커지다.
  ≫ ITの利用が拡大しているためにネットワークの重要性が増している。 IT이용이 확대되고 있기 때문에 네트워크의 중요성이 커지고 있다.

- ☐ **しゅくふくをうける**(祝福を受ける) | 축복을 받다.

- ☐ **じゅけんしかくがゆるやかになる**(受験資格が緩やかになる) | 수험 자격이 완화되다.

- ☐ **じゅしんする**(受診する) | 진찰을 받다.
  ≫ 医療機関を受診する。 의료 기관에서 진찰을 받다.

- ☐ **じゅんしょくする**(殉職する) | 순직하다.

- ☐ **じょうしのあたまごしに**(上司の頭越に) | 상사를 제쳐 놓고.
  ≫ 上司に対して不満があっても、上司の頭越しに直訴してはいけない。 상사에 대해 불만이 있어도 상사를 제쳐 놓고 직소해서는 안 된다.

사회

- ☐ **しょうどうにかられる**(衝動にかられる) | 충동에 사로잡히다.
  ≫ やってみたいという衝動にかられ、実際に犯行に至る者もいる。 해보고 싶다는 충동에 사로잡혀 실제로 범행을 저지르는 사람도 있다.
- ☐ **じょうねつをかける**(情熱をかける) | 정열을 쏟다.
  ≫ 教育にかける情熱が世界でも有数と言われる韓国。 교육에 쏟는 정열이 세계에서도 손꼽힐 정도로 알려진 한국.
- ☐ **しようまっせつのわだい**(枝葉末節の話題) | 지엽적이고 하찮은 화제.
- ☐ **しょうらいのにないてであるせいしょうねん**(将来の担い手である青少年) | 장래를 이끌어 갈 청소년.
- ☐ **しょくむにじゅんじる**(職務に殉じる) | 순직하다.
  ≫ 多くの消防隊員、警察官の職務に殉じた高潔な魂と勇気を忘れてはならない。 순직한 많은 소방대원과 경찰관의 고결한 혼과 용기를 잊어서는 안 된다.
- ☐ **じょせいをもてあそぶ**(女性を弄ぶ) | 여성을 농락하다.
- ☐ **しらしめる**(知らしめる) | 전파하다. 알리다.
  ≫ 社会への不満を抱いた容疑者が自らの無念さを知らしめるため犯した計画的な単独犯行。 사회에 불만을 품은 용의자가 자신의 억울함을 알리기 위해 저지른 계획적인 단독 범행.
- ☐ **じろんをとく**(持論を説く) | 지론을 펴다. 강설하다.
  ≫ 自信を持ち持論を説く韓国の若者の激しさがまぶしくも、不思議でもある。 자신을 가지고 지론을 펼치는 한국 청년들의 격렬함이 눈부시기도 하고 신비하기도 하다.
- ☐ **しんけいけいとうをおかす**(神経系統をおかす) | 신경 계통을 침범하다.
- ☐ **じんけんをおきざりにする**(人権を置き去りにする) | 인권을 방치하다.
- ☐ **しんさつをうける**(診察を受ける) | 진찰을 받다.
- ☐ **しんだんやちりょうにそくしたいりょう**(診断や治療に即した医療) | 진단과 치료에 들어맞는 의료.
- ☐ **すうよう**(枢要) | 중요한. 요긴한.
  ≫ 社会基盤の枢要部分。 사회 기반의 중추 부분.
- ☐ **すえのよまでもそいとげる**(末の世までも添い遂げる) | 백년해로하다.
- ☐ **すきをひく**(犂をひく) | 쟁기를 끌다.
- ☐ **すけてみえる**(透けて見える) | 들여다보이다.
  ≫ 宗教を国民統合の手段として利用する政治の動きが透けて見える。 종교를 국민 통합의 수단으로 이용하려는 정치적인 움직임이 들여다보인다.
- ☐ **すじちがい**(筋違い) | 이치에 어긋남. 판단 착오.
  ≫ 社会保障給付のために子供を産めというのは筋違いである。 사회 보장 급부를 위해 아이

여러가지 표현

를 낳으라는 것은 이치에 어긋난다.

- □ **すべりだし**(滑り出し) | 시작. 개시. 출발.
  ≫ 好調な滑り出しを見せている。순조로운 출발을 보이고 있다.

- □ **すんぜん**(寸前) | 직전 단계.
  ≫ 納付しても受給できるか分からない、破綻寸前の社会保障システム。납부하더라도 받을 수 있을지 모르는 파탄 직전의 사회 보장 시스템.

- □ **すんだんされる**(寸断される) | 토막 토막 끊기다.
  ≫ 海沿いの幹線道路や鉄道が寸断され交通がストップした。바다를 따라 뻗어 있는 간선 도로와 철도가 끊겨 교통이 마비되었다.

- □ **せいかつのあんねい**(生活の安寧) | 생활의 안녕.
  ≫ 真の地方自治の実現が、住民生活の安寧を保障する。진정한 지방자치 실현이 주민 생활의 안녕을 보장한다.

- □ **せいさん**(成算) | 가능성. 전망.
  ≫ 成算はないがやるしかない。가능성은 없지만 할 수밖에 없다.

- □ **せいめいのほうが**(生命の萌芽) | 생명의 싹.
  ≫ 生命の萌芽を摘み取る。생명의 싹을 잘라버리다.

- □ **せけんてい**(世間体) | 세인의 이목.
  ≫ 世間体を気にする親ほど子供に干渉している。남의 눈을 신경 쓰는 부모일수록 자녀에게 간섭을 한다.

- □ **せけんのかんじょうにひきずられる**(世間の感情に引き摺られる) | 여론에 끌려다니다.

- □ **せすじがさむくなる**(背筋が寒くなる) | 등골이 오싹해지다.
  ≫ 連続児童殺傷事件は、15歳の少年の犯行と知らされたとき、子供を持つ親として背筋が寒くなる思いがした。아동 연쇄 살상 사건은 15세 소년의 범행으로 알려졌을 때 아이를 가진 부모로서 등골이 오싹해지는 느낌이 들었다.

- □ **せそう**(世相) | 세태.
  ≫ 一言で世相を語るならば、「元気のない社会」であるといえる。간단하게 세태를 이야기하라고 한다면 '활력이 없는 사회'라고 말할 수 있다.

- □ **せちがらい**(世知辛い) | 세상 살기가 어렵다. 인색하다. 타산적이다.
  ≫ 世知辛い世の中。각박한 세상.

- □ **せつく** | 재촉하다.
  ≫「子供はまだなの」と母親に会うたびにせつかれる。"아이는 아직이냐?" 어머니는 만날 때마다 귀찮게 재촉한다.

- □ **せんざいいちぐうのチャンス**(千載一遇のチャンス) | 천재일우의 기회. 다시없는 기회.
  ≫ 千載一遇のチャンスを逃すことはできない。다시없는 기회를 놓칠 수는 없다.

사회 | **285**

- ☐ **ぜんとはたなんだ**(前途は多難だ) | 앞날은 험난하다.
  ≫ エネルギー生産が、日本でも始まりつつあるが、まだ前途は多難である。 일본에서도 에너지를 생산하기 시작했으나 아직 앞날은 험난하다.
- ☐ **そういくふうをそだてる**(創意工夫を育てる) | 창의성을 키우다.
- ☐ **そうなんする**(遭難する) | 조난당하다.
  ≫ 遭難したときは動かない方が良いとされるが、ケースバイケースであり、正確に状況を判断し行動する必要がある。 조난당했을 때는 이동하지 않는 것이 좋다고 알려져 있으나 경우에 따라 다르며 정확하게 상황을 판단하고 행동할 필요가 있다.
- ☐ **そくかいはつ**(即開発) | 즉시 개발.
  ≫ 研究が即開発につながるものではない。 연구가 곧바로 개발로 이어지는 것은 아니다.
- ☐ **そじょうをさしだす**(訴状を差し出す) | 소송장을 제출하다.
- ☐ **たいばつをくわえる**(体罰を加える) | 체벌을 가하다.
  ≫ 校長及び教員は、教育上必要があると認めるときは、教育部の定めるところにより、生徒に懲戒を加えることができる。ただし、体罰を加えることはできない。 교장 및 교원은 교육상 필요하다고 인정되는 경우에는 교육부가 정한 바에 의거하여 학생에게 징계를 내릴 수가 있다. 단 체벌은 가할 수 없다.
- ☐ **ダイヤがみだれる**(ダイヤが乱れる) | 운행이 지연되다.
- ☐ **ダイヤをくむ**(ダイヤを組む) | (열차) 시간표를 짜다.
  ≫ 臨時列車のダイヤを組む。 임시 열차편 시간을 짜다.
- ☐ **たしなめる** | 잘 타이르다. 주의를 주다.
  ≫ 問題児をたしなめる先生。 문제아를 타이르는 선생님.
- ☐ **たてつけ**(建て付け) | 맞음세. 이음세.
  ≫ ドアと窓の建て付けが悪い。 문과 창문의 여닫이 상태가 좋지 않다.
  ⊙ 딱 맞물려 닫치지 않는다는 뉘앙스이다.
- ☐ **たてものがおしつぶされる**(建物が押し潰される) | 건물이 짓눌려 무너지다.
- ☐ **だましとる**(騙し取る) | 사취하다.
  ≫ 仕事を斡旋するかわり、契約料と称して多額の現金を騙し取る事件が発生している。 일을 알선해 주는 대신 계약료 명목으로 거금을 사취하는 사건이 발생하고 있다.
- ☐ **たんせいをこめる**(丹精を込める) | 정성을 다하다.
  ≫ 千葉コシヒカリは、特定の農家が土づくりから丹精を込め、農薬をほとんど使用しない有機質により作り上げた健康で安全な米である。 지바 고시히카리는 특정 농가가 정성을 다해 좋은 토양을 만들고 농약을 거의 사용하지 않은 유기질로 만들어 낸 건강하고 안전한 쌀이다.
- ☐ **たんをはっする**(端を発する) | 발단이 되다.
  ≫ 放火に端を発する地下鉄火災。 방화가 발단이 된 지하철 화재.

여러가지 표현

- ☐ **ちちおやはちかよりがたいそんざいである**(父親は近寄りがたい存在である) | 아버지는 다가가기 힘든 존재이다.
- ☐ **ちはあらそわれない**(血は争われない) | 피는 못 속인다.
- ☐ **ちはみずよりもこい**(血は水よりも濃い) | 피는 물보다 진하다.
- ☐ **ちゅうしゃをうたれる**(注射を打たれる) | 주사를 맞다.
- ☐ **ちょうしょをとる**(調書を取る) | 조서를 꾸미다.
- ☐ **ちょうぼうがきく**(眺望がきく) | 전망이 좋다.
- ☐ **チョークでもじをかきなぐる**(チョークで文字を書きなぐる) | 분필로 글자를 휘갈겨 쓰다.
- ☐ **つきおとす**(突き落とす) | 밀어 떨어뜨리다. 궁지에 빠뜨리다.
  ≫ 大学生が酒に酔って駅のホームから面識のない男性を突き落し殺害した。 대학생이 술에 취해서 역 플랫폼에서 지나가는 남성을 밀어 떨어뜨려 살해했다.
- ☐ **つみほろぼしをする**(罪滅ぼしをする) | 속죄하다.
  ≫ 死んですべて忘れるよりも、生きて自分のしたことをしっかり認識し、罪滅ぼしをする方が死刑よりよっぽど辛いことである。 사형으로 죽어서 전부 잊어버리는 것보다도 살아서 자신이 한 일을 확실히 인식하고 속죄하는 것이 훨씬 힘들다.
- ☐ **つみをつぐなう**(罪を償う) | 속죄하다.
- ☐ **つわりをする** | 입덧하다.
  ≫ つわりをまったく感じない人もいれば、起き上げれないほどひどい人もいる。 입덧을 전혀 하지 않는 사람이 있는가 하면 일어설 수 없을 정도로 심하게 하는 사람도 있다.
- ☐ **ていたらく**(体たらく) | 몰골. 꼬락서니. 모양새.
  ≫ 最近の○○テレビ局の体たらくぶりは目に余るものがある。 최근 ○○방송국의 꼬락서니는 눈꼴사납다.
- ☐ **ていでんする**(停電する) | 정전되다.
  ≫ 地震発生直後、約260万世帯が停電した。 지진 발생 직후 약 260만 가구가 정전이 되었다.
- ☐ **ていりゅうをなす**(底流をなす) | 저류를 이루다.
  ≫ 学生運動の底流をなしていた社会や文明への深い失望や不信。 학생 운동의 저류를 이루었던 사회와 문명에 대한 깊은 실망과 불신.
- ☐ **てぐせがわるい**(手癖が悪い) | 손버릇이 나쁘다. 도벽이 있다.
- ☐ **てじょうをかける**(手錠を掛ける) | 수갑을 채우다.
  ≫ 手錠を掛けて逮捕する。 수갑을 채워 체포하다.
- ☐ **てづまりのじょうたい**(手詰まりの状態) | 교착 상태.
  ≫ 有効な打開策を見いだせず、手詰まり状態に陥っている。 효율적인 타개책을 찾지 못해 교

착 상태에 빠져 있다.

- □ **てのほどこしようがない**(手の施しようがない) | 걷잡을 수 없다.
  >> 問題解決にあたらず時間だけが経過してしまうと手の施しようがない事態になることも多くある。 문제 해결에 임하지 않고 시간만 지나가 버리면 걷잡을 수 없는 사태가 되는 경우도 많이 있다.

- □ **でるくいがうたれる**(出る杭が打たれる) | 모난 돌이 정 맞는다.

- □ **でんしばん**(電子版) | 인터넷판.
  >> ES細胞を作ることに成功したと、米バイオ企業の研究チームが23日、英科学誌ネイチャー電子版に発表した。 ES세포를 만드는 데 성공했다고 미국의 바이오기업 연구팀이 23일 영국의 과학 잡지 네이처 인터넷판에 발표했다.

- □ **てんすうをつける**(点数を付ける) | 점수를 매기다.

- □ **てんてきをうたれる**(点滴を打たれる) | 링거를 맞다.

- □ **とうかいする**(倒壊する) | 무너지다. 쓰러지다.
  >> 木造2階建ての建物が強風により倒壊した。 목조 2층 건물이 강풍으로 무너졌다.

- □ **とうといぎせいしゃをだしてしまった**(尊い犠牲者を出してしまった) | 소중한 생명을 앗아 갔다.

- □ **どうろがすいぼつする**(道路が水没する) | 도로가 물에 잠기다.

- □ **とおざける**(遠ざける) | 멀리하다.
  >> アレルギーの原因となる物質から遠ざける。 알러지 원인이 되는 물질을 가까이 하지 않는다.

- □ **とけこむ**(溶け込む) | 용해되다. 동화되다.
  >> この会社では、自分たち地域の一住民という意識を持ち、地域社会に溶け込むことができるよう様々な交流を図っている。 이 회사에서는 자신들도 지역의 한 주민이라는 의식을 가지고 지역 사회에 동화될 수 있는 다양한 교류를 도모하고 있다.

- □ **どざえもんがあがる**(土左衛門が上がる) | 익사체가 떠오르다.

- □ **ともにしらががはえるまでそいとげる**(ともに白髪が生えるまで添い遂げる) | 검은 머리 파뿌리 될 때까지 평생 같이 살다.

- □ **とりいれる**(取り入れる) | 접목시키다. 반영하다.
  >> 授業にボランティアを取り入れるなど、日常的に社会と接する仕組みを作る。 수업에 자원 봉사 활동을 접목시키는 등 일상적으로 사회와 접할 수 있는 시스템을 만든다.

- □ **とりたてる**(取り立てる) | 징수하다. 거두어들이다.
  >> 取り立て電話で職場が多大な迷惑を被ったとしても、不当な行為をしているのは電話をしている業者の方であり、これを理由に社員を解雇することはできない。 독촉 전화 때문에 업무에 지장이 생겼다 하더라도 부당한 행위를 하는 것은 전화를 거는 업자 쪽이며 이를 이유로 사원을 해고할 수 없다.

여러가지 표현

- [ ] **とりのぞく**(取り除く) | 제거하다.
  ≫ 卵母細胞の核を取り除く。 난모 세포의 핵을 제거하다.

- [ ] **ないがしろ** | 소홀히 함.
  ≫ 命の大切さをないがしろにした事件。 생명의 소중함을 경시한 사건.

- [ ] **なかむつまじい**(仲睦まじい) | 금실 좋다.
  ≫ 夫婦が仲睦まじく暮らす。 부부가 오순도순 살다.

- [ ] **なぎたおす**(なぎ倒す) | 차례로 쓰러트리다.
  ≫ 大きな波が流れ込み、浜辺の家屋をなぎ倒した。 엄청난 파도가 밀려와 해변의 가옥을 차례로 쓰러트렸다.

- [ ] **なにかにうちこむ**(何かに打ち込む) | 무언가에 열중하다.
  ≫ 子供の無気力や非行は何かに打ち込めるような居場所がないことも一因である。 아이들의 무기력감과 비행은 무언가에 전념할 수 있는 장소가 없다는 것도 하나의 요인이다.

- [ ] **なりふりかまわない**(なりふり構わない) | 외양에는 개의치 않다.
  ≫ 利権のためになりふり構わないという拝金主義が蔓延(まんえん)している。 이권을 위해서 모양새를 따지지 않는 황금만능주의가 만연해 있다.

- [ ] **ににんさんきゃくで**(二人三脚で) | 협력하여. =足並(あしな)をそろえて
  ≫ 依頼者と二人三脚で事件の解決に臨みたい。 의뢰자와 협력해서 사건 해결에 힘쓰고 싶다.

- [ ] **にゅうきょする**(入居する) | 입주하다.
  ≫ 新築分譲マンションへ入居し、幸せな生活を送る。 신축 분양 아파트에 입주해서 행복한 생활을 보낸다.

- [ ] **ぬいあわせる**(縫い合わせる) | (헝겊·가죽 등을) 꿰매어 잇다. 꿰매어 맞추다.
  ≫ 口の中の粘膜·筋肉の一部を切って皮膚と縫い合わせてエクボを作る。 입속의 점막·근육 일부를 절제하고 피부와 봉합해서 보조개를 만든다.

- [ ] **ぬかりなく**(抜かりなく) | 빈틈없이.
  ≫ 雇用対策や中小企業対策を抜かりなく実施する必要がある。 고용대책과 중소기업 대책을 빈틈없이 실시할 필요가 있다.

- [ ] **ねがわくば**(願わくば) | 원컨대. 바라건대.
  ≫ 願わくば、もう二度とこのような事故が起きませんように。 바라건대 두 번 다시 이와 같은 사고가 일어나지 않기를.

- [ ] **ねばれば**(粘れば) | 버티면.
  ≫ もう少しだけ粘れば、元金を帳消しされるか、借金の負担が減るだろうという期待を持っている人が多い。 조금만 더 버티면 원금이 탕감되든지 부채 부담이 줄어들겠지 하는 기대를 가지고 있는 사람이 많다.

- [ ] **ねほりはほり**(根掘り葉掘り) | 꼬치꼬치. 미주알고주알.
  ≫ 病院の医師に根掘り葉掘り質問をしても、疑問のほんの一部にしか答えてもらえなか

った。 병원 의사에게 꼬치꼬치 질문을 해도 극히 일부분밖에 답변을 해주지 않았다.

☐ **のうぎょうをいとなむ**(農業を営む) | 농사를 짓다.

☐ **はいしゅつする**(輩出する) | 배출하다.
≫ 世界的な科学者が輩出される。 세계적인 과학자가 나오다.

☐ **ばかげたそしょう**(ばかげた訴訟) | 어이없는(어처구니없는) 소송.

☐ **ばくはつてきにふえる**(爆発的に増える) | 폭증하다.
≫ ストーカー犯罪が爆発的に増え社会問題となっている。 스토커 범죄가 폭증해 사회 문제가 되고 있다.

☐ **はたらく**(働く) | 나쁜 짓을 저지르다.
≫ 空き巣を働く。 빈집을 털다. / 詐欺行為を働いた。 사기 행각을 벌였다.

☐ **はっしょうする**(発症する) | 증상이 발생하다.
≫ アレルギー性鼻炎の発症や経過に風邪が深く関わっていることがわかった。 알레르기성 비염 발증과 경과에 감기가 깊이 관련되어 있다는 사실이 밝혀졌다.

☐ **パニック** | 공황. 패닉. [*panic*]
≫ ナイトクラブの火災で犠牲者が大量になったのは、観客がパニック状態になって出口に殺到したからである。 나이트클럽 화재에서 많은 희생자가 나온 것은 관객이 공황 상태에 빠져 출구로 한꺼번에 몰렸기 때문이다.

☐ **はばをきかせる**(幅を利かせる) | 위세를 부리다. 세력을 떨치다.
≫ 郊外では麻薬や盗難車の密売で生きる犯罪組織が幅を利かせ、住民はおびえている。 교외에서는 마약이나 도난 차량 밀매로 먹고사는 범죄 조직이 활개를 쳐 주민이 떨고 있다.

☐ **はびこる** | 만연하다.
≫ 社会に学歴地上主義がはびこっている。 사회에 학력 지상 주의가 만연해 있다.

☐ **はんざいこういをもくろむ**(犯罪行為を目論む) | 범죄 행위를 계획하다(꾸미다).

☐ **はんせいのかけらもない**(反省のかけらもない) | 반성의 기미가 전혀 없다.

☐ **はんていへのふふく**(判定への不服) | 판정에 대한 불복.

☐ **はんをたれる**(範を垂れる) | 모범을 보이다.
≫ 教員は「師として範を垂れる」人とみなされている。 교원은 스승으로서 모범을 보여야 할 사람으로 간주된다.

☐ **ひがいをさいしょうげんにくいとめる**(被害を最小限に食い止める) | 피해를 최소한으로 막다.

☐ **ひきあい**(引き合い) | 조회. 문의.

☐ **ひきあいにだす**(引き合いに出す) | 예를 인용 증거로 삼다.
≫ 欧米の医療を引き合いにだして日本の医療を批判する。 구미의 의료를 예로 들면서 일본의

여러가지 표현

의료를 비판하다.

- □ **ひきつけをおこす**(引きつけを起こす) | 경련을 일으키다.
  - ≫ 過度の緊張のために引きつけを起こし救急搬送したケースもあった。 과도한 긴장 때문에 경련을 일으켜 구급차에 실려 간 경우도 있었다.

- □ **ひきもきらない**(引きも切らない) | 그칠 새 없다. 끊임없다.
  - ≫ 20メートルもある雪の壁を見て歓声をあげ写真を撮る人が引きもきらない。 무려 20미터나 되는 설벽을 보고 환성을 지르며 사진을 찍는 사람이 끊이지 않는다.

- □ **ひさいする**(被災する) | 피해를 입다. 재난을 당하다.
  - ≫ 被災した人たちへの救援活動を本格化させる。 이재민들에 대한 지원 활동을 본격화하다.

- □ **ひとあじちがう**(一味違う) | 색다르다.
  - ≫ 人付き合いを意識した上で学ぶ礼儀は、一味違うコミュニケーション能力となる。 대인 관계를 염두에 두고 배우는 매너는 색다른 커뮤니케이션 능력이 된다.

- □ **ひといちばい**(人一倍) | 남보다 갑절이나.
  - ≫ お金や地位が欲しいのなら、人一倍努力しなければならない。 돈과 명예를 갖고 싶다면 남보다 갑절은 노력해야 한다.

- □ **ひとかげがまばらになる**(人影がまばらになる) | 인적이 드물다.
  - ≫ テストも終わり人影がまばらになったキャンパスに仲間が集まってきてくれるのは本当に心強いものである。 시험도 끝나고 사람들도 돌아가 버린 캠퍼스에 친구들이 모여 주니 정말 마음이 든든하다.

- □ **ヒューズがとぶ**(ヒューズが飛ぶ) | 퓨즈가 끊어지다.

- □ **びょういんをおとずれる**(病院を訪れる) | 병원을 찾다.

- □ **ひらき**(開き) | 격차. 차이.
  - ≫ 構想と現実との開きは大きい。 구상과 현실의 격차는 크다.

- □ **ふあんにかられる**(不安に駆られる) | 불안에 사로잡히다.
  - ≫ 地震の活動期に入った今、防災意識とともに必要以上に不安にかられないための知識も必要である。 지진 활동기에 들어선 지금 방재 의식과 함께 필요 이상으로 불안에 사로잡히지 않기 위한 지식도 필요하다.

- □ **ふあんをつのらせる**(不安を募らせる) | 불안을 증폭시키다.
  - ≫ 病院側の曖昧な態度が患者や家族に不安を募らせる。 병원 측의 모호한 태도가 환자와 가족들의 불안을 증폭시킨다.

- □ **ふうがわり**(風変わり) | 색다르다.
  - ≫ こうした行動は風変わりに見えるかも知れない。 이러한 행동은 색다르게 보일지도 모른다.

- □ **ふうしたもの**(風刺した物) | 풍자한 것.
  - ≫ 社会現象をユーモアで風刺したものが多い。 사회 현상을 유머로 풍자한 작품이 많다.

- □ **ふうふげんかはいぬもくわない**(夫婦喧嘩は犬も食わない) | 부부 싸움은 칼로 물 베기다.

- ☐ **ふたんをさきおくりする**(負担を先送りする) | 부담을 떠넘기다.
  ≫ 子や孫の世代に負担を先送りしない。 후대에 부담을 떠넘기지 않는다.
- ☐ **ふのそくめん**(負の側面) | 어두운 면.
  ≫ 高度情報社会の負の側面が拡大している。 고도 정보 사회의 어두운 면이 확대되고 있다.
- ☐ **プライバシーほご**(プライバシー保護) | 사생활 보호.
- ☐ **ブレーカーがおちる**(ブレーカーが落ちる) | 차단기가 내려가다.
- ☐ **ほうごうする**(縫合する) | 봉합하다. 꿰매다.
  ≫ 縫合する時は、皮膚だけでなく中の毛細血管も繋ぎ合わせるので、その時の皮膚の状態からきれいに仕上がりそうな方法を選ぶ。 봉합할 때에는 피부뿐만 아니라 내부의 모세 혈관도 잇기 때문에 그때의 피부 상태에 맞추어 말끔하게 마무리 지을 수 있는 방법을 선택한다.
- ☐ **ほうにていしょくする**(法に抵触する) | 법에 저촉되다. =法に触れる
- ☐ **ほけんきんをうけとる**(保険金を受け取る) | 보험금을 받다(수취하다).
- ☐ **ほどうする**(補導する) | 선도하다. 보호 관찰하다.
  ≫ 非行又は非行の恐れのある少年を補導する。 비행 또는 비행 우려가 있는 소년을 선도하다.
- ☐ **ボランティアそうげいたい**(ボランティア送迎隊) | 자원 수송 봉사단.
  ≫ 遅刻しそうな受験生のための「ボランティア送迎隊」。 늦을 것 같은 수험생을 위한 자원 수송 봉사단.
- ☐ **ほりさげる**(掘り下げる) | 파헤치다. (깊이) 파고들다.
  ≫ 都市が抱える問題を掘り下げる。 도시가 안고 있는 문제를 파고들다.
- ☐ **ほんすじ**(本筋) | 핵심.
  ≫ 事件の本筋にかかわる証言。 사건의 핵심과 관련된 증언.
- ☐ **まかないきれない**(賄いきれない) | 감당하기 힘들다.
  ≫ 月給で賄いきれない教育費。 월급으로는 감당하기 힘든 교육비.
- ☐ **まばたきする** | 깜박거리다.
  ≫ 意識的にまばたきする。 의식적으로 눈을 깜박거리다.
- ☐ **まもりて**(守り手) | 파수꾼. 수호자.
  ≫ 社会福祉士は人権の守り手となりうるかではなく守り手として何ができるのかと言うところで議論してもらわなくては困る。 사회 복지사는 인권 수호자가 될 수 있는지가 아니라 수호자로서 무엇을 할 수 있는지를 논의하지 않으면 곤란하다.
- ☐ **まわりくどいほうほうをとる**(回りくどい方法を取る) | 번거로운 방법을 취하다.
- ☐ **みくびる**(見くびる) | 깔보다.
  ≫ 消費者を見くびって小手先細工を使い、メンツにこだわったことがとんでもない大事件にまで発展した。 소비자를 얕보고 꼼수를 써 이미지에 연연했던 것이 엄청난 사건으로까지 발전했다.

여러가지 표현

- ☐ **みずにつかる**(水につかる) | 물에 잠기다.
  ≫ たくさんの家が水につかった。 많은 가옥이 침수되었다.

- ☐ **みせしめ**(見せしめ) | 본보기.
  ≫ 犯罪の増加を防ぐために、見せしめとして罰する必要がある。 범죄 증가를 막기 위해서 본보기로 처벌할 필요가 있다.

- ☐ **みぜんにふせぐ**(未然に防ぐ) | 미연에 방지하다.
  ≫ 地震を防ぐことはできないが、地震災害ならば、未然に防ぐことが可能である。 지진을 막을 수는 없지만 지진 재해라면 미연에 방지할 수 있다.

- ☐ **みちしるべ**(道標) | 길잡이.
  ≫ 暖かい言葉と道しるべが必要な現代。結局、みんなが心に何かしらの問題を抱えているということだろう。 따뜻한 말과 길잡이가 필요한 현대. 결국 모두가 마음에 무언가 문제를 안고 있다는 것이다.

- ☐ **むきあう**(向き合う) | 맞서다.
  ≫ 乳癌とどう向き合うか。 유방암에 어떻게 대처해야 할까.

- ☐ **むこいりする**(婿入りする) | 데릴사위로 들어가다.

- ☐ **むずかる** | 칭얼대다. 보채다.
  ≫ むずかる赤ちゃんをあやす。 보채는 아이를 달래다.

- ☐ **むすぶ**(結ぶ) | 잇다. 연결하다.
  ≫ ソウル〜釜山間を従来より1時間短い2時間で結ぶ。 서울 부산 간을 기존보다 1시간 앞당긴 2시간 만에 주파하다.

- ☐ **むねんのおもいをはらす**(無念の思いを晴らす) | 억울함을 풀다.

- ☐ **めあたらしい**(目新しい) | 신기하다. 색다르다.
  ≫ デマや中傷で企業や個人が被害を受けること自体は目新しいことではない。 유언비어와 중상모략으로 기업이나 개인이 피해를 입는 것 자체는 색다른 일이 아니다.

- ☐ **めくばり**(目配り) | 두루 살핌.
  ≫ 教育政策の変化に目配りするのは親の務である。 교육 정책의 변화를 살피는 것은 부모의 역할이다.

- ☐ **メソッド** | 방법. 방식. [*method*]
  ≫ 「社会問題をビジネスメソッドを用いて解決させる」、そうしたマインドを有する起業家を社会起業家と呼ぶ。 '사회 문제를 비즈니스 방식을 이용해 해결한다' 이런 마인드를 가진 창업가를 사회 창업가라 부른다.

- ☐ **めのしょうてんがさだまらない**(目の焦点が定まらない) | 눈동자가 흐려지다.

- ☐ **めやすをしめす**(目安を示す) | 기준을 제시하다.
  ≫ 国民に分かりやすく、運動量の目安を示し、生活習慣病を予防する。 국민에게 알기 쉽게 운동량의 기준을 제시해 성인병을 예방한다.

- ☐ **もんだいにけりをつける**(問題にけりをつける) | 문제에 매듭을 짓다.
- ☐ **ややおくれぎみながら**(やや遅れ気味ながら) | 약간 늦은 감이 있지만.
  - ≫ やや遅れ気味ながらやがて労働市場をめぐる法制の整備もなされていった。약간 늦은 감이 있지만 드디어 노동 시장을 둘러싼 법제 정비도 이루어졌다.
- ☐ **やるからには** | 이왕 한다면.
  - ≫ やるからには全力で受験に立ち向かおうと思う。이왕 한다면 전력을 다해 수험 준비를 하려고 한다.
- ☐ **ゆうきをふるう**(勇気を振るう) | 용기를 내다. =勇気を出す
- ☐ **ゆうちょうに**(悠長に) | 느긋하게.
  - ≫ 悠長に朝御飯を食べた後、友人が来るまで待機した。느긋하게 아침을 먹은 후 친구가 오기를 기다렸다.
- ☐ **ゆがみ** | 일그러짐. 폐해.
  - ≫ 社会のゆがみが露呈している。사회적 폐해가 드러나고 있다.
- ☐ **ゆくえふめいのままだ**(行方不明のままだ) | 여태껏 행방불명이다.
- ☐ **ゆとり** | 여유.
  - ≫ 良質でゆとりのある住宅。양질의 쾌적하고 넓은 주택.
- ☐ **ゆりかごからはかばまで**(揺り籠から墓場まで) | 요람에서 무덤까지.
- ☐ **ようちえんにおくりとどける**(幼稚園に送り届ける) | 유치원에 바래다주다.
- ☐ **よくぼうにめがくらむ**(欲望に目がくらむ) | 욕망에 눈이 멀다.
  - ≫ 目の前の欲望に目がくらみ、過ちを犯してしまった。눈앞의 욕망에 눈이 멀어 잘못을 저질러 버렸다.
- ☐ **よこどりする**(横取りする) | 가로채다.
  - ≫ 会社が勝手に従業員に保険を掛け、死んだら会社が保険金を横取りする事件が続出している。회사가 마음대로 종업원의 보험을 들고 죽으면 회사가 보험금을 챙기는 사건이 속출하고 있다.
- ☐ **よぼうせっしゅをうける**(予防接種を受ける) | 예방 접종을 받다.
- ☐ **よみあげる**(読み上げる) | 읽다. 낭독하다.
  - ≫ 検察官が被告の陳述書を読み上げた。검찰관은 피고의 진술서를 낭독했다.
- ☐ **よめいりする**(嫁入りする) | 시집가다.
- ☐ **らくいんをおされる**(烙印を押される) | 낙인찍히다.
  - ≫ 政府から「青少年有害図書」の烙印を押され販売禁止の事態が発生している。정부로부터 청소년 유해 도서로 낙인찍혀 판매 금지 사태가 발생했다.
- ☐ **らくさつする**(落札する) | 낙찰 받다. =競り落とす

여러가지 표현

- □ **りしゅうとうろくをする**(履修登録をする) | 수강 신청을 하다.
- □ **リストカット(を)する** | (자살하려고) 손목을 자르다. =手首を切る
  ≫ リストカットをする人には、「自分が自分でない感じ」「生きている実感がない」という人が多い。손목을 자르는 사람 중에는 '내가 내가 아닌 것 같다', '살아 있다는 실감이 나지 않는다'는 사람이 많다.
- □ **ろじうら**(路地裏) | 뒷골목.
  ≫ 路地裏は子どもたちの遊び場、お年寄りの散歩道、生活者のコミュニケーションの場である。뒷골목은 아이들의 놀이터, 노인들의 산책로, 거주민의 커뮤니케이션 장소이다.
- □ **わかもののきぼうがつみとられる**(若者の希望が摘み取られる) | 젊은이들의 희망이 꺾이다(짓밟히다).
- □ **わらうかどにはふくきたる**(笑う門には福来たる) | 웃으면 복이 와요.

Culture
Culture
Culture

I. 드라마·영화

テレビ局	방송국. =放送局.
キー局	주요 방송국.
ゴールデンタイム	황금시간대. [golden+time 일본식 조어]
	≫ ゴールデンタイムに家族で見られる番組はあまりない。 황금시간대에 가족이 모여 볼 수 있는 프로그램은 별로 없다.
枠	(방송) 시간대.
	≫ この枠では前週に放送した番組を再放送する。 이 시간대에는 지난주에 방송했던 프로그램을 재방송한다.
レギュラー番組	정규 프로그램.
バラエティー番組	오락 프로그램.
人間ドラマ	휴먼 드라마.
	≫ 人間ドラマは見ごたえがある。 휴먼 드라마는 볼 만한 가치가 있다.
日韓共作ドラマ	한일 합작 드라마.
	≫ ウォンビンは、日韓共作ドラマ「フレンズ」で深田恭子と共演し、日本でも人気が上がった。 원빈은 한일 합작 드라마 프렌즈에서 후카다 교코와 같이 연기를 해 일본에서도 인기를 모았다.
共同制作	합작. 공동 제작.
吹き替え版	더빙판.
	≫ 日本では、子供を対象とした作品に対して「吹き替え版」が制作されるケースが多い。 일본에서는 어린이를 대상으로 한 작품에 대해 더빙판이 제작되는 경우가 많다.
サクセスストーリー	성공 이야기. 석세스 스토리. [success story]
ケレン	연출. 가식.
	≫ この番組は、編集者たちの日常を、いかにも漫画らしいケレン味もたっぷり交えて描いている。 이 프로그램은 편집자들의 일상을 너무 만화다운 연출 분위기로 그리고 있다.
アドリブ	즉흥적인 대사. 애드리브. [ad lib]
仕種	(배우의) 몸짓. 연기.
	≫ ドラマで見せた仕種や表情はすばらしかった。 드라마에서 보여준

下町人情喜劇 (したまちにんじょうきげき)	연기와 표정은 훌륭했다. 우리네 인생 이야기. 삶의 애환을 그린 이야기. ◉ 원래 시대극에 사용하는 단어이다.
ハリウッド	할리우드. [Hollywood]
ブロードウェー	브로드웨이. [Broadway]
ブロックバスター	초대형 영화. 블록버스터. [blockbuster]
インディー映画 (えいが)	독립 영화.
公開 (こうかい)	개봉. ≫ ハリーポッターの4番目の映画が日曜日に公開され、数千人のファンたちがロンドン中心部に集まった。해리포터 네 번째 시리즈가 일요일 개봉해 수천 명의 팬들이 런던 중심부에 모였다.
封切り (ふうぎり)	개봉.
ロングラン上映 (じょうえい)	장기 상영. ≫ 空前の人気でロングラン上映を続ける。사상 유례없는 인기로 장기 상영을 계속하고 있다.
メガヒット作 (さく)	대형 흥행작.
大ヒットする (だい)	대박을 터트리다. ≫ 世界中で大ヒットした映画「アイス・エイジ2」。전세계에서 큰 인기를 얻은 아이스 에이지 2.
受ける (う)	인기가 있다. ≫ 一般的にうける映画はあまり好きではないが、タイタニックは最高だった。일반적으로 인기 영화는 그다지 좋아하는 편이 아니지만 타이타닉은 정말 좋았다. ◉ 현재 외래어 표기법에 따르면 '타이태닉'이 정확한 표기법이다.
当る (あた)	성공을 거두다. 히트하다. ≫ 映画が当らなくて客入りが悪い。영화가 성공을 거두지 못해 관객의 발길이 뜸하다.
ブレイクする	히트 치다. ≫ 韓国ドラマが日本でブレイクしている。한국 드라마가 일본에서 인기를 모으고 있다.
こける	흥행에 실패하다. ≫ 二枚目俳優が悪役をやると映画がこけてしまう場合がある。미남 배우가 악역을 맡으면 영화가 흥행에 실패하는 경우가 있다.
興業ランキング (こうぎょう)	흥행 순위. =ヒットランキング

二枚目俳優	미남 배우.
	≫ 韓国を代表する二枚目俳優、チョン・ウソン。한국을 대표하는 미남 배우 정우성.
三枚目俳優	코믹 배우.
	≫ 韓国で三枚目俳優といえば真っ先に名前があがるイ・ムンシク。한국에서 코믹 배우라고 하면 가장 먼저 이름이 거론되는 이문식.
美少年	꽃미남.
世にもまれな美人	절세미인.
グッドシェイプ	몸짱.
イケ面	얼짱.
試写会	시사회.
スタンディング └.オベーション	기립 박수. [standing ovation]
	≫ 上映後には約5分間のスタンディングオベーションとなる喝采を受けた。상영 후에는 5분간 기립 박수 갈채를 받았다.
好評嘖嘖	호평이 자자함.
好評を博する	호평을 받다.
カンヌ国際映画祭	칸 국제영화제.
ベルリン国際映画祭	베를린 국제영화제.
ベネチア国際映画祭	베니스 국제영화제.
パルムドール賞	황금 종려상.
	⊙ 칸 국제영화제의 그랑프리상 이름.
金熊賞	금곰상.
	≫ ベルリン国際映画祭コンペティション部門にて、グランプリである金熊賞を受賞した。베를린 국제영화제 경쟁 부문에서 그랑프리인 금곰상을 수상했다.
	⊙ 베를린 국제영화제에서 최고상에 해당하는 작품상의 이름.
金獅子賞	금사자상.
	⊙ 베니스 국제영화제의 최고상 이름.
授賞式	시상식.
	≫ アカデミー賞の授賞式が盛大に開催された。아카데미상 시상식이 성대하게 개최되었다.
ノミネートされる	후보에 오르다.

輝(かがや)く	>> グランプリにあたる最高賞のパルムドール賞を競うコンペティション部門に、今年は15作品がノミネートされていた。그랑프리에 해당하는 최고상인 황금 종려상을 놓고 겨루는 경쟁 부문에 올해는 15개 작품이 후보로 올랐다.
	영예를 안다.
	>> ベネチア国際映画祭で監督賞など三冠に輝いた。베네치아 국제영화제에서 감독상 등 3관왕의 영예를 안았다.
総(そう)なめにする	휩쓸다. 모조리 이기다.
	>> 映画賞を総なめにする。영화상을 휩쓸다.
ハリウッドばり	할리우드풍. 할리우드 스타일.
	>> 劇中では、ハリウッドばりの激しい銃撃戦が、何度かある。극중에서는 할리우드풍의 치열한 총격전이 몇 번인가 나온다.
駄作(ださく)	졸작.
	>> シネマワールドは名作から駄作まで映画を辛口に評価する。시네마 월드는 명작에서 졸작까지 영화를 신랄하게 평가한다.
リピーター	(영화를 두 세 번 보는) 열성 관객. [repeater]
ネタバレ	영화 헤살꾼. 스포일러.
	⊙ 영화 내용을 미리 말해 재미있게 영화 보는 것을 방해하는 사람을 가리킨다. 마술의 속임수를 떠벌리고 다니는 사람을 지칭하기도 한다.
見(み)せ場(ば)	극적 장면. 볼 만한 장면.
	>> 映画「8Mile」の最大の見せ場はラップバトルである。영화 '8Mile'에서는 랩 배틀이 가장 볼 만한 장면이다.
今(いま)をときめくスター	한창 주가를 올리고 있는 스타.
	>> イ・ビョンホンを始め、今をときめくスター、イ・ジュンギなど韓国内のトップスターはもちろん、海外からもアンディ・ラウが参加し、人々の関心を集めているプサン映画祭。이병헌을 비롯해 한창 주가를 올리고 있는 이준기 등 국내 톱스타는 물론이고 해외에서 류더화(유덕화)가 참가해 사람들의 관심을 모으고 있는 부산 국제 영화제.
旬(しゅん)の韓流(かんりゅう)スター	물오른 한류 스타.
	>> 旬の韓流スター「チャン・ドンゴン、ウォンビン」の魅力満載映像を堪能しよう。물오른 한류 스타 '장동건, 원빈'의 매력이 가득 담긴 영상을 즐기자.
乗(の)りに乗(の)っている	인기 절정이다.
	>> いま乗りに乗っている「電車男」のドラマ版初回視聴率が18.3%を記録した。현재 인기 절정의 '전차남' 드라마판 첫 회 시청률이 18.3%를

韓国きっての	기록했다.
	한국에서 제일가는. 한국에서 으뜸인.
徹底したイメージ管理	≫ 韓国きっての若手演技派俳優。한국 최고의 젊은 연기파 배우.
	철저한 이미지 관리.
	≫ ヨン様はスキを見せない徹底したイメージ管理で知られているが、演技も完璧である。배용준은 빈틈을 보이지 않는 철저한 이미지 관리로 유명하지만 연기도 완벽하다.
イメージを突き破る	이미지를 벗어 버리다.
	≫ これまでテレビドラマで演じてきた理想の男性像のイメージを突き破った。지금까지 TV 드라마에서 연기했던 이상적인 남성상의 이미지를 벗어던졌다.
演技の深さ	연기의 깊이.
	≫ 演技の深さが一層増した。연기의 깊이가 더해졌다.
起用する	(드라마·영화 등에) 캐스팅하다.
	≫ これからはドラマに演技力のないアイドルを起用しないでほしい。앞으로는 드라마에 연기력이 없는 아이돌 탤런트를 캐스팅하지 않았으면 한다.
主役をつとめる	주연을 맡다.
	≫ この作品は、4人の女性が主役をつとめる約60分のショートストーリーだ。이 작품은 4명의 여성이 주연을 맡은 약 60분 정도의 짧은 내용이다.
主役から下ろされる	주연에서 물러나다.
フィルムに焼き付ける	필름에 담다.
	≫ この映画は、都会人の孤独を見事にフィルムに焼き付いた作品である。이 영화는 도시인의 고독을 훌륭하게 필름에 담아낸 작품이다.
レンズにおさめる	렌즈에 담다.
映像でつづる	영상으로 엮어내다.
	≫ 最新作は二人の愛の生活をイマジネーション豊かな映像でつづる。신작은 두 사람의 생활을 풍부한 영상에 담아내고 있다.
織り成す	엮어내다.
	≫ この映画は、わけあり風の宿泊客たちが織り成す群像劇である。이 영화는 속사정이 있는 듯한 숙박객들이 펼치는 인물극이다.
小気味よく演じる	속 시원하게 연기하다.
	≫ しなやかに生きる現代女性の姿を小気味よく演じている。우아하게

素のままで演じる	살아 가는 현대 여성의 모습을 속 시원하게 연기하고 있다.
真に迫る	있는 그대로 연기하다. 박진감이 있다. 생생하다. >> 彼の「真に迫り目眩がするほどの演技」に圧倒されてしまった. 그의 박진감 넘치고 아찔할 정도의 연기에 압도되어 버렸다.
リアルな	실감 나는. >> この映画はソマリアの作戦を、リアルな戦闘シーンで描いている。 이 영화는 소말리아에서의 작전을 실감 나는 전투 장면으로 묘사하고 있다.
映画に肖る	영화에 감화되다. >> 映画にあやかって、映画の中と同じ名前をつけている店もある。 영화에 감화되어 영화 속에 나오는 이름을 붙인 가게도 있다.
サイコスリラー	심리 스릴러. [psycho thriller]
濡れ場	정사 장면. 베드신. >> 純粋に映画を観たい人にとっては濡れ場はいらないかもしれない。 순수한 영화를 보고 싶어 하는 사람에게는 베드신이 필요 없을지도 모른다.
ノーカット版	무삭제판.
映画の小物	영화 소품.
ロケハン	로케이션 헌팅. [location+hunting 일본식 조어] ◉ 촬영 사전 준비를 위해 하는 로케이션 설정 작업.
コンテ	콘티. 대본. [continuity]

Ⅱ. 음식 문화

1. 음식

食(た)べ物(もの)	먹거리.
伝統料理(でんとうりょうり)	전통요리.
宮廷料理(きゅうていりょうり)	궁중요리.
	≫ 五汁十二菜といわれる宮廷料理。5가지 국에 12가지 반찬이 나온다는 궁중요리.
	⊙ 12첩 반상을 말한다.
国民食(こくみんしょく)であるキムチ	대중 음식 김치.
カットキムチ	맛김치.
	⊙ 맛김치는 먹기 좋게 잘라 놓은 것을 말한다.
まるごと白菜(はくさい)キムチ	통김치.
海苔(のり)	김.
	≫ カット海苔は食べやすい。도시락 김은 먹기 편하다.
鍋料理(なべりょうり)	찌개. =チゲ鍋(なべ)
	≫ 滋味(じみ)豊かなチゲ。깊은 맛이 풍부한 찌개.
焼(や)き肉(にく)	불고기. =プルコギ
	≫ 景気づけに焼き肉はいかがですか。활력을 불어넣기 위해 불고기는 어떠세요?
和(あ)え物(もの)	나물 무침. =ナムル
	≫ 野菜のあえ物。야채 무침.
総菜(そうざい)	반찬. 부식물. 나물.
	≫ 近所の市場に新しい総菜店がオープンした。근처 시장에 반찬가게가 새로 문을 열었다.
味付(あじつ)け	양념.
	≫ 味付けの原材料は、醤油・酢・砂糖・アミノ酸などの調味料。양념에 들어간 원재료는 간장・식초・설탕・아미노산 등의 조미료이다.
タレ	양념장. 소스.
かば焼(や)き	양념구이.
	≫ ウナギは店では、かば焼きにして売られていることがほとんどで

	あるが、最近は白焼きも見かける。장어는 가게에서 양념구이로 해서 대부분 파는데 최근에는 그냥 구이도 볼 수 있다.
白焼き	구이.
塩焼き	소금구이.
茶碗蒸し	계란찜.
目玉焼き	계란 프라이.
水炊き	닭백숙.
	≫ 寒い冬、水炊きは風邪の予防になる。추운 겨울날 닭백숙은 감기 예방에 좋다.
	⊙ 우리나라는 닭을 통째로 삶는데 일본에서는 닭을 잘라서 넣는다.
ごった煮	잡탕.
	⊙ 여러 가지 재료를 뒤섞어 끓인 음식.
かき氷	팥빙수.
	≫ 母が削っていたかき氷が恋しい。엄마가 만들어 주던 팥빙수가 그립다.

2. 요리 방법

漬ける	절이다.
	≫ 塩漬け白菜。소금에 절인 배추.
切り刻む	잘게 썰다. 잘게 자르다.
	≫ 野菜を切り刻んで軽く炒める。야채를 잘게 썰어 살짝 볶는다.
角切り	깍둑썰기.
千切り	채썰기.
卸す	강판에 갈다.
	≫ おろしにんにく。다진 마늘.
微塵切り	잘게 썲.
	≫ 微塵切りにんにく。저민 마늘.
焼き色がつく	노릇노릇하게 굽다.
	≫ たこは、焼き色がつくぐらいに、強火でさっと表面だけ焼き、薄切りにする。문어는 노릇노릇해질 정도로 센 불에 표면만 살짝 구워 얇게 썬다.
炒める	볶다. 지지다.
	≫ 玉ねぎとねぎを焦がさないように炒めて香りを出す。양파와 대파

ひと炒め(いた)する	살짝 볶다.
煮(に)る	조리다.
	≫ 弱火にして80分煮たら、しょうゆ大さじ1杯半、砂糖大さじ2杯を加える。약한 불로 80분을 조린 후 간장 한 큰 술 반, 설탕 두 큰 술을 넣는다.
煮込(にこ)む	푹 삶다.
	≫ くずれやすい材料を煮込む時は、大きめに切る。물러지기 쉬운 재료를 삶을 때에는 큼지막하게 썬다.
蒸(む)す	찌다.
沸(わ)かす	끓이다.
温(あたた)める	데우다.
水(みず)を切(き)る	물기를 제거하다.
	≫ 米は洗ってすぐ水を切る。쌀은 씻은 후 곧바로 물기를 제거한다.
水(みず)にふやかす	물에 불리다.
	≫ 豆を水につけてふやかす。콩을 물에 담가서 불리다.
豆(まめ)がふやける	콩이 불다.

3. 요리 재료

粗(あら)	서더리. 회를 뜨고 난 고기뼈.
アラ鍋(なべ)	서덜탕.
ズワイガニ	바다참게.
甘鯛(あまだい)	옥돔.
アサリ	바지락.
たにし	다슬기.
鱧(はも)	갯장어.
ぬたうなぎ	꼼장어.
珍味(ちんみ)エイ	홍어. =ガンギエイ
なまず	메기.
いしもち	조기.
どじょう	미꾸라지. =どぜう

◉ 미꾸라지를「どぜう」라고 쓰기도 하는데, 이때도 읽을 때는「どじょう」라고 한다.

でんでん虫	달팽이. =かたつむり
ワタリガニ	꽃게.
うずら	메추라기. 메추리.
	≫ うずら卵。메추리알.
白菜の葉っぱ	배춧잎.
たらの木	두릅나무.
たらの芽	두릅.
山芋ジュース	마즙.
ヒエ	(곡류) 피.
エゴマの葉	깻잎.
ワケギ	실파.
セリ	미나리.
干物	건어물. =乾物
メシマコブ	상황버섯.
マッシュルーム	양송이버섯. [mushroom]
あがりくす	신령버섯. =やまぶしたけ
平茸	느타리버섯.
砂糖黍	사탕수수.
ワサビ	고추냉이.
	≫ ワサビをかいだ時、ツンと鼻を突く刺激臭。고추냉이를 씹는 순간 톡하고 코를 찌르는 자극적인 냄새.

4. 술·음료

喉越し	목으로 넘어가는 느낌.
	≫ 美味しいビールは喉越しの良さがポイント。맛있는 맥주는 부드러운 목 넘김이 포인트.
甘口	부드러운 맛. 순한 맛.
辛口	톡 쏘는 맛.
	≫ 辛口ビール。톡 쏘는 맥주.

ほろ苦(にが)い	약간 씁쓰레하다. ≫ 夏といえば、ほろ苦い味とピリリとした感覚がたまらないビール。여름하면 약간 씁쌀하고 톡 쏘는 맛이 일품인 맥주가 그만이다.
酒屋(さかや)	주류 판매점.
酒席(しゅせき)	술자리. ≫ お付き合いでの酒席はストレスの原因になる。접대 술자리는 스트레스의 원인이 된다.
いける	술을 꽤 마시다. ≫ 彼はいける口だ。그는 술을 상당히 잘 마신다.
酒(さけ)に弱(よわ)い人(ひと)	술이 약한 사람.
酒(さけ)を酌(く)み交(か)わす	술을 주고받다.
酔(よ)う	술에 취하다. ≫ ほんわかと酔う。기분 좋게 취하다.
飲(の)み過(す)ぎ	과음. ≫ 飲み過ぎがたたって胃をこわす。과음이 화근이 되어 위가 아프다.
二日酔(ふつかよ)い	숙취. ≫ 二日酔いに悩まされない方法は飲みすぎないことである。숙취로 고생하지 않는 방법은 과음하지 않는 것이다.
迎(むか)え酒(ざけ)	해장술. ≫ 迎え酒は、二日酔いの解消には役立たない。해장술은 숙취 해소에 도움이 되지 않는다.
嗜好品(しこうひん)	기호품.
カクテル	칵테일. [cocktail]
ウイスキー	위스키. [whisky]
ワイン	와인. 포도주. [wine]
赤(あか)ワイン	레드 와인. 적포도주.
白(しろ)ワイン	화이트 와인. 백포도주.
ロゼワイン	로제 와인.
ノンアルコール	무알코올. [non-alchole] ≫「ノンアルコールビール」は、カロリーが低く、健康志向の高まりの中で最近人気が出てきている。무알코올 맥주는 칼로리가 낮아 웰빙 열풍이 불고 있는 가운데 최근 인기를 얻고 있다.
シュガーカット	무설탕. 무가당. =ノンシュガー [sugar cut]

飲み水	식수.
水の硬度	물의 경도.
硬水	경수. 센물.
軟水	난수. 단물.
ミネラルウオーター	먹는 샘물. 생수. [*mineral water*]

5. 기타

ダック専門店	오리 전문점.
シェフ	수석 요리사. 요리사 장. [*chef* 프랑스어] ≫ 一流シェフになる前の見習いコック。일류 요리사 장이 되기 전의 견습 요리사.
ドライブイン	드라이브인. [*drive-in*] ⊙ 차에 탄 채 물건을 구입하는 것.
持ち帰り	포장.
旬	제철. ≫ この時期のひらめは身がしまって脂が乗り、まさに旬の味である。이 시기의 광어는 몸이 실하고 살이 올라 그야말로 제철의 맛을 즐길 수 있다.
仕出し弁当	맞춤 도시락. ⊙ 요리 집에서 주문을 받아 만든 도시락.
具	건더기. ≫ ギョーザの具を製造する。만두소를 만들다.
切れ	조각. ≫ ピザを2切れ食べる。피자 두 조각을 먹다.
台所用品	주방용품.
食べ残し	잔반. ≫ 流通・消費段階における食品の廃棄や食べ残しによる食料資源の無駄や環境への影響などが問題となっている。유통・소비 단계에서의 식품 폐기, 잔반으로 인한 식료 자원의 낭비 그리고 환경에 미치는 영향 등이 문제가 되고 있다.
レシピ	조리법. 레시피. [*recipe*] ≫ レシピさえあれば簡単に作ることができる。조리법만 있으면 간단히 만들 수 있다.

本場の味	본고장의 맛.
	≫ 韓国の本場の味を存分にご堪能下さい。 한국 본고장의 맛을 마음껏 즐기세요.
食べ放題	뷔페. =バイキング
	⦿ 정해진 시간 내에 뷔페식 음식을 마음대로 먹을 수 있다.
生鮮食品	신선 식품.
鮮度を保持する	신선도 유지.
	≫ 炭は生鮮食品などの鮮度を保持し、いやな臭いも除去する。 숯은 신선 식품 등의 신선도를 유지하고 나쁜 냄새를 제거한다.
踊り食い	산 채로 먹음.
	≫ 生きダコの踊り食い。 산낙지.
塩加減	간보기.
	≫ 料理のお好みに合わせて塩加減をしてください。 음식 취향에 맞게 간을 봐 주세요.
グルメ情報	맛 집 정보.

III. 스포츠

1. 축구

親善試合(しんぜんじあい)
평가전.

ホーム・アンド・アウェー方式(ほうしき)
홈앤드어웨이 방식.

ホーム
안방. 홈. [home]
≫ ホームで借りを返す。홈에서 빚을 갚다.

アウェー
원정. 어웨이. [away]
≫ ライバル国でのアウェーゲームでの引き分けは、決して悪い結果ではない。경쟁국에서 열린 원정 경기에서 무승부를 한 것은 결코 나쁜 결과가 아니다.

試合(しあい)の立(た)ち上(あ)がり
경기 초반.
≫ 試合の立ち上がりに失点した。경기 초반에 실점을 했다.

終了間際(しゅうりょうまぎわ)
종료 직전.
≫ 日本は立ち上がりに不用意な形から先制を許し、終了間際にはFKから決勝点を献上した。일본은 초반에 진영을 갖추지 못해 선제골을 내주고 종료 직전에는 프리킥으로 결승점을 내주었다.

試合終了(しあいしゅうりょう)
경기 종료.
≫ 試合終了のホイッスルが鳴り終わるまで諦めない韓国の粘りに感動した。경기 종료 휘슬이 울려 끝날 때까지 포기하지 않는 한국의 근성에 감동받았다.

クリアする
(공을) 처리하다.
≫ ディフェンダーがクリアした。수비수가 공을 걷어냈다.

クリアミス
미숙한 볼 처리.
≫ 相手選手のクリアミスで味方の選手の前にボールがこぼれた。상대 선수의 미숙한 볼 처리로 우리 팀 선수 앞으로 공이 굴러 왔다.

守備(しゅび)の壁(かべ)
수비벽.
≫ リスクを負ってでもイタリアの守備の壁を崩し、同点に追いつかなければならない。위험을 안고서라도 이탈리아의 수비벽을 뚫고 동점골을 만들어야 한다.

通算戦績(つうさんせんせき)
역대 전적. =通算成績(つうさんせいせき)

1勝2敗3引き分け	>> 日韓戦の通算成績は、日本の11勝、35敗、15引き分け。한일전 역대 전적은 일본이 11승 15무 35패. 1승 3무 2패. ⦿ 일본어에서는 승·패·무의 순으로 말하는데 주의해야 한다.
ドロー	무승부. 동점. [draw] >> 日本代表は3日、大会2戦目で中国と対戦し、2-2のドローでゲームを終えた。일본 대표는 3일 대회 두 번째 경기에서 중국과 대전해 2대2 무승부로 시합을 마쳤다.
スコアレスドロー	무득점 무승부. 0-0 무승부. [scoreless draw]
逆転勝ち	역전승.
逆転負け	역전패.
判定勝ち	판정승.
勝ち点	승점. >> 初戦は苦戦しながらも勝ち点3をとることができた。첫 경기는 고전했지만 승점 3점을 챙길 수 있었다.
白星	승리. >> 白星スタートを切った。승리로 출발을 장식했다.
黒星	패배. ⦿ 「白星」와 「黒星」는 원래 스모에서 사용하던 용어였으나 일반적으로 널리 쓰이게 되었다.
辛勝する	힘겹게 승리하다. 가까스로 이기다. >> 日本は格下のシンガポールに2-1で辛勝した。일본은 약체인 싱가포르에 2대1로 힘겹게 승리를 거두었다.
下す	이기다. 항복시키다. >> サッカーの欧州選手権予選E組で、クロアチアがイングランドを2-0で下した。축구 유럽 선수권 예선 E조에서 크로아티아가 잉글랜드를 2대0으로 눌렀다.
破る	격파하다. >> 韓国がレバノンを2-0で破った。한국이 레바논을 2대0으로 격파했다.
初勝利を収める	첫 승을 올리다. >> 会心の初勝利を収めた。기분 좋은 첫 승을 올렸다.
敗れる	패하다. >> 善戦空しく敗れる。선전도 헛되이 패하다.

惜敗する	아깝게 패하다.
敗北する	무릎을 꿇다. 패하다.
	≫ フランスがセネガルに0-1で敗北した。 프랑스가 세네갈에 0대1로 무릎을 꿇었다.
辛酸をなめる	고배를 마시다.
	≫ 決勝で辛酸をなめた。 결승전에서 패배의 고배를 마셨다.
引き分ける	비기다.
	≫ 日本はクロアチアと対戦し、0対0で引き分けた。 일본은 크로아티아와 대전해 0대0으로 비겼다.
苦戦を強いられる	고전을 면치 못하다.
	≫ 決定機にもゴール前の詰めを欠き、下位チームに苦戦を強いられた。 결정적인 찬스에 골 앞에서의 결정력이 부족해 하위 팀에 고전을 면치 못했다.
ふがいない戦いぶり	졸전.
	≫ われながらもふがいない戦いぶりだった。 내가 생각해도 한심한 경기였다.
不本意な内容	기대에 어긋난 (시합) 내용.
攻守の切り替え	공수 전환.
	≫ フォワード陣の攻守の切り替えが遅い。 포워드(FW) 진영의 공수 전환이 늦다.
格下のチーム	약체 팀.
	≫ 格下のチームに立て続けに敗れる。 약체 팀에 잇따라 패하다.
堅守	견고한 수비.
	≫ 堅守に苦しんだ。 두터운 수비벽에 막혀 고전했다.
得点機	득점 기회.
	≫ お互いに得点機を生かせなかった。 양 팀 모두 득점 기회를 살리지 못했다.
ミドルシュート	중거리 슛. [middle shoot]
ボレーシュートを放つ	발리슛을 쏘다.
詰め	마무리. 결정력.
	≫ 最後の詰めがうまく行かない。 마지막 마무리가 잘 되지 않는다.
かわす	(상대 선수를) 제치다.
	≫ DFを一人かわし、左足で狙いすましたシュートを放った。 수비수 한 명을 제치고 왼발로 노리고 있었던 슛을 쏘았다.

気の利いた縦パス	재치 있는 스루 패스.
ゴールに突き刺さる	골 망에 꽂히다.
	≫ 強烈なシュートがゴールに突き刺さった。 강슛이 골 망에 꽂혔다.
ゴールネット	골 네트. 골 망. [*goal net*]
	≫ ゴールネットに吸い込まれる。 골문 안으로 빨려 들어가다.
ゴールラインを割る	골라인 안으로 들어가다.
	≫ シュートがゴールラインを割ったものの得点を認められず、逆にロスタイムに2点目を奪われた。 슛이 골라인 안으로 들어갔지만 득점으로 인정되지 않고 오히려 로스 타임 때에 두 번째 골을 내주었다.
追加点を奪う	추가 득점을 얻다.
振り向きざまにけり込む	돌아서면서 슛을 쏘다. 터닝슛을 날리다.
胸のワントラップから	가슴으로 볼 트래핑 한 뒤.
	≫ 胸のワントラップから、ボレーシュートを放つが、ゴール左に外れた。 가슴으로 볼 트래핑 한 뒤 발리슛을 쐈지만 골대 왼쪽으로 빗나갔다.
わずかに外れる	살짝 벗어나다.
	≫ フリーキックを直接狙うが、わずかに外れ得点できなかった。 프리킥을 직접 노렸지만 살짝 벗어나 득점을 못했다.
ファインプレーに阻まれる	호수비에 막히다.
	≫ 固いディフェンスとGKのファインプレーに阻まれ追加点を奪えない。 견고한 수비와 골키퍼의 선방에 막혀 추가 득점을 올릴 수 없다.
切り込む	파고들다.
	≫ A選手は巧みなドリブルとスピードを生かし一対一でもゴールに切り込んでいくプレイが武器。 A선수는 정교한 드리블과 스피드를 살려서 일대일에서도 골문으로 파고드는 플레이가 무기이다.
主導権を握られる	주도권을 빼앗기다.
	≫ 日本は前半3分に先制を許して主導権を握られ、両サイドを崩されるなど前半に4失点。 일본은 전반 3분에 선제골을 내주어 주도권을 빼앗기고 양 사이드가 뚫리는 등 전반에 4실점을 했다.
先行される	뒤지다.
	≫ 相手チームに前半2点を先行され、そのままハーフ・タイムになった。 상대팀에 전반 2점을 뒤진 채 하프 타임이 되었다.
疲れはてる	지칠 대로 지치다.
	≫ 疲れはてた選手を次々と新しい選手に交代させた。 지칠 대로 지친 선수를 차례차례 새로운 선수로 교체시켰다.

勝負手を打つ	승부수를 띄우다. ≫ 監督は勝つために「勝負手」を打つ、選手はそれを信じて動く。 감독은 이기기 위해 승부수를 띄우고 선수는 그것을 믿고 움직인다.
振り出しに戻す	원점으로 되돌리다. ≫ セットカウント1-1と勝負を振り出しに戻した。 세트 스코어가 1대 1로 승부를 원점으로 되돌려 놓았다.
手に汗握る	손에 땀을 쥐다. ≫ 手に汗握る好試合。 손에 땀을 쥐게 하는 접전.
因縁対決	숙명적인 대결.
エネルギッシュ	활력이 넘침. [energisch 독일어] ≫ エネルギッシュではあるけれど、どうもスマートさに欠ける韓国の攻撃。 활력이 넘치기는 하지만 어쩐지 날카로움이 부족한 한국의 공격.
攻撃を仕掛ける	공격을 퍼붓다. ≫ 盛んに波状攻撃を仕掛ける。 활발하게 파상 공격을 퍼붓다.
マンマーク	대인 마크. ≫ マンマークは比較的シンプルな守備のあり方である。 대인 마크는 비교적 단순한 수비 방식이다.
オウンゴール	자책골. 자살골. [own goal] ≫ 相手のオウンゴールが決勝点となった。 상대의 자책골이 결승점이 되었다.
インジュリータイム	인저리 타임. 로스 타임. =ロスタイム [injury time]
八百長	경기 조작. 짜고 치는 고스톱.
チャリティー試合	자선 시합.
エスコートキッズ	에스코트 키드. [escort kids] ⊙ 선수들과 손을 잡고 경기장에 입장하는 아이들.
サッカーワールドカップ	월드컵. [soccer world cup] ≫ ワールドカップ〔W杯〕出場枠を確保した。 월드컵 본선 진출 티켓을 따냈다.
試合打ち切り	시합 중단〔중지〕. ≫ サポーターの暴動で試合打ち切りとなった。 서포터의 폭동으로 시합이 중지되었다.
総当たり戦を行う	리그전을 치르다.
故障者リストに入る	부상자 명단에 오르다.

문화 | 315

ゴールポストジンクス	골포스트 징크스. [goalpost jinx]	
	>> ゴールポストに当てれば必ず負けるという「ゴールポストジンクス」。골포스트를 맞추면 반드시 진다는 골포스트 징크스.	
フーリガン	훌리건. [hooligan]	
	>> ワールドカップ開催を目前に控え、全国各地でフーリガン対策が急ピッチで進められている。월드컵 개최를 목전에 두고 전국 각지에서 훌리건 대책이 빠른 속도로 추진되고 있다.	

2. 기타

ドーピング	도핑 검사. =禁止薬物使用(きんしやくぶつしよう) [doping]
スピードトレーニング	스피드 훈련. [speed training]
適応(てきおう)トレーニング	적응 훈련.
最終(さいしゅう)トレーニング	마무리 훈련.
選手村(せんしゅむら)	선수촌.
肩(かた)慣(な)らしをする	워밍업하다. 몸을 풀다.
クロール	(수영에서) 자유형. [crawl]
バタフライ	(수영에서) 접영. [butterfly]
平泳(ひらおよ)ぎ	(수영에서) 평영.
背泳(せおよ)ぎ	(수영에서) 배영.
ばた足(あし)	물장구.
冬季五輪(とうきごりん)	동계올림픽.
ペースメーカー	(마라톤에서) 패이스 메이커. [pacemaker]
更衣室(こういしつ)	탈의실.
	>> スポーツクラブの更衣室。스포츠클럽의 탈의실.
	◉ 옷가게의 탈의실은「試着室(しちゃくしつ)」.
甲子園(こうしえん)	고시엔 대회. 전국 고교야구 선수권 대회.
トライアスロン	철인 3종 경기. =鉄人(てつじん)レース [triathlon]
	◉ 수영3.9km, 사이클180.2km, 마라톤42.195km를 연속해서 실시해 기록을 겨루는 경기.
つき	(태권·가라테 등) 주먹 지르기.
キック	발차기. 킥. [kick]

ハイキック	하이 킥. 얼굴 차기.
踵落し	내려 차기.
後ろ回し	뒤돌려 차기.
後ろ蹴り	뒤차기.
受け身	낙법.
ロッククライミング	암벽 등반. [rock-climbing]
リレー	릴레이. 계주. [relay]
	≫ 男子陸上の400メートルリレー。남자 육상 400미터 계주.
クラブ	골프채. [club]
プレー	라운딩. [play]
4ゴルフ場回り放題	4개 골프장 무제한 라운딩.
予約	예약. 부킹. =エントリー
	≫ ゴルフ場の予約が取りにくい。골프장 부킹이 어렵다.
腹筋運動	윗몸 일으키기.
跳び箱	뜀틀.
懸垂	턱걸이.
腕立て伏せ	팔굽혀펴기.
バック転	(손 짚고) 백 텀블링.
後ろ宙返り	(손을 안 짚고) 백 텀블링.
立ち幅跳び	제자리멀리뛰기.
ソフトボール投げ	멀리 던지기.
鉄亜鈴	철제 아령.
歩数計	만보기.
瞬発力	순발력.
出場	출전.
ヤミのチケット	암표.
ダフ屋	암표상.
最高殊勲選手賞	MVP. 최고 수훈 선수상.
	⊙ MVP: most valuable player
胴上げ	헹가래.

Ⅳ. 미용 · 다이어트

エステ	피부 미용. 에스테틱. =エステティック
	≫ エステに通う。피부 관리를 받으러 다니다.
エステティックサロン	에스테틱 살롱. 피부 관리실. [aesthetic+salon 일본식 조어]
足つぼマッサージ店	발 마사지숍.
肌の手入れ	피부 관리.
	≫ 空気の乾燥する季節、肌の手入れの基本は保湿である。공기가 건조한 계절, 피부 관리의 기본은 보습이다.
スキンケア	스킨케어. [skin care]
肌のキメ	살결. 피부결.
	≫ 肌のキメは加齢によりだんだん若い頃のようには整わなくなる。피부결은 나이가 들면서 점점 예전만큼은 잘 정돈되지 않는다.
美肌	깨끗한 피부.
	≫ 美肌を保つには、夏枯れ肌にいち早く気づき、集中ケアを始めることが大切である。깨끗한 피부를 유지하기 위해서는 여름철 건조해진 피부를 빨리 파악해 집중 케어를 시작하는 것이 중요하다.
潤い肌	촉촉한 피부.
	≫ つっぱり感など乾燥に悩む肌を理想的な潤い肌へと導く。피부 당김 등 건조한 피부를 이상적인 촉촉한 피부로 만들어 준다.
乾燥肌	건성 피부.
脂性肌	지성 피부. =オイリー肌
混合肌	복합성 피부.
敏感肌	민감성 피부.
肌荒れ	거칠어진 피부.
あかぎれ	(추위로) 손발이 틈.
	≫ 手にあかぎれが切れる。손이 트다.
ハリ	탱탱함. 탄력.
	≫ 肌のハリが回復する。피부의 탱탱함이 되살아나다. / 肌にハリをもたせる。피부에 탄력을 주다.
たるみ	(피부) 처짐. 늘어짐.

リフトアップ手術(しゅじゅつ)

≫ 顔のたるみの原因は顔の筋肉の衰えにある。 얼굴이 처지는 원인은 안면 근육의 쇠퇴에 있다.

리프트업 수술.

≫ 垂れ下がったバストや大きすぎる乳房を持ち上げて形を整える手術がバストリフトアップ手術である。 처진 가슴이나 너무 큰 가슴을 업시켜서 아름답게 만드는 수술이 바스트 리프트업 수술이다.

肌(はだ)くすみ

피부가 칙칙함.

≫ お肌のくすみについては、紫外線の影響やお肌の乾燥などが原因になっている場合が多いのだが、化粧品の残留なども考えられる。 피부의 칙칙함은 자외선의 영향이나 피부 건조 등이 원인인 경우가 많지만 화장 잔여물이 원인인 경우도 생각해 볼 수 있다.

しわ

주름.

≫ 肌がおちくぼんでできたシワ。 피부가 움푹 들어가서 생긴 주름.

しわ伸(の)ばし手術(しゅじゅつ)

주름 제거 수술. =たるみ取り手術

表情(ひょうじょう)ジワ

얼굴 잔주름.

肌荒(はだあ)れ

피부가 거칠어짐.

≫ 秋以降、寒さが増してくると肌荒れに悩まされる人が増えてくる。 가을이 지나고 점점 추워지면서 피부가 거칠어지는 것을 고민하는 사람이 늘어난다.

ひきしめ

(피부) 수축. 조임.

≫ この収斂水は、毛穴のひらきやゆるみをキュッとひきしめ、お肌にハリを与える。 이 수렴수는 열려 있거나 느슨해진 모공을 수축시켜 피부에 탄력을 준다.

ニキビ

여드름. =吹(ふ)き出物(でもの)

ニキビ跡(あと)

여드름 자국.

あばた

곰보 자국.

しみ

기미.

≫ これはしみ、そばかすの原因になるメラニン色素の合成を抑制する効果はあるが、色を落とすまでの薬理的な効果は認められていない。 이것은 기미, 주근깨의 원인이 되는 멜라닌 색소의 합성을 억제하는 효과가 있지만 이미 검게 된 색을 하얗게 만드는 약리적인 효과는 없다.

そばかす

주근깨.

乾癬(かんせん)

건선. 마른버짐.

≫ 乾癬とは皮膚が赤く腫れ、その上に乾燥した白い垢(あか)が付着し、ぽ

ろぼろと剥がれ落ちる炎症性角化症である。건선이란 피부가 빨갛게 붓고 건조한 흰색 노폐물이 붙어 있다가 부슬부슬 떨어져 나가는 염증성 각화증이다.

目の下のクマ	다크 서클.
黒子	점.
	≫ 黒子をとる。점을 빼다.
皮脂	피지.
	≫ 過剰な皮脂は、肌をべたつかせるだけでなく、紫外線を通りやすくして日焼けを加速してしまう。과잉 피지는 피부를 끈적거리게 할 뿐 아니라 자외선을 쉽게 침투시켜 햇볕에 빨리 타게 한다.
肌のあぶらうき	피지 분비. 번들거리는 피부.
	≫ お肌のあぶらうきを押える、優れた吸収力のあぶらとり紙。피지 분비를 억제하는 뛰어난 흡수력을 가진 기름종이.
あぶらとり紙	기름종이. 피지 제거 필름.
脂ぎった顔	기름진 얼굴.
化粧のノリ	화장발.
	≫ 化粧のノリが悪くなる。화장이 잘 안 먹는다.
ケバい	화장이 진하다.(속어)
化粧崩れ	화장 번짐.
	≫ 化粧崩れは、皮脂の分泌量が増えることにより起こる症状である。화장이 들뜨는 것은 피지 분비량이 늘어남에 따라 생기는 증상이다.
浮いて見える	화장이 들떠 보이다. (사람이) 가볍게 보이다.
	≫ うぶ毛のお手入れを怠ると化粧のノリが悪く、浮いて見える。얼굴 솜털 손질을 게을리 하면 화장이 잘 안 받고 들떠 보인다.
化粧直し	화장을 고침.
コスメ	화장품. =コスメティック, 化粧品
	≫ 油分の含有率が高い化粧品。유분 함유량이 많은 화장품.
日焼け止め	선크림.
	≫ 素肌に日焼け止めを塗る。맨살에 선크림을 바르다.
UVカット	자외선 차단(차단제).
	≫ UVカットの効果がある化粧品を活用して、紫外線から肌を守る。자외선 차단 효과가 있는 화장품을 활용해서 자외선으로부터 피부를 보호한다.
メラニン色素	멜라닌 색소.

沈着（ちんちゃく）	>> 肌が紫外線を受けると、メラニンという黒い色素が増えて肌が黒くなる。 피부가 자외선에 노출되면 멜라닌이라는 검은 색소가 증가해 피부가 검어진다. 침착. >> 肌に色素が沈着してしまった。 피부에 색소가 침착되어 버렸다.
直射日光（ちょくしゃにっこう）	직사광선. >> 直射日光に当らない。 직사광선을 피하다. ◉「光線」은 '레이저 광선'과 같이 과학 분야에서 쓰이는 말이다.
かさつく	(피부가) 까칠해지다. >> 肌が荒れてかさつくのは、皮膚の表面の水分を蓄える力が弱まって、肌が水分不足になるためである。 피부가 거칠어져 푸석거리는 것은 피부 표면의 보습 능력이 약해져 피부에 수분이 부족해지기 때문이다.
ぱさつく	(머리카락이) 거칠어지다. >> ぱさつく髪をきれいにまとめヘアスタイルをナチュラルに仕上げる。 거칠어진 머리카락을 깨끗하게 정돈해 헤어 스타일을 자연스럽게 연출한다.
ポーラスヘア	거칠고 손상된 머리. =超（ちょう）ダメージヘア, いたんだ髪（かみ）
のばしなじませる	펴 바르다. >> 顔全体によくのばしなじませてください。 얼굴 전체에 잘 펴 발라 주세요.
肌に潤いを与える（はだにうるおいをあたえる）	피부에 촉촉함을 주다. =肌に潤いを補給（ほきゅう）する >> カサつくお肌のすみずみまで潤いを補給し、乾燥をしっかりと防いでみずみずしさを保つローション。 거칠어진 피부 구석구석까지 촉촉함을 전달해 피부 건조를 확실히 막아 생기를 유지시켜 주는 로션.
肌の奥深くまで（はだのおくふかくまで）	피부 깊숙한 곳까지. >> 真珠エキスが、肌の奥深くまで浸透し、肌にみずみずしくハリのある弾力を与える。 진주 농축액이 피부 깊숙한 곳까지 침투해 피부에 촉촉하고 탱탱한 탄력을 준다.
コラーゲン	콜라겐. [collagen] >> コラーゲンは、皮膚や肉や骨などを構成するタンパク質の一種で、皮膚にハリを与え、たるみを抑える繊維組織である。 콜라겐은 피부와 근육·뼈 등을 구성하는 단백질의 한 종류로 피부에 탱탱함을 주고 처짐을 억제하는 섬유 조직이다.
ボトックス	보톡스. [Botox] >> ボトックスは人体に無害なタンパク質の一種で、筋肉の収縮を弱

문화 | 321

	め、麻痺させることで、シワ取り効果が得られる。보톡스는 인체에 무해한 단백질의 일종으로 근육의 수축을 약화해 마비시킴으로써 주름 제거 효과를 얻을 수 있다.
ピーリング	필링. [*peeling*] ≫ ピーリングは、ニキビ治療に効果的なスキンケアによる美容整形である。 필링은 여드름 치료에 효과적인 스킨 케어 미용 성형이다.
毛穴(けあな)	모공. ≫ 毛穴を引き締めるために最後は冷水で洗い流さないといけない。 모공을 수축시키기 위해서는 마지막에 찬물로 씻어야 한다.
脱毛(だつもう)	탈모.
ハゲ	대머리.
毛髪移植手術(もうはついしょくしゅじゅつ)	모발 이식 수술.
生え際(はえぎわ)	이마선. 헤어 라인. ≫ この染毛剤は、特にゴマ白髪の方や生え際の気になる方に最適である。 이 염색제는 특히 머리가 희끗희끗하신 분과 헤어 라인이 신경 쓰이는 분에게 안성맞춤이다.
ダウンエージング	젊어지기. [*down aging*] ≫ ダウンエージングを目的とした美容整形が注目されている。シニア男性が美容整形手術を受けるケースも多い。 젊게 보이기 위한 미용 성형이 주목을 받고 있다. 노년의 남성이 미용 성형수술을 받는 경우도 많다.
アンチエージング 若返り(わかがえり)	안티 에이징. [*anti-aging*] 회춘. 젊어지기. ≫ 美容形成外科が早くから発達したアメリカでは、若返り手術が盛んで、多くの人がこの手術を受けている。 미용 성형외과가 일찍부터 발달했던 미국에서는 젊어지는 수술이 유행해 많은 사람이 이 수술을 받고 있다.
プチ整形(せいけい)	간단한 성형수술. 프티 성형. ⊙ 메스를 사용하지 않는 성형 수술을 하며, 보톡스 등 약물을 이용한 시술이 대표적이다.
フェースリフト	페이스 리프트. 안면거상술. [*face lift*] ⊙ 메스를 이용하여 피부를 절개해 늘어진 피부를 당긴 후에 남는 피부를 잘라내고 다시 봉합하는 수술이다.
ハッピーリフト	해피 리프트. [*happy lift*]

二重瞼手術(ふたえまぶたしゅじゅつ)	◉ 피부를 절개하지 않고 실과 바늘로 느슨해진 조직을 당겨 주름을 펴는 시술이다. 쌍꺼풀 수술.
なやましい目付(めつ)き	관능적인 눈매.
くりっとした目元(めもと)	동그란 눈매.
健康志向主義(けんこうしこうしゅぎ)	웰빙주의.
健康(けんこう)ブーム	웰빙 열풍. =緑(みどり)ブーム
ダイエット	다이어트. [diet]
バランス	밸런스. 균형. [balance] ≫ ダイエットに反応しにくい深い層の脂肪を取り除いて、ボディバランスを整えるのが脂肪吸引である。다이어트에 잘 반응하지 않는 심층 지방을 제거해 몸의 균형을 바로잡는 것이 지방흡입술이다.
肥満(ひまん)	비만.
内臓肥満(ないぞうひまん)	내장 비만. ≫ 内臓肥満の主な原因は、油っぽい食事を多く摂取することと運動不足なのである。내장 비만의 주된 원인은 기름진 식사의 과다 섭취와 운동 부족이다.
体重過多(たいじゅうかた)	체중과다. 과체중.
リバウンド	요요현상. =揺(ゆ)り戻(もど)し [rebound] ≫ リバウンドを繰り返していると、痩せにくい身体になってしまう。요요현상을 반복하게 되면 좀처럼 살이 빠지지 않는 몸이 되어 버린다.
お腹(なか)の脂肪(しぼう)	뱃살. ≫ お腹の脂肪のせいで自分で靴下を履けないという人もいる。뱃살 때문에 혼자서 양말을 신을 수 없는 사람도 있다.
こける	여위다. ≫ ほおがこけてたるむ。뺨이 홀쭉해지고 처지다.
贅肉(ぜいにく)	군살. ≫ 贅肉がつく。군살이 붙다. / 贅肉を落す。군살을 빼다.
体脂肪(たいしぼう)	체지방. ≫「体脂肪が燃焼するのは運動開始から20分後から」というのはガセである。'체지방이 연소되는 것은 운동을 시작하고 20분 후부터'라는 말은 엉터리이다.
トランス脂肪(しぼう)	트랜스지방.

문화

<ruby>体<rt>からだ</rt></ruby>づくり	몸매 만들기. 체질 만들기. ≫ バランスのとれた美しい体づくりに不可欠なのが「たんぱく質」。 균형 잡힌 아름다운 몸매 만들기에 필수 불가결한 것이 단백질이다.
ウオーキング	걷기 운동. [*walking*]
<ruby>階段<rt>かいだん</rt></ruby>ののぼりおり	계단 오르내리기.
<ruby>縄<rt>なわ</rt></ruby><ruby>跳<rt>と</rt></ruby>び	줄넘기.
<ruby>体格指数<rt>たいかくしすう</rt></ruby>	체질량지수(BMI). =肥満度<ruby><rt>ひまんど</rt></ruby>
<ruby>脂肪吸引術<rt>しぼうきゅういんじゅつ</rt></ruby>	지방흡입술.
<ruby>肥満<rt>ひまん</rt></ruby>(<ruby>症<rt>しょう</rt></ruby>)<ruby>治療手術<rt>ちりょうしゅじゅつ</rt></ruby>	비만 치료 수술. 베리아트릭 수술(bariatric surgery). ◉ 복강경을 통해서 위의 일부를 절제하는 수술.
<ruby>三<rt>みっ</rt></ruby>つ<ruby>口<rt>くち</rt></ruby>	언청이. =兎唇<ruby><rt>としん</rt></ruby>
<ruby>巻<rt>ま</rt></ruby>き<ruby>爪<rt>つめ</rt></ruby>	내성발톱. ≫ 巻き爪になると徐々に痛みが出て、放っておくと歩行時に強い痛みを生じる。내성발톱이 되면 서서히 통증이 생기고 방치해 두면 걸을 때 심한 통증을 일으킨다.

V. IT · 휴대전화

1. IT

半導体(はんどうたい)	반도체.	
ディーラム	D램. ＝Dラム [DRAM] ◉ 수시로 입출력이 가능한 메모리이다.	
フラッシュメモリー	플래시 메모리. [flash memory] ◉ 전원을 꺼도 계속 데이터가 저장되는 비휘발성(Non-volatile) 메모리.	
ノア型(がた)フラッシュメモリー	노아형 플래시 메모리.	
ナンド型(がた)フラッシュメモリー	낸드형 플래시 메모리.	
集積回路(しゅうせきかいろ)	집적회로. IC회로.	
大規模集積回路(だいきぼしゅうせきかいろ)	고밀도 집적회로(LSI). ◉ 여러 개의 집적회로를 1장의 기판 위에 연결하여 집적화한 것이다. 　　LSI：large scale integrated circuit	
ムーアの法則(ほうそく)	무어의 법칙. ◉ 마이크로칩에 저장할 수 있는 데이터의 양이 마이크로칩 기술의 발전에 따라 매년 또는 적어도 18개월마다 두 배씩 증가한다는 법칙이다.	
インターフェイス	인터페이스. [interface] ◉ 서로 다른 두 시스템, 장치, 소프트웨어 등을 서로 이어주는 장치.	
ウエハー	웨이퍼. [wafer] ≫ウエハーに回路を焼き付ける。 웨이퍼에 회로를 심다. ◉ IC 칩 제조에 사용되는 반도체로 된 얇은 판.	
ルーター	라우터. [router] ◉ 네트워크상의 데이터를 다른 통신망으로 전송하는 장치.	
ゲートウェイ	게이트웨이. [gateway] ◉ 네트워크상에서 매체나 프로토콜이 서로 다른 데이터를 상호 교환하여 통신을 가능하게 하는 장치.	
プロトコル	프로토콜. [protocol] ◉ 컴퓨터 간에 정보를 주고받을 때의 통신 방법에 대한 규칙과 약속.	
プラットホーム	플랫폼. (소프트웨어 구동 환경) [platform]	

	≫ WindowsやUNIX、MacOSはそれぞれ異なるプラットホームである。 윈도와 유닉스, 맥킨토시의 운영 체제는 각각 다른 플랫폼이다. ⊙ 어플리케이션 소프트를 작동시킬 때 기반이 되는 OS 종류와 환경.
マルチプラットホーム	멀티 플랫폼. [multi-platform] ⊙ 어플리케이션 소프트가 복수의 OS에 반응하는 것 또는 OS가 복수의 하드웨어에 반응하는 것이다.
ソリューション	솔루션.(운영 프로그램) [solution] ⊙ 업무상 발생하는 문제점을 해결하기 위한 정보 시스템.
コアソリューション	핵심 솔루션. [core solution]
アプリケーションソフト	어플리케이션 소프트. 응용 소프트. [application software] =応用(おうよう)ソフト ⊙ 문서 작성, 수치 계산 등 특정한 목적을 위해 설계된 소프트웨어.
キラーアプリケーション	킬러 어플리케이션. [killer application] ≫ キラーアプリケーションというキーワードは、コンピューター業界ではよくささやかれる言葉で、「IT用語辞典」では「あるサービスやコンピューターの機種を大きく普及させるきっかけとなる、特別に人気の高いソフトウェアやコンテンツのこと」と定義されている。 킬러 어플리케이션이라는 키워드는 컴퓨터 업계에서는 자주 듣는 말로, IT용어사전은 '어떤 서비스나 컴퓨터 기종을 널리 보급시키는 계기가 되는 상당히 인기가 많은 소프트웨어나 콘텐츠'라고 정의하고 있다. ⊙ 처음 세상에 등장하면서부터 모든 경쟁 제품을 몰아내고 시장을 재편성하는 제품이나 서비스를 말한다.
ソフトの期間貸(きかんが)し	어플리케이션 소프트웨어 임대 서비스(ASP).
エンベデッドシステム	임베디드 시스템. [embedded system] ⊙ 기계 또는 전자 장치에 마이크로프로세서를 탑재해 효과적인 제어를 할 수 있도록 하는 시스템을 말한다. 기기를 제어하는 소프트웨어를 컴퓨터처럼 디스크에서 읽어 들이는 게 아니라 칩에 담아 기기에 내장시킨 형태의 장치를 말한다.
埋(う)め込(こ)みアプリケーション	임베디드(내장형) 어플리케이션.
組(く)み込(こ)みソフトウェア	임베디드 소프트웨어.
マルチタスキング	멀티태스킹. 다중 작업. [multi-tasking] ≫ マルチタスキングとは、さまざまなタイプのアプリケーションを同時に実行できるという意味である。 멀티태스킹이란 다양한 형태의 어플리케이션을 동시에 실행할 수 있다는 의미이다.
システムリカバリー	시스템 복구. =リストア [system recovery]

顧客サポート

≫ システムリカバリーとは、ハードディスクの情報を消してからすべてを入れなおすことである。시스템 복구란 하드 디스크의 정보를 지운 후 모두 재입력하는 것을 말한다.

고객 지원.

≫ 顧客サポートセンターが24時間365日体制になることについては、8割以上が賛成としているが、一方で、そこまでする必要があるか疑問、対応時間よりも内容の向上を希望する、といった意見も挙がった。고객지원센터가 24시간 365일 체제로 바뀌는 것에 대해서는 80% 이상이 찬성하고 있지만 한편으로는 '꼭 그럴 필요가 있는지 의문이다', '대응 시간보다도 서비스 내용이 향상되었으면 한다'는 의견도 있었다.

ファイアウォール

방화벽. =防火壁 [fire wall]

≫ ファイアウォールを構築する〔設定する〕。방화벽을 구축하다〔설정하다〕. / ファイアウォールの目的は、必要な通信のみを通過させ、不要な通信を遮断することであり、通常内部のネットワークから外部はアクセスできるが、外部から内部のネットワークにアクセスができないような制御が一般的である。방화벽의 목적은 필요한 통신만을 통과시켜 불필요한 통신을 차단하는 것으로, 보통 내부 네트워크에서 외부로 접속은 가능하지만 외부에서 내부의 네트워크에 접속할 수 없도록 제어하는 것이 일반적이다.

● 불법 침입으로부터 사내 네트워크를 보호하는 시스템.

不正侵入防御

침입 방지 시스템(IPS).

≫ IPSとは、インターネットプロトコルの盲点をついて不正侵入しようとする攻撃を防御するためのシステムである。IPS란 인터넷 프로토콜의 맹점을 파고들어 부정 침입하려는 공격을 막기 위한 시스템이다.

電子透かし

디지털 워터마크. =デジタルウォーターマーク

≫ 電子透かしとはデジタル著作物に関し、著作権法上の権利を管理するために、人間の目では見えないデータをグラフィックスに埋め込んだり、耳で聞こえない音を音声データに埋め込んだりする技術。디지털 워터마크는 디지털 저작권과 관련해 저작권법상의 권리를 관리하기 위해 인간의 눈에는 보이지 않는 데이터를 그래픽으로 삽입하거나 인간의 청각으로는 들을 수 없는 소리를 음성 데이터로 삽입하는 기술이다.

セキュアな通信環境

안전한 통신 환경.

デジタル証明書

전자인증서.

≫ デジタル証明書は誰でも作成できるが、デジタル証明書の信頼性は認証局の信頼性に依存する。전자인증서는 누구나 작성할 수 있지만 전자인증서의 신뢰성은 인증국의 신뢰성에 의존한다.

デジタル署名 (しょめい)	전자서명.	
	≫ デジタル署名とはデジタル文書の正当性を保証するために付けられる暗号化された署名情報。전자서명이란 디지털 문서의 정당성을 보증하기 위해 첨부된 암호화된 서명 정보.	
電子認証 (でんし にんしょう)	전자 인증. 디지털 인증. =デジタル認証	
	⊙ 컴퓨터에서 전자 정보를 통해 상대방의 신원을 확인하는 방법이다.	
公開鍵 (こうかいかぎ)	공중키.	
	≫ 公開鍵で暗号化されたデータは秘密鍵でしか復号化できないため、公開鍵は他人に知られてもセキュリティレベルが低下しない。공중키로 암호화된 데이터는 비밀키로만 해독할 수 있기 때문에 공중키는 타인에게 알려져도 안전성은 떨어지지 않는다.	
秘密鍵 (ひみつかぎ)	비밀키.	
電子商取引 (でんししょうとりひき)	전자상거래.	
	⊙ 전자상거래의 종류 B2B : 기업간 전자상거래. B2C : 기업-소비자간 전자상거래. C2C : 소비자간 전자상거래. C2B : 소비자-기업간 전자상거래.	
アクセスコントロール	접근 통제. [access control]	
	≫ アクセスコントロール機能は、wwwの特定のファイルにプロテクトをかけ、正規のIDとパスワードを持ったユーザーのみがアクセスできるページを作る機能である。접근 통제 기능은 www의 특정 파일에 프로텍트를 걸어 정규 ID와 패스워드를 가진 유저만이 접근할 수 있도록 페이지를 만드는 기능이다.	
リモートアクセス	원격 접속. [remote access]	
	≫ リモートアクセスサービスは電話回線によるインターネット接続サービスである。원격 접속 서비스는 전화회선을 이용한 인터넷 접속 서비스이다.	
ウエアラブルパソコン	입는 컴퓨터. [wearable PC]	
タブレットPC	태블릿 PC. [tablet PC]	
ヘッドマウント └ ディスプレー	머리에 쓰는 디스플레이. [HMD: head mount display]	
カーソル	커서. [cursor]	
起動 (きどう)	시작. 부팅.	

	≫ パソコンを起動してネットに接続した場合閲覧ソフトが自動的に立ち上がる。컴퓨터를 부팅해서 인터넷에 접속한 경우 브라우저가 자동적으로 뜬다.
立ち上がり	부팅. 시작. ＝立ち上げ
	≫ 最近、パソコンの立ち上がりが、とても遅くて調子が良くない。요즘 컴퓨터 부팅이 아주 느려서 상태가 좋지 않다.
閲覧ソフト	브라우저.
基本ソフト	운영체제. OS(operating system).
ウィンドウズ	윈도.
リナックス	리눅스.
オープンソース 　　ソフトウエア	오픈 소스 소프트웨어. [OSS: open source software]
	≫ オープンソースソフトウエア(OSS)をベースに開発する。공개형을 기초로 개발하다.
基本設計図	소스코드. ＝ソースコード
シリアルナンバー	일련번호. 시리얼 넘버. ＝シリアル番号 [serial number]
	≫ ソフトによってはシリアルナンバーを入力しないと使えないものがある。소프트에 따라서는 시리얼 넘버를 입력하지 않으면 사용할 수 없는 것이 있다.
組み込む	설치하다. 깔다.
	≫ ソフトをパソコンに組み込むことを「インストール」という。소프트웨어를 컴퓨터에 설치하는 것을 인스톨이라 한다.
インストールする	(프로그램을) 설치하다. 깔다. ＝設置する
アンインストール	(프로그램) 제거. [uninstall]
	≫ アンインストールが正常に終了すると、パソコンが再起動し、終了する。프로그램 제거가 정상적으로 완료되면 컴퓨터가 다시 시작해서 종료된다.
電脳空間	사이버 스페이스.
	≫ 電脳空間に、みんなが窓を開いて、他人が入ってくるのを待っているという社会が出来つつある。사이버 공간에 모두가 창을 열어 놓고 다른 사람이 들어오기를 기다리는 사회가 되어 가고 있다.
	⊙「電脳」는 중국어로 컴퓨터라는 뜻이다.
情報の海	정보의 바다.
	≫ インターネットという情報の海。인터넷이란 정보의 바다.
情報にたどり着く	필요한 정보를 찾아내다.

サイバーパトロール	사이버 단속. [cyber patrol] » サイバーパトロールの最中情報が流出した。한창 사이버 단속을 하는 있는 가운데 정보가 유출되었다.
インターネット接続業者(せつぞくぎょうしゃ)	인터넷 제공업체. = インターネットプロバイダー
通信履歴(つうしんりれき)	로그. = ログ ⊙ 컴퓨터 이용 상황이나 통신 기록을 말한다.
サーバー	서버. [server] » サーバーの性能が頭打ちである。서버 기능이 한계에 달했다.
サブスクライバー	가입자. [subscriber] » 割安の料金を提供し、サブスクライバーの取り込みに躍起になっている。저렴한 요금을 제공해 가입자를 확보하기 위해 안간힘을 쓰고 있다.
仮会員(かりかいいん)	준회원.
正式会員(せいしきかいいん)	정회원.
ブログひな型(がた)	블로그 기본 양식.
ビージーエム	배경음악(BGM). ⊙ BGM：background music.
メールアカウント	메일 계정. [mail account] » 新しいメールアカウントを作る。새로운 메일 계정을 만들다.
迷惑(めいわく)メール	스팸 메일. 쓰레기 메일. » 迷惑メールを送りつける。스팸 메일을 마구 보내다.
おとりサイト	허위 사이트. 미끼 사이트. » スタッフ募集が掲載されているが、このサイトにアクセスすると仕事の募集とはまったく違う内容で、おとりサイトであった。스태프 모집이라고 적혀 있지만 이 사이트에 접속하면 구인광고와는 전혀 다른 내용으로 미끼 사이트였다.
ペイドリスティング	유료 게재. = 有料掲載(ゆうりょうけいさい) [paid listing] » ペイドリスティングとは料金を支払うことで特定のキーワード検索に対する検索結果画面にWebサイトを掲載する広告を指す。유료 게재란 요금을 지급함으로써 특정 키워드 검색에 대한 검색 결과 화면에 웹 사이트를 게재하는 광고를 가리킨다.
バナー広告(こうこく)	배너 광고.
ファイバー・ツー・ザ・ホーム	댁내광가입자망. 파이버 투 더 홈(FTTH). [fiber to the home]

⊙ 현재의 전화 가입자선 대신에 각 가정에 개별적으로 광섬유를 부설하여 전화·팩스·TV영상까지 한 줄의 광섬유로 전송할 수 있게 하는 것이다.

| エイチエスディーピーエー | 고속하향패킷 접속. HSDPA. =高速こうそくパケット通信つうしん |

⊙ 3G 이동통신 기술인 W-CDMA나 CDMA보다 훨씬 빠른 속도로 데이터를 주고받을 수 있는 3.5G 이동통신 방식. HSDPA:high speed downlink packet access

| パケット | 패킷. |

≫ メールをしたり、コンテンツを見たりするとパケット代つまり通信料がかかる。 메일을 보내거나 콘텐츠를 보거나 하면 패킷 요금 즉 통신요금이 든다.

⊙ 데이터 전송단위이며 128byte가 표준이지만 상황에 따라 크기를 바꿀 수 있다.

ブロードバンド統合網とうごうもう	광대역 통합망(BcN).
ブロードバンド	초고속 인터넷. [broadband]
シームレスな通信つうしん└ サービス	통합 통신 서비스.

≫ ギガビットクラスの超高速無線LAN、光ファイバ網とのシームレスな通信サービスを可能とする第4世代移動通信システム。 기가비트급의 초고속 무선 랜 광케이블망과의 통합 통신 서비스를 가능하게 하는 4세대 이동통신 시스템.

| シームレス | 심리스. 끊김 없는. [seamless] |

≫ 有無線をシームレスに接続する。 유무선을 자유로이 넘나들다.

| 電灯線通信でんとうせんつうしん | 전력선 통신(PLC). =電力でんりょく搬送はんそう通信つうしん |

≫ PLCは、家庭などにすでに引かれている電気配線にデータも乗せて送る仕組み。 PLC는 가정 등에 이미 깔려 있는 전기 배선에 데이터까지 실어 보내는 구조이다.

| ウィルス駆除くじょ | 바이러스 퇴치. |

≫ ウィルス駆除と感染予防策。 바이러스 퇴치와 감염 예방책.

ウィルスの派生種はせいしゅ	변종 바이러스. 신종 웜.
MSブラスト	블래스터 웜 바이러스. [Blaster worm]
ウエルチ	웰치아 웜. [Welchia worm]
仕組しくむ	프로그래밍하다.

≫ ウェブサイトを攻撃するように仕組まれている。 웹사이트를 공격하도록 프로그래밍 되어 있다.

改良（かいりょう）	업그레이드. 성능 향상. » 世界の技術者有志が改良を加えている。 전 세계의 뜻 있는 기술자들이 업그레이드를 계속하고 있다.
修正用ファイル（しゅうせいよう）	패치 파일. » 修正用ファイルをダウンロードする場合は、一時的に仮のフォルダにダウンロードすることを薦める。 패치 파일을 다운로드할 경우에는 잠시 임시 폴더에 다운로드하는 것을 권장한다.
エラー	실패. 오류. [error] » 電子メールの送信エラー 전자메일 전송 실패.
プログラムの誤り（あやま）	프로그램 오류.
インターネット・フィルター	유해 사이트 차단 소프트웨어. [internet filter]
知識労働者（ちしきろうどうしゃ）	지식 근로자. ＝ナレッジワーカー » ナレッジワーカーとは、知識という生産手段をもとに付加価値を生み出す、知的活動を行う人たちのことである。 지식 근로자란 지식이란 생산 수단을 바탕으로 부가가치를 만들어 내는 지적 활동을 하는 사람들을 말한다.
パソコンスキル	컴퓨터 사용 능력. » パソコンスキルがどのくらいあれば転職に有利になるのか。 컴퓨터 사용 능력이 어느 정도 있으면 이직에 유리할까?
コンピューターが出来ない人（でき・ひと）	컴맹.
全くの初心者（まった・しょしんしゃ）	왕초보. » このソフトは、全くの初心者にも分かりやすく構成されている。 이 소프트웨어는 왕초보도 알기 쉽게 구성되어 있다.
復号（ふくごう）	복호. 암호 해제. ＝暗号（あんごう）の解除（かいじょ） » USBメモリ内に保存されているデータは、復号してから取り出す。 USB메모리 내에 저장되어 있는 데이터는 암호를 해제한 후 불러온다.
暗号化（あんごうか）	암호화. 암호 걸기.
圧縮（あっしゅく）	압축.
解凍（かいとう）	압축 풀기. » 保存したファイルをダブルクリックして解凍する。 저장한 파일을 더블클릭해서 압축을 푼다.
互換性（ごかんせい）	호환성.

取り外し
>> 互換性が高い。호환성이 높다.
⊙ 「上位」와 「下位」 호환성이 있다.

착탈. =着脱
>> パソコンなどに使う取り外し可能の記録媒体「メモリースティック」。컴퓨터 등에 사용하는 착탈식 기록 매체인 메모리 스틱.

取り付ける
탑재하다. 부착하다.
>> パソコンは、周辺機器を取り付けることにより様々な機能の追加ができる。컴퓨터는 주변기기를 장착함으로써 다양한 기능을 추가할 수 있다.

盛り込む
탑재하다. 집어넣다. =埋め込む
>> 最新技術が盛り込まれた機材。최신 기술이 탑재된 기자재. / チップがカードに埋め込まれている。칩이 카드에 내장되어 있다.

保存する
저장하다.
>> Webページを自分のパソコンのハードディスクに保存するとオフラインでも見ることが出来る。웹페이지를 자신의 컴퓨터 하드디스크에 저장하면 오프라인에서도 볼 수 있다.

格納する
저장하다.
>> フォルダに格納されていないお気に入りページをフォルダに整理して、使いやすいリンク集を作る。폴더에 저장되어 있지 않은 즐겨찾기 페이지를 폴더에 정리해서 사용하기 편리한 링크집을 만든다.

収納する
저장하다.
>> ハイビジョン映画なら携帯電話に約2万本を収納することも可能になる。고화질의 영화라면 휴대전화에 약 2만편을 저장할 수 있게 된다.

取りためる
녹화해 놓다.
>> 旅行先でオンエアされていない番組や、自宅で取りためたビデオ映像などを外出先から操作・視聴できるようになった。여행지에서 방영되지 않는 프로그램이나 집에서 녹화해 놓은 비디오 영상 등을 밖에서 조작해 시청할 수 있게 되었다.
⊙ 명사는 「取りだめ」이다.

読み書きする
입출력하다.
>> RFIDとは、無線通信で数ミリのICチップに記録された情報を読み書きする技術である。RFID는 무선 통신으로 수 밀리미터의 IC칩에 기록된 정보를 입출력하는 기술이다.

詰め込む
집어넣다. 입력하다.
>> 情報を詰め込む次世代の記録媒体。정보를 집어넣는 차세대 기록 매체.

문화 | 333

画面が固まる	화면이 정지되다. =フリーズする ≫ 画面が固まってしまった時は「Ctrl」キーと「Alt」キーと「Delete」キーをいっぺんに押すと「シャットダウン・メニュー」が出てくる。 화면이 정지되었을 때에 Ctrl, Alt, Delete 키를 동시에 누르면 창닫기 메뉴가 나온다.
データを細切れにする	데이터를 분할하다. ≫ 音声データを細切れにして効率よく送信する。음성 데이터를 분할해서 효율적으로 전송한다.

2. 휴대전화

携帯電話	휴대전화. =携帯
キャリア	통신회사. 이동통신사. =携帯会社 [carrier] ≫ 韓国では電話番号がポータビリティー化されており、基本的に「キャリアを変えても、携帯電話の番号は変わらない」のです。한국에서는 전화번호를 이동할 수가 있어서 기본적으로 통신업체를 바꾸어도 휴대전화 번호는 바뀌지 않습니다.
カメラ付き携帯電話	카메라폰.
MP3プレーヤー付き └携帯電話	MP3폰. ⦿ MP3:携帯音楽プレーヤ
折りたたみ式携帯電話	폴더형 휴대전화. =二つ折り携帯電話, クラムシェル型携帯電話
スライド型携帯電話	슬라이드형 휴대전화.
回転2軸型	360도 회전식. =リボルバースタイル
ピボット機能	피봇 기능. ≫ ピボット機能は液晶ディスプレイを横に90度スライド回転できるデザインである。피봇 기능은 액정 화면을 가로로 90도 회전할 수 있는 디자인이다.
スマートフォン	스마트폰. [smart phone] ≫ スマートフォンは携帯電話にPDAの機能を盛り込んだ物。스마트폰은 휴대전화에 PDA 기능을 합친 것이다.
衛星電話	위성전화. ⦿ 위성을 기지국으로 하는 휴대전화 시스템으로 이리듐(イリジウム) 전화라고도 한다.

テレビ電話	화상전화. =ビデオ電話
IP電話	인터넷 전화.
固定電話	일반 전화.
プリペイド式携帯電話	선불식 휴대전화. ≫ 前払いした通話料をいったん使いきった後、追加払い(リチャージ)する際には本人確認がないため犯罪によく使われるプリペイド式携帯電話. 미리 지불한 통화료를 일단 다 사용한 후에 충전할 때에는 본인확인을 하지 않기 때문에 범죄에 자주 사용되는 선불식 휴대전화.
個人情報端末	개인정보단말기(PDA).
クローン携帯	복제 휴대전화. ≫ クローン携帯により、身に覚えのない多額のパケット通信料を請求されたユーザーが、携帯電話会社に対して料金返還を求める訴訟を起こした. 복제 휴대전화로 인해 사용한 기억이 없는 고액의 패킷 통신요금을 청구당한 사용자가 휴대전화 회사를 상대로 요금 반환을 요구하는 소송을 냈다.
インタラクティブ	양방향. 쌍방향. 대화형. [interactive] ≫ インタラクティブTVは、通常のテレビ放送を受信するだけではなく、リモコンを利用して、電子メール、ショッピング、オンラインバンキングなどのサービスが利用できる. 양방향 TV는 기존의 TV방송을 수신할 수 있을 뿐만 아니라 리모컨을 이용해서 전자메일, 쇼핑, 온라인 뱅킹 등의 서비스를 이용할 수 있다.
斬新なデザイン	참신한 디자인.
爽やかなデザイン	산뜻한 디자인.
格好好さ	멋있는 디자인.
ユニバーサルデザイン	유니버설 디자인. UD. [universal design]
番号ポータビリティー制	번호이동성제도. =番号持ち運び制 ≫ 番号ポータビリティー制開始が近づき、携帯各社のサービス競争が一段と激化してきた. 번호이동성제도 시행이 가까워지면서 통신사들의 서비스 경쟁이 더욱 치열해졌다.
買い替えサイクル	(단말기) 교체 주기. ≫ 携帯端末の買い替えサイクルは平均1年6ヶ月で、この期間顧客との関係をどう維持しリピート購入を促進するかが課題であった. 휴대전화 단말기의 교체 주기는 평균 1년6개월로 이 기간 동안 고객과의 관계를 어떻게 유지해 재구입을 촉진시킬 것인지가 과제였다.

機種変え	기종 변경. ≫ 新しい携帯に機種変えした。 새로운 휴대전화로 기종을 변경했다.
打ち切る	해약하다. ≫ 契約を打ち切る。계약을 해지하다.
買い替える	(기기를) 변경하다. ≫ 携帯電話の新機種が出る度に買い替える「携帯マニア」も大勢いるようだ。 새로운 기종의 휴대전화가 나올 때마다 기기를 변경하는 휴대전화 마니아도 많이 있는 것 같다.
乗り換える	(통신회사) 변경하다. ≫ 携帯電話の番号が変わらずに、他の携帯電話会社に乗り換えることができる「番号持ち運び制度」がこの秋始まる。 휴대전화 번호가 바뀌지 않고 타 통신사로 변경할 수 있는 번호이동성제도가 올가을 시작된다.
隠し撮り	몰카. ≫ 警官二人が、女性のスカートの中をカメラ付き携帯電話を使って隠し撮りしていたことが分かった。 경찰관 두 명이 여성의 치마 속을 카메라폰으로 몰래 찍었던 사실이 밝혀졌다.
自分撮り	셀카. ≫ デジタルカメラでは、携帯電話を意識して「自分撮り」をしやすい構造の機種が増えている。 디지털 카메라 가운데 휴대전화를 의식해서 셀카를 찍기 쉬운 기종이 늘어나고 있다.
着メロ	착신 멜로디. ⊙「着メロディー」를 줄여서 부르는 말.
携帯ストラップ	휴대전화 줄.
待ち受け画面	대기 화면. ≫ 韓国では携帯電話の待ち受け画面に多くの人が自分の画像を入れる。 한국에서는 많은 사람이 휴대전화 대기 화면에 자신의 사진을 넣는다. ⊙ 일본 사람들은 일반적으로 대기 화면에 자기 사진을 넣지 않는다.
受話口	수화부. ≫ 携帯電話の受話口から放出される電磁波を最大99%遮断するという製品。 휴대전화 수화기 부분에서 나오는 전자파를 최대 99% 차단한다는 제품.
ヒンジ	힌지. [hinge] ≫ ヒンジ部分の接触不良で音が出ないことがある。 힌지 부분의 접촉 불량으로 소리가 나오지 않는 경우가 있다. ⊙ 폴더형 휴대전화를 여닫는 데 쓰는 경첩 부분.

スピードダイヤル	단축다이얼. =短縮ダイヤル [speed dial]	
ブリュー	브루(BREW).	
	⊙ 미국 퀄컴이 CDMA 방식의 이동통신 기기용으로 개발한 차세대 플랫폼.	
ウィーピー	위피(WIPI).	
	⊙ 한국형 무선인터넷 플랫폼.	
モバイルマルチメディア 　サービス	모바일 멀티미디어 서비스. [mobile multimedia service]	
	⊙ i-mode, 네이트, june 등.	
フォトメール	동영상 이메일. [photo mail]	
かけ放題	무제한 통화.	
	≫ ユーザー同士、かけ放題電話が実現する、画期的なインターネット電話サービス。이용자들끼리 무제한 통화를 할 수 있는 획기적인 인터넷 전화 서비스.	
法外な料金	터무니없는 요금.	
	≫ 「誰だろう」と思ってかけ直すと、通信代や年会費などの名目で法外な料金を請求される場合がある。누굴까 하고 전화를 다시 걸면 통신요금이나 연회비 명목으로 터무니없는 요금을 청구당하는 경우가 있다.	
ぼったくり料金	바가지요금.	
リアルタイム	실시간. [real time]	
	≫ モバイルでも、リアルタイムで株価やニュースが見られる。휴대 단말기로도 실시간으로 주가와 뉴스를 볼 수 있다.	
位置情報サービス	위치기반 서비스(LBS).	
	⊙ LBS：location based service	
ジーピーエス	GPS. 위성위치측정시스템. =全地球測位システム	
	⊙ GPS：global positioning system	
ショートメッセージ 　サービス	단문메시지 서비스. 문자메시지(SMS).	
	⊙ SMS：short message service	
顔文字	이모티콘. =絵文字	
留守番電話	자동 응답 전화.	
	≫ 留守番電話サービスに接続します。음성사서함으로 이동합니다.	
電話番号案内サービス	전화번호 안내 서비스.	
	⊙ 한국은 114번이고 일본은 104번이다.	

フリーダイヤル	긴급전화. 수신자 부담. [free dial]
	⊙ 사건 사고가 발생했을 경우 우리나라에서는 112번으로 신고를 하지만 일본에서는 110번으로 신고를 한다.
音声ダイヤルサービス	음성 인식 다이얼 서비스.
呼び出し音設定サービス	통화연결음 서비스. 컬러링.
発信者番号通知サービス	발신자 번호 표시 서비스.
非通知	발신자 표시 제한.
	≫ 相手が非通知でかけてくる。 상대가 발신자 표시 제한으로 전화를 걸어오다.
コレクトコール	수신자 부담. =料金受信者払い [collect call]
国際ローミングサービス	국제 로밍 서비스.
かけ直す	전화를 다시 걸다.
	≫ 着信履歴を見てかけ直す。 착신 이력을 보고 전화를 다시 걸다.
機能が詰まる	기능이 가득 담기다.
	≫ パソコン並みの機能が詰まっている携帯電話。 컴퓨터 수준의 기능이 담겨 있는 휴대전화.

3. 기타

ローカライズ	로컬라이즈. [localize]
	⊙ 소프트웨어나 하드웨어를 특정 지역에 맞춰 수정하는 작업.
ビデオオンデマンド	주문형 비디오. VOD. [video on demand]
ユビキタス	유비쿼터스. [ubiquitous]
	≫ ユビキタスな携帯型情報デバイス。 언제 어디서나 인터넷과 접속할 수 있는 휴대형 정보기기 디바이스.
デジタル・ └コンバージェンス	디지털 컨버전스. 디지털 융합. [digital convergence]
	≫ デジタル・コンバージェンスにおける共通基盤は通信・ネットワーク技術である。 디지털 컨버전스의 공통적인 기반은 통신과 네트워크 기술이다.
	⊙ '복합'은 기존의 기능을 하나의 단말기에 모아 놓는 것이고, '융합'은 모아 놓은 기능들을 이용하여 전혀 새로운 기능을 만들어 내는 것이다.
コンテンツ配信 └ネットワーク	콘텐츠 전송 네트워크(CDN).

⊙ CDN：contents delivery network

パーソナルビデオ
　└ レコーダー
개인 비디오 기록기(PVR).

赤外線通信(せきがいせんつうしん)
적외선 통신.

たこ足配線(あしはいせん)
문어발식 배선.
≫ たこ足配線は、見栄えが悪いし、管理上悪いし、電圧降下を起こす。문어발식 배선은 보기에 안좋고 관리하기도 번거로우며 전압을 떨어뜨린다.

メガピクセル
메가픽셀. 백 만 화소. [megapixel]

電荷結合素子(でんかけつごうそし)
고체촬상소자(CCD).
≫ デジカメで撮る写真の画質を決めるものの一つが電荷結合素子(CCD)。디카로 촬영한 사진의 화질을 결정짓는 요소 중 하나가 고체촬상소자이다.

⊙ CCD：charge coupled device

手振れ補正機能(てぶれほせいきのう)
손 떨림 방지 기능. =アンチシェーク
≫ 手振れ補正機能を搭載したカメラであれば、このような手振れを自動的に補正してくれる。손 떨림 방지 기능을 탑재한 카메라라면 이와 같은 손 떨림을 자동적으로 보정해 준다.

使い捨てカメラ(つかいすて)
일회용 카메라. =レンズ付(つ)きフィルムカメラ

ハイビジョン放送(ほうそう)
고화질 방송.

地上波デジタル(ちじょうは)
　└ マルチメディア放送(ほうそう)
지상파 디지털 멀티미디어 방송(DMB).

高精細テレビ(こうせいさい)
고선명 TV. HDTV

標準テレビ(ひょうじゅん)
일반 표준 디지털 TV. SDTV.

リアプロジェクション
　└ テレビ
리어프로젝션TV. 배면 투사형 TV. =リアプロテレビ
[rear projection television]
≫ スクリーンの後ろから映像を投射するリアプロテレビは低コストで大画面化できる。스크린 뒤에서 영상을 투사하는 리어프로젝션 TV는 가격이 저렴하며 대형 화면을 만들 수 있다.

32型プラズマテレビ(がた)
32인치 플라즈마 TV.

プラズマディスプレー
플라즈마 디스플레이 패널(PDP).

発光ダイオード(はっこう)
발광 다이오드(LED). =発光素子(はっこうそし)
≫ 発光ダイオードの利点は消費電力が低く寿命も長いということで

있다. 발광 다이오드의 이점은 소비전력이 낮고 수명도 길다는 점이다.
◉ LED:Light Emitting Diode

スカパー　스카이 퍼펙트 TV. ＝スカイパーフェクトTV

画面に横じまがはいる　(텔레비전) 화면에 가로로 줄이 생기다.

ちらつき　(텔레비전이) 깜빡거림.
≫ ちらつきの少ない高画質な映像を再現できる「デジタル・プログレッシブ方式」を採用したハイビジョンテレビ. 깜빡거림이 적은 고화질의 영상을 재현할 수 있는 디지털 프로그래시브 방식을 채용한 고화질 TV.

砂嵐　회색 노이즈.
≫ アナログ放送だと、電波が弱いところでは画面が砂嵐になる. 아날로그 방송의 경우 전파가 약한 곳에서는 화면이 먹통이 된다.
◉ 정규 방송이 끝나거나 전파를 잡을 수 없을 때 회색 화면으로 바뀌면서 소리가 나는 상태를 말한다.

機械がいかれる　기계가 맛이 가다.

マグネチックカード　마그네틱 카드. 자기 카드. [magnetic card]

接触式カード　접촉식 카드. ＝コンタクト型カード

非接触式カード　비접촉식 카드. ＝ノンコンタクト型カード

カード読み取り機　카드 단말기. 카드 리더기. ＝カード端末

クローン　(카드) 복제. ＝複製・コピー [clone]

生体認証　생체인식. ＝バイオメトリックス認証
◉ 지문, 안구의 홍채, 목소리 등의 신체적 특징을 이용해 신분을 확인하는 인증 방식이다.

技術供与　기술 제공.
≫ 欧州に供与した米国の技術. 유럽에 제공한 미국의 기술.

ヒューレット・パッカード　휴렛패커드. [Hewlett-Packard]

キラーコンテンツ　킬러 콘텐츠. [killer contents]

アーケードゲーム　아케이드 게임. [arcade game]
◉ 대개 오락실에서 동전을 넣고 즐기는 게임을 가리킨다.

対戦型ゲーム　대전형 게임.

据え置き型ゲーム機　거치형 게임기.
◉ 천장에 설치하는 스타일은 「天吊り型ゲーム機」라고 한다.

携帯型ゲーム機　휴대형 게임기.

ピアツーピア　P2P. 일대일. [peer-to-peer]

≫ ピアツーピア方式の利点の一つは、個人に集まってきた情報を、鮮度の高いうちに手間をかけずに公開できることである。P2P 방식의 이점 중 하나는 개인이 모은 정보를 따끈따끈할 때 수고를 들이지 않고 공개할 수 있다는 점이다.

世界3大デジタル展示会	세계 3대 전자산업 전시회.

- 컴덱스:米国のコムデックス(COMDEX)
- 세빗:ドイツのセビット(CEBIT)
- 세스:国際コンシューマー・エレクトロニクスショー(CES)

会場	행사장.
パビリオン	전시관. 파빌리온. [pavilion]

≫ 会場の北側に集中する企業パビリオンでは、ロボットや最先端の映像技術が入場者を引きつけ、朝から長い列ができた。 행사장 북측에 집중되어 있는 기업 전시관에서는 로봇과 최첨단 영상 기술이 입장객을 매료시켜 아침부터 긴 행렬이 늘어섰다.

万博	국제박람회. 엑스포. =万国博覧会

≫ 国威発揚の色合いが濃かった万博 국위 선양의 색채가 짙었던 박람회.

メッセ	견본시. =見本市 [Messe 독일어]
ICタグ	전자태그. =電子荷札

≫ 欧米では、商品に付いたICタグが、店舗を出た消費者の行動を追跡する手段になりうるとして「スパイ・チップ」とも呼ばれている。 구미에서는 상품에 부착된 전자태그가 점포를 나간 소비자의 행동을 추적하는 수단이 될 수 있다 하여 '스파이 칩'이라고도 부르고 있다.

RFID	RFID. 전자태그.

- RFID:radio frequency identification

トレーサビリティー	이력 추적 시스템. [traceability]

≫ トレーサビリティーは食品流通における履歴と出入を検索することを可能にした仕組みであるといえる。 이력 추적 시스템은 식품 유통의 이력과 출입을 검색할 수 있게 한 시스템이라고 할 수 있다.

等身大ロボット	등신대 로봇.
二足歩行ロボット	두 발 로봇.

≫ 二足歩行ロボットとは、人間のように二本足でバランスをとりながら歩くものをいう。 두 발 로봇이란 인간과 같이 두 발로 균형을 잡으면서 걷는 로봇을 말한다.

スイッチの切り替え	개폐기 조작.
精度	정밀도. 정확도.

	≫ 静電気が製品の精度を狂わせる。 정전기가 제품의 정밀도를 떨어뜨린다.
ライフサイエンス	生命科学. [life science] ≫ ライフサイエンスは人間生活のベースである「生命・健康」、「環境」に深く関わる技術分野である。 생명과학은 인간 생활의 기반인 생명・건강・환경과 깊은 관련이 있는 기술 분야이다.
情報家電 じょうほう か でん	정보가전. ≫ 情報家電は家電製品にコンピューターを組み込み、ネットワークで繋いで遠隔操作や協調動作ができるようにする機器である。 정보가전은 가전 제품에 컴퓨터를 장착하고 네트워크로 연결해 원격 조종과 협조 동작을 할 수 있도록 한 기기이다.
新三種の神器 しんさんしゅ じん ぎ	신 삼종의 신기. ≫ DVDレコーダー、デジタルカメラ、薄型テレビを新三種の神器と言う。 DVD레코더, 디지털 카메라, 벽걸이형 텔레비전을 '신3종 신기'라고 한다.
アクセシビリティー	이용 편리도. =利用しやすさ [accessibility] ≫ アクセシビリティーとは、「高齢者や障害者など、心身の機能に制約のある人でも問題なく利用できること」を表すために用いられている。 이용 편리도는 고령자나 장애우 등 심신 기능에 제약이 있는 사람이라도 문제 없이 이용할 수 있는 것을 나타내기 위해 사용되고 있다.
キャッシュレス	캐시리스. [cashless] ≫ キャッシュレス生活も絵空事ではないかもしれない。 화폐가 필요 없는 생활도 허황된 것은 아닐지 모른다.
オープンリレー	오픈 릴레이. [open relay] ≫ オープン・リレーとは、どのようなあて先にでも自由に送信することができる、インターネット上に公開されたメール・サーバのことである。 오픈 릴레이란 어떠한 상대에게라도 자유롭게 발송할 수가 있는 인터넷상에 공개된 메일 서버이다. ⊙ 스패머(스팸메일 발송자)들이 다른 단체의 서버를 이용해 대량으로 e메일을 발송함으로써 e메일의 실제 출처를 감출 수 있도록 해 주는 서버이기도 하다.
ユーザーフレンドリー	사용자를 배려한. [user friendly] ≫ このソフトは設定も少々難しく、「ユーザーフレンドリー」とはいえない。 이 소프트는 설정도 약간 어려워 사용자를 배려했다고는 말할 수 없다.

Ⅵ. 환경

京都議定書
교토의정서.
● 지구 온난화 규제 및 방지를 위한 국제 협약인 기후변화협약의 구체적 이행 방안으로 선진국의 온실가스 감축 목표치를 규정하고 있다.

気候変動枠組み条約
기후변화협약.

締約国会議
당사국총회.

温室効果ガス削減
온실가스 감축.

クリーン開発メカニズム
청정 개발 메카니즘(CDM).
● CDM:Clean Development Mechanism

持続可能な開発
지속 가능한 개발. =サステーナブルな開発
≫ リオデジャネイロで開かれたリオ地球サミットは、「持続可能な開発」をキーワードに地球環境問題と開発問題を取り上げた史上最大の国際会議である。리우데자네이루에서 열린 유엔환경개발회의(지구 서미트)는 지속 가능한 개발을 키워드로 지구 환경 문제와 개발 문제를 거론한 사상 최대의 국제회의이다.

二酸化炭素排出権
이산화탄소 배출권.
≫ 二酸化炭素排出権が紙切れになることはない。이산화탄소 배출권이 종잇조각이 되는 일은 없다.

途上国扱い
개도국 지위 확보.
≫ 韓国は京都議定書では途上国扱いになっている。한국은 교토의정서에서 개도국 지위를 확보하고 있다.

批准待ち
비준 지연.
≫ 議定書発効はロシアの批准待ちで遅れている。의정서 발효는 러시아가 비준을 지연해서 늦어지고 있다.
● 러시아는 WTO 가입을 위해 의정서에 비준을 해 2005년 2월 교토의정서가 발효되었다.

離脱
탈퇴.
≫ ブッシュ政権は、地球温暖化防止を目指す京都議定書からの離脱を発表した。부시 행정부는 지구온난화 방지를 위한 교토의정서에서 탈퇴한다고 발표했다.

地球温暖化現象
지구 온난화 현상.

エルニーニョ現象	엘리뇨 현상.
異常気象	기상 이변.
ヒートアイランド現象	열섬 현상. =都市と高温化現象
熱帯夜	열대야.
成層圏	성층권.
オゾン層	오존층.
オゾンホール	오존홀. [ozone hole] ≫ オゾンホールだけを環境指標として扱うことに無理がある。 오존홀만을 환경 지표로 취급하는 것에는 무리가 있다.
フロンガス	프레온 가스. [freon gas]
フロン冷媒	프레온 냉매.
排気ガス	(자동차·공장 등) 매연. ≫ 自動車の排気ガスが、環境問題を引き起こす原因の一つになっている。 자동차 매연이 환경 문제를 일으키는 한 원인이 되고 있다.
残存量	잔존량. ≫ 産業界や一般家庭におけるフロンの残存量や処理実態が不明である。 산업계와 일반 가정의 프레온 가스 잔존량과 처리 실태가 명확하지 않다.
酸性雨	산성비.
砂漠化	사막화.
黄砂	황사.
浮遊粉塵	부유먼지. ● 입자의 지름이 0.1~0.15㎛으로 공기중에 떠다니는 먼지.
粒子上物質	미세먼지(PM). ● 눈에 보이지 않을 정도로 가늘고 작은 먼지 입자로 지름이 10㎛ 이하이다. 각종 호흡기 질환의 직접적인 원인이 된다. PM:Particulate Matter
飛散	비산. ≫ 建築現場周辺において粉塵の飛散が問題とされるケースがみられる。 건축 현장 주변에서 분진의 비산이 문제가 되는 경우를 볼 수 있다.
アース・デー	지구의 날. [Earth Day] ● 환경오염의 심각성을 일깨우기 위해 지정한 자연환경 보호의 날. 매년 4월 22일.
ラムサール条約	람사 조약.

	◉ 정식 명칭은 '물새 서식지로서 특히 국제적으로 중요한 습지에 관한 협약'으로 1971년 2월 2일 이란의 람사(ramsar)에서 채택됐다. 물새가 서식하는 습지대를 국제적으로 보호하려고 만든 협약이다.
干潟 ひがた	개펄.
埋め立て う た	매립.
環境アセスメント かんきょう	환경 영향 평가. ≫ 環境アセスメントの結果を事業内容に反映させることにより、事業が環境の保全に十分に配慮して行われるようにする。 환경 영향 평가 결과를 사업 내용에 반영시킴으로써 사업이 환경 보전을 충분히 배려해서 이루어지도록 한다. ◉ 개발이 환경에 미치는 영향의 정도를 사전에 예측 평가하고 그 대처 방안을 마련하여 환경 오염을 사전에 예방하는 제도이다.
生態系 せいたいけい	생태계.
生態都市 せいたいとし	생태 도시. ◉ 사람과 자연이 공생할 수 있는 환경을 갖춘 도시.
田園都市 でんえんとし	전원도시. =ガーデンシティ ◉ 전원 생활의 신선함과 도시 생활의 편리함을 동시에 누릴 수 있도록 설계한 도시.
ビオトープ	바이오톱. 생물 서식 공간. =生物生息空間 [biotope] せいぶつ せいそく くうかん ◉ 인간과 동식물 등 다양한 생물종의 공동 서식 장소를 말한다.
絶滅危惧種 ぜつめつきぐしゅ	멸종위기종.
営巣地 えいそうち	서식지.
天然の楽園 てんねん らくえん	천연의 낙원.
みみず	지렁이.
さんしょう魚 うお	도롱뇽. ≫ サンショウウオはきれいな水を好むので、環境をきれいにしておく必要がある。 도롱뇽은 맑은 물을 좋아하기 때문에 주변 환경을 깨끗하게 해 둘 필요가 있다. ◉ 도롱뇽은 1급수인 냇가에 살며 환경의 지표가 되기도 한다.
ストランディング	스트랜딩. [Stranding] ≫ ストランディングした鯨は生物学的な研究資料として貴重なだけではなく、海洋の汚染や環境変化のバロメーターとしての価値も高い。 해안으로 떠밀려 온 고래는 생물학적인 연구 자료로서 귀중할 뿐만 아니라 해양 오염과 환경 변화의 척도로서도 가치가 높다.

◉ 돌고래 등이 해변으로 밀려와 떼죽음을 당하는 이상 현상.

生ゴミ	가정 생활 쓰레기. 음식물 쓰레기.
粗大ゴミ	대형 생활 폐기물.
環境に優しい製品	친환경 제품.
エコー	친환경. 에코. [echo]
環境配慮型	친환경.
クリーン	청정. [clean]

≫ クリーンエネルギー。청정 에너지.

清浄地域	청정지역.
省エネ	에너지 절약.

≫ 家庭内の省エネで地球温暖化に歯止めをかける。가정내 에너지 절약으로 지구온난화에 제동을 건다.

バイオマス	바이오매스. =生物由来資源 [biomass]

≫ バイオマスとは、生物資源を原料にしたエネルギー資源のことで、自然環境の中で繰り返し得られるエネルギーのこと。바이오매스란 생물 자원을 원료로 한 에너지 자원을 말하며 자연 환경 속에서 계속해서 얻을 수 있는 에너지를 말한다.

ゴミ固形燃料	폐기물 고형(고체) 연료(RDF).

◉ RDF∶refuse derived fuel

ハイブリッド	하이브리드. =複合型 [hybrid]
コージェネレーション	열병합. =熱電併合 [cogeneration]

≫ 「コージェネレーション」とは、自家発電による廃熱を利用する方法である。열병합이란 자가 발전을 할 때 나오는 폐열을 이용하는 방법이다.

原子力発電所	원자력발전소. =原発
オフサイトセンター	원자력방재센터. =原子力防災センター

[offsite+center 일본식 조어]

レジ袋	비닐 봉투.

≫ レジ袋はプラスチックごみの15％を占めており、決して無視できない量である。비닐 봉투는 플라스틱 쓰레기의 15%를 차지하고 있으며 결코 무시할 수 없는 양이다.

◉ 상점에서 물건을 넣어 주는 비닐 봉투를 뜻한다.

VII. 기타 문화

1. 전통문화

祝祭日 (しゅくさいじつ)	명절.
旧正月 (きゅうしょうがつ)	설. ≫ 旧正月の贈り物。설 선물.
お年玉 (としだま)	세뱃돈. ≫ 旧正月は子供の頃、お年玉がもらえるので、一年のうち一番楽しみにしていた日であった。어렸을 때 설은 세뱃돈을 받을 수 있었기 때문에 일년 중에 가장 기대되는 날이었다.
中元贈答 (ちゅうげんぞうとう)	백중의 선물. ⊙ 백중은 음력 7월 15일이다.
民族の大移動 (みんぞくのだいいどう)	민족 대이동. ≫ 旧正月前後には「民族の大移動」が起きて汽車の切符を買えない人が出てくる。설 전후에는 민족이 대이동을 해 기차표를 살 수 없는 사람도 나온다.
帰省ラッシュ (きせい)	귀성 차량 행렬. ≫ 高速道路は帰省ラッシュで渋滞気味である。고속도로는 귀성 차량이 몰려 정체 현상을 보이고 있다.
チマ・チョゴリ	한복. ＝パチ・チョゴリ
お墓参り (はかまい)	성묘.
草刈り (くさか)	벌초.
習わし (なら)	풍습. ≫ 秋の収穫に感謝する習わし。가을 수확에 감사하는 풍습.
祭祀 (さいし)	제사. ≫ 先祖の祭祀を行う。조상님의 제사를 모시다.
供え物 (そなもの)	제수 (용품). ＝供物 (くもつ)
祠 (ほこら)	사당.
パンソリ	판소리.
シルム	씨름. ＝韓国相撲 (かんこくすもう)

문화 | 347

民族<ruby>遊</ruby>び	민속놀이.
<ruby>凧</ruby>揚げ<ruby>合戦</ruby>	연날리기 시합.
<ruby>独楽</ruby>回し	팽이치기.
<ruby>綱</ruby>引き	줄다리기.
<ruby>穀倉地帯</ruby>	곡창지대.
<ruby>冠婚葬祭</ruby>のしきたり	관혼상제 관례.
<ruby>儒教</ruby>	유교.
≫ 儒教文化に浸った人々。	유교 문화에 물든 사람들.
<ruby>隔世</ruby>の<ruby>感</ruby>	격세지감.
<ruby>風紀</ruby>の<ruby>乱</ruby>れ	풍기문란.
<ruby>享楽</ruby>	향락.
<ruby>引</ruby>っ<ruby>越</ruby>し<ruby>祝</ruby>	집들이.
<ruby>新居</ruby>のお<ruby>披露目</ruby>	집들이.
└, パーティー	

2. 여행·휴가

<ruby>祝祭日</ruby>	공휴일.
<ruby>大型連休</ruby>	장기 연휴. 대형 연휴.
<ruby>飛</ruby>び<ruby>石連休</ruby>	징검다리 휴일.
<ruby>連休明</ruby>け	연휴 다음날.
バックパック	배낭여행.
バックパッカー	배낭족. [backpacker]
<ruby>一人旅</ruby>	혼자 떠나는 여행.
ツアー	단체여행. [tour]
パッケージ<ruby>旅行</ruby>	패키지 여행.
<ruby>日帰</ruby>り<ruby>旅行</ruby>	당일치기 여행.
ガイド	여행 안내원. 가이드. =添<ruby>乗員</ruby> [guide]
バカンス	(장기) 휴가. 바캉스. [vacances 프랑스어]
5つ<ruby>星</ruby>ホテル	5성급 호텔.
VIPご<ruby>用達</ruby>ホテル	VIP 전용 호텔.

場末のホテル	변두리 호텔.
民宿	민박. =民泊
相部屋	2인실.
ホスピタリティー	호스피탤리티. 환대. [hospitality] ≫ 最高級のホスピタリティーが享受できる。 최상의 접대 서비스를 만끽할 수 있다.
イベント	이벤트. =催し物 [event] ≫ 休みに合わせて催し物を組む。 휴일에 맞추어 이벤트를 준비하다.
高級旅客船	고급 크루즈.
船の行き着く先	배의 데스티네이션.
観光客の └デスティネーション	관광객의 목적지.
立食パーティー	스탠딩 파티.
持ち込みパーティー	팟럭 파티. =ポットラックパーティー ◉ 각자가 음식을 조금씩 가져와서 즐기는 파티.
エキゾチックな └野外プール	이국적인 야외 수영장.
味な場所	멋과 운치가 있는 장소. =味のある場所
風情のある住まい	정취가 있는 집.
エコノミークラス	일반석. [economy class]
チャーター便	전세편.
直航路	직항로. 가장 빠른 길.
ノンストップフライト	직항편. [nonstop flight]
時差ぼけ	시차병. =タイムラグ ≫ 時差ぼけの克服には、体内時計を現地の時間に適応させることがいちばんである。 시차병을 극복하기 위해서는 체내 시계를 현지의 시간에 적응시키는 것이 가장 좋다.
観光スポット	관광 명소. =観光名所
目抜き	눈에 잘 띄는 곳. 중심지.
目抜き通り	번화가.
大通り	번화가. 중심가.

色(いろ)町(まち)	유곽. 유흥가.
不(ふ)夜(や)城(じょう)	불야성.
呼(よ)び込(こ)み行(こう)為(い)	호객 행위. =客(きゃく)引(ひ)き行(こう)為(い)
客(きゃく)引(ひ)き	(속어로) 호객꾼. 삐끼. =ポン引(び)き
アフリカ奥(おく)地(ち)の探(たん)検(けん)	아프리카 오지 탐험.
テント暮(く)らし	텐트 생활.
ハイキング	하이킹. [hiking]
サイクリング・ロード	자전거 도로. [cycling road]
	≫ サイクリングロードで気持ち良く自転車を走らした。자전거 도로에서 기분 좋게 자전거를 타고 질주했다.
花(はな)見(み)	꽃구경.
	≫ お花見に観光バスをチャーターする。꽃구경 가기 위해 관광 버스를 대절하다.
紅(もみ)葉(じ)狩(が)り	단풍놀이.
旅(たび)の疲(つか)れを解(ほぐ)す	여독을 풀다.
DPE	(사진 현상·인화·확대를 하는) 사진 현상소.

3. 장례

棺(ひつぎ)	관.
お葬(そう)式(しき)	장례식.
葬(そう)儀(ぎ)	장례식.
	≫ 葬儀がしめやかに営まれた〔取り行われた〕。장례식이 구슬프게 치러졌다.
斎(さい)場(じょう)	장례식장.
告(こく)別(べつ)式(しき)	송별식. 영결식.
火(か)葬(そう)	화장.
荼(だ)毘(び)に伏(ふ)す	(불교 용어로) 다비하다. 화장하다.
土(ど)葬(そう)	토장. 매장.
墓(はか)	묘. 무덤.
納(のう)骨(こつ)堂(どう)	납골당.
骨(ほね)壺(つぼ)	납골함.

弔問	조문.
通夜	밤샘.
遺言	유언.

≫ 遺産に関する権利をめぐる争いは年々増えてきており、こういった争いを防止する手段としても、近年遺言の重要性が人々の間に広がりつつある。 유산에 관한 권리를 둘러싼 분쟁은 매년 늘어나고 있으며 이러한 분쟁을 방지하는 수단으로도 최근 유언의 중요성이 사람들 사이에서 확산되고 있다.

自筆の遺書	친필 유서.
奉納	봉납. 헌상.

≫ 被爆者の名簿を奉納する。 피폭자 명부를 봉납하다.

香典	부의금.
経帷子	수의. =寿衣
お悔やみにいく	문상하러 가다.
お悔やみを言う	조문을 드리다.
哀悼の誠を表す	애도의 뜻을 표하다.
ご愁傷さま	얼마나 애통하십니까. 욕 보셨습니다. =このたびはご愁傷さま

◉ 문상하러 갔을 때나 후에 상을 당한 사람을 만났을 때 하는 말.

惜しむ	애석해하다. 안타까워하다.

≫ たくさんの友人に惜しまれた。 많은 친구들이 애석해했다.

すすり泣く	흐느껴 울다.

≫ 妹の亡骸にすがり付いてすすり泣いた。 여동생의 사체를 부여잡고 흐느껴 울었다.

| 死者を葬る | 죽은 사람을 묻다. |

4. 우주

スペースシャトル	우주 왕복선. [space shuttle]
宇宙飛行士	우주인.
宇宙人	외계인.
恒星	항성.

◉ 스스로 빛을 내는 천체. 일반적으로 항성을 별이라고 부른다. 지구에 가장 가까운 별은 태양이다.

わくせい 惑星	행성. ◉ 항성의 주위를 공전하는 별로 태양계에서는 수성·금성·지구·화성·목성·토성·천왕성·해왕성 8개가 있다. 명왕성은 2006년 8월 태양계 행성에서 퇴출되었다. '혹성'은 일본식 한자어 표현이므로 사용하지 않도록 한다.
じんこうえいせい 人工衛星	인공 위성. 위성. =衛星えい ≫ 衛星の寿命が尽きる。인공 위성의 수명이 다하다. ◉ 위성은 행성 주위를 도는 천체이다.
すいせい 彗星	혜성.
ながぼし 流れ星	유성. 별똥별.
こくさいうちゅうステーション 国際宇宙ステーション	국제우주정거장(ISS).
げつめん 月面	달 표면. ≫ 1969年7月20日、アメリカが打ち上げた有人宇宙飛行船アポロ11号は月面着陸に成功した。1969년 7월 20일 미국이 쏘아 올린 유인우주비행선 아폴로 11호는 달 표면 착륙에 성공했다.
べいこくこうくううちゅうきょく 米国航空宇宙局	미항공우주국. 나사(NASA). =ナサ ◉ NASA : National Aeronautics and Space Administration
ブラックホール	블랙홀. [black hole] ≫ 星がブラックホールにのみ込まれていく。별이 블랙홀에 빨려 들어가다.
じきあらし 磁気嵐	자기 폭풍.
フレア	태양면 폭발. 플레어. [flare] ◉ 태양 표면에서 다량의 에너지를 방출하는 현상.
ほっきょくせい 北極星	북극성. =ポラリス
たいようけい 太陽系	태양계. ≫ 太陽系の成り立ちを探る。태양계 생성을 탐사하다.
ユーフォー	미확인비행물체. [UFO : unidentified flying object] =未確認みかくにん飛行物体ひこうぶったい
オーロラ	오로라. [aurora]
かいきにっしょく 皆既日食	개기 일식. 일식. =日食 ≫ 日食は太陽と地球の間に月が位置して地上から見ると太陽が隠される現象である。일식은 태양과 지구 사이에 달이 위치해 지구에서 보면 태양이 가려지는 현상이다.

皆既月食(かいきげっしょく)	개기 월식. 월식. =月食
下弦の月(かげんのつき)	하현달.
上弦の月(じょうげんのつき)	상현달.
新月(しんげつ)	초승달.
満月(まんげつ)	보름달.
弦月(げんげつ)	반달.

여러가지 표현

- □ **あいたくちがふさがらない**(開いた口が塞がらない) | 입이 딱 벌어지다.
  ≫ 韓国人が使う多様な先端IT製品を見れば開いた口が塞がらない時が多い。 한국인이 사용하는 다양한 첨단 IT 제품을 보면 입이 딱 벌어질 때가 많다.

- □ **あいをそだてるものがたり**(愛を育てる物語) | 사랑을 키워 가는 이야기.
  ≫ 今回の新作は、若い男女が家族や伝統のしがらみから逃れ、愛を育てる物語。 이번에 나온 신작은 젊은 남녀가 가족과 전통의 굴레에서 벗어나 사랑을 키워 가는 이야기이다.

- □ **あおはあいよりいでてあいよりあおし**(青は藍より出でて藍より青し) | 청출어람.

- □ **あげはちょう**(揚羽蝶) | 호랑나비.
  ≫ 日本では、揚羽蝶を平家^(ke)が家紋としたので有名だ。 일본에서는 호랑나비를 다이라 가(家)가 가문으로 사용해서 유명하다.

- □ **あせみずながし**(汗水流し) | 땀을 뻘뻘 흘리며.
  ≫ 汗水流しながら一生懸命働いている人たち。 구슬땀을 흘리면서 열심히 일하는 사람들.

- □ **あつものにこりてなますをふく**(あつものに懲りてなますを吹く) | 자라 보고 놀란 가슴 솥뚜껑 보고 놀란다.

- □ **あとさきかんがえずに**(後先考えずに) | 앞뒤 생각하지 않고.
  ≫ 何かに熱中すると後先考えずに行動してしまう。 무언가에 열중하면 앞뒤 생각하지 않고 행동해 버린다.

- □ **あのよからもどってきた**(あの世から戻ってきた) | 저승에서 살아 돌아온. =生き返った
  ≫ あの世から戻ってきた強敵にどう立ち向かうのか。 저승에서 살아 돌아온 강적에게 어떻게 맞설 것인가?

- □ **あぶくぜに**(あぶく銭) | 쉽게 번 돈. 공돈.
  ≫ あぶく銭のようなもので、気前よく使っている。 공돈 같아서 아낌없이 쓰고 있다.

- □ **あぶらにのる**(脂に乗る) | 살이 오르다.
  ≫ 脂の乗ったうなぎ。 살이 오른 장어.

- □ **あまいことば**(甘い言葉) | 사탕발림.
  ≫ 甘い言葉は詐欺師の常套手段である。 사탕발림은 사기꾼들의 상투적인 수단이다.

- □ **あまいマスク**(甘いマスク) | 부드러운 얼굴.
  ≫ 甘いマスクでテレビ番組などのメディアで注目を集めている。 부드러운 얼굴로 TV방송 등의 미디어에서 주목받고 있다.

- □ **あみだす**(編み出す) | 생각해 내다. 고안해 내다.
  ≫ 成果主義といっても、その成果を誰が評価するのか。A社は「お客様が決める」方法を

여러가지 표현

編み出した。성과주의라고 해도 그 성과를 누가 평가할 것인가? A사는 고객이 결정하는 방법을 생각해 냈다.

- ☐ **あらさがし**(粗探し) | 흠집 내기. 흠을 들춰 냄.
  ≫ どんなに完璧を期しても、どこかに手落ちがあり、無用な粗探しはしない方がよい。 아무리 완벽을 기하더라도 어딘가에 실수가 있기 때문에 쓸데없는 흠집 들추기는 안 하는 편이 좋다.

- ☐ **ありか** | 있는 곳. 소재.
  ≫ 地図に隠された宝のありかを探す。 지도에 숨겨진 보물의 소재를 찾는다.

- ☐ **あわいはつこいのおもいで**(淡い初恋の思い出) | 담담한 첫사랑의 추억.

- ☐ **いいかえす**(言い返す) | 대꾸하다.
  ≫ 客が悪くても言い返してはいけない。 손님이 잘못했더라도 대꾸해서는 안 된다.

- ☐ **イースター** | 부활절. =復活祭(ふっかつさい) [Easter]
  ≫ クリスマスが12月25日固定なのに、イースターは毎年違う日に行われる。 크리스마스는 12월 25일로 정해져 있는데 부활절은 매년 다른 날에 행해진다.

- ☐ **いいそびれる**(言いそびれる) | 말할 기회를 놓치다.
  ≫ お世話になった友達に礼を言おうと思っていたのだが、言いそびれてしまった。 신세를 진 친구에게 고맙다고 말하려 했으나 말할 기회를 놓쳐 버렸다.

- ☐ **いいふくめる**(言い含める) | 알아듣게 말하다. 타이르다.
  ≫ 事情をあらかじめ言い含めておく。 알아듣게 미리 사정을 말해 두다.

- ☐ **いうだけむだだ**(言うだけ無駄だ) | 말하면 입만 아프다.
  ≫ 言うだけ無駄だ。感情を損なうだけ。 말해 봤자 입만 아프다. 기분만 상할 뿐이야.

- ☐ **いかだ** | 뗏목.

- ☐ **いきすぎをとおりこして**(いきすぎを通り越して) | 지나치다 못해.
  ≫ A新聞社説は「そうまでして国旗を揚げ国歌を歌わせようとするのは、いきすぎを通り越して、なんとも悲しい」と書いた。 A신문 사설은 "그렇게까지 해서 국기를 게양하고 국가를 부르게 하는 것은 지나치다 못해 너무나 슬프다"라고 썼다.

- ☐ **いきづく**(息づく) | 숨 쉬다. 살아 있다.
  ≫ この町は進取と独立の気風が息づいているところである。 이 마을은 진취적이고 독립적인 기풍이 살아 숨쉬는 곳이다.

- ☐ **いささかのうたがいもない**(いささかの疑いもない) | 한 치의 의심도 없다.
  ≫ 被告人を有罪とするには、いささかの疑いもない程度に有罪の立証がなされなければならない。 피고인을 유죄로 만들기 위해서는 한 치의 의심이 없을 정도로 유죄를 입증해야 한다.

- ☐ **いそがれる**(急がれる) | 시급하다.
  ≫ 資源・環境問題の深刻化を受け、資源循環型社会の構築が急がれている。 자원·환경 문제가 심각해짐에 따라 자원 순환형 사회 구축이 시급해지고 있다.

- ☐ **いためつける**(痛め付ける) | 혼내주다.

≫ 強者が弱者を痛めつけることがテロの原因になる。강자가 약자를 몰아세우는 것이 테러의 원인이 된다.

☐ **いちごいちえ**(一期一会) | 일생에 한 번 뿐인 만남.
≫ 一期一会のチャンスをつかむ。평생에 한 번 올까 말까 한 기회를 잡다. 일생일대의 기회를 잡다.

☐ **いちじく**(無花果) | 무화과. 무화과나무.
≫「無花果」は花を咲かせずに実をつけることから由来した。'무화과'란 이름은 꽃을 피우지 않고 열매를 맺는 것에서 유래되었다.

☐ **いちずなあいをつらぬく**(一途な愛をつらぬく) | 순수한 사랑을 지켜 가다.

☐ **いちまつもよう**(市松模様) | 바둑판무늬. 체크무늬.

☐ **いちりょうじつちゅうに**(一両日中に) | 오늘 내일 사이에.
≫ 北朝鮮は一両日中にさらにミサイルを発射する可能性がある。북한은 오늘 내일 사이에 또다시 미사일을 발사할 가능성이 있다.

☐ **いっしもまとわない**(一糸もまとわない) | 실오라기 하나도 걸치지 않다.
≫ 女優は一糸まとわぬオールヌード演技も辞さなかった。여배우는 실오라기를 하나도 걸치지 않는 올 누드 연기도 마다하지 않았다.

☐ **いっしゅうする**(一蹴する) | 일축하다.
≫ 関係者はこの報道を「噂であり憶測だ」と一蹴した。관계자는 이 보도를 "소문이며 억측이다"라며 일축했다.

☐ **いっすいのひまもない**(一睡のひまもない) | 눈 붙일 겨를도 없다.

☐ **いっすいもしない**(一睡もしない) | 한숨도 안 자다.

☐ **いっすいもできなかった**(一睡もできなかった) | 한숨도 못 잤다.

☐ **いつまでも** | 마냥.
≫ いつまでも遊んでいるわけにはいかない。마냥 놀고 있을 수만은 없다.

☐ **いにかいしない**(意に介しない) | 개의치 않다. 신경 쓰지 않다.
≫ 世論の動向を意に介しない。여론의 동향을 신경 쓰지 않는다.

☐ **いのちごいにいく**(命乞いに行く) | 목숨을 구걸하러 가다.

☐ **いまやおそしと**(今や遅しと) | 이제나저제나 하며.
≫ 今や遅しと出発の時を待っている。이제나저제나 하며 출발 시간을 기다리고 있다.

☐ **いもづるしきに**(芋づる式に) | 줄줄이.
≫ 一つの企業の不祥事が明るみになるにつれ、芋づる式に問題が表面化した。한 기업의 스캔들이 불거지면서 줄줄이 문제가 밖으로 드러났다.
◉ 대개 좋지 않은 의미에 사용한다.

☐ **いやなゆめをみた**(いやな夢を見た) | 꿈자리가 사나웠다.

여러가지 표현

- [ ] **インスピレーションをうける**(インスピレーションを受ける) | 영감을 받다.
- [ ] **インスピレーションをたてる**(インスピレーションを立てる) | 영감을 자극하다.
- [ ] **うけあう**(請け合う) | 보증하다. 책임지고 맡다. 약속하다.
  - ≫ 期限どおりの納品を請け合ってくださるなら、ディスカウントの点で譲歩いたしましょう。 기한내 납품을 보장해 준다면 가격면에서 양보하겠습니다.
- [ ] **うちあわせをかさねる**(打ち合わせを重ねる) | 사전 협의를 여러 차례 하다.
- [ ] **うちきょうじる**(うち興じる) | 흥거워하다. 즐거워하다.
  - ≫ フラフープにうち興じる子供たちの姿。 훌라후프를 하며 즐거워하는 아이들의 모습.
- [ ] **うっとうしいあつさ**(うっとうしい暑さ) | 짜증스러운 더위.
- [ ] **うなる** | 윙윙 소리를 내다. 으르렁거리다.
  - ≫ 風に電線がうなる。 바람이 불어 전선에서 소리가 나다.
- [ ] **うみにたくわえられるエネルギー**(海に蓄えられるエネルギー) | 바다에 축적되는 에너지.
- [ ] **うらがみ**(裏紙) | 이면지.
  - ≫ 両面コピーや裏紙利用などによる紙使用料の削減について徹底した。 양면 복사와 이면지 사용 등으로 종이 사용량을 철저하게 줄여 왔다.
- [ ] **ウラジオストク** | (러시아의) 블라디보스토크. [Vladivostok]
  - ≫ 満州のハルビンを経由してモスクワとウラジオストクを繋ぐシベリア鉄道が建設された。 만주 하얼빈을 경유해서 모스크바와 블라디보스토크를 잇는 시베리아 철도가 건설되었다.
- [ ] **うわぬり**(上塗り) | 덧칠. 마무리. (좋지 않은 일을) 거듭함.
  - ≫ ウソの上塗りをする。 거짓말을 계속하다.
- [ ] **うんだのみ**(運頼み) | 운에 맡김.
  - ≫ 運頼みではなく、きちんと実力を付けるのが勝つためには一番の近道である。 이기기 위해서는 운에 맡기지 않고 제대로 실력을 갖추는 것이 가장 빠른 길이다.
- [ ] **うんふうんはそうごにやてくるもの**(運不運は相互にやてくるもの) | 행운과 불행은 번갈아 찾아오는 것.
- [ ] **うんめいのわかれみち**(運命の分かれ道) | 운명의 갈림길.
  - ≫ 運命の分かれ道で、大きな賭けに出る。 운명의 갈림길에서 큰 모험에 나서다.
- [ ] **えいかくなあごのせん**(鋭角なあごの線) | 예리한 턱선.
  - ≫ 40代になった女優は鋭角なあごの線が鈍くなってきた。 40대가 된 여배우는 예리한 턱선이 사라졌다.
- [ ] **えいようバランスがグッとよくなる**(栄養バランスがグッとよくなる) | 영양 밸런스가 훨씬 좋아지다.

- ☐ **えがおをやすうりしないのがびとくである**(笑顔を安売りしないのが美徳である) | 웃음이 헤퍼서는 안 되는 것이 미덕이다.

- ☐ **エントリーする** | 참가하다.
  ≫ 下の階級に属する選手は上の階級にエントリーすることができる。아래 체급에 속한 선수는 위 체급에 참가할 수 있다.

- ☐ **おうてをかける**(王手をかける) | (장기에서) 장군을 부르다. 결정타를 날리다.
  ≫ この試合で勝ったチームが優勝への王手をかけることになる。이 시합에서 이긴 팀이 우승에 한 걸음 다가가게 된다.

- ☐ **おおげさ**(大げさ) | 대규모. 과장.
  ≫ 必ずしも大げさなものである必要はない。꼭 거창해야 할 필요는 없다.

- ☐ **おおざっぱ**(大雑把) | 주먹구구식.
  ≫ 大雑把な方法が流通業界でいまだに行われている。주먹구구식 방법이 유통 업계에서 아직까지도 행해지고 있다.

- ☐ **おおつぶのなみだをながす**(大粒の涙を流す) | 닭똥 같은 눈물을 흘리다.

- ☐ **おおでをふる**(大手を振る) | 활개를 치다. 남을 거리끼지 않다.
  ≫ 業界では未だに自由競争を阻害する慣習が大手を振っている。업계에서는 아직도 자유 경쟁을 저해하는 관례가 활개를 치고 있다.

- ☐ **おおまかにいって**(大まかにいって) | 대충. 얼추.
  ≫ 実験で得られたデーターを大まかにまとめると次のようである。실험에서 얻을 수 있었던 데이터를 대충 정리해 보면 다음과 같다.

- ☐ **おきあがりこぼうし**(起き上がり小法師) | 오뚝이.
  ≫ 起き上がり小法師のように何度転んでもまた起き上がってがんばれ。오뚝이처럼 몇 번이고 넘어져도 다시 일어나서 최선을 다해라!

- ☐ **おきてがみをする**(置き手紙をする) | 편지를 써 놓다.
  ≫ 置き手紙をして家出してしまった。편지를 써 놓고 가출해 버렸다.

- ☐ **おぎないあう**(補い合う) | 상호 보완하다.
  ≫ 人間はみんな欠けた部分を持っていて、それを補い合っていくのが社会である。인간은 모두 부족한 부분을 가지고 있으며 그것을 서로 보완해 가는 것이 사회이다.

- ☐ **おくじょうおくをかす**(屋上屋を架す) | (일을) 부질없이 거듭하다. =屋上屋(おくじょう)を重(かさ)ねる
  ≫ 屋上屋を重ねるような議論は避け、今後の具体的な少子化対策の重点事項を中心に検討を行った。부질없이 거듭되는 논의는 피하고 향후 구체적인 저출산 대책의 중점 사항을 중심으로 검토를 했다.

- ☐ **おくにいりをはたす**(お国入りを果たす) | 금의환향하다. =お国入(くにい)りをする

여러가지 표현

- ☐ **おくゆき**(奥行き) | (건물 등의) 안길이.
  ≫ 金庫の内部のサイズは幅32cm、高さ15cm、奥行き32cmとなっている。 금고 내부 크기는 폭 32cm, 높이 15cm, 안길이 32cm이다.

- ☐ **おくゆき**(奥行き) | 깊이.
  ≫ 韓国の映像表現の奥行きを感じさせる。 한국의 영상 표현의 깊이를 느끼게 한다.

- ☐ **おくればせながら**(遅ればせながら) | 늦은 감이 있으나.
  ≫ 遅ればせながらご結婚おめでとうございます。 늦은 감이 있지만 결혼 축하합니다.

- ☐ **おしなべて** | 한결같이. 통틀어.
  ≫ 人はおしなべて歳をとると弱くなる。 사람은 한결같이 나이를 먹으면 허약해진다.

- ☐ **おっとりがたなで**(押っ取り刀で) | 허겁지겁. 서둘러.
  ≫ 一次試験の合格を知り、押っ取り刀で二次試験の準備をした。 1차 시험 합격 사실을 알고 서둘러 2차 시험 준비를 했다.

- ☐ **おどらされる**(踊らされる) | 놀아나다. 앞잡이가 되어 날뛰다.
  ≫ 国民はマスコミに踊らされているかもしれない。 국민은 매스컴에 놀아나고 있는지도 모른다.

- ☐ **おのずと** | 자연히. 저절로.
  ≫ 年をとればおのずと分かってくる。 나이를 먹으면 자연히 알게 된다.

- ☐ **おぼろげなはつこい**(おぼろげな初恋) | 아련한 첫사랑.
  ≫ この映画は胸の中に葬ったおぼろげな初恋の人を探しに出る一人の男の話を素材にした純粋メロ。 이 영화는 가슴 속에 묻어둔 아련한 첫사랑을 찾아나서는 한 남자의 이야기를 소재로 한 순수 멜로물이다.

- ☐ **おめあて**(お目当て) | (특별히) 관심을 끄는 것.
  ≫ お目当てのものを探して注文する。 특별히 관심을 끄는 물건을 찾아 주문하다.

- ☐ **おめいをへんじょうする**(汚名を返上する) | 오명을 씻다. =汚名をすすぐ

- ☐ **おもいえがく**(思い描く) | 마음에 그리다. 상상하다.
  ≫ 十年後の私を思い描く。 십년 후의 나를 상상해 본다.

- ☐ **おもいでがフラッシュバックする**(思い出がフラッシュバックする) | 추억이 잠시 떠오르다.
  ≫ 昔好きだった人との思い出がフラッシュバックした。 예전에 좋아했던 이와의 추억이 잠시 떠올랐다.

- ☐ **おもいでにふける**(思い出にふける) | 추억에 잠기다.
  ≫ 彼氏に振られてから毎日のように泣いて、思い出にふけてしまう。 남자 친구에게 차인 후부터 매일 같이 울고 추억에 빠져 버린다.

- ☐ **オリジナルの** | 나만의 (개성을 살린).

≫ ペットの写真を使って、オリジナルの携帯ストラップを作った。애완동물 사진을 이용해서 나만의 휴대전화 줄을 만들었다.

☐ **おりにふれて**(折りに触れて) | 기회 있을 때마다. 틈틈이.
≫ 折りに触れて書きためた詩を一冊の本にまとめて出版した。틈틈이 써 두었던 시를 한 권의 책으로 정리해 출판했다.

☐ **おりをみはからう**(折りを見計らう) | 기회를 엿보다.

☐ **おんをあだでかえす**(恩を仇で返す) | 은혜를 원수로 갚다.

☐ **カードをそうにゅうする**(カードを挿入する) | 카드를 집어넣다.
≫ カードキーを矢印の方向一杯に挿入し、引き抜いてください。카드 키를 화살표 방향으로 깊숙이 넣은 후 뽑아 주십시오.

☐ **かいかせんぜん**(改過遷善) | 개과천선. =改過自新(かいかじしん)
≫ 宗教の目的は、改過遷善にあるかもしれない。종교의 목적은 개과천선에 있는지도 모른다.

☐ **かいせんそくどにばらつきがでる**(回線速度にばらつきが出る) | 회선 속도가 불규칙하다.

☐ **かいまみる**(垣間見る) | 슬쩍 엿보다.
≫ この本は100年前の韓国を垣間見ることのできる貴重な資料集である。이 책은 100년 전의 한국을 엿볼 수 있는 귀중한 자료집이다.

☐ **かおがこわばる**(顔がこわばる) | 얼굴 표정이 굳어지다.

☐ **かおなじみのないひと**(顔馴染みのない人) | 낯선 사람.

☐ **かくばる**(角張る) | 네모나다. 딱딱해지다.
≫ 角張った表現をまるい形にする。딱딱한 표현을 부드럽게 만들다.

☐ **がけっぷちにたたされる**(崖っ縁に立たされる) | 벼랑 끝으로 내몰리다.

☐ **かける**(賭ける) | (도박・내기에) 걸다.
≫ どちらに賭けてもハズレはない。어느 쪽에 걸더라도 꽝은 없다.

☐ **かこみきじ**(囲み記事) | (신문의) 박스 기사.
≫ 新聞の囲み記事は他の一般記事よりも先に読まれる、という調査結果がある。신문의 박스기사는 다른 일반 기사보다도 먼저 읽는다는 조사 결과가 있다.

☐ **かざす** | (카드의) 판독기에 대다.
≫ カードを端末にかざすだけでお支払いができる。카드를 단말기에 가져다 대는 것만으로 지급을 할 수 있다.

☐ **かぞくがなかむつまじくくらす**(家族が仲睦まじく暮す) | 가족이 화목하게 살다.

☐ **かぞくをやしなう**(家族を養う) | 가족을 부양하다.

☐ **かたい**(固い) | (고기가) 질기다. ↔ 柔(やわ)らかい

여러가지 표현

>> 牛肉を味噌漬けにすると、固いお肉でも時間が経つにつれてどんどん柔らかくなる.
쇠고기를 된장에 재워 두면 질긴 고기도 시간이 지남에 따라 점점 부드러워진다.

☐ **かたおもい**(片想い) | 짝사랑.

☐ **かってなかいしゃく**(勝手な解釈) | 자의적인 해석.

☐ **かのうなかぎり**(可能な限り) | 가능한 한.
>> 就職のため、免許や資格は、可能な限り全部取る. 취직을 위해서 면허와 자격증은 가능한 한 전부 딴다.

☐ **かふきゅうない**(過不及ない) | 적당하다. 딱 좋다.
>> 過不及なく均衡がとれている. 적당하게 균형이 잡혀 있다.

☐ **かみをまつる**(神をまつる) | 신을 모시다.
>> 神をまつる小さなやしろ. 신을 모시는 작은 사당.

☐ **カラオケきょうしつ**(カラオケ教室) | 노래 교실.

☐ **カラット** | (다이아몬드) 캐럿. [*carat*]
>> カラットはダイヤの大きさではなく、重さを表した単位のこと. 1カラットは「1.00ct」と表示され、重さは0.2gとなる. 캐럿은 다이아의 크기가 아니라 무게를 나타내는 단위이다. 1캐럿은 1.00ct로 표시되며 무게는 0.2g이다.

☐ **がらのわるいひと**(柄の悪い人) | 품위가 없는 사람.

☐ **かれはざい**(枯葉剤) | 고엽제.
>> 枯葉剤は、脳性麻痺、知的障害など、主に神経系統に異常を生じさせる. 고엽제는 뇌성마비, 지적장애 등 주로 신경 계통에 이상을 일으킨다.

☐ **かんがいぶかい**(感慨深い) | 감회가 깊다.
>> 協会の解散にあたり、今日までの活動を振り返ってみたとき、まことに感慨深いものがあります. 협회 해산에 즈음하여 지금까지의 활동을 되돌아보면 정말 감회가 깊어집니다.

☐ **かんがえをまとめる**(考えをまとめる) | 생각을 정리하다.

☐ **かんさんとしている**(閑散としている) | 한산하다.
>> 盛況なお店と閑散としているお店. 붐비는 가게와 파리 날리는 가게.

☐ **がんじがらめにしばる**(がんじがらめに縛る) | 칭칭 얽어매다.
>> 農家をがんじがらめに縛る食料管理法は、農家の経営力、商品開発力を奪ってきた. 농가를 강력하게 구속하는 식품관리법은 농가의 경영 능력과 상품 개발 능력을 앗아갔다.

☐ **かんしゃくだまがはれつする**(かんしゃく玉が破裂する) | 울화통이 터지다.

☐ **かんしゃくもち**(かんしゃく持ち) | 화병.

☐ **かんでふくめる**(噛んで含める) | 잘 알아듣도록 이르다.
>> 歴史を噛んで含めるように丁寧に教える. 역사를 잘 알아듣도록 친절하게 가르친다.

문화 | 361

- ☐ **かんのう**(堪能) | 뛰어남. 충분함.
  ≫ アラビア語も堪能だ。 아랍어에도 능통하다.
- ☐ **かんらくがい**(歓楽街) | 유흥가. =繁華街
  ≫ 歓楽街は、昼間は寝静まっている。 유흥가는 낮에 썰렁하다.
- ☐ **きえんをはく**(気炎を吐く) | 기염을 토하다.
- ☐ **きおくをよびさます**(記憶を呼び覚ます) | 기억을 떠올리게 하다.
  ≫ 誰もがもつ淡い初恋の記憶を呼び覚ます不朽の名作。 누구나가 가지고 있는 희미한 첫사랑에 대한 기억을 떠올리게 하는 불후의 명작.
- ☐ **きがじゅくする**(機が熟する) | 시기가 무르익다. 때가 되다.
- ☐ **きけんをさっちする**(危険を察知する) | 위험을 감지하다.
  ≫ 本能的に危険を察知したらほとんどの動物は逃げ出す。 본능적으로 위험을 감지하면 대부분의 동물은 도망친다.
- ☐ **きじのくさかくれ**(雉の草隠れ) | 눈 가리고 아웅하기. =頭隠して尻隠さず
- ☐ **きせつのかわりめ**(季節の変わり目) | 환절기.
  ≫ 季節の変わり目には風邪を引きやすい。 환절기에는 감기에 걸리기 쉽다.
- ☐ **きせつはみのりのあき**(季節は実りの秋) | 풍성한 수확의 계절인 가을.
- ☐ **きたならしい**(汚らしい) | 구질구질하다.
  ≫ ほろい安アパートの狭くてむさくるしくて汚らしい部屋。 허름한 싸구려 아파트의 좁고 지저분한 방.
- ☐ **きたんなく**(忌憚なく) | 기탄없이.
  ≫ 忌憚のない意見を交わす。 기탄없는 의견을 주고받다.
- ☐ **きにじょうじて**(機に乗じて) | 기회를 틈타서.
  ≫ 市場拡大を機に乗じて特色ある製品を生み出す。 시장 확대를 틈타 특색 있는 제품을 내놓는다.
- ☐ **きめこまかなサービス**(きめ細かなサービス) | 세심한 서비스.
- ☐ **きやすめ**(気休め) | 위로. 위안.
  ≫ 彼は気休めを言ったに過ぎない。 그는 단지 위로의 말을 한 것 뿐이다.
- ☐ **きゅうちのあいだがら**(旧知の間柄) | 예전부터 알고 있던 사이.
  ≫ 初めてなのに旧知の間柄のような気がした。 처음 만났는데 이전부터 알고 지내던 사이인 것 같은 느낌이 든다.
- ☐ **きょうきんをひらいてはなしをする**(胸襟を開いて話をする) | 흉금을 터놓고 이야기하다.
- ☐ **きょうしゅうをかきたてる**(郷愁をかきたてる) | 향수를 불러일으키다. =ノスタルジーを

여러가지 표현

掻き立てる
>> 何の気なしにテレビを観ていたら、猛烈に郷愁をかきたてる音楽が流れている。아무 생각 없이 TV를 보고 있는데 향수를 강하게 불러일으키는 음악이 흘러나오고 있다.

☐ **きょうじんさ**(強靭さ) | 강인함. 튼튼함.
>> 普段は陽気で従順だが、その中には驚くべき身体能力と強靭さを秘めている。평소에는 쾌활하고 온순하지만 그 내면에는 놀랄 만한 신체 능력과 강인함을 감추고 있다.

☐ **きょうみほんい**(興味本位) | 흥미 위주.

☐ **きょじついりまじったストーリー**(虚実入り交じったストーリー) | 가상과 현실이 뒤섞인 이야기.

☐ **きれる**(切れる) | 날카롭다. 예리하다.
>> スライダーが切れる。슬라이더가 날카롭다.

☐ **きをひきしめる**(気を引き締める) | 정신을 바짝 차리다.
>> 気を引き締め相手をなめず全力で当たる。정신 바짝 차리고 상대방을 얕보지 않고 전력을 다해 상대한다.

☐ **きんちょうをはねのける**(緊張をはねのける) | 긴장감을 떨쳐 버리다.
>> 日ごろから厳しい練習を続け、大舞台での重圧や緊張をはねのける体力を身につけた。평소에 강도 높은 훈련을 계속해 큰 무대에서의 중압감과 긴장감을 떨쳐 버릴 수 있는 체력을 갖추었다.

☐ **ぎんみする**(吟味する) | 음미하다. 고르다. 선정하다.
>> 携帯を吟味する。휴대전화를 잘 알아 보고 구입한다.

☐ **くいいれるように**(食い入れるように) | 뚫어져라.
>> 画面を食い入れるように見つめる。화면을 뚫어져라 쳐다보고 있다.

☐ **くぎづけになる**(釘付けになる) | 정신이 팔리다.
>> 今年は、世界中の人々がサッカー観戦に釘付けになるワールドカップ・イヤーである。올해는 전세계 사람들이 축구 관전에 정신이 팔리는 월드컵의 해이다.

☐ **くしくも** | 이상하게도. 기묘하게도.
>> くしくも準決勝は、兄弟監督対決となった。신기하게도 준결승은 형제 감독의 대결이 되었다.

☐ **くしゃっとわらう**(くしゃっと笑う) | 활짝 웃다.

☐ **くじをひく**(くじを引く) | 제비뽑기를 하다.

☐ **くだり** | 대목. 부분.
>> 「虫は皮膚呼吸をする」というくだりに目をつけて研究を進めた。벌레는 피부 호흡을 한다는 대목에 주목하여 연구를 추진했다.

☐ **くちゃくちゃガムをかむ** | 껌을 짝짝 씹다.

- □ **ぐちる**(愚痴る) | 푸념하다. 투덜대다.
  >> 愚痴るのは、かなりカッコ悪いことである。 투덜대는 것은 정말 볼썽사나운 일이다.
  ⊙ '불쌍사납다', '볼상사납다' 는 잘못된 표기이다.

- □ **くちをきわめて**(口を極めて) | 입에 침이 마르도록. 극구.
  >> 映画評論家が口を極めて絶賛した作品。 영화 평론가가 입에 침이 마르도록 칭찬을 한 작품.

- □ **くちをそろえる**(口を揃える) | 입을 모으다.
  >> 新聞も雑誌も口を揃えて、手術の経験の多い専門医、手術の多い病院を選ぶべきだという。 신문과 잡지 모두 한결같이 수술 경험이 많은 전문의, 수술을 많이 하는 병원을 선택해야 한다고 한다.

- □ **くつしゅうりこう**(靴修理工) | 구두 수선공.

- □ **くはらくのたね**(苦は楽の種) | 고생 끝에 낙이 온다.

- □ **くみあわせちゅうせんかいがおこなわれる**(組み合わせ抽選会が行われる) | 조 추첨식이 열리다.

- □ **クラス** | 수준. =並なみ [class]
  >> ハイビジョンクラスの映像 하이비전 수준의 영상.

- □ **くりさげる**(繰り下げる) | 늦추다. 물리다.
  >> 試合の延長のため、30分繰り下げてお送りします。 시합이 연장된 관계로 30분 늦춰서 보내 드립니다.

- □ **くりょする**(苦慮する) | 고심하다.
  >> 医療関係者は「健康食品」への対応に苦慮している。 의료 관계자는 건강 식품에 대한 대응에 고심하고 있다.

- □ **くるまざ**(車座) | 빙 둘러앉음.
  >> 市民と市長が車座になって対話し、お互いが住みよい市にするための話し合いを行った。 시민과 시장이 빙 둘러앉아 이야기하면서 서로 살기 좋은 시를 만들기 위한 논의를 했다.

- □ **クローゼット** | 옷장. [closet]
  >> クローゼットの中に入ったら、不思議なナルニヤ国の世界にいける。 옷장 속으로 들어가면 신기한 나니아 나라의 세계로 갈 수 있다.

- □ **くろずむ**(黒ずむ) | 거무스름해지다. 검은빛을 띠다.
  >> 睡眠不足で、顔が黒ずみ、肌つやが悪い。 수면 부족으로 얼굴이 검어지고 피부가 까칠해지다.

- □ **けいこうする**(携行する) | 휴대하다. 가지고 다니다.
  >> 携帯電話に多くの機能が付加されて、実質的に個人が常時携行するユビキタス情報端末になりつつある。 휴대전화에 많은 기능이 첨부되어 실제로 개인이 항상 휴대하고 다니는 유비쿼터스 단말기가 되어 가고 있다.

- □ **けいこうとなるもぎゅうごとなるなかれ**(鶏口となるも牛後となるなかれ) | 닭 벼슬

여러가지 표현

이 될망정 쇠꼬리는 되지 말자. 계구우후.

☐ **けいとう**(傾倒) | 심취. 열중함.
≫ 韓国のドラマに傾倒し始めた。 한국 드라마에 심취하기 시작했다.

☐ **けうのれい**(希有の例) | 아주 드문 예. =稀な例
≫ この映画は映画がオリジナルを凌駕した希有の例である。 이 영화는 영화가 원작을 능가하는 아주 드문 예이다.

☐ **けぎらい**(毛嫌い) | (이유 없이) 싫어하다.
≫ 私は文系であったので、数学は「毛嫌い」していた。 나는 문과 계열이었기 때문에 수학은 그냥 싫었다.

☐ **けげんなかおをする**(けげんな顔をする) | 의아한 표정을 짓다.
≫ 韓流グッズをたくさん買うと近くに座っていた若い女性がけげんな顔でこちらを見ていた。 한류 상품을 많이 사자 근처에 앉아 있던 젊은 여성이 의아해하는 표정으로 이쪽을 보고 있었다.

☐ **けしいん**(消印) | 소인. =スタンプ
≫ 郵送された不在者投票分が、消印がないとの理由で無効とされた。 우송되어 온 부재자투표가 소인이 없다는 이유로 무효 처리되었다.

☐ **けたたましいでんしおんがなりひびく**(けたたましい電子音が鳴り響く) | 요란한 전자음이 울리다.
≫ あちこちで車の盗難防止機のけたたましい電子音が鳴り響いていた。 여기저기에서 차량 도난 방지기의 요란한 전자음이 울렸다.

☐ **けなげにいきる**(けなげに生きる) | 꿋꿋하게 살다.
≫ けなげに生きるヒロインの姿に泣ける。 꿋꿋하게 살아가는 주인공의 모습에 눈물이 나온다.

☐ **げんきをとりもどす**(元気を取り戻す) | 활력을 되찾다.
≫ 夏バテ気味の体に元気を取り戻す鶏肉。 여름 더위에 지친 몸에 활력을 불어넣어 주는 닭고기.

☐ **けんとうをたたえる**(健闘をたたえる) | 잘 싸웠다고 격려하다.

☐ **〜けんヒット**(〜件ヒット) | (인터넷검색) ~건 검색.
≫ ダイエットの検索結果、約218,000件ヒットした。 다이어트로 검색한 결과 약 218,000건이 검색되었다.

☐ **こうしょうをまとめる**(交渉をまとめる) | 협상을 매듭짓다. 마무리하다.

☐ **こうじんをはいする**(後塵を拝する) | 뒤지다. 추월당하다.
≫ カシオは、技術面でシャープの後塵を拝することが多かった。 카시오는 기술적인 면에서 샤프에게 뒤지는 경우가 많았다.

☐ **こうたくかんをきわだたせる**(光沢感を際立たせる) | 광택감을 돋보이게 하다.

☐ **こうどうをおこす**(行動を起こす) | 행동을 취하다. 행동에 옮기다.
≫ 簡単で身近なことから省エネ行動を起こし、それが習慣化している。 간단하고 일상적인

것에서부터 에너지 절약을 행동에 옮겨 그것이 몸에 배어 있다.

- [ ] **こうようき**(高揚期) | 고취기. 전성기.
  ≫ 日本の歴史を振り返ってみれば、幸いにも鎌倉時代に宗教の高揚期が訪れて、仏の道が確立された。 일본의 역사를 돌아보면 다행히도 가마쿠라 시대에 종교가 전성기를 맞이해 불도가 확립되었다.

- [ ] **こうをそうする**(効を奏する) | 주효하다. 효과가 있다.
  ≫ 自治体の自殺予防政策が功を奏した。 지자체의 자살 예방 정책이 효과를 거두었다.

- [ ] **ごかく**(互角) | 호각. 백중함.
  ≫ ほぼ互角の性能だ。 우열을 가늠할 수 없는 성능이다.

- [ ] **こくれんデー**(国連デー) | 유엔의 날.
  ≫ 毎年10月24日は国連デーとして、全世界で記念行事が行われている。 매년 10월 24일은 유엔의 날로서 전세계에서 기념 행사가 치러지고 있다.

- [ ] **ごこくがみのる**(五穀が実る) | 오곡이 여물다.
  ≫ 田畑には五穀が実り鮮やかな黄金色となる。 논밭에는 오곡이 여물어 황금색으로 변하다.

- [ ] **こころえ**(心得) | (미리 알아야 할) 준수 사항. 수칙.
  ≫ 心得を説明する。 준수 사항을 설명하다.

- [ ] **こころがはずむ**(心が弾む) | 마음이 들뜨다. 가슴이 뛰다.
  ≫ とても心が弾む楽しい曲である。 마음이 들뜨는 즐거운 곡이다.

- [ ] **こころにふういんする**(心に封印する) | 마음속에 묻어 두다.
  ≫ 心に封印していたあこがれの気持ちを素直に口に出せるようになった。 마음속에 묻어두었던 동경하는 마음을 솔직히 말할 수 있게 되었다.

- [ ] **こころにやきつく**(心に焼き付く) | 마음에 강렬한 인상을 남기다.
  ≫ 新婚旅行の思い出は、美しく鮮明におふたりの心に焼き付いている。 신혼여행의 추억은 아름답고 선명하게 두 사람의 가슴에 간직되어 있다.

- [ ] **こころのもちよう**(心の持ちよう) | 마음가짐.
  ≫ 成功は心の持ちようにある。 성공은 마음가짐에 달려 있다.

- [ ] **こころをいれかえる**(心を入れ替える) | 마음을 고쳐먹다.
  ≫ 腐りきった心を入れ替える必要がある。 썩어 빠진 정신을 고칠 필요가 있다.

- [ ] **ここんとうざいととわず**(古今東西と問わず) | 동서고금을 막론하고.
  ≫ 季節を歌った歌や曲は古今東西を問わずたくさんある。 계절을 노래한 노래나 곡은 동서고금을 막론하고 많이 있다.

- [ ] **ごする**(伍する) | 어깨를 나란히 하다. 대열에 끼다.
  ≫ ハリウッド映画と伍していくには、コンテンツの開発が必至である。 할리우드 영화와 어깨를 나란히 하기위해서는 콘텐츠 개발이 꼭 필요하다.

- [ ] **ゴソゴソとひっかきまわす**(ゴソゴソと引っ掻き回す) | 여기저기 마구 휘젓다.

여러가지 표현

>> ケータイを探して、バックの中をゴソゴソと引っ掻き回す。 휴대전화를 찾으려고 가방 속을 부스럭거리며 뒤적이다.

☐ **ごったがえす**(ごった返す) | 북적대다. 붐비다.
>> 休日となれば観光客でごった返す。 휴일이 되면 관광객들로 북적댄다.

☐ **ことわりもなく**(断りもなく) | (사전) 양해도 없이.
>> 何の断りもなく送られてくる広告メールなどをスパムメールと呼ぶ。 아무런 사전 양해 없이 날아오는 광고 메일 등을 쓰레기 메일이라고 한다.

☐ **このいきおいだと**(この勢いだと) | 이런 추세라면.
>> この勢いだとこれからどんどん順位を上げ、リーグ優勝も狙えるのではないか。 이런 추세라면 앞으로 계속 순위를 올려 리그 우승도 바라볼 수 있지 않을까?

☐ **このゆびとまれ**(この指とまれ) | 이리 모여라.
>> きれいになりたい人。この指とまれ。 예뻐지고 싶은 사람! 이리 모여라!

☐ **ごはっと**(御法度) | 금기사항. =タブー

☐ **コバルトブルーのうみ**(コバルトブルーの海) | 코발트블루의 바다.

☐ **コマどりアニメ**(コマ撮りアニメ) | 스톱모션 애니메이션.
● 물체를 1인치씩 옮기면서 촬영을 반복함으로써 물체가 살아 움직이는 효과를 내는 촬영 기법.

☐ **こみあげるなみだ**(込み上げる涙) | 솟아오르는 눈물.
>> 込み上げる涙を必至に抑えた。 솟아오르는 눈물을 꾹 참았다.

☐ **こみいったしごと**(込み入った仕事) | 복잡한 일.
>> ちょっと込み入った仕事のせいで二日間徹夜するハメになった。 약간 복잡한 일 때문에 이틀간 밤샘 작업해야 하는 처지가 되었다.

☐ **コミットする** | 관여하다. 관계하다.
>> 日本銀行がゼロ金利にコミットすることを表明した。 일본은행이 제로 금리에 관여한다고 밝혔다.

☐ **さいさん**(再三) | 여러 차례. 수차례.
>> 北朝鮮が、日本を含む国際社会の再三にわたる自制の要請を顧みず核実験を強行した。 북한은 일본을 포함한 국제 사회의 여러 차례에 걸친 자제 요청에도 개의치 않고 핵 실험을 강행했다.

☐ **サイトがパンクする** | 사이트가 다운되다.
>> 日本の個人サイトが韓国の悪口を載せたところ、韓国側から9日に集中的な接続があり、このサイトがパンクした。 일본의 개인 사이트가 한국을 비방하는 글을 올렸다가 한국 측이 9일 집중적으로 접속을 해 사이트가 다운되었다.

☐ **サイトをたちあげる**(サイトを立ち上げる) | 사이트를 개설하다.

☐ **さいなまれる** | 시달리다. 가책을 받다.

≫ 暑さと日々のストレスにさいなまれ食欲が落ちた。더위와 일상 스트레스에 시달려 식욕이 떨어졌다.

☐ **さきばしりする**(先走りする) | 앞서 가다.
≫ 思考よりも感情が先走りする。생각보다 감정이 앞서다.

☐ **さきほこる**(咲き誇る) | 흐드러지게 피다. 만발하다.
≫ 桜が華麗に咲き誇る。벚꽃이 한창이다.

☐ **ざこう**(座高) | 앉은키.
≫ 座高が高いと言うことは、丈夫な内臓を持ち、健康な体であると考えられる。앉은키가 크다는 것은 튼튼한 내장을 가져 건강한 신체라고 생각된다.

☐ **さじょうのろうかくになりかねない**(砂上の楼閣になりかねない) | 사상누각이 되기 쉽다.

☐ **さそり** | 전갈.

☐ **さちあるよう**(幸あるよう) | 행운이 있기를.
≫ 私たちの人生に、幸あるように。우리들의 인생에 행운이 깃들기를.

☐ **サブカルチャー** | 하위문화. [subculture]
≫ サブカルチャーは質的にもその程度においても、支配的文化と根本において対立を示すことが多い。하위문화는 질적으로나 정도 면에서 지배적 문화와 근본적으로 대립하는 경우가 많다.

☐ **サボテン** | 선인장.

☐ **さめたいどをしめす**(冷めた態度を示す) | 냉정한 태도를 보이다.

☐ **さんかくす**(三角州) | 삼각주. =デルタ帯.
≫ 三角州を流れる河川は、総じて川幅が広く、曲流しており、流量が多いのが一般的である。삼각주를 흘러가는 하천은 일반적으로 모두 강폭이 넓고 꼬불꼬불하며 유량이 많다.

☐ **ざんきにたえない**(慚愧に堪えない) | 부끄럽기 짝이 없다.
≫ 再び同じ過ちを犯してしまって慚愧に堪えない。또 다시 똑같은 실수를 저질러서 부끄럽기 짝이 없다.

☐ **さんしょうはこつぶでもぴりりとからい**(山椒は小粒でもぴりりと辛い) | 작은 고추가 더 맵다.

☐ **さんばがらす**(三羽烏) | 삼총사. (어떤 분야에서) 특출한 세 사람.
≫ 彼らはIT業界の三羽烏と呼ばれていた。그들을 IT업계의 삼총사라고 불렀다.

☐ **サン・ピエトロだいせいどう**(サン・ピエトロ大聖堂) | 성베드로 대성당.
≫ サン・ピエトロ大聖堂はもともと使徒ペトロの墓所があったところに建立されたとされ、キリスト教の教会建築としては世界最大級の大きさを誇る。성베드로 대성당은 원래 사도 베드로의 묘가 있었던 곳에 세워진 것으로 알려져 있으며, 그리스도교의 교회 건축으로서는 세계

여러가지 표현

최대 규모를 자랑한다.

- ☐ **しいてき**(恣意的) | 자의적. 임의적.
  ≫ 権力維持のため恣意的に歴史を解釈している。 권력을 유지하기 위해 자의적으로 역사를 해석하고 있다.

- ☐ **しがつばか**(四月馬鹿) | 만우절. =エープリルフール

- ☐ **じぎ**(時宜) | 적절한 시기〔때〕.
  ≫ 時宜に適った政策提言。 시기적절한 정책 제언.

- ☐ **しきじりつ**(識字率) | 문자 해독률.
  ≫ 識字率は基礎教育の浸透状況を測る指針として、広く使われている。 문자 해독률은 기초 교육의 침투 상황을 측정하는 지침으로서 널리 사용되고 있다.

- ☐ **しごとにんげん**(仕事人間) | 일 밖에 모르는 사람. 일벌레. ↔マイホーム人間

- ☐ **しさいに**(子細に) | 자세히.
  ≫ 業務を子細に検討する。 업무를 자세히 검토하다.

- ☐ **じざいに**(自在に) | 자유자재로.
  ≫ コンピューターを自在に使える情報処理能力を育成する。 컴퓨터를 자유자재로 사용할 수 있는 정보 처리 능력을 기른다.

- ☐ **ししょばこ**(私書箱) | 사서함.

- ☐ **しずまりかえる**(静まり返る) | 조용해지다.
  ≫ 賑やかな都心がひっそりと静まり返る。 북적대던 도심이 쥐 죽은 듯이 조용해지다.

- ☐ **じだいのちがいをかんじる**(時代の違いを感じる) | 격세지감을 느끼다.

- ☐ **じだいのなみにもまれる**(時代の波にもまれる) | 세파에 시달리다.
  ≫ 時代の波にもまれて運命に弄ばれる。 세파에 시달리고 운명에 놀아나다.

- ☐ **したしきなかにもれいぎあり**(親しき中にも礼儀あり) | 친한 사이라도 지켜야 할 예의가 있다.

- ☐ **じっかい**(十戒) | 십계.
  ≫ 「十戒」は、旧約聖書の「出エジプト記」を題材にした壮大な叙事詩である。 십계는 구약성서의 출애굽기를 제재로 한 장대한 서사시이다.

- ☐ **しつらえる** | 설치하다. 꾸미다.
  ≫ トラックを改造、内部にしつらえたカウンターで飲み物を販売する。 트럭을 개조해 내부에 마련한 카운터에서 음료를 판매한다.

- ☐ **しなんほん**(指南本) | 지침서. 가이드북.
  ≫ 書店には株式投資の指南本がずらりと並んでいる。 서점에는 주식 투자 관련 지침서가 죽 진열되어 있다.

- ☐ **じぬしとこさくにん**(地主と小作人) | 지주와 소작인.
- ☐ **じばらをきる**(自腹を切る) | (공연히) 생돈을 물다.
  - ≫ 低予算のホラー映画は、制作者が自腹を切って撮影するようなものが少なくない。 저예산 호러 무비는 제작자가 자비로 촬영을 하는 경우가 적지 않다.
- ☐ **シビアに** | 엄격하게. 혹독하게.
  - ≫ 投資家には企業の価値をシビアに把握し、判断するスキルが求められる。 투자자는 기업의 가치를 엄격하게 파악하고 판단하는 테크닉이 필요하다.
- ☐ **じまくをつける**(字幕をつける) | 자막을 넣다.
  - ≫ 字幕をつけると芝居より字幕に目がいってしまう。 자막을 넣으면 배우의 연기보다 자막으로 눈이 가 버린다.
- ☐ **しめきり**(締め切り) | 마감.
  - ≫ 締め切りが近づけなければ集中できない。 마감일이 다가오지 않으면 집중할 수 없다.
- ☐ **しゃこうじれい**(社交辞令) | 빈말. 겉치레 말.
  - ≫ 社交辞令でいったことをまじめに聞いた。 겉치레로 한 말을 곧이곧대로 들었다.
- ☐ **ジャコウねこ**(ジャコウ猫) | 사향고양이.
  - ≫ サーズとは突然の重症の肺炎を引き起こす感染症で、動物(ジャコウネコ科)からヒトに感染した新型コロナウイルスが原因と言われている。 사스(Sars)란 갑자기 중증 폐렴을 일으키는 감염증으로, 동물(사향고양이과)이 인간에게 감염시킨 신형 코로나바이러스가 원인인 것으로 알려졌다.
- ☐ **シャッターをきる**(シャッターを切る) | 셔터를 누르다.
- ☐ **じゃま** | 방해. 거추장스러움.
  - ≫ 自分の過去にじゃまされる。 자신의 과거가 걸림돌이 되다.
- ☐ **しゃれたしきさいをつかう**(しゃれた色彩を使う) | 세련된 색채를 사용하다.
- ☐ **しゅうかくしたばかりのおこめやくだもの**(収穫したばかりのお米や果物) | 갓 수확한 쌀과 과일.
- ☐ **しゅうたいをさらす**(醜態をさらす) | 추태를 드러내다. =醜態をさらけ出す・醜態を見せる
- ☐ **じゆうをあたえよ**(自由を与えよ) | 자유를 달라.
  - ≫ 私に自由を与えよ。さもなくば死を。/ われに自由を与えよ、しからずんば死を与えよ。 나에게 자유가 아니면 죽음을 달라.
- ☐ **しゆうをけっする**(雌雄を決する) | 자웅을 겨루다. 우열을 가리다.
  - ≫ 次世代DVDの規格争いは本格的に市場で雌雄を決する段階になった。 차세대 DVD 규격 경쟁은 본격적으로 시장에서 자웅을 겨루는 단계로 들어섰다.
- ☐ **しゅがんをおく**(主眼を置く) | 주안점을 두다.
  - ≫ 防災よりも復旧に主眼を置いた政策。 방재〔재해 방지〕보다도 복구에 주안점을 둔 정책.

여러가지 표현

- ☐ **シュプレヒコールをあげる**(シュプレヒコールを上げる) | 구호를 외치다.
  ≫ シュプレヒコールを上げ結束を確認した。 구호를 외치면서 결속을 확인했다.
- ☐ **しょうぎだおし**(将棋倒し) | 우르르 한데 겹쳐 쓰러짐.
  ≫ 花火大会で将棋倒しで子供が亡くなった。 불꽃 축제에서 사람들이 우르르 넘어지면서 아이가 사망했다.
- ☐ **じょうきをいっする**(常軌を逸する) | 상식을 벗어나다.
  ≫ 常軌を逸した行動。 비상식적인 행동.
- ☐ **しょうげきがはしる**(衝撃が走る) | 충격에 휩싸이다.
  ≫ 党首に対するテロ事件に韓国では衝撃が走った。 당 총재에 대한 테러 사건으로 한국은 충격에 휩싸였다.
- ☐ **しょうさい**(詳細) | 자세한 내용.
  ≫ 確認しなければ詳細がつかめない。 확인해 봐야 자세한 내역을 알 수 있다.
- ☐ **じょうしきにてらして**(常識に照らして) | 상식에 비추어 볼 때. 상식적으로 생각해 볼 때.
  ≫ 一般常識に照らして不適当と思われる発言は予告なく削除することができる。 일반 상식에 비추어 볼 때 부적당하다고 여겨지는 발언은 예고 없이 삭제할 수 있다.
- ☐ **じょうしきをくつがえす**(常識を覆す) | 상식을 뒤엎다. 상식을 깨다.
- ☐ **じょうだんめかして**(冗談めかして) | 농담처럼.
  ≫ 冗談めかしていったつもりが、冗談が過ぎた。 농담처럼 이야기한다는 것이 농담이 지나쳤다.
- ☐ **しょうびのきゅう**(焦眉の急) | 초미지급. 발등에 불.
  ≫ 英語より日本語を学べ。焦眉の急は国語教育の再生だ。 영어보다 일본어를 배워라. 발등에 불은 국어 교육을 되살리는 것이다.
- ☐ **じょうほうがかけめぐる**(情報が駆け巡る) | 정보가 퍼지다.
  ≫ 今はITの時代で瞬時に情報が世界を駆け巡る。 지금은 IT시대로 순식간에 정보가 전 세계로 퍼진다.
- ☐ **じょうほうのあつかい**(情報の扱い) | 정보 취급.
  ≫ 情報の扱いに落ち度があった。 정보 취급에 실수가 있었다.
- ☐ **じょうほうをしいれる**(情報を仕入れる) | 정보를 입수하다.
  ≫ ニュース系のサイトで情報を仕入れる。 뉴스 관련 사이트에서 정보를 입수하다.
- ☐ **じょうほうをピックアップする**(情報をピックアップする) | 정보를 취사 선택하다.
- ☐ **ジョークをとばす**(ジョークを飛ばす) | 농담을 던지다.
- ☐ **しょくもつピラミッド**(食物ピラミッド) | 먹이 피라미드.
- ☐ **しょくもつれんさ**(食物連鎖) | 먹이사슬.

- ☐ しょくよくをそそる(食欲をそそる) | 식욕을 불러일으키다(자극하다).
- ☐ しょにつく(緒に就く) | 시작되다. 본 궤도에 오르기 시작하다.
  - ≫ 協力に向けた努力は緒に就いたばかりだ。협력을 위한 노력은 이제 막 시작되었다.
- ☐ しらじらしいウソ(白々しいウソ) | 속이 뻔히 들여다보이는 거짓말.
- ☐ しりめに(尻目に) | 거들떠보지도 않고.
  - ≫ アメリカのITバブル崩壊を尻目に、中国ではIT関連産業の爆発的な発展が続いている。미국의 IT 거품 붕괴에는 아랑곳하지 않고 중국에서는 IT 관련 산업이 계속해서 폭발적으로 발전하고 있다.
- ☐ しるひとぞしる(知る人ぞ知る) | 알 만한 사람은 다 안다.
- ☐ しろくろつける(白黒つける) | 잘잘못을 가리다.
  - ≫ 白黒つけるためには訴訟を起こすしかないのかもしれない。잘잘못을 가리기 위해서는 소송을 걸 수밖에 없을지 모른다.
- ☐ しをかなしみ、こじんをなつかしむ(死を悲しみ、故人を懐かしむ) | 죽음을 슬퍼하고 고인을 그리워하다.
- ☐ じんけんをふみにじる(人権を踏み躙る) | 인권을 짓밟다.
- ☐ しんしに(真摯に) | 진지하게.
  - ≫ 全ての批評を真摯に受け止める。모든 비평을 진지하게 받아들이다.
- ☐ じんじょうではない(尋常ではない) | 심상치가 않다.
  - ≫ 北朝鮮の核実験に対する日本国民の反応は尋常ではない。북한의 핵 실험에 대한 일본 국민의 반응이 심상치 않다.
- ☐ じんせいをくるわせる(人生を狂わせる) | 인생을 망치다.
  - ≫ このドラマは連続殺人事件で人生を狂わせた人々の姿を描いている。이 드라마는 연쇄살인사건으로 인생을 망쳐 버린 사람들의 모습을 그리고 있다.
- ☐ しんちょうをきする(慎重を期する) | 신중을 기하다.
  - ≫ 個人情報の扱いに慎重を期する。개인 정보 취급에 신중을 기하다.
- ☐ しんぱいのたねはつきない(心配の種は尽きない) | 걱정거리는 끝이 없다.
- ☐ すうがくオリンピック(数学オリンピック) | 수학올림피아드.
  - ≫ 国際数学オリンピック大会はすべての国の数学的才能に恵まれた若者を見いだし、その才能を伸ばすチャンスを与えることを目的として開催される。국제수학올림피아드대회는 모든 국가의 수학적인 재능을 가진 젊은이를 발굴하고 그 재능을 키워 주는 기회를 제공하는 것을 목적으로 한다.
- ☐ すうをたのんで(数を頼んで) | 수적 우세를 믿고.
  - ≫ 野党が議案の採決に反対しているのに、与党は数を頼んで押し切った。야당이 의안 채택에 반대함에도 불구하고 여당은 수적 우세를 믿고 채택을 단행했다.

여러가지 **표현**

- □ **すえつける**(据え付ける) | 설치하다. 고정시켜 놓다.
  ≫ 発射台に据え付けられたディスカバリー。 발사대에 장착된 디스커버리호.
- □ **すえながく**(末永く) | 앞으로 언제도록. 언제까지나.
  ≫ 末永く幸せに暮した。 오래오래 행복하게 살았다.
- □ **すか** | 꽝. 다음 기회에. =はずれ
  ≫ ロトを10口買ったが、みごとに「すか」ばかりだった。 로또를 10장 샀는데 멋지게 꽝만 나왔다.
- □ **すぎたるはなおおよばざるがごとし**(過ぎたるは猶及ばざるが如し) | 과유불급.
- □ **すくい**(救い) | 위안.
  ≫ 粘土細工がせめてもの救いかもしれない。 점토 공예가 그나마 유일한 위안일지도 모른다.
- □ **すげない** | 매정하다. 쌀쌀하다.
  ≫ すげなく断られた。 매정하게 거절당했다.
- □ **スターバックス** | 스타벅스. (커피숍 브랜드명) =スタバー
  ≫ スターバックスがどのような戦略をとり、ここまで成長したのか。 스타벅스는 어떤 전략을 취해 지금까지 성장했는가?
- □ **スチュワーデス** | 스튜어디스. [*stewardess*]
- □ **スナップショット** | 스냅 사진. [*snapshot*]
  ≫ スナップショットは、カメラを使った、「時のメモ帳」のようなものなのかもしれない。 스냅사진은 카메라를 사용한 시간 메모장과 같은 것인지도 모른다.
- □ **スマートカードにきりかえる**(スマートカードに切り替える) | 스마트카드로 교체하다.
- □ **すみなれたいえ**(住み慣れた家) | (오래 살아) 정든 집.
- □ **すみわたったあきぞら**(澄み渡った秋空) | 구름 한 점 없는 가을 하늘.
- □ **すわる**(座る) | 차지하다.
  ≫ テレビが家族の情報端末の中心に座る可能性が出た。 TV가 안방 정보 단말기의 중심을 차지할 수 있다는 가능성이 나왔다.
- □ **せいかつぶんかがすけてみえる**(生活文化が透けて見える) | 생활 문화가 들여다보인다.
- □ **せいぎのさばきをくだす**(正義の裁きを下す) | 정의의 심판을 내리다.
  =正義の裁きにかける
  ≫ 犯人を逮捕して正義の裁きにかける。 범인을 체포해 정의의 심판을 받게 하다.
- □ **せいきょうのうちにまくをとじる**(盛況のうちに幕を閉じる) | 성황리에 막을 내리다.
- □ **せいきょうをていする**(盛況を呈する) | 성황을 이루다.
- □ **せいさい**(精彩) | 두드러지게 뛰어남.

≫ 試合は、けがと体調不良で精彩を欠いたロナウド〔ホナウド〕選手と大活躍のジダン選手との差が出て、一方的な試合運びとなりフランスが初勝利を決めた。 시합은 부상과 컨디션 난조로 이렇다 할 활약을 못한 호나우두 선수와 큰 활약을 펼친 지단 선수로 일방적인 시합이 되어 프랑스가 첫 우승을 결정지었다.
⊙ 일본에서는 흔히 '호나우드'를 「ロナウド」로 표기한다. 브라질 발음에 가까운 것은 「ホナウド」이다.

- □ **せいする**(制する) | 제압하다.
- □ **せいつうする**(精通する) | 정통하다. 잘 알다.
  ≫ 人間は全てのことに精通することは出来ない。 인간은 모든 것에 정통할 수 없다.
- □ **せかいになをはせる**(世界に名を馳せる) | 세계에 이름을 떨치다.
- □ **せかいのななふしぎ**(世界の七不思議) | 세계 7대 불가사의.
- □ **ぜがひでも**(是が非でも) | 무슨 일이 있더라도. =何がなんでも
  ≫ 是が非でもこのお笑い番組に出演したい。 무슨 일이 있어도 이 개그 프로그램에 출연하고 싶다.
- □ **せきりょうかんがただよう**(寂寥感が漂う) | 적막감이 감돌다.
- □ **せきをきったように**(堰を切ったように) | 봇물 터지듯. 한꺼번에.
  ≫ 小説の世界に彗星の如く現われ、堰を切ったように次々と注目すべき作品を発表した。 소설계에 혜성처럼 나타나 봇물 터지듯 계속해서 주목할 만한 작품을 발표했다.
- □ **せけんのてまえがはずかしい**(世間の手前が恥ずかしい) | 남 보기가 부끄럽다.
- □ **せっそく**(拙速) | 졸속.
  ≫ 拙速な入試制度改変は、中学・高校の教育を歪める。 졸속한 입시제도 개혁은 중고교 교육을 망친다.
- □ **せみしぐれがひびく**(蝉時雨が響く) | 매미 울음소리가 요란하다.
- □ **せんけんのめい**(先見の明) | 선견지명.
  ≫ 先見の明があれば失敗はしない。 선견지명이 있으면 실패는 하지 않는다.
- □ **ぜんこくをじゅうだんする**(全国を縦断する) | 전국을 누비다.
- □ **センセーションをまきおこす**(センセーションを巻き起こす) | 선풍을 일으키다.
  ≫ スライド式携帯を世に放ち、センセーションを巻き起こした。 슬라이드 폰을 세상에 내놓아 선풍적인 인기를 얻었다.
- □ **せんたくのよちをのこす**(選択の余地を残す) | 선택의 여지를 남겨두다.
- □ **せんてをうつ**(先手を打つ) | 선수를 치다.
  ≫ 競合他社に先手を打たれることが多い。 경쟁사에 선수를 빼앗기는 경우가 많다.
- □ **せんりつをおぼえる**(戦慄を覚える) | 전율을 느끼다.

여러가지 표현

- □ **そうぞうをぜっする**(想像を絶する) | 상상을 초월하다.
  ≫ 想像を絶する技術革新が行われている。 상상을 초월한 기술 혁신이 이루어지고 있다.

- □ **そうまとう**(走馬灯) | 주마등.
  ≫ 私の脳裏にこれまでの人生が走馬灯のようにかけめぐった。 내 뇌리에 지금까지의 인생이 주마등처럼 스쳐갔다.
  ⊙ 무언가가 언뜻 빨리 지나감을 비유적으로 이르는 말이다.

- □ **そくぶんするところによると**(側聞するところによると) | 들리는 바에 따르면.
  ≫ 側聞するところによるとこの原稿の主たる部分は他の人が翻訳したそうである。 들리는 바에 따르면 이 원고의 주요 부분은 다른 사람이 번역했다고 한다.

- □ **そこぬけにあかるいえがお**(底抜けに明るい笑顔) | 한없이 밝게 웃는 얼굴.

- □ **ソフトなびしょうをうかべる**(ソフトな微笑を浮かべる) | 부드러운 미소를 띠다.

- □ **ターゲットをしぼる**(ターゲットを絞る) | 타깃을 압축하다〔좁히다〕.
  ≫ 女性や若者にターゲットを絞って、安い商品を販売する。 여성과 젊은 층으로 타깃을 좁혀서 저렴한 상품을 판매한다.

- □ **だいごみ**(醍醐味) | 참맛. 묘미.
  ≫ 買い物の醍醐味は、売り手との値引き交渉にある。 쇼핑의 묘미는 판매상과 가격 협상을 하는 데 있다.

- □ **たいまつをかざす** | 횃불을 들다.

- □ **タイミングのよいじき**(タイミングの良い時期) | 시기적절한 때.

- □ **タイムスリップする** | 시간 이동하다.
  ≫ 「戦国自衛隊」という映画では自衛隊が戦国時代にタイムスリップする。 영화 '전국시대 자위대'에서는 자위대가 전국시대로 시간 이동을 한다.

- □ **たしゅたよう**(多種多様) | 각양각색.
  ≫ 多種多様なシステムを管理、制御する。 각양각색의 시스템을 관리하고 제어한다.

- □ **たしょうなりとも**(多少なりとも) | 다소나마. 조금이나마.
  ≫ 皆様に多少なりとも協力できないものかと思い、このホームページを立ち上げました。 여러분께 조금이나마 도움이 될 수 없을까 해서 이 홈페이지를 개설했습니다.

- □ **たたみかける** | (여유를 주지 않고) 말을 붙이다. 행동하다.
  ≫ 質問に答える間もなく、多くの人が質問をたたみかけてきた。 질문에 답할 틈도 없이 많은 사람들이 질문을 해 왔다.

- □ **だだをこねる**(駄々をこねる) | 떼를 쓰다.
  ≫ おもちゃ屋の前で駄々をこねる子供がいた。 장난감 가게 앞에서 떼를 쓰는 아이가 있었다.

- □ **たちぎえになる**(立ち消えになる) | 흐지부지되다. 중단되다.
  ≫ 宇宙開発計画は立ち消えになっていた。 우주 개발 계획은 흐지부지되고 말았다.

- □ **たちはだかる** | 가로막다.
  - ≫ 難問がたちはだかっている。 어려운 문제가 앞길을 가로막고 있다.
- □ **たづなをゆるめることなく**(手綱を緩めることなく) | 고삐를 늦추지 않고.
  - ≫ 手綱を緩めることなく改革を進めていく。 고삐를 늦추지 않고 개혁을 추진해 나가다.
- □ **たつのおとしご**(竜の落し子) | 해마. =海馬
- □ **たのもしこう**(頼母子講) | 계. =無尽講
  - ≫ ママは無尽講が破綻して脅かされた。 엄마는 계가 깨져서 매우 놀랐다.
- □ **タブーやぶりのさくひん**(タブー破りの作品) | 금기를 깬 작품.
- □ **たらふく** | 배불리. 배 터지게. 실컷.
  - ≫ たらふく食う。 배불리 먹다.
- □ **だるまさんがころんだ** | 무궁화 꽃이 피었습니다.
  - ≫ ジャンケンで鬼を決める。鬼は、「だるまさんがころんだ」といいながらふりむく。 가위바위보로 술래를 정한다. 술래는 '무궁화 꽃이 피었습니다'라고 말하면서 뒤를 돌아본다.
  - ⊙ 놀이를 할 때 도쿄 지역에서 쓰는 말이다. 간사이 지방에서는 「ぼうさんがへをこいた」라고 한다.
- □ **たわむれている**(戯れている) | 장난치다.
  - ≫ 愛らしい子供が小鳥と戯れている。 사랑스러운 아이가 작은 새와 놀고 있다.
- □ **たんせいにする**(端正にする) | 단정하게 하다.
  - ≫ 服装や靴、髪型を端正にする。 복장과 신발, 헤어스타일을 단정히 하다.
- □ **たんぱつてきなもうしょ**(単発的な猛暑) | 일시적인 무더위.
- □ **ちえくらべ**(知恵比べ) | 두뇌 싸움. 머리 싸움.
- □ **ちえをよせあう**(知恵を寄せ合う) | 지혜를 서로 모으다.
  - ≫ 皆の知恵を寄せ合って、問題を解決する。 모두의 지혜를 모아서 문제를 해결한다.
- □ **ちかみち**(近道) | 지름길. 첩경. 빠른 길. =早道
  - ≫ 成功する最も近道は成功した人と接することである。 성공하는 가장 빠른 길은 성공한 사람을 만나는 것이다.
- □ **ちぎれぐも**(ちぎれ雲) | 조각구름. 편운.
  - ≫ 空は高く晴れてちぎれ雲が青い空に適当に泳いでいる。 하늘은 높고 청명하며 조각구름이 푸른 하늘에 적당히 떠다니고 있다.
- □ **ちちとみつのながれるやくそくのち**(乳と蜜の流れる約束の地) | 젖과 꿀이 흐르는 약속의 땅.
- □ **ちのけがひいていく**(血の気が引いていく) | 핏기가 가시다.
- □ **ちほ**(地歩) | 지반. 위치.
  - ≫ この女性は電子技術ビジネス界において確固たる地歩を築いた。 이 여성은 전자 기술 비

여러가지 표현

즈니스계에서 확고한 지위를 쌓았다.

- [ ] **ちまなこ**(血眼) | 혈안.
  ≫ 警察が容疑者を血眼になって捜している。 경찰이 용의자를 혈안이 되어 찾고 있다.

- [ ] **ちまよわせる**(血迷わせる) | 이성을 잃게 하다.
  ≫ 恋は女を血迷わせる。 사랑은 여자를 눈멀게 한다.

- [ ] **ちゃのみともだち**(茶飲み友達) | 허물없는 친구.

- [ ] **チャンスをクリエートする** | 기회를 만들다. 창출하다.

- [ ] **チャンネルきりかえ**(チャンネル切り替え) | 채널 변경.
  ≫ 録画中にチャンネル切り替えができてしまう問題を改善した。 녹화 중에 채널이 바뀌어 버리는 문제를 개선했다.

- [ ] **ちゅうもくすべきは**(注目すべきは) | 주목할 만한 점은.
  ≫ 海外での事業展開で注目すべきは、「ユーザーニーズの先取り」にありそうだ。 해외 사업 전개에서 주목할 점은 '유저의 니즈 선점'에 있는 것 같다.
  ⊙「注目すべきなのは」는 잘못된 표현이다.

- [ ] **ちょうだのれつができる**(長蛇の列ができる) | 장사진을 이루다. =長蛇の列をなす
  ≫ サイン会には役200人が訪れ、会場に長蛇の列ができた。 사인회에는 약 200명이 찾아와 행사장은 장사진을 이루었다.

- [ ] **ちりばめる** | (금은보석을) 여기저기에 박다. (미사여구를) 군데군데 집어넣다.
  ≫ A社は美辞麗句をちりばめた広報を大々的に行った。 A사는 미사여구를 군데군데 사용한 광고를 대대적으로 실시했다.

- [ ] **ツーショットで** | 단 둘이서.
  ≫ 博覧会でコンパニオンとツーショットで記念写真を撮った。 박람회에서 도우미와 둘이 기념사진을 찍었다.

- [ ] **つきあいのあったひと**(付き合いのあった人) | 친분이 있었던 사람.
  ≫ 学生時代や仕事上お付き合いのあった人たち。 학창 시절과 직업상 친분이 있었던 사람들.

- [ ] **つぎはぎする** | 주워 모으다. 짜깁기하다.
  ≫ 複数の記事を「つぎはぎ」するような形で新しい記事を作り出す。 여러 기사를 짜깁기하는 형태로 새로운 기사를 만들어 내다.

- [ ] **つつしんでおくやみもうしあげます**(謹んでお悔やみ申し上げます) | 삼가 조의를 표합니다.

- [ ] **つっぱる** | 피부가 땅기다.
  ≫ 目尻や口元がつっぱる。 눈꼬리와 입 주위가 땅긴다.

- [ ] **つつましい** | 조심스럽다. 조신하다.
  ≫ つつましく振る舞う。 조신하게 행동하다.

- **つばさがもげる**(翼がもげる) | 날개가 떨어지다. 날개를 잃다.
  ≫ 翼がもげて空を飛べない。 날개를 잃어 날 수가 없다.
- **つばぜりあいをえんずる**(つばぜり合いを演ずる) | 격렬한 싸움〔경쟁〕을 벌이다.
  ≫ つばぜり合いを演じ、最終コーナーで劇的な逆転勝利を遂げた。 치열하게 경쟁을 하다 마지막 코너에서 극적인 역전승을 거두었다.
- **つめかける**(詰め掛ける) | 밀어닥치다. 몰려들다.
  ≫ サッカーW杯で世界中から大勢の人が詰め掛けると予想されるドイツ。 월드컵으로 전세계에서 많은 사람들이 몰려들 것으로 예상되는 독일. / 会場に朝早くから多くのファンがつめかけた。 공연장에 아침 일찍부터 많은 팬들이 몰려들었다.
- **つもりにつもったはなし**(積もりに積もった話) | 쌓이고 쌓였던 이야기.
- **つられる** | 끌리다. 넘어가다.
  ≫ 景品につられてつい買ってしまった。 경품에 혹해서 결국 사 버렸다.
- **つるす**(吊す) | 매달다.
  ≫ 木に逆さに吊されている一人の青年。 나무에 거꾸로 매달려 있는 한 청년.
- **つわもの** | 군인. 용사. 노련한 사람. ~통.
  ≫ 彼はその道ではなかなかのつわものだ。 그는 이 분야에서 꽤 노련한 사람이다.
- **ていばんメニュー**(定番メニュー) | 단골 메뉴.
- **データをかすめとる**(データをかすめ取る) | 데이터를 몰래 훔치다.
  ≫ 有名企業をかたる巧妙な偽造ウェブサイトや電子メールを仕掛けて、訪問者からクレジットカード情報などの重要なデータをかすめ取る「フィッシング詐欺」がますます増加している。 유명 기업 사이트를 교묘하게 위조한 웹사이트나 이메일을 만들어 방문자의 신용카드 정보 등 중요한 데이터를 몰래 훔치는 '피싱 사기'가 점점 증가하고 있다.
- **できあい**(溺愛) | 맹목적 사랑.
  ≫ 溺愛は排他的で、他に犠牲を強いるばかりか、愛するものさえも犠牲にする。 맹목적 사랑은 배타적이고 타인에게 희생을 강요할 뿐 아니라 사랑하는 대상조차도 희생양으로 만들어 버린다.
- **てぐすねひく** | 만단의 준비를 하고 대기하다.
  ≫ 私は、サンタさんが来るのをてぐすねひいて待っていた。 나는 산타 할아버지가 오기를 단단히 준비하고 기다렸다.
- **てごわい**(手ごわい) | 벅차다. 힘겹다. 만만치 않다.
  ≫ 彼女はなかなか手ごわい商売人で、値引き交渉も大変だった。 그녀는 좀처럼 만만히 볼 수 없는 장사꾼으로 가격 흥정도 정말 힘들었다.
- **デジカメがひろくゆきわたる**(デジカメが広く行き渡る) | 디카가 널리 보급되다.
- **てっついをくわえる**(鉄槌を加える) | 철퇴〔제재〕를 가하다.
  ≫ 悪しき住宅政策や制度に鉄槌を加える。 잘못된 주택 정책과 제도에 철퇴를 가하다.

여러가지 표현

- [ ] **てっぽうだまのつかい**(鉄砲玉の使い) | 함흥차사.
  ≫ あの子は鉄砲玉の使いだ。 그 녀석은 한번 가면 아예 안 와.

- [ ] **てまえみそ**(手前味噌) | 자화자찬.
  ≫ 手前味噌を並べる。 자기 자랑을 늘어놓다.

- [ ] **てまをはぶく**(手間を省く) | 수고를 덜다. =手間を軽減する
  ≫ 利用者の手間を軽減する。 이용자들의 수고를 덜다.

- [ ] **てもちぶさた**(手持ちぶさた) | 따분함. 무료함.
  ≫ 手持ちぶさたな私は時間を持て余す。 무료한 나는 시간이 남아 주체를 못한다.

- [ ] **てりかえし**(照り返し) | 되비침. 반사경.
  ≫ スキー場の照り返しは、夏の砂浜の4倍にもなる。 스키장의 빛 반사는 여름철 모래사장의 무려 4배나 된다.

- [ ] **てりつける**(照り付ける) | (햇볕이) 내리쬐다.
  ≫ 強い日差しがじりじりと照りつける。 뜨거운 햇살이 쨍쨍 내리쬐다.

- [ ] **てをくみあわせる**(手を組み合わせる) | 깍지를 끼다.
  ≫ 教会で手を組み合わせて祈るキリスト教徒。 교회에서 손을 모으고 기도하는 기독교 신자.

- [ ] **でんかのほうとうをぬく**(伝家の宝刀を抜く) | 비장의 무기〔수단〕를 쓰다.
  ≫ 郵政民営化法案の否決を受けて、小泉首相は衆議院の解散という伝家の宝刀を抜いた。 우정민영화 법안을 거부함에 따라 고이즈미 총리는 중의원 해산이란 비장의 수단을 썼다.

- [ ] **てんごくの〜も**(天国の〜も) | 하늘에 계신 〜도.
  ≫ きっと天国のお母さんも見てくれるでしょう。 틀림없이 하늘에 계신 어머니께서도 지켜 봐 주실 겁니다.

- [ ] **でんたく**(電卓) | (소형의 휴대용) 전자계산기.

- [ ] **てんをつきさすように**(天を突き刺すように) | 하늘을 찌를 듯이.
  ≫ 煙突が天を突き刺すように高く伸びている。 굴뚝이 하늘을 찌를 듯이 높게 솟아 있다.

- [ ] **〜というほうこうにまとまりつつある**(〜という方向にまとまりつつある) | 〜는 방향으로 가닥을 잡아가고 있다. =〜という方向に固まりつつある, 〜という方向に傾きつつある
  ≫ 今回のダンス事件、ネットにせよ新聞にせよ「ウリ党が悪い」という方向にまとまりつつあるようだ。 이번 춤 사건은 인터넷이든 신문이든 '우리당이 잘못했다'는 쪽으로 가닥을 잡아 가고 있는 것 같다.

- [ ] **とうかくをあらわす**(頭角を現す) | 두각을 나타내다.
  ≫ 国際舞台で頭角を現した。 국제 무대에서 두각을 나타냈다.

- [ ] **どうさがけいかいであんていしたソフト**(動作が軽快で安定したソフト) | 동작이 부드럽고 안정된 소프트.

- **とおざかる**(遠ざかる) | 멀어지다. 소원해지다.
  ≫ 芸能活動から遠ざかっていた。 연예 활동에서 떠나 있었다.

- **とおまわりする**(遠回りする) | 우회하다. 돌아가다.

- **ときおそしの**(時遅しの) | 때늦음.
  ≫ 日銀がデフレ対策を次から次と打ち出しているが、時遅しの感が拭えない。 일본은행이 디플레이션 대책을 계속해서 내놓고 있으나 때늦은 감을 씻을 수가 없다.

- **とくしゅうをくむ**(特集を組む) | (잡지) 특집으로 다루다.
  ≫ この事件はいろいろな角度から特集を組んでいきたい。 이 사건은 여러 가지 각도에서 특집으로 다루고 싶다.

- **とくてんをつける**(特典をつける) | 특전을 부여하다. 혜택을 주다. =特典を与える
  ≫ N社は7日、ゲームソフトを多く購入したユーザーに特典を与える新サービスを日米で導入することを明らかにした。 7일 N사는 게임 소프트를 많이 구입한 유저에게 특전을 부여하는 새로운 서비스를 미국과 일본에서 도입한다고 밝혔다.

- **どくをもってどくをせいす**(毒をもって毒を制す) | 이열치열. 극약 처방.

- **とけこむ**(溶け込む) | 동화되다.
  ≫ 美しい風景の中に主人公が溶け込んでいる姿も胸に染みた。 아름다운 풍경 속에 주인공이 동화된 모습도 마음에 와 닿았다.

- **どさくさまぎれに**(どさくさ紛れに) | 혼잡을 틈타.
  ≫ どさくさ紛れに法案の成立を急ぐことは許されない。 혼잡을 틈타서 법안 채택을 서두르는 것은 용서할 수 없다.

- **としがいもない**(年甲斐もない) | 나잇값도 못하다.
  ≫ オンラインゲームに年甲斐もなくはまってしまった。 나잇값도 못하고 온라인 게임에 빠져 버렸다.

- **とちがやせる**(土地がやせる) | 토지가 메마르다〔척박해지다〕.
  ≫ 農薬を大量に使うと土地がやせていく。 농약을 많이 사용하면 토지가 척박해진다.

- **とちがら**(土地柄) | 지방 풍속.
  ≫ 飲んで食べて遊ぶことが大好きな土地柄。 먹고 마시고 노는 것을 아주 좋아하는 지방 풍속.

- **とっぴょうしもないはなし**(突拍子もない話) | 뚱딴지같은 소리. 얼토당토않은.

- **どとうのごとくおしよせてくる**(怒涛のごとく押し寄せてくる) | 구름처럼 몰려들다.
  ≫ 熱狂的なファンが怒涛のごとく押し寄せてきた。 열성 팬들이 구름처럼 몰려들었다.

- **とどめをさす**(止めを刺す) | 최고다. 으뜸이다.
  ≫ ラーメンと言えば博多ラーメンに止めを刺す。 라면은 하카타 라면이 최고다.

- **とやかくいわない**(とやかく言わない) | 이러쿵저러쿵 말하지 않는다.
  ≫ 結果についてはとやかく言わない。 결과에 대해서는 아무런 말을 하지 않는다.

여러가지 표현

- ドライブインシアター | 자동차 극장. [drive in theater]
- トラウマをかんわする(トラウマを緩和する) | 정신적 충격을 누그러뜨리다.
- トランジット・ハブ | (공항) 경유 허브. [transit hub]
  - ≫ インチョン空港はアジアと欧米を結ぶトランジット・ハブとして活用する。 인천공항을 아시아와 구미를 잇는 경유 허브로 활용한다.
- とりあつかい(取り扱い) | 취급.
  - ≫ メディアに情報の責任ある取り扱いを求める。 언론에 책임 있는 보도의 제재를 요구하다.
- とりいる(取り入る) | 환심을 사다. 아첨하다.
  - ≫ よい評価を得るために上司に取り入る。 좋은 평가를 받기 위해서 상사에게 아부하다.
- とりこしくろう(取り越し苦労) | 기우. 쓸데없는 걱정.
  - ≫ ささいなことが気になり、取り越し苦労が多い。 사소한 것들이 마음에 걸려 쓸데없는 걱정이 많다.
- とりこにする | 사로잡다.
  - ≫ 女性のハートをとりこにしている男性。 여성의 마음을 사로잡은 남성.
- とりすがる(取りすがる) | 매달리다. 부여잡다.
  - ≫ お嬢さんが棺に取りすがって泣き、かわいそうで正視できなかった。 딸이 관에 매달려 울어 불쌍해서 차마 볼 수 없었다.
- トリビア | 잡학 지식. [trivia]
  - ≫ トリビアとは、知っていてもあまり役に立たない知識のこと。 트리비아란 알고 있어도 그다지 도움이 되지 않는 지식을 말한다.
- ないものねだり(無い物ねだり) | 생떼거리.
  - ≫ ないものねだりをする子供。 없는 것을 내놓으라며 떼를 부리는 아이.
- なかよし(仲良し) | 단짝 친구. =仲良し小好し
- ながれもののとうぞくだん(流れ者の盗賊団) | 떠돌이 도적 떼.
- なきくずれる(泣き崩れる) | 쓰러져 울다.
  - ≫ ソファーで泣き崩れそのまま眠っていた。 소파에 쓰러져 울다가 그대로 잠이 들었다.
- なぐさめる(慰める) | (남을) 위로하다.
  - ≫ 被害者の霊を慰めるために塔を建てた。 피해자의 영을 달래기 위해 탑을 세웠다.
- なげうつ | 내던지다. 아낌없이 내놓다.
  - ≫ 従業員たちは、会社の再建のために一身をなげうつ覚悟でこの道を選んだ。 종업원들은 회사를 살리기 위해서 몸을 바칠 각오로 이 길을 선택했다.
- なけなしのおかねで(なけなしのお金で) | 없는 돈에.
  - ≫ なけなしのお金をはたいて旅に出た。 없는 돈을 탈탈 털어 여행을 갔다.

- **なけなしのこぜに**(なけなしの小銭) | 없는 돈. 그나마 있는 돈.
  ≫ なけなしの小銭でケーキまで奢る羽目になってしまった。그나마 없는 돈에 케이크까지 사줘야 하는 신세가 되어 버렸다.

- **なじむ** | 익숙해지다. 친숙해지다.
  ≫ 背広になじんできた者。양복에 익숙한 사람.

- **なぞにせまる**(謎に迫る) | 비밀에 다가가다. 파헤치다.
  ≫ これまで番組では、過去3度に渡ってUFOの謎に迫ってきた。지금까지 프로그램에서는 3번에 걸쳐 UFO에 대한 수수께끼를 파헤쳐 왔다.

- **なつバテかいしょうによい**(夏バテ解消に良い) | 더위를 나는 데 좋다.
  ≫ ウナギは夏バテ解消に良いといわれている。장어는 여름 더위를 나는 데 좋다고 알려져 있다.

- **なつバテする**(夏バテする) | 더위를 먹다. 더위에 지치다.
  ≫ 夏バテして半病人のようだ。더위에 지쳐 아픈 사람 같다.

- **ななめにみる**(斜めに見る) | 삐딱하게 보다. 부정적으로 보다.
  ≫ 世の中を斜めに見る。세상을 삐딱하게 보다.

- **なみだウルウルのめ**(涙ウルウルの目) | 눈물 젖은 눈.

- **なみだがとめどなくながれた**(涙が止めどなく流れた) | 눈물이 한없이 흘러내렸다.

- **なみだぐむ**(涙ぐむ) | 눈물을 머금다. 눈물짓다.
  ≫ 涙ぐましい努力。눈물겨운 노력.

- **ならう** | 모방하다. 따르다.
  ≫ 雛形にならって書く。서식에 따라서 쓰다.

- **ならぶ**(並ぶ) | 필적하다.
  ≫ ゲームは映画と並び有力視されている。게임은 영화와 더불어 유력시되고 있다.

- **なんじみずからをしれ**(汝自らを知れ) | 너 자신을 알라.

- **〜にかこつけて**(〜に託つけて) | (〜을) 핑계 삼아. 구실 삼아.
  ≫ 風邪に託つけて学校を休んだ。감기를 핑계 삼아 학교를 쉬었다.

- **にがむしをかみつぶしたようなかお**(苦虫を噛潰したような顔) | 못마땅하여 오만상을 찌푸린 얼굴. 벌레 씹은 얼굴.

- **にぎわす**(賑わす) | 떠들썩하게 하다.
  ≫ スポーツ紙朝刊を賑わした記事。스포츠지 조간을 떠들썩하게 한 기사.

- **にてひなるもの**(似て非なるもの) | 비슷하면서도 서로 다른 것.
  ≫ 脳とコンピューターとは似て非なるものである。뇌와 컴퓨터는 비슷하면서도 서로 다르다.

- **にてんさんてんする**(二転三転する) | 반전에 반전을 거듭하다.

여러가지 표현

- ≫ 物語が二転三転する。 스토리가 얽히고설키다.
- ☐ **にのつぎ**(二の次) | 나중 문제. 뒤로 미룸.
  ≫ 「環境」の名の下に「安全」が二の次にされたのではないか。 환경이란 미명 아래 안전은 나 몰라라 한 것은 아닌가?
- ☐ **にばんせんじ**(二番煎じ) | 재탕. 되풀이함. 새로운 맛이 없음.
  ≫ このゲームは決して、映画の二番煎じではない。 이 게임은 결코 영화를 재탕해 놓은 것이 아니다.
- ☐ **にゅうねんに**(入念に) | 꼼꼼히. 정성 들여.
  ≫ 入念にチェックする。 꼼꼼히 체크하다.
- ☐ **にをあげる**(荷を揚げる) | 짐을 풀다. 내리다.
  ≫ 舟は橋のほとりで荷を揚げた。 배는 다리 근처에서 짐을 내렸다.
- ☐ **にんきをはくする**(人気を博する) | 인기를 누리다.
- ☐ **にんげんがぜんせいぶつのちょうてんにたつ**(人間が全生物の頂点に立つ) | 인간이 만물의 정점에 서다.
- ☐ **にんじょうゆたかなまち**(人情ゆたかな町) | 정이 넘치는 마을.
- ☐ **ぬすっとたけだけしい**(盗人たけだけしい) | 적반하장도 유분수.
  ≫ 「盗人たけだけしい」とは、まさにこういうことを言う。 적반하장도 유분수라더니 그야말로 이런 일을 두고 하는 말이다.
- ☐ **ねかす**(寝かす) | 숙성시키다.
  ≫ 寝かせたワイン。 숙성시킨 와인.
- ☐ **ねこいらず**(猫いらず) | 쥐약.
- ☐ **ねこにかつおぶし**(猫に鰹節) | 고양이에게 생선을 맡긴 꼴.
- ☐ **ねじこむ**(捩じ込む) | 쑤셔 넣다.
  ≫ ジーンズの尻ポケットにケータイを捩じ込む。 바지 뒷주머니에 휴대전화를 집어넣다.
- ☐ **ねたみとやっかみ** | 시기와 질투.
  ≫ ねたみとやっかみが怖くて主役を拒否した。 시기와 질투가 무서워서 주연을 거부했다.
- ☐ **ねにもつ**(根に持つ) | 앙심을 품다.
  ≫ 交際を断られたことを根に持ち、女性の顔を殴りけがを負わせた。 퇴짜 맞은 것에 앙심을 품고 여성의 얼굴을 때려 상처를 입혔다.
- ☐ **のうりをゆききする**(脳裏を行き来する) | 뇌리를 떠나지 않다.
  ≫ ある小説の主人公の姿が脳裏を行き来してやまない。 그 소설의 주인공 모습이 뇌리를 떠나지 않는다.
- ☐ **のうりをよぎる**(脳裏をよぎる) | 뇌리를 스치다.

- **のきをつらねる**(軒を連ねる) | (집·상점 등이) 늘어서다.
  - ≫この通りには小さいながらも趣のある芸術味のあふれる店が軒を連ねている。이 거리에는 작지만 운치가 있고 예술미가 넘치는 가게가 늘어서 있다.

- **のせる**(載せる) | 글을 올리다. 게재하다.
  - ≫ホームページに載せた談話。홈페이지에 올린 담화.

- **のりあげる**(乗り上げる) | (장애물에) 걸리다. (배가) 좌초되다.
  - ≫住民側の強い反対を受けて暗礁に乗り上げた葬祭場建設計画。주민들의 강한 반대로 암초에 걸린 장례식장 건설 계획.

- **ノリがいい** | (음악이) 따라 부르기 좋다.
  - ≫サビのノリがいい。후렴 부분이 따라 부르기 좋다.
  - ⊙「サビ」는 노래의 클라이맥스 부분.

- **ばいせんする**(焙煎する) | 볶다.
  - ≫麦芽を焙煎する黒ビール。맥아를 볶은 흑맥주.

- **はかないゆめ**(はかない夢) | 덧없는 꿈.
  - ≫はかない夢を追いかけるのは意味が無い。덧없는 꿈을 쫓는 것은 의미가 없다.

- **バカにつけるくすりはない**(バカにつける薬はない) | 바보는 약도 없다.

- **はがゆい**(歯がゆい) | 조바심 나다. 답답하다.
  - ≫返事が遅くて歯がゆい。대답이 느려 답답하다.

- **はくあのリゾート**(白亜のリゾート) | 흰 벽의 리조트.

- **はくちょうのみずうみ**(白鳥の湖) | 백조의 호수.
  - ≫「白鳥の湖」は、だれもが悲恋物語だと思っているが、もともとのチャイコフスキーの原作は、悪に対する勝利を歌いあげるハッピーエンドの物語であった。백조의 호수는 누구나가 슬픈 사랑을 다룬 이야기라 생각하고 있는데 원래 차이코프스키의 원작은 악에 대한 승리를 노래하는 해피엔딩의 이야기였다.

- **はぐれる** | 일행에서 떨어지다.
  - ≫群れにはぐれた鳥。무리에서 떨어진 새.

- **はざま**(狭間) | 틈새. 갈림길.
  - ≫期待と落胆の狭間で揺れ動く。기대와 낙담의 갈림길에서 흔들리다.

- **はさまれる** | (틈·사이에) 끼다.
  - ≫家具が倒れて足をはさまれ、身動きできなくなった。가구가 넘어지면서 발이 사이에 끼어 꼼짝달싹 할 수 없게 되었다.

- **はじけるようなえがお**(はじけるような笑顔) | 함박웃음.

- **はしゃぎすぎないよう** | 너무 들뜨지 않도록.
  - ≫レセプションははしゃぎすぎないようにしたい。리셉션이 너무 요란스러운 것은 싫다.

여러가지 표현

- □ **はたがかぜになびく**(旗が風になびく) | 깃발이 바람에 나부끼다.

- □ **はつばいする**(発売する) | 발매하다.
  ≫ 松下電機産業が、SDメモリーカード対応の携帯音楽プレーヤーを6月末より発売する。 마쓰시타전기산업은 SD 메모리카드 대응 MP3를 6월 말부터 발매한다.

- □ **はてしないいたちごっこ**(果てしないいたちごっこ) | 끝없는 숨바꼭질.
  ≫ 技術革新を法律が一歩遅れで追いかける。この果てしない「いたちごっこ」はいつまで続くのか。 기술 혁신을 법률이 한발 늦게 쫓아간다. 이런 끝없는 숨바꼭질은 언제 끝날 것인가?

- □ **はなしがもりだくさん**(話が盛りだくさん) | 다양한 스토리.
  ≫ このドラマは、話が盛りだくさんすぎて二人の存在感が薄い。 이 드라마는 이야기가 너무 다채로워 두 사람의 존재감이 약하다.

- □ **はにかんだびしょう**(はにかんだ微笑) | 수줍은 미소.

- □ **はまる** | (나쁜 일에) 열중하다.
  ≫ ゲームにはまり込んだ。 게임에 푹 빠졌다.

- □ **はめをはずす**(羽目を外す) | 도를 지나치다.
  ≫ 飲酒は羽目を外さないよう節度を持って慎む。 음주는 도를 지나치지 않도록 절도 있게 삼가야 한다.

- □ **はやくてあんかなインターネットインフラをもつくに**(速くて安価なインターネットインフラを持つ国) | 빠르고 저렴한 인터넷 인프라를 갖춘 나라.

- □ **はらいさげる**(払い下げる) | 불하하다.
  ≫ 公務員住宅敷地を民間に払い下げるケースが増えてきた。 공무원 주택 부지를 민간에 불하하는 경우가 늘어나고 있다.
  ⊙ 불하는 관공청이 민간에게 판매하는 것을 말한다.

- □ **はらいせ**(腹いせ) | 화풀이. 분풀이.
  ≫ 再雇用を断られた腹いせに相手の車に火をつけた。 재고용을 거절당한 분풀이로 상대방의 차에 불을 붙였다.

- □ **はらだちまぎれに**(腹立ち紛れに) | 홧김에. 화가 난 나머지.
  ≫ 腹立ち紛れに、私は心の中をついそのまま声に出してしまった。 홧김에 나는 속내를 그만 다 말해 버렸다.

- □ **バリエーションゆたかなアクティビティー**(バリエーション豊かなアクティビティー) | 다양한 이벤트.

- □ **はりつめたくうきがながれる**(張り詰めた空気が流れる) | 긴장된 분위기가 맴돌다.
  =張り詰めた空気が漂う

- □ **はりめぐらす**(張り巡らす) | 깔다. 가설하다. =引く
  ≫ 光ファイバーが張り巡らされたマンションでは居住者同士が動画でコミュニケーショ

ンを行うことが可能になる。 광케이블이 깔린 맨션에서는 주민들끼리 화상 통신을 할 수 있다.

- □ **はれがのこっている**(腫れが残っている) | 붓기가 다 빠지지 않다.
- □ **はれのぶたい**(晴れの舞台) | 자랑스러운 무대.
  ≫ ワールドカップという晴れの舞台に立っている。 월드컵이란 자랑스런 무대에 서 있다.
- □ **はん**(判) | 크기. 사이즈.
  ≫ このプリンターは、B4判とA4判の用紙を同時にセットできる。 이 프린터는 B4와 A4사이즈 용지를 동시에 세팅할 수 있다.
- □ **パンドラのはこをあける**(パンドラの箱を開ける) | 판도라의 상자를 열다.
  ≫ パンドラの箱を開けると、中からたくさんの災いが出てきた。 판도라의 상자를 열자 안에서 많은 재앙이 쏟아져 나왔다.
- □ **ひあがる**(干上がる) | 바싹 마르다. 말라붙다.
  ≫ 田が干上がる。 논이 메마르다. / 口が干上がる。 입에 풀칠하기 어렵다.
- □ **ひきつける**(引き付ける) | 유인하다. 매혹하다.
  ≫ 映像は人を引きつける力が大きい。 영상은 사람을 끌어들이는 힘이 크다.
- □ **ひさしからず**(久しからず) | 오래가지 못하다.
  ≫ 奢れる者は久しからず、奢らざる者も久しからず。 자만하는 자는 오래가지 못하며 자만하지 않는 자도 오래가지 못한다.
- □ **ひざをつきあわせる**(膝を突き合わせる) | 머리를 맞대다.
  ≫ 市民と市議員が膝を突き合わせて市の施策について話し合った。 시민과 시의원이 머리를 맞대고 시의 시책에 대해서 논의했다.
  ◉ 「話ᅟなし合ᅟあう」는 '서로 논의하다'는 의미이고, 「語ᅟたり合ᅟあう」는 '서로 이야기하다', '잡담하다' 등의 뜻이다.
- □ **ひたはしる**(直走る) | 기운차게 계속 달리다. 열심히 달리다.
  ≫ ひた走る亀と眠る兎。 필사적으로 달리는 거북이와 잠자는 토끼.
- □ **ひたひたと** | 물밀듯이.
  ≫ 危険がひたひたと迫る。 위험이 물밀듯이 밀려오다.
- □ **ひっしにどりょくしなければならない**(必死に努力しなければならない) | 죽기 살기로 노력해야 한다.
- □ **ひとあしちがいで**(一足違いで) | 간발의 차로.
  ≫ 終電をほんの一足違いで逃してしまった。 막차를 정말 간발의 차로 놓쳐 버렸다.
- □ **ひとあじちがう**(ひと味違う) | 독특하다. 어딘가 다르다.
  ≫ ビュッフェのメニュー一つとっても世界レベルのサービスはひと味違う。 뷔페 메뉴 하나를 보더라도 세계적인 수준의 서비스는 한 차원 다르다.
- □ **ひとかげがあまりない**(人影があまりない) | 인적이 드물다.

여러가지 표현

» 平日は人影があまりないところであるが、天気の良い休日には観光客がけっこう来ている。 평일은 인적이 드문 곳이지만 날씨가 좋은 휴일에는 관광객이 꽤 온다.

☐ **ひとすじにあゆむ**(一筋に歩む) | 한길만 걷다. 외길 인생을 걷다.
» K社は、1985年設立以来、センサの研究開発一筋に歩んできた。 K사는 1985년 설립 이래 센서 연구 개발 한길만 걸어 왔다.

☐ **ひとだかり**(人だかり) | (움직이지는 않는) 군중.
» 学校の正門の当たりに人だかりができている。 학교 정문 근처에 사람들이 모여 있다.

☐ **ひとたまりもない** | 잠시도 버티지 못하다.
» アメリカの家は結構もろいから、竜巻が来ると地上部分はひとたまりもなく吹き飛ばされてしまう。 미국의 가옥은 상당히 약하기 때문에 회오리바람이 오면 지상 부분은 조금도 버티지 못하고 날아가 버린다.

☐ **ひとなみ**(人波) | (움직이는) 인파.
» 駐車場に到着する観光バスから、観光客が吐き出され、人波が場内を埋めた。 주차장에 도착한 관광버스에서 관광객이 쏟아져 나와 그 인파가 장내를 메웠다.

☐ **ひとはなさかせる**(一花咲かせる) | 화려하게 날다.
» 海外で一花咲かせたい人がたくさんいる。 외국에서 한번 화려하게 날아 보고 싶어하는 사람이 많이 있다.

☐ **ひとやくかう**(一役買う) | 한몫하다. 도움이 되다.
» 液晶商品の値下げは、中国の液晶市場の需要喚起などに一役買っているようだ。 액정 상품의 가격 인하는 중국 액정 시장의 수요를 진작하는 데 도움이 되고 있는 것 같다.

☐ **ひねくれたせいかく**(ひねくれた性格) | 삐딱한 성격.
» ひねくれた性格で、自分の気持ちを素直に表現できない。 삐딱한 성격이어서 자신의 마음을 솔직히 표현할 수 없다.

☐ **ひやかし**(冷やかし) | 놀림. 야유.
» メル友が卒業するというので冷やかし半分に見に行った。 메일 친구가 졸업을 한다고 해서 축하 겸 놀려 주러 갔다.

☐ **ひやかしのきゃく**(冷やかしの客) | (물건은 사지 않고) 값을 물어보거나 눈요기만 하는 손님.
» この店は常に入口にガードマンがいて、冷やかしの客は入れない。 이 가게는 항상 입구에 경호원이 있어서 눈요기만 하는 손님은 들여보내지 않는다.

☐ **ひょうこう**(標高) | 해발.
» 西暦2000年を記念して標高2000メートルの山に登ってみよう。 서기 2000년을 기념해서 해발 2000미터의 산에 올라가 보자.

☐ **びょうしゅつする**(描出する) | 묘사해 내다.
» 心の機微をみずみずしい視線で描出する。 마음의 미묘한 심경을 신선한 시선으로 묘사해 내다.

☐ **ひょうめんばかりなぞる**(表面ばかりなぞる) | 겉만 핥다.

≫ 表面ばかりなぞっていて具体性に乏しい。겉만 핥다 보니 내용이 부실하다.

☐ **ひらめく** | (좋은 생각이) 문득 떠오르다. 스치다.
≫ 数学の問題の解き方がふとひらめいた。수학 문제를 푸는 방법이 문뜩 떠올랐다.

☐ **ひんぱんに**(頻繁に) | 흔히. 자주.
≫ 干ばつ、洪水などの自然災害が頻繁に起き、生態系にも影響が出ている。가뭄·홍수 등의 자연 재해가 자주 발생해 생태계에도 영향을 미치고 있다.

☐ **ファッションにみをつつむ**(ファッションに身を包む) | 패션으로 몸을 치장하다.
≫ 華やかなファッションに身を包んだスターたちのレッドカーペットで開幕した国際映画祭も終盤に差し掛かった。화려한 패션으로 몸을 치장한 스타들의 레드 카펫으로 시작한 국제 영화제도 종반으로 접어들었다.

☐ **ふあんかんにおそわれる**(不安感に襲われる) | 불안감에 사로잡히다.
≫ 大会になると、強い不安感に襲われ、冷静さを保つことが非常に苦しくなる。대회에 임하면 강한 불안감에 사로잡혀 냉정함을 유지하기가 매우 힘들어진다.

☐ **ふあんない**(不案内) | 서투름. 잘 모름.
≫ 株にはまったく不案内である。주식은 전혀 모른다.

☐ **ふうこうめいびなかんこうち**(風光明媚な観光地) | 경관이 수려한 관광지.

☐ **ふうびする**(風靡する) | 풍미하다.
≫ 一世を風靡した伝説のチャンピオン。한 시대를 풍미했던 전설의 챔피언.

☐ **フェロモンにひきよせられる**(フェロモンに引き寄せられる) | 페로몬에 이끌리다.
＝フェロモンに誘引される、フェロモンに誘われる
≫ クワガタのメスは気性が荒く、フェロモンに誘われ近づいてきたオスが気に入らないと攻撃を始め、時には殺してしまうこともある。암컷 사슴벌레는 성질이 거칠어 페로몬에 이끌리어 온 수컷이 마음에 안 들면 공격을 하고 때때로는 죽여 버리는 일도 있다.

☐ **ふかく**(不覚) | 불찰.
≫ 自分の不覚を謝るように肩をすぼめた。자신의 불찰을 사죄하듯 어깨를 움츠렸다.

☐ **ふかをへらす**(負荷を減らす) | 부담을 줄이다.
≫ 環境への負荷を減らす。환경에 대한 부담을 줄이다.

☐ **ふくとネクタイがつりあう**(服とネクタイが釣り合う) | 옷과 넥타이가 잘 어울리다.

☐ **ふこうちゅうのさいわい**(不幸中の幸) | 불행 중 다행.

☐ **ぶたいうらにせまる**(舞台裏に迫る) | 이면에 다가가다.
≫ オンラインゲーム業界の期待と不安の舞台裏を迫った。온라인 게임 업계의 기대와 불안의 이면에 다가가 보았다.

☐ **ふてきなえみ**(不適な笑み) | 뻔뻔스러운 미소.

☐ **ふみたおす**(踏み倒す) | (빚을) 떼어먹다.

여러가지 표현

≫「借金を踏み倒す方法」、「借金は返すな」などの本を著述した著者が、本の内容を実行に移したが、検察に摘発された. '빚을 떼어먹는 방법', '빚 갚지 마라' 등의 책을 쓴 저자가 책의 내용을 실행에 옮겼으나 검찰에 적발되었다.

☐ **ブランク** | 공백. [blank]
≫ K監督が長いブランクを経てメガホンを取った. K감독이 오랜 공백을 깨고 메가폰을 잡았다.

☐ **ふりこどけい**(振り子時計) | 진자시계.

☐ **ブレークスルーする** | 돌파하다.
≫ すべての企業が経営の難局をブレークスルーしたわけではない. 모든 기업이 경영 난국을 돌파한 것은 아니다.

☐ **ブレンドする** | 섞다. 혼합하다.
≫ 多種多様の原酒をブレンドすることにより個性あるカクテルが生まれる. 다양한 원주를 혼합함으로써 개성있는 칵테일이 탄생한다.

☐ **ブロックする** | 차단하다.
≫ 迷惑メールをブロックする. 스팸메일을 차단하다.

☐ **プロテクターをつける** | 보호 장비를 착용하다.
≫ 安全のために顔面に透明なプロテクターをつけ、手にカバーを着用. 안전을 위해 안면에 투명한 보호 장비를 쓰고 손에 장갑을 착용했다.

☐ **ふんいきがもりあがる**(雰囲気が盛り上がる) | 분위기가 무르익다.

☐ **ふんぱつする**(奮発する) | 큰 맘 먹다.
≫ 以前に使用していたMDが壊れてしまったので最新式のを奮発して買いました. 전에 사용하던 MD가 고장 나서 큰 맘 먹고 최신식으로 하나 샀습니다.

☐ **へいきなかおで**(平気な顔で) | 태연한 표정으로. =表情(ひょうじょう)も変(か)えずに
≫ 平気な顔で嘘をつく. 태연하게 거짓말을 하다.

☐ **ページをスキャナーでとりこむ**(ページをスキャナーで取り込む) | 페이지를 스캔하다.
=ページをスキャンする

☐ **へんざい**(遍在) | 한 곳에 치중되어 있음. 편재.
≫ 日本は米国のような富が遍在する格差社会になりつつある. 일본은 미국처럼 부가 편중된 양극화 사회가 되어 가고 있다.
　⊙ 일본에서는 사회 양극화 현상을 「格差社会」라고 한다.

☐ **ほうおう**(法王) | 교황.
≫ ローマ法王ヨハネ・パウロ2世が、日本時間で本日未明、ご逝去されました. 교황 요한 바오로 2세가 일본 시간으로 오늘 새벽 선종하셨습니다.

☐ **ほうこくしょをまとめる**(報告書をまとめる) | 보고서를 발표하다.

- ☐ **ぼうじゃくぶじんのふるまい**(傍若無人の振る舞い) | 방약무인한 행동.
- ☐ **ほうふをかたる**(抱負を語る) | 포부를 밝히다. =抱負を述べる
- ☐ **ほうろうへきがある**(放浪癖がある) | 역마살이 끼다.
- ☐ **ほおばる**(頬張る) | 볼이 미어지게 음식을 입에 넣다.
- ☐ **ほくほくがお**(ほくほく顔) | 기쁜 듯한 얼굴.
- ☐ **ほんごしをいれる**(本腰を入れる) | 본격적으로 나서다.
  ≫ 従来のパッケージの低迷に苦しむ国内ゲームメーカーも本腰を入れ始めた。기존의 패키지 게임의 침체로 허덕이던 국내 게임 업체도 본격적으로 나서기 시작했다.
- ☐ **マイホームにんげん**(マイホーム人間) | 가정적인 사람. ↔仕事人間
- ☐ **まきちらす**(撒き散らす) | 유포하다.
  ≫ ウイルスをネット上に撒き散らす。바이러스를 인터넷상에 퍼뜨리다.
- ☐ **まぎらす**(紛らす) | (자기 스스로의 기분 등을) 달래다.
  ≫ 寂しさを紛らすため猫を飼うことにした。적적함을 달래기 위해 고양이를 키우기로 했다.
- ☐ **まくをひく**(幕を引く) | (일이) 끝나다. 막을 내리다.
  ≫ 膝の手術で、青春の全てを捧げてきたサッカー人生に幕を引いた。무릎 수술로 모든 청춘을 바쳐 왔던 축구 인생의 막을 내렸다.
- ☐ **まごびき**(孫引き) | (남이 인용한 것을) 재인용.
  ≫ 「孫引き」をする場合、参考文献としての記録の仕方が多少複雑になる。재인용을 할 경우 참고 문헌의 기록 방법이 다소 복잡해진다.
- ☐ **まさかのじたい**(まさかの事態) | 만약의 사태.
  ≫ まさかの事態に備えて、家族に電話をしておいた。만약의 사태에 대비해 가족에게 전화를 해 두었다.
- ☐ **またたくまに**(瞬く間に) | 순식간에. 눈 깜짝할 사이에.
  ≫ あれから一週間が瞬く間に過ぎていった。그로부터 일주일이 금세 지나가 버렸다.
- ☐ **またとないチャンス** | 둘도 없는 찬스〔기회〕.
- ☐ **まだらもよう**(まだら模様) | 얼룩무늬.
- ☐ **まね** | 짓. 행동. 흉내.
  ≫ 早まったまねはしない方がいい。경솔한 짓은 하지 않는 편이 좋다.
- ☐ **まめちしき**(豆知識) | 간단한 지식.
  ≫ 知っているとちょっとオトクな豆知識を集めて本にした。알고 있으면 제법 도움이 되는 간단한 지식들을 모아서 책으로 만들었다.
- ☐ **まんねんゆきがくずれおちる**(万年雪が崩れ落ちる) | 만년설이 붕괴되다.

여러가지 표현

- **まんべんなく**(万遍無く) | 구석구석까지. 두루.
  ≫ 世界各国を万遍無く巡る。 세계 각국을 빠짐없이 돌아보다.

- **まんをじする**(満を持する) | 만반의 준비를 하다.
  ≫ 満を持する者には、天の助けがある。 만반의 준비를 다하는 자에게는 하늘의 도움이 따른다.

- **みあう**(見合う) | 걸맞다. 어울리다.
  ≫ 本格的な多チャンネル時代に見合った放送。 본격적인 다채널 시대에 걸맞는 방송.

- **ミーハー** | 유행을 쫓음. 유행에 민감한 사람.
  ≫ 普段はあまりミーハーではない。 평소에는 그다지 유행을 쫓지 않는다.

- **みかぎる**(見限る) | 가망 없다고 단념하다. 포기하다.
  ≫ アメリカが国際協調路線を見限って、イラク攻撃を始めた。 미국이 국제 협력 노선을 접고 이라크 공격을 시작했다.

- **みがってなたのみ**(身勝手な頼み) | 염치없는 부탁.
  ≫ 身勝手な頼みと承知しておりますが、どうかご協力をお願い致します。 염치없는 부탁이라는 것은 알고 있습니다만 아무쪼록 도와주십시오.

- **みすかす**(見透かす) | 간파하다.
  ≫ 攻めがすぐ見透かされる。 공격이 바로 간파당하다.

- **みだれたしょくせいかつ**(乱れた食生活) | 불규칙한 식생활.
  ≫ 乱れた食生活は生活習慣病や肥満にも影響する。 불규칙한 식생활은 성인병과 비만에도 영향을 미친다.

- **ミッション** | 사절단. [mission]
  ≫ 経済交流ミッションを派遣し、意見交換や個別商談を行うなどにより、成果をあげてきた。 경제 교류 사절단을 파견해 의견 교환과 개별 상담 실시 등을 통해 성과를 올려 왔다.

- **みのほどをわきまえる**(身のほどを弁える) | 분수를 알다.
  ≫ 身のほどを弁えない高望み。 분수를 모르는 높은 소망.

- **みぶるいがする**(身震いがする) | 몸서리가 쳐지다.
  ≫ 今考えただけでも身震いがする。 지금 생각만 해도 몸서리가 쳐진다.

- **みみかき**(耳掻き) | 귀이개.
  ≫ 耳掻きは、耳の穴を掃除するための道具である。 귀이개는 귓구멍을 청소하기 위한 도구이다.

- **みみせん**(耳栓) | (방수·방음용) 귀마개.
  ⊙ 방한용 귀마개는 「耳あて」이다.

- **みるみる**(見る見る) | 순식간에. 금세.
  ≫ 所持金が見る見るうちに減っていく。 가지고 있던 돈이 금세 줄어들었다.

- **みをよせる**(身を寄せる) | (몸을) 의지하다. 기대다.

≫ 夫を亡くした女性たちの身を寄せる町がある。남편과 사별한 여성들이 몸을 의지하는 마을이 있다.

☐ **むきだしにする**(むき出しにする) | 드러내다.
≫「我が国も核が必要だ」と本音をむき出しにした。'우리나라도 핵이 필요하다'며 본심을 드러냈다.

☐ **むしよけスプレー**(虫よけスプレー) | 벌레 퇴치제.
≫ 不快な害虫からお肌を守る虫よけスプレー。불쾌한 해충으로부터 피부를 보호하는 벌레 퇴치제.

☐ **むせっそうさ**(無節操さ) | 비일관성. 지조가 없음.
≫ 政策がその時の都合によって変わる無節操さを糾弾した。정책이 그때그때 사정에 따라 바뀌는 비일관성을 규탄했다.

☐ **むせぶ** | 목메어 울다. 흐느껴 울다.
≫ 感涙にむせぶ。감격의 눈물을 흘리다.

☐ **むせる** | 사레들리다.
≫ 秋頃から、むせるようなせきが続く。가을께부터 사레들린 듯한 기침이 계속 나온다.

☐ **むねがしめつけられるおもい**(胸が締め付けられる思い) | 가슴이 저미어 오는 느낌.

☐ **むねぐらをつかむ**(胸ぐらをつかむ) | 멱살을 잡다.
≫ 胸ぐらをつかんで睨みつけた。멱살을 잡고 노려 보았다.

☐ **むびょうそくさいにかんしゃをささげる**(無病息災に感謝を捧げる) | 무병식재에 감사의 마음을 전하다.

☐ **めいしょうをおとずれる**(名勝を訪れる) | 명승지를 찾다.

☐ **めいせいをはくする**(名声を博する) | 명성을 떨치다.

☐ **めいていする**(酩酊する) | 만취하다.

☐ **めいふくをいのる**(冥福を祈る) | 명복을 빌다.

☐ **めいぶつにうまいものなし**(名物にうまいものなし) | 소문난 잔칫집에 먹을 것 없다.

☐ **めいめつする**(明滅する) | 깜박거리다.
≫ 蛍光灯が明滅する。형광등이 깜박거리다.

☐ **めがしらがあつくなる**(目頭が熱くなる) | 눈시울이 뜨거워지다.

☐ **めがゆきがちだ**(目が行きがちだ) | 눈을 돌리기 쉽다.
≫ 親はテストの点数にのみ目が行きがちである。부모는 시험 성적에만 관심을 가지는 경향이 있다.

☐ **めじろおし**(目白押し) | 줄줄이.
≫ 様々なイベントが目白押しでごった返すホテル。다양한 이벤트가 줄줄이 예정되어 있어 붐

여러가지 표현

비는 호텔.

- [ ] **めにやきつける**(目に焼き付ける) | 눈에 담다.
  ≫ 懐かしい故郷の光景を目に焼き付ける。 정겨운 고향의 정경을 눈에 담다.

- [ ] **めのやりばにこまる**(目のやり場に困る) | 눈을 어디에 둬야 할지 모른다.
  ≫ 極端に短いスカートには、本当に目のやり場に困ってしまう。 미니스커트를 보면 정말 눈을 어디에 둬야 할지 당황스럽다.

- [ ] **めはこころのあらわれ**(目は心の現れ) | 눈은 마음의 거울.

- [ ] **めはなだちくっきりのびじん**(目鼻立ちくっきりの美人) | 이목구비가 뚜렷한 미인.

- [ ] **めぼしい** | 눈에 띄다. 두드러지다. 값나가다.
  ≫ 今のところめぼしい成果は出ていない。 지금 상황에서 이렇다 할 성과는 나오지 않았다.

- [ ] **メリハリ** | 강약. 신축성.
  ≫ 仕事にメリハリをつける。 업무에서 융통성을 발휘하다.

- [ ] **もういをふるう**(猛威を振るう) | 기승을 부리다.
  ≫ 都心も地方も関係なく、35度を越える暑さが猛威を振るっている。 도심이나 지방 할 것 없이 35도를 넘은 더위가 기승을 부리고 있다.

- [ ] **もうしょ**(猛暑) | 폭염. =酷暑こくしょ、熱波ねっぱ
  ≫ 夏の猛暑をさけて、エアコンのきいた空港に遊びに行く。 여름의 무더위를 피해 에어컨 바람이 시원한 공항에 놀러 간다.

- [ ] **もうとうない**(毛頭ない) | 털끝 만큼도 없다. 전혀 없다.
  ≫ しゃしゃり出るつもりは毛頭ない。 뻔뻔스럽게 나설 생각은 털끝 만큼도 없다.

- [ ] **もえさかるなつのあつさ**(燃え盛る夏の暑さ) | 타오르는 여름 더위.

- [ ] **もくし**(目視) | 눈으로 봄.
  ≫ 今まで、本人確認は旅券に張られた写真の目視に頼っていた。 지금까지 본인 확인은 여권에 붙어 있는 사진을 보고 비교하는 데 의존해 왔다.

- [ ] **モザイクをかける** | 모자이크 처리를 하다.
  ≫ プライバシー保護のために、モザイクをかけ音声を加工した。 사생활 보호를 위해 모자이크 처리를 하고 음성을 변조했다.

- [ ] **モスク** | 모스크. 이슬람교 예배당. [*mosque*]
  ≫ モスクは、世界中どこでもメッカをめざす軸(キブラ)を基準に建設される。 모스크는 세계 어디에서나 메카를 향하는 축(키브라)를 기준으로 지어진다.

- [ ] **もちまえのしゅうちゅうりょくとスピード**(持ち前の集中力とスピード) | 천부적인 집중력과 스피드.

- [ ] **もちまえのチャレンジせいしん**(持ち前のチャレンジ精神) | 타고난 도전 정신.
  ≫ 持ち前のチャレンジ精神で時代を先取りしていく。 타고난 도전 정신으로 시대를 앞서

가다.

- [ ] **もってのほか** | 말도 안 됨. 당치도 않음.
  ≫ 多国籍軍への自衛隊参加は、もってのほかだ。 다국적군에 자위대가 참가하는 것은 있을 수 없는 일이다.

- [ ] **もんこをひらく**(門戸を開く) | 문호를 개방하다.
  ≫ 中国が経済の門戸を開き世界に躍進している。 중국이 경제 문호를 개방하여 세계로 약진하고 있다.

- [ ] **もんもうりつ**(文盲率) | 문맹률. =非識字率(ひしきじりつ)
  ≫ 義務教育制度の発達が遅れていたアフリカの各国では文盲率が高い。 의무교육 제도가 늦게 발달한 아프리카 국가들에서는 문맹률이 높다.

- [ ] **やくだてる**(役立てる) | 활용하다.
  ≫ ITを経営に役立てる。 IT를 경영에 활용한다.

- [ ] **やけいしにみず**(焼け石に水) | (별로 효과가 없다는 뜻으로) 언 발에 오줌 누기.

- [ ] **やさき**(矢先) | (막 ~하려는) 참. 찰나.
  ≫ 会社を出ようとした矢先に、上司に呼び止まられた。 회사를 나오려는 찰나에 상사가 불러 세웠다.

- [ ] **やすらかにおねむりください**(安らかにお眠りください) | 편히 잠드소서.

- [ ] **やせてもかれても**(やせても枯れても) | 이래 뵈도. 비록 꼴은 이럴망정.
  ≫ やせても枯れても野党には野党のメンツとプライドがある。 이래 뵈도 야당에는 야당의 체면과 자부심이 있다.

- [ ] **やってくる** | 다가오다. 찾아오다.
  ≫ 百貨店にはもう春がやってきた。 백화점에는 벌써 봄이 찾아왔다.

- [ ] **やるせないおとこころ**(やるせない男心) | 처량한 남자의 마음.

- [ ] **ゆうやみがこくなる**(夕やみが濃くなる) | 땅거미가 지다.

- [ ] **ゆうやみがせまる**(夕やみが迫る) | 땅거미가 지기 시작하다.

- [ ] **ゆみずのようにつかう**(湯水のように使う) | 물 쓰듯 하다. 흥청망청 쓰다.
  ≫ 韓国人は海外でお金を湯水のように使う。 한국인은 해외에서 돈을 물 쓰듯 사용한다.

- [ ] **ゆめのチームがじつげんする**(夢のチームが実現する) | 드림 팀이 실현되다. =ドリームチームが実現する

- [ ] **よいしれる**(酔いしれる) | 빠져들다.
  ≫ 小さなファンタジーに人々は酔いしれる。 작은 판타지 속으로 사람들은 빠져든다.

- [ ] **ようしゃしない**(容赦しない) | 봐주지 않다.
  ≫ 私は私に逆らう者を容赦しなかった。 나는 나를 거역하는 자는 봐 주지 않았다.

여러가지 표현

- **よせいをかる**(余勢を駆る) | 여세를 몰다.
  ≫ ホームで初勝利を挙げた余勢を駆って連勝を狙う。홈에서 첫 승을 올린 여세를 몰아 연승을 노린다.

- **よせる** | 비유하다. 빗대어 말하다.
  ≫ 他人のことによせて皮肉に言う。남의 일에 빗대어 비꼬는 말을 하다.

- **よそみをする**(よそ見をする) | 한눈팔다.
  ≫ プールの監視員がよそ見をしている。수영장의 안전요원이 한눈팔고 있다.

- **よっつあしのもの**(四つ足の物) | 네 발 달린 것.
  ≫ 「中国人は4つ足のものは、机と椅子以外なんでも食べる」という話を聞いたことがある。중국 사람은 네 발 달린 것은 책상과 의자 이외에 무엇이든 먹는다는 말을 들은 적이 있다.

- **よばわる**(呼ばわる) | 큰 소리로 부르다. 외치다.
  ≫ 荒野に呼ばわる声。광야에 외치는 소리.

- **よほどのことがないかぎり～ない**(よほどのことがない限り～ない) | 웬만해서는 ～하지 않는다.
  ≫ よほどのことがない限り、商圏内の人口が大きく変動することはない。웬만해서는 상권 내의 인구가 크게 변동하는 일은 없다.

- **よろずや**(よろず屋) | 만물상. 잡화상. 만능선수. =なんでも屋や

- **らくちゃくする**(落着する) | 결말이 나다.
  ≫ 交渉は半値で在庫を処分することで落着した。협상은 반값에 재고를 처분하는 것으로 결말이 났다.

- **ラバーウッド** | 오크 원목. [rubber wood]
  ≫ ラバーウッドは学習机やテーブルの天板などに最近良く使用されている素材である。오크 원목은 학습용 책상이나 테이블 상판 등에 최근 많이 사용되고 있는 소재이다.

- **ランクがいになってしまった**(ランク外になってしまった) | 순위에서 제외되어 버렸다.

- **ランプがてんとうする**(ランプが点灯する) | 불이 들어오다.
  ≫ 赤いランプが点灯したら開けてください。빨간 불이 들어오면 열어 주십시오.

- **リクエスト** | 문의. 요청. [request]
  ≫ 同じチャンネルで同じ曲のリクエストが入った場合、60分の間隔をあけてかける。同じアーティストの別の曲の場合、30分の間隔をあける。한 채널에 같은 곡 신청이 들어왔을 경우 60분 간격으로 틀어 준다. 같은 가수의 다른 노래일 경우 30분 간격을 둔다.

- **リップサービス** | 립 서비스. 입에 발린 말. [lip service]
  ≫ リップサービスにきれいに踊らされた。립 서비스에 제대로 놀아났다.

- **りにはしる**(利に走る) | 이익만을 추구하다.
  ≫ 目先の利に走る。눈앞의 이익만을 좇다.

- ☐ **リリースする** | 출시하다.
  ≫ 新しいタイプの携帯電話をリリースする。 새로운 타입의 휴대전화를 출시하다.

- ☐ **りんとした**(凛とした) | 야무진. 당찬.
  ≫ 凛とした女性って格好いいと思う。 당찬 여성은 멋있다고 생각한다.

- ☐ **るふ**(流布) | 유포.
  ≫ 悪質なデマを流布する。 악질적인 유언비어를 퍼트리다.
  ⊙ 발음에 주의해야 한다.

- ☐ **れいこうする**(励行する) | 힘쓰다. 힘써 하다.
  ≫ 子供や高齢者が通行しているとき、一時停止や徐行を励行する。 아이와 고령자가 통행을 할 때 일시 정지와 서행에 특히 신경을 쓴다.

- ☐ **れいをひく**(例を引く) | 예를 들다.
  ≫ 自分の例を引きながらこう語った。 자신의 예를 들면서 이렇게 이야기했다.

- ☐ **レーベル** | 상표. 꼬리표. =ラベル, レッテル
  ≫ 今回の食品ラベルの偽装事件は、消費低迷につながりかねない。 이번 식품 상표 위조 사건은 소비 침체로 이어질 가능성이 있다.

- ☐ **レトロ** | 복고풍. [*retro* 프랑스어]
  ≫ レトロなデザインが若者に人気。 복고풍 디자인이 젊은이들 사이에서 인기이다.

- ☐ **ろけんする**(露見する) | 드러나다.
  ≫ 火災で露見した施工欠陥。 화재로 드러난 공사 결함.

- ☐ **ろんをまたない**(論を俟たない) | 논할 여지도 없다. 물론이다.
  ≫ 災害復旧事業は最も重要なる施策であることは論を俟たないところである。 재해 복구 사업이 가장 중요한 시책이라는 점은 논할 여지도 없다.

- ☐ **わかれみち**(分かれ道) | 갈림길. 분수령.
  ≫ 運命の分かれ道に立たされた。 운명의 갈림길에 놓이게 되었다.

- ☐ **わすれたきおくをとりもどす**(忘れた記憶を取り戻す) | 잃었던 기억을 되찾다.

- ☐ **わらいにつつまれる**(笑いに包まれる) | 웃음바다가 되다.

- ☐ **わりだす**(割り出す) | 산출하다.
  ≫ 衛星の位置は正確に割り出せる。 위성의 위치를 정확히 산출해 낼 수 있다.

- ☐ **〜をせに**(〜を背に) | 〜을 등에 업고. 〜을 배경으로.
  ≫ 郵便局は国家保証という信用を背に膨張してきた。 우체국은 국가 보증이란 신용을 등에 업고 성장해 왔다.

Event
Event
Event

1. 인사말

1. 개회사

只今より「日韓交流の夕べ」を始めさせていただきたいと思います。
지금부터 한일 교류의 밤 행사를 시작하도록 하겠습니다.

それでは只今から通常総会を開催致します。
그러면 지금부터 정기총회를 시작하겠습니다.

総会の開催にあたり、一言ご挨拶申し上げます。
총회 개최를 기념하여(맞이하여) 짧게나마 인사 말씀 올리겠습니다.

ご来賓の皆様にはご多忙のところご列席いただき、誠にありがとうございます。
내빈 여러분, 바쁘신 가운데 참석해 주셔서 진심으로 감사드립니다.
- ご出席 참석,
ご多忙中 / ご多忙の中 바쁘신 가운데.

ご参加された方々
여기 계신(모이신) 여러분. 참석해 주신 여러분.

多くの方々にご来訪いただき、心より御礼申し上げます。
많은 분들께서 방문해 주셔서 진심으로 감사합니다.

ご尽力を賜りますようお願い申し上げましてご挨拶とさせていただきます。
최선을 다해 주시기를 부탁드리는 것으로 인사 말씀에 갈음하겠습니다.

私の基調演説を締めくくらせていただきます。
제 기조연설을 마무리하도록 하겠습니다.

2. 축사

お時間の許す限り
시간이 허락하는 한.

どうかお時間の許す限りお楽しみください。　　　아무쪼록 시간이 허락하는 한 즐거운 시간 가지시길 바랍니다.

甚だ簡単ですが歓迎のご挨拶に代えさせていただきます。　　　간략하게나마 환영사를 대신하겠습니다.

歓迎のご挨拶とさせていただきます。　　　환영사에 갈음하겠습니다.

改めて本会議の成功を祈念しながら開会の挨拶とします。　　　다시 한번 이 회의의 성공을 기원하면서 개회사에 갈음하겠습니다.

交流会の発展、皆様の益々のご健勝をお祈り申し上げます。　　　교류회의 발전과 여러분의 무궁한 건승을 기원합니다.

更なる発展を祈念致します。　　　무궁한 발전을 기원합니다.

限りなきご発展と皆様方のご多幸をお祈り申し上げましてお祝いの言葉といたします。　　　무궁한 발전과 여러분의 행복을 기원하면서 축사에 갈음하겠습니다.

連合会のご発展と本日ご参集の皆様方の益々のご活躍を祈願致します。　　　연합회의 발전과 오늘 참석해 주신 여러분들의 무궁한 활약을 기원합니다.

祈念してやみません。　　　바라 마지않습니다.
それぞれの目標が成就するよう祈念してやみません。　　　각각의 목표가 성취되기를 바라 마지않습니다.

3. 환영 · 감사

多くの方々から大変暖かい歓迎を頂いたことに対し心から感謝申し上げます。　　　많은 분들께서 따뜻하게 맞아 주셔서 진심으로 감사합니다.

フォーラムにお招きいただきまして誠にありがとうございます。	포럼에 초청해 주셔서 감사합니다.
本日はなにかとご多用の中、ご来場いただきありがとうございます。	오늘 여러모로 바쁘신 가운데 참석해 주셔서 감사합니다.
このフォーラムの開催の趣旨にご賛同いただきました方々に御礼申し上げます。	이 포럼 개최 취지에 뜻을 같이 해 주신 분들께 감사의 말씀을 드립니다.
多くの会員の皆様にお越しいただき、誠にありがとうございました。	많은 회원님께서 참석해 주셔서 진심으로 감사드립니다.
会場にお越しくださいました多くの皆様に感謝申し上げます。	행사장을 빛내 주신 많은 분들께 감사드립니다.
このような場をもうけてくださった○○様に感謝致します。	이런 자리를 마련해 주신 ○○○께 감사드립니다.
これも偏に皆様方のご協力の賜物と厚く御礼申し上げます。	이것 또한 전적으로 여러분께서 협력해 주신 덕분이라 생각하며 깊은 감사의 말씀을 드립니다.
このような素晴らしい宴を催していただきありがとうございます。	이렇게 멋진 연회를 마련해 주셔서 감사합니다.
多くの関係者のご尽力、ご協力により会議が開催されますことを心からお祝い申し上げます。	많은 관계자분들의 노고와 협력으로 회의를 개최하게 된 것을 진심으로 축하드립니다.
ようこそおいで頂きました。	여러분 환영합니다, 잘 오셨습니다.

皆様、心から歓迎を申し上げます。 　　　여러분 진심으로 환영합니다.

深く敬意を表す次第であります。 　　　깊은 경의를 표하는 바입니다.

関係各位の並々ならぬご尽力に敬意を表します。 　　　관계자 여러분의 엄청난 노고에 경의를 표합니다.

4. 폐회사

大変お名残惜しいところですが、時間となりましたのでお開きにさせていただきたいと思います。 　　　매우 아쉽습니다만 이제 마칠 시간이 다 되었습니다.

それではこれで交流会を閉会致します。 　　　그러면 이것으로 교류회를 마치도록 하겠습니다.

以上サマーフォーラムを終わらせていただきます。

이것으로 하계 포럼을 마치도록 하겠습니다.

⊙「以上」대신에「これをもちまして」를 쓸 수 있다.

さて宴も酣ではございますが、終了の時間となりました。

파티가 무르익었습니다만, 끝낼 시간이 되었습니다.

⊙「終了」대신에「お開き」를 쓸 수 있다.

お足元に気をつけてお帰りくださいませ。 　　　안녕히 가십시오.
⊙ 비 오는 날 하는 인사이다.

5. 계절 인사

桜の花びらが舞う季節 　　　벚꽃이 한창 피는 계절.

そよ吹く風に梅の香がするここちよい春となりました。 　　　산들바람에 매화 향기가 그윽한 봄이 되었습니다.

花が咲き誇り万物が蘇る季節となりました。	꽃이 피고 만물이 소생하는 계절이 되었습니다.
新緑がまぶしい7月	푸름(녹음)이 짙어 가는 7월.
季節は実りの秋	풍성한 수확의 계절 가을.
五穀が豊かに実る、収穫の季節	오곡이 풍성하게 여무는 수확의 계절.
紅葉が山々を美しく彩りを深めているところです。	단풍이 산을 아름답게 물들이고 있습니다.
澄みきった大空	맑게 트인 하늘.
天高く馬肥ゆる秋となりました。	천고마비의 계절, 가을이 되었습니다.
稲穂は実るほど頭を垂れる。	벼는 익을수록 머리를 숙인다. ⊙ 같은 뜻으로 「能のある鷹は爪を隠す」를 쓸 수도 있다.
色彩豊かな秋も、今や静かな冬の入口に立っております。	화려한 가을을 보내고 이제 장중한 겨울의 문턱에 들어섰습니다.

1. 서두

親愛なる会員の皆様

친애하는 회원 여러분.
⊙ 「親愛する」란 표현은 사용하지 않는다.

受付を済まされた方からご順にテーブルにお着きください。

접수를 마치신 분부터 순서대로 테이블에 자리해 주시기 바랍니다.

多くの方々にお集まりいただきました。

많은 분들께서 자리해 주셨습니다.

私は本日の司会進行役を務めさせていただきます○○と申します。宜しくお願い致します。

저는 오늘 사회를 맡은 ○○○라고 합니다. 잘 부탁드립니다.

開会に先立ちまして、委員の皆様の出欠につきましてご報告させていただきます。

개회에 앞서 위원 여러분들의 참석 여부에 대해서 보고 드리겠습니다.

本日所用のため欠席の報告をいただいております委員の方は○○議員、ひとりでございます。

오늘 개인적인 용무로 참석을 못 하신다고 연락을 주신 분은 ○○○ 의원 한 분입니다.

やむを得ず欠席された方もいらっしゃいますが、このような状況の中、2/3以上の皆様にお集まりいただき、スタッフ一同恐縮でございます。

부득이한 사정으로 참석을 못 하신 분도 계십니다만, 이와 같은 상황에서도 3분의 2 이상의 분들께서 모여 주셔서 관계자 일동은 황송할 따름입니다.

我が市において開催できますことは誠に

우리 시에서 개최할 수 있게 된 것을 영광으로

光栄(こうえい)であります。

생각합니다.

それでは時間(じかん)がまいりましたので、只今(ただいま)から懇談会(こんだんかい)を開催(かいさい)させていただきたいと思(おも)います。

그러면 시간이 다 되었기 때문에 지금부터 간담회를 개최하도록 하겠습니다.

今出席(いましゅっせき)しておりませんが、後(のち)ほどいらっしゃる予定(よてい)です。

지금 이 자리에는 없습니다만 나중에 오실 것으로 생각됩니다.

長(なが)い時間(じかん)になりますけれども、皆様(みなさま)、どうぞ最後(さいご)までごゆっくりお聞(き)きいただきたいと思(おも)います。

시간이 많이 걸리겠지만 여러분, 끝까지 경청해 주시기 바랍니다.

楽(たの)しい時間(じかん)をお過(す)しいただけますよう、お祈(いの)り申(もう)し上(あ)げます。

즐겁고 편안한 시간이 되시기를 바랍니다.

ご歓談中(かんだんちゅう)のところ恐(おそ)れ入(い)りますがここで祝電(しゅくでん)を披露(ひろう)させていただきます。

환담 나누시는데 죄송합니다만, 축전을 전해 드리겠습니다.

○○様(さま)により祝電(しゅくでん)ならびに花輪(はなわ)をいただきました。

○○○께서 축전과 화환을 보내 주셨습니다.

引(ひ)き続(つづ)きご歓談(かんだん)ください。

계속 말씀 나누십시오.

後日(ごじつ)⋮
詳細(しょうさい)につきましては後日(ごじつ)、ご案内(あんない)いたします。

차후.
자세한 내용에 대해서는 차후 안내해 드리겠습니다.

後(のち)ほど⋮
開催日程(かいさいにってい)につきましては、後(のち)ほどご案内(あんない)

추후에.
개최 일정에 대해서는 추후에 안내해 드리겠습니다.

申し上げます。

2. 소개

部長の木村が来賓の方々をご紹介致します。

기무라 부장님께서 내빈 소개를 하시겠습니다.

皆様から向かって左側より○○様、そのお隣は○○様、続きまして○○様、最後に○○様でございます。

단상의 왼쪽부터 ○○○님, 그 옆이 ○○○님, 그리고 ○○○님, 마지막으로 ○○○님이십니다.

⊙ 「から向かって」는 「からご覧になって」라고 할 수 있다.

学界の泰斗であられる○○様

학계의 대가이신 ○○○님.

続きまして社長の五十嵐がご挨拶申し上げます。

계속해서 이가라시 사장님의 인사 말씀이 있겠습니다.

○○社長からお祝いの言葉をいただきます。

○○○사장님으로부터 격려사(축사)가 있겠습니다.

○○社長よりご祝辞をたまわります。

○○○사장님으로부터 축하 말씀이 있겠습니다.

ご紹介に与りました、S社社長のキムと申します。

방금 소개받은 S사 사장 김○○이라고 합니다.

⊙ 「与りました」 대신에 「~(を)いただきました」를 쓸 수도 있다.

只今ご紹介をいただきました○○でございます。

방금 소개받은 ○○○입니다.

それでは、パネリストの皆様にご登場

그러면 패널리스트분들께서 나오시겠습니다.

いただきます。どうぞ、拍手をもってお迎えくださいませ。

박수로 맞이해 주시기 바랍니다.

3. 수상식·소감

出席者賞

참가상.

功労者賞

공로상.

よってここにその功績をたたえ表彰いたします。

이에 그 공적을 기리며 상을 드립니다.

お名前を呼ばれた方はどうぞ壇上にお上がりください。

호명하는 분은 단상 위로 올라와 주시기 바랍니다.

たびたびで恐縮ですが壇上にお越しください。

번거롭게 해드려 죄송합니다만 단상으로 올라와 주십시오.
⊙「お越し」대신에「お上がり」를 쓸 수도 있다.

表彰を受けられる皆様にはそのご功績に対し深く敬意を表する次第であります。

표창을 받으시는 여러분께는 그 공적에 대해 깊이 경의를 표하는 바입니다.

栄えある表彰をお受けになられる方々にこの度のご受賞を心からお祝い申し上げます。

영예로운 상을 받으시는 분들께 이번 수상을 진심으로 축하드립니다.

晴れがましい表彰式を行うことができて大変嬉しく思っております。

성대한 표창식을 거행할 수 있게 되어 매우 기쁘게 생각합니다.

心から称えたいと思います。

진심에서 우러나는 치하의 뜻을 전합니다.

賞状とメダルが手渡されます。

상장과 메달이 수여됩니다.

ご都合を付けて、晴れの表彰式に駆けつけてくださったご来賓の皆様。

시간을 내서 경사스러운 표창식에 참석해 주신 내빈 여러분.

コンクールに参加した人は、約1,000人です。その中から選りすぐられて、表彰されるわけです。

콩쿠르에 참가한 사람은 약 1000명입니다. 그 가운데에서 선발되어 상을 받게 되는 것입니다.

このような温かいおもてなしを受け一同感激しております。

이렇게 따뜻하게 맞아 주셔서 모두 감격스러울 따름입니다.

功労賞を受賞することとなり大変光栄に思います。

공로상을 수상하게 되어 대단히 기쁘게 생각합니다.

教育に携わって、はや5年目となりました。

교육에 발을 들여 놓은 지 어느덧 5년째가 되었습니다.
◉ 이 경우에는「もはや」란 표현보다는「はや」란 표현을 쓴다. 또한「~に携わって」대신에「~に取り組んで」란 표현을 쓸 수도 있다.

今日の栄えある結実となりました。

오늘의 영광에까지 이르게 되었습니다.

図らずも本賞を受賞することとなり大変光栄に思います。

뜻밖에 이 상을 받게 되어 정말 영광스럽게 생각합니다.

厚く感謝致します。

깊이 감사드립니다.
◉ '깊이'라는 뜻으로「深く」란 표현도 많이 쓰는데 이는 올바른 표현이 아니다.

受賞の栄えに浴することができ大変嬉しく思っております。

수상의 영광을 안게 되어 정말 기쁩니다.

感慨深い
これまでの15年間を「会」と共に歩ませて戴きました私と致しましてはまことに感慨深いものがあります。

감회가 깊다.
지금까지 15년간을 회와 함께 걸어온 저로서는 정말 감회가 남다릅니다.

これに勝る喜びはありません。

이보다 더한 기쁨은 없습니다.

温かいおもてなしに対して心から厚く御礼申し上げます。

따뜻한 환대에 대해 진심으로 감사의 말씀을 드립니다.

不足な私を信じてついてきたスタッフの方々に感謝致します。

부족한 저를 믿고 따라준 스태프 여러분께 감사드립니다.

警察関係者の皆様、一年も満たない時間でしたが慣れ親しんだ皆様の元を離れます。

경찰 가족 여러분, 일 년이 채 안 되는 시간이었지만 정들었던 여러분의 곁을 떠납니다.

私も部長を拝命してすでに10年が経過しました。

저도 부장으로 임명을 받은 지 벌써 10년이 지났습니다.

残念で寂しい気持ちがあります。

아쉬움과 섭섭함이 저의 가슴을 적십니다.

何卒、これまで以上のご声援のほど、宜しくお願い申し上げます。

아무쪼록 앞으로도 더 많은 성원을 부탁드립니다.

今後ともご指導、ご鞭撻を賜りますようお願い申し上げます。

앞으로도 많은 지도 편달을 부탁드립니다.

4. 건배 제의

それでは引き続き乾杯に移らせていただきます。

그러면 이어서 건배 제창이 있겠습니다.

それでは引き続き乾杯に入らせていただきます。

그러면 이어서 건배 제창에 들어가겠습니다.

乾杯のご発声は○○様にお願い致します。

건배 제의는 ○○○께서 해 주시겠습니다.
- 「発声」대신에「音頭」를 써도 된다.

今後の発展を祈念して乾杯しましょう。

향후 발전을 위하여 건배를 제의합니다.

乾杯をもってこの午餐会を閉めさせていただきます。

건배로써 이번 오찬회를 마치도록 하겠습니다.

III. 기타 표현

なせばなる、なさねばならぬ何ごとも。 不可能を可能にする。	안되면 되게 하라. 안되면 되게 하라. 하면 된다.
この意味で この意味で「治療と実験はまったく別物だ」 と言うことはできません。	이에 비추어 볼 때. 이런 의미에서. 이에 비추어 볼 때 '치료와 실험은 전혀 다른 것이다' 라고 말할 수 없습니다.
お顔を拝見しますと 皆さんのお顔を拝見しますと、この 一年間の事が走馬灯のごとく次から次へ と浮かんで参ります。	얼굴을 뵈니. 여러분의 얼굴을 뵈니 1년간의 일이 잇따라 주마등처럼 떠오릅니다.
旧知の方々 旧知の方々にお会いすることができ、 懐かしく、楽しく、ときを忘れます。	얼굴이 익은 분. 전부터 알고 지내는 분. 낯익은 분들과 만나 반갑고 즐거워 시간 가는 줄 모르겠습니다.
旧交を温める 旧交を温め、親睦と情報交換の場に なれば幸いです。	회포를 풀다. 오랜만에 만나셨으니 말씀 많이 나누시고 친목과 정보 교환의 장이 되었으면 하는 바람입니다.
ご案内の通り/ご存じのように/ご承知の通り ご承知の通り、私どもを取り巻く業界が 激変しております。	주지하시는 바와 같이. 아시는 바와 같이. 아시는 바와 같이 우리 주변 업계가 급변하고 있습니다.
益々のご発展 皆様の益々のご発展を心よりお祈り	무궁한 발전. 여러분의 무궁한 발전을 진심으로 기원합니다.

申し上げます。

切っても切り離せない関係
韓国と日本は今もそしてこれからも切っても切り離せない関係にあります。

떼려야 뗄 수 없는 관계.
한국과 일본은 지금도 그리고 앞으로도 떼려야 뗄 수 없는 관계에 있습니다.

各位
関係各位のご協力に心より御礼申し上げます。

여러분.
관계자 여러분의 협력에 감사드립니다.

換言して申し上げれば

바꿔 말하면.

実のある
実のある会議になりますことをまずもってご期待申し上げたいと存じます。

내실 있는.
내실 있는 회의가 되기를 먼저 기대하는 바입니다.

相互理解を深める。

상호 이해를 증진시키다.

時間や地理的な壁を超える
今や情報は時間や地理的な壁を超えてリアルタイムで世界中を駆け巡っています。

시공간을 초월하다.
바야흐로 정보는 시공간을 초월하여 실시간으로 전세계로 확산되고 있습니다.

好むと好まざるとに関わらず
グローバル化は色々なところに浸透し、好むと好まざるとに関わらず社会に影響を及ぼしています。

싫든 좋든 간에.
글로벌화는 다양한 분야에 침투해서 싫든 좋든 간에 사회에 영향을 미치고 있습니다.

日頃から
日頃から災害防止活動の推進に一方ならぬご尽力をいただき、厚く御礼

평소에.
평소에 재해 방지 활동 추진에 다대한 노력을 기울여 주셔서 깊이 감사의 말씀을 드립니다.

申し上げます。

交流の風穴を空ける。　　　　　　　　　교류의 물꼬를 트다.
交流を活発化する。　　　　　　　　　　교류의 물꼬를 트다.

ターニングポイントに差し掛かる。　　　전환점을 맞이하다.
節目に差し掛かる。　　　　　　　　　　중요한 시기를 맞이하다.

設立披露パーティー　　　　　　　　　　설립 기념 파티.

突然のご指名でございますが、本日は　　갑자기 저를 불러 나왔습니다만, 오늘 콘서트가
コンサートが盛大に開催されますことに　성대하게 개최된 것에 대해 간단하게나마 축하의
対しまして一言お慶び申し上げます。　　말씀을 올리겠습니다.

遠路はるばる　　　　　　　　　　　　　먼 길을 마다않고.
今日は遠路はるばるソウルまでお越し　　오늘은 서울까지 먼 길을 와 주셔서 감사합니다.
いただきありがとうございました。

一助になることを期待する　　　　　　　조금이나마 도움이 되기를 기대하다.
少子化対策の一助になることを期待して　저출산 대책에 조금이나마 도움이 되기를 기대합니다.
います。

皆様のお力添えにより　　　　　　　　　여러분의 도움으로.
皆様のお力添えにより、営業を続けて　　여러분의 도움으로 영업을 계속해 왔습니다.
参りました。

近い将来　　　　　　　　　　　　　　　머지않아.
エネルギーを取り巻く環境が近い将来、　에너지를 둘러싼 환경이 머지않아 크게 변화할 것으로
大きく変化すると考えられます。　　　　생각됩니다.

意義深い日	뜻 깊은 날.
長足の発展を遂げてまいりました。	장족의 발전을 거듭해 왔습니다.
賜物	결실. 산물.
皆様のたゆみないご努力の賜物でございます。	여러분의 끊임없는 노력의 결실입니다.
昼夜を問わず/昼夜をおかず/昼夜を分かたず	불철주야. 밤낮을 가리지 않고.
警察本部の皆さんには、安全で住みよい町づくりのため昼夜を問わず、日々ご尽力をいただき敬意を表します。	경찰 본부의 여러분께서 안전하고 살기 좋은 마을을 만들기 위해 불철주야 노력해 주신 점에 경의를 표하는 바입니다.
お目にかかれて光栄です。	(만나 뵙게 되어) 반갑습니다.
お休みのところ	휴일에도 불구하고.
お休みのところ多数ご参加いただきありがとうございました。	휴일에도 불구하고 많은 분이 참석해 주셔서 감사합니다.
創立10周年の節目を迎えられたことは、ご来場者の皆様のお力添えもあってのことです。	창립 10주년의 뜻 깊은 날을 맞이할 수 있었던 것은 내빈 여러분의 도움이 있었기 때문입니다.
世界的な課題が次々と生起している。	세계적 규모의 과제가 잇따라 발생하고 있다.
日本とゆかりが深く、風光明媚なこのチェジュ島	일본과 관계가 깊고 매우 경치가 아름다운 제주도.
利用に供する	이용에 제공하다.
研究所のコンピューターシステムは、	연구소의 컴퓨터 시스템을 국내외 연구자가 이용할

国内外の研究者の利用に供されています。

수 있도록 제공하고 있습니다.

先般
先般の沖縄サミットでは、IT憲章が発表された。

지난번. 요전. 일전.
지난번 오키나와 정상회담에서는 IT헌장이 발표되었다.

日々刻々
日々刻々と変化する社会環境を背景にいま、企業経営は大きな変革を迎えています。

시시각각.
시시각각으로 변하는 사회 환경을 배경으로 지금 기업 경영은 큰 변혁을 맞이하고 있습니다.

これはひとえにAPECメンバーから寄せられた物心両面にわたる温かいご支援のおかげです。

이것은 전적으로 APEC 회원국 여러분들께서 보내 주신 물심양면의 따뜻한 지원 덕분입니다.

⊙ 「ひとえに～おかげで」 형태로 사용한다.

満喫する
歴史と文化を満喫していただければ幸いに存じます。

마음껏 즐기다.
역사와 문화를 마음껏 즐겨 주시면 기쁘겠습니다.

その成果に大いにご期待申し上げるものであります。

그 성과에 큰 기대를 걸고 있습니다.

被害に遭われた方には心からお見舞い申し上げます。

피해를 입으신 분들에게는 진심으로 위로의 말씀을 드립니다.

皆様のお手元に配布してございます資料

여러분들께 나누어 드린 자료.

念のため申し添えます。

확인 차 덧붙여 말씀드립니다.

○○様にご就任をいただいているところ

○○○님께서 취임해 주셨습니다.

でございます。

意見を具申する。 （윗사람에게） 의견을 말씀드리다.

○○○にお骨折りとご尽力をいただきました。 ○○○님께서 많이 수고하시고 애써 주셨습니다.

豪華な顔ぶれ 화려한 멤버.

皆様も毎日お耳にされていますように。 여러분께서도 매일 듣고 계시듯.

並々ならぬご努力に対しまして心から敬意を表する次第です。 엄청난 노력에 대해 경의를 표하는 바입니다.

不断の努力を重ねてまいりたいと考えております。 부단한 노력을 계속해 나가려 생각하고 있습니다.

努力を傾注してまいります。 노력을 경주해 가겠습니다.

研鑽の場として実り多いものとなりますようご期待申し上げます。 연구의 장으로서 내실 있는 회의가 될 것으로 기대를 합니다.

心温まるふれあい 훈훈한 만남(교류).

何かにつけて 무슨 일이 있을 때마다.
何かにつけて、お気遣いをいただき、ありがとうございました。 무슨 일이 있을 때마다 걱정해 주셔서 감사합니다.

何ともお礼の致しようもありません。 뭐라 감사의 말씀을 드려야 할지 모르겠습니다.

全身全霊を打ち込んでまいりました。　　혼신을 다해 왔습니다.

本来ならば　　예정대로라면.

ご当地も沸き立ったことと推察致します。　　이곳에서도 흥분의 도가니였을 것이라 생각됩니다.

興奮のるつぼに化する。　　흥분의 도가니로 바뀌다.

未熟な私　　부족한 저.

これまで未熟な私を支えていただいたことに、心から感謝申し上げます。　　지금까지 부족한 저를 후원해 주셔서 진심으로 감사드립니다.

お願いしたいことがあります。　　당부의 말씀을 드리고자 합니다.

骨を削る努力　　각고의 노력.

決意する　　다짐하다.

目標に向かって前進することを決意しましょう。　　목표를 향해 전진할 것을 다짐합시다.

未来を背負う希望の星が一同に会しました。　　미래를 이끌고 갈 꿈나무들이 한자리에 모였습니다.

できるだけ多くの方々にご参加いただき楽しい時をお過ごしいただきますようお願い申し上げます。　　한 분도 빠짐없이 참석하시어 즐거운 시간을 함께 해 주시면 감사하겠습니다.

惜しみのない温かい支援　　아낌없는 따뜻한 지원.

世界中からお越しの皆様と共にこの場に　　세계 각지에서 오신 여러분들과 함께 이 자리에 참가할

参加できることを、大変嬉しく思っております。
수 있게 된 것을 매우 기쁘게 생각합니다.

いまさら申すまでもございません。
새삼스레 말씀드릴 필요도 없습니다.

現状に甘んじることなく
현실에 안주하지 않고.
現状に甘んじることなく、日々努力を続けて参ります。
현실에 안주하지 않고 항상 계속해서 노력해 가겠습니다.

幅広い支持
전폭적인 지지.

お手元の資料をご覧いただきたいと思います。
비치되어 있는(나누어 드린) 자료를 봐 주시기 바랍니다.

ご来場の皆様にご案内申し上げます。
장내 여러분들께 안내 말씀 드리겠습니다.

話があっちこっちに散る。
이야기가 삼천포로 빠지다.

かいつまんで言いますと。
간추려 말씀드리면. 요약하자면.

労をたたえる
노고를 기리다.
長年勤続の労をたたえて表彰が行われました。
장기근속에 대한 노고를 치하해 표창이 수여되었습니다.

ざっくばらんに
탁 털어놓고. 허심탄회하게.
ざっくばらんに会話をしていただく場にしていただければ幸いです。
허심탄회하게 이야기할 수 있는 장이 되었으면 하는 바람입니다.

骨身を惜しまず
노고를 아끼지 않고.
準備から終了まで骨身を惜しまず協力して
준비 단계에서 종료 단계까지 노고를 아끼지 않고

행사 | 419

いただいた関係者の皆様、ありがとうございました。

도와주신 관계자 여러분 감사합니다.

忌憚のない/遠慮ない
どうか皆様、忌憚のない意見をいただきたいと思っております。

기탄없이.
아무쪼록 여러분 기탄없이 의견을 말씀해 주셨으면 합니다.

長くて、かつ短い一年

길다면 길고 짧다면 짧은 1년.

今年も残りわずかとなりました。

올 한 해도 며칠 안 남았습니다.

先達
多くの先達の努力によって目覚ましい発展を遂げました。

선배.
많은 선배들의 노력으로 눈부신 발전을 이루어냈습니다.

朗らかな励まし
朗らかな励ましのお声をかけていただき、とてもうれしく思いました。

따뜻한 격려.
따뜻한 격려의 말씀을 해주셔서 정말 기뻤습니다.

ご芳志
ご懇切なご芳志をいただきまして誠にありがとうございました。

친절. 배려.
자상히 배려해 주셔서 진심으로 감사드립니다.

御手洗様に会長を引き受けていただきまして誠にありがとうございました。

미타라이 님께서 회장직을 수락해 주셔서 감사합니다.

陰になり日向になり
陰になり日向になり、見守ってくださいましたこと、また、支援してくださいましたことに、心より感謝申し上げます。

음으로 양으로. =陰に陽に
음으로 양으로 지켜봐 주시고 또한 지원해 주신 데 대해 진심으로 감사드립니다.

被害を受けられた方々、またご家族の方々に対し、心よりお見舞い申し上げます。	피해자와 그 가족분들께 진심으로 위로의 말씀을 드립니다.
被害者に対し心より哀悼の意とお見舞いの意を表します。	피해자께 진심으로 애도와 명복을 빕니다.
この場をお借りして、お詫び申し上げます。	이 자리를 빌려 사죄의 말씀을 드립니다. ⊙ '이 자리를 빌어'는 잘못된 표현이다.
誠に僭越ではございますが、ご指名をいただきましたのでご挨拶させていただきます。	정말 외람됩니다만 이렇게 불러주셔서 인사 말씀 올리겠습니다.
遅まきながらご挨拶に参上致しました。	늦었습니다만 인사를 드리러 왔습니다.
盛会のうちに終了することができました。	성황리에 마칠 수가 있었습니다.
盛況のうちに滞りなく… 学術講演会は盛況のうちに滞りなく終了いたしました。	성황리에 아무 탈 없이. 학술 강연회는 성황리에 아무 탈 없이 끝났습니다.
皆様方からのお力添えを何卒よろしくお願い申し上げます。	여러분들의 도움을 부탁드립니다.

INDEX

(한글 자음/ABC약어 순)

가

가게 구조	220
가게 규모	220
가격 대비 만족감의 비율	165
가격 동향	146
가격 차	147
가격 편승을 막다	216
가격 협상	211
가격 흥정	211
가계대출	156
가교 역할	212
가능한 한	361
가닥을 잡다	99
가뜩이나	74
가로막다	202, 376
가로채다	294
가르침	192
가문	260
가뭄	249
가부토초	151
가사 대체 산업	272
가상 자산	131
가설하다	385
가솔린	116
가스미가세키	17
가시 돋친 말을 내뱉다	83
가시화된 조치	101
가압류	178
가업	249
가이드북	369
가이드	348
가임 연령	263
가입자	330
가장하다	99
가전	261
가정 법원	39
가정 생활 쓰레기	346
가정내 폭력	261
가정부	272
가정적인 사람	390
가족 동반 자살	228
가족을 부양하다	360
가치 사슬	125
가치 있다	103
가치관을 공유하다	51
가택 수사	39
가트	159
각 시중은행	155
각양각색	375
간과하다	219
간단한 성형수술	322
간단한 지식	390
간략하다	206
간발의 차로	386
간보기	310
간사장	17
간소화	71
간접 체험	268
간접광고	124
간접흡연	231
간파하다	391
간판회사	125
갈기갈기	71
갈등	50
갈림길	384, 396
갈수기	249
갈지자 운전	166
갈팡질팡하다	46
갈피를 못 잡다	46
감기약	256
감당하기 힘들다	292
감명 받다	278
감성시대	235
감소 추세	220
감속	111
감수하다	169
감시역	18
감시의 눈길을 떼지 않다	178
감염 경로	252
감염병 집단 발생	252
감원	136
감정	220
감정에 치우쳐	53
감정이 상하다	64
감지하다	280
감화되다	42
감회가 깊다	361
값이 비싸다	210
강경파	26
강단점	205
강등	184
강등 인사	27
강력 사건	236
강력하게 비판하다	80
강렬한 효과	213
강설하다	284
강세를 보이다	207
강약	393
강요식 교육	266
강요하다	47, 198
강의 계획서	267
강이 범람하다	277
강인함	362
강제 해산	137
강제로 가게 하다	52, 178
강타하다	239
강판에 갈다	305
갖춘 공약	23
개과천선	360
개기 월식	353
개기 일식	352
개도국 지위 확보	343
개미군단	151
개방성	174, 177
개봉	299
개쇄	157
개시	285
개의치 않다	45
개인 대출 평가 시스템	156
개인 비디오 기록기	339

INDEX

개인 정보 보호 책임자	128	~건 검색	365	결산을 맞추다	203
개인 투자자	151	건널목	166	결손 가정	264
개인정보단말기	335	건더기	309	결실을 보다	276
개점	122	건방지다	74	결혼 정보 서비스	260
개조	17	건선	319	결혼 정보 회사	260
개종	232	건성 피부	318	결혼(후) 퇴사	136
개펄	345	건어물	307	결혼식 순서	261
개폐기 조작	341	건축 자재	162	결혼하여 퇴사하다	281
개헌	40	건폐율	244	겸비하다	169
개혁	48	걷기 운동	324	경계의 눈총을 받다	59
개호	230	걷잡을 수 없다	288	경기 경착륙	112
객관식	268	걸림돌	41, 87	경기 동향	111
갤런	116	걸맞다	93, 391	경기 둔화	110
갯장어	306	걸프전	22	경기 민감 종목	144
거대 경쟁	133	검사를 빠져나가다	280	경기 부양	113
거동	200	겉만 핥다	387	경기 부양책	113
거두어들이다	288	겉치레 말	370	경기 연착륙	112
거들떠보지도 않고	372	게릴라 공격을 해 오다	60	경기 조작	315
거듭되는 제도 개정	29	게으름 피우다	209	경기 종료	311
거래 관계 종료	149	게이트웨이	325	경기 진작책	113
거래 대금	144	격렬한 승부	80	경기 초반	311
거래 문의	214	격분하다	44	경기 침체	110, 111
거래 성립	144	격세지감을 느끼다	369	경기 하락 위험	111
거래량	144	격세지감	348	경기 회복세	111
거론되다	208	격앙되다	44	경기 후퇴	111
거리낌 없이 말하다	45	격의 없이	62	경기가 바닥을 치다	182
거만하다	74	격차	291	경기가 바닥이다	182
거무스름해지다	364	격파하다	312	경기가 저점을 찍다	182
거부 반응	43	격하	184	경기가 추락하다	183
거부감이 적다	205	견고한 수비	313	경기가 한풀 꺾이다	182
거북이 운전	166	견본시	161, 341	경기동행지수	112
거시경제	112	견인차 역할	184	경기선행지수	112
거절하다	95	견인차 역할을 하다	183	경기종합지수	112
거점	111	견인하다	215	경기지수(DI)	112
거점을 옮기다	181	견제하다	60, 103	경기후행지수	112
거창하게 선전하다	221	견지하다	184	경량 경영	128
거추장스러움	370	견해를 나타내다	219	경력 관리	135
거취 문제	70	결론을 내리다	59	경력사원	135
거치적거리다	168	결론짓다	59	경력직 채용	135
거치형 게임기	340	결말이 나다	395	경련 진정제	255
거칠어진 피부	318	결별하다	180	경련을 일으키다	291

경매에 붙이다	279	계단 오르내리기	324	고소를 취하다	62
경박단소산업	163	계단식 논	249	고속 승진	136
경상 수지	113	계란 프라이	305	고속도로 톨게이트	167
경상 적자 메우기	113	계란찜	305	(고속도로) 휴게소	167
경상	259	계산적	59	고속하향패킷 접속	331
경수	309	계산하다	200	고시엔 대회	316
경수로	32	계속 바꾸다	86	고심에 찬 결단	58
경영 악화	128	계속 오름	148	고심하다	364
경영 자문	130	계속유지함	96	고안해 내다	354
경영 컨설팅	130	계속해서 오름	148	고액의 매매	144
경영을 지휘하다	182	계약금(착수금)을 받다	168	고엽제	272, 361
경위 조사	39	계약이 만기를 앞두다	183	고용 없는 경기 회복	113
경유 허브	381	계쟁 중인 소송	40	고용 없는 성장	113
경쟁 상품	119	계쟁	237	고위급 교류	35
경쟁력의 원천	133	계좌 이체 사기	237	고위급 회담	36
경쟁사	118	계좌 자동이체	157	고위험 고수익	149
경쟁이 치열해지다	180	계획을 다듬다	59	고유가	115
경쟁하다	213	계획이 틀어지다	59	고정환율제	140
경쟁해서 이기다	198	계획이 확실해지다	59	고지된 동의	254
경제 기초 여건	113	고가	146	고지식하게	190
경제 성장에 힘입다	183	고가주	147	고질병	67
경제 실정	115	고개를 들다	273	고체촬상소자	339
경제 운영	115	고객 끌어들이기	185	고추냉이	307
경제 재건	113	고객 우선 주의	133	고취기	366
경제 적자국	117	고객 지원	327	고통 분담	170
경제 전망	113	고객 확보	185	고통을 감수하다	58
경제 향방	112	고객의 입장	133	고통지수	112
경제에 빨간불이 켜지다	183	고군분투	62	고화질 방송	339
경제적 부가가치	113	고권 화폐	142	(곡류) 피	307
경제적 연계를 강화하다	183	(고기가) 질기다	360	곡창지대	348
경제적 혜택을 누리다	183	고등 법원	39	곤란해지다	104
경제적으로 힘들어짐	214	고루 미치다	170	곧이 곧대로	190
경차	165	고립된 주민	281	골 네트	314
경찰에 넘겨지다	279	고밀도 단백질	255	골 망에 꽂히다	314
경찰에 신고하다	279	고밀도 집적회로	325	골다공증	257
경품을 내걸다	183	고배를 마시다	313	골라서 공격하다	87
경품	272	고베 대지진	242	골머리를 앓다	281
경합에 나서다	85	고비	102	골치를 썩이다	41
경향	183	고비를 맞이하다	93	골포스트 징크스	316
경험을 인정받다	183	고사하다	62	골프채	317
계	376	고선명 TV	339	곰보 자국	319

INDEX

공갈 젖꼭지	264	공휴일	348	광우병	234
공갈	237	과감하게	201	괴리되다	176
공감대	63, 186	과감한 개혁	169	괴선박	32
공감대를 형성하다	56	과감한 지원	48	교류를 확대하다	61
공개 석상	47	과거 청산	50	교육의 전환점	267
공개되지 않다	94	과격한 말투	50	교착 상태	61, 287
공격	51	과도하다	103	교토의정서	343
공격용 헬기	30	과실 치사	238	교통 정체	166
공격을 단행하다	61	과외	265	교통위반 범칙금	166
공격을 퍼붓다	315	과유불급	373	교통편	245
공격적인 구조조정	132	과음	308	교환무역	159
공고히 하다	55	과잉 방위	238	교황	389
공공연히	169	과잉되다	202	교훈을 이어받다	55
공기 조절	254	과장	358	구두 수선공	364
공기업	126	과점	121	구상무역	159
공돈	354	과제를 던지다	51	구상을 세우다	61
공동 선언을 발표하다	56	과체중	323	구석구석까지	391
공동 제작	298	관계 소식통	53	구슬리다	83
공동 출자	128	관계 회복	53	구실 삼아	382
공론화되다	83	관계하다	367	구워삶다	83
공백	389	관광 명소	349	구이	305
공사(公社)	125	관람자	47	9·11테러	21
공수 전환	313	관리 대상 종목	144	구입	119
공식 파트너	127	관리변동환율제	140	구제역	249
공염불	52	관망 자세	223	구조 개혁	132, 185
공원 나무숲	246	관망세	223	구조조정	132
공인 회계사	271	관방 장관	16	구질구질하다	362
공정	218	관상가	260	구축되다	216
공정금리	143	관상	260	구호를 외치다	371
공정할인율	143	관심을 모으다	182	구호에 그치다	50
공제	188, 206	관심이 쏠리다	53	국가 신용 등급	114
공제하다	189	관여하다	63, 367	국가 주석	19
공조를 강화하다	106	관청가	17	국가주의	35
공주병	264	관행	175	국경 없는 기자단	36
공중 납치	33	관행을 없애다	178	국교 정상화	35
공중 조기 경보기	31	관혼상제 관례	348	국교 회복	35
공중에 뜨다	203	관	350	국내 경제의 부진	185
공중키	328	광대역 통합망	331	국내법 우위 법칙	40
공천	23	광란 물가	114	국외추방	62
공항을 빠져나갔다	57	광신도	231	국위 선양	29
공황 패닉	290	광열비	270	국정을 돌보다	62

국제 로밍 서비스	338	그렇지 않아도	74	기름종이	320
국제무역위원회	161	그린룸 회의	160	기름진 얼굴	320
국제박람회	341	그칠 새 없다	291	기립 박수	300
국제석유거래소	116	극약 처방	380	기면병	257
국제에너지기구	116	극적 장면	301	기미가요 제창	233
국제연합	36	근거	71	기미가요	18
국제연합군	36	근본적인 대응	95	기미	319
국제우주정거장	352	근위축성측색경화증	257	기반 구축	192
국제원자력기구	37	근육 장애	257	기발행주식	143
국제통화	140	글을 올리다	384	기상 이변	344
국채 매입 조작	150	금고지기	57	기생 독신	228
국회에 부의하다	63	금고털이	237	기생하다	71
군사 분계선	31	금곰상	300	기세	44, 170
군살을 빼다	100, 197	금기사항	367	기세가 꺾이다	181
군살	323	금리 변동부 사채	152	기술 수명	122
군중	387	금리를 인상하다	181	기술 제공	340
굳게 결심하고	273	금리를 인하하다	181	기술 혁신	133
굴뚝산업	163	금사자상	300	기술관료	81
굴레	261	금세	391	기술을 제공하다	179
궁리함	58	금실 좋다	289	기술자 정신	179
궁여지책	278	금싸라기 땅	244	기승을 부리다	393
궁중요리	304	금연	230	기업 경영	128
궁핍지수	112	금의환향하다	358	기업 사냥꾼	151
궁핍한 상황	180	금전 외교	17	기업 실적	132
궁합	260	금지	188	기업 지배 구조	130
권력을 남용하다	60	급류	239	기업공개	150
권리 획득	184	급물살을 타다	170, 180	기업공개(IPO) 주식	143
권태감	184	급부상	180	기업어음	157
궤도에 올리다	179	기강을 바로잡다	75	기업의 사회적 책임(CSR)	132
귀마개	391	기강이 해이해지다	75	기여하다	66, 184
귀성 차량 행렬	347	기공식이 열리다	278	기염을 토하다	362
귀이개	391	기관지 천식	257	기왕증	254
귀차니스트	229	기대감을 내비치다	54	기요	279
귀환	90	기대다	391	기우	381
규범 정착	270	기대를 걸다	179	기운	44
규범	106	기대에 못 미치다	54	기종 변경	336
균형을 잡다	80	기대에 어긋나다	172	기준	218
균형	277, 323	기대하기 어렵다	179	기준을 제시하다	293
그때마다	204	기독교	231	기준을 통과하다	179
그럭저럭	219	기로에 놓이다	56	기초	66, 74, 170
그런대로	219	기록을 세우다	181	기초 다지기	192

INDEX

기초 생활 수급 대상자	233	
기초 체력	113	
기초 통화	142	
기초안	24	
기축통화	140	
기치로 내걸다	88, 89	
기탄없이	362	
기폭제	223	
기한 만료	54	
기합을 넣다	212	
기호품	308	
기회로 삼다	203	
기회를 놓치다	57	
기회를 엿보다	360	
기회를 틈타서	362	
기후변화협약	343	
긴급전화	338	
긴장감을 더하다	55	
긴장감이 돌다	57, 181	
긴장감이 맴돌다	57	
긴축정책	113	
긴축하다	181	
길거리 흡연	231	
길이 막히다	220	
길이 복잡하다	220	
길이 붐비다	220	
길잡이	293	
김일성 주석	19	
김정일 국방위원장	19	
김	304	
깊은 지진	241	
깊이 파고들다	79, 97	
깊이	359	
까닭	274	
까마귀족	234	
까칠해지다	321	
깍둑썰기	305	
깍지를 끼다	379	
깔다	385	
깔보다	99, 292	
깜박거리다	292, 392	
깡패 국가	37	
깨끗이 사라지다	93	
깨끗한 피부	318	
깨달음 득도	232	
깻잎	307	
꺼려하다	59	
꺾기	158	
꼬락서니	287	
꼬리표	106, 396	
꼬리표가 붙다	106	
꼬집다	92	
꼬치꼬치	289	
꼭두각시	98	
꼼꼼히 한	86	
꼼꼼히	383	
꼼수	186, 280	
꼼장어	306	
꽃가루 알레르기	257	
꽃가루	261	
꽃게	307	
꽃구경	350	
꽃다운 나이	260	
꽃미남	300	
꽝	373	
꾀부려 쉼	196	
꾸미다	369	
꿋꿋하게 살다	365	
꿰매다	292	
꿰매어 잇다	289	
끊임없다	75, 291	
끌고 가다	101	
끌다	215	
끌려 다니다	90	
끌리다	378	
끌어내다	52, 90	
끌어내리다	112	
끌어당기다	215	
끌어들이기	208	
끌어들이다	64, 90	
끓이다	306	
끝나다	390	
끝없는 악순환	45	
끝없는 탐구심	204	
끼게 하다	219	
끼다	384	
끼어들다	225	
끼워 팔기	121	

나

나 몰라라 식 민주주의	29	
나노테크놀러지	256	
나눔 문화	106	
나들목	167	
나들이용품	119	
나르콜렙시	257	
나물 무침	304	
나물	304	
(나쁜 일에) 열중하다	385	
나사	352	
나서다	76	
나아갈 길	196	
나야나야 사기	236	
나중 문제	382	
나팔수	81	
나포	31	
낙법	317	
낙선운동	23	
낙인	106	
낙인찍히다	104, 223, 294
낙제점	268	
낙찰 받다	294	
낙태	263	
낙폭	142	
낙하산 인사	135	
난감해하다	85	
난무하다	83	
난산	263	
난색을 표하다	85	
난수	309	
난치병	258	

날개가 떨어지다	378	내홍을 겪다	46	농후한 내용이다	46
날개를 잃다	378	낸드형 플래시 메모리	325	높은 수준	201
날아가다	93	너무나	42	높은 시세	146
날조	81	너무나도 당연하다	82	뇌 기능	254
날치기	237	넌지시 내비치다	97	뇌리를 스치다	383
날카롭게 추궁하다	79	널뛰는 금융시장	216	뇌물 수수	39
날카롭다	363	널리 알려지다	195	누그러지다	85
남보다 갑절이나	291	넘기다	101, 222	누비다	50
남북문제	210	네오콘	26	누설	106
남아돌다	202	노골적으로	169	누설하다	105
(남을) 위로하다	381	노골적임	99	눈 깜짝할 사이에	390
납골당	350	노동력 부족 시대	139	눈길	166
납득할 만한	209	노동력 절약화	195	눈높이	221
납품	119	노란불이 켜지다	179	눈덩이처럼	223
납품하다	175	노래 교실	361	눈동자가 흐려지다	293
낯선 사람	360	노력을 경주하다	208	눈물을 머금다	382
내 집 마련	243	노력을 기울이다	208	눈물짓다	382
내각 해산	16	노련한 사람	378	눈속임	52
내걸다	91	노릇노릇하게 굽다	305	눈앞에 두다	98
내구재	162	노리개 젖꼭지	264	눈앞의 인기 몰이	101
내놓다	171	노블리스 오블리제	87	눈에 담다	393
내려 차기	317	노사관계	137	눈에 띄다	210, 393
내륙 직하형	241	노사분쟁	137	눈으로 봄	393
내리막길을 걷다	182	노숙자	233	눈치 보기 식 정책	29
내리쬐다	379	노아형 플래시 메모리	325	뉴딜 정책	159
내림세	148	노여움을 사다	93	뉴라운드	161
내몰다	52	노인 간호	230	느긋하게	294
내몰리다	174	노조 봐주기	106	느타리버섯	307
내뱉다	84	노천(옥외) 주차장	165	늑장 대처	28
내버려 두다	47	녹다운 방식	123	늘어서다	384
내부인사	135	녹화해 놓다	333	능률급	136
내부자 거래	151	논리	224	능숙하게 다루다	204
내분	84	논의가 들끓다	106	늦었지만	175
내뿜다	93	논의를 거치다	57	늦은 감이 있으나	359
내성발톱	324	논할 가치도 없다	106	늦추다	364
내셔널 센터	126	놀림	387	늦추어지다	196
내셔널리즘	35	농기구	249	니르바나	232
내수를 진작하다	209	농단하다	121	니즈에 부응하다	210
내장 비만	323	농담을 던지다	371	니트족	228
내전을 진압하다	84	농성	137	님비현상	233
내팽개치다	174	농자천하지대본야	249		

INDEX

다

ㄷ자형 주방	261
다가오다	394
다각적인 접근법	266
다단계	120
다람쥐 쳇바퀴 돌기	82
다보스 포럼	160
다비하다	350
다세대 주택	244
다소나마	375
다수결로 정하다	76
다슬기	306
다시 불거지다	187
다시없는 기회	285
다양한 스토리	385
다양한 이벤트	385
다운 스트립	124
다음 기회에	373
다음으로 넘기다	182
(다이아몬드) 캐럿	361
다이어트	323
다자간 자유무역협상	161
다중 작업	326
다중 채무자	154
다짐하다	87
다크 서클	320
단 둘이서	377
단거리 미사일	32
단계	71
단골 메뉴	378
단독 주택	243
단란	261
(단말기) 교체 주기	335
단물	309
단속하다	208
단순한 접촉사고	166
단식 투쟁	137
단연코	203
단원주	147
단짝 친구	381
단체여행	348
단축다이얼	337
단카이 세대	230
단풍놀이	350
단호한 처리	169
단호히	203
단호히 대처하다	77
달 표면	352
달게 받다	169
달동네	246
달라붙다	104
달래다	390
달러 박스	122
달러 이탈	142
달러 페그제	140
달러화 약세	141
달팽이관	257
달팽이	307
닭백숙	305
닮다	42
담배꽁초	231
담뱃값 인상	231
답답하다	384
답방	36
담보 상태	168
당 지수	255
당 총재	14, 17
당겨 씀	188
당근과 채찍	42
당당한 자세	82
당사국총회	343
당선되다	82
당의 고질병	25
당의 발전적 해체	25
당일치기 여행	348
당적을 버리다	82
당찬	396
당첨 번호	235
당치도 않음	394
대가	75
대규모	174, 358
대금 상환	158
대기 화면	336
대꾸하다	355
대단원	47
대담한 지원	48
대대적인	174
대대적인 감세	115
대대적인 선전	209
대두하다	201
대등합병	133
대략	174
대량 살상 무기	30
대륙붕	75
대리 시험	268
대리모 출산	263
대립이 심화되다	75
(대만의) 대등 합병론	20
대머리	322
대면 (방식) 판매	121
대목	118, 363
대미 수출	161
대박을 터트리다	299
대법원	39
대변 검사	251
대변인	25
대본	303
대부	155
대부업	155
대북 송금 사건	14
대서특필	82
대선	23
대세를 지키다	74
대손충당금	156
대안학교	265
대열에 끼다	366
대열에 오르다	209
대인 마크	315
대전형 게임	340
대중	47

대차대조표	150
대책 마련에 고심하다	200
대책을 마련하다	200
대체의학	253
대체하다	207
대출	155
대출 기피	129
대충 말하자면	174
대충	358
대치하다	75
대통령 선거	23
대통령을 해임하다	75
대통령직 인수위원회	15
대폭 삭감하다	174
대학수학능력시험	268
대형 감세	115
대형 기업	125
대형 생활 폐기물	346
대형 흥행작	299
대혼잡을 이루다	280
댁내광가입자망	330
댜오위타이 영빈관	20
더 부과되다	172
더미 인형	164
더빙판	298
더위를 먹다	382
덤핑	122
덧붙이다	79
덧칠	357
덮치다	239
데우다	306
데이 트레이더	141
도가 지나치다	75
도급 업체	125
도너	256
도달하다	47
도덕적 해이	154, 234
도도부현	17
도롱뇽	345
도를 지나치다	385
도마 위에 오르다	102

도매업자	163
도미넌트식 출점	122
(도박·내기에) 걸다	360
도벽이 있다	287
도살하다	276
도약의 디딤돌	78
도열병	248
도와주다	76
도움이 되다	387
도입	83
도전을 뿌리치다	204
도전장을 내다	203
도취하다	223
도파민	259
도핑 검사	316
도하개발어젠다	161
독감	257
독과점 금지법	121
독려하다	212
독립 영화	299
독립	260
독선	91, 215
독소 조항	151
독신 가구	261
독점	121
독주	210
독특하다	386
돈 봉투를 건네다	47
돈세탁	158
돈을 갈취하다	277
돈을 찾다	174
(돈의) 사용처	67
돈줄	277
돌려막기	154
돌리다	217
돌발성 요통	258
돌아가다	380
돌연	82
돌을 던짐	82
돌진하다	79
돌출적인	104

돌파하다	389
동결하다	196
동계올림픽	316
동기 부여를 하다	206
동등한 파트너	170
동반 자살	228
동북 공정	20
동북3성	20
동북아시아	35
동영상 이메일	337
동요	103
동원되다	52
동작	200
동전의 앞뒤	280
동점	312
동조파업	137
동호회	270
동화되다	288, 380
돼지 저금통	186
되도록	80
되돌려 보내다	64
되돌리다	214
되돌아가다	202
되비침	379
된서리를 맞다	47
두 발 로봇	341
두 자릿수 감소	217
두각을 나타내다	379
두꺼비집	243
두뇌 싸움	376
두둔하다	82
두드러지다	393
두루 살핌	293
두루 알려지다	195
두루	391
두릅나무	307
두바이유	116
둔화	111
둥지 떠나기	260
뒤늦게나마	275
뒤돌려 차기	317

INDEX

뒤로 미루다	42	디커플링	141	람사 조약	344
뒤로 미룸	383	디폴트	154	램	325
뒤범벅이 되다	171	디플레이션	114	랩 어카운트	156
뒤엎다	91	딜러 업무	150	랭킹	213
뒤죽박죽	203	딩크족	229	런던석유거래소	116
뒤지다	314, 365	따돌리기	210	레드 와인	308
뒤집다	58, 91	따돌리다	88, 90	레드라인	38
뒤차기	317	따라잡기	180	레드오션	118
뒤처지다	47	따로 떼다	56	레미콘	246
뒤흔들다	223	따로 처벌하다	82	레시피	309
뒷거래	223	따로 팔다	213	레임덕	26
뒷골목	295	따분함	379	레저용 차량	164
뒷받침하다	172	따지다	85	레지오넬라균	259
드라이버	165	땀띠	257	로그	330
드라이브인	309	땅거미가 지다	394	로드맵	106
드러나다	396	땅굴	77	로또	235
드러남	99	때늦음	380	로봇 테크닉	126
드러내다	392	떠나다	105	로스 타임	315
득실을 따지다	200	떠맡기다	47	로열티	122
득점 기회	313	떠맡다	214	로제 와인	308
들뜨다	171	떼를 쓰다	375	로컬라이즈	338
들볶다	187	떼목	355	로케이션 헌팅	303
들어맞다	52	또다시 불거지다	58	로펌	272
들여다보이다	284	똑똑히	97	롤 오버	152
들으라는 듯이	54	뚜렷이	221	롤링	241
들이밀다	79	뚫어져라	363	롤백정책	34
들쥐	252	뛰어나다	210	루게릭병	257
등락 종목수	144	뛰어남	207, 362	리눅스	329
등신 외교	14	뛰어들다	211	리모델링	243
등신대 로봇	341	뜀틀	317	리보 금리	142
등신외교	34	뜻밖	82	리볼빙카드	153
등용하다	90	뜻있다	103	리스	224
디마케팅 전략	124			리스크 프리미엄	157
디스클로저	150	**라**		리스크 헤지	149
디옥시리보 핵산	253			리어프로젝션 TV	339
디젤	116	라식 (수술)	256	리프트업 수술	319
디지털 도둑	233	라우터	325	리히터 규모	241
디지털 워터마크	327	라운딩	317	릴레이 계주	317
디지털 융합	338	라이선스 무상 제공	134	립 서비스	395
디지털 인증	328	라이프라인	240	링거를 맞다	288
디지털 컨버전스	338			링크	105

마

마감시세	146
마감	370
마구 헐뜯다	78
마그네틱 카드	340
마냥	356
마다하지 않다	274
마라톤 협상	37
마련하다	80
마른버짐	319
마마보이	264
마무리 짓다	221
마무리 훈련	316
마무리하다	365
마무리 결정력	313
마음가짐	366
마음껏	276
마음에 그리다	359
마음에 두다	276
마음을 고쳐먹다	366
마음의 교류	62
마음의 벽을 허물다	62
마음이 들뜨다	366
마이너스 성장	112
마중물	223
마즙	307
마지못해	62, 171
마진이 높다	218
마찰적 실업	136
마키아벨리스트	26
마킹 답안지	268
막 팔다	172
막다	181
막바지 협의	37, 80
막바지	47
막을 내리다	390
막장	145
막판까지 몰리다	83
막후 조정	37
막히다	83
만기연장	152
만남 사이트	260
만능세포	253
만류	45
만류하다	48
만만치 않다	378
만물상	395
만발하다	368
만보기	317
만약의 사태	390
만연하다	89, 290
만우절	369
만장일치	24
만전을 기하다	68, 89, 213
만족스럽지 못하다	57
만족할 만한	219
만족해 하다	169
만찬회	25
만취하다	392
만행을 저지르다	89
만회하다	102, 222
말라리아 유행 지역	254
말라붙다	386
말려들다	97, 205
말투	78, 101
맛김치	304
망설이다	86, 195
맞는	282
맞먹다	215
맞받아치다	43
맞서다	213, 293
맞선 결혼	260
맞은편 차량	166
맞춤 도시락	309
맞춤 생산	120
맞춤 의학	253
맞춤식 마케팅	123
맞춤식 트레이닝	177
매그니튜드	241
매니페스트	23
매달다	378
매달리다	381
매도	144
매도 호가	245
매도가 폭주하다	172
매듭을 짓다	59
매립가스	116
매립	345
매매차손	121
매매차익	121
매수	145
매수 안도감	150
매수 조작	145
매수가 위축되다	176
매연	344
매입	119
매입 호가	245
매입처	119
매입하다	190
매장카드	153
매장	350
매점	176
매정하다	373
매출	130
매출액 신장률	122
매출을 전망하다	172
매혹하다	386
매회	204
맨땅에서	189
맨손	81
맹목적 사랑	378
맹방	35
맹점	210
맺음세	286
머니 마켓 펀드	152
머리 싸움	376
머리를 맞대다	386
(머리카라이) 거칠어지다	321
먹거리	304
먹구름	43

INDEX

먹는 샘물	309
먹이 피라미드	371
먹이사슬	371
(먼저) 겪다	81
멀리 던지기	317
멀리하다	59, 275, 288
멀어지다	380
멀티 플랫폼	326
멀티태스킹	326
메가픽셀	339
메기	306
메디컬 체크	251
메일 계정	330
메추라기	307
멜라닌 색소	320
멥쌀	247
멱살을 잡다	392
면역력	255
면허를 박탈하다	221
멸종위기종	345
명문	260
명복을 빌다	392
명성을 떨치다	392
명승지를 찾다	392
명심하다	180
명예 훼손	221
명예를 훼손하다	101
명의 대여	221, 270
명절	347
명중도	101
명품	217
모공	322
모기지론	243
모라토리엄	102, 154
모라토리움	154
모럴해저드	154, 234
모멘텀	102
모발 이식 수술	322
모방하다	382
모방형 기술 개발	123
모범을 보이다	90, 290
모색 단계	81
모순된 관계	275
모순됨	46
모스크	22, 393
모습	177
모습을 담다	71
모심기	247
모양	177
모양새	287
모종의 거래	85
모찌기	247
모터리제이션	166
모험	204
모호하다	86
모호한	202
목을 매 자살함	228
목표로 삼다	221
몫	208
몰고 가다	178
몰골	287
몰두하다	41
몰려들다	378
몰카	336
몸 상태	251
몸값	233
몸매 만들기	324
몸을 던지다	99
몸을 풀다	316
몸짱	300
못살게 굴다	187
묘	350
묘미	375
묘사해 내다	387
무가당	308
무감 지진	241
무고한 민중	100
무기급 플루토늄	32
무너져 내리다	279
무너지다	288
무덤	350
무득점	312
무료함	379
무릎을 꿇다	313
무마	91
무마하다	102
무막졸중	257
무보수 잔업	136
무비자 입국	36
무삭제판	303
무산되다	100
무상 지원	100
무설탕	308
무승부	312
무심결에 말하다	58
무알코올	308
무어의 법칙	325
무역 불균형	159
무역 역조	159
무역 자유화	161
무용지물	100
무일푼	219
무임승차	235
무장 봉기	94
무제한 통화	337
무조건부 원조	160
무한 경쟁	133
무화과나무	356
묵비권 전술	77
묵비권	237
묵은 쌀	247
묶다	282
묶어 팔기	121
문득 떠오르다	388
문맹률	394
문서 작업	138
문서화	95
문어발식 경영	128
문어발식 배선	339
문의	206, 290, 395
문자 해독률	369
문자메시지	337
문제를 내포하다	102

(문제를) 도맡다	65	미성년 부모	229			
문제시되다	208	미세먼지	344			
문턱	65	미수금	144			
문턱 없애기	230	미시경제	112	바가지요금	337	
문턱을 낮추다	211	(미연방) 공개시장위원회	142	바꾸다	82	
문합	252	미연에 방지하다	293	바꿔 말하면	172	
문호를 개방하다	394	미온적인 대처	28	바뀌고 있다	178	
묻지마식 범죄	231	미제 차	165	바다참게	306	
물 쓰듯 하다	394	미주 자유무역지대	160	바닥 다지기	148	
물가	220	미주알고주알	289	바둑판무늬	356	
물가 오름세	114	미청산 계약	144	바람	262	
물기를 제거하다	306	미필적 고의	238	바람에 날아가다	216	
물러나다	214	미항공우주국	352	바른생활을 하다	179	
물려주다	274	미확인비행물체	352	바리케이드를 치다	213	
물론이다	396	미흡하다	217	바싹 뒤쫓다	173	
물류 시스템	126	민간 외교	34	바싹 마르다	386	
물류 허브	161	민간 투자 사업	271	바이러스 마케팅	123	
물리다	364	민간기업	126	바이러스 퇴치	331	
물밀듯이	386	민감성 피부	318	바이오매스	346	
물에 불리다	306	민감한 분야	198	바이오테크놀러지	256	
물에 잠기다	293	민박	349	바이오톱	345	
물의 경도	309	민생 정치	29	바지락	306	
물자 부족	101	민속놀이	348	바캉스	348	
물장구	316	민족 대이동	347	바탕	74	
물타기	145	민족주의	35	바터무역	159	
미결제 거래 잔고	144	민주당	14	박력	213	
미국 버드 수정법	160	민주화의 부산물	99	박리다매	121	
(미국) 무역 대표부	161	밀고 당기기	50	반감	205	
미꾸라지	306	밀려들다	175	반나절 생활권	272	
미끼 사이트	330	밀매	94	반달	353	
미끼 상품	119	밀실 행정	28	반대 차량	166	
미나리	307	밀어 떨어뜨리다	287	반대 차선	166	
미남 배우	300	밀어닥치다	378	반대급부	271	
미니누크	30	밀어붙이다	47	반대표를 던지다	90	
미니밴	163	밑거름	207	반덤핑	122	
미니주	147	밑돌다	181	반도체	325	
미드캡	251	밑바닥	202	반등세로 돌아서다	213	
미루다	64, 97, 101, 222	밑바탕	66, 282	반려하다	64	
미루어지다	71, 196	밑받침	242	반목	43	
미봉하다	281			반박하다	43	
미사일 방어	32			반발 매수	145	

INDEX

반사경	379	방법	205, 293	백만장자 순위	203
반응	205	방사성 폐기물 처리장	233	백악관	21
반응을 살피다	213	(방송) 시간대	298	백업	212
반입	101	방송국	298	백조의 호수	384
반제품	124	방어벽을 치다	213	백중의 선물	347
반짝	170	방재	242	백중함	366
반찬	304	방조제	240	백지화하다	96
반출	101	방조	238	백포도주	308
반트러스트법	121	방지하다	181	밸런스	323
받아들이다	208, 279	방카슈랑스	155	밸류 체인	125
발 마사지숍	318	방콕족	229	뱃삯	162
발 빼다	168	방패막이	50	뱃살	323
발각되다	89	방해가 되다	168	버림받다	79
빌걸음	168	빙해하다	202	버즈 마케딩	123
발광 다이오드	339	방화벽	327	버티다	79, 222
발단이 되다	286	(배가) 좌초되다	384	버티면	289
발달장애인	234	배경음악	330	버팀목	188
발리선언	161	배낭여행	348	벅차다	378
발매하다	385	배낭족	348	번성함	188
발목을 잡다	168	배너 광고	330	번호이동성제도	335
발발하다	97	배당	225	번화가	349
발신자 표시 제한	338	배당을 받다	211	벌금이 부과되다	212
발을 들여놓다	102	배당하다	225	벌레 퇴치제	392
발의	24	배드뱅크	154	벌초	347
발이 묶이다	273	배럴	116	벌크선	162
발차기	316	배려하다	87	(범죄) 수법	236
발코니	244	배면 투사형 TV	339	법관 윤리 강령	39
발탁하다	89	배불리	376	법령 준수	134
발판	111, 205, 207, 217	배성 간세포	253	법률 회사	272
발판 굳히기	168	배아 만들기	254	법에 저촉되다	218, 292
발판을 마련하다	168	배영	316	법을 어기다	96
발표하다	171	(배우의) 연기	298	법인세	131
발효되다	212	배출구	88, 212	법조계	39
밤샘 협상	37	배출하다	290	베니스 국제영화제	300
밤샘	351	배춧잎	307	베드신	303
밥그릇 싸움	85	배치	87	베를린 국제영화제	300
방 배치도	244	배타적 경제 수역	38, 161	베리아트릭 수술	324
방도를 찾다	218	백 텀블링	317	베이비붐 세대	230
방독면	31	백년지계	267	벼 농가	248
방문 조사	272	백년해로를 맺다	276	벼 베기	250
방문 판매	121	백년해로하다	284	벼락치기식 공부	268

벼랑 끝	177	복수 의결권 주식	147	부작위	271
벼멸구	248	복제 휴대전화	335	부정 유출하다	223
변경하다	336	복제	253	부정 청구	196
변동환율제	140	복제품	122	부정거래	223
변모하다	189	복합 불황	117	부정부패	39
변사체	236	복합성 피부	318	부주의	238
변종 바이러스 신종 웜	331	복호	332	부진	216
별똥별	352	볶다	305, 384	부진하다	176
병역 기피 의혹	14	본격적으로 나서다	390	부착하다	333
병원내 감염	252	본고장의 맛	310	부채	153
병원성 대장균 0157	259	본론	97	부채를 떠안다	216
병원체	252	본보기	293	부채질하다	49
병해충 예찰	248	본의 아니게	62	부처간 이기주의	17
보관 창고업	199	볼 만한 장면	301	부추기다	58
보란 듯이	63	볼거리	257	부팅	328, 329
보람	213	봉	52	부호 순위	203
보류되다	47	봉고	163	부활절	355
보류하다	97	봉납	351	북극성	352
보름달	353	봉쇄	93	북적거리다	214
보상	75	봉합하다	292	북적대다	367
보상판매 가격	122	봐주다	223	북한	19
보수	136	부각되다	59, 182	북한을 탈출하다	54
보수당	26	부검	236	북한의 벼랑끝 외교	37
보수적이다	96	부국강병	216	북해산 브렌트유	116
보유 자금	129	부금	158	북핵 문제	38
보유	96	부담	204	분개하게 하다	95
보조 생식술	263	부담을 덜다	217	분기점	167
보증하다	357	부담을 안겨주다	94	분담하다	206
보충 수업	266	부도를 내다	218	분리하다	56
보충하다	96	부딪치다	275	분명치 않다	86
보톡스	321	부식물	304	분사	19
보합세	146	부실 경영	129	분수령	396
보험	251	부실 공사	246	분수를 알다	391
보호 관찰하다	292	부실 기업	124, 125	분식결산	131
보호막	50	부실 채권 처리	114	분식회계	131
복고풍	396	부실채권	156	분신자살	228
복구	94	부실한 법안	40	분양	245
복권	235	부업	138	분연	231
복귀하다	49	부여잡다	381	분위기	181
복마전	93	부유먼지	344	분유	264
복면개입	141	부의금	351	분쟁	62

INDEX

분출하다	93	불확실	217	비자	214
분풀이	385	불황의 타격	216	비자 면제	189
(불 보듯) 뻔하다	201	붐비다	367	비자 발급	153
불가피하다	214	붐이 일어나다	216	비접촉식 카드	340
불거지다	208	붕괴되다	279	비정규직	134
불고기	304	붙박이	261	비정상	111
불교	231	붙잡다	83	비준 지연	343
불구속 기소	39	뷔페	310	비중 축소	149
불길	238	브라우저	329	비즈니스 찬스	133
불끄기	91	브랜드 쌀	247	비즈니스 현장	163
불똥이 튀다	83	브로드웨이	299	비추어 보다	81
불량 국가	37	브로커	237	비틀비틀	76
불러일으키다	49	브루	337	비판을 개시하다	92
불문곡직하고	171	블라디보스토크	357	비판이 거세게 일나	92
불바다	19	블래스터 웜 바이러스	331	비핵국	38
불법 체류자	94	블랙리스트	33	비핵보유국	38
불사하다	65	블랙홀	352	비행기편	58
불시 검사	238	블랜디드 학습법	266	비화하다	83
불시 사찰	38	블록버스터	299	빈 시간	168
불신감을 더하다	94	블루오션	118	빈말	370
불신을 사다	94	비견하다	209	빈민가	246
불신을 씻어내다	216	비기다	313	(번번한) 소폭 등락	148
불심 검문	238	비꼬다	92	빈손	81
불씨를 남기다	91	비꼬아 빈정대다	42	빈틈없다	179
불안에 사로잡히다	291	비난 수위	91	빈틈없이	289
불안을 덜어주다	216	비난	51	빗나가다	182
불안을 조성하다	92	비닐 봉투	346	빗대어 말하다	42
불안을 증폭시키다	291	비대칭 위협	30	빙 둘러앉음	364
불안정	103	비동조화	141	빛	153
불안정한 동향	169	비만 치료 수술	324	빚더미에 오르다	193
불야성	350	비만	323	(빚을) 떼어먹다	388
불에 타다	275	비밀에 다가가다	382	빛 좋은 개살구	278
불을 지피다	75	비밀키	328	빠뜨림	210
불이 들어오다	395	비산	344	빠르게 추격하다	180
불이 붙다	90	비상이 걸리다	181	빠져나갈 구멍	210
불찰	388	비상한 결의	51	빠져들다	394
불치병	258	비수기	118	빠지다	97
불투명	217	비용 절감	123	빨간불	168
불하하다	385	비용을 탕진하다	215	빨간불이 켜지다	181
불행 중 다행	388	비유하다	395	빼다	189
불협화음이 생기다	93	비일관성	392	빼어나다	213

뺑소니	166	사이즈	386	360도 회전식	334
뿌리치다	95	사이트를 개설하다	367	3분기	110
삐끼	350	사재기	176	3사분기	110
삐딱하게 보다	382	사전 선전대로	217	3LDK	246
삐딱한 성격	387	사전 준비	67	32인치 플라즈마 TV	339
삠	259	(사전) 양해도 없이	367	3월 위기설	189
		사절단	391	3중 추돌사고	166
사		사정 거리에 두다	68	3차 도급 업체	125
		사정	45	3파전	23
		사정이 어려워지다	66	386세대	189
사고력을 키우다	282	사진 현상소	350	삶의 질	261
사기 도박	237	사찰 수용	38	삶의 터전	270
사기를 고무시키다	190	사채업자	158	삼각주	368
4단 오토매틱	164	사취하다	286	삼위일체 개혁	16
사당	347	사치품	217	상가	244
(사람을) 고정 배치하다	89	사칭하다	277	상거래	214
사례들리다	392	사탕발림	354	상계관세를 부과하다	199
사로잡다	381	사탕수수	307	상공회의소 회장	194
사막화	344	사표를 반려하다	67	상기시키다	48
사면초가 외교	17	사행심을 조장하다	283	(상대를) 제치다	313
사면	237	사향고양이	370	상대하다	40
사무 업무	138	사회 갈등	67	상대하지 않다	83
사무라이 본드	151	사회 초년생	272	상류 분야	124
사문화	29	사회적 책임 투자	133	상명하달	134
4분기	110	사후약방문	42	상반기	110
4사분기	110	산성비	344	상상을 초월하다	375
사생활	232	산업재해	138	상상하다	359
사생활 보호	292	산재	138	상술	120
사서함	369	산지 직송	250	상습 사기꾼	237
사실은	172	산출하다	396	상승 폭	142
(사실을) 밝히다	88	산후 우울증	263	상승장	146
사양	165	살결	318	상승장세	149
사업을 개척하다	214	살림살이	261	상승장이 계속되다	194
사업이 어려움을 겪다	190	살모넬라	259	상식을 깨다	371
(사외) 파견사원	135	살아 있다	355	상원	21
사용 후 핵연료봉	31	살짝 벗어나다	314	상인	168
사용처	192	살짝 볶다	306	상임 애널리스트	149
사이버 단속	330	살짝 비추다	78	상장	143
사이버 스페이스	329	살처분	234	상장 지수 펀드	152
사이비 종교 단체	231	3개월물	142	상정하다	69
사이에 두다	212	3개월짜리	142	상투적인 수단	69

INDEX

상표	163, 396	생태계	345	선발대	73
상품 구색	119	생포하다	44	선불	153
상품권	272	생활 수준	114	선불식 휴대전화	335
상한가	144	생활 용품	261	선수 치다	188, 374
상향 조정	112	생활의 안녕	285	선수를 빼앗기다	63, 186
상현달	353	생활의 질	261	선수촌	316
상호 보완하다	358	서더리	306	선순환	184
상호 의존	222	서둘러	359	선심성 원조	89
상호보유주	151	서로 양보하다	42	선심성 정치	29
상환	152	서로 으르렁거림	43	선을 긋다	45
상환 능력	153	서로 의지하다	277	선인장	368
상황	51	서로 이웃하다	207	선임	162
상황버섯	307	서면	95	선임 전략가	158
새 나가다	224	서버	330	선전 활농	95
새로운 국면	169	서부텍사스산 중질유	116	선점	122
새로운 느낌	70	서비스를 내놓다	187	선점하다	188
새집증후군	259	서비스에 열중하다	186	선정	220
새터민	15	서슴없이	202	선진국의 위상	199
새해 첫 판매	126	서식지	345	선착순	199
색다르다	291, 293	서투른 외교	34	선처를 구하다	53
색출하다	169	서투름	388	선크림	320
생각해 내다	354	석명하다	67	선풍을 일으키다	374
생계 지원비	233	석방되다	49	선행하다	198
생떼거리	381	석세스 스토리	298	선호하다	104
생력화	195	석유수출국기구	115	설사약	255
생리대	263	석유환산톤	116	설왕설래	43
생명공학	256	쉬다	219, 389	설치하다	369, 373
생명과학	342	선 핵 포기	32	설	347
생명의 싹	285	선거 기반	23	성공 이야기	298
생모	262	선견지명	374	성공을 거두다	299
생물 서식 공간	345	선군정치	19	성과급	136
생물 화학 무기	30	선도하다	292	성과를 내다	276
생산량	116	선도형 기술 개발	123	성능 향상	332
생산량 확대 유보	197	선동 활동	74	성립가 주문	144
생산물 배상 책임 제도	126	선동하다	75, 183	성립되다	72, 197
생생하게	97	선두 기업	125	성립시키다	84
생생하다	303	선두를 달리다	199	성명을 보내다	72
생수	309	선두주자	118	성묘	347
생업	249	선례를 따르다	74	성베드로 대성당	368
생체인식	340	선물 매입	151	성사되다	197
생태 도시	345	선물환	151	성수기	118

성수기 전(前)	118	소극적인 개혁	281	손실 은닉	132
성숙한 태도	72	소극적인 구조조정	132	손실 처리하다	200
성원을 보내다	46	소금구이	305	(손실·부족 등) 보전	169
성장률	113	소비 심리	111	손에 땀을 쥐다	315
성장을 가로막다	197	소비 위축	111	손을 내뻗다	81
성조기	21	소비자 금융	155	손을 들어주다	59
성청간의 이기주의	17	소비자 보고서	186	손을 안 댐	206
성취감	202	소비자가격	126	손찌검	81, 264
성층권	344	소스	304	손해 보는 장사	121
성패	197	소스코드	329	손해를 끼치다	200
성폭행	232	소액공채비과세제도	155	손해를 보다	225
성황을 이루다	196, 197, 373	소액매도	145	솔루션	326
성희롱	232	소액저축비과세제도	155	송별식	350
세계 7대 불가사의	374	소외	74	수갑을 채우다	287
세계 잉여금	131	소외하다	275	수강 신청을 하다	295
세계경제포럼의 연차총회	160	소용돌이에 말려들다	51	수고를 덜다	379
세계관세기구	160	소원해지다	380	수구하다	96
세계무역기구	37, 159	소인	365	수급 불균형	121
세금 낭비	115	소장파	26	수급 불안 우려	121
세금을 갉아먹다	197	소재	355	수급 악화	121
세력	44	소집 영장	234	수니파	22
세력을 떨치다	290	소형 트럭	163	수단	205
세력을 회복하다	72	소형 핵무기	30	수단이 이용되다	194
세무사	271	소호	138	수도·광열비	270
세밀히	77	소홀히 하다	84, 174	수리비	243
세뱃돈	347	소홀히 함	289	수립	188
세심하다	179	속도 위반	166	수매약정	248
세심한 서비스	223, 362	속도가 떨어지다	218	수몰 지역	239
세인의 이목	285	속도위반 결혼	260	수박 겉 핥기 식 지식	209
세일즈 토크	121	속마음	178	수비벽	311
세일즈 포인트	123	속박	261	수상하다	42
세전 이익	130	(속속들이) 드러나다	64	수석 요리사	309
세태	285	속수무책	175	수술	251
세후 이익	130	속이다	277	수습사원제도	134
센물	309	속죄하다	287	수시입출금식 예금	155
센터 시험	268	손 떼다	206	수신금리	156
셀카	336	손목을 자르다	295	수신자 부담	338
셔틀 외교	34	손발이 틈	318	수완가	191
소 잃고 외양간 고치기	42	손버릇이 나쁘다	287	수요 창출	133
소규모 창업	138	손쉽다	206	수요를 창출하다	194
소극적으로	171	손실 계상하다	200	수위 기업	125

INDEX

수위	82	술에 취하다	308	시간이 걸리다	81
수위를 지키다	193	술자리	308	시궁쥐	252
수위를 차지하다	201	숨 쉬다	355	시급하다	355
수의	351	숨을 죽이다	177	시기를 늦추다	65
수익 증가	130	숨통을 죄다	44	시기적절한 때	375
수익률	142	스냅 사진	373	시냅스	255
수입 쌀	248	스마트카드로 교체하다	373	시너지 효과	123
수입쿼터	161	스마트탄	30	시니어	230
수주 생산	120	스마트폰	334	시리얼 넘버	329
수준	364	스치다	388	시방서	194
수지가 맞다	225	스카우트	122	시사회	300
수지가 맞음	136	스카이 퍼펙트 TV	340	시상식	300
수직적 행정	28	스크럼을 짜다	196	시세	140
수차례	367	스킨케어	318	시세 폭	147
수출 봉쇄책	103	스타벅스	373	시세 하락	157
수출 의존	159	스태그플레이션	114	(시세) 소폭 오름세	148
수출입 금지 품목	161	스탠딩 파티	349	시세가 내릴 기미	148
수취인 부담	153	스토커	232	시세가 높다	210
수칙	366	스톡옵션	150	(시세보다) 낮은 가격	146
수평적 행정	28	스톱모션 애니메이션	367	시세치	147
수평형	241	스튜어디스	373	시술	251
수학올림피아드	372	스트랜딩	345	시스템 복구	326
수혈용 혈액	252	스팸 메일	330	시스템 통합	134
수화부	336	스포일러	301	시아파	22
수확	83	스포츠 유틸리티 차량	163	시안	201
숙성시키다	383	스피드 경영	129	시위	65
숙주	252	스피드 훈련	316	시의 적절한 방법	65
숙취	308	슬라이드형 휴대전화	334	시의 적절한 정책	29
순결	260	슬쩍 엿보다	360	시작	285
순마진	121	슬하	175	시작하다	208
순매도	144	승강이	234	시장 점유율	120
순매수	145	승리	312	시장 점유율 쟁탈전	122
순발력	317	승부수를 띄우다	315	시장 침식	116
순방	35	승산이 없다	51	시장가 주문	144
순산	263	승자	125	시장에 일임하다	192
순식간에	390, 391	승점	312	시장의 활성화	192
순위	213	승차감	165	시정촌 통합	235
순이익	130	승합차	163	시정촌	17
순직하다	283, 284	시가	145	시제품	119
순풍	130	시가총액	148	시중은행	155
순한 맛	307	시간 이동하다	375	시집가다	294

시차병	349	신청하다	221	싹 사라지다	216
시초가	145	신체 부자유자	230	싹쓸이 영업	121
시트	164	신축	93	쌀 개방	248
시합 중단	315	신축성	393	쌀 수매가	248
시행착오	83	신출내기	177	쌀 지원	63
시험 고용	134	신호를 보내다	65	쌀값	249
시황 저조	149	신혼집	261	쌀쌀하다	373
식수	309	신흥 부자층	210	쌍꺼풀 수술	323
신 삼종의 신기	342	신흥 종교	231	쌍둥이 적자	113
신경질	70	신흥시장	118	쌍무 회담	36
신고	238	실감 나는	303	쏘아붙이다	84
신권 발행	157	실무자급 회담	36	쏠리다	218
신규 자금	156	실물경기	110	쐐기를 박다	58
신규 채용	135	실수	210	쑤셔 넣다	383
신기하다	293	실시간	337	쓰나미	241
신당 창당	24, 25	실업 대책 사업	138	쓰러지다	288
신도시 주택가	243	실적 전망	150	쓰레기 만두	272
신랄하게 비판하다	92	실적을 쌓다	192	쓰레기 메일	330
신령버섯	307	실제 가격	141	쓴소리를 하다	58
(신령을) 모시다	98	실질금리	156	쓸개염	258
신뢰가 두터워지다	70	실컷	376	씨름	347
신뢰에 손상 주다	195	실파	307		
신명 나다	171	실패	332	**아**	
(신문의) 박스 기사	360	실혈사	236		
신병 인도	237	실효금리	156	아그레망	34
신보수주의	26	싫든 좋든	274	아깝게 패하다	313
신분	51	싫어하다	365	아랍에미리트 연합	22
신빙성이 커지다	70	싫증이 나다	274	아량을 보이다	94
신선 식품	310	심근 경색	257	아리랑 본드	152
신선도 유지	310	심리 스릴러	303	아마추어 외교	34
신속하다	196	심리스	331	아마추어 정치	29
신속한 대응	64	심리적인 지지선	146	아세안 지역 안보 포럼	35
신용 대출	156	심부름	79	아셈(ASEM)	35
신용불량 등재	154	심부정맥혈전증	258	아시아유럽정상회의	35
신용불량자	154	심사가 뒤틀리다	64	아시아태평양경제협력체	159
신용카드사	153	심상치 않다	372	아옹다옹하다	102
신용평가기관	114	심취	183, 365	아웃소싱	120
신을 모시다	361	심혈을 기울이다	195	아일랜드식 주방	261
신종 수법	236	십계	369	아첨하다	381
신중을 기하다	372	10·26사태	271	아케이드 게임	340
신참	177	싱크탱크	132		

444 | INDEX

INDEX

아토피성 피부염	259	암호 해제	332	양당 합당	25
아트륨	245	암호화	332	양도성 예금증서	152
악담을 하다	207	압력을 피하다	37	양돈업자	249
악령을 내쫓다	273	압박을 암시하다	67	양문형 냉장고	120
악순환	168	압수 수사	39	양방향	335
악순환의 고리를 끊다	217	압승에 자만하다	41	양부모	262
악의 근원	93	압축 풀기	332	양성 평등	232
악의 축	37	압축하다	67	양성	257
악재	130	앙금	15	양송이버섯	307
악재로 작용하다	173	앙심을 품다	383	양원제 의회	21
악천후	239	앞날이 창창하다	188	양원제	16
악취가 진동하다	273	앞바다	47	양육권	264
악화시키다	46	앞서 가다	198, 368	양자 구도	23
악화	273	앞서다	99, 188	양적 완화	158
안구 건조증	254	앞잡이	81	양키 본드	152
안길이	359	앞지르다	174	얕은 지진	240
안면거상술	322	앞질리다	63	어두운 면	292
안방	175	애드리브	42, 298	어울리다	93, 391
안방 홈	311	애먹다	81	어울리지 않다	83
안전판	43	애석해하다	351	어음관리계좌	157
안정	276	애정을 품다	276	어투	101
안주하다	169	액면 분할	149	어플리케이션 소프트	326
안타까워하다	351	액면가	158	억울함	100
안티 에이징	322	액티브 시니어	230	억울함을 풀다	293
안하무인	53	액화 천연가스	116	억지로	171
앉은키	368	야근	135	억지로 열다	280
알뜰 주부	216	야당 때리기	25	언 발에 오줌 누기	394
알려지다	69	야무진	396	언급하다	63
알력	62	야유	387	언론을 공격하다	98
알다	79, 284	약사	252	언제까지나	373
알리바이	237	약속 사항	102	언젠가는	200
알사무드 미사일	30	약속하다	357	언청이	324
알츠하이머병	258	약을 먹다	279	얻어내다	84, 208
알카에다	21	약을 조제하다	279	얼굴 잔주름	319
암거래	223	약체 팀	313	얼굴 차기	317
암벽 등반	317	약해지다	97	얼룩무늬	390
암시하다	78, 97	얌체 손님	233	얼버무리다	88, 281
암운이 드리우다	273	양계장	249	얼짱	300
암표상	317	양날의 칼	222	얼추	358
암표	317	양념구이	304	얽매이다	65
암호 걸기	332	양념장	304	엄격하게	370

INDEX | **445**

엄청난 자금 압박	129	여의치 않다	98	열등생	266
업 스트림(up stream)	124	여차할 때	273	열린 교육	269
업그레이드	332	여파를 받다	168, 195	열린 포럼	234
업무 자세	191	여풍이 거세다	195	열린우리당	14
업무상 중압감	191	여행 안내원	348	열반	232
업무상 출장	191	여호와의 증인	231	열병식	30
업무에 쫓기다	191	역대 전적	311	열병합	346
업신여기다	84, 99	역동성	201	열섬 현상	344
업황판단지수	112	역량을 발휘하다	186	열성 관객	301
없애다	45	역력하게	97	열성 엄마	265
엇박자외교	34	역마살이 끼다	390	열을 올리다	77
에너지 절약	346	역마진	121	열중하다	41
에스코트 키드	315	역분식결산	131	열중함	365
에스테틱 살롱	318	역분식회계	131	열화 우라늄	32
에코 상품	119	역수입	160	영감을 받다	357
에코페미니즘	232	역외 개발	162	영감을 자극하다	357
에코	346	역전승	312	영결식	350
엑소더스	126	역점을 두다	105, 175	영마마	229
엑소더스 코리아	126	엮어내다	302	영세업자	123
엑스포	341	연간 총 거래액	123	영양 보조 식품	256
엑시머레이저	256	연계	105	영업일	148
엔화 강세	141, 173	연고주의	173	영역 싸움	85
엔화 매도 개입	141	연금 수급자	230	영예를 안다	301
엘리뇨 현상	344	연금 지급	230	영입하다	221
여권 신장 운동	232	연날리기 시합	348	영장을 발부받다	105
여권 신장	232	연년생	264	영파파	229
여느 때보다	52	연달아	223	영향	41
여느	277	연등	148	영향력	74, 95, 218
여드름	319	연료전기차	164	영향을 미치다	215
여러 차례	367	연립 정권	26	영화 소품	303
여론을 갈라놓다	104	연립 주택	244	영화 헤살꾼	301
여름철 불경기	118	연면적	244	영화에 감화되다	303
여성 전용 차량	232	연명하다	85	예고	219
여성복 매장	217	연쇄 추돌사고	166	예광탄	31
여성을 농락하다	284	연애 결혼	260	예금	155
여성의 지위 향상	232	연일 하락	148	예금 인출 소동	157
여세를 몰다	104, 395	연정	26	예금지급준비율	142
여신	156	연체	153	예를 들다	396
여운을 남기다	93	연출	298	예리하다	363
여위다	323	열기를 띠다	211	예방 접종을 받다	294
여유	294	열대야	344	예방	36

INDEX

예사롭지 않은	85	외상 환자	230	요시카와 선	228
예산 낭비 행정	117	와인	308	요실금	257
예산 사용처	223	와해	49	요요현상	323
예산 조기 집행	115	완공	244	요청	395
예산을 짜다	223	완수하다	98	욕설을 퍼붓다	207
예약	317	완전히 바뀌다	189	용기를 내다	294
예의 주시하다	46	완제품	124	용돈 기입장	175
예측을 불허하다	104	왕따	266	용선료	162
예치금	158	왕초보	332	용의자 명단	33
오곡이 여물다	366	왜건	163	용적률	244
오뚝이	358	외계인	351	용해되다	288
오락 프로그램	298	외교 정책	29	우경화	35
오로라	352	외교 협상	34	우기다	79
오류	186, 332	(외국 공관으로) 진입 망명	50	우라늄 농축 계획	31
오명 씻기	48	외국 바로 보기	276	우려 요인	130
5성급 호텔	348	외국계 기업	124	우려가 고조되다	59
오성홍기	20	외국인 지분 비율	149	우려가 사그라지다	183
오엑스 문제	268	외국인 직접 투자	159	우려를 나타내다	59
오일 쇼크	115	외국환 평형 기금 채권	142	우려를 말끔히 씻다	60
오전장	145	외도	262	우려를 표명하다	103
오존층	344	외래 생물	270	우수 기업	124, 125
오존홀	344	외무부 부부장	20	우열을 가리다	370
오찬회	25	외상 매입 대금	130	우울병	258
오크 원목	395	외상 판매 대금	129	우의를 다지다	103
오프쇼어(Offshore) 개발	162	외상 판매 채권	130	우주 왕복선	351
오픈	122	외상 후 스트레스 장애	258	우주인	351
오픈 릴레이	342	외자계 기업	124	우회 수출	160
오픈 소스 소프트웨어	329	외주	120	우회상장	143
오후장	145	외치다	395	우회하다	380
오후장 첫 거래	146	외평채	142	우후죽순	274
옥돔	306	외화 반출	142	욱하다	279
옥죄다	44	외화 벌이	48	운영 능력	76
온건파	26	외화 운용 수익	142	운영비	123
온라인 쇼핑	163	외화 유동성	143	운영체제	329
온실가스 감축	343	외화보유액	142	운전수	165
올인하다	71, 196	외환	140	운항 중지	240
옮기다	82, 171	요격	32	웃음바다가 되다	396
옴 진리교	231	요금 부스	167	워밍업하다	316
옴짝달싹 못하다	98	요동	103	워킹 그룹	36
옵션	165	요동시키다	223	워터마크	157
옷장	364	요람에서 무덤까지	294	원격 접속	328

INDEX | **447**

원격근무	138	
원금	156	
원리	156	
원망이 크다	46	
원수	41	
원안	201	
원어민 교사	267	
원예	243	
원유 시세	115	
원유가격	115	
원자력발전소	346	
원자력방재센터	346	
원자재	162	
원전 수거물 처리장	233	
원전센터	50	
원점으로 되돌리다	315	
원정 어웨이	311	
원천 징수	130	
원천기술	122	
원칙에 따라	60	
원칙을 가지고	60	
원통함	100	
원한을 풀다	48	
월드컵	315	
월등함	207	
월반	268	
월식	353	
웨이퍼	325	
웰빙 열풍	323	
웰빙주의	323	
웰치아 웜	331	
위기 의식 결여	178	
위력을 과시하다	46	
위로	362	
위문금	240	
위상	45, 74, 95, 218	
위상 제고	171	
위상을 떨다	85	
위상이 떨어지다	95	
위성	352	
위성위치측정시스템	337	
위성전화	334	
위세를 부리다	290	
위스키	308	
위안화 (평가) 절상	141	
위안화 (평가) 절하	141	
위안	362, 373	
위약	256	
위임하다	187	
위장 조사	238	
위장	52	
위장복	100	
위장하다	99, 100	
위조지폐	157	
위치기반 서비스	337	
위치	376	
위태롭게 만들다	169	
위폐	157	
위피	337	
위험에 직면하다	224	
위험을 감지하다	362	
위험한 짓	204	
위협 사격	31	
위협을 봉쇄하다	55	
위협이 되다	55	
위협하다	43	
윈도	329	
윗몸 일으키기	317	
유가	115	
유가 고공 행진	115	
유감 지진	241	
유감스럽다	65	
유감의 뜻을 표하다	44	
유곽	350	
유괴	233	
유교	348	
유구한 역사	103	
유급 휴가	136	
유기농업	249	
유기농	249	
유니버설 디자인	335	
유대감	54	
유력한 후보자	23	
유령회사	125	
유료 게재	330	
유료 양로원	262	
유류 파동	115	
유명무실	182	
유명한	209	
유모차	264	
유보하다	64, 98	
유비쿼터스	338	
유사법제	18	
유사휘발유	116	
유성	352	
유아 용품	264	
유언비어를 퍼뜨리다	81	
유언	351	
유엔	36	
유엔군	36	
유엔의 날	366	
유연한 자세를 취하다	103	
유연한 태도	68, 103	
유예	102	
유인하다	386	
유일한 희망	202	
유전자 해독	253	
유지 비용	133	
유지비	123	
유출되다	224	
유통 기한	270	
유포하다	390	
유포	396	
유행함	188	
유흥가	350, 362	
육박하다	198	
육상 표지물	245	
육아 포기	264	
육아 휴직	264	
6단 수동	164	
6·15 공동선언	15	
6자회담	36	
6자회담에 참가하다	106	

INDEX

윤번제	27	의장 성명	36	이유	71, 274
으뜸이다	380	의지하다	391	이음세	286
으뜸패	133	의혹이 불거지다	57	이의를 달다	44
은둔형 외톨이	229	이견을 좁히다	44	이의를 주장하다	171
은인자중	274	2080 운동	272	이익 부풀리기	132
은퇴	136	이기다	312	이익에 부합하다	224
은행주 매입안	150	이끌다	183, 214	2인승	165
~을 등에 업고	396	2도어 쿠퍼	164	2인실	349
~을 배경으로	396	이동통신사	334	이입종	270
을사조약	14	이라크 과도 정부	21	이자	156
음독자살	228	이라크 전쟁 결의안	21	이자율	156
음미하다	363	이래 뵈도	394	이재민	240
음성	257	이렇다 할	281	이정표	45
음식물 쓰레기	346	이력 추적 시스템	341	이중맹검법	256
음주 측정	166	이론	197	이중잣대	77
음주운전	166	이름난	209	2차 도급 업체	125
응급 처치	251	이리저리 퍼지다	83	2차 베이비붐 세대	230
응원을 보내다	46	이마선	322	이코노미클래스 증후군	258
의견 수렴	24	이면지	357	이탈을 초래하다	105
의견 차를 좁히다	48, 96	이모빌라이저	164	이합집산	105
의견 차이	44, 48	이모티콘	337	이해 관계자	71
의견을 같이하다	44	이미지 손상	171	이해가 얽혀 있다	224
의견이 분분하다	57	이바지하다	192	이해타산적	59
의도적인 매도	141	이반하다	105	익다	275
의료 사고	253	이벤트	349	익사체	236
의무 기록	253	이복동생	262	익숙해지다	382
의무화하다	179	2사분기	110	인간 방패	38
의문을 품다	278	이산가족 상봉	15	인간 배아 복제 실험	253
의미	45	이산화탄소 배출권	343	인간 배아 줄기세포	253
의미가 퇴색되다	274	이상	111	인계철선	31
의사소통	177	이슬람교 예배당	393	인공 위성	352
의석을 줄이다	54	이슬람교	22	인공 유산	263
의식을 고취하다	44	이식 환자	256	인공 임신 중절	263
의심 환자	251	이앙기	247	인공 치근	256
의심스럽다	42	이앙	247	인공 투석기	255
의심이 들다	278	이연 세금 자산	131	인공기	19
의약 부외품	256	이열치열	380	인권 변호사	39
의연금	240	이왕 한다면	294	인권을 짓밟다	372
의욕	170, 213, 223	이용 편리도	342	인기 절정이다	301
의욕이 지나침	170	이용하기 쉬운 사람	52	인기가 있다	171, 172, 299
의용군행진곡	21	이월하다	182, 222	인기를 누리다	383

449

인도	152	일벌레	369	임기제	271
인맥 쌓기	70	일본 무역 진흥회	160	임박하다	98
인사고과	136	일본군 위안부	15	임베디드 소프트웨어	326
인사평가	136	일본식 성명 강요	15	임베디드 시스템	326
인상하다	177	일본형 쌀	248	임베디드 어플리케이션	326
인센티브	136	일부분	170	임산부	263
인수처	126	1사분기	110	임시직	134
인수하다	214	일시불	153	임신 진단 시약	255
인수합병	133	일시적인	170	임진왜란	14
인수회사	126	일시적인 무더위	376	입금	157
인심을 대변하다	70	일시적인 붐	170	입는 컴퓨터	328
인재 발굴	135	일식	352	입덧하다	287
인재 육성	135	일심으로	200	입도선매	248
인재	239	일에 눈을 뜸	191	입도선매매	248
인저리 타임	315	일염기다형	254	입력하다	333
인적이 드물다	291, 386	일왕 내외	18	입방아에 오르다	91
인지증	258	일용직	134	입소문 마케팅	123
인책 사임	25	일일생활권	272	입수하다	190
인출하다	174	일일정산	151	임시 전쟁	267
인터넷 쇼핑	163	일자리 없는 경기 회복	113	입양	262
인터넷 전화	335	일자리 없는 성장	113	입을 모으다	364
인터넷 제공업체	330	일장기	18	입장을 고수하다	76
인터넷뱅킹	155	일정하게	185	입주자	244
인터넷판	288	(일정한 수치를) 밑돎	225	입주하다	289
인터페이스	325	일제 강점기	15	입증하다	172
인턴	134	일축하다	356	입지 굳히기	168
인파	387	일치하다	52	입지	245
인플레이션	114	일황 내외	18	입찰에 붙이다	210
일괄 타결안	37	일회용 카메라	339	입출력하다	333
일괄하다	91	읽다	294	입회	76
일단락 짓다	58, 215	임계전 핵실험	31	입후보하다	85
일대일	340	임금	136	잇다	293
일렉트로닉 산업	163	임금 곡선	138	잇달아	223
일련번호	157, 329	임금 지불 지연	138	잇몸병	259
일로를 걷다	170	임금 체불	138	잇몸	259
일반 가솔린	116	임금 피크제	136	있는 그대로	190
일반 전화	335	임금 협상	138	잉여	223
일반 표준 디지털 TV	339	임기 말 권력 누수 현상	26		
일반석	349	임기 반환점	26		
일방적인 교육	266	임기가 끝나다	210		
일방주의	35	임기응변	82		

INDEX

자격	51	자본 장비율	138	자전거 조업	154
자국법 우위 법칙	40	자본 집약도	138	자제를 촉구하다	66
자극하다	58	자부하다	67	자주	388
자금	156	자사 브랜드	119	자진 반납	191
자금 경색을 빚다	190	자사주 매입	150	자진 출두	39
자금 고갈	119	자산 매입	191	자진 퇴사	136
자금 모집	65	자산 분배	158	자책골	315
자금 융통	129	자산관리공사	156	자체 개발	119
자금 출처	129	자산관리사	156	자체 규정	191
자금 회수	129	자산유동화증권	152	자초하다	99
자금 흐름	156	자살골	315	자취를 감추다	50
자금관리이사	128	자살을 기도하다	282	자칫 잘못하면	274
자금난	129	자선 시합	315	자타가 공인하다	282
자금난에 직면하다	190	자선 파티	203	자해공갈단	237
자금을 마련하다	190	자선사업	192	자화자찬	379
자금을 모아두다	190	자세를 취하다	177	작부 면적	249
자금이 달리다	190	자세한 내용	371	작아지다	97
자금이 묶이다	190	자세한 발언	95	잔물결	281
자급자족 운동	271	자세히	369	잔반	309
자기 성취	191	자수	237	잔재	64
자기 위주	175	자신 있는 분야	173	잔재주	186, 280
자기 카드	340	자신감을 보이다	205	잔존량	344
자기 폭풍	352	자신만만해 하다	205	잘 알다	68
자기공명영상법	254	자연 감량	221	잘 타이르다	286
자기매매	150	자연 분만	263	잘게 썰다	305
자기자본비율	125	자연 유산	263	잘못된 역사관	42
자기자본이익률	150	자외선 차단	320	잘잘못을 가리다	372
자동 브레이크 시스템	164	자웅을 겨루다	370	잠식	117
자동 응답 전화	337	자원 수송 봉사단	292	잠식당하다	182
자동차 극장	381	자원을 확보하다	190	잠잠한 국회	24
자동차 대중화	166	자위대	18	잡탕	305
자동차 할부	165	자유 아르바이트족	228	잡학 지식	381
(자동차) 문 손잡이	164	자유무역협정	159	(잡혔다가) 풀려나다	49, 276
자랑하다	207	자유의 여신상	21	잡화상	395
자력 회생	132	자유자재로	369	장갑차	30
자리를 차지하다	70	자유형	316	장관급 회담	36
자리싸움	45	자의적인 해석	361	장기	173
자막을 넣다	370	자의적	369	장기 기증자	256
자명한 이치	67	자임하다	67	장기 등교 거부	229, 267
자민당 약세	17	자자함	222	장기 상영	299
자백	237	자전거 도로	350	장기 연휴	348

INDEX | **451**

장기 프라임레이트	156	재촉하다	285	전갈	368
장기간의 임대차 계약	224	재택근무	138	전국을 누비다	374
장기적인 안목	84	재테크	158	전국인민대표대회	20
장기주택저당대출	243	재할인율	143	전권 위임	27
장난치다	376	재해 방지	242	전기	102
장례식장	350	재해 주민	240	전기(초期)	110
장례식	350	재활 치료	259	전기로 접어들다	81
장벽을 낮추다	87, 211	쟁쟁한	209	전기를 맞다	81
장사진을 이루다	377	저가	146	전내용	74
장사치	168	저류를 이루다	287	전년 대비	199
(장애물에) 걸리다	384	저밀도 단백질	255	전담	73
장외 전자 거래	149	저열량	255	전략하다	206, 209
장을 이끌다	200	저울질하다	82	전략 물자 수출 통제 제도	38
장인 기술	195	저율관세할당	160	전략을 세우다	74
장인정신	195	저자세 외교	34	전략적 요충지	31
장티푸스	258	저장하다	333	전력	183
재건	94	저절로	359	전력난 해소	206
재건축	243	저조하다	211	전력선 통신	331
재고 자산	131	저지하다	83, 181	전력으로	200
재고 증가	187	저출산 고령화	229, 267	전력을 다하다	199
재고가 바닥나다	187	저칼로리	255	전망	245
재고미	247	저혈량성 쇼크	236	전매특허	121
재난을 당하다	291	적극 요청하다	89	전면에 내세우다	74, 199
재래산업	163	적극적으로 나서다	73	전면적인 약세	144
재래식 무기	30	적당주의	84	전모	74
재래식 전력 감축	32	적당하다	361	전무후무	181
재량에 맡기다	187	적당한 상대	177	전반적인 강세	145
재매입	145	적당한	282	전부 갖추어지다	205
재무제표	131	적당히 덮어두다	208	전사적 자원 관리(ERP)	133
재별 총수	128	적당히	84	전성기를 누리다	224
재빠르다	206	적립금	158	전성기	366
재생 의료	253	적막감이 감돌다	374	전세편	349
재야 여러 당	25	적반하장도 유분수	383	전수방위	18
재인용	390	적신호	168	전시관	341
재정 부담	187	적십자	257	전시회	161
(재정 상태가) 궁함	92	적외선 통신	339	전원 입학 시대	267
재정거래	162	적응 훈련	316	전원도시	345
재정비하다	204	적정 환율	142	전율을 느끼다	374
재정을 긴축하다	187	적지 않은 영향	71	전인대	20
재정을 튼튼히 하다	187	적포도주	308	전자 의무 기록	253
재정이 곤궁하다	63	적합하다	52	전자 인증	328

INDEX

전자 진료 기록	253	정권	26	정유재란	14
전자계산기	379	정권을 내팽개치다	72	정유회사	116
전자상거래	328	정규 프로그램	298	정전되다	287
전자서명	328	정규직	134	정정하다	276
전자인증서	327	정기 간행물	279	정지	188
전자태그	341	정기 국회	24	정찰 위성	31
전조	219	정냉경열	34	정책 수정	29
전진	241	정년 퇴직	136	정책 우선 순위 결정	114
전철을 밟다	86	정당방위	238	정책 운영	197
전체 강세	145	정도	82	정책의 방향 설정	197
전체 약세	144	정리하다	84	정책의 비밀관성	28
전통 있는 기업	125	정리해고	132	정책의 축을 옮기다	72
전통 있는 회사	125	정면 대립	98	정체하다	83
전통요리	304	정밀 공격	32	(정치) 후원금 은닉	60
전파하다	284	정밀도	341	정치와 결부시키다	72
전혀 없다	276, 393	정반대	46	정치적 입장	72
전환기를 맞이하다	93	정보 발신	211	정통하다	374
절감	198	정보 제공	211	정통한	197
절박하다	64	정보 취급	371	정통한 소식통	66
절반 출자	128	정보가 퍼지다	371	정확도	341
절세미인	300	정보가전	342	정확하게 읽어내다	104
절약하다	181	정보를 입수하다	371	정확히 겨냥하다	87
절이다	305	정보를 취사 선택하다	371	정회원	330
절정	102	정보원 보호	69	젖병 꼭지	264
젊어지기	322	정보의 바다	329	제 밥그릇 챙기기	17
점거하다	70	정부 방침에 따르다	72	제2금융권	155
점수를 매기다	288	정부 출범	25	제거하다	45, 289
점	320	정부개발원조	35, 160	제고	184
접근 통제	328	정부미	247	제네바 합의	38
접대하다	101	정비소	165	제동을 걸다	212
접목시키다	288	정상 참작	237	제로금리에 도취되다	198
접어들다	64	정상에 군림하다	204	제물	46
접영	316	정성 들여	383	제방 붕괴	240
접전을 벌이다	73	정성 들임	86	제비붓꽃	157
접질림	259	정성을 다하다	286	제비뽑기를 하다	363
접촉식 카드	340	정세를 지켜보다	194	제사	347
정결	260	정식으로 결정되다	97	제수 (용품)	347
정경 유착	26, 127	정신이 팔리다	363	제시하다	79
정계의 거물	27	정열을 쏟다	284	제압하다	374
정곡을 찌르다	205	정원 가꾸기	243	제왕 절개	263
정권 이양	26	정원 미달	267	제자리 비행	31

제자리걸음	168	조작	81	주가 조작	150
제자리멀리뛰기	317	조정	78	주가 조회	147
제재를 가하다	72	조정하다	71	주가가 빠지다	177
제조사 설계 생산	120	조직의 체계	74	(주가가) 견조함	148
제조업체 상품	119	조짐	219	주가를 끌어올리다	177
제철	309	조찬회	25	주가수익률	150
제치다	210	조총련	18	주거래은행	132
제품 구색	119	조합전종자	138	주관식	268
(제품) 교체 주기	122	조회	214, 290	주근깨	319
제한을 완화하다	197	족쇄	41	주기 운전	166
제한적	184	족쇄가 되다	168	주당순자산비율	150
조각	309	족의원	16	주도권 탈환	23
조건부 원조	160	족집게 공격	32	주도권	45
조금씩 사용하다	208	졸속 행정	117	주도권을 빼앗기다	90, 314
조금씩 처리함	85	졸속	73, 374	주도하다	198
조금이나마	375	졸음이 오다	211	주둔군	31
조기 감세	114	졸작	301	주력하다	77, 203
조기 실행	219	졸전	313	주류 판매점	308
조기 퇴직	136	좀비 기업	125	주름 제거 수술	319
조기상환	153	좁히다	67	주름	319
조기	306	종가 강세	146	주마등	375
조난당하다	286	종료 직전	311	주머니를 채우다	217
조류인플루엔자	257	종목	144	주먹 지르기	316
조리다	306	종반	68	주먹구구식	358
조리법	309	종신고용	137	주문 생산	120
조립업체	126	종양	257	주문자 상표 부착	120
조만간	200	종잇조각	177	주문형 비디오	338
조망	245	종적 관계	202	주방용품	309
조문	351	종적 행정	28	주사를 맞다	287
조바심 나다	384	종지부를 찍다	68	주상복합아파트	244
조서를 꾸미다	287	종파	241	주식 매각	148
조선노동당	19	종합연구소	132	주식 인수	151
조선민주주의인민공화국	19	종합자산관리계정	157	주식공개매수	151
조세 피난처	161	좋든 싫든 간에	171	주식시장 하락	148
조신하다	377	좌석	164	주안점을 두다	68, 370
조심스럽다	377	죄를 묻다	80	주역	76
조영제	256	죄를 자백하다	88	주연을 맡다	302
조용한 국회	24	죄상 인부	237	주요 방송국	298
조용해지다	369	죄수	237	주요 업무	132
조율하다	78	주 수입원	124	주위 모으다	377
조이익	130	주가 압박	148	주위에 동화되다	283

INDEX

주의를 주다	286	중심축을 두다	282	지명	84
주입식 교육	265	중·고 일관교	265	지반	376
주장을 되풀이하다	68	중앙 조직	126	지방 법원	39
주장이 엇갈리다	68	중앙선	166	지방 풍속	380
(주장이) 맞서다	94	중역	128	지방흡입술	324
주저 없이	202	중요성이 커지다	283	지분	149
주저하다	86	중요한 고비	194	지사제	255
주체사상	19	중요한 때	194	지성 피부	318
주택 융자	243	중요한	284	지속 가능한 개발	343
주한미군 철수	15	중의원	16	지시를 바라다	66
주한미대사관	14	중장년	229	지식 근로자	332
주행감	165	중점을 두다	105	지식인	270
주효하다	366	중후장대산업	163	지역 이기주의	233
준공일	246	쥐 집단	252	지역 특산 쌀	247
준법	134	쥐약	383	(지역) 사정	248
준법정신	40	즉시 개발	286	지역별 격차	203
준비하다	80	즐거워하다	357	지역주의 타파	23
준수 사항	366	증가로 돌아서다	199	지원금	195
준하다	68	증가율이 하락하다	199	지입제	271
준회원	330	증거 확보 수사	236	지장	41
줄거리	174	증권가	151	지장을 주다	66
줄넘기	324	증권거래위원회	152	지장을 초래하다	192
줄다리기	348	증권법에 저촉되다	194	지적재산권	203
줄줄이 늘어서다	194	증산	225	지정가 주문	144
줄줄이	356, 392	증상이 발생하다	290	지정학적 위험	158
줄타기	204	증상	251	지주막하 출혈	257
중간 지진	241	증오 범죄	238	지주와 소작인	370
중거리 숲	313	증축 공사	240	지주회사	147
중경상	259	지갑을 닫다	187	지지다	305
중계무역	159	지구 온난화 현상	343	지지를 받다	42
중국 수뇌부와 회담	20	지구의 날	344	지진 해일	241
중국의 중개	37	지급 결제 수단	154	지출을 삼가다	191
중단되다	375	지급불능자	154	지출	265
중대한 과제	54	지나치다	103	지침서	369
중도상환	153	지나치다 못해	355	지침을 내려보내다	79
중동 평화	36	지능형 교통시스템	165	지켜내다	184
중립	149	지도	192	지탱하다	222
중상	259	지렁이	345	지하금융	155
중심가	349	지론을 펴다	284	지하핵관통탄	30
중심인물	76	지뢰(매몰) 지대	69	직거래 쌀	248
중심지	349	지름길	376	직불	153

INDEX **455**

직불카드	153	짜 넣다	176	참렬	65
직사광선	321	짜깁기 식 행정 개혁	28	참맛	375
직장내 훈련	137	짜깁기하다	377	참모	27
직전 단계	285	짜임새	106	참신함	70
직접 담판	37, 65	짝사랑	361	참예	65
직접투자 유치 비율	204	짝퉁	122	참의원	16
직항로	349	짠 점수	268	참조가격제	189
직항편	349	짧은 안목	60	참호	201
진단	220	짭짤하게 벌다	212	찹쌀	247
진도	241	쫓다	84	창고 정리 대세일	170
진로를 가로막다	196	쫓아내다	283	창립사원	135
진상을 규명하다	70	찌개	304	창씨개명	15
진술 거부권	237	찌꺼기	64	창업가	128
진술	237	찌다	306	창업하다	178
진앙	241			창의성	199
진의를 의심하다	69	**차**		창출하다	377
진자시계	389			찾아오다	394
진지하게	70, 372			채 안 되다	56
진찰권	251	차 없는 거리	165	채권 상환	152
진찰받다	251	차감	188	채권자	156
진찰을 받다	283, 284	차단하다	389	채널 변경	377
진척되지 않다	188	차리다	177	채무 불이행	154
진출하다	189	차색	164	채무 연체자	154
진통제	255	차이	291	채무를 발행하다	187
진퇴유곡의 상태	273	차익거래	162	채무자	156
질식사	228	차익매매	145	채산이 맞다	225
질을 향상시키다	282	차입	115, 157	채썰기	305
질질 끌다	90	차입 경영	128	책임량	136
짐을 풀다	383	차지하다	373	책임을 떠넘기다	72
집값	245	차질이 생기다	59, 66, 200	책임을 전가하다	73, 198
집권 여당	25	차트	253	책임을 지게 하다	73
집기	261	착상	254	책임지고 맡다	357
집단 따돌림	266	착수하다	202, 208	책정	188
집단 이기주의	233	착신 멜로디	336	처방전	252
집들이	348	착오	205	처신법	99
집어넣다	333	착탈	332	천재일우의 기회	285
집이 무너지다	273	찬물을 끼얹다	215	천재지변	239
집적	163	찬반 투표	24	천주교	231
집적회로	325	찬성 다수	24	천직	138
짓누르다	211	찰나	394	철도를 부설하다	224
징수하다	288	참가하다	358	철새 정치인	26

INDEX

철수	90	촛불 시위	16	추월당하다	365
철저히 밝혀내다	43	(총)발행주식	143	추월하다	174
철제 아령	317	총리	16, 20	추적하다	84
철퇴를 가하다	378	총면적	244	추정 환자	251
철회하다	83	총알부족현상	141	추첨	235
첨단 안전 차량	164	총자산	131	추태를 드러나다	370
첨예하게 대립하다	196	최고 수훈 선수상	317	축복을 받다	283
첨예한 대립	73	최고가	144	출감하다	283
첩경	376	최고경영자	128	출마하다	76
첫 거래	145	최고운영책임자	128	출발	94, 285
첫 승을 올리다	312	최고인민회의	19	출산율	229
첫 출시	195	최고재무책임자	128	출생 신고	263
청신호	168	최고치	144	출시하다	396
청와대	14	최대 성수기	118	출연금	194
청정 개발 메카니즘	343	최대 야당	25	출자전환	132
청정지역	346	최대 주주	151	출전	317
청정	346	최대한	56	출점	122
청출어람	354	최루탄	31	출혈사	236
체감 유가	115	최선봉에 서다	55	출혈판매	121
체감경기	110	최선책	175	충격	77
체력을 소모시키다	201	최소 의무 수입량	248	충당하다	217
체외 수정	263	최소 절제술	251	충돌 실험	164
체제 보장	75	최소 침습	251	충동에 사로잡히다	284
체제를 재정비하다	75	최저 바다시세	146	충분함	362
체중과다	323	최저가	144, 146	취급	381
체지방	323	최저치	144	취기 운전	166
체질량지수	324	최적의 시스템	132	취약	197
체크무늬	356	최종 판정을 내리다	63	취약성	213
초 읽기	92	최종 협의	37	취업 대란	135
초고속 인터넷	331	최혜국 대우	160	취업 전선	135
초고층 아파트	244	추가경정 예산	115	취업빙하기	135
초대형 기업	125	추가되다	172	취업설명회	134
초대형 영화	299	추격	180	취하하다	83
초미세 기술	256	추경 예산	115	치맛바람	265
초미의 관심사	64	추궁하다	78	치매	258
초미지급	371	추대하다	47, 70	치아 감정	88
초보 운전	165	추도사	79	치아발유기	264
초석	170	추문	68	치아	259
초승달	353	추세	183	치우치다	218
촉촉한 피부	318	추스르다	68	치유	256
촌수	262	추월	166	치주병	259

치중하다	175	캐스팅하다	302	클럽 활동	265
치하하다	86	캐시 카우(cash cow)	124	클론	253
치한	232	캐시리스	342	킥	316
친근감	66	캐치올(Catch all)	38	킬러 어플리케이션	326
친노조	138	캐치프레이즈를 내걸다	180	킬러 콘텐츠	340
친동생	262	캠프 데이비드 산장	21		
친미 자세	38	캥거루족	229	**타**	
친숙해지다	382	커리큘럼을 짜다	277		
친일 청산	15	커서	328		
친일	15	컨디션	251	타격	77
친정권 보도	71	컨소시엄을 조직하다	186	타결을 보다	47
친필 유서	351	컬러링	338	타깃을 압축하다	375
친환경 기술	120	컬트 종교	231	타사와 차별화하다	201
친환경 상품	119	컴맹	332	타이르다	355
친환경 제품	346	컴백하다	49	타진	76
친환경차	164	컴퓨터 단층 촬영	254	타협점을 찾다	76
친환경	346	컴퓨터 사용 능력	332	탁상공론	54
침묵 전술	77	컴플레인을 걸다	181	탁월한 리더십	201
침상 환자	230	코너링	165	탄력 근무제	136
침수	239	코멘트를 자제하다	63	탄력적으로	193
침입 방지 시스템	327	코믹 배우	300	탄력	318
침입하다	276	코어 인플레이션	112	탈감각요법	255
침착	321	콘돔	263	탈골	259
침체	111	콘체른	133	탈구	259
칭얼대다	293	콘텐츠 전송 네트워크	338	탈당	25
		콘티	303	탈당계를 제출하다	105
카		콜금리	143	탈모	322
		콜라겐	321	탈북자	15
		쾌적함	273	탈영병	234
카드 단말기	340	쿠데타	57	탈영	234
카드 대금	154	쿠르드족	22	탈의실	316
카드 리더기	340	크게 다루다	49	탈지역주의	23
카드 발급	153	크기	386	탈취범	33
(카드) 복제	340	크로이츠펠트야콥병	258	탈퇴	343
카르텔	133	크루즈 미사일	30	탑재하다	333
카메라폰	334	큰 가닥을 잡다	47	탕감	153
카센터	165	큰 도움이 되다	184	태도	78
카운트다운	92	큰 맘 먹다	389	태도	80
카타르의 알자지라 방송	21	(큰) 수입원	124	태블릿	328
칵테일	308	큰손 투자자	151	태세를 갖추다	177
칸 국제영화제	300	클러스터	163	태양계	352

태양면 폭발	352	
태풍	239	
탱크	30	
턱걸이	317	
턱없이	42	
텃밭	243	
테러 근절	33	
테러 지원 국가 명단	33	
테러리스트	33	
테러와의 전쟁	33	
테크노크라트	81	
텐트 생활	350	
(텔레비전이) 찜빡거림	340	
텔레워크	138	
토담	246	
토대	217, 218	
토대 마련	207	
토막토막	71	
토장	350	
토종 기업	124	
(토지의) 경계표	245	
톡 쏘는 맛	307	
~통	378	
통계 수치 오류	117	
통김치	304	
통렬하게 비판하다	79	
통솔하다	214	
통신회사	334	
(통신회사를) 변경하다	336	
통용되다	97	
통일을 내다보다	85	
통틀다	91	
통틀어	359	
통하다	97, 171	
통합 상품	119	
통합 정밀 직격 병기	30	
통합 통신 서비스	331	
통화 가치가 떨어지다	204	
통화 공급량	114	
통화바스켓제도	140	
통화연결음 서비스	338	

퇴직	136	
퇴출	143	
퇴행적인 판결	39	
투기	150	
투기 매도	150	
투기 매입	150	
투기 세력	150	
투덜대다	364	
투매하다	172	
투명 경영	129	
투명 행정	28	
투석	82	
투신자살	228	
투어링	163	
투입하다	203, 204	
투자 기피	130	
투자 마인드	111	
투자 심리	111	
투자를 꺼리다	207	
투자를 유치하다	207	
투자를 자제하다	207	
투자설명회(IR)	130	
투자에 나서다	206	
투자협정(BIT)을 맺다	206	
투표자 출구 조사	23	
트라우마	258	
트랜스지방	323	
트레이드마크	163	
특가 상품	119	
특검팀	40	
특단의 카드	133	
특집으로 다루다	380	
특허권을 양도받다	207	
특허출원	122	
튼튼함	363	
틀	106	
틀어지다	182	
틈새	384	
틈새시장	118	
틈틈이	360	

파

파견 취소	88	
파견하다	174	
파고들다	292, 314	
파국으로 치닫다	88	
파급 효과	212	
파기하다	96, 218	
파란불	168	
파랑새 증후군	138	
파멸	41	
파문을 던지다	89	
파문을 부르다	89	
파문을 일으키다	89	
파빌리온	341	
파산	131	
파산하다	212	
파상 공격	31	
파생 금융 상품	151	
파수꾼	292	
파악하다	79	
파업 만능	137	
파업에 들어가다	137	
파업을 강행하다	137	
파업을 하다	137	
파업철회	137	
파이낸셜 타임스	216	
파이를 키우다	87, 212	
파이버 투 더 홈	330	
파장시세	146	
파죽지세	89	
파헤치다	292, 382	
판경계부 지진	240	
판단 착오	284	
판로	212	
판매 경쟁	118	
판매 권유	121	
판매 전략	120	
판매기법	126	
판매를 예상하다	213	

판매처	119	평균 배당 이율	149	푹 삶다	306
판명되다	90	평사원	135	풀뿌리외교	34
판소리	347	평생직업	138	품귀 (현상)	119
판정승	312	평영	316	품질이 나빠지다	224
판촉 활동	121	평행선을 달리다	95	품행이 나쁨	262
팔굽혀펴기	317	평화 헌법	17	풍기문란	348
팔리다	172	평화적인 선택지	96	풍미하다	388
팔아 버리다	172	폐기물 고형 연료	346	풍습	347
팔자	144	폐렴	258	풍자한 것	291
팟럭 파티	349	폐연료봉	31	풍작	247
패기	170	폐해	294	프라이빗 뱅킹	155
패러사이트 싱글	228	폐혈전색전증	257	프레온 가스	344
패배	312	포기하다	391	프레온 냉매	344
페이스 메이커	316	포도주	308	프로그래밍하다	331
패자	125	포름알데히드	259	프로그램 매매	145
패치 파일	332	포부를 밝히다	390	프로그램 오류	332
패키지 상품	119, 121	포상하다	96	(프로그램) 제거	329
패키지 여행	348	포석을 깔다	94	(프로그램을) 깔다	329
패킷	331	포이즌 필	151	(프로그램을) 설치하다	329
패하다	312, 313	포장	309	프로보노 운동	272
팽이치기	348	포착하다	79	프로토콜	325
팽팽히 맞서다	55	포트폴리오	152	프로토타입	119
펀더멘틀	113	포함시키다	176	프로파간다	95
펀치	213	폭력 조직	237	프리랜서	134
페미니스트	232	폭로하다	273	프리터	228
페미니즘	232	폭염	393	프리텐셔너	164
페이스 리프트	322	폭증하다	290	프티 성형	322
펴 바르다	321	폭행	232	플라세보	256
편견을 부추기다	96	폴더형 휴대전화	334	플라즈마 디스플레이 패널	339
편들어 주다	213	표 모으기	23	플래시 메모리	325
편듦	51	표결에 부치다	63	플랫폼	325
편법을 동원하다	96	표를 깎아먹다	92	플러스 성장	112
편운	376	표를 주고받다	92	플레어	352
편을 가르다	80	표면	219	피랍되다	103
편을 들다	51	표면에 드러나다	48	피력하다	92
편의주의적 합의	102	표면적인 개선	48	피봇 기능	334
편의주의	238	표밭 다지기	23	피부 관리실	318
폄하로 가득하다	91	표밭	23	피부 관리	318
평가	45	표정	200	피부 미용	318
평가전	311	푸념하다	364	(피부) 수축	319
평검사	39	푹 빠지다	83	(피부) 처짐	318

INDEX

피부가 땅기다	377	하한가	144	할당량	136
피부가 칙칙함	319	하향 조정	112	할당하다	225
피부결	318	하현달	353	~할 때마다	204
피임약	252	하회하다	181	할리우드 스타일	301
피임	263	학교 설명회	265	할리우드풍	301
피지 분비	320	학교 출석 인정	266	할리우드	299
피지	320	학급 붕괴	267	할복자살	228
피치를 올리다	214	학설	197	할부 거래	153
피칭	241	학원 강사	265	할부 금융사	153
피해를 입다	291	학원	265	할인하다	107
피해를 줄이다	90	학위가 수여되다	276	할증	225
픽업트럭	163	한(恨)	15	함락시키다	73
필름에 담다	302	한결같이	359	함박웃음	384
필링	322	한계 기업	125	함정 수사	238
필수 불가결하다	176	한계에 봉착하다	184	함축	93
필적하다	209, 215, 382	한나라당	14	함흥차사	379
펌비현상	233	한눈팔다	395	합사	19
핏기가 가시다	376	한마음 금융	154	합의	192
핑계 삼아	382	한몫하다	387	합의를 도출해 내다	184
		한미 공동 군사 훈련	16	합의를 얻어내다	184
하		한발 물러나다·	45	합의를 주고받다	61
		한복	347	합의에 도달하다	60
		한산하다	361	합의에 이르다	60
하강하다	177, 192	한센병	258	합의하다	101
하객	261	한숨 돌리다	215	합작	298
하도급 업체	125	한시름 놓다	215	합작회사	119
하락 폭	142	한시적인 붐	170	항로	58
하락을 멈추다	188	한심스럽다	93	항상	185
하락장	146	한없이	208	항성	351
하락장세	149	한의사	252	항소하다	280
하류 분야	124	한일 병합	14	해결의 실마리	49
하반기	110	한일 합방	14	해고	136
하원	21	한일 합작 드라마	298	해마	376
하위문화	368	한창 일할 때	270	해명하고 사과하다	78
하의상달	134	한창나이 때	260	해발	387
하의상통	134	한창때가 지난 여자	260	해상 납치	33
하이 킥	317	한탄을 금할 수 없다	84	해약하다	336
하이브리드카	164	한파 엄습	240	해임당하다	69
하이브리드	346	할 말	43	해장술	308
하이잭	33	할 맛	213	해피 리프트	322
하이킹	350	할당	225	핵 도발	32

핵 시위	32	헛수고에 그치다	208	형량	39
핵 포기의 대가	50	헤어 라인	322	형사 미성년자	237
핵 확산 문제	32	헹가래	317	형세	51, 58
핵국	37	허가 꼬이다	225	형세가 불리하다	51
핵무기 전폐	33	현 상태에 안주하다	210	형을 늘리다	280
핵보유국	37	현격하게	50	혜성	352
핵산증폭검사	254	현금 서비스	153	혜택을 누리다	176
핵심 고객	126	현금 흐름	114	혜택을 받다	176
핵심 솔루션	326	현금자동입출금기	157	혜택을 주다	380
핵심 시설	133	현금지급기	157	호가	245
핵심 역량	133	현미	247	호각	366
핵심	292	현실과 동떨어지다	60	호객 행위	350
핵안전조치협정	36	현장 조사	39	호객꾼	350
핵을 포기하다	50	현장을 덮치다	280	호랑나비	354
핵확산금지조약	38	현재 시세	146	호버링	31
햅쌀	247	현저히	221	호소하다	172
행동	390	현지 기업	124	호수비에 막히다	314
행동으로 나오다	56	현해탄	60	호스피탈리티	349
행사장	341	현행범	237	호재	130
행성	352	현혹되다	205	호재로 작용하다	173, 184
향락	348	혈기왕성한	280	호조세	185
향상	184, 200	혈세를 빨아먹다	183	호평을 받다	300
허겁지겁	359	혈안	377	호헌	40
허덕이다	201	혈액 순환	255	호혜평등	38
허둥대다	46	혐오시설	233	호환성	332
허리띠를 졸라매다	187	혐의를 받고 있다	275	호황을 누리다	184
허리케인	239	협력 관계를 끊다	180	호흡을 맞추다	41
허물없는 친구	377	협력이 흔들리다	56	혹독하게	370
허브 앤 스포크 시스템	161	협력하여	289	혼내주다	355
허사	75	협상 내용	61	혼수 용품	261
허수아비	250	협상 단절	37	혼잡을 틈타	380
허술함	210	협상 자리	37	혼잡하다	171
허심탄회	56	협상 테이블	37	혼합미	247
허심탄회하게	62, 64	협상을 마무리하다	185	혼합하다	389
허위 사이트	330	협상을 매듭짓다	365	혼혈아 2세	264
허위 청구	220	협상이 결렬되다	89	혼혈아	264
허위 표시	122	협상이 결실을 맺다	185	홈 스쿨링	266
허점을 이용하다	204	협상이 꼬이다	185	홈리스	233
헌법 9조	18	협상이 끝나다	185	홈쇼핑 업체	125
헌상	351	협찬광고	124	홈쇼핑	163
헛수고	221	협찬업체	119	홈앤드어웨이 방식	311

INDEX

홍어	306	활기를 띠다	214	후발주자	118
홍역	258	활동을 시작하다	202	후보에 오르다	300
화물트럭	163	활력을 되찾다	365	후보의 재대결	23
화병	361	활력이 넘침	315	후불	153
화살의 목표	222	활력제	178	후불카드	153
화살촉	222	활발한 매매	144	후속 조치를 취하다	216
화상전화	335	활용하다	394	후원	46, 212
화이트 와인	308	활황	144	후원 그룹	213
화이트하우스	21	핫김에	385	후원금	195
화장 번짐	320	황금 종려상	300	후원자	46
화장발	320	황금시간대	298	후천성면역결핍증	257
화장을 고침	320	황금주	147	후폭풍	204
화장품	320	황사	344	후폭풍을 맞다	168
화장하다	350	황혼 이혼	262	후폭풍을 일으키다	173
화장	350	햇불을 들다	375	후한 점수	268
화제가 됨	222	회견을 중단하다	49	훌리건	316
화풀이	385	회계 책임자	57	휘발유	116
확고한 의지	52	회담 방식	36	휩쓸다	301
확보	208	회동을 가지다	49	휴가	348
확보 자금	129	회복되고 있다	176	휴대전화	334
확인하다	87	회복되다	172, 222	휴대하다	364
환경 영향 평가	345	회복하다	222	휴대형 게임기	340
환경 조성	270	회부하다	94	휴렛패커드	340
환경	282	회사	125	휴먼 드라마	298
환경을 마련하다	52	회색 노이즈	340	휴면계좌	156
환경을 조성하다	278	회생	187	휴일 대체 조업	137
환경이 조성되다	277	회의가 결렬되다	49	휴지화하다	218
환경자동차	164	회의를 주재하다	49	흉내	390
환금성이 높다	178, 278	회전 반경이 짧다	186	흉작	247
환대	349	회전식 문	234	흉흉한 사건	236
환매	145	회춘	322	흐지부지되다	78, 203, 375
환심을 사다	381	획기적인	275	흑연 감속로	32
환율	140	획득하다	208	흑자 도산	131
환율 전략가	141	획을 긋는	275	흑자 부도	131
환율 트레이더	140	획일적임	193	흔들리다	95, 218
환율전쟁	141	획일화된 서비스	133	흔들린 아이 증후군	258
(환자) 후보	252	횡적 관계	223	흔들림	103
환절기	362	횡적 행정	28	흔적	280
환차손	140	횡파	241	흔히	388
환차익	140	효력을 발휘하다	212	흙담	246
활개 치다	275, 358	효자상품	119	흠집 내기	355

흡수 합병 통일론	20	
흡연	230	
흥겨워하다	357	
흥미 위주	363	
흥청망청 쓰다	394	
흥행 순위	299	
흥행에 실패하다	299	
희망소비자가격	126	
희비가 엇갈리다	221	
희생양	46	
희생을 치르다	54, 278	
희석하다	54	
히트 치다	299	
힌지	336	
힐책하다	85	
힘겹다	378	
힘쓰다	396	
힘을 기울이다	77	
힘을 실어 주다	44, 77, 173	
힘을 얻다	44	
힘의 외교	34	
힘이 됨	51	
힘입다	168, 192	

ABC

ABS	152	
APEC	159	
ASV	164	
ATM	157	
AWACS	31	
BIS 비율	125	
BTO	120	
CA활동	265	
CD	152	
CD	157	
CEO	128	
CEPA	159	
CFO	128	
CMA	157	
CMS	164	
COO	128	
CP	157	
CPO	128	
CVID	32	
DDA	161	
EEZ	161	
ES세포	253	
ETF	152	
FDI	159	
FOMC	142	
FTA	159	
G8	36	
IAEA	37	
IC	167	
IPR	203	
ITC	161	
ITS	165	
JC	167	
JDAM	30	
JETRO	160	
M&A	133	
MD(Missile Defence)	32	
MMDA	155	
MMF	152	
MP3폰	334	
NB 상품	119	
NLL	31	
NPT	38	
ODA	160	
ODA	35	
ODM	120	
OEM	120	
OJT	137	
OMR답안지	268	
OPEC	115	
OPEC 기준 유가	115	
OPEC 바스켓 가격	115	
P2P	340	
P파	241	
PAC3	30	
PB 상품	119	
PBR	150	
PER	150	
PL제도	126	
PSI	38	
RNEP	30	
ROE	150	
S파	241	
SEC	152	
SI	134	
SRI	133	
TOB	151	
TRQ	160	
UN	36	
UN군	36	
VIP	126	
VIP 전용 호텔	348	
WCO	160	
WTO	159	